国际经济法论丛

促进与保护
我国海外投资的法制

CUJIN YU BAOHU WOGUO HAIWAI TOUZI DE FAZHI

曾华群　余劲松　主编

图书在版编目(CIP)数据

促进与保护我国海外投资的法制/曾华群，余劲松主编. —北京：北京大学出版社，2017.2
（国际经济法论丛）
ISBN 978-7-301-27869-7

Ⅰ.①促… Ⅱ.①曾… ②余… Ⅲ.①海外投资—涉外经济法—研究—中国 ②投资—经济法—世界 Ⅳ.①D922.295.04 ②D912.290.4

中国版本图书馆 CIP 数据核字(2016)第 320680 号

书　　　　名	促进与保护我国海外投资的法制
著作责任者	曾华群　余劲松　主编
责 任 编 辑	冯益娜
标 准 书 号	ISBN 978-7-301-27869-7
出 版 发 行	北京大学出版社
地　　　　址	北京市海淀区成府路 205 号　100871
网　　　　址	http://www.pup.cn
电 子 信 箱	law@pup.pku.edu.cn
新 浪 微 博	@北京大学出版社　@北大出版社法律图书
电　　　　话	邮购部 62752015　发行部 62750672　编辑部 62752027
印 　刷 　者	北京大学印刷厂
经 销 者	新华书店
	965 毫米×1300 毫米　16 开本　36.25 印张　610 千字
	2017 年 2 月第 1 版　2017 年 2 月第 1 次印刷
定　　　　价	75.00 元

未经许可，不得以任何方式复制或抄袭本书之部分或全部内容。
版权所有，侵权必究
举报电话：010-62752024　电子信箱：fd@pup.pku.edu.cn
图书如有印装质量问题，请与出版部联系，电话：010-62756370

前　　言

　　世纪之交,国际经济秩序酝酿深刻变革。近二十年来,借改革开放积蓄的实力和潜能,我国实施"走出去"战略,海外投资活动迅猛发展,举世瞩目。相应地,我国海外投资也面临国际市场的各种挑战。在此新形势下,我国促进与保护海外投资的法制建设成为当务之急。

　　本书在概述"可持续发展的投资政策框架"的基础上,从国内法和国际法两个层面,简要梳理和研讨了我国促进与保护海外投资的主要法律制度和实践。在国内法层面,探讨了健全我国海外投资保证制度、促进我国海外投资的组织法、促进我国海外投资的金融制度、我国海外投资壁垒问题及对策、我国海外投资的环境保护及我国对外能源投资合作的法律问题等专题。在国际法层面,探讨了国际投资条约理论、双边投资条约实践及国际投资争端的解决等专题。在各专题研究中,采用比较研究、综合研究、案例分析、调查访问等方法,国内法规范与国际法规范或有交融,力求理论联系实际,提出相关立法或条约实践的建议。

　　在各国的国际投资法体系中,"外商投资法"与"海外投资法"是相辅相成的两个重要领域。鉴于我国近年已由净资本输入国发展为兼具资本输入国与资本输出国双重身份,中国特色国际投资法体系需要适时调整或重构,海外投资法显然是亟待加强的研究领域。本书各专题属我国海外投资法领域,或可作为构建我国海外投资法理论框架的初步基础。

　　本书是国家社会科学基金重大项目"促进与保护我国海外投资的法律体制研究"(09&ZD032)的最终成果之一。自2010年以来,本项目课题组各位同仁潜心研究,已在中外学术期刊发表系列专题论文,取得了丰硕的阶段性成果。在此基础上,各位同仁发挥专长,协力完成此书。

　　本书作者及分工简介如下:

　　曾华群,法学博士,厦门大学国际经济法研究所、澳门科技大学法学院教授,博士生导师。主编并撰写第一章,第八章第一、二节及第九章第四、五节。

　　余劲松,法学博士,中国人民大学法学院教授、博士生导师。主编并撰写第三章及第十章第一节。

徐崇利，法学博士，厦门大学法学院教授、博士生导师。撰写第八章第三节及第十章第二节。

李国安，法学博士，厦门大学法学院教授、博士生导师。撰写第四章第一节。

单文华，法学博士，西安交通大学法学院教授、博士生导师。主持撰写第七章。

陈辉萍，法学博士，厦门大学法学院教授、博士生导师。撰写第二章，第八章第四节及第十章第三、四节。

蔡从燕，法学博士，厦门大学法学院教授、博士生导师。撰写第五章。

韩秀丽，法学博士，厦门大学法学院教授、博士生导师。撰写第六章，第八章第五节及第九章第一、二节。

张膑心，法学博士，厦门大学法学院助理教授，撰写第九章第三节。

石桐灵，法学博士，招商证券股份有限公司法律合规部副总裁。撰写第四章第二节。

刘远志，厦门大学法学院国际法学专业2012级博士研究生，日本神户大学2016级博士研究生。撰写第四章第三节。

全书由主编修订和审定。

应当指出，由于我国海外投资法领域广泛且发展迅速，本书的专题研究虽多有开拓，仅是开端，尚需持续性的跟踪研究；本书的相关立法或条约实践建议虽不乏新意，各属作者管见，尚需进一步论证和商榷。希望本书能引起学术界、实务界同行和广大读者对我国海外投资法领域的进一步关注和研究。

谨此由衷感谢国家社会科学基金和北京大学出版社对本项目研究和成果出版的鼎力支持！

曾华群　余劲松

2016年12月12日

CONTENTS 目 录

第一章　绪论:"可持续发展的投资政策框架"与我国的对策　1
　　一、"可持续发展的投资政策框架"的产生背景　1
　　二、"可持续发展的投资政策框架"的主要创新　4
　　三、我国的立场与对策　11

上篇　促进与保护海外投资的国内法律制度

第二章　健全我国海外投资保证制度　17
　第一节　海外投资保证制度的缘起和特点　18
　　一、海外投资保证制度的缘起　18
　　二、海外投资保证制度的特点　20
　第二节　我国海外投资保证制度现状　22
　　一、我国海外投资保证制度与承保机构的沿革　22
　　二、我国海外投资保证制度的立法缺失　24
　　三、我国海外投资保证立法时机已经成熟　28
　第三节　我国海外投资保证的立法模式与承保机构的法律定位　29
　　一、海外投资保证制度的立法模式　29
　　二、海外投资保证制度的承保机构的法律定位　33
　　三、我国海外投资保证的立法模式选择与承保机构的法律定位　34

第四节　我国海外投资保险中的适保性
问题　36
一、适保的东道国　36
二、适保的投资　40
三、适保的投资者　41
四、承保险别　43

第五节　我国海外投资保险中的代位权
问题　44
一、代位权的确立　44
二、代位权的承认　45
三、代位权的行使　48

第六节　我国海外投资保险中的争端解决
问题　49
一、承保机构与海外投资者之间争端的解决　49
二、承保机构与东道国之间争端的解决　51

第三章　促进我国海外投资的组织法　60
第一节　我国境外投资核准制度改革问题　60
一、境外投资核准范围与条件及其改进　62
二、境外投资核准机关及其改革　67
三、建立和完善自动许可制或登记备案制　69
四、健全和完善其他配套制度与措施　72
五、结论　74

第二节　我国企业"走出去"的公司治理
问题　75
一、导言　75
二、公司治理的目标　76
三、董事与高管的义务　78
四、董事与高管违反义务的责任构成要件　83
五、董事的决策责任与商业判断规则　88
六、董事的监管责任与董事会监管制度的
完善　93

七、国有企业股东对董事会的控制与监督　98
　　八、结论　111

第四章　促进我国海外投资的金融制度　113
第一节　促进海外投资的财政支持制度　113
　　一、国外促进海外投资的财政支持制度　114
　　二、我国促进海外投资的财政支持制度及其存在的问题　118
　　三、完善我国海外投资财政支持制度的思路与措施　122
第二节　促进海外投资的金融信贷优惠制度　126
　　一、问题的提出——从一则案例谈起　126
　　二、国外的海外投资金融信贷优惠制度经验及其启示　130
　　三、我国促进海外投资优惠信贷制度的现状与问题　138
　　四、美、日、韩海外投资优惠信贷制度对我国的启示　141
第三节　促进海外投资的外汇管理制度　143
　　一、国外促进海外投资的外汇管理制度　143
　　二、我国现行海外投资外汇管理制度及其存在的问题　149
　　三、构建促进我国海外投资的外汇管理制度　153
　　四、促进人民币海外直接投资　155

第五章　我国海外投资壁垒问题及对策　163
第一节　我国海外投资壁垒问题的背景与识别　164
　　一、我国海外投资壁垒问题的背景　164
　　二、我国海外投资壁垒的识别　173

第二节　我国海外投资壁垒的生成与实施
　　　　　机理　　　　　　　　　　　　　　175
　　　一、国家安全审查与我国海外投资壁垒问题　175
　　　二、作为投资壁垒的国家安全审查制度：
　　　　　实证考察　　　　　　　　　　　177
　　第三节　我国应对海外投资壁垒问题的
　　　　　措施　　　　　　　　　　　　　183
　　　一、法律方法　　　　　　　　　　　184
　　　二、政治方法　　　　　　　　　　　189
　　　三、结论　　　　　　　　　　　　　190

第六章　我国海外投资的环境保护　　　191
引言　　　　　　　　　　　　　　　　　191
　　第一节　我国保护海外投资环境的理由　　193
　　　一、政治方面　　　　　　　　　　　194
　　　二、经济方面　　　　　　　　　　　197
　　　三、法律方面　　　　　　　　　　　200
　　　四、环境伦理方面　　　　　　　　　204
　　第二节　作为母国的规制方法　　　　　　205
　　　一、母国立法规制方法　　　　　　　205
　　　二、母国司法规制方法　　　　　　　210
　　　三、母国通过银行、保险机构和证券交易所
　　　　　的规制方法　　　　　　　　　215
　　　四、我国海外投资环境保护的国内法制构想　222
　　第三节　投资者自我规制方法　　　　　　226
　　　一、通过行为守则自我规制　　　　　227
　　　二、通过合同自我规制　　　　　　　230
　　第四节　海外投资环境保护的国际投资
　　　　　法制　　　　　　　　　　　　　235
　　　一、IIAs下母国与投资者的责任和义务　235
　　　二、我国海外投资环境保护的国际投资法制
　　　　　构想　　　　　　　　　　　　237

第七章　我国对外能源投资合作的法律问题　246

第一节　引论——能源安全与我国对外能源投资合作　246
一、中国的能源产需形势　246
二、中国对外能源投资发展迅猛　247
三、对外能源投资在维护我国能源安全中的作用　249

第二节　我国对外能源资源投资的法律环境与法律需求的实证分析　252
一、调查概述　252
二、中国对外能源投资总体法律环境评价　256
三、中国对外能源投资合作的法律需求　268
四、结论　271

第三节　我国对外能源投资合作的法律框架及其完善　272
一、跨国能源投资的法律风险　273
二、我国对外能源投资合作的法律框架　273
三、我国对外能源投资合作的法律框架的完善　278

第四节　企业环境社会责任与我国对外能源投资　280
一、跨国企业社会责任的主要内容　281
二、跨国能源企业承担环境社会责任的一般途径　282
三、国际投资法对跨国能源投资的环境法律规制：以 ECT 为例　285
四、进一步推进中国海外能源投资应注意的问题　287

下篇　促进与保护海外投资的国际法律制度

第八章　国际投资条约理论　293
第一节　多边投资协定谈判前瞻　293
一、MAI"适当谈判场所"的选择问题　294
二、MAI 谈判纳入 WTO 体制的法律依据问题　300
三、MAI 谈判取得成效的基本要素　304
四、结语　309

第二节　双边投资条约范本的演进与中国的对策　310
一、BIT 实践及其范本的缘起与特征　311
二、BIT 范本的类型及其发展趋向　317
三、我国新 BIT 范本的目标和模式选择　330
四、结语　337

第三节　公平与公正待遇标准解读　338
一、引言　338
二、公平与公正待遇：实践之分析　339
三、公平与公正待遇：理论之解析　348
四、结论　355

第四节　公平正义作为国际投资条约的价值取向　356
一、国际投资条约中公平正义问题的提出　356
二、公平正义是法律尤其是国际法的基本价值取向　359
三、多数国际投资条约的缺陷在于欠缺公平正义　362
四、国际投资条约应以公平正义为价值取向　369
五、以公平正义为价值取向构建新一代国际投资条约　371
六、结论　378

第五节 后危机时代国际投资法的转型 378
　一、国际投资法转型的表现 379
　二、国际投资法何以转型 384
　三、如何看待国际投资法转型 386

第九章　双边投资条约实践　391
第一节 双边投资条约中的"根本安全利益"与"公共目的" 392
　一、引言 392
　二、"根本安全利益"与"公共目的"定义之辨析 393
　三、"根本安全利益"与必要性抗辩紧密相关 395
　四、"公共目的"与征收问题并存 404
　五、国际投资保护协定关于"根本安全利益"规定的新趋势 407
　六、结论 411
第二节 双边投资条约中的"自裁决"条款 411
　一、引言 411
　二、"自裁决"条款的发展：基于美国 BIT 实践的考察 412
　三、"自裁决"条款的定性和适用：基于"森普拉能源公司撤销案"的考察 416
　四、我国的缔约选择 420
第三节 双边投资条约在武装冲突情况下的适用问题 424
　一、导言 424
　二、BITs 中关于武装冲突的规定 425
　三、BITs 没有相关规定的情况 430
　四、反政府武装夺取政权情况下 BITs 的适用 436
　五、结论 439

第四节　香港双边投资条约实践　　　　　　440
　　一、香港双边投资条约实践的沿革　　　　441
　　二、香港双边投资条约的主要条款　　　　443
　　三、香港签订双边投资条约的法律依据问题　460
　　四、香港双边投资条约衍生的条约适用问题　463
　　五、结语　　　　　　　　　　　　　　　467
第五节　我国"可持续发展导向"双边
　　　　投资条约的实践　　　　　　　　　468
　　一、BIT 传统条款的"扬弃"　　　　　　468
　　二、BIT 创新条款的采纳　　　　　　　　476
　　三、结语　　　　　　　　　　　　　　　481

第十章　国际投资争端的解决　　　　　　483
第一节　国际投资条约仲裁中投资者与
　　　　东道国权益保护平衡问题　　　　　483
　　一、导言　　　　　　　　　　　　　　　483
　　二、条约例外条款的设置及适用问题　　　484
　　三、防范与限制对 BIT 有关条款的扩大性
　　　　解释　　　　　　　　　　　　　　　491
　　四、改善投资者与东道国间争端解决机制　497
　　五、结论　　　　　　　　　　　　　　　500
第二节　晚近国际投资争端解决实践之
　　　　评判理论　　　　　　　　　　　　501
　　一、引论　　　　　　　　　　　　　　　501
　　二、国际投资争端性质的改变与现行
　　　　解释性理论的缺失　　　　　　　　　502
　　三、现行解释性理论的缺失与"全球治理"
　　　　理论的引入　　　　　　　　　　　　509
　　四、结论　　　　　　　　　　　　　　　516
第三节　ICSID 仲裁庭扩大管辖权之实践
　　　　剖析　　　　　　　　　　　　　　517
　　一、ICSID 仲裁庭扩大管辖权之惯用手法　518

二、"谢业深案"是 ICSID 仲裁庭扩大管辖权
的典型例证　　　　　　　　　　530
三、ICSID 仲裁庭扩大管辖权之原因与不利
影响　　　　　　　　　　　　　535
四、发展中国家防止 ICSID 仲裁庭扩大
管辖权之对策　　　　　　　　　539
第四节　ICSID 仲裁裁决承认与执行机制
　　　　的实践检视及其对中国的启示　　541
一、引言　　　　　　　　　　　　　541
二、ICSID 裁决承认与执行机制的适用范围　542
三、ICSID 裁决承认与执行机制中的中止
执行裁决制度　　　　　　　　　549
四、ICSID 裁决承认与执行机制取得良好
成效的原因　　　　　　　　　　553
五、ICSID 裁决承认与执行机制面临的挑战
与对策　　　　　　　　　　　　555
六、结论　　　　　　　　　　　　　564

第一章　绪论:"可持续发展的投资政策框架"与我国的对策

【本章提要】 本章主要探讨"可持续发展的投资政策框架"与我国的对策,作为其后各章的背景。联合国贸易和发展会议(UNCTAD)制订的"可持续发展的投资政策框架"(IPFSD)产生的主要背景是传统国际投资政策本身面临严峻的挑战和南北国家的国际投资地位发生了显著变化。IPFSD的主要创新表现在从"偏重保护外资权益"到"促进东道国可持续发展",从"偏重保护外资"到"平衡当事双方权利义务",保护外资和管制外资从"各行其道"到"一体化"三个方面。我国的基本立场和对策应是促进形成共识,支持UNCTAD制订"可持续发展友好型"BIT范本;建立和健全基于IPFSD的我国海外投资法律制度;及时制订我国"可持续发展友好型"BIT范本,积极开展相关实践。

联合国贸易和发展会议(UNCTAD)《2012年世界投资报告》题为"迈向新一代投资政策",制订了"可持续发展的投资政策框架"(Investment Policy Framework for Sustainable Development,IPFSD),表明国际社会对国际投资政策的"共同路径"取得了初步共识,也在一定程度上反映了国际投资政策的最新发展趋向。在"新一代投资政策"语境中,"投资政策"包括国内法方面的外国投资立法和国际法方面的国际投资条约实践。我国作为发展中大国,且具有资本输入国和资本输出国双重身份,亟须在分析IPFSD产生背景的基础上,重视其主要创新因素,并确立相应的立场和对策。

一、"可持续发展的投资政策框架"的产生背景

IPFSD是国际投资政策经历长期发展、面临重大转折点的产物。其产生的主要背景是传统国际投资政策面临严峻挑战,南北国家的国际投资地位发生显著变化,引发了国际社会调整国际投资秩序的动机和需求。

(一)传统国际投资政策面临严峻挑战

追根溯源,传统国际投资政策是由发达的资本输出国创造并服务于其对外经济政策的。因此,以促进和保护海外投资作为其主旨,自始片面强调

资本输出国及其海外投资者的权益当属顺理成章,也是其先天的、不可磨灭的深刻烙印。长期以来,在发达国家的主导下,传统国际投资政策片面强调对外资和外国投资者的保护和优惠,这实际上也是取决于南北国家的实力。就各国普遍采用的双边投资条约(bilateral investment treaties,BITs)而言,理论上,BITs是国家之间双边谈判的结果,旨在为缔约双方提供同等的法律保护。事实上,它们常常是作为资本输出国的发达国家与作为资本输入国的发展中国家之间的协定。特定BIT所规定的投资保护规则和标准,是缔约双方的期望与它们各自的谈判地位、谈判实力交互作用的结果。当前,BITs发展的趋势是,越来越重视和加强对外资和外国投资者的保护,如"设立权"(right of establishment)模式、外国投资者单方诉诸国际仲裁的权利等。历史表明,肇始于20世纪50年代末期的BITs实践片面维护资本输出国和外国投资者权益的"先天不足",在长达五十多年的"后天"不仅未得到应有的纠正,反而被发达国家不断强化和扩张。①

此种"失衡"的传统国际投资政策,由于严重背离了国际社会普遍认同的经济主权、公平互利和合作发展原则,已面临严峻挑战,甚至面临合法性或正当性危机。2011年4月,澳大利亚颁布了一项贸易政策声明,宣称其在将来签订的国际投资协定(international investment agreements,IIAs)②中,不再接受"投资者与国家之间争端解决"(investor-State dispute settlement,ISDS)条款。其原因是,该条款给予外国企业高于本国企业的法律权利,且限制了政府的公共决策能力(如社会、环境和经济法律的制定与履行)。③ 近年来,更有来自发展中国家的激烈反应。例如,"卡尔沃主义"的故乡拉美国家,在20世纪80年代末转变其抵制IIAs的立场,近二十年来同世界各国签订了五百多项BITs。④ 然而,鉴于IIAs"自由化"发展削弱了国家经济主权的新情势,一些拉丁美洲国家不得不重新考虑其有关IIAs的立

---

① 曾华群:《论双边投资条约实践的"失衡"与革新》,载《江西社会科学》2010年第6期。
② 所谓"国际投资协定"(IIAs),一般是指国际投资法的主要国际法规范,包括双边投资协定(BITs)、三方投资协定(triangle investment agreements,TIAs)、区域性投资协定、含有投资规范的自由贸易协定(free trade agreements,FTAs)、区域贸易协定(regional trade agreements,RTAs)或经济合作伙伴协定(economic partnership agreements,EPAs)及《解决国家与他国国民间投资争端公约》(《ICSID公约》)(1965年)、《多边投资担保机构公约》(《MIGA公约》)(1985年)等世界性多边投资协定。
③ UNCTAD, World Investment Report 2012, Towards a New Generation of Investment Policies, United Nations, 2012, p. 87.
④ Mary H. Mourra (ed.), Latin American Investment Treaty Arbitration, the Controversies and Conflicts, *Wolters Kluwer*, Vol. 1, 2009.

第一章　绪论:"可持续发展的投资政策框架"与我国的对策

场甚至终止或退出 IIAs。①

（二）南北国家的国际投资地位发生显著变化

长期以来,传统国际投资政策主要调整从发达国家流向发展中国家的投资。发达国家是资本输出国,广大发展中国家一般居于资本输入国地位。典型的 ISDS,通常是指来自发达国家的外国投资者与作为东道国的发展中国家之间的投资争端解决。随着国际投资活动的发展,发达国家相互之间、发展中国家相互之间的投资也成为国际投资政策的调整对象。特别是一些发展中国家（主要是发展中大国）在继续吸收外资的同时,逐渐向发达国家投资,在一定程度上改变了发达国家与发展中国家之间的单向投资关系。近年的经济危机已凸显出经济重心由发达国家向新兴市场国家的转移,进一步加强了这一发展趋势。此外,无论在发达国家还是发展中国家,经济危机都导致政府加强其在经济发展中的作用。因此,东道国公共利益与外国投资者私人经济利益之间的矛盾冲突在所难免。在此新形势下,越来越多的发达国家也面临作为东道国的一系列涉及外资和外国投资者的政策和实务问题,甚至成为 ISDS 的当事国,被诉诸"解决投资争端国际中心"（International Centre for Settlement of Investment Disputes, ICSID）等国际投资仲裁机制。国际投资地位的改变促使发达国家反思传统国际投资政策及本国的相关立场。事实上,发达国家和一些发展中国家同样兼具资本输出国和资本输入国地位,此种"一身二任"或"身份混同",客观上有利于两类国家分别"换位思考",较全面、公正审视传统国际投资政策。在宏观层面,两类国家居于相同的立场和角度,有利于达成有关"可持续发展"和"平衡资本输出国与资本输入国权益"等共识。在实践层面,同样作为东道国,同样基于维护国内投资政策和公共利益的目的,两类国家对国际投资政策的解释、实施及发展趋向具有一定程度的共同语言和共同立场。

---

① 2008 年,厄瓜多尔终止了与古巴、多米尼加、萨尔瓦多、危地马拉、洪都拉斯、尼加拉瓜、巴拉圭、罗马尼亚和乌拉圭等国签订的 9 项 BITs。其他宣布终止的 BITs 包括萨尔瓦多与尼加拉瓜、荷兰与委内瑞拉之间的 BITs。玻利维亚退出《ICSID 公约》的通知于 2007 年 5 月 2 日提交 ICSID,2010 年 11 月 3 日生效。厄瓜多尔退出《ICSID 公约》的通知于 2009 年 7 月 6 日提交 ICSID,2010 年 1 月 7 日生效。参见 Wolfgang Alschner, Ana Berdajs, Vladyslav Lanovoy and Sergey Ripinsky etc., Denunciation of the ICSID Convention and BITs: Impact on Investor-State Claims, United Nations, UNCTAD, *IIA Issues Note*, No. 1, December 2010, page 1, note 2, 3。2011 年 6 月,玻利维亚宣布退出其与美国签订的 BIT。2012 年 1 月,委内瑞拉向 ICSID 提交退出《ICSID 公约》的通知。参见 UNCTAD, World Investment Report 2012, Towards a New Generation of Investment Policies, United Nations, 2012, p. 87。

二、"可持续发展的投资政策框架"的主要创新

IPFSD 由"可持续发展投资决策的核心原则"(Core Principles for Investment Policymaking for Sustainable Development,简称"核心原则")、"各国投资政策指南"(National Investment Policy Guidelines,简称"各国指南")和"国际投资协定要素：政策选项"(Elements of International Investment Agreements：Policy Options,简称"协定要素")三部分构成。其中,"核心原则"是"各国指南"和"协定要素"的设计标准(design criteria),也是 IPFSD 的法理基础。总体上,IPFSD 的主要创新表现在从"偏重保护外资权益"到"促进东道国可持续发展",从"偏重保护外资"到"平衡当事双方权利义务",保护外资和管制外资从"各行其道"到"一体化"三个方面。

(一) 从"偏重保护外资权益"到"促进东道国可持续发展"

传统国际投资政策偏重保护外资和外国投资者权益,未顾及东道国的经济发展,更遑论关注东道国的"可持续发展"。

近年来,"可持续发展"概念或原则被国际社会普遍接受为经济社会发展和国际关系的一般原则[①],也成为国际投资政策的一般原则。在国际投资政策语境中,"可持续发展"可作为国际投资活动当事各方的"共赢"目标。由于它强调东道国的经济和社会发展,符合资本输入国的基本需要。由于它促进东道国形成健康的投资环境,也符合资本输出国和外国投资者的重要利益。该概念或原则不仅适用于资本输出国与资本输入国之间的关系,也适用于东道国与外国投资者之间的关系。

在传统国际投资政策中,虽未见"可持续发展"的概念,但在某些 IIAs 中仍可发现"投资"与"发展"的关联。例如,《解决国家与他国国民间投资争端公约》(《ICSID 公约》)序言提及"考虑到经济发展的国际合作之需要与国际私人投资在其中的作用",可理解为"投资"对"发展"应具有某些积极影响。该《公约》虽未对"投资"作出定义,但可以确定,"投资"的某些典型特征已为 ICSID 仲裁庭越来越多地适用,即：(1) 项目的持续时间；(2) 利润和收益的经常性；(3) 对双方的风险；(4) 实质性承诺；(5) 对东道国发展应具有

---

① 关于"可持续发展"原则的系统论述,参见〔荷兰〕尼科·斯赫雷弗著：《可持续发展在国际法中的演进：起源、涵义及地位》,汪习根、黄海滨译,社会科学文献出版社 2010 年版。

第一章 绪论:"可持续发展的投资政策框架"与我国的对策

重要意义。① 近年来,IIAs 有关"可持续发展"的实践已有一些重要的发展。越来越多的 BITs 在序言中表明,BITs 不会为了促进和保护投资而以其他重要价值,如健康、安全、劳工保护和环境为代价。② 在 2011 年签订的 20 项 IIAs③ 中,有 12 项含有"在条约序言中提及健康与安全、劳工权、环境保护或可持续发展";11 项"明确承认双方不应为吸引投资而放宽健康、安全或环境标准"。④ 上述规定意味着确保 IIAs 不致干扰缔约国的可持续发展战略,而是应对该战略作出贡献。

IPFSD 提出的"可持续发展"主要涵盖环境、社会发展、企业社会责任等内容,强调外国投资应纳入东道国的可持续发展战略,倡导各国签订"可持续发展友好型"(sustainable-development-friendly)IIAs。

IPFSD 核心原则(1)题为"为可持续发展的投资",明确表明投资决策的首要目标是促进包容性增长(inclusive growth)和可持续发展的投资。核心原则(9)"投资促进与便利",规定投资促进与便利政策应符合可持续发展目标,且设计为尽量减少有害投资竞争的风险。

"各国指南"从三方面强调"可持续发展":一是投资政策融入国家发展战略。制订符合生产性能力建设(productive capacity building)的优先战略投资和投资政策,包括人力资源发展、基础设施、技术传播、企业发展的政策及敏感产业保护的投资政策等。二是投资政策结合于可持续发展目标。除了体现"平衡"的"具体投资政策和法规的设计"及"旨在最大限度减少投资潜在负面影响"等规定外,还体现为:(1)促进负责任投资(responsible investment)的政策,保证投资符合国际核心标准;(2)投资促进和优惠政策,

---

① OECD, International Investment Law, Understanding Concepts and Tracking Innovations, Companion Volume to International Investment Perspectives, OECD, 2008, pp. 61,9.

② UNCTAD, Bilateral Investment Treaties 1995—2006: Trends in Investment Rulemaking, United Nations, 2007, p. 4.

③ 遴选作为研究对象的 2011 年 20 项 IIAs 包括:坦桑尼亚—土耳其 BIT、尼日利亚—土耳其 BIT、墨西哥—秘鲁 FTA、韩国—秘鲁 FTA、巴拿马—秘鲁 FTA、日本—巴布亚新几内亚 BIT、印度—斯洛文尼亚 BIT、印度—尼泊尔 BIT、印度—马来西亚 FTA、印度—立陶宛 BIT、印度—日本 EPA、危地马拉—秘鲁 FTA、捷克—斯里兰卡 BIT、哥斯达黎加—秘鲁 FTA、哥伦比亚—日本 BIT、中国—日本—韩国 TIA、中美洲—墨西哥 FTA、波斯尼亚与黑塞哥维那—圣马力诺 BIT、阿塞拜疆—捷克 BIT 和澳大利亚—新西兰投资议定书。参见 UNCTAD, World Investment Report 2012, Towards a New Generation of Investment Policies, United Nations, 2012, p. 90。

④ 表 III.3. 遴选的 2011 年 IIAs 的"可持续发展友好型"特征示范,载 UNCTAD, World Investment Report 2012, Towards a New Generation of Investment Policies, United Nations, 2012, p. 90。

促进包容性与可持续发展;(3)土地取得的政策,结合"负责任的农业投资原则"制定相关政策。三是确保投资政策的相关性和有效性。主要包括公共治理和制度能力建设,政策有效性和具体措施有效性的评估,涉及量化投资的影响指标等。①

"协定要素"将"核心原则"转化为一些提供给 IIAs 决策者的选项,并分析各选项对可持续发展的意义。

首先,调整 IIAs 现有通行规定,通过保障东道国政策空间和限制国家责任条款,使其体现为"可持续发展友好型"。相关选项包括:(1)澄清定义方面,在"征收条款"中规定,追求公共政策目标的非歧视性善意管制不构成间接征收;在"公平公正待遇条款"中,包含政府责任的穷尽清单;(2)投资条件/限制方面,在"范围与定义条款"中规定,要求适格投资符合某些具体特征,如对东道国发展的积极影响;(3)保留/确定(carve-outs)方面,对国民待遇、最惠国待遇或设立前责任的特定国家保留,确定可实施的政策措施(如补贴)、政策区域(如少数民族、土著团体政策)或部门(如社会服务);(4)涵盖/例外的排除方面,在"范围与定义条款"中,从涵盖范围中排除证券、短期或风险投资;旨在追求合法公共政策目标的国内管制措施的一般例外;(5)省略公平公正待遇条款、保护伞条款。

其次,在以可持续发展为目标的规定中,增加新的或更强有力的条款,以平衡投资者的权利和责任,促进负责任的投资及增强母国的支持。主要表现在:(1)投资者责任,要求投资者在投资准入和经营阶段遵守东道国法律,促进投资者遵守普遍原则或适用的企业社会责任标准;(2)具有可持续发展意义的制度建设,据之国家当事方可进行合作,例如审查 IIA 的功能或 IIA 条款的解释,要求当事方合作以促进投资者遵守适用的企业社会责任标准;(3)促进负责任投资的母国措施,促进对"可持续发展友好型"海外投资提供优惠,投资者遵守适用的企业社会责任标准可作为附加条件。

更具有创新意义的是,引入 GATT/WTO 体制的"特殊与差别待遇"(special and differential treatment,SDT)条款,作为发展水平悬殊的 IIAs 缔约方、特别是缔约一方是最不发达国家的选项,其效力及于现有规定和新规定,使较不发达缔约方的责任水平适合其发展水平。主要内容包括:(1)较低水平的责任,涵盖较少经济活动的设立前承诺;(2)责任/承诺的"专注发展

---

① UNCTAD, World Investment Report 2012, Towards a New Generation of Investment Policies, United Nations, 2012, xxvii.

例外"(development-focused exceptions),保留或确定具敏感性的有关发展的领域、问题或措施;(3)最佳努力的承诺(best-endeavour commitments),规定有关公平公正待遇、国民待遇的承诺为最佳努力承诺,不具有法律约束力;(4)不同的履约时间表,即承担分阶段(phase-in)履约责任,包括设立前、国民待遇、最惠国待遇、履行要求、资金转移及透明度等责任。①

(二)从"偏重保护外资"到"平衡当事双方权利义务"

如前所述,传统国际投资政策与生俱来的典型特征是"偏重保护外资"。在 IIAs 实践中,长期存在发达国家与发展中国家之间在谈判地位与能力、谈判目标与效果、权力与利益等方面的不平等或不平衡现象。近年来,此种不平等或不平衡现象呈现强化和扩张之势。就各国外资法律政策而言,20世纪80年代以来,为吸引和竞争外资,发展中国家的外资法律政策也普遍偏重对外资和外国投资者的保护和优惠,缺乏或放松对外资必要的管制或制约。

在 IIAs 语境中,"平衡"(balance)的概念可体现于不同的层面:首先,"平衡"可体现于缔约双方之间或缔约一方与第三方之间的关系,包括发达资本输出国与发展中资本输入国之间的权力、权利和责任关系,公共机构与私人利益之间、特别是东道国与外国投资者之间的权利与责任关系。"平衡"特别需要适用于发达国家与发展中国家之间的关系。经济实力相当的两个发达国家之间或两个发展中国家之间的任何一方投资者到对方投资,可基于互惠和相互保护的概念和原则。然而,此种概念和原则看来不能适用于经济发展水平悬殊的发达国家与发展中国家之间的 IIAs,因为发展中国家的国民一般不具有进行相对应海外投资的能力。② 因此,为调整单方受益的情况,缔约双方需要有"平衡"的考虑。其次,"平衡"也可体现于投资政策目标之间的关系,如保护外资与促进外资的关系、保护外资与管制外资的关系以及缔约双方经济目标与其他公共或社会目标之间的关系。

近年来,IIA 实践在这方面已有一些创新性发展。在 2011 年签订的 20项 IIAs 中,有 17 项规定了"资金自由转移责任的详细例外,包括国际收支平衡困难和/或本国法的实施","不规定所谓'保护伞'条款";12 项规定"公

---

① UNCTAD, World Investment Report 2012, Towards a New Generation of Investment Policies, United Nations, 2012, p. 141.
② Jeswald W. Salacuse, Nicholas P. Sullivan, Do BITs Really Work: An Evaluation of Bilateral Investment Treaties and Their Grand Bargain, *Harvard International Law Journal*, Vol. 46, 2005, p. 77.

平与公正待遇标准相当于习惯国际法的外国人最低待遇标准"。① 此类规定在不同程度上反映了资本输出国与资本输入国之间、东道国与外国投资者之间权利和责任关系的"平衡"。

IPFSD 直接表达"平衡"概念的是核心原则(5)"平衡权利与义务",规定投资政策应基于整体发展利益,平衡国家与投资者的权利与义务。鉴于在经济全球化、投资自由化趋势下,东道国管制外资的主权权力面临严峻挑战,IPFSD 在核心原则(6)"管制权利"(right to regulate)中,难能可贵地重申和强调了东道国对外资的管制权利,规定基于国际承诺,为了公共利益,各国拥有确立外资准入和经营条件且尽量减轻其潜在负面影响的主权权利。笔者以为,在肯定该原则的积极意义时,应当特别注意"基于国际承诺"和"为了公共利益"两个限定条件。核心原则(3)、(7)、(8)则分别规定了东道国对外资的法治、开放、保护及待遇的责任,以作为对东道国"管制权利"的"平衡"或"制衡"。核心原则(3)"公共治理与体制",规定投资政策应发展为涵盖所有利益相关方且融入基于法治的制度框架。该制度框架遵循高标准的公共治理并为投资者确保可预见性、有效性及透明程序。核心原则(7)"开放投资",规定依据各国发展战略,投资政策应确立开放、稳定和可预见的投资准入条件。核心原则(8)"投资保护与待遇",规定投资政策应对现有投资者提供充分保护,现有投资者的待遇应是非歧视的。

在"各国指南"中,"平衡"作为投资政策结合于可持续发展目标的工具或体现,如具体投资政策和法规的设计,不仅规定投资的设立与经营、投资待遇与保护及投资促进与便利,也规定投资者的责任;又如,制订旨在最大限度减少投资潜在负面影响的具体指南,如处理逃税、防范反竞争行为、保障核心劳工标准及处理和改善环境影响等。"各国指南"还特别指出,要通过投资促进可持续发展和包容性增长,要最大限度地发挥投资的积极影响和最大限度地消除投资的消极影响,均需要平衡投资促进与投资管制。②

实际上,前述"协定要素"体现可持续发展目标的条款同样体现了"平衡"的概念。这也从一个侧面表明,"可持续发展"与"平衡"是相辅相成的。

---

① 表 III. 3. 遴选的 2011 年 IIAs 的"可持续发展友好型"特征示范,载 UNCTAD, World Investment Report 2012, Towards a New Generation of Investment Policies, United Nations, 2012, p. 90。

② See ibid. , pp. 116—118。

第一章 绪论:"可持续发展的投资政策框架"与我国的对策

在一定意义上,"可持续发展"是目标,"平衡"是实现"可持续发展"目标的主要手段或路径。在此需要特别强调的是,"协定要素"率先主张在IIAs引入SDT条款,具有十分重要而深远的意义:首先,以南北问题为视角,关注和强调与发达国家经济发展水平悬殊的发展中国家、特别是最不发达国家的可持续发展问题;同时,不仅关注形式公平问题,而且关注实质公平问题,即在承认缔约双方经济发展水平不同的基础上,通过不对称的责任分配以实现实质公平。① 这正是IPFSD核心原则(5)"平衡"的要义,更是公平互利原则的实践。

(三)保护外资和管制外资从"各行其道"到"一体化"

传统上,一般而言,保护外资和管制外资的两种努力"各行其道"。保护外资的法律,无论国内立法或国际条约,均属"硬法",具有法律约束力。而管制外资的国际规范,则大多流于或属于"软法",成效甚微。如20世纪70—90年代起草及谈判的《联合国跨国公司行为守则》(草案)因长期未能达成共识,终遭放弃。而2000年《OECD关于国际投资与跨国企业指南》也只是调整外国投资者行为的劝导性或自律性规范。

在国际投资政策语境,"一体化"(integration)的概念是全新的。它服务于不同的目的,特别是在实质和形式方面。首先,它意味着东道国投资保护与外国投资者责任的结合,以纠正片面强调对外国投资者的保护而未对其施加必要的责任;其次,鉴于涉及外资的国内政策与国际政策应整体考虑,两者需要根据国家形势的变化而协调发展②,"一体化"的概念强调IIAs与国内法之间的紧密联系;再次,鉴于国内外资政策与其他经济和社会政策密切相关,"一体化"的概念要求国内外资政策应融入国家的可持续发展战略;最后,在立法技术层面,"一体化"的概念意味着国际投资政策文件的结构性革新,即在IIAs与国内立法中包含保护外资和管制外资的规范,特别是同时规定东道国与外国投资者的权利和责任。

IPFSD强调保护外资和管制外资的同等重要性及"投资者责任",力图在国内立法和国际条约实践中一体化推进建构保护外资和管制外资的法律体制。

核心原则(2)"政策一致性"(coherence),规定外资政策应基于国家的整

---

① UNCTAD, World Investment Report 2012, Towards a New Generation of Investment Policies, United Nations, 2012, p.159.
② Ibid., p.161.

体发展战略。所有影响外资的政策在国内和国际层面应是连续和协调一致的。

在"各国指南"中,强调外资政策应作为国家发展战略的组成部分。① 其主要内容包括:(1) 在外资与可持续发展战略方面,外资应结合于国家的可持续发展战略,使外资对生产性能力建设和国际竞争的贡献最大化;(2) 在外资管制和促进方面,设计具体的外资政策,涉及外资的设立与经营、外资的待遇与保护、投资者的责任及促进与便利;(3) 在有关外资的政策领域方面,确保与其他政策领域包括贸易、税务、知识产权、竞争、劳工市场管理、土地的取得、公司责任与治理、环境保护、基础设施及公共—私人关系等政策的一致性;(4) 在外资政策的有效性方面,建立实施外资政策的有效的公共机构,评估外资政策的有效性,从反馈中汲取用于新一轮决策的经验。②

IIAs 是各国投资决策的组成部分,可能支持投资促进目标,也可能限制投资和发展决策。作为促进投资的工具,IIAs 通过对外国投资者提供有关投资保护、东道国政策框架的稳定性、透明度及可预见性的附加保障补充了东道国的法规。在限制投资和发展决策方面,IIAs 可能限制发展中国家发展战略的制订,或阻碍包括可持续发展目标的决策等。鉴此,"协定要素"要求明确 IIAs 在国家发展战略和投资政策的地位和作用,保障 IIAs 与其他经济政策(如贸易、产业、技术、基础设施或旨在建立生产性能力和加强国家竞争力的企业政策)和其他非经济政策(如环境、社会、健康或文化政策)的协调一致。③

"协定要素"的结构和内容充分体现了"一体化"的概念。"协定要素"分为"设立后"(post-establishment)、"设立前"(pre-establishment)和"特殊与差别待遇"(SDT)三个部分。其中,在"设立后"部分中,"与其他协定的关系"(第8条)和"不降低标准条款"(第9条)及"投资促进"(第10条)分别涉及 BIT 与其他相关国际法、国内法规范的协调一致关系。

在保护外资和管制外资方面,长期以来,由于 IIAs 的缔约主体是国家,绝大多数 IIAs 仅规定国家的保护外资责任,而未规定外国投资者的义务或

---

① UNCTAD, World Investment Report 2012, Towards a New Generation of Investment Policies, United Nations, 2012, p.111.
② Ibid., pp.120—121.
③ Ibid., p.133.

第一章 绪论:"可持续发展的投资政策框架"与我国的对策

责任。外国投资者虽是 IIAs 的真正和最终受益者,其不当行为却无从或难以由 IIAs 调整。"协定要素"明确增加了"投资者义务与责任"(第 7 条)的规定。① 在 IIAs 中,可要求外国投资者在投资和经营期间甚至经营期间之后(如环境清洁期间)遵守东道国有关投资的国内法,以该法律符合东道国国际责任、包括该 IIA 规定的责任为限。此类外国投资者责任的规定还可作为 ISDS 程序规定的基础,即在外国投资者未遵守东道国国内法的情况下,东道国可在 ISDS 程序中对该外国投资者提起反诉。此外,IIAs 还可规定普遍承认的国际准则(如《联合国商务与人权指南》)。此类规定不仅有助于平衡国家承诺与投资者的责任,还可支持正在形成为国际投资政策重要特征的企业社会责任准则的传播。②

三、我国的立场与对策

IPFSD 旨在建构资本输入国与资本输出国"可持续发展""和谐共赢"的新国际投资秩序,符合我国和广大发展中国家的共同目标和长远利益,为我国和广大发展中国家提供了重要的法理基础和实践契机。我国作为发展中大国,在基于 IPFSD 的国家实践和国际实践中任重道远,大有可为。

(一)促进形成共识,支持 UNCTAD 制订"可持续发展友好型"BIT 范本

如前所述,"可持续发展""平衡"和"一体化"是 IPFSD 的主要贡献和创新。UNCTAD 制订了 IPFSD,并不意味着国际社会对"可持续发展"、"平衡"和"一体化"已然达成共识。我国国际法学界、政府主管部门在国际论坛和国际实践中,应通过各种努力,促进各国真正达成此项共识。我国兼具资本输入国和资本输出国双重身份,促进国际社会达成此项共识,不仅符合国际社会普遍认同的经济主权、公平互利和合作发展原则,也符合我国的国家利益。从解决"南北问题"的高度看,"可持续发展""平衡"和"一体化"是改革旧国际投资秩序、构建新国际投资秩序的基本理念,我国作为发展中大国,应始终坚持和积极实践。

UNCTAD 的 IPFSD 虽然为国际投资决策实践提供了重要的法理基

---

① UNCTAD, World Investment Report 2012, Towards a New Generation of Investment Policies, United Nations, 2012, pp. 143—159.
② Ibid., pp. 135—136.

础,但它毕竟只是国际组织主持制订的"专家指南"。而 UNCTAD 提出的"协定要素",则只是汇集 IIAs 各种政策选项供各国"各取所需"(adapt and adopt)的"菜单",而不是作为谈判基础和具有指导意义的 IIA 范本。比之各个国家,UNCTAD 显然更具中立和独立性,更有可能对资本输入国与资本输出国之间的权利义务给予平衡的考虑。鉴此,建议我国政府主管部门和国际法学界积极参与 UNCTAD 建立的网上 IPFSD 互动式论坛及其他相关国际论坛和国际活动,促进和支持 UNCTAD 效法"联合国税收协定范本"的相关实践,在 IPFSD 的基础上,制订"可持续发展友好型"BIT 范本,供各国参考采用,以引领 BITs 的发展方向,逐渐形成新的国际通行规则。

(二) 建立和健全基于 IPFSD 的我国海外投资法律制度

自 20 世纪 80 年代以来,经济合作与发展组织(OECD)国家开始注重对其海外投资和海外投资者的责任,结合传统的海外投资保证制度,制订一些政策措施或计划,以促进"负责任的投资"。[①] 为适应实施"走出去"战略的需要,我国相继建立了有关管理和保护海外投资的法律制度。由于 IPFSD 强调"可持续发展""平衡"及"一体化",意味着我国相关法律制度也面临新的挑战,需要进行适时的调整、健全和完善。事实表明,近年来,我国海外投资企业不仅因利比亚战乱等突发性政治风险而损失惨重,也面临东道国基于公共利益而采取征收等措施的政治风险。显然,国际投资政策发展的新趋向和严峻的客观现实均要求我国在建立和健全海外投资法律制度中,需要有包含"可持续发展""平衡"及"一体化"概念的新视角和新规范。同时,我国还应重视鼓励和支持海外投资企业实施严格的企业社会责任标准,进行负责任的投资,为东道国的"可持续发展"作出积极贡献,从而达到有效防范政治风险、与东道国和谐共赢的目标。

(三) 及时制订我国"可持续发展友好型"BIT 范本,积极开展相关实践

BIT 范本可分为欧洲范本和美国范本。欧洲范本是传统范本,条文简明,与投资密切相关,主要涉及定义、准入、待遇、征收、转移、代位、争端解决等传统 IIAs 的主要问题及协定的适用、生效等条约法的一般问题。美国范

---

① Riva Krut and Ashley Moretz, Home Country Measures for Encouraging Sustainable FDI, Occasional Paper No. 8, Report as part of UNCTAD/CBS Project: Cross Border Environmental Management in Transnational Corporations, CBS, November 1999.

第一章　绪论:"可持续发展的投资政策框架"与我国的对策

本2004年之前大体遵循欧洲范本模式,之后自成一体。美国2004年范本内容宽泛繁杂,不仅在"片面保护外资和外国投资者权益"等传统特征方面进一步升级和强化,还增加了履行要求、透明度、投资与环境、投资与劳工、根本安全、金融服务、税务等新内容及详细复杂的ISDS程序。[①]美国2012年范本在此基础上又有新的发展,主要表现在增加新的透明度要求以及扩大劳工和环境保护范围等方面。

毋庸讳言,长期以来,我国BIT范本主要借鉴欧洲范本。从形式、内容甚至用语上看,中国系列的BITs和德国系列的BITs实际上并无显著或本质的区别。作为发展中大国,居于最大的资本输入国和潜在的资本输出大国双重地位,我国具有"平衡南北权益"的内在动因和客观需求。当前,在调整或重构国际投资秩序的新形势下,需要认真总结我国三十多年来的BIT实践经验,深入研究相关国际实践和案例,遵循IPFSD的"核心原则",参考"协定要素",特别是选择采用其中的创新要素,及时制订我国"可持续发展友好型"BIT范本,作为与外国商签或修订BITs的政策宣示、重要基础和基本准则。在商签或修订中外BITs时,可以合理主张,我国"可持续发展友好型"BIT范本汲取了IPFSD的原则和创新要素,代表了新一代国际投资政策的发展趋向。

"可持续发展友好型"BIT实践的典型特征,是摆脱欧洲范本和美国范本的窠臼,增加了"东道国可持续发展"和"投资者责任"等创新要素,以平衡资本输入国与资本输出国之间、东道国与外国投资者之间的权利义务。在发达国家基于国家利益考虑而固守"传统"的情势下,发展中国家相互之间

[①] 美国1977年启动"BIT计划"(bilateral investment treaty program),先后制订了1983年、1984年、1987年、1991年、1992年、1994年、2004年和2012年范本。在"BIT计划"历史上,2004年范本无论形式和实体内容,都有很大改变,篇幅增为三倍以上。参见Kenneth J. Vandevelde, *U. S. International Investment Agreement*, Oxford University Press, 2009, pp.99—107。该范本分为A、B、C三节,共有37个条款。第A节包括第1条至第22条,分别是定义、范围、国民待遇、最惠国待遇、最低待遇标准、征收与赔偿、转移、履行要求、高级管理层与董事会、关于投资的法律决定的公布、透明度、投资与环境、投资与劳工、不符措施(Non-Conforming Measures)、特殊程序与信息要求、非减损(Non-Derogation)、拒绝授惠(Denial of Benefits)、根本安全(Essential Security)、信息披露、金融服务、税务、生效:期限与终止等条款。第B节包括第23条至第36条,细化了缔约一方与缔约另一方投资者之间争端的解决方式,分别对磋商与谈判、仲裁请求的提起、各当事方对仲裁的同意、各当事方同意的条件与限制、仲裁员的选定、仲裁的进行、仲裁程序的透明度、准据法、附录解释、专家报告、合并、裁决、附录与脚注、文件服务等作了专款规定。第C节第37条则专门规定了缔约双方之间争端的解决。

的 BIT 实践如何发展,至关重要。我国与其他发展中国家作为平等的缔约双方,具有建立新国际经济秩序的共同历史使命和奋斗目标,可遵循 IPFSD 的原则和创新要素,逐渐形成"可持续发展友好型"BIT 的普遍实践,进而影响发达国家与发展中国家之间的 BIT 实践及国际投资政策的总体发展趋势。

上　篇
促进与保护海外投资的国内法律制度

　　本篇主要探讨促进与保护海外投资的国内法律制度，概括论述我国促进与保护海外投资的相关法律制度，分析其基本特点，论证进一步健全和完善的必要性和主要内容。本篇分为健全我国海外投资保证制度、促进我国海外投资的组织法、促进我国海外投资的金融制度、我国海外投资壁垒问题及对策、我国海外投资的环境保护及我国对外能源投资合作的法律问题等六个方面，探讨相关专题，所涉及的国内法规范与国际法规范或有交融。

第二章 健全我国海外投资保证制度

【本章提要】 海外投资保证制度是资本输出国促进和保护海外投资者的主要法律制度。本章探讨的专题一是海外投资保证制度的缘起和特点；二是我国海外投资保证制度现状，分别探讨我国海外投资保证制度与承保机构的流变、我国海外投资保证制度的立法缺失及立法时机；三是我国海外投资保证的立法模式选择与承保机构的法律定位，在借鉴国外经验的基础上，提出相关立法建议；四是我国海外投资保证中的适保性问题，涉及适保的东道国、适保的投资、适保的投资者及承保险别；五是我国海外投资保证中的代位权问题，涉及代位权的确立、承认及行使；六是我国海外投资保证中的争端解决问题，涉及承保机构与海外投资者之间的争端解决、承保机构与东道国之间的争端解决两个方面。

海外投资保证制度应海外投资迅猛增长而生，又为海外投资保驾护航。世界主要资本输出国即发达国家和部分发展中国家均已建立较完善的海外投资保证制度（参见本章附录"世界29个主要国家提供海外投资保险业务的机构及授权法律"）。

2000年以来，我国实施"走出去"战略，鼓励海外投资，对外直接投资的流量与存量已位居世界前列。截至2013年，中国已成为世界上对外投资的第三大来源国。[①] 2014年，我国新一届政府又确定了"丝绸之路经济带"和"21世纪海上丝绸之路"（以下简称"一带一路"）的重大战略，进一步推动对外投资。可以预期，在不久的将来，我国将成为世界上最重要的资本输出国之一。我国海外投资除了流向欧美等发达国家之外，大量投资主要流向亚洲、非洲和美洲等投资风险较大的发展中国家。海外投资在异国他乡除了可能遭遇一般商业风险外，还可能遭遇各种政治风险。例如，2011年的利比亚内战以及欧美对利比亚的空中打击，导致多家中国企业在利比亚价值数百亿的合同项目全部停工，大量厂房设备严重受毁。2001年的阿根廷

---

① UNCTAD, World Investment Report 2014, Investing in the SDGs: An Action Plan, United Nations, 2014.

金融危机、2003年的伊拉克战争、2008年的世界金融危机,以及当前的伊朗危机和叙利亚危机,已经或可能给我国投资者在这些国家的投资造成重大损失。

我国已初步建立了海外投资保证制度,但该制度还缺乏正式的法律依据,相关规定还不够完善,不能满足现有海量投资的需要,也无法为我国海外投资者提供充分的保护。因此,有必要在法律上(包括国内法和相关国际条约)和制度上进一步健全和完善。鉴此,本章概述海外投资保证制度和我国海外投资保证制度的现状,分析我国海外投资保证制度的立法模式和承保机构的法律定位,进而探讨我国海外投资保证制度中的适保性、代位权及争端解决等问题。

第一节 海外投资保证制度的缘起和特点

海外投资保证制度又称海外投资保险制度。美国习惯用"海外投资保险"(overseas investment insurance)一词,而世界银行集团多边投资担保机构(MIGA)则用"投资保证"(investment guarantee)。英文"insurance"或"assurance"源于意大利语"sigurare",本意是担保、保护、抵押等意思。中文将英文的"insurance"或"assurance"译为"保险",不太贴切,较准确的译法是"保平、保安、保障"。[①]英文"guarantee"的意思是保证。严格说来,"投资保险"和"投资保证"的法律概念及特点有所不同,但目前各国将"投资保证"与"投资保险"混同使用。本章亦不作特别区分。

海外投资保证制度借鉴一般商业保险制度的职能,是为了满足海外投资保证的特殊需要,由美国首创,逐渐推广到其他发达国家。但海外投资保证制度不同于一般商业保险制度,具有其鲜明的特点。

一、海外投资保证制度的缘起

外国投资者在东道国的一切活动都要遵守东道国法律,并受东道国的属地管辖。与当地投资者一样,外国投资者也要经受一般商业风险如物价上涨、原材料短缺、买卖合同受挫等,与当地投资者不同的是,外国投资者还可能遭遇一些非商业风险如外汇禁止兑换或汇出、东道国对外国投资进行国有化或征收、东道国违反与外国投资者签订的投资协议等。此外,由于东

[①] 覃有土、樊启荣:《保险法学》,高等教育出版社2003年版,第3—4页。

第二章　健全我国海外投资保证制度

道国境内发生的战争、武装冲突、民族主义运动、政权更迭等情势,可能导致外国投资者遭受损失。由外国投资者承担此类损失似不公平,东道国往往也不愿意补偿外国投资者的此类损失。在此情况下,外国投资者只能请求其母国行使外交保护权,向东道国索赔。外国投资者与东道国之间的投资纠纷由此上升为其母国与东道国之间的外交纠纷,致使两国关系紧张或恶化。历史上,美国就曾行使外交保护权,向国际法院起诉意大利,指控意大利征收了美国投资者的企业。① 在实践中,母国往往基于外交考虑而选择不介入本国投资者与东道国之间的投资纠纷。即使母国愿意介入,往往受外交保护中"国籍连续"原则②或投资者身份认定的限制,母国可能无法以外交保护的方式保护本国投资者。在"巴塞罗那机车"案中,比利时起诉西班牙,要求西班牙政府赔偿比利时投资者的损失,但国际法院以比利时投资者的公司国籍是加拿大为由,认为该案不具有可受理性。③

外国投资者由于非商业风险产生的损失往往无从得到补偿,这极大打击了其海外投资的积极性。美国借鉴一般商业保险的实践,在第二次世界大战之后首创了海外投资保证制度,由美国经济合作署(后来成立国际开发署和海外私人投资公司即 OPIC)为海外投资提供政治风险保险,从而使政治性问题获得商业性解决,避免了政府与政府间的直接对抗。④ 海外投资保证制度是公认的"促进和保护国际投资普遍行之有效的重要制度",得到各资本输出国的普遍采用。当今主要资本输出国、包括绝大多数发达国家和部分发展中国家(如印度和南非)都建立了海外投资保证制度。⑤

---

① 参见美国诉意大利 Elettronica Sicula S. p. A. (ELSI)案(1987),at http://www.icj-cij.org/docket/index.php? p1=3&p2=3&code=elsi&case=76&k=d8&p3=0,2015 年 4 月 20 日。
② 关于国籍连续原则,参见诺特鲍姆案(Nottebohm (Liechtenstein v. Guatemala))(1951),at http://www.icj-cij.org/docket/index.php? p1=3&code=lg&case=18&k=26,2015 年 4 月 20 日。
③ 参见 Barcelona Traction, Light and Power Company, Limited (Belgium v. Spain) (New Application: 1962), at http://www.icj-cij.org/docket/index.php? p1=3&code=bt2&case=50&k=1a,2015 年 5 月 12 日。
④ 参见陈安:《美国对海外投资的法律保护及典型案例分析——"海外私人投资公司"述评》,鹭江出版社 1985 年版,第 19 页。
⑤ Kathryn Gordon, Investment Guarantees and Political Risk Insurance: Institutions, Incentives and Development, in OECD, OECD Investment Policy Perspectives 2008, p. 92, at http://www.oecd-ilibrary.org/finance-and-investment/oecd-investment-policy-perspectives _ 20710402, Feb. 11, 2013.

二、海外投资保证制度的特点

海外投资保证制度是由资本输出国政府对本国海外投资者在国外可能遇到的政治风险提供保证或保险,投资者向经本国政府授权设立的投资保险机构购买保险,若承保的政治风险发生,给投资者造成损失,国内保险机构应补偿投资者的损失,并取得代位权,向发生政治风险的外国政府追偿。

海外投资保证具有独特性,其被保险人只限于海外私人投资者,保险标的仅限于海外私人投资。然而,由于海外投资保证缘于一般商业保险,一般商业保险中的概念、保险合同的签订和解释、代位权、索赔与理赔的程序、争议解决等,以及保险法的一般原理和原则,大都适用于海外投资保证。例如,在 Bechtel 诉 OPIC 案中,仲裁庭就适用了美国保险法中关于保险合同解释的基本原则,即当合同条款含糊不清时,应作出有利于被保险人的解释。[①]

海外投资保证制度不仅是一国国内保险制度,还具有一定的国际性,其运转和实现需要依靠国际条约。由于政治风险是由东道国政府所致,海外投资保证机构需要对抗的是东道国政府,保险机构在赔付投保人并获得代位权后,其追偿对象也是东道国政府。保险机构对代位权的行使、东道国政府对保险机构代位权的承认,往往是依据东道国与投资者母国之间签订的含有代位权条款的国际投资条约(包括美国的双边投资保证协议、现代的双边投资保护协定以及自由贸易协定中的投资章节)。

在未建立海外投资保证制度的情况下,发生政治风险之后会涉及三方关系:一是投资者向东道国求偿;二是求偿不成投资者向母国寻求外交保护;三是母国行使外交保护权向东道国追偿。这三方关系都很微妙。由于投资者与东道国地位不平等,双方对投资者的损失是否是由东道国政府的政治风险导致存在争议,双方心理对抗性较强,求偿难以成功。母国是否接受投资者请求进行外交保护也不确定。母国若向东道国行使外交保护权,可能破坏两国间的政治和外交关系。海外投资保证制度除了原有的投资者、东道国和母国三方之外,还增加了承保机构。原来的三方关系由于承保

[①] Bechtel Enterprises International (Bermuda) Ltd; BEn Dabhol Holdings, Ltd; and Capital India Power Mauritius I, Claimants against Overseas Private Investment Corporation, Respondent (AAA Case No. 50 T195 00509 02): Findings of Fact, Conclusions of Law and Award, paras. 5—6.

第二章 健全我国海外投资保证制度

机构的介入发生了转化：投资者因政治风险发生损失后，不必直接与东道国政府对抗求偿，而转向承保机构求偿。母国也不必直接介入投资者与东道国间的纠纷，避免了外交关系的紧张。在此过程中，作为非当事方的承保机构可发挥隔离和缓冲的作用，将上述三方关系转化为承保机构与东道国之间的求偿关系，较妥善地解决原本棘手的问题。

承保机构向东道国进行求偿有两层含义，其背后是由国际法作为依据和支撑的。一方面，承保机构通常是由投资者母国政府专门成立，作为母国政府的代表机构，行使外交保护权。另一方面，承保机构向投保人赔付后获得代位求偿权，该代位求偿权依据国际投资条约得到东道国承认，承保机构可以其本身的名义或投资者的名义向东道国求偿。这样，承保机构实际上具有双重身份。承保机构之所以能获得投资者的信任并接受投资者的投保，主要是因为承保机构对投资者的保证是由强大的母国政府支持。海外投资保证是一种政府保证，并以母国的信用和信誉作为担保。①

实践中，承保机构在向投资者理赔之后，有时会放弃向东道国的求偿权。例如，中国信用保险公司承保海外投资保证业务后，已有多起赔付案件，但目前还未向东道国进行过追索。尽管如此，由于海外投资保证制度的背后是母国政府，东道国政府在作出有关征收或汇兑限制决定时，所要面对的对象从某个或某些私人投资者转变为投资者母国政府或具有政府背景的保险机构，在由 MIGA 承保的投资中，将是 MIGA 的全体成员国政府（该东道国本身也往往是 MIGA 的成员国）。这样，面对诸多国际压力，东道国政府在采取相关措施时会有所顾虑，持更为谨慎的态度。在这个意义上，海外投资保证制度具有防范政治风险发生的作用。

与一般商业保险不同，海外投资保证制度很大程度上是政治的产物。一方面它产生的主要目的是为了应对东道国境内可能发生的各种政治风险；另一方面，它是投资者母国实施其对外经济政策的直接工具，是配合其实现国际战略目标的手段之一。该制度的设立和施行都依附于一国的政治和外交政策。

海外投资保证制度兼具国内性和国际性，其保险机构有一整套自成体

---

① 例如，美国法规定，OPIC 的保证构成美国的义务，并以美国的全部信誉和信用作为担保。参见 United States Code，Title 22，Foreign Relations and Intercourse，Chapter 32，Foreign Assistance，Subchapter I，International Development，Part II，Other Programs，Subpart IV，Overseas Private Investment Corporation，§2197(c)。

系的业务规则。广义上,海外投资保证制度由三个层面构成:一是投资母国的国内法律制度,包括该国的商业保险法、建立海外投资保证的国内立法与相关法规、规章制度。二是相关的国际法律制度,代位权的承认与行使,需要有专门的双边或多边投资协定来规定,或者需要行使外交保护权。在承保机构向东道国行使代位权时产生的纠纷,也需要使用国际争端解决机制来解决。三是保险机构自身的业务规则,保险机构是具体实施海外保险制度的机构,如何提供保险、如何行使代位权等业务,需要本身的详细规则。

第二节 我国海外投资保证制度现状

中国共产党十一届三中全会后的1979年,我国停办了二十多年的国内保险业务开始复业,主要业务由中国人民保险公司经营。1995年我国制定了第一部《保险法》,2002年和2009年先后进行修订。《保险法》为我国海外投资保证提供了最基本的法律基础,保险公司的实践经验也为海外投资保证奠定了机构基础和实践基础。然而,我国迄今还未专门就海外投资保证进行立法,实际的保险业务由中国出口信用保险公司(以下简称"中国信保公司")经营。中国信保公司经过十多年的运作,形成其相对成熟的业务规则。限于篇幅,本章不涉及中国信保公司的业务规则。在国际法层面,我国对外签订了一百三十多个双边投资条约和十多个含有投资章节的区域贸易协议。在这些国际投资条约中,基本上都规定了代位权条款和投资争端解决机制,为我国海外投资保证机构行使代位权及解决与东道国的投资争端提供了法律依据。

一、我国海外投资保证制度与承保机构的沿革

如前所述,海外投资保证制度旨在实施国家经济政策和国际战略,保护海外投资。直至20世纪90年代,我国才逐步取消限制对外投资的政策规定,开始采取新的政策措施和法律手段来鼓励和保护本国企业的对外投资。1990年前后,中国人民保险公司承保政治保险,但未列为一个险种。那时,已有学者呼吁建立我国的海外投资保证制度,并提议由中国人民保险公司开办海外投资保证业务。[1]

---

[1] 参见邓瑞平:《论建立我国海外投资保险法律制度的几个问题》,载《现代法学》1996年第2期,第64页。

第二章　健全我国海外投资保证制度

　　改革开放之初,我国政府就开始酝酿建立出口信用保险制度。1988年国务院委托中国人民保险公司试办机电产品的出口信用保险,1989年中国人民保险公司在我国正式开办出口信用保险业务,专门负责出口信用保险的推广和管理。1994年,中国进出口银行成立,同时开办政策性出口信用保险业务。1998年,国务院委托中国人民保险公司下属的财产保险有限公司开办海外投资保证业务。可见,我国当时是单纯地将海外投资保证作为保险业务的一部分,由中国人民保险公司经营。

　　由于上海企业对外投资较多,对海外投资保证的需求也更为迫切,上海市政府较早开始了这方面的尝试。1998年3月发布的上海市人民政府批转市外经贸委《关于本市进一步扩大企业对外投资加快拓展国外市场若干意见的通知》,将提供海外投资保证作为促进上海企业对外投资的措施之一,提出由中保财产保险有限公司上海分公司(现为中国人民财产保险股份有限公司上海市分公司)试办海外投资政治风险保险业务。政治风险保险范围为战争险、国家征用险和汇兑险,海外投资企业可以选择投保。[①] 但是,该业务仅限于上海的海外投资企业在南部非洲国家的直接投资,属于鼓励向非洲国家投资的政策措施。[②]

　　借鉴将海外投资保证归属于出口信用保险的国际实践,我国也将海外投资保证业务划归中国人民保险公司出口信用保险部。1991年,我国加入MIGA。2000年11月,中国人民保险公司(由出口信用保险部总经理代表)与MIGA签署了《合作谅解备忘录》,加强了对我国企业海外投资保证的保障能力。[③] 我国企业的海外投资既可向中国人民保险公司投保,也可向MIGA投保。

　　2001年12月,在我国加入WTO的大背景下,中国信保公司成立了,由中国人民保险公司和中国进出口银行各自代办的信用保险业务合并。自此,原来由中国人民保险公司经营的海外投资保证业务也转移给中国信保公司。

　　中国信保公司成立的法律依据是2001年5月29日国务院发布的《关

[①] 参见上海市人民政府批转市外经贸委《关于本市进一步扩大企业对外投资加快拓展国外市场若干意见的通知》(沪府发[1998]9号,1998年3月17日),at http://www.fsou.com/html/text/lar/168370/16837025.html,2015年5月4日。

[②] 同上。

[③] 徐翼、温桂胜:《中国企业海外投资放心了》,人民网,at http://www.people.com.cn/GB/channel3/23/20001121/320874.html,2015年5月4日。

于组建中国出口信用保险公司的通知》,根据该《通知》,中国信保公司是从事政策性出口信用保险业务的国有独资保险公司,其主要任务是:依据国家外交、外贸、产业、财政、金融等政策,通过政府性出口信用保险手段,支持货物、技术和服务等出口,特别是高科技、附加值大的机电产品等资本性货物出口,积极开拓海外市场,为企业提供收汇风险保障,促进国民经济的健康发展。① 值得注意的是,该《通知》并未明确提及海外投资保证业务。

根据该《通知》所附的《中国出口信用保险公司组建方案》,中国信保公司的经营范围包括:(1)出口信用保险外币及人民币业务;(2)与出口信用保险相关的信用担保业务和再保险业务;(3)出口信用保险的服务及信息咨询业务;(4)国家法律、法规允许的资金运用业务;(5)国务院批准的其他业务。可见,中国信保公司的业务范围也未具体指出包括海外投资保证业务。

尽管如此,中国信保公司成立之初,海外投资保证已成为其三种产品之一,另两种产品是短期出口信用保险和中长期出口信用保险。② 中国信保公司真正开展海外投资保证业务肇始于2002年底。2003年9月18日接下第一份保单,为中国化学工程总公司和中国成达工程公司以BOT方式投资的印度尼西亚巨港电站项目提供海外投资保证和融资担保支持。③

自此,海外投资保证业务与中国人民保险公司脱钩。我国政府鉴于外向型经济的需要,借鉴多数发达国家的做法,成立专门的出口信用保险公司,全面承担起包括海外投资保证在内的所有政策类出口、租赁及海外投资信用保险业务。从这个角度说,目前我国承保海外投资保证业务的机构是中国信保公司。

二、我国海外投资保证制度的立法缺失

虽然我国的海外投资保证业务始于1998年,目前的承保机构中国信保公司亦取得了显著成绩,但我国在这方面尚存在立法缺失的问题。

我国海外投资保证制度有据可查的第一次明文"立法"当属前述上海市人民政府批转市外经贸委《关于本市进一步扩大企业对外投资加快拓展国

---

① 参见国务院《关于组建中国出口信用保险公司的通知》(国发〔2001〕19号),at http://www.110.com/fagui/law_2799.html。
② 《中国出口信用保险公司社会责任报告》,at http://www.iachina.cn/IC/baogao/45。
③ 贾春晖、赵悦朱:《海外投资保险:不为盈利的政策性保险》,at http://insurance.cnfol.com/060913/135,1387,2257047,00.shtml。

外市场若干意见的通知》。该《通知》第一次确立了海外投资保证制度的主要规范:法律根据是上海市政府的《通知》;承保机构是中保财产保险有限公司上海分公司;保险范围是战争险、国家征用险和汇兑险;适保的投资者是上海的海外投资企业;适保的投资是直接投资;适保的东道国是南部非洲国家。[①]然而,该《通知》仅是上海市政府的政策文件,规范层级低,且内容也过于简单。尽管如此,这仍是我国海外投资保证制度的有益尝试。

随着中国信保公司的成立,海外投资保证业务转由该公司经营,该公司成为海外投资保证业务事实上的承保机构。严格说来,由于中国信保公司作为我国海外投资保证的承保机构"师出无门",我国海外投资保证制度缺乏明确的法律根据。具体分析如下:

第一,成立中国信保公司的依据是国务院关于组建中国出口信用保险公司的通知及所附《中国出口信用保险公司组建方案》和《中国出口信用保险公司章程》。根据这些文件,中国信保公司的性质是从事政策性出口信用保险业务的国有独资保险公司(但未指出与政府之间有何特殊关系),按商业化方式运作,独立核算,保本经营。公司的业务主管部门是财政部,同时接受中国保监会的监管。由于国务院的通知属行政规范或行政命令性质,中国信保公司的成立缺乏正式的法律依据。

第二,国务院的通知对海外投资保证业务只字未提,既未明确指出中国信保公司的业务范围包括承保海外投资保证,也未明确授权中国信保公司作为海外投资保证的承保机构,更谈不上对海外投资保证的承保范围、适保投资者、适保投资、适保东道国及代位权等作出规定。虽然中国信保公司实际上在经营海外投资保证业务,但缺乏法律授权,在稳定性和可预见性方面较为薄弱。

由于中国信保公司经营海外投资保证业务缺乏明确的法律依据,我国海外投资保证制度缺乏具体内容。在深化"走出去"战略的过程中,我国更为重视促进和保护海外投资,对海外投资保证服务的要求也更为迫切,国家发改委、商务部等频繁发文,由中国信保公司以提供海外投资保证业务的方

[①] 参见上海市人民政府批转市外经贸委《关于本市进一步扩大企业对外投资加快拓展国外市场若干意见的通知》(沪府发[1998]9号,1998年3月17日),at http://www.fsou.com/html/text/lar/168370/16837025.html,2015年5月4日访问。

式执行国家支持海外投资的经济政策。① 例如,2003 年国家发改委、中国进出口银行颁发《关于对国家鼓励的境外投资重点项目给予信贷支持有关问题的通知》,要求"促成有关单位完善境外投资风险保障机制,进一步做好境外投资保险工作"。此处所指"有关单位"当指中国信保公司。2004 年,国家发改委与中国进出口银行颁发《关于对国家鼓励的境外投资重点项目给予信贷支持政策的通知》,特别指出,"对国别风险较大的项目,要求境内投资主体充分利用现有的境外投资保险机制,办理有关投保手续,积极规避境外投资风险"。

2005 年 1 月,国家发改委、中国信保公司《关于建立境外投资重点项目风险保障机制有关问题的通知》第一次明确提出由中国信保公司提供境外投资风险保障服务,包括境外投资保险服务。根据该《通知》,适保投资是"国家鼓励的境外投资重点项目",适保投资者是在中国境内注册的企业法人(即"境内投资主体"),承保的风险范围包括征收、战争、汇兑限制和政府违约。尽管仍是以部委规范性文件(即通知)的形式,我国海外投资保证制度粗具雏形。

随着改革开放的深化,我国适保投资者的范围逐步扩大。中国信保公司成立之初,主要是为国有企业的海外投资提供保险服务。2005 年,为落实国家关于加快培育自主出口名牌政策,商务部和中国信保公司联合发文,由中国信保公司以海外投资保证等方式为"名牌出口企业"提供优惠服务②,这里的"名牌出口企业"可能包括国有企业和个体私营企业。同年,国务院鼓励支持和引导个体私营等非公有制经济积极"走出去"开拓国际市场,商务部和中国信保公司联合发布通知,为个体私营的非公有制企业提供海外

---

① 参见国家发改委、中国进出口银行《关于对国家鼓励的境外投资重点项目给予信贷支持有关问题的通知》(发改外资[2003]226 号),at http://www.nmg.xinhuanet.com/xwzx/2003-10/09/content_1031092.htm;国家发改委与中国进出口银行《关于对国家鼓励的境外投资重点项目给予信贷支持政策的通知》(发改外资[2004]2345 号),at http://finance.sina.com.cn/g/20041102/14041126323.shtml;国家发改委、中国出口信用保险公司《关于建立境外投资重点项目风险保障机制有关问题的通知》(发改外资[2005]113 号),at http://china.findlaw.cn/fagui/p_1/324702.html;国家开发银行《关于加大对境外投资重点项目金融保险支持力度有关问题的通知》(开行发[2006]11 号),at http://www.sndrc.gov.cn/view.jsp? ID=2741。

② 参见商务部、中国出口信用保险公司《关于利用出口信用保险扶持出口名牌发展的通知》(商贸发[2005]第 332 号),at http://www.mofcom.gov.cn/aarticle/b/e/200507/20050700185627.html。

第二章　健全我国海外投资保证制度

投资保证等服务。①

由于没有专门立法对中国信保公司的保险范围、适保主体、适保对象等进行规定,导致政府主管部门和中国信保公司不断用"通知"等方式来弥补立法的缺失。不同的"通知"要求中国信保公司对不同的海外投资者和海外投资提供海外投资保证业务,有时还对提供海外投资保证的条件进行规定。但是,过多的"通知"也在一定程度上影响了中国信保公司经营海外投资保证业务的一致性。

根据上述通知,可大致勾画出我国现行海外投资保证制度的轮廓:经营海外投资保证业务的专门机构是中国信保公司;适保投资者包括国有企业和各种个体私营企业;适保投资是国家鼓励的投资,如境外投资重点项目、名牌出口企业的投资;投保条件是,须按国务院《关于投资体制改革的决定》和《境外投资项目核准暂行管理办法》的规定获得核准或履行备案手续②;承保的风险是,因征收、战争、汇兑限制和政府违约等政治风险遭受的损失③;投保的程序是,先向中国信保公司提交投保申请书,中国信保公司出具承保意向书或兴趣函,项目获得国家有关部门核准后,企业根据中国信保公司要求正式履行投保手续。④ 对于保险费率,尚无具体规定,但不同项目会适用不同的费率及优惠程度。⑤ 对于中国信保公司的代位求偿权,亦无任何规定。目前,我国尚无正式的法律来确定中国信保公司的法律地位以及海外投资保证制度。

中国信保公司经过十多年的海外投资保证实践,已取得显著的成绩,2012 年承保的金额达到 234 亿美元,其中投向亚洲国家的投资所占比重最高,占 73.8%。⑥ 中国信保公司逐渐形成其海外投资保证实践。2012 年,中国信保公司章程将承保政治风险的海外投资保证列为政策性业务。适保投

---

① 参见商务部、中国出口信用保险公司《关于实行出口信用保险专项优惠措施支持个体私营等非公有制企业开拓国际市场的通知》(商规发[2005]第 389 号),at http://china.findlaw.cn/fagui/p_1/347009html。

② 这仅规定于国家发改委、中国出口信用保险公司《关于建立境外投资重点项目风险保障机制有关问题的通知》上。

③ 同上。

④ 参见国家开发银行《关于加大对境外投资重点项目金融保险支持力度有关问题的通知》。

⑤ 国家开发银行《关于加大对境外投资重点项目金融保险支持力度有关问题的通知》规定,"中国出口信用保险公司将根据项目所在国的具体情况提供年保险费相对优惠的海外投资保险支持"。

⑥ 参见中国信保公司法律合规部 2013 年 8 月所作的《中国信保海外投资保险业务介绍》,未公开发表,现存于笔者处。

资者包括中资企业及银行,但个人投资者的海外投资目前由于缺乏相应的审批机制,尚未纳入承保范围。适保投资包括直接投资或通过第三国/地区所作的间接投资,具体包括能够体现在项目企业账面上所有者权益(股权保单)及负债(债权保单)的任何投资。对于适保东道国,原则上没有限制,不要求投资东道国与我国签署双边投资协定,但投向与我国签署了双边投资协定国家的项目可享受优惠政策,特殊情况下不要求东道国与我国建交。承保的风险包括汇兑风险、征收及国有化、战争及政治暴乱、由于战争及政治暴乱造成投资项目资产毁损、人员撤离,进而导致项目的建设及经营临时中断(经营中断),以及东道国政府的违约风险。[①]在特定项目中,中国信保公司在对某些项目出具的债权保单项下也承保了借款人的商业风险(包括借款人破产、解散、未按时还本付息等风险)。

尽管中国信保公司关于海外投资保证的业务规则比较完善,但其作为海外投资保证的承保机构及海外投资保证制度缺乏立法根据,也是显而易见的。其实,我国政府早已意识到这一问题。由财政部起草、作为国务院通知附件的《中国出口信用保险公司组建方案》明文指出:"公司按照国务院批准的《中国出口信用保险公司组建方案》和《中国出口信用保险公司章程》运营。待条件成熟后单独立法。"这意味着,当条件成熟时,我国会就中国信保公司的成立及其海外投资保证业务进行单独立法,给予中国信保公司应有的法律地位和身份。

三、我国海外投资保证立法时机已经成熟

实行"走出去"战略和"一带一路"战略以来,我国已逐渐跻身世界主要资本输出国列。我国海外投资遍布世界各国,50%以上集中在亚洲地区,约30%分布在欧美澳等发达国家,其余分布在非洲和拉丁美洲国家。[②] 亚非拉国家几乎都是发展中国家或欠发达国家。"一带一路"所涵盖的国家和地区,大部分也都是发展中国家。总体上说,发展中国家经济环境、基础设施、制度环境、信用环境等都不尽完善。非洲地区部族众多,语言、文化、宗教和生活方式各异,军事政变频发,战乱风险相对较为突出,且政治稳定性、

[①] 参见中国信保公司法律合规部2013年8月所作的《中国信保海外投资保险业务介绍》,未公开发表,现存于笔者处。

[②] 参见中国商务部、国家统计局、外汇管理局:《2011年度中国对外直接投资统计公报》,中国统计出版社2012年版,第27页。

政策连续性较差。① 据伯尔尼联盟的统计,2011年政治风险出险最多、付赔最多的东道国是尼日利亚、利比亚、越南、乌克兰、土耳其、蒙古、委内瑞拉、柬埔寨、俄罗斯、荷兰。② 这些出险最多的国家,我国都有数额巨大的投资。此外,世界政治经济形势变幻莫测,危机四伏,政治风险也可能在局势原本较为稳定的国家发生。例如,2011年的意大利、希腊和葡萄牙主权债务危机,都可能给我国海外投资者造成巨大损失。

对我国海外投资者而言,目前只有中国信保公司和MIGA可以提供海外投资保证,但MIGA仅限于承保投向发展中国家的投资,而且保费费率较高。

笔者认为,我国急剧增加的海外投资呼唤我国建立完善的海外投资法律制度,中国信保公司十多年的实践也奠定了其作为我国海外投资保证的正式承保机构的地位。目前,就海外投资保证制度和中国信保公司进行单独立法的条件已经成熟。我国应通过正式立法,授权中国信保公司作为行使代位求偿权的专门机构,完成国内法与国际条约的衔接。不然,我国目前已签订的129个双边投资协定和10多个含有投资章节的自由贸易协定,其中的代位权条款可能因未指明承保机构而归于落空。

第三节 我国海外投资保证的立法模式与承保机构的法律定位

我国海外投资保证制度的立法缺失,承保机构中国信保公司缺乏明确而正式法律授权的事实,并无可责之处。其实,许多国家的海外投资保证制度也是几经周折,才逐步发展出符合本国国情的相关国内法制度。也有一些国家是先实践,后立法,再不断完善法律。我国可借鉴国外经验,逐步建立和健全我国的海外投资保证制度。

一、海外投资保证制度的立法模式

海外投资保证制度的先驱美国,也是经历了立法变迁与机构变迁的复杂过程。美国的海外投资保证最早源于1948年《经济合作法》(该法是根据

---

① 《中国出口信用保险公司社会责任报告》,at http://www.iachina.cn/IC/baogao/45。
② Berneunion Statistics 2007—2011, at http://www.berneunion.org/bu-total-data.html, p.30.

美国1948年《对外援助法》制定的),当时只承保美国私人投资者在欧洲部分地区的投资因"当地货币不能自由兑换为美元"而带来的风险①。承保机构是根据该法设立的"经济合作署",该署是美国政府的一个机构。1961年,美国修改《对外援助法》,第一次用专章规定"投资保证"制度,从而正式建立了相对完善的海外投资保证制度。该法授权设立"国际开发署"来管理海外投资保证业务。国际开发署因效率低下,饱受诟病。1969年,美国再次修订《对外援助法》,正式设立"海外私人投资公司"(OPIC),该公司是一个拥有公司结构和公私混合董事会的机构,专门主管美国海外投资保险和保证业务,从而改变了以往由美国援外机构兼管投资保险的传统。② OPIC运营至今,效果良好,成为各国纷纷仿效的榜样。

日本的海外投资保证制度也经历了复杂的演变过程。1950年,日本制定《贸易保险法》,但其中尚无海外投资保证的规定。1956年修订该法时,才增补了"海外投资保险"一节,由通产省大臣作为法定保险人,具体业务由通产省贸易局输出保险课承办。之后,《贸易保险法》中的海外投资保证制度经历多次修订。1999年再次修订《贸易保险法》,专门成立独立的日本贸易保险公司,是独立行政法人,不再由日本政府直接经营海外投资保证业务。该公司的业务是普通出口保险、出口支付保险、外汇变动保险、出口担保保险、海外投资保证等。可见,海外投资保证只是其业务之一。

英国也是先提供海外投资保证业务,后进行相关立法。英国1919年成立出口信用担保局(Export Credits Guarantee Department),是世界上最早的出口信用机构,也是英国的政府部门之一。③ 后来,其业务范围不断拓展,为出口商和海外投资者提供协助,包括提供出口信用保险、投资保险和银行贷款保证等。1978年,英国才出台《出口和投资保证法》(Export and Investment Guarantees Act 1978)(1991年修订),正式赋予该出口信用担保局从事海外投资保证业务的法定权力。

世界上至少有29个国家建立了海外投资保证制度,由专门的承保机构

---

① Robert B. Shanks, Insuring Investment and Loans Against Currency Inconvertibility, Expropriation and Political Violence, *Hastings International and Comparative Law Review*, Spring, 1986, p. 418.

② 孙蕾:《美国海外投资保险制度的实施与发展》,载《国际经济法学刊》第17卷第4期,北京大学出版社2011年版。

③ UK Export Finance, at http://www.ukexportfinance.gov.uk.

第二章 健全我国海外投资保证制度

经营海外投资保证业务。① 其中,多数国家通过正式的相关立法确立其海外投资保证制度和专门的承保机构,另有一些国家则无明确的相关立法。各国的立法实践可归纳为四种立法模式:合并立法模式、单独立法模式、笼统立法模式和无立法模式。

"合并立法模式"是将海外投资保证作为出口信用保险的一种,与出口信用保险合并进行立法的模式。其理由是,海外投资是出口资本(export capital)②,属于出口信用的范围。这一模式最为普遍,采用的国家最多,但使用的法律名称略有不同。美国是在《对外援助法》中单列一章"海外私人投资公司"(OPIC),依法正式建立OPIC,同时确立该机构的法律性质、资金来源、组织机构和管理及经营范围,其主要业务包括提供投资保证和投资保险。该法还就承保的风险、适保投资者等进行规定。日本是制定一部综合性的《贸易保险法》,成立专门的贸易保险独立行政公司,经营包括海外投资保证在内的各种贸易保险业务。英国的相关立法称为《出口和投资保证法》,澳大利亚称为《出口融资和保险公司法》(Export Finance and Insurance Corporation Act 1991)③,荷兰称为《关于实行出口信用保险和投资保证的法令》(The Decree concerning the execution of Export credit insurance and Investment guarantees),南非称为《出口信用和对外投资保险法》(Export Credit and Foreign Investments Insurance Act)。这一立法模式的共同特点是,通过法律成立或授权某一机构经营出口信用保险业务,并将海外投资保证作为出口信用保险的组成部分,同时规定所承保的海外投资风险的具体险别。在合并立法中,对海外投资保证仅作简单的原则性规定,所占篇幅较小。合并立法模式的优点是,由于海外投资保证是出口信用保险的组成部分之一,由出口信用保险机构统一承保,在同一部法律中进行规定,可减少重复,节约立法成本。

"单独立法模式"是就海外投资保证进行专门的单独立法,不与其他出口信用保险合并立法。典型国家是德国。德国联邦政府根据预算法的授权,对需要扶持的德国企业境外直接投资提供风险担保。1993年,德国制定了详细的《对外投资担保条例》(2004年修订)。该《条例》详细规定了投

---

① 参见本章附录:世界29个主要国家提供海外投资保险业务的机构及授权法律。
② Manfred Holthus, Dietrich Kebschull & Karl Wolfgang Menck, *Multilateral Investment Insurance and Private Investment in the Third World*, Verlag Weltarchiv, Hamburg, 1984, p. 13.
③ http://www.efic.gov.au。

资担保的原则、条件、申请程序及担保损害处理等内容。根据该法,德国政府指定普华永道德国审计股份公司(Price Waterhouse Coopers Deutsche Revision A. G.)和裕利安宜信用保险公司(Euler Hermes Kreditversicherungs A. G.)这两家公司作为德国联邦政府的代理人,承办德国海外私人投资的保险业务。[①] 单独立法的好处是,可对海外投资保证作详细具体规定,可操作性强。德国是典型的大陆法系国家,倾向于全面细致严谨地制定法律。德国对海外投资保证的单独立法模式反映了其法律传统。但单独立法的立法成本较高。

"笼统立法模式"是指在一国保险法中单列海外投资保证,作为保险法的一部分。法国采用这一做法。由于海外投资保证与一般商事保险不同,很少国家采用这一立法模式。

"无立法模式"是指一国既未针对海外投资保证进行专门立法,也未在出口信用保险立法中明确提及海外投资保证,更未就承保风险、适保投资者等内容进行规定,但出口信用机构实际经营海外投资保证业务。奥地利《出口保证法》即属此种情形。该法授权财政部代表奥地利政府提供保证(即财政部是真正的担保人),又由财政部指定监督银行(Oesterreichische Kontrollbank)作为代理人,充当奥地利的出口信贷机构,经营出口保证业务。但是,该法并未明文提及海外投资保证业务。在实践中,由奥地利监督银行提供海外投资保证。其依据是,由于该法授权财政部提供各种保证(guarantee),其中也包括海外投资保证。瑞典亦属此种模式。其《出口信用担保法令》(Export Credit Guarantee Ordinance)也未提及海外投资保证。我国国务院关于成立中国信保公司的通知类似此种模式。此种模式对海外投资保证业务缺乏明确的法律规定,承保机构也缺乏明确的法律授权,不利于对外开展工作。

除上述各国立法实践和承保机构之外,还有一个国际性的"多边投资担保机构"(MIGA),是通过《建立多边投资担保机构公约》(简称《MIGA 公

---

① 过去德国的海外投资保险业务是由赫尔姆斯信用保险公司(HermsKerditversicherungs A. G.)和信托与监察公司(Treuarbeit A. G. ,又译"信托股份公司")两家国营公司经营。1995 年信托与监察公司与审计税务咨询信托联合股份公司(Treuhand-Vereinigung A. G.)合并为永道德国审计公司(Coopers & Lybrand Deutsche Revision A. G.)。1998 年,永道德国审计公司与普华公司(PriceWaterhouse GmbH)合并为"普华永道德国审计股份公司"(Price Waterhouse Coopers Deutsche Revision A. G. ,简称 PWC)。赫尔姆斯公司(Euler Hermes Kreditversicherungs A. G.),又译"黑尔梅斯信贷担保股份公司",现正式中文名称为"裕利安宜信用保险公司")。

约》)建立的,专门提供海外投资保证。MIGA 虽是参照 OPIC 建立,但《MIGA 公约》除了就 MIGA 的建立、成员、组织机构、管理等作出详细规定外,还具体规定了承保险别、适保投资和投资者、适保东道国、索赔的支付、代位权等,可称为最全面、完善的海外投资保证制度。[①]

二、海外投资保证制度的承保机构的法律定位

由于海外投资保证是由投资者母国承保机构提供,承保的是东道国的政治风险,承保机构向投资者赔付之后,取得代位权向东道国追偿,需要母国政府的政治和信用支持。显然,私人保险公司一般无力担此重任。因此,海外投资保证制度无论是采用哪一种立法模式,一般而言,都是由法律直接组建或指定专门的保险机构(通常是出口信用保险机构)承担海外投资保证责任。该保险机构业务范围较广,一般不仅经营海外投资保证业务,也经营其他各种出口信用保险业务。

尽管海外投资保证的真正保证人是投资者母国政府,但具体经营海外投资保证业务的承保机构可能各不相同。根据保险机构法律地位的不同,可分为四种:第一,保险机构本身是由政府单独设立的特别政府部门,如英国的出口信用担保局,是独立的政府部门,向英国贸易和工业部大臣负责。第二,保险机构是由政府提供充分的信用和信誉担保的独立机构。美国的 OPIC 是典型例子。OPIC 名为独立的公司,实际上具有半官方性质,是美国政府的机构,直属美国国务院领导,服务于美国的对外政策,董事长由国际开发署署长兼任。2001 年成立的"日本出口与投资保险"(Nippon Export and Investment Insurance,NEXI),是日本的独立行政法人,亦属此类。第三,保险机构是由政府成立的全资公司,如意大利外贸保险服务公司,其全部股份由意大利财政经济部拥有,并由其任命董事会成员,对外保证仍由政府承担。加拿大出口发展公司的全部资产也是由加拿大政府拥有。中国信保公司也是由我国政府成立并全资拥有的公司。第四,保险机构是纯粹的私人股份保险公司,但获得政府立法授权或委托经营海外投资保证业务,并由政府担保。如法国的海外贸易保险公司、德国的普华永道审计公司、奥地

[①] 关于 MIGA,参见陈安:《MIGA 与中国》,福建人民出版社 1995 年版。

利监督银行公司和荷兰的安卓信用保险公司。① 私人保险公司是实际实施保险业务的机构,但政府仍是法定保险人,承担最终的保险责任。而且,是否给予保险的审查与批准也是由政府机构负责。例如,荷兰政府与私人保险公司安卓荷兰国家信用保险公司签订协议,授权后者以代理人身份开展出口信用保险和投资保证(包括海外投资保证)业务,政府是真正的保险人并承担所有风险。②

虽然实际经营海外投资保证业务的保险机构的法律地位表面上似有不同,但真正提供海外投资保证的是投资者母国政府,母国政府才是真正的保险人,也只有如此安排,母国才能对抗东道国的政治风险。因此,各国海外投资保证立法中,通常会明确指出承保机构与政府间的关系,为承保机构代表国家行使外交保护权或行使代位求偿权提供合法身份。美国《对外援助法》就明确 OPIC 的地位,在美式投资保证协议中,都明确承认 OPIC 作为政府机构行使代位权,从而使 OPIC 跨国行使代位权有了国际法依据,双边投资条约一般也承认缔约国或其指定机构的代位权及其行使。

三、我国海外投资保证的立法模式选择与承保机构的法律定位

我国目前的海外投资保证制度属"无立法模式",国务院关于组建中国信保公司的通知仅为"红头文件",且未提及海外投资保证业务。从这个角度看,也可以说我国的出口信用保险(包括海外投资保证)尚处于无法可依的状态。由此产生了现行《保险法》能否适用于出口信用保险的争议。中国信保公司认为,出口信用保险作为政策性业务,从严格意义上讲,不受规范商业保险行为和商业保险组织的《保险法》调整,特别是一些有关保险组织和业务监管的规则。而在实践中,对于出口信用保险纠纷,司法机关一般按照《保险法》第二章保险合同的规定进行裁判。③ 这方面的立法缺失不利于我国海外投资保证业务的开展。因此,我国有必要通过全国人大的正式立

---

① 参见 Kathryn Gordon, Investment Guarantees and Political Risk Insurance: Institutions, Incentives and Development, in: OECD, OECD Investment Policy Perspectives 2008, p. 97, at http://www.oecd-ilibrary.org/finance-and-investment/oecd-investment-policy-perspectives_20710402, Feb. 11, 2013.

② 参见荷兰财政部致安卓荷兰国家信用保险公司(Atradius Dutch State Business)的信(Letter on Relationship State and Atradius), at http://www.atradiusdutchstatebusiness.nl/dsben/about/index.html.

③ 《发挥信用保险功能 服务实体经济发展——"出口信用保险法律适用研讨会"在京召开》, at http://www.court.gov.cn/spyw/mssp/201203/t20120314_174979.htm.

第二章　健全我国海外投资保证制度

法或国务院的行政法规从法律上确立我国的海外投资保证制度。特别是，我国签订的 BITs 一般都有代位条款，规定"如缔约一方或其指定的代理机构，依照其对在缔约另一方领土内某项投资的保证向其国民或公司作了支付，缔约另一方应承认被保证的国民或公司的全部权利和请求权，依法律或合法行为转让给了缔约一方或其指定的代理机构，并承认缔约一方或其指定的代理机构由于代位有权行使和执行与被保证的国民或公司同样程度的权利及请求权"[①]。由该条款可见，代位权应以"法律或合法行为"为基础，而且是由缔约国政府或其明确指定承保机构行使。然而，我国目前的相关实践实际上未能符合这两方面的规定。

值得参考的模式是美国和日本的"合并立法模式"和德国的"单独立法模式"。鉴于我国目前已组建了中国信保公司，专门开展出口信用保险业务，包括从事海外投资保证业务，且积累了较丰富的实践经验，故不宜采用"单独立法模式"，将海外投资保险从出口信用保险中剥离出来单独立法，并成立专门的海外投资保险机构。笔者认为，采用"合并立法模式"，将海外投资保险保留在出口信用保险中进行立法，继续由中国信保公司经营海外投资保险业务，是比较适当和明智的选择。但是，在立法内容上，应兼采"单独立法模式"和"合并立法模式"的优点，特别是德国法律和《MIGA 公约》关于海外投资保险制度的具体规定。我国是成文法国家，不适用案例法，笼统的法律规定无法操作和适用。因此，一方面，我国新的立法应明确规定中国信保公司的法律地位、组织机构、职能与业务范围，国务院《关于组建中国出口信用保险公司的通知》的相关内容可继续沿用，但新的立法应特别规定，提供海外投资保险是中国信保公司的主要业务之一。另一方面，新的立法应确立较具体详细的海外投资保证制度，包括承保险别、适保投资和投资者、适保东道国、代位权、理赔与追索等。

中国信保公司属于政府出资建立的全资公司。根据国务院《关于组建中国出口信用保险公司的通知》及所附的《中国出口信用保险公司组建方案》和《中国出口信用保险公司章程》，中国信保公司是从事政策性出口信用保险业务的国有独资保险公司，按商业化方式运作，独立核算，保本经营，公司的业务主管部门是财政部，接受中国保监会的监管。由此看来，中国信保公司的法律地位与一般的国有独资商业公司并无二致，这与其专门经营出口信用保险业务所需的特殊身份是不相称的。此外，该《通知》也未明确我

[①] 例如中国与英国 1986 年签订的双边投资保护协定第 9 条。

国政府为出口信用保险（包括海外投资保险）提供保证及作为出口信用保险的最终保险人的法律地位。笔者认为，在新的立法中，应明确规定我国政府是出口信用保险的终极保险人，还应明确规定中国信保公司代表我国政府经营相关业务，同时指定中国信保公司作为行使代位权的指定机构。

第四节　我国海外投资保险中的适保性问题

海外投资保险制度最重要的内容，是确定哪些投资者投往哪些东道国的哪些投资可以获得保险，即要确定适保的东道国、适保的投资者和适保的投资。其次，还要确定哪些政治风险能获得保险机构的承保。这些均属适保性问题，有的国家规定于其海外投资法律，有的国家则由承保机构规定于其业务规则。MIGA是在《MIGA公约》中给予明确详细的规定。

一、适保的东道国

适保的东道国是确定本国投资者投向哪些国家的投资可以申请保险机构的保险。从经济学上的资源有效配置理论来说，不应将某些东道国排除在适保的东道国之外。① 但实践中，一国在决定哪些国家为适保的东道国时，主要考虑三个因素：第一，母国本身的对外经济政策与政治外交战略。如果母国积极推动对外经济扩张，就会鼓励投资者向发达国家和发展中国家投资。第二，东道国的国内经济法律环境。发达国家经济环境较好，国内法治较健全，发生政治风险的概率较小，外国投资者的权益较有保障。而发展中国家经济发展水平较低，对外资需求较大，但发达国家认为发展中国家的国内法治不够健全，对外资保护不够充分。本着"高风险高回报"的理念，发达国家还是会支持向这些国家投资，同时，使用海外投资保险方式来防范政治风险和补偿投资者可能遭受的损失。为投向发展中国家的投资提供政治风险保险，就等于鼓励本国投资者向这些国家投资。换言之，海外投资保险是鼓励海外投资的手段之一。第三，母国与东道国之间的关系。如果母国与东道国维持良好关系（例如两国建立了外交关系），母国投资者面临的政治风险会减轻，一旦风险发生，母国保险机构赔付之后，母国行使外交保

---

① Manfred Holthus, Dietrich Kebschull & Karl Wolfgang Menck, *Multilateral Investment Insurance and Private Investment in the Third World*, Verlag Weltarchiv, Hamburg, 1984, pp. 39—40.

护权对东道国进行追索也相对容易一些。另一方面,两国若签订有双边投资条约,也是良好关系的表现,在风险发生后,承保机构可依据条约规定的代位权直接向东道国追偿。

由于各国对上述因素的侧重各不相同,适保东道国的模式也会有所不同。我国应根据国情,寻找适合的确定适保东道国的模式。

(一)确定适保东道国的模式

上述三大因素可概括确定适保东道国的两个标准:一是东道国的国家类型;二是母国与东道国是否签订有双边投资条约(BIT)。

就东道国的国家类型而言,一些国家不区分东道国的国家类型,投往任何国家、包括发达国家和发展中国家的投资均可能获得保险;另一些国家只承保投往发展中国家的投资。就东道国与母国关系而言,一些国家(如美国)要求东道国与母国签订有 BIT,称为双边主义;另一些国家(如日本)则无此要求,称为单边主义;还有一些国家(如德国)虽不要求签订有 BIT,但要求适当考虑东道国的国内法律完善情况,称为混合主义。

综合上述两个标准,可能产生六种确定适保东道国的模式:第一种模式是东道国必须是发展中国家,而且与母国签订有 BIT,典型代表是美国。第二种模式是东道国的国家类型不限,但必须与母国签订有 BIT,如法国和瑞典。第三种模式是东道国必须是发展中国家,但不要求与母国签订有 BIT,如英国和加拿大。第四种模式是东道国的国家类型不限,也不要求与母国签订有 BIT,典型代表是日本。第五种模式是东道国必须是发展中国家,虽不要求与母国签订有 BIT,但要考虑东道国的国内情况,目前尚无国家属于这一模式。第六种模式是东道国的国家类型不限,虽不要求与母国签订有 BIT,但要考虑东道国的国内情况,典型代表是德国。上述六种模式中,最常见最典型的是美国模式、日本模式和德国模式。以下分述之。

关于美国模式,根据美国《对外援助法》有关 OPIC 的规定,建立 OPIC 的目的是促进和鼓励私人资本流向欠发达的友好国家和地区以及经济转型国家[1],为此,适保的东道国必须是美国总统同意开展投资保险和保证的友好的发展中国家[2],此外,还要求东道国与美国存在某种适当的安排来保护 OPIC 的利益。[3] 该条款虽未明确指出"适当的安排"是指代位权协议,但一

---

[1] 参见美国《对外援助法》第 2191、2197(a)条。
[2] 参见美国《对外援助法》第 2197(a)条。
[3] 参见美国《对外援助法》第 2197(b)条。

般据此认为,美国与东道国政府双边协议的存在是东道国适保的前提条件。① 实践中,美国与发展中国家签订双边投资保证协议作为保护伞协议(umbrella agreement)②。签订协议表明该东道国是美国的友好国家,由于此类协议均规定了代位权条款,也确保 OPIC 赔付后能有效地向东道国追偿。美国在 20 世纪 50 年代建立海外投资保险制度后,积极与发展中国家签订双边投资保证协定(主要内容是规定代位权),目的就是要保障其海外投资保险制度的有效实施。20 世纪 80 年代开始,美国转而采用德国首创的内容更加全面的 BIT,但由于美国与多数发展中国家都签订了包含代位权条款的双边投资保证协议,美国版 BITs 都没有代位权条款。美国曾考虑放弃以双边条约确保代位权的做法,对投往所有发展中国家的投资给予全面保护方式(blanket approach to protect)③,但迄今尚未付诸实施。MIGA 是仿效 OPIC 成立的专门提供海外投资保险的国际组织,采用类似美国的模式,只承保投向发展中国家的投资,且要求该国是 MIGA 的成员国④。比美国更进一步的是,MIGA 还要求考虑东道国的国内情况,要求东道国必须是对外资实行公正平等待遇、投资条件良好的发展中国家。⑤

关于日本模式,日本既不要求东道国为发展中国家,也不要求与母国签订 BIT。日本是世界上最大的海外投资国家之一,其海外投资遍布全球。为更好地服务于海外扩张战略,日本对适保的东道国没有限制。日本对外签订的 BITs 不多,对于投往与日本没有签署 BIT 的东道国的投资出险后,日本贸易保险公司(保险机构)赔偿之后,依据 BIT 的规定或通过行使外交保护权,向东道国追索。

关于德国模式,德国法律并未明确规定适保的东道国。从理论上说,保险可适用于所有国家,并不要求是发展中国家,或与德国签订有 BIT 的国家。但是,如果东道国与德国未签订 BIT,则需要考虑东道国的国内政局与法律情况。只有在东道国以 BIT 形式或以其稳定的国内法律体系为海外投资提供最低限度法律保护的情况下,德国才会为其可能遭遇政治风险的海外投资提供担保。另一方面,德国极力对外签订 BITs,目前已签订了 140

---

① Theodor Meron, *Investment Insurance in International Law*, Oceana Publications, Inc., 1976, pp. 76—77.
② Ibid., p. 62.
③ Ibid., p. 46.
④ 《MIGA 公约》第 14 条。
⑤ 《MIGA 公约》第 12 条(d)款(iv)项。

第二章　健全我国海外投资保证制度

多个BITs,是世界上签订BITs最多的国家。普华永道公司和裕利安宜公司在实践中,根据风险大小将东道国国别分为五类,适用不同的费率。出于外交考虑,国别分类不公布。

(二)我国适保东道国的模式选择

我国在确定适保东道国时,也应考虑上述三个因素:一是我国的对外经济政策与政治外交战略,二是东道国的国内经济法律环境,三是我国与东道国之间的关系。我国当前实施的"走出去"战略和"一带一路"战略都是鼓励海外投资。我国历来也是以由中国信保公司提供海外投资保险作为鼓励本国资本投向特定东道国的手段之一。我国现有海外投资已几乎覆盖全球,这些国家(地区)中既有欧美澳等发达国家,也有大量亚非拉发展中国家,各有其经济和资源优势。相比之下,投往发展中国家的资本可能面临更大风险。所有海外投资,都应得到充分的保护。尤其是,当今世界政治经济风云突变,政治风险时有发生,发展中国家如此,发达国家也不例外。伊拉克战争、利比亚危机、叙利亚危机、阿根廷经济危机,都给我国海外投资者造成巨大损失。受2008年全球金融危机影响,一些发达国家也隐约出现了政治风险(如政府违约、禁兑、征收等),我国平安集团在比利时遭受的巨大损失就可能是由于政府征收引起的。即使没有金融危机,发达国家也可能出现政治风险,例如,"三一重工"在美国出险后,曾与中国信保公司进行过沟通。另外,根据《北美自由贸易协定》(NAFTA),加拿大多次被国际投资仲裁庭裁定为"构成间接征收",应赔偿外国投资者。在日本福岛核泄漏事件发生后,德国"亡羊补牢",决定关闭国内核电站,由此也可能对外国投资的核电站构成征收。目前,我国与170多个国家建立了外交关系,维持良好的政治关系。此外,我国签订BITs总数位居世界第二,与130多个国家签订了BITs或含有投资章节的自由贸易协定,其中均有代位权的规定。

综上,关于适保东道国的国家类型,鉴于我国在大多数国家均有投资,政治风险可能发生于发展中国家或发达国家,适保东道国的范围可以放宽,不宜限定于特定类型的国家。至于投资者是否投保,保险机构是否承保,则由其自行决定。关于我国与东道国是否需要签订有BIT,鉴于我国与大多数国家保持良好的外交关系,又与130多个国家签订有BIT或FTA,可以考虑不作此要求。在个案中,是否承保投往某一东道国的投资,由中国信保公司掌握与把关。正如美国资深学者梅隆(Theodor Meron)所说,不应将双边协议作为承保的不可变更的前提条件,原则上应有双边条约,但也可以采取某些灵活措施,以适应不同东道国的具体国情。① 在此情况下,保费可以区分不同国家而有所不同,如发达国家的保费可以适当调低。总之,建议我国采取类似于日本的单边模式。

在实践中,中国信保公司承保海外投资时,执行的是单边模式,对适保东道国未作限制,也不要求投资东道国与我国签订有 BIT,但签订有 BIT 的投资项目可享受优惠政策。特殊情况下,也不要求投资者母国与我国建交。截至 2013 年 8 月,中国信保公司承保的项目遍布五大洲,但集中在亚洲和非洲(见表 2.1)。中国信保公司承保投往发达国家的投资亦不乏其例。截至 2013 年 8 月,中国信保公司在美洲承保 2 个投资项目,在欧洲承保约 20 个投资项目(其中,俄罗斯 9 个、英国 1 个、法国 2 个)。②

表 2.1 中国信保公司承保海外投资项目分布简况

地区	亚洲	非洲	欧洲	美洲	大洋洲	合计
承保金额(亿美元)	242	48.2	18.6	17.0	2.2	328
占比(%)	73.8	14.7	5.7	5.2	0.6	100

来源:中国信保公司法律合规部 2013 年 8 月所作的《中国信保海外投资保险业务介绍》。

二、适保的投资

《MIGA 公约》对适保的投资作了最严密、完整的规定,要求适保的投资应符合三大标准,即具有经济上的合理性③、对东道国的经济和社会发展有所贡献(投资的发展性)④、符合东道国的法律和条例(投资的合法性)⑤。一般国家的海外投资保险机构并不直接要求投资应具有合理性和发展性,但会将促进东道国的经济发展作为其目标之一。⑥ 投资的合法性是各国的共同要求,否则引发政治风险的概率将大大增加。例如,美国要求承保的投资

---

① Theodor Meron, Investment Insurance in International Law, Oceana Publications, Inc., 1976, p.77.
② 引自中国出口信用保险公司法律合规部 2013 年 8 月所作的《中国信保海外投资保险业务介绍》。
③ 《MIGA 公约》第 12(d)(i)条。
④ 同上。
⑤ 《MIGA 公约》第 12(d)(ii)条。
⑥ 陈安:《MIGA 与中国》,福建人民出版社 1995 年版,第 184—191 页。

须获得东道国审批。中美投资保证协议规定,能获得 OPIC 承保的投资必须是经中国政府批准的项目或活动。①

各国海外投资保险机构均要求承保的适保投资必须是新投资。MIGA 将用于更新、扩大、增强现有项目的财政能力的追加投资以及从东道国现有投资中产生的收益视为新投资。② 各国一般也将收益的再投资作为新投资的范围。③ 各国对适保投资的种类也有限制,一般限于直接投资,包括股权投资和债权投资,间接投资(如证券投资,portfolio investment)一般排除在外。MIGA 承保的投资种类除直接投资外,还包括其他形式的中长期投资。④ 适保投资的资产形式一般包括货币和实物投资。

我国在确定适保投资的范围时,需要考虑我国国情,特别要注意:第一,遵循各国通常实践,例如,适保的投资仅限于新的直接投资(股权投资和债权投资);第二,投资应能促进东道国的经济发展和社会福利,这符合中外 BITs 序言所述的宗旨;第三,应要求投资符合东道国法律法规以减少风险,同时需要经我国政府(商务部及其下属部门)审批同意或登记备案;第四,投资应符合中外 BITs 的投资定义。只有符合投资定义的投资,才能得到 BITs 的保护,承保机构也才能援引 BITs 的代位权条款。

三、适保的投资者

各承保机构对适保投资者的规定各不相同,范围宽窄不一。

作为海外投资保险制度的创始国美国,其宗旨是保护美国公民的利益,适保投资者的范围不限于自然人和法人,是以美国公民的利益为核心,包括美国公民,依据美国法律(包括美国某州法律或某领土法律)登记成立并主要由美国公民拥有的公司、合伙企业或其他社团,以及完全归美籍公民、美籍公司拥有的具有外国国籍的公司、合伙企业及其他社团。如果该外国国籍的公司,其股票由非美国人认购,只要不超过股票总数的 5%,不影响其投保资格。⑤ 换言之,在美国的非美国公民(如永久居民)、非主要由美国公

---

① 中华人民共和国政府和美利坚合众国政府关于投资保险和投资保证的鼓励投资的协议及有关问题的换文(1980 年),at http://www.110.com/fagui/law_13588.html.
② 参见陈安:《MIGA 与中国》,福建人民出版社 1995 年版,第 194 页。
③ Manfred Holthus, Dietrich Kebschull & Karl Wolfgang Menck, *Multilateral Investment Insurance and Private Investment in the Third World*, Verlag Weltarchiv, Hamburg, 1984, p.34.
④ 参见陈安:《MIGA 与中国》,福建人民出版社 1995 年版,第 204 页。
⑤ 参见美国《对外援助法》第 2198(c)条。

民拥有的公司、合伙或社团,就不能向OPIC投保。具有外国国籍的公司,如果外国人拥有超过5%的股票,也不能获保。如果在美国成立的公司受外国政府控制且多数股权属外国所有,也不在OPIC的承保范围之内。[①] 可见,美国的适保投资者范围有较大局限,这与美国近年在BIT中"将永久居民列入投资者范围"的实践不协调,也不能适应新形势发展的需要,故有学者建议扩大适保投资者的范围。[②] 美国《对外援助法》一再强调应优先考虑并重点扶持中小投资者,鼓励中小投资者向海外投资[③],但三十多年的实践表明,真正获得最多保险的仍是美国大投资者。[④]

MIGA虽是OPIC的翻版,但与OPIC不同的是,MIGA尽可能扩大适保投资者的范围。虽然《MIGA公约》规定只有自然人和法人可以投保[⑤],非法人不可以,似乎承保范围很有限,但《MIGA公约》又规定,对于不作为法人的合伙、非法人社团和分支机构,虽不能以独立的实体名义向MIGA投保,但它们的所有权人可就他们各自拥有的投资份额分别向MIGA投保[⑥],从而事实上扩大了适保投资者的范围。对于法人,只要是在商业基础上经营,无论是私法人还是公法人,均可投保。因此,《MIGA公约》规定的适保投资者的范围还是比较宽泛的。

澳大利亚对适保投资者几乎没有限制,在立法中简单规定,在澳大利亚从事商务的人,以及该人实质性持有股份的公司,均可投保。[⑦] 加拿大法律虽未规定适保的投资者,但加拿大出口发展公司在实践中,也未限制适保投资者的范围,只要是在加拿大从事商务的人,均可投保,并不要求具有加拿大国籍或永久居民身份,或必须是在加拿大成立的法人。

中国信保公司目前承保的仅是中资企业及银行,不包括个人。我国在确定适保投资者范围时,要考虑我国国情和对外签订的BITs,尽可能做到一致。主要考虑的因素包括:第一,我国的现实是,国有企业仍是主要的对外投资者,但私营企业正在迅速崛起中,两类企业均应纳入承保范围。目

---

① 参见陈安:《MIGA与中国》,福建人民出版社1995年版,第173页。
② Theodore H. Moran and C. Fred Bergsten, Reforming OPIC for the 21st Century, at http://www.iie.com/publications/pb/pb03-5.pdf, last visited on May 12, 2015.
③ 参见美国《对外援助法》第2191(e)条、第2200条等。
④ Theodore H. Moran and C. Fred Bergsten, Reforming OPIC for the 21st Century, at http://www.iie.com/publications/pb/pb03-5.pdf, last visited on May 12, 2015.
⑤ 《MIGA公约》第13(a)条。
⑥ 参见陈安:《MIGA与中国》,福建人民出版社1995年版,第168页。
⑦ Export Finance and Insurance Corporation Act 1991, Section 22 (1).

前,我国对个人投资者赴海外投资尚无相应的审批机制,个人投资者也尚未纳入承保范围。鉴于自然人也是中外 BIT 保护的投资者,时机一旦成熟,个人投资者也应纳入承保范围。第二,我国对外签订的 BIT 中,投资者的范围除了自然人外,不用"法人"一词,常常使用含义更宽泛的"企业"或"实体",包括公司、基金会、信托、社团、协会以及合伙、机构、合资企业等,不论是否以营利为目的,也不论其责任是有限责任还是其他形式。此外,这些"企业"或"实体"的国籍依据设立地规则来判断。由此可见,我国的适保投资者也可相应放宽。

四、承保险别

承保险别是指承保机构对哪些非商业风险提供保险和保证。各国承保险别的规定适应形势的需要而逐步发展。例如,美国在 1961 年通过的《对外援助法》(The Foreign Assistance Act of 1961)专章规定的"投资保证"制度中,承保范围包括三种基本政治风险,即外汇险、征收及类似措施险和战争内乱险,其中战争内乱险包括了革命(revolution)、战争(war)及暴乱(insurrection)三种。1981 年美国修订该法案,将内乱(civil strife)亦包含于战争内乱险。内乱是指有政治目的的暴动或骚乱以及带有政治目的的恐怖主义行动。[1] 1985 年美国修订该法案,又增加了营业中断险,即由于发生上述三种政治风险而引起营业中断所造成的损失。2003 年再次修订的该法案进一步完善了有关征收及类似措施险的规定,除东道国政府的行为引起的征收征用外,还增加了任何政府分支机构或政府拥有或控制的公司的行为所引起的征收征用造成的投资者损失。[2]

MIGA 成立之初,对 OPIC 的承保范围就有所发展,即在三种基本风险之外增加了违约险及其他险,即货币汇兑险、征收及类似措施险、战争及内乱险、违约险以及董事会批准的其他险种。[3]《MIGA 公约》对各险种作了较详细的规定。经过多年的发展,MIGA 目前承保五个险种:货币汇兑和限制转移险,征收险,战争、恐怖主义和内乱险,违约险和不履行金融义务险。[4]

---

[1] Rodney Stilwell, Encouraging Investment in LDCs: The United States Investment Guaranty Program, *Brooklyn Journal of International Law*, Vol. 8, 1982, p. 386.

[2] 孙蕾:《美国海外投资保险制度的实施与发展》,载《国际经济法学刊》第 17 卷第 4 期,北京大学出版社 2011 年版。

[3] Convention Establishing the Multilateral Investment Guarantee Agency, Article 11 Eligible Risks.

[4] 参见 MIGA 网站,Types of Coverage, at http://www.miga.org/investmentguarantees/index.cfm? stid=1797,2015 年 5 月 7 日。

一般而言,投资者可在征收、汇兑限制、战争三种风险中选择一种或任意组合进行投保。投保风险可在申请续保时改变,但风险种类只可减少不可增加。

我国可借鉴 OPIC 和 MIGA 的实践,并结合海外投资目标国的具体情况,开发出符合实际需要的险种。目前,中国信保公司在借鉴 OPIC 和 MIGA 承保险种的基础上,提供三种基本政治风险和违约险:汇兑险、征收(含国有化)险、战争及政治暴乱险(以及因战争及政治暴乱引起的经营中断险)、东道国政府违约险。若今后出现新的非商业风险,中国信保公司可与时俱进,提供更多的险种。

另一方面,我国对外签订的 BITs 中基本上都有关于征收、资本自由转移、战争及内乱的条款,有的还包含"保护伞条款",即将东道国政府与投资者之间的投资协议也纳入 BIT 的保护。因此,我国承保的四种险种与中外 BITs 均有直接关系,我国将来的海外投资保险立法、中国信保公司的业务规则以及保险合同对于上述四种风险的定义应与中外 BITs 的相关规定相协调。

第五节 我国海外投资保险中的代位权问题

代位是保险法普遍接受的原则。[①] 当承保人向投保人支付赔偿后,就取得了投保人的地位,可向对投保人因保险标的所遭受的损害负有责任的第三人寻求补偿。在海外投资保险中,承保机构代位权的确立主要依据国内法和保险合同,而东道国是否承认承保机构的代位权,则取决于东道国与保险机构所属母国之间的国际条约。实践中,保险机构向东道国的求偿能否成功,取决于多种因素。

一、代位权的确立

各国保险法一般规定,如果是因为第三人对保险标的造成损害导致保险事故的,保险人自向被保险人赔偿保险金之日起,在赔偿金额范围内代位行使被保险人对第三人请求赔偿的权利。[②] 这就在法律上确立了保险人支

[①] Commentary on the Convention Establishing The Multilateral Investment Guarantee Agency, para. 26.

[②] 例如,我国《保险法》第 60 条。

付赔偿后的代位权。在海外投资保险中,一些国家还会在海外投资保险立法中再次确立保险机构的代位权。例如,日本《贸易保险法》规定,保险人赔付后,取得了被保险人针对第三人的权利。① 美国《对外援助法》也提及 OPIC 有权行使代位权。② 《MIGA 公约》也明文规定,MIGA 在向投保人支付或同意支付后,即代位取得投保人对东道国或其他债务人所拥有的有关承保投资的各种权利或索赔权。③ 然而,英国、澳大利亚等对此未作规定。

各国国内法对保险机构的代位权一般作原则性规定,基本确立了代位权。根据国内法关于代位权的规定,保险机构会在其业务规则中,就代位权的条款和条件作具体详细的规定。对投保人最有拘束力的是投保人与承保机构签订的保险合同。在该保险合同中,会再次确认承保人向投保人赔付后取得代位权。

通过保险合同、保险机构的业务规则、国内保险法及国内海外投资立法中的代位权规定,承保人的代位权得以全方位确立。

中国信保公司在其业务规则和保险合同中,均有关于代位权的规定。我国《保险法》虽明文规定了代位权,但由于对保险法是否适用于海外投资保险尚有争议④,而我国又没有海外投资保险立法,因此,我国急需尽早制定相关立法,明确确立承保机构的代位权,以防止因法律空白而妨碍中国信保公司行使代位求偿权。在该立法中应明确规定中国信保公司与中国政府之间的关系,即中国信保公司是中国政府的代理人,由中国信保公司提供的海外投资保险是国家保险,国家在付赔之后取得代位权,该代位权授予中国信保公司代为享有和行使。

二、代位权的承认

代位权是海外投资保险制度的核心。保险机构在依据保险合同付赔之后,根据保险合同和国内法的代位权规定,取得了投资者的地位和对东道国的权利。但是,这种代位权是在国内法层面得到确立和承认的。国内法通常不具有域外效力,其他国家没有义务在本国承认依他国法律取得的权利。显然,承保人的代位权须获得东道国的承认,才能据以向应负责任的东道国

---

① 日本《贸易保险法》第 25 条。
② 美国《对外援助法》第 2194 条。
③ 《MIGA 公约》第 18 条。
④ 《发挥信用保险功能 服务实体经济发展——"出口信用保险法律适用研讨会"在京召开》,at http://www.court.gov.cn/spyw/mssp/201203/t20120314_174979.htm。

追偿,行使求偿权。代位权如果不能得到承认,就没有求偿权的行使。一国确立的代位权是否得到其他国家的承认,能否在其他国家(特别是东道国)行使并依此向东道国索赔,是国际法问题。目前,由于尚无相互承认代位权的习惯国际法,一些国家通过签订国际条约的方式予以规范。各国海外投资保险制度依代位权承认方式不同可分为美国的双边主义模式、日本的单边主义模式和德国的混合主义模式。

美国只承保投向发展中国家的投资,故采用与发展中国家签订投资保证协议的方式以确保 OPIC 的代位权获得承认。美式投资保证协议不同于当今流行的 BITs,其核心内容是代位权的承认,以及围绕代位权产生的一系列问题。例如,承认投资保险和保证的机构,即代表美国的承保机构是 OPIC。这样,除了美国国内法《对外援助法》,在投资保证协议中,再次承认并授权 OPIC 作为美国政府的代理人,可成为投资者的代位人。投资保证协议还承认代位权的范围,即 OPIC 在赔付投资者之后,承认投资者转移给承保者的任何货币、债权、资产或投资,并承认承保者继承的任何现有或可能产生的权利、所有权、权利要求或诉讼权。这里代位权的范围包括实体权利(物权、债权等)和程序权利(诉讼权)。此外,虽有代位权的规定,美国政府还保留以其主权地位按照国际法提出某项要求的权利,即美国并未放弃其行使外交保护权的权利。

由于美国以投资保证协议的方式就代位权问题进行了较详细而全面的规定,美国在与其他国家签订的 BITs 中,就未再规定代位权条款。值得注意的是,《跨太平洋伙伴关系协议》(Trans-Pacific Partnership Agreement,简称《TPP 协议》)(美国是《TPP 协议》的主导者)明确规定了代位权条款。①一旦《TPP 协议》对美国生效,美国就无须与《TPP 协议》中的发展中国家另行签订投资保证协议以承认 OPIC 的代位权了。这样,OPIC 可承保的发展中国家东道国的范围就更扩大了。

日本的单边主义模式并不要求东道国与日本签订有任何承认代位权的 BITs。在东道国与日本未签订有 BITs 的情况下,承保机构的代位权得不到东道国的承认,在付赔给投资者之后,不能直接依据国内法上的代位权向东道国求偿,而只能根据一般国际法来解决,通常是由投资者母国以行使外交保护权的方式向东道国施压。

---

① Trans—Pacific Partnership Agreement (draft), Investment, Article 12.12 *bis*: Subrogation.

第二章 健全我国海外投资保证制度

德国的混合主义模式虽不要求东道国与德国签订 BITs，但承保时要考虑东道国国内法律状况。虽然德国不要求签有 BITs，事实上，德国 1959 年与巴基斯坦签订第一个现代版的 BIT 起，已对外签订了 140 多个 BITs，是目前签订 BITs 最多的国家。在德国签订的 BITs 中，均有代位权条款。例如，中德 2003 年修订的 BIT 规定："如果缔约一方或其指定的机构对其投资者在缔约另一方境内的某项投资作了担保，并据此向投资者作了支付，缔约另一方应承认该投资者的权利和请求权依照法律或合法交易转让给了缔约前者一方或其指定机构，并承认缔约前者一方或其指定机构对上述权利和请求权的代位。代位的权利不得超过该投资者的原有权利。"[1] 该条款承认缔约一方或其指定机构在赔付承保的投资者之后，获得对投资者的实体权利和请求权的代位。目前，绝大多数 BITs 和区域性投资条约受德国版 BIT 的影响，有代位权条款。

《MIGA 公约》明文规定，全体成员国应承认 MIGA 的代位权和求偿权。[2]

我国海外投资保险制度可借鉴日本的单边主义模式。由于目前我国已签订了 130 多个 BITs，均包含代位权条款，中国信保公司在这 130 多个国家的代位权都能得到承认。在我国早期签订的 BITs 关于代位权的规定中，代位人仅指"缔约一国"，之后规定为"缔约一国或其指定机构"，但代位权条款的内容仍然比较简单。近年签订的中外 BITs 的代位权条款内容逐渐完善，包括代位权的承认、代位权的范围等。在与我国未签订 BIT 的国家，中国信保公司的代位权可能得不到承认，我国可通过外交保护等方式与东道国谈判解决追偿问题。

值得指出，1980 年，中美签订了投资保证协议，确认 OPIC 向投保人支付赔款后，取得代位权。[3] 美式投资保证协议名为双边协议，实际上，由于美国都是与发展中国家签订此类协议，而发展中国家对美投资较少，且通常国内并未建立海外投资保证机制，此类协议通常是单向的，即只规定美国的代位权，没有互惠的代位权。[4] 我国在与美国签订投资保证协议时，也未建立

---

[1] 2003 年修订的《中华人民共和国和德意志联邦共和国关于促进和相互保护投资的协定及议定书》第 7 条。

[2] 《MIGA 公约》第 18(b) 条。

[3] 《中华人民共和国政府和美利坚合众国政府关于投资保险和投资保证的鼓励投资的协议及有关问题的换文》(1980 年) 第 3 条，at http://www.110.com/fagui/law_13588.html。

[4] 例如，美国 1974 年与尼日利亚签订的投资保证协议。

任何海外投资保险机制,但仍在该协议中预留空间,为日后成立相应机制时能够同等适用该协议。该协议规定,两国政府根据互惠的要求,如果日后中国也设立了类似的保险机构,双方要相互换文,以使同本协议相等的条款得以适用。① 现在的问题是,中国信保公司已经成立,中美是否有"相互换文"确认中国信保公司的代位权?

中美正在谈判 BIT。美国以其 2012 年 BIT 范本为谈判基础,而该范本没有代位权条款。我国签订的 BITs 向来含有代位权条款,此次与美国的谈判文本也带有该条款。笔者认为,我国应坚持在中美 BIT 中纳入代位权条款,这对我国尤为重要。因为,美国 OPIC 的代位权已由中美投资保证协议予以确立,而我国承保机构代位权的确立则尚有待中美两国的"相互换文"。

三、代位权的行使

承保机构代位权的范围包括权利上的代位和物上的代位。权利上的代位是指取得代位追偿的权利,物上的代位是指取得该项保险标的的所有权。② 代位后,承保机构与投资者享有同等范围的实体性权利和程序性权利,同时还包括投资者与投资相关的义务。美国投资保证协议具体规定了代位的范围,包括"转移给承保者的任何货币、债权、资产或投资,并承认承保者继承的任何现有或可能产生的权利、所有权、权利要求或诉讼权,但承保者应受投资者尚存法律义务的约束"。③

早期,对于承保人在行使代位权时,是以其本身的名义,还是以投资者的名义向东道国求偿,是有争议的。有学者认为,承保人只能以投保人的名义向第三人求偿。随着各国海外投资保证制度的发展,普遍承认保险人获得代位权后,既可以投保人的名义,也可以承保人的名义向第三人追索。④ 目前,BITs 中的代位条款一般都明确规定,有权行使代位权的主体包括缔约国、缔约国指定的代理机构(通常是国内海外投资保险法中规定或组建的承保机构,如美国的 OPIC),缔约国或其指定机构还可指定原投资者向东道

---

① 《中华人民共和国政府和美利坚合众国政府关于投资保险和投资保证的鼓励投资的协议及有关问题的换文》(1980 年)第 7 条,at http://www.110.com/fagui/law_13588.html。
② 陈安:《MIGA 与中国》,福建人民出版社 1995 年版,第 339 页。
③ 《中华人民共和国政府和美利坚合众国政府关于投资保险和投资保证的鼓励投资的协议及有关问题的换文》(1980 年)第 3 条,at http://www.110.com/fagui/law_13588.html。
④ 陈安:《MIGA 与中国》,福建人民出版社 1995 年版,第 343 页。

国行使代位权。① 中国信保公司在实践中,有时是以投资者名义求偿,行使的是其对相关方及东道国的求偿权,有时是基于BITs以自身名义向东道国求偿。

如果承保机构的母国与东道国未签订含有代位权的BITs,承保机构的代位权得不到有效承认,这时,承保机构不能依据代位权直接向东道国追索,但可依据习惯国际法中的外交保护权,通过外交部或商务部代表投资者与东道国沟通。如果国内法有相关的海外投资保险法,且规定承保机构代表国家或作为国家机关,则可直接由承保机构代表国家行使外交保护权对东道国进行求偿。

代位求偿权是承保人取得的一项权利,权利可以放弃。在海外投资保险实践中,承保机构在赔付投资者获得代位权后,有时并未行使代位求偿权,而是向投资者赔付之后就此结束。截至2012年,MIGA只赔付了5起投资者索赔案,即2000年针对印度尼西亚的征收险、2005年针对尼泊尔的战争险、2006年针对阿根廷的征收险、2009年针对肯尼亚的战争险以及2009年针对马达加斯加的战争险。② OPIC自1971年至2015年底,共赔付了295件投资索赔案,总金额达到9.768亿美元③,其中也有一些放弃求偿权的情况。中国信保公司迄今尚无实际追偿的例子。

第六节 我国海外投资保险中的争端解决问题

海外投资保险中的争端主要有两类:一类是投保人与承保机构就承保合同产生的争端;另一类是承保机构获得代位权后,继承了原来投资者与东道国的争端,以及向东道国追偿过程中产生的争端。两类争端性质不同,解决方式也不相同。

一、承保机构与海外投资者之间争端的解决

承保机构与海外投资者之间的争端往往是由保险合同引起的,特别是投资者与承保机构关于承保风险是否发生、赔偿是否足够的争端,表现为承

---

① 例如德国—加拿大综合性经济贸易协议(CETA)第10条第13款"代位权"的规定。
② 根据MIGA官员Ravi Vish, Muhamet Fall, Hal Bosher, Frederic Thenault, Gene Gwee 2012年3月29日访问北京中信保公司时所作的PPT演讲。该PPT存于作者处。
③ Claims and Arbitral Awards, at http://www.opic.gov/what-we-offer/political-risk-insurance/claims-and-arbitral-awards, last visited on May 12, 2016.

保机构拒绝赔偿投资者损失或不充分赔偿等情况。由于此类争端的特殊性（承保机构往往是国家机关或国家的代理人），不是按合同平等主体之间通常的争端解决方式解决，一般会在海外投资保险立法中规定专门的争端解决方式。例如，美国规定，当投保人与保险机构就投资保险索赔产生争端时，双方同意以仲裁方式解决。[1]在 OPIC 的业务规则和保险合同中，规定由美国仲裁协会仲裁。OPIC 与投资者发生过多起争端案。截至 2012 年年底，OPIC 共拒绝赔偿 26 起索赔案，其中 13 起投资者最终诉诸美国仲裁协会寻求仲裁。[2] 例如，在 Belfinance Haussman 诉 OPIC 案中，投资者投资于格鲁吉亚，涉及征收问题，但 OPIC 认为，征收是由于投资者的错误引起的，不应由东道国承担责任，因而拒绝赔偿。投资者不服，提起仲裁。在 Bechtel 诉 OPIC 案中，投资者在印度投资，认为印度政府违反投资合同，构成征收，国际投资仲裁庭裁定印度败诉，但印度拒绝支付赔偿。投资者向 OPIC 索赔，但 OPIC 拒赔，该案提交美国仲裁协会，仲裁庭裁定构成征收，OPIC 遂向 Bechtel 支付了赔偿。[3]

《MIGA 公约》规定，由于担保合同而引起的投保人与 MIGA 之间的争端应提交仲裁，仲裁规则按担保合同规定或指定的规则进行最终解决。[4]

在我国，由于缺失海外投资保险立法，未规定承保机构与投资者之间争端的专门性解决方式。因此，承保机构与投资者之间的争端，被视为具有平等法律地位的民事主体之间的普通争端，适用相关国内法。根据我国法律规定，承保机构与投资者之间的争端可在法律规定的范围内自由选择，可书面协议选择被告住所地、合同履行地、合同签订地、原告住所地、标的物所在地等与争端有实际联系的地点的人民法院管辖或者选择仲裁解决争端。目前，我国海外投资保险的承保机构为中国信保公司，其海外投资保险单大多选择中国国际经济贸易仲裁委员会作为争端解决机构，在北京进行仲裁。

我国海外投资者在投资初期，如不注意遵守当地法律，当投资者自身不守法的行为与当地政府不适当执法行为同时存在时，会对其向承保机构证

---

[1] 参见美国《对外援助法》第 2197 条。

[2] OPIC Claims and Arbitral Awards, at http://www.opic.gov/what-we-offer/political-risk-insurance/claims-and-arbitral-awards, last visited on Jan. 20,2013.

[3] Ruling in GE/Bechtel v. OPIC arbitration now publicly available, By Luke Eric Peterson, INVEST-SD News Bulletin, October 31, 2003, at http://www.iisd.org/pdf/2003/investment_investsd_oct31_2003.

[4] 《MIGA 公约》第 58 条。

明损失发生的原因带来困难。在某承保机构处理的某公司海外投资理赔案件中,当地执法部门以中国投资者在当地的违法经营活动为由查封了该投资者在当地所投项目的资产,提前收回该投资者投资项目相关土地的使用权,造成该投资者在当地的投资项目破产。承保机构在调查过程中发现,该投资者可能的不当经营行为和东道国政府可能的不当执法行为交叠,难以确定真正的损因。因此,承保机构希望该投资者先将其与东道国政府之间的争端提交国际仲裁,并表示愿意分担该投资者由此产生的仲裁费用。之后,承保机构将根据国际仲裁确定的损失原因赔偿损失。该投资者因种种原因未启动国际仲裁程序,对不能及时获赔感到失望。

二、承保机构与东道国之间争端的解决

当承保风险发生后,投资者会向承保机构索赔。承保机构向投资者赔付后,取得代位权,可向东道国求偿。代位求偿可能产生两种争端:一种是承保机构直接进入投资者与东道国有关保险风险是否发生的争端中;另一种是承保机构直接请求东道国赔付承保机构所付给投保人的金额,如果东道国拒绝,两者产生争端。

(一)承保机构代位后与东道国之间争端的解决

投资者与东道国之间争端主要涉及东道国是否违反与投资者签订的投资协议、东道国采取的某些措施是否构成对投资者财产的征收或者对投资者投资的限制或禁止汇兑,归根结底,对是否发生政治风险产生争端。依不同的法律安排,此类争端的解决方式各不相同:(1)如果投资者与东道国签订了投资协议(例如特许权协议、BOT协议等),应按投资协议规定的争端解决方式解决,通常包括与东道国谈判、调解、东道国法院诉讼、东道国国内商事仲裁以及国际仲裁等方式;(2)如果投资者母国与东道国签订的BIT中有保护伞条款,投资者可依据该条款援引该BIT规定的投资者与东道国投资争端解决方式,通常是提交ICSID或其他仲裁机构解决;(3)如果投资者与东道国没有任何可适用的投资协议,早期主要是通过当地救济解决,包括与东道国谈判、诉诸东道国法院等。晚近,越来越多的国家签订BITs,授权投资者直接将投资争端提交国际仲裁解决。传统上,如果是承保的战争险出现,投资者一般不能依据东道国国内法寻求救济,因为东道国国内爆发战争不是东道国的责任,东道国对投资者一般不负赔偿责任。目前,多数BITs规定了战争情况下东道国对投资者负有的一定赔偿责任:一种是相对赔偿责任,即东道国是否赔偿要根据该国对本国国民或其他外国国民是否

有赔偿,即国民待遇和最惠国待遇;另一种是绝对赔偿责任,即东道国必须给予赔偿,但赔偿金额依国民待遇或最惠国待遇而定。这时,投资者可依据母国与东道国签订的 BIT 寻求东道国赔偿,如果东道国拒绝依 BIT 给予赔偿,则投资者可援用 BIT 投资者与东道国争端解决方式(主要是国际投资仲裁方式)。

当承保机构获得代位权后,就可取得原投资者的程序性权利和实体性权利。换言之,承保机构可继承投资者针对东道国的原有诉权,寻求东道国对投资者实体性权利的赔偿。这时,承保机构可以前述投资者与东道国的争端解决方式来处理。然而,在某些情况下,如果承保机构以其本身名义援用 BIT 的争端解决机制,会遇到争端主体不适格的问题,因为根据 BIT 的规定,只有适保投资者才能援用 BIT 的争端解决机制,而承保机构并非投资者。特别是,当 BIT 的争端解决机制是适用 ICSID 规则时,由于 ICSID 明文要求争端一方是投资者,承保机构仍得以投资者名义,才能避免争端主体不适格问题。对于 ICSID 仲裁中承保机构的不适格问题,发达国家在 ICSID 成立之初就已有意识,因此,建议在提交 ICSID 仲裁的条款中专门规定,承保公司赔付之后,仍由投资者以其名义利用 ICSID 机制起诉东道国,投资者已通过保险合同获赔并不影响其起诉东道国的权利。[①] 美国的相关实践是,OPIC 即使取得了代位权,仍要求投资者与其合作,以投资者名义依正常争端解决途径与东道国打交道,进行追偿,从而避开 OPIC 没有诉权的问题。

由于投资者在获赔后,仍可能要以其名义根据 BIT 中投资者与东道国之间争端解决机制向东道国提起国际仲裁,以避免承保机构的不适格问题,东道国会以"投资者将获得双重赔偿"为由而否定投资者的仲裁请求。鉴此,有必要在 BITs 中对此予以规定。例如,中加 BIT 第 13 条规定,在投资者与东道国进行国际投资仲裁时,争端缔约方不得以争端投资者根据保险或担保合同已收到或将收到对其全部或部分损失的赔偿或其他补偿,作为提出抗辩、反诉、抵消或其他主张的理由。中国—新加坡 BIT 第 12 条则规定,缔约任何一方(或其指定的代理机构、机关、法定组织或公司)向其国民和公司进行的支付,不应影响该国民或公司根据投资争端条款向缔约另一

---

① 参见 Model Clauses Recording Consent to the Jurisdiction of the International Centre for Settlement of Investment Disputes, ICSID/5, at 9。转引自 Theodor Meron, *Investment Insurance in International Law*, Oceana Publications, Inc., 1976, p. 29 and footnote 26。

方提出请求的权利。

当然,也有可能是,投资者在获得承保机构赔偿后,未经承保机构授权,依 BIT 提起仲裁,从而可能获得双重赔偿。为避免这一问题,BITs 有相关规定予以防范。中国—新西兰 FTA 中的投资章节有专门的代位条款,承认承保机构的代位权,但规定"如一方(或其指定的任何代理机构、法定部门或公司)已向其投资者进行了支付,并已接管该投资者的权利及请求,则该投资者不得向另一方主张这些权利或请求,除非其得到授权,代表该方或进行支付的代理机构采取行动"[①]。《TPP 协议》更进一步规定:缔约一方(即投资者母国)或其指定的保险机构对投资者付赔并代位取得投资者的权利后,该投资者就不应再起诉缔约另一方从而获得赔偿了,除非母国或其指定的保险机构授权该投资者代表母国或保险机构行事。但是,如果母国赔偿之后,主动放弃代位获得的权利和利益,不再向东道国追偿,该投资者还可以依据协议规定的投资者诉东道国争端解决机制起诉东道国,再次获得赔偿。[②]

美国在投资保证协议中规定,投资者母国代位后与东道国之间的争端应通过谈判解决,谈判解决不成的,应以仲裁方式解决。同时,美国在 BITs 中又有缔约国之间的争端解决机制和投资者与东道国之间争端解决机制。为防止两套不同争端解决机制的冲突,美国在 BITs 中,特别将海外投资保险排除出 BIT 的争端解决机制,如美国—突尼斯 1990 年签订的 BIT 规定,投资者与东道国之间争端的解决方式和缔约国之间争端的解决方式不适用于双方已同意以其他方式解决争端的投资保证或保险安排(指 OPIC 及相关投资保证协定——笔者注)。[③]

美国 2012 BIT 范本第 28.7 条"关于投资者—东道国争端国际仲裁"规定,东道国不得以投资者获得投资保险赔偿作为抗辩。

当承保机构是 MIGA 时,MIGA 作为投资者的代位人,本来也可继承原投资者针对东道国的各种救济手段。在《MIGA 条约》谈判过程中,发展中国家强烈要求以这种方式解决,但发达国家坚决反对,认为 MIGA 应建立自主和强制性的仲裁体制。[④] 最终,两类国家达成妥协,即 MIGA 作为投资者代位人的身份向东道国(也是成员国)进行求偿时出现争端,可按附件

---

① 第 148(2)条。
② Trans—Pacific Partnership Agreement (draft), Investment, Article 12.12 *bis*: Subrogation.
③ 美国—突尼斯 BIT 第 8 条。
④ 陈安:《MIGA 与中国》,福建人民出版社 1995 年版,第 395—399 页。

II 的方式（谈判、调解、仲裁）解决，也可按 MIGA 与成员国双方达成的协议规定的其他方式解决。①

如果母国与东道国没有任何投资保证协议或 BIT，承保机构的代位权得不到承认，也没有 BIT 规定的争端解决机制可以援用。这时，承保机构可请求母国提供外交保护，由母国出面与东道国协商解决争端。

（二）承保机构赔付后直接向东道国追索产生争端的解决

美国在保险机构付赔之后，略过投资者与东道国之间的争端解决方式，直接将投资者与东道国之间的争端上升为母国与东道国之间的争端，采用投资保证协议有关缔约国之间的争端解决方式。例如，中美投资保证协议规定，两国政府对本协议的解释发生争端，或任何一方政府认为这种争端由于已在承保范围内保险的投资或与这种投资有关的项目或活动引起国际公法问题时，两国政府应尽可能通过谈判解决。如果在提出谈判要求的 3 个月后，两国政府未能解决争端，经任何一方政府提出，应按照本条第 2 款，将争端包括这种争端是否引起国际公法问题提交仲裁庭。② 美国与印度投资保证协议也有类似规定。美国就曾因印度拒绝赔偿 OPIC 而将印度告上国际仲裁庭。在前述 Bechtel 诉 OPIC 案中，OPIC 向投资者赔付后，向印度行使代位求偿权，但印度仍不付款。双方谈判未果。美国最终根据美印投资保证协议提起正式的仲裁请求。③

MIGA 基本仿效美国做法，又有所创新。当 MIGA 作为投资者代位人的身份向东道国（也是成员国）进行求偿时产生争端，可以《MIGA 公约》规定的谈判、调解、仲裁等方式解决，也可以按 MIGA 与成员国双方达成的协议中规定的其他方式解决。④ 这种替代解决办法包括东道国法律救济、仲裁，或者寻求国际法院的咨询意见。⑤

即便投资保证协议已有代位权的承认及争端解决方式的规定，美国还保留了其行使外交保护权的权利。在美式投资保证协议中，美国一般会在确认 OPIC 的代位权后，规定美国政府"保留以其主权地位按照国际法提出

---

① 《MIGA 公约》第 57(b) 条。
② 参见《中华人民共和国政府和美利坚合众国政府关于投资保险和投资保证的鼓励投资的协议及有关问题的换文》(1980 年) 第 6 条, at http://www.110.com/fagui/law_13588.html。
③ Request for Arbitration, US v. India, at http://www.opic.gov/foia/awards/GOI110804。
④ 《MIGA 公约》第 57(b) 条。
⑤ 陈安：《MIGA 与中国》，福建人民出版社 1995 年版，第 398 页。

某项要求的权利"[①],即外交保护权。1984年中国与加拿大投资保险协议承认加拿大出口发展公司的代位权,同时规定,如遇司法拒绝或发生国际法规定的其他国家责任问题,加拿大政府保留其主权国家提出要求的权利。

附录 世界29个主要国家提供海外投资保险业务的机构及授权法律

国家	保险机构（中文名称）	保险机构（英文名称）	网址	相关立法
澳大利亚	出口融资与保险公司	EFIC—Export Finance and Insurance Corporation	www.efic.gov.au	Export Finance and Insurance Corporation Act 1991
奥地利	监督银行公司（直译）	OEKB—Oesterreichische Kontrollbank AG	www.oekb.at/control/index.html	Export Guarantees Act
比利时	出口信用保险公司	ONDD—Office National du Ducroire/Nationale Delcrederedienst	www.ondd.be	待查
加拿大	出口发展公司	EDC—Export Development Canada	www.edc.ca	Export Development Act
捷克	出口担保和保险公司	EGAP—Export Guarantee and Insurance Corporation	www.egap.cz	Insurance Law and the Act No. 58/1995 Coll.
丹麦	出口信用委员会	EKF—Eksport Kredit Fonden	www.ekf.dk	Act on Eksport Kredit Fonden with amendment, Order on the administration of the Act on Eksport Kredit Fonden, and the Statutes of Eksport Kredit Fonden
芬兰	担保委员会	FINNVERA PLC	www.finnvera.fi	Regulation of Finnvera's Financing
法国	海外贸易保险公司	COFACE—Compagnie Française d'Assurance	www.coface.com	1971年12月14日的71-102号法令和1973-1128号法令

---

① 例如《中美投资保证协议》第3.2条。

(续表)

国家	保险机构 (中文名称)	保险机构 (英文名称)	网址	相关立法
德国	普华永道审计公司、裕利安宜信用保险公司	PWC—PricewaterhouseCoopers AG、Euler Hermes Kreditversicherungs A. G.	www. agaportal. de www. euler-hermes. com	1993 年《对外投资担保条例》
希腊	出口信用保险组织	ECIO—Export Credit Insurance Organisation	www. oaep. gr	LAW 1796/1988
匈牙利	出口信用保险公司	MEHIB—Hungarian Export Credit Insurance	www. mehib. hu	ACT XLII OF 1994, Government Decree 312/2001 (XII. 28.)
冰岛	出口信用保证部	TRU—Tryggingardeild Utflutnings	www. nsa. is	待查
意大利	外贸保险服务公司	SACE—Servizi Assicurativi del Commercio Estero	www. sace. it	Legislative Decree 143/98 Law 326/2003 (Article 6)
日本	贸易保险公司	NEXI—Nippon Export and Investment Insurance	www. nexi. go. jp	《贸易保险法》
韩国	出口保险公司	KEIC—Korea Export Insurance Corporation	www. keic. or. kr	《出口保险法》
卢森堡	信用保险融资支持公司	Office du Ducroire Grand Duché de Luxembourg	www. ducroire. lu	The Cooperation Agreement of 29 April 2002 between the Ducroire and the Luxembourg Government
荷兰	安卓国家信用保险公司	ATRADIUS Dutch State Business	atradius. com/nl/dutchstatebusiness	The Decree concerning the execution of Export credit insurance and Investment guarantees

（续表）

国家	保险机构（中文名称）	保险机构（英文名称）	网址	相关立法
挪威	出口信用担保局	GIEK—Garanti-Instituttet for Eksportkreditt	www.giek.no/default.asp	Royal Decree of 22 December 1999
波兰	出口信用保险公司	KUKE-Export Credit Insurance Corporation Joint Stock Company	www.kuke.com.pl	The Insurance Act of 22 May 2003 (Journal of Laws of 2010 No. 11, item 66, with subsequent amendments); The Act of 7 July 1994 on Export Insurance Guaranteed by the State Treasury (Journal of Laws of 2001 No. 59, item 609, with subsequent amendments); The Statute of the Export Credit Insurance Corporation Joint Stock Company approved by the Minister of Finance on 24 November 1993 (Decision No. DU/1043/NJG/93, with subsequent amendments)
葡萄牙	信用保险公司	COSEC—Companhia de Seguro de Créditos	www.cosec.pt	By-laws of COSEC—Companhia de Credit Insurance

(续表)

国家	保险机构（中文名称）	保险机构（英文名称）	网址	相关立法
斯洛伐克	进出口银行	EXIMBANKA SR—Export-Import Bank of the Slovak Republic	www.eximbanka.sk	Act No. 80/1997 Coll. on the Export-Import bank Slovak Republic, amended by Act No. 336/1998 Coll., Act No. 214/2000 Coll., Act No. 623/2004 Coll. and Act No. 688/2006 Coll
西班牙	出口信贷保险公司	CESCE—Compañía Española de Seguros de Crédito a la Exportación	www.cesce.com	待查
瑞典	出口信贷担保委员会	EKN—Exportkreditnämnden	www.ekn.se	Export Credit Guarantee Ordinance
土耳其	进出口银行	TURK EXIMBANK	www.eximbank.gov.tr	Decree no. 87/11914, the order of Law No. 3332（March 1987）
英国	出口信用担保局	ECGD—The Export Credits Guarantee Department UK	www.ecgd.gov.uk	Export and Investment Guarantees Act 1991（《出口和投资保证法》）
美国	海外私人投资公司	OPIC—Overseas Private Investment Corporation	www.opic.gov	《对外援助法》"海外私人投资公司"
印度	出口信贷担保有限公司	ECGC—Export Credit Guarantee Corporation of India Ltd	www.ecgc.in/portal	Companies Act

(续表)

国家	保险机构 (中文名称)	保险机构 (英文名称)	网址	相关立法
南非	出口信贷保险有限公司	ECIC—Export Credit Insurance Corporation of South Africa (Pty) Ltd	www.thedti.gov.za/thedti/ecic.htm	Export Credit and Foreign Investments Insurance Act, 2002 (Act No. 34 of 2002)
中国	出口信用保险公司	SINOSURE—China Export and Credit Insurance Corporation	www.sinosure.com.cn/index.jsp	国务院《关于组建中国出口信用保险公司的通知》

资料来源：主要资料来自 Kathryn Gordon, Investment Guarantees and Political Risk Insurance: Institutions, Incentives and Development, in OECD, OECD Investment Policy Perspectives 2008, p. 92, at http://www.oecd-ilibrary.org/finance-and-investment/oecd-investment-policy-perspectives_20710402, Feb. 11, 2013。保险机构的中文名称和相关立法由作者搜集整理。

第三章 促进我国海外投资的组织法

【本章提要】 我国海外投资的组织法,是指有关海外投资的程序法和商业组织法。本章探讨的专题一是我国境外投资核准制度改革问题,主张从境外投资核准范围、核准机关、建立和完善登记备案制及健全和完善其他配套制度和措施等四方面,推进我国境外投资核准制度的改革;二是我国企业"走出去"的公司治理问题,从公司的治理目标、董事与高管义务的内容与判断标准、承担责任的条件与依据及在行使决策和监管职能时的责任与限制等方面,探讨董事与高管的责任制度,并在比较研究国外实践的基础上,提出完善我国董事责任制度的建议。

第一节 我国境外投资核准制度改革问题

我国境外投资核准制度是管理境外投资的重要手段。作为行政许可[①]的境外投资核准制度实质上是对我国企业境外投资权利(机会或资格)的一种再分配,是对企业经济活动的一种政府干预。从发展历史看,我国对企业境外投资从早期的严格审批制到 2004 年确立的核准制,经历了一个逐步放松管制的发展历程,适应了我国经济发展和企业"走出去"的客观需要。

我国境外投资核准制度由国务院及其相关部门发布的一系列的行政法规、规章组成。现行境外投资核准制度包括商务部主管的企业境外投资核准制度和国家发改委主管的境外投资项目核准制度两部分。其相关规章制度具体有商务部 2009 年发布的《境外投资管理办法》、国家发改委 2004 年颁布的《境外投资项目核准暂行管理办法》以及国家发改委 2011 年《关

[①] 我国《行政许可法》第 2 条规定:"本法所称行政许可是指行政机关根据公民、法人或者其他组织的申请,经依法审查,准予其从事特定活动的行为。"

第三章　促进我国海外投资的组织法

于做好境外投资项目下放核准权限工作的通知》(以下简称《通知》)等。①

随着我国经济的快速发展和外汇储备的迅速增长,我国需要进一步鼓励企业"走出去",发展境外投资,而现行的境外投资核准制度无论是在核准范围还是在核准机关和程序方面均存在一些问题,影响政府工作效率,并对投资者境外投资构成一定的障碍。据世界银行集团下设的国际金融公司、外国投资咨询服务机构以及多边投资担保机构2006年所作的关于中国对外直接投资的一项调查显示,对于海外投资的政策障碍,受访企业中认为外汇使用限制的占58%,办理申请程序的时间为44%,合规成本为24%;在期望改善国内政策方面,居前4位的是:限制办理申请所需时间(50.6%),组织投资洽谈会促进对外投资(49.4%),为办理申请提供指南并使程序更为透明(44%),明确哪些需要核准(42%)。② 随着近年来我国对境外投资外汇管制的放松,获得外汇已经不是企业境外投资的主要障碍了,简化境外投资管理程序则成为企业期待改革的重要事项之一。③ 新希望集团2007年在谈到企业走出去对政府的要求与建议时,其中建议之一就是简化审批手续,认为这种"审批手续标准过严、手续繁杂、耗时费力的现状,在商机稍纵即逝的今天,是很多企业所不能承受的"。④ 中国有色金属建设股份有限公司也谈

---

① 2009年3月16日商务部颁布的《境外投资管理办法》规定了企业进行境外投资的核准制度;2004年10月9日由国家发改委颁布了《境外投资项目核准暂行管理办法》,适用于我国境内各类法人及其通过在境外控股的企业或机构,在境外进行的投资(含新建、并购参股、增资、再投资)项目的核准。2011年2月14日国家发改委发布了《关于做好境外投资项目下放核准权限工作的通知》,对《境外投资项目核准暂行管理办法》中"核准机关及权限"进行了相应的修改。另外,国家发改委、商务部、国务院台办2010年11月9日联合颁布的《大陆企业赴台湾地区投资管理办法》中规定了大陆企业赴台湾地区直接投资项目审核制度。

② See Joseph Battat, FIAS, the WBG, China's Outward Foreign Direct Investment, FIAS/MIGA Firm Survey, at http://www.rru.worldbank.org/Documents/PSDForum/2006/joe_battat.pdf.

③ 中国国际贸易促进会2009年的一项调查表明,在企业重点关注的政策支持措施中,前两位分别为:提供专项资金使用和信贷上的支持(56%);简化对外投资管理程序(55%)。见中国国际贸易促进会经济信息部:《中国企业对外投资现状及意向调查报告》,2009年4月。其2012年的调查报告中显示,受访企业对政府促进"走出去"方面的建议中,除希望继续加大财税和融资的扶持力度外,位列第二的仍然是希望简化审批流程,见中国国际贸易促进会:《中国企业海外投资及经营状况调查报告》,2012年4月。

④ 中国国际贸易促进会经济信息部:《中国贸促会"走出去促进计划"调研资料之二:中国企业"走出去"案例分析》(2007年1月),at http://www.ccpit.org/Contents/Channel_1276/2007/0724/54123/content_54123.htm。

到,审批制曾导致其错失发展机会。① 因此,我国有必要对境外投资管理制度予以进一步改进或改革,以减少或消除企业"走出去"的某些障碍,适应促进境外投资的需要。本节拟从境外投资核准范围、核准机关、建立和完善登记备案制以及健全和完善其他配套制度与措施等四个方面,来讨论我国境外投资核准制度的改革问题。②

一、境外投资核准范围与条件及其改进

(一)境外投资的核准范围与条件

我国对境外投资核准分为两种,一是由商务部及省级商务主管部门对企业境外直接投资进行核准,凡属规定情形的企业境外投资均须报商务部或省级商务主管部门核准③,企业凭商务部门颁发的《企业境外投资证书》办理外汇、银行、海关、外事等相关手续,并享受国家有关政策支持。另一种是主要由国家和省级发改委对境外投资资源开发类和大额用汇类项目的核准,可称之为项目核准。资源开发类项目是指在境外投资勘探开发原油、矿山等资源的项目,中方投资者的投资额以限额(2004年为3000万美元,2011年放宽到3亿美元)为界分别由国家发改委和省级发改委核准。大额用汇类则指资源开发领域外的项目,中方投资额以限额(2004年为1000万美元,2011年放宽到1亿美元)为界分别由国家发改委和省级发

---

① 例如,中国有色金属建设股份有限公司曾经申请参加非洲一个铜矿的投标活动,当时因为国家的铜矿储备充足,国际铜行业的发展正处于低谷,所以国内政府部门不够重视,没有得到国家有关部门的同意,最后铜矿的开采权落到印度人的手里。在接下来的几年里,铜行业发展迅速,价格一路飙升,中国有色金属建设股份有限公司因此错失了一个非常好的项目。见中国贸促会"走出去促进计划"调研资料之二。

② 国内关于中国境外投资审批(核准)制度的研究成果大多集中在上世纪90年代末到本世纪初的这一时间段里,几乎都是对2004年之前的投资审批制度进行分析,专门针对2004年后采取的境外投资核准制进行研究的成果较少。

③ 根据商务部《境外投资管理办法》第6、7、8条规定,企业开展以下情形境外投资应当报商务部核准:(1)在与我国未建交国家的境外投资;(2)特定国家或地区的境外投资(具体名单由商务部会同外交部等有关部门确定);(3)中方投资额1亿美元及以上的境外投资;(4)涉及多国(地区)利益的境外投资;(5)设立境外特殊目的公司。地方企业开展以下情形的境外投资则应当报省级商务主管部门核准:(1)中方投资额1000万美元及以上、1亿美元以下的境外投资;(2)能源、矿产类境外投资;(3)需在国内招商的境外投资。企业开展上述规定情形以外的境外投资,须提交《境外投资申请表》,并按相关规定报商务部或省级商务主管部门办理核准。

第三章　促进我国海外投资的组织法

改委核准。① 投资主体也得凭国家发改委的核准文件,办理外汇、海关、出入境管理和税收等相关手续。

核准条件包括形式上的条件和实质性的条件两个部分。商务部的《境外投资管理办法》采用否定式列举的方式规定核准的实质性条件,即凡是有规定的情形的境外投资都不予以核准②;国家发改委的《境外投资项目核准暂行管理办法》则采用肯定列举的方式规定了核准条件,即境外投资必须符合规定的情形才能予以核准。③

我国之所以对上述范围内的境外投资实行核准,主要涉及以下考虑因素:

(1) 国家主权、安全和公共利益。境外投资可能会涉及国家主权、安全和公共利益。例如,如果中国企业到那些与中国未建立外交关系,或者到受国际制裁的国家去投资,就可能影响到中国的国家主权和利益,涉及中国承担的条约义务和国际声誉,或者可能影响我国与其他国家的关系。又如,如果中国企业将国家禁止出口的特有工艺和技术(特别是涉及军事和国防技术)用于境外投资时,可能会造成这些特定工艺和技术的泄漏和外流,从而影响到中国的安全和公共利益。④

(2) 国家的外汇管理。境外投资会直接影响到国家的国际收支平衡,

---

① 见国家发改委2004年的《境外投资项目核准暂行管理办法》第4条、第5条的规定以及2011年的《关于做好境外投资项目下放核准权限工作的通知》的有关规定。此外,国家发改委2011年的上述《通知》进一步规定了有关特殊项目核准。即"前往未建交、受国际制裁国家,或前往发生战争、动乱等国家和地区的投资项目,以及涉及基础电信运营、跨界水资源开发利用、大规模土地开发、干线电网、新闻传媒等特殊敏感行业的境外投资项目,不分限额,由省级发展改革部门或中央管理企业初审后报国家发改委核准,或由国家发改委审核后报国务院核准。"

② 参见《境外投资管理办法》第9条:企业境外投资有以下情形之一的,商务部和省级商务主管部门不予核准:(1)危害我国国家主权、安全和社会公共利益,或违反我国法律法规;(2)损害我国与有关国家(地区)关系;(3)可能违反我国对外缔结的国际条约;(4)涉及我国禁止出口的技术和货物。

③ 参见《境外投资项目管理暂行办法》第18条:国家发改委核准项目的条件为:(1)符合国家法律法规和产业政策,不危害国家主权、安全和公共利益,不违反国际法准则;(2)符合经济和社会可持续发展要求,有利于开发国民经济发展所需战略性资源;符合国家关于产业结构调整的要求,促进国内具有比较优势的技术、产品、设备出口和劳务输出,吸收国外先进技术;(3)符合国家资本项目管理和外债管理规定;(4)投资主体具备相应的投资实力。

④ 国际上一些国家对境外投资的限制也多是基于这个方面的考虑。例如,美国1979年《出口管理法》规定,除了特定国家外,其向任何一个国家出口技术数据都必须获得商务部出口管理局签发的普通许可证。由于境外投资被认为是技术输出的重要或主要渠道,而且实际上美国技术出口额中30%的出口对象是其在海外的技术公司,所以美国对于技术数据出口的限制实际上是对其境外投资产生限制。参见王孜弘:《美国对外投资的管理与限制》,载《中国经贸导刊》2005年第7期。

因此对于实行外汇管理的国家来说，对境外投资用汇也会采取某些限制措施。例如，韩国以前也曾经对境外投资依据用汇额度进行审批。我国商务部与国家发改委的上述规定都将用汇额列为核准范围，并分别根据限额的多少来确定由中央还是地方有关政府主管部门核准。我国人民币目前还不能自由兑换，资本项目还存在一定程度的管制，从经济学的角度看，一国的货币自由兑换必须具备一定的条件，包括汇率和利率市场化、宏观经济健康稳定、金融市场及监管体制完善、企业具有国际竞争力等。我国目前仍处于经济转轨时期，还必须循序渐进地推行有关改革措施，为人民币自由兑换创造条件。在这种情况下，我国政府对境外投资根据用汇限额进行核准具有其必要性。随着我国近些年来外汇储备的增长，对境外投资用汇限额的核准范围也在逐步放宽。

（3）产业政策。为使境外投资符合我国的经济和社会可持续发展的需要，就必须对境外投资实行产业政策导向，促使境外投资有效、有序、协调、健康发展。[①] 实行核准制，可以有效地防止企业境外投资时投向我国法律禁止经营的行业、或我国缔结或参加的国际条约规定禁止投资的其他产业。对于资源开发类产业来说，通过核准制，可以引导企业有序、协调地进行境外投资，防止中国企业海外竞标时可能发生的内部相互倾轧和恶性竞争以致资源国抬高资源价格，影响我国国内经济发展的现象。

由上可见，我国对境外投资实行核准制是有其必要性和合理性的。

（二）核准范围与条件方面存在的问题与改进措施

境外投资核准范围和条件涉及公共利益与私人利益的平衡问题。公共利益一般被认为是相对于私人利益的概念，具体是指"在分配和行使个人权

---

① 依据2006年七部委联合发布的《境外投资产业指导政策》，属于下列情形之一的，列为禁止类境外投资项目：危害国家安全和损害社会公共利益的；运用我国禁止出口的特有工艺或者技术的；我国法律禁止经营的领域；投资对象国或地区法律禁止投资的产业，我国缔结或参加的国际条约规定禁止投资的其他产业；法律、行政法规规定的其他情形。依据《境外投资产业指导目录》，下列产业禁止境外投资：农、林、牧、渔业中我国特有的珍贵优良品种的养殖、种植（包括种植业、林业、畜牧业、水产业的优良基因）；制造业中我国传统工艺的绿茶及特种茶加工（名茶、黑茶等）以及传统中药饮片炮制技术及中成药秘方产品的生产；社会服务业中博彩业（含赌博类跑马场）以及色情业；其他行业中运用我国禁止出口的特有工艺或者技术的、我国法律法规禁止的其他产业以及投资对象国或地区的环境保护要求的产业；我国缔结或参加的国际条约规定禁止的产业。见国家发改委、商务部、外交部、财政部、海关总署、国家税务总局、国家外汇管理局：《境外投资产业指导政策》，发改外资[2006]1312号。

第三章 促进我国海外投资的组织法

利时决不可以超越的外部界限,否则全体国民就会蒙受严重损害"①。当公共利益与私人利益发生冲突时,一般认为,公共利益优先于私人利益。公共利益优先性的确立,在一定意义上,就为政府干预经济活动提供了理论上的支持。正是基于此,中国境外投资核准制度实际上确立一种公共利益优先于企业的境外投资权利(机会或资格)的预设,即国家实行的对境外投资者投资权利(资格或机会)进行限制的境外投资核准制度是为了维护国家的公共利益。但是,对这种以维护公共利益为目的的政府干预,也必须予以限制,没有限制的政府干预既会损害私人利益,也会最终侵害公共利益。② 因此,现行的境外投资核准范围和条件还需要进一步改进或改革,限制和缩小其范围,明确其条件,增加透明度。

例如,境外投资大额用汇类项目的核准应加以明确和限定。前面谈到,鉴于我国人民币尚不能自由兑换,因而对境外投资用汇还需通过核准制予以限制。但同时也要看到,现行规章对于大额用汇类的标准缺乏规定。例如,国家发改委 2004 年《境外投资项目核准暂行管理办法》只是规定大额用汇类项目要实行核准,但对何谓"大额用汇"却没有定义。依据此规定,中方投资额 1000 万美元以上的由国家发改委核准,1000 万美元以下的由省级发改委核准;国家发改委 2011 年《关于做好境外投资项目下放核准权限工作的通知》虽然将限额放宽到 1 亿美元,但两个文件均没有规定下限,即从多少数额的外汇额起才构成大额用汇类项目。由于没有用汇下限额的规定,实际上就变成所有的境外投资都必须经发改委核准,无论用汇额度多少,哪怕只用 1 美元,也同样需要省级发改委的核准。显然,这一核准事项

---

① 〔美〕博登海默著:《法理学:法律哲学与法律方法》,邓正来译,中国政法大学出版社 2004 年版,第 324 页。
② 一般来说,政府基于公共利益对经济活动进行的干预,通常应限于市场失灵的情况。但是也有学者指出:"政治决定作出者不再被认为是唯一的、公允的仁慈和全知的独裁者,能通过信息完备的各种干预而将社会福利最大化并纠正市场失灵。"(〔德〕彼得斯赫:《国际经济法的宪法功能与宪法问题》,何志鹏等译,高等教育出版社 2004 年版,第 116 页)。"公共选择理论认为,政府官员是公共利益的代表的这种理想化认识与现实相距甚远,行使经济选择权的人并非'经济阉人'。我们没有理由将政府看作是超凡至圣的神造物。政府同样也有缺陷,会犯错误,也常常会不顾公共利益而追求其官僚集团自身的私利。"(〔美〕查理德·A. 波斯纳著:《法律的经济分析》,蒋兆康译,林毅夫校,中文版译者序言,中国大百科全书出版社 1997 年版,第 29 页)。此外,我国行政法学者对公共利益问题也有不少讨论与分析,参见姜明安:《公共利益与"公共利益优先"的限制》,载《中国发展观察》2006 年第 10 期;胡锦光、王锴:《论我国宪法中"公共利益"的界定》,载《中国法学》2005 年第 1 期;杨建顺:《公共利益辨析与行政法政策学》,载《浙江学刊》2005 年第 1 期;叶必丰:《论公共利益与个人利益的辩证关系》,载《上海社会科学院学术季刊》1997 年第 1 期,等等。

需要修改。商务部2009年《境外投资管理办法》规定,中方投资者在1000万美元至1亿美元的投资要报省级商务主管部门核准,这似乎表明1000万美元以上即为大额用汇类,但1000万美元以下的境外投资仍要经过核准,只不过形式简便了些。可见,这些规定并没有体现仅对大额用汇类境外投资进行核准的立法初衷,同样降低了政府核准的效率,给企业境外投资增加了负担和成本,造成了障碍。

又如,从产业政策上看,须经核准的应该主要是那些法律禁止境外投资的产业,以防止危害国家的安全和利益。对于鼓励境外投资的产业,原则上没有必要实行核准制。从前述2006年七部委联合发布的《境外投资产业指导政策》看,资源开发类产业属于鼓励境外投资的,但目前对此类境外投资项目要求核准。这样做在很大程度上是为了防止资源开发类项目境外盲目投资与自相竞争。通过核准制对资源开发类项目予以协调与监控,从目前来看具有其必要性,但是我们也要看到,这种协调与监控不一定非得采取核准制的手段。从市场经济的角度看,通过完善公司治理制度,加强行业协会管理,结合政府的备案制和事后监管制度,也可以达到同样的效果。因此,随着我国市场经济的发展和完善,对境外投资产业的核准范围也应逐步缩小。

此外,对于境外投资核准条件来说,也需要协调和改进。就核准条件而言,采取肯定列举的方式和否定列举的方式的效果明显不同。如果采用肯定列举式,即要求境外投资符合某些公共利益的要求才能获得核准,这就不仅要经过较长时间的实质审查才能作出判断,而且也将能获得核准的境外投资限定在符合公共利益的较小范围内,范围外的其他投资则不能获得核准;而若采用否定列举式,即境外投资只要不违反公共利益要求就能获得核准,这就不仅程序更为方便快捷,而且也把不能获得核准的境外投资限定在一个很小的范围内,其他的大部分投资只要符合条件即可获得核准。核准制不同于审批制,相对而言,核准条件采用否定列举式能扩大企业境外投资自由权利的范围,限制政府干预境外投资活动的范围,并使核准制更为简便和具有效率。

总的来说,境外投资的核准范围应该限于涉及国家安全和公共利益的范围内。对于企业境外投资的风险、利益和责任,应该由企业自行负责,不应通过核准制来让政府越俎代庖。

二、境外投资核准机关及其改革

（一）核准机关及权限

依据前述规定,中国企业境外投资核准和境外投资项目核准,分别由商务部和国家发改委两个政府部门行使核准权。

对于企业境外投资来说,依据 2004 年商务部《关于境外投资开办企业核准事项的规定》,商务部是境外投资开办企业的核准机关,各省、自治区、直辖市及计划单列市人民政府商务行政主管部门(以下简称省级商务主管部门)受商务部委托对中央企业之外的其他企业在附件所列国家投资开办企业进行核准。[①] 而 2009 年商务部《投资管理办法》对 2004 年的上述《规定》进行了修改,明确规定了"商务部和省级商务主管部门对企业境外投资实行核准"[②],而且对商务部和省级商务主管部门的权限划分作了较为明确的规定。[③]

对于境外投资项目而言,根据国家发改委 2004 年《境外投资项目核准暂行管理办法》,核准机关为省级发展改革部门、国家发展改革委员会和国务院三个部门,并对核准机关权限进行了明确的划分。这一规定在 2011 年的国家发改委《关于做好境外投资项目下放核准权限工作的通知》中得到了沿用。2007 年《大陆企业赴台湾地区投资管理办法》和 2011 年的上述《通知》对《境外投资项目核准暂行管理办法》中核准机关的权限进行了改进:(1)明确区分了地方企业和中央管理企业;(2)提高核准投资额上限,即省级发展改革部门的核准项目限额由原来的资源开发类项目 3000 万美元以下修改为 3 亿美元以下,非资源类项目 1000 万美元以下修改为 1 亿美元以下。

商务部和国家发改委对境外投资实行分级核准,不仅给企业提供了便利,而且有利于提高核准的工作效率,还为企业进行行政复议以及行政诉讼提供了便利。

（二）核准机关及权限方面存在的问题与体制改革

由上可见,商务部和国家发改委根据各自的规章都对境外投资行使核

---

① 见商务部 2004 年《关于境外投资开办企业核准事项的规定》第 4 条;《中华人民共和国行政许可法》第 24 条。

② 见商务部 2009 年《境外投资管理办法》第 5 条。

③ 见商务部 2009 年《境外投资管理办法》第 6、7 条。

准权。两个部门在核准事项和权限上有一定的分工,但也有相互重合或重叠之处,从而导致企业境外投资时要经过双重核准。例如,根据商务部和国家发改委的上述规定,前往未建交的国家或特定的国家和地区(如受国际制裁的国家、发生战争和内乱的国家)的境外投资,其投资项目要经过国家发改委核准,同时其投资也要经商务部核准。又如,对于大额用汇类境外投资,商务部和国家发改委也都根据类似的用汇额有核准要求,这样,所谓大额用汇类的境外投资也要经过发改委和商务部门的双重核准。再如,凡属资源开发类境外投资项目,均需经国家或省级发改委核准,但根据商务部的现行规定,地方企业开展的能源、矿产类境外投资,应报省级商务主管部门核准。这样,如果一家地方企业准备进行1亿美元以下资源开发类的境外投资,按照商务部和国家发改委的相关规定,就必须既向省级商务主管部门申请核准,同时也向省级发展改革部门申请核准。这就出现了两个核准机关同时对一项境外投资进行双重核准的现象。如果一家地方企业准备进行1亿美元至3亿美元之间的资源开发类项目,按照商务部和国家发改委的相关规定,它必须向商务部申请核准,同时还必须向省级发展改革部门申请核准。这样就出现了同样一笔境外投资申请核准时,核准机关级别不匹配的问题。

显然,这种双重核准现象是不必要、不合理的,不利于对境外投资实行统一管理。它不仅导致政府资源的浪费和效率低下,而且也增加了企业境外投资的成本和负担,构成企业境外投资的障碍。有企业家抱怨说,民营企业境外投资需经发改部门和商务部门审批,特别是超亿美元的重大投资项目,逐级审批一般需要耗费4个月以上的时间,要求提供的材料复杂,程序繁琐,有些合作项目会直接因审批时效过长而导致失败。[①] 因此,现行的双重核准制必须改革。改革措施无非是两种,一是将两套核准制合而为一,从而彻底解决双重核准问题;二是将两种核准的范围加以明确划分,避免二者相互重合或重叠。相对而言,前者更为合理,更有效率。

深化我国对外投资管理体制改革,由一个部门专司境外投资核准职能,是解决目前双重核准问题的最有效的办法。从其他国家的实践来看,对海外投资实行审批或核准制的,通常是由一个政府部门或机构来行使审批权的。例如,韩国海外投资的审批是经财务部长委任,韩国银行行长执行的,

---

① http://news.ccidnet.com/art/1032/20120420/3794783_1.html.

具体审批归由韩国银行下设的"海外投资事业审议委员会"负责。① 这样有利于政府对境外投资实行统一管理,提高管理效率。我国境外投资二元核准制的根源,在于对境外投资核准职能赋予了国家发改委和商务部两个部门,而且两个部门在职权划分上有重合的部分。② 因此,必须深化管理体制改革,对两部门的关于境外投资核准的职权进行重新调整,明确其中一个部门为专门的核准部门。这样不仅可以使境外投资仅需要通过一次核准程序,同时还可以防止由商务部负责核准的一项境外投资,却同时需要去省级发展改革部门核准的级别不匹配的情况发生。

如果由两个或两个以上的政府部门共同行使境外投资的核准权,就必须通过统一的立法,划分有关部门各自的权限,明确分工,从而避免职能的重合而造成的效率低下以及给行政相对人带来的不必要的负担。然而,目前我国关于境外投资核准事项是由商务部和国家发改委各自的规章规定的,两个部门规章间协调不够,从而不可避免地导致双重核准现象的出现。根据我国《立法法》的规定,国务院各部门制定规章时,涉及两个以上国务院部门职权范围的事项,应当提请国务院制定行政法规或者由国务院有关部门联合制定规章。③ 因此,国务院应制定统一的行政法规或通过有关部门联合制定规章的方式,来协调解决境外投资核准政出多门、二元核准等问题。

三、建立和完善自动许可制或登记备案制

（一）现行境外投资项目备案制

国家发改委 2004 年《境外投资项目核准暂行管理办法》已对特定对象在一定范围内实行了备案制。依据该《暂行管理办法》,中央管理企业可以自主决策其投资的中方投资额限额以下的资源开发类和其他类境外投资项

---

① 参见谈萧:《韩国海外投资法制建设及其对中国的启示》,at http://article.chinalawinfo.com/article_print.asp?articleid=30916。

② 国家发改委关于对外投资的职能是"按国务院规定权限审批、核准、审核重大建设项目、重大外资项目、境外资源开发类重大投资项目和大额用汇投资项目……研究提出利用外资和境外投资的战略、规划、总量平衡和结构优化的目标和政策"。关于国家发展改革委员会主要职责,参见 http://www.sdpc.gov.cn/jj/default.htm;商务部关于对外投资的职能是"负责对外经济合作工作,拟定并执行对外经济合作政策,依法管理和监督对外承包工程、对外劳务合作等,制定中国公民出境就业管理政策,负责牵头外派劳务和境外就业人员的权益保护工作,拟定境外投资的管理办法和具体政策,依法核准境内外企业对外投资开办企业(金融企业除外)"。关于商务部主要职责,参见 http://www.mofcom.gov.cn/mofcom/zhizi.shtml。

③ 参见我国《立法法》第 72 条。

目,并报国家发展改革部门备案。① "备案证明"或"备案的境外投资项目"具有与国家发改委的"项目核准文件"同等的效力,取得备案证明后即可办理税收、海关、外汇、出入境管理等手续,以及"就境外投资项目签署任何具有最终法律约束力的相关文件"。② 此一规定开我国境外投资项目核准备案制度之先河。2007 年国家发改委办公厅《关于境外投资项目备案证明的通知》为使上述《暂行管理办法》规定的备案工作更为规范和便利,对相关的形式、程序和需要重新申请备案的情形作了明确的规定。③ 2011 年国家发改委《关于做好境外投资项目下放核准权限工作的通知》提高了核准的限额,规定中央管理企业的中方投资额 3000 万美元以上至 3 亿美元以下的资源开发类、中方投资额 1000 万美元以上至 1 亿美元以下的非资源开发类境外投资项目的备案办法,参照国家发改委办公厅《关于境外投资项目备案证明的通知》④,因此,中央管理企业实施的此类境外投资项目(特殊项目除外),都是由企业自主决策并报国家发改委备案。这种备案制度具有较强的可操作性。

此外,国家发改委上述 2011 年《通知》还规定了项目登记制度。但需要注意的是,该项目登记的目的是为了甄别《通知》中的"有关特殊项目核准"⑤,做好协调工作,防止本该由国家发展改革部门或国务院核准的特殊项目交由省级发展改革部门核准或中央管理企业自主决策的情势发生,并非是简化或取代项目核准。实际上,该登记制度只是国家发展改革部门对本来已经下放的部分核准权限的一套过渡性"监控"程序。因此,与一般意义上的登记制有着本质的区别。

(二) 健全和完善自动许可制或登记备案制

从世界范围来看,有关国家大都根据其经济发展的实力和需要,从一开始的严格限制境外投资到逐步放松对境外投资的管制。⑥ 例如,韩国从 1996 年起对限额以下的海外投资实行投资自由化;印度 2003 年 3 月后也修

---

① 见《境外投资项目核准暂行管理办法》第 6 条。
② 见《境外投资项目核准暂行管理办法》第 19 条、第 20 条、第 22 条、第 23 条。
③ 2007 年 5 月 30 日发布的国家发改委办公厅《关于境外投资项目备案证明的通知》(发改办外资[2007]1239 号),at http://www.sdpc.gov.cn/zcfb/zcfbtz/2007tongzhi/t20070605_139704.htm.
④ 见国家发改委《关于做好境外投资项目下放核准权限工作的通知》第 5 条。
⑤ 有关特殊项目核准见国家发改委《关于做好境外投资项目下放核准权限工作的通知》第 2 条。
⑥ 参见国务院发展研究中心对外经济研究部课题组:《新兴市场经济体放松境外投资管制的经验教训》,载《经济研究参考》2002 年第 66 期。

第三章 促进我国海外投资的组织法

改了其海外投资的"自动通道",符合条件的海外投资无需政府事先批准。①随着我国经济的发展和实力的增强,我国在境外投资管理体制上,也应逐步放松核准制,并逐步向自动许可制或登记备案制过渡。

所谓自动许可制度,是指在投资者向政府管理部门提出申请并交验相关文件的规定期限内,主管部门未采取措施,即视为自动许可或核准。自动许可制的程序简便、期限明确,具有确定、快捷、高效的特点,具有较高透明度和可预见性,可为符合条件的境外投资提供较大便利。2009 年商务部《境外投资管理办法》第 8 条和第 16 条采取了一种特殊的核准制度②,比较接近于自动许可制。根据该规定,境外投资中方投资额在 1000 万美元以下、不属于能源和矿产类投资、不需在国内招商、不属于设立境外特殊目的公司或不属于去特定国家、地区的,投资者只需要通过商务部建立的"境外投资管理系统"(以下简称"系统")填写并打印申请表,商务部和省级商务主管部门收到投资者的申请表后,在 3 个工作日内进行审查,只要投资者提交的申请表填写完整且符合法定形式,主管部门即予以颁发《企业境外投资证书》(以下简称《证书》)。这种仅进行形式上审查的特殊核准,已经比较接近于自动许可制了。因此,商务部规定的这种特殊核准,可以直接改为自动许可制。

所谓登记备案制,是不需要经过行政主体的实质性审查,只需履行登记备案程序即可取得相应的资格。对于那些无需设立核准的事项,取消核准制而代之以登记备案制,可彻底消除现存核准环节的境外投资障碍。已如前述,国家发改委对境外投资项目在一定范围内已采取了备案制度,这无疑在一定程度上推进了境外投资"自由化"。但是现行备案制度仅为国家发改委在境外投资项目核准中采用,且其适用的范围较为狭窄,即仅适用于为数不多的中央管理企业,准予其进行自主决策就是给予其免于核准的"尚方宝剑",而数量众多的其他企业不能享受这一待遇。这使得原本就占有各种资源等优势的中央管理企业在境外投资项目核准制度面前又取得了优势地位,很难说这样的差别性备案制度是公平的。因此,登记备案制度有待于进一步完善。应扩大登记备案制度的适用范围,即规定在一定额度内的境外投资都适应备案制度,而无论其是否属于中央管理企业、地方企业还是其他

---

① See Afra Afsharipour, Rising Multinationals: Law and the Evolution of Outbound Acquisitions by Indian Companies, *U. C. Davis L. Rev.*, Vol. 44, pp. 1029, 2011.

② 参见《境外投资管理办法》第 8 条、第 16 条规定。

类型的企业,使各种企业都享有同等的权利,以符合公平正义原则,并方便企业抓住商机,增强企业在国际商场上的竞争力。而且,登记备案制也不应仅适用于境外投资项目,而是应该统一适用于所有的境外投资,凡符合条件的境外投资只要进行登记备案即可发生法律效力。我们认为,从目前我国的经济发展情况看,对中小型民营企业的海外投资完全可以采取登记备案制,由企业自己自行判断境外投资的可行性并承担相应的风险。由于中小型企业对外投资规模较小,对国家安全和公共利益一般也不会造成损害,因此对其以登记备案制取代核准制更为合适。

自动许可制和登记备案制较好地体现了公开、公平、便捷和效率原则,对于促进境外投资具有积极意义。当然,在目前核准制度和登记备案制并行的情况下,要注意二者间的协调,应尽可能地缩小核准制的范围,扩大自动许可或登记备案制的范围,只对严格限定范围的境外投资实行核准,而不属于核准范围内的则都可实行自动许可制或登记备案制度。

四、健全和完善其他配套制度与措施

境外投资核准制的改革和向自动许可或登记制的过渡,是要减少政府对投资者的境外投资的直接干预,并不是说对海外投资就不实行管理和引导了。实际上,发达的市场经济国家通常不是采取直接干预的方式,而是采取某些间接的方式,来对境外投资实行管理和引导。因此,我国对境外投资核准制的改革,还需要根据我国市场经济发展状况,借鉴发达国家的经验,健全和完善其他相关的制度和措施。

(一) 健全鼓励和引导措施

发达市场经济国家通常不采用核准制度来直接"人为干预"本国企业(或个人)境外投资,而是通过某些间接的方式来鼓励和引导境外投资。例如,美国的海外投资保证制度在一定意义上就是通过间接的鼓励引导方式,调控其境外投资。根据这一制度,美国私人境外投资者要想获得美国海外私人投资公司(OPIC)提供的政治风险保险,必须使其投资满足一定的条件,例如将投资投向与美国订有投资保证协定的国家;私人海外投资必须符合美国的利益;一般仅限于新的海外投资;投资所在的东道国应该是发展中

国家,且其国民收入较低等。① 又如,加拿大对本国企业进行海外投资一般不加以限制,而是通过充分保护本国投资者的各项利益的形式间接促进境外投资。加拿大没有专门鼓励对外投资的法律、政策,甚至连直接促进境外投资的专门机构都没有,但其通过出口发展公司、国际开发署和商业发展银行等机构,对境外投资企业提供投资保险和对发展中国家援助等手段间接带动资本的对外输出。②

我国对于海外投资的管理也可以考虑采用间接的鼓励和引导制度,而不是依靠行政的核准制。对于优化国别地区分布、优化境外投资结构、防止境外盲目投资与自相竞争等方面的调控,均可通过投资鼓励和投资保险的引导措施实现,而不必列入审核条件。引导措施包括但不限于在特定行业和国家设立或取消对某些项目的资金、外汇、税收、海关、出入境等方面的优惠措施,或对某些项目准予或者拒绝提供政治风险保险等。

(二) 强化事后管理和服务

境外投资核准制是政府对投资者的海外投资行为进行的一种事前干预。实际上,这种事前干预往往很难取得预期的效果。例如,行政部门只能根据投资者提供的一些资料,在较短的时间内作出是否核准的判断,而这种判断是否正确是难以确定的;特别是对于一些不是很明显、甚至是隐蔽性或潜在的危害国家安全和利益的投资,有时很难作出准确评估。不仅如此,事前的政府干预对于防止那些已经获得境外投资核准证书的企业在境外从事有损我国公共利益的经济活动基本处于"无能为力"的状态。因此,加大对企业境外投资的事后管理实际上更为重要。例如,应健全和完善境外投资企业的信息披露制度、境外投资活动的动态监管制度、境外投资的财务和税收管理制度、境外投资国有资产评估与监管制度等;同时,还要完善相应的责任制度和处罚措施,对在境外投资中违反我国和东道国法律、对我国经济发展或公共利益造成不利影响的企业,应依法进行相应的处罚。有了完善的事后监管制度,才可确保我国海外投资的健康发展。

更重要的是,政府部门要转变职能,为境外投资企业提供必要的服务与支持。境外投资主管部门应尽力为企业海外投资提供必要的服务和支持,

---

① 参见姚梅镇:《美国海外投资保证制度》,载《武汉大学学报(社会科学版)》1981年第6期;余劲松主编:《国际投资法(第三版)》,法律出版社2007年版,第197—210页。

② 参见《中国贸促会"走出去促进计划"调研材料之十五:加拿大吸引外国投资及对外投资政策》,at http://www.ccpit.org/zhuanti/zouchuqu/Channel_1276.htm。

为企业排忧解难。世界各主要国家(如新加坡、法国、德国等[①])在调整境外投资时,都不直接进行干预管理,而是根据本国的国情,采取不同的方式支持或协助本国企业的境外投资。这些国家的实践与经验也值得我们借鉴。

(三) 完善公司治理制度

境外投资是企业进行的一项商业行为,企业自己应该了解和把握该投资活动的风险与效果,并决定是否应该进行此项投资。例如,企业是否具有相应的投资能力?投资的外汇资金来源如何?投资对象国有何风险(是否未与我国建交的国家或受国际制裁的国家,是否有战争或内乱风险)?投资项目有何商业风险和非商业风险?会否产生同行间的恶性竞争以及由此产生的后果如何?违法投资和经营的后果如何?等等,这些实际上都是企业进行境外投资决策时要考虑的问题,企业应通过完善的公司治理制度,作出合理的投资决策并控制可能发生的风险。政府没有必要通过核准制来对企业的境外投资行为进行管控。这也是为什么发达的市场经济国家通常不会对私人投资者进行的境外投资实行核准制的重要原因之一。而我国目前处于经济转轨阶段,企业的公司治理制度还很不完善,特别是对于国有企业来说,如何从制度上加强出资人的监督控制权、保证企业管理层科学决策、完善风险管控以及责任承担机制等等,还需要作出很多努力。因此,我国有必要进一步改革和完善国有企业的公司治理制度,这对于境外投资来说更是如此,因为国有企业目前仍是我国境外投资的主力军。如果企业公司治理制度较为完善了,政府对境外投资实行的核准制度就会变得没有多少必要了。

五、结论

企业境外投资虽然说是企业的一项商业活动,但对国家的公共利益以及国际收支平衡也会产生影响,作为一个正处于经济转轨的新兴国家,我国对境外投资实行核准制具有其必要性和合理性。但是,为适应我国经济发展和促进境外投资的需要,现行的核准制还必须进一步改进或改革。即要坚持市场优先和社会自治原则,凡市场机制能够有效调节的,公民、法人及

---

① 参见《中国贸促会"走出去促进计划"调研材料之十九:新加坡吸引外国投资及对外投资政策》,at http://www.ccpit.org/zhuanti/zouchuqu/Channel_1276.htm;《中国贸促会"走出去促进计划"调研材料之六:法国吸引外国投资及对外投资政策》,at http://www.ccpit.org/zhuanti/zouchuqu/Channel_1276.htm;《中国贸促会"走出去促进计划"调研材料之十三:德国吸引外国投资及对外投资政策》,at http://www.ccpit.org/zhuanti/zouchuqu/Channel_1276.htm。

其他组织能够自主决定的,行业组织能够自律管理的,政府就不要设定行政审批;凡可以采用事后监管和间接管理方式的,就不要再搞前置审批。① 因此,在境外投资领域,现行核准制改革的方向是,将政府干预严格限定在维护国家安全和公共利益的范围内,并进一步完善市场经济机制,将投资者的境外投资自由权利(机会或资格)逐步地归还给投资者。因此,在制度建设上,应进一步深化境外投资管理体制改革,建立统一、高效的核准机构,消除目前的双重核准现象;应逐步缩小核准制的范围,扩大自动许可制或登记备案制的范围;应逐步完善其他的市场经济配套制度,包括健全境外投资的鼓励和引导措施,加强境外投资的事后监管和服务,完善企业公司治理制度等,为逐步取消核准制,过渡到登记备案制创造条件。

第二节 我国企业"走出去"的公司治理问题

一、导言

进入21世纪以后,随着我国经济的快速发展和外汇储备的迅速增长,我国企业也把"走出去"作为发展战略,以开拓海外市场,促进企业进一步发展。而在对外投资中,国有企业是主力军。

中国企业"走出去",从总体上看,成效是很明显的,但是,也的确有些企业在"走出去"过程中出现了亏损,特别是少数大中型国有企业发生巨额亏损。据报道,我国"走出去"企业总体经营状况良好,但亏损也占了20%。② 缘何我国企业"走出去"会陷入如此亏损状况? 有媒体认为,其原因一是急于求成,二是管理混乱。有的国企主管"为创造政绩"、"营造自己的王国"、"打造知名度"、"情况不明决心大",在进行重大项目决策时,缺少民主决策和科学决策意识,忽视海外投资的可行性研究,盲目投资造成国有资产流失。实际上,从制度层面看,主要还是公司治理制度不完善,不能适应市场经济情况下国际竞争的要求。因此,促进我国企业"走出去",改善公司治理

---

① 参见我国《行政许可法》第13条;国务院《关于第六批取消和调整行政审批项目的决定》,国发〔2012〕52号,2012年9月23日颁布。
② 据商务部官员说,"从'走出去'企业的经营状况来看,79.2%的非金融类境外企业维持盈利和持平,说明大部分企业的经营状况良好。"对于较受关注的央企境外企业的经营情况,统计显示,中央企业设立的2700多家境外企业中,盈利和持平的企业占80%,亏损的占20%。见《人民日报(海外版)》2013年9月11日。

是其中的重要一环。

按照公司治理理论,由于现代公司的一个最重要的特征是公司的所有权与经营权的分离,因此,公司治理的核心问题是解决由于两权分离而造成的"代理"问题,即如何保证公司的经营管理层尽力为公司最大利益而不是为其个人私利服务,这对于国有企业来说尤为重要。按照我国法律规定,国企财产的所有权属于国有,而国有财产是委托给企业经营的。这样,企业的实际控制人可能利用手中掌控的企业的控制权,为了自己利益而不是公司利益的最大化服务。实际控制人的私利既可以是经济利益,例如,把企业看成是自己的封地,营造成自己的王国,利用企业的实际控制权谋取个人私利,损公肥私,化公为私,甚至肆意鲸吞国有资产,损害国家、公司、股东和职工利益;也可以是非经济利益,例如,企业负责人可能把企业作为自己谋求政治进步的平台,为了营造和追求自己的政绩,不惜"盲目决策"、"做大做强"、"花别人的钱不心痛",以求换取更高的乌纱帽。后者尤其应该警惕。

公司治理涉及一系列的制度安排,但董事与高管的义务与责任制度是其核心。本节拟从公司的治理目标、董事与高管义务的内容与判断标准、承担责任的条件与依据以及在行使决策和监管职能时的责任与限制等方面,对董事与高管的责任制度进行讨论和分析,并在比较研究国外实践的基础上,对我国应如何完善董事责任制度提出建议,以期健全董事与高管的约束机制,防范企业、特别是国有企业"走出去"可能发生的重大失误现象。

二、公司治理的目标

在公司治理的理论和实践上,对于公司治理的目标是存有争议的。公司治理的目标是为了追求股东利益最大化,还是也要保护公司的利益相关者(主要是债权人和雇员)的利益?有的认为应将股东利益最大化作为目标,因为公司就是为了股东利益而运营的。有的认为应注重利益相关者的利益,股东只是利益相关者之一。但现在有一种相互融合的趋势,应将这二者兼顾起来。

我国《公司法》没有把股东利益最大化作为公司的目标。根据我国《公司法》第1条规定,公司法注重的是综合保护公司、股东和债权人的利益。第5条则进一步明确规定,公司必须承担社会责任,这也是修订的《公司法》的一个重大突破。在公司目标问题上,公司法把维护股东利益与利益相关者的利益二者有机地结合了起来。股东利益的保护应放在第一位,兼顾公司利益相关者的利益保护。

第三章 促进我国海外投资的组织法

对于企业境外投资来说,在追求企业经济利益的同时,如何注重利益相关者的利益,显然是个非常重要的问题。企业境外投资时,所涉及的经营环境与国内有很大的不同,投资东道国的政治、经济、社会、文化制度与我国均有很大的差异,所涉及的利益相关者及其利益更为繁多和复杂,不仅涉及东道国政府、各类债权人以及劳工,而且涉及当地社区的环境、人权等问题。如果不注意处理好利益相关者的利益,可能会导致投资的亏损或失败。

首先,企业境外投资时要考虑东道国法律与有关安全与利益方面的问题。境外投资首先要与东道国政府打交道,东道国政府对投资的态度至关重要。尤其是在资源开发以及基础设施建设等敏感产业的投资,东道国政府会从国家安全与利益的角度进行考虑,而中国国有企业的背景,往往会增加东道国政府的疑虑。企业在这种情况下,一方面要考虑到东道国有关的法律要求,保证其投资符合东道国的政策与法律,另一方面要与东道国政府很好的沟通,切实维护东道国政府作为重要的利益相关者的利益,取得东道国政府对投资项目的支持。否则,有关的收购和兼并很可能会以失败而告终,这在资源开发项目中已经屡见不鲜。

对于国有企业来说,需要注意的是,作为独立的法人和独立的市场主体,在公司治理目标上,应注意将其与国家的公共职能区别开来。这一点对于国有企业在海外涉及资源开发和敏感行业的并购活动而言十分重要。也就是说,企业在进行海外投资经营活动时,是以实现经济利益为目标的,应将其营利活动与政治分离开来。尽管国有企业在不同程度上受政府控制,但只要企业将其公司治理的目标定位在谋求经济利益上,那么就有充分的理由让别人信服该企业是作为市场主体身份进行投资活动的,从而可以消除和避免可能产生的有关政治方面的不利影响。因此,国有企业负责人对此应有清醒的认识,不要把国有企业作为实现政治目的的平台。

其次,职工也是重要的利益相关者。企业海外投资时,不仅要考虑股东利益,而且也要考虑职工,尤其是东道国工人的利益。一般来说,投资方与当地工人的利益是不一致的,这是一对矛盾体。资方与劳工的关系如果处理得当,境外投资就会实现双赢的局面,如果处理不当,双方利益都会受损。因此,企业境外投资时,应把东道国的劳工作为重要利益相关者,提高到公司治理的战略高度来考虑。无论是关系到企业结构调整、转产等宏观决策,还是劳工的待遇和报酬等微观问题,均应兼顾到当地劳工的利益。否则,劳工问题处理不好,境外投资也会面临失败。上汽并购韩国双龙汽车案以及其他涉及劳资纠纷的海外并购案例就是值得借鉴的例子。

再次,境外投资时,当地社区及其环境也应纳入公司治理考虑的范围。中国企业"走出去"时,通常只注意与当地政府打交道,不考虑或者很少考虑当地社区的利益,包括对当地人民和生态环境的影响,这在很大程度上不仅会影响到投资项目能否成功,而且会影响中国企业在海外的形象。例如,据最近报载:两年前,国际美慈组织在非洲的分部与其他几个国际机构合作,帮助东非一个连续干旱多年的贫穷地区建立了一套现代化灌溉系统。看到新建的设备,稳定的水流,当地民众高兴极了。他们举办了一系列的狂欢活动,连续三天三夜载歌载舞地庆祝。但仅仅两个月以后,悲剧就来了:一家中国建筑公司承建的高速公路刚好从该地区经过,在没有任何前期沟通的情况下,新建好的灌溉系统,连同田地一起完全被毁坏,而当地居民又几乎没有得到任何补偿。他们唯一记住的是,一家来自中国的公司带来了破坏。① 此事例表明,中国企业"走出去"时不能只注重商业价值分析,而忽视社会影响,应注意与社区等各个利益相关方沟通,促进当地社区的和谐发展。

为此,商务部与环境保护部于 2013 年 2 月 18 日联合发布了《对外投资合作环境保护指南》,以指导中国企业进一步规范对外投资合作中的环境保护行为,及时识别和防范环境风险,引导企业积极履行环境保护社会责任,树立中国企业良好对外形象,支持东道国的可持续发展。该《环保指南》主要从三个方面对企业对外投资合作的环境保护行为进行规范和引导:一是倡导企业树立环保理念,履行环境保护社会责任,尊重东道国宗教信仰、风俗习惯,保障劳工合法权益,实现自身盈利与环境保护"双赢";二是要求企业遵守东道国环境保护法律法规,要求投资合作项目要依法取得当地政府环保方面的许可,履行环境影响评价、达标排放、环保应急管理等环保法律义务;三是鼓励企业与国际接轨,研究和借鉴国际组织、多边金融机构采用的环保原则、标准和惯例。② 我国企业应依据此《指南》,改善公司治理,促进对外投资合作的可持续发展。

三、董事与高管的义务

根据各国公司法的理论与实践,董事与高管是公司的"受托人"或者"代

---

① 田林:《并非揭牌仪式就能解决的问题》,载《南方周末》2012 年 7 月 26 日。
② 见商务部、环境保护部《关于印发〈对外投资合作环境保护指南〉的通知》〔商合函(2013)74号〕;中国环境报:《对外投资合作环境保护指南》发布,2013 年 3 月 1 日。

理人""善良管理人",因而对公司负有信托义务或善管义务,其核心内容是忠实与注意义务。我国《公司法》第147条也规定,公司董事、监事和高管人员"应当遵守法律、行政法规和公司章程,对公司负有忠实义务和勤勉义务"。但是,从我国企业境外投资的实践来看,我国公司法有必要从制度建设的角度,进一步明确和完善董事的忠实义务和注意义务的内容。

(一) 忠实义务应要求董事为公司的最佳利益行事

忠实义务是董事最基础的一个义务,通常是指董事须为公司的利益行事,不得为了谋取私利而损害公司利益。为此,董事不得侵占公司财产,不得假公济私,不得从事涉及利益冲突的交易等。

然而,近年来有些国家对董事的忠实义务提出了更高要求,除不得损害公司利益的传统消极义务外,还强调董事要为公司的最佳利益行事的积极义务要求。

例如,美国2002年《商业公司法范本》第8.30节规定了董事的行为准则,包括了董事的忠实义务和注意义务。该节(a)段规定:"董事会的每个成员,在履行其董事职责时,必须(1)善意行事,(2)以该董事合理认为是为公司最佳利益(the best interests)的方式行事。"[①]这被认为是董事忠实义务的表述,即董事应善意,以其合理认为是为了公司最佳利益的方式行事。

澳大利亚2001年《公司法》第181条规定:公司的董事或其他官员必须:(1)善意地为了公司的最佳利益,(2)为适当之目的,行使其权力和履行其职责。[②]

英国2006年《公司法》第172条"促进公司成功的义务"中规定:公司董事必须为了公司成员整体利益,以其善意认为最有可能促使公司成功的方式行事,在如此行事时注意到(在其他事项范围内):(a)从长远来看,任何决定可能发生的后果,(b)公司员工的利益,(c)培养公司与供应商、客户以及其他方的商业关系的需要,(d)公司的运营对社区和环境的影响,(e)公司维护其高标准商业行为声誉的愿望,(f)像公司成员间一样公平行事的需要。[③] 可见,英国2006年《公司法》强调董事是对公司成员整体的利益负有

---

① See §8.30 Standard of Conduct for Directors, U. S. Model Business Corporation Act, 3rd Edition (2002). 美国《商业公司法范本》是由美国律师协会公司法委员会拟定的,最早的版本是1950年的范本,以后历经修订。关于董事职责的上述表述最早是规定在1979年的美国《商业公司法范本》第35条中的。

② §181, Australian Corporations Act 2001.

③ §172 Duty to Promote the Success of the Company, UK Companies Act 2006.

义务,并以"善意认为最有可能促使公司成功的方式行事"这一新的规定,替代了以前的"善意认为是为公司整体利益行事"的表述,显然提高了要求,体现了英国关于公司治理方面态度的转变。

大陆法传统的某些国家,例如德国,现在也采取了相同的态度。德国2006年修订的《公司治理法典》在管理委员会(董事会)的任务与责任这一部分规定:"管理委员会负责独立管理企业。在管理企业过程中,管理委员会必须为企业之最佳利益行事,并保证增加企业的可持续的价值。"①

经济合作与发展组织(OECD)2004年的《公司治理原则》第六章董事会责任的 A 款就规定:董事会成员应在全面了解情况的基础上,善意、适当勤勉和注意、为公司和股东的最佳利益行事。②

我国现行《公司法》尚无此规定。从我国《公司法》第 147 条和第 148 条看,董事忠实义务的内容,主要包括不得侵占公司财产、不得利用职权为自己或他人谋取私利、在利益冲突时不得为自身利益损害公司利益等,这也是传统公司法中的基本要求或"底线"。但是,从近些年上述有关国家的公司法实践发展来看,为了改善公司治理,董事的义务除了传统的消极义务外,还应该从积极义务方面作出规定,不仅规定董事要为公司的最佳利益行事,有的还作出具体指引。

首先,应将为公司的"最佳利益"行事,作为董事忠实义务的基本要求。从实践上看,董事忠实义务仅仅采取传统的"最低标准"是不够的,有的董事虽然不触犯这一底线,但在公司的管理和决策过程中,却并非以公司的最佳利益行事。例如,在决策时,往往没有考虑公司最佳利益,甚至盲目决策;决策时往往着眼于公司的短期利益,而不考虑公司的长期利益与发展;在公司管理中没有积极采取措施,健全各种内控制度,协调好各种关系,促进企业成功发展。这些行为实际上表明,董事并不是忠心耿耿地在为公司的利益服务。因此,对董事的忠实义务,还应该从积极义务方面提出要求,强调董事要为公司的最佳利益行事。

其次,董事为公司的最佳利益行事,就意味着董事必须从企业的长远利益出发,而不能仅关注企业的短期利益。董事通常是有任期的,为了在其任期内显示业绩,董事通常会关注那些能在短期内显示其业绩的事情。即使

---

① See Article 4.1.1, Tasks and Responsibilities (of Management Board), German Corporate Governance Code, as amended on June 12, 2006.

② OECD, Principles of Corporate Governance, 2004.

第三章　促进我国海外投资的组织法

在美国这类典型的市场经济国家里这也是常见的,在我国则更为突出。有的国企领导为了在任期内显示政绩,往往不考虑项目可行性,盲目决策,由于国企的特殊地位,在国内通常可能由政府出面来化解或兜底,但在海外投资的情况下,国企领导的盲目决策必然会造成严重损失和其他严重后果,从而损害企业的利益。英国2006年《公司法》采取"促进公司成功"这一术语时,据解释,所谓"成功",对于商业公司来说,意指实现公司长期价值增加。显然,英国《公司法》的这一规定也是强调公司的长远利益。

再次,董事为了公司的最佳利益行事,就意味着董事在管理企业的过程中,不但要注重公司股东的利益,也要考虑到公司利益相关者的利益。公司经营成功与否,涉及许多因素。例如,公司能否处理好与员工的关系,与公司经营是否成功直接挂钩,如果员工的利益得不到很好的保护,他们就会缺乏工作的积极性,从而消极怠工,甚至发生罢工等情势。公司在经营活动中如果不注意环境问题,给当地环境造成损害,无疑会引起当地政府、社区、消费者的不满,甚至会与后者发生冲突,这不仅会给自己的商业声誉带来不利影响,甚至会直接影响业务的经营,更不利于企业的长期利益和长远发展。英国2006年《公司法》之所以作出上述规定,就是认识到公司的良好运行与成功都离不开员工的支持与合作,因此公司董事在为股东利益创造价值的同时,也要考虑到与其他利益相关者(供应商、消费者、社区等)的关系。在这一点上,英国2006年《公司法》第172条的规定值得借鉴。

(二) 应明确勤勉义务的判断标准

勤勉义务或注意义务是董事的另一重要义务,即在没有利益冲突的情况下,董事在履行职责时应该适当注意,并尽力作出适当的决定。尽管在学说上对应否规定此义务有不同的看法[1],但在实践上,不少国家现在均已对注意义务及其判断标准作出了明确规定。

---

[1] 对于应否规定注意义务,国际上学界有不同意见。反对者认为没有必要对董事施加注意义务,因为市场力量是控制董事的最有效方法,如果由于董事的无能使公司经营不善,那么股东们可以卖出其股票,公司则很可能解雇董事。另有意见认为,董事的义务通常规定在雇佣合同中,因此法律没有必要对此作出规定。但董事的法定注意义务的支持者认为,市场虽然对董事具有一定的制约作用,但公司经营不善也可能致使企业快倒闭了,股东那时卖出股票通常会产生相当的损失,而且许多股东也不愿卖出股票。因此,董事的法定注意义务可以有力地保护股东以及债权人的利益。从经济学的角度看,通过法律规定董事的注意义务可以减少交易费用,否则,当事人得私下拟订这些义务的条款并在事先就得对所有的必要行为作出规定,这无疑会产生相当大的成本。而且,法定义务有助于让董事明确自己的义务,增加确定性和可预见性,可以鼓励董事为公司的最佳利益行事,并可阻止那些知道自己不符合此义务标准的人成为董事。

例如，美国《商业公司法范本》第 8.30(b)节规定：董事会或董事会的委员会成员，在与其决策职能相关或致力于其监管职能中，在知情的情况下，必须以一名处于类似职位的人在相似情况下，所合理认为的适当注意（care）的程度履行其职责。①

英国 2006 年《公司法》第一次规定了董事的注意、技能和勤勉（duty of care, skill and diligence）义务，将普通法中的注意与技能义务法典化。该法第 174 条第 1 款规定：公司董事必须履行合理注意、技能和勤勉的职责。其第 2 款进一步解释说，这是指一个正常勤勉的人以下列方式履行的注意、技能和勤勉：(a) 一个与履行公司董事同样职责的人可合理期待的一般知识、技能和经验，以及(b) 该董事所具有的一般知识、技能和经验。经修改并于 2010 年 6 月 29 日施行的英国《公司治理法》也对董事的责任进一步作出了规定。② 这样，是否符合合理注意义务，可从主观和客观标准方面进行判断：具有履行董事同样职责的人可合理期待的一般知识、技能和经验，这是一般标准或最低标准；如果担任董事的人的能力高于此一般标准，则以该特定人为判断标准。

澳大利亚 2001 年《公司法》第 180 条关于董事和其他高管的注意与勤勉义务中规定：公司的董事和其他高管，必须以一个正常人会履行的注意和勤勉程度，行使其权力和履行其职责，如果他们：(a) 在该公司的情况下是公司的董事或高管，以及(b) 在公司内据有与董事或高管一样的职位并具有相同的职责。

除英美法国家外，大陆法传统的国家也对董事的注意义务作出了规定。例如，根据德国《股份公司法》第 93 条的规定，股份公司管理委员会的成员必须履行一个正直的、有责任心的商业管理人的注意义务。其标准就是处于如同在一个特定企业中他人的财产管理人一样重要的和负有责任的人所应行使的注意。公司的管理委员会成员的注意义务与一般人的注意标准是有区别的。原则上，前者的注意义务要高于后者的。

我国现行《公司法》对勤勉义务的标准未作具体规定，这样实际适用起来难免会遇到困难，因此有必要对此予以规定。由于经济发展、文化传统以及社会环境的不同，各国对公司董事与高管的勤勉标准也不尽相同，前面谈

---

① § 8.30 Standard of Conduct for Directors, U. S. Model Business Corporation Act, 3rd Edition (2002).

② See Financial Reporting Council, The UK Corporate Governance Code, September 2012.

到,有的采取客观标准,有的采取主观与客观二元标准。① 例如,美国采取客观标准,即"与处于类似职位的人在相似情况下可合理期待的注意",董事只对重大过失承担责任。英国则采取主观与客观二元标准,客观标准是一般标准,即要求董事具有履行公司董事职责"可合理期待的一般知识、技能和经验";但如果董事的实际知识、技能与经验高于一般标准,则依该特定人实际的知识与经验来判断。德国以"正常谨慎的商业经理人"作为标准,相对而言,其标准比英美较为严格。随着现代商业的发展,市场和投资者对公司的董事和高管也提出了更高的要求,不仅要求其具有相应的知识、技能与经验,而且要求其注意义务应与其职务相匹配。这是符合市场经济发展的规律和趋势的。对于我国的企业、特别是国企来说,有必要借鉴上述国家的实践,要求董事或高管具有与其履行职责相称的一般知识、技能与经验。

实践表明,对董事施加明确的忠实义务与注意义务是必要的。2008年金融危机引发的世界经济危机表明,正是由于某些金融企业和非金融企业在风险管理等环节上的未尽注意义务才引发了此次危机。如果董事在履行职责时谨慎注意,则可在一定程度上避免发生某些不必要的失误和损失。

四、董事与高管违反义务的责任构成要件

根据各国公司法的通行规定,董事与高管若违反其对公司负有的忠实与注意义务,必须对公司承担相应的法律责任。若公司对董事与高管违反义务不能或不愿追究责任,则公司的股东可以对涉嫌董事与高管提起股东派生诉讼(或称股东代表诉讼)。

我国现行《公司法》对董事与高管违反义务的责任主要规定在第147条、第148条、第149条以及第112条。第149条是一般责任条款,即"董事、监事、高级管理人员执行公司职务时违反法律、行政法规或者公司章程的规定,给公司造成损失的,应当承担赔偿责任"。该条适用的范围较为宽泛,不仅是董事,还包括监事与高级管理人员;所谓执行公司职务,不仅是决策,还包括监督、管理、实施等各个环节。董事与高管因执行职务承担责任的条件有两个,一是违法性,二是给公司造成损失,两个条件必须同时具备,

---

① 董事是否违反勤勉或注意义务,早期有关国家在实践上是采用侵权法中的"疏忽"或"过失"来判断。所谓过失,是指行为人对自己行为的后果应当预见,能够预见而未预见,或者虽然预见到了却轻信其可以避免的心理状态。但由于每个行为人的认知能力和预见能力都不一样,仅以每个行为人的这种主观心理状态作为判断标准难以把握,因此后来各国实践上又采取了客观标准,即以一个合理的、谨慎的人的标准,来衡量行为人的行为以及实施时的心理状态。

当然二者间必须存在因果关系。但从上述规定来看，该责任的要件和依据还是可以商榷的，而且责任标准也不一致，适用起来会遇到很多困难。因此，有必要对此作出立法改进。

董事的责任及责任的限制，从公司治理的角度看，涉及董事的激励与约束机制，因此，应从这两个方面来考虑其适当性。

（一）董事的赔偿责任应以过错为要件

前面谈到，依据我国《公司法》第 149 条，违法性是董事责任的要件之一。据此，法院在审理此类案件时，首先是对行为的违法性进行审查，只要没有违法违规，即使导致公司遭受损失，董事也不用承担责任；其次是损害后果问题，即使行为违法违规，但公司未遭受损失，董事也不用承担责任。同样，这二者间应存在因果关系。

但是，这一规定没有明确责任的主观要件，即过错。虽然说违法性可以看作是过错的基础标准，行为人违法就表明其具有过错，但从董事的忠实与勤勉义务本身的要求看，不应仅以违法性为条件。前面谈到，董事与高管的忠实与勤勉义务要求其善意尽力为公司的最佳利益行事，并在履行职务时予以适当注意，董事与高管是否履行了这一义务通常要根据具体情况判断，现行法律不一定有具体规定，或者也无法规定，如果以违法性作为责任要件，则有时往往难以找到合适的法律依据。例如，若董事或高管因经营无方或决策失误而造成公司损失或严重损失，但没有违法违规，是否可以说就没有违反忠实与勤勉义务而不用承担责任？实际上，只要董事没有忠实勤勉地为公司最佳利益行事并给公司造成重大损失，就应该认为已构成违反义务。

因此，以过错作为董事赔偿责任的条件更为适当，即应根据董事主观上是否存在故意或过失来判断其是否违反忠实与勤勉义务。董事与公司间存在一种特殊的信赖关系，这种信赖关系要求董事忠实而勤勉的为公司的利益服务，因此董事是否违反其信赖义务，就必须考察其主观上是否存在过错，包括是否存有善意（或恶意）或重大过失。

就拿涉及董事责任诉讼最多的美国来说，美国法院在判断董事在履行职务中（无论是决策还是监管）是否违反信托义务时，得看董事是否"善意"（good faith）行事或具有重大过失。善意是董事忠实义务的核心要件，未善意行事就违反忠实义务；即使涉及注意义务时，美国法院也要求董事善意履行注意义务。因此，主观上是否"善意"，是判断董事是否应承担违反信托义务责任的核心要件。这里以特拉华州的有关案例和实践为例来加以说明，因为特拉华州的公司法在美国是最具代表性的。

在美国特拉华州 1963 年的 Graham 案①中,股东提起派生诉讼,指控公司董事没有发现和防止员工违反联邦反托拉斯法的活动,违反了信托义务(fiduciary duties),但法院驳回了原告的诉求,认为只有当董事故意或心不在焉地无视员工不法行为的明显危险迹象时才会产生董事会的监管责任。董事的责任依据在于,董事会是否知悉不法行为并且没有设法了解所禁止的活动。也就是说,董事只有在知情的情况下才承担责任。该案对董事责任设置了较高的门槛。

1985 年美国特拉华州最高法院在 Smith v. Von Gorkom 案中对违反注意义务的董事判决承担赔偿责任。②虽然此后特拉华州通过立法来限制对董事因违反注意义务提起金钱赔偿诉讼,但在此后的有关案例中,法院仍然强调董事有义务善意行事,否则得承担违反信托义务的责任。例如,在 1996 年特拉华州平衡法院的 Caremark 案③中,亚伦大法官认为,董事会有义务善意行事,以确保公司遵守法律和政府的管理准则。若未善意地试图建立旨在确保公司及其员工遵守法律的公司内部报告制度,董事就可能违反其信托义务。在该案中,法院认为,要让董事个人承担责任,则原告必须确认董事会完全没有确保存在合理的报告制度。适用此标准,法院认为该案董事个人不负责任,因为公司已任命了一个监督公司守法的委员会,制订了员工培训计划,向员工发布了道德守则,定期审查公司的守法制度等。尽管该案中法院没有支持原告的诉求,但法院认为董事在监督公司运行中有善意行事的义务。在 2003 年的 Guttman 案④中,法院认为,如果董事恶意行事,则董事就不能辩解说其行为方式是与其忠诚地代表公司履行职责的义务相一致。如果董事有意地无视其监督公司业务和事务的义务,就是恶意行事,那么就不能根据特拉华州《公司法》第 102(b)(7)条免除责任。同

---

① Graham v. Allis-Chalmers Manufacturing Company, 188 A. 2d 125 (Del. 1963).
② 此案案情见下述。
③ In re Caremark Int'l Inc. Litig., 698 A. 2d 959, 960 (Del. Ch. 1996). 在此案中,Caremark 公司于 1994 年与司法部及其他几个联邦机构达成了辩诉交易,对一项关于邮件欺诈的重罪指控认罪,并对所指控的违反联邦法律的回扣支付了 2.5 亿美元的罚款和处罚。1996 年,股东们对董事提起了派生诉讼,想收回公司因支付此巨额罚款所造成的损失。股东们认为董事违反了信赖义务,因为董事让公司面临巨大法律责任的情势发展和继续下去,违反了对公司运行进行有效监管的义务。
④ Guttman v. Jen-Hsun Huang, 823 A. 2d 492, 494 (Del. Ch. 2003). 股东指控董事会成员未能监督公司遵守会计规章,法院认为其是指控董事违反忠实义务之诉。

样,在随后的 Stone v. Ritter 案[①]中,特拉华州最高法院认为,监管责任标准的重点在于,原告要证明董事未能善意行事。可见,根据美国司法实践,董事是否"善意"行事,是判断其是否违反信托义务的核心要件。

(二)违反注意义务应该以重大过失为责任基础

依据我国《公司法》第 149 条的规定,董事与高管若行为具有违法性,只要造成公司损失,不论公司损失是否严重,就得承担赔偿责任。这一规定有失之过严之嫌。

从有关国家的实践看,董事违反注意义务时,通常是以重大过失为基础的。美国多数州对董事违反注意义务的责任相对宽松,甚至允许股东会通过章程豁免其金钱赔偿责任。

前面提到的 1985 年的 Smith v. Von Gorkom 案,是美国法院判决董事对违反注意义务承担责任的当代首个案例,具有重要影响。[②] 该案是股东就公司的一项现金合并交易(cash-out merger)对董事提起的一起集团诉讼,特拉华衡平法院适用商业判断规则判定公司董事不承担责任,但特拉华州最高法院推翻了该判决。在该案中,公司的董事们投票批准一项合并交易,在投票前,董事们没有被告知公司的董事长兼首席执行官冯·戈科姆(Von Gorkom)先生在导致合并的谈判中所起的作用,也没有被告知目标公司的真实价值,董事会仅经过 2 个小时的审议就同意了此项合并。特拉华州最高法院认为,该公司董事构成重大过失,其没有在知悉情况的基础上作出合并的决定违反了信托义务。该案判决收窄了商业判断规则适用的范围,加大了董事的责任风险,在美国引起了很大反响甚至恐慌。美国上市公司的董事们强烈反对此案判决,保险公司由于董事责任风险的增加而大幅提高了保险费率,外部董事纷纷辞职。于是,针对此案判决,1986 年,特拉华州议会就迅速修订了州公司法,增加了第 102(b)(7)条,允许股东修改公司章程,免除董事在某些指控其违反信托义务的股东代表诉讼中的金钱赔偿责任,但股东修改章程时,不得免除董事违反忠实义务或没有善意行事的责

---

① Stone, 911 A. 2d at 369 (Del. 2006). 在该案中,被告董事面临的指控是,由于其未能监督和发现员工违反联邦和州的银行法,违反了信赖义务。政府对此持续违法行为进行了调查并对公司予以 5000 万美元的罚款和处罚,给公司造成损失,因此,股东提起派生诉讼,要董事个人承担责任。

② Smith v. Van Gorkom, 488 A. 2d 858, Fed. Sec. L. Rep. (CCH) P 91, 921, 46 A. L. R. 4th 821 (Del. 1985).

任。① 随后美国大部分州也仿效特拉华州的规定修改公司法。这就为以后对董事违反注意义务提起金钱赔偿诉讼设置了障碍。

尽管如此,在 1996 年的 Caremark 案中,法院仍然认为,指控董事违反其注意义务,可在两种不同情景中产生:(1) 董事会作出严重疏忽的决定,导致公司遭受损失;(2) 在适当注意就会防止损失发生的情况下,董事会未经考虑行事。第一种情形涉及商业决定问题,法院认为法官难以对商业决定的实质进行评判,适用商业判断规则可避免产生司法上事后推测或事后聪明的偏见。对于第二种情形(监管方面),法院则主要考虑董事在监督公司整体运营中是否建立有健全的内部监控机制,并将其与是否"善意"相联系。② 因此,从上述特拉华州的立法和法院判例来看,相对忠实义务而言,股东要想让董事就违反注意义务承担责任难度要大些,因为这涉及"故意"(scienter)的要求、《公司法》第 102(b)(7)条的规定以及商业判断规则的适用。③ 有鉴于此,有学者认为,董事的忠实义务是第一位的,注意义务则可被看作是忠实义务的补充要求。④

公司董事与高管在经营管理中难免会有所失误而使公司遭受损失,这是正常现象,如果因为轻微的违法违规行为导致公司损失就得让董事与高管负赔偿责任,就会使董事和高管因担心承担责任而畏首畏尾,不得不实施保守经营,这不利于鼓励董事大胆为公司最佳利益工作,也不利于促进公司发展。因此,董事违反注意义务的责任,还是应以重大过失或公司受到严重损失为条件。此外,美国司法实践上将注意义务与善意相联系的做法也有借鉴意义,因为,如果董事或高管在执行职务时漫不经心或玩忽职守,那么其对公司的忠诚性就值得怀疑,也可以说就同时违反了忠实义务。

---

① See Del. Code Ann. tit. 8, § 102(b)(7).
② In re Caremark Int'l Inc. Litig., 698 A.2d 959, 960 (Del. Ch. 1996).
③ See Robert T. Miller, The Board's Duty to Monitor Risk After Citigroup, 12 U. Pa. J. Bus. L. 1153 (2010). 需要注意的是,虽然从美国司法实践上看,股东要就董事与高管违反注意义务提起派生诉讼存在着法律障碍,但并不影响股东利益的保护。实际上,美国证券法对信息披露有着严格的规定,如果公司的董事和高管在信息披露方面涉嫌欺诈,那么投资者可以根据美国《证券交易法》第 10(b)条规定以及证券交易委员会规则提起集团诉讼。
④ See Leo E. Strine, Jr., Lawrence A. Hammermesh, R. Franklin Balotti, Jeffrey M. Gorris, Loyalty's Core Demand: The Defining Role of Good Faith In Corporation Law, Discussion Paper No. 630 (3/2009), Harvard Law School, download from http://www.law.harvard.edu/programs/olin_center.

五、董事的决策责任与商业判断规则

决策职能是董事与高管的重要职能之一。决策正确或适当与否,有时直接关系到企业的经营成败,因而关系重大。同样,董事在决策方面的责任制度,也与企业的经营成败有着密切的关系,若责任过于宽松,则可能会鼓励董事冒险,而过度冒险会使企业承受过大风险而受损甚至倒闭;若责任过于严格,则董事可能谨小慎微,战战兢兢,不敢有所作为和创新,这也不利于企业的发展。因此,董事决策责任的制度设计必须考虑到这两个方面,在激励与约束间寻求合理的平衡。在此方面,美国的实践值得借鉴,一方面,董事在决策方面要遵守信托义务,否则要承担责任;另一方面,若符合商业判断规则,则董事可以免除责任。

我国在公司治理改革上也面临着这一问题。《公司法》虽在第112条对股份有限公司董事的决策责任作出了特别规定,但这一规定也有需待完善之处,而且我国《公司法》也没有规定商业判断规则。因此,有必要对董事的决策责任与商业判断规则的适用问题予以探讨。

(一)商业判断规则及其适用

为了帮助判断董事是否履行了信托义务,美国在司法实践上发展出了"商业判断规则"(business judgment rule)。据此规则,如果有合理根据表明交易是以善意和适当注意的方式进行的,则可免除公司管理层(董事与高管)在公司交易中在公司权力和管理层职权范围内承担的责任。该规则早在19世纪就已诞生,现已规定在美国法律学会(ALI)拟定的《公司治理原则》第4.01条(c)项中。依据该条规定,如果作出商业判断的董事或管理人员符合下述三项条件,他就被认为善意地履行了其信托义务:(1)与该交易无利害关系;(2)有理由相信其依据的有关商业信息在当时情况下是合理的;(3)有理由认为该项商业判断对公司具有最佳利益,因而不必承担法律责任。[①]在司法实践上,商业判断规则是一个可反驳的假定,即只要董事在商业决策中符合上述三个条件,就可以推定其履行了信托义务,除非原告有充分的证据可以推翻此假定。

---

① Section 4.01, Duty of Care of Directors and Officers; The Business Judgment Rule, See Principles of Corporate Governance: Analysis and Recommendations As Adopted and Promulgated by The American Law Institute at Washington D.C., May 13, 1992, Current through August 2012.

第三章　促进我国海外投资的组织法

这一规则在美国司法实践上经常适用。在前述 Caremark 案中,特拉华州衡平法院认为,涉及商业决定问题时,法官难以对商业决定的实质进行评判,适用商业判断规则可避免产生司法上事后推测或事后聪明的偏见。这样,根据该规则,只要董事们采用了合理的程序,在该程序中对所有的信息都给予了合理的考虑,则董事的决定就受到保护。①

2008 年次贷危机发生后,花旗集团公司的股东提起了派生诉讼(derivative action),指控公司董事由于没有勤勉地监控和管理次贷市场的商业风险而违反了董事的信托义务。② 股东们声称,董事们没有作出善意努力以遵循旨在保证董事会全面知悉花旗集团面临的次贷风险的程序;董事会的决定无视警示次贷市场普遍违约的"红色"警示信号,使公司遭受严重损失,几乎导致花旗集团破产。原告的意图是依据 Caremark 案中的第二种诉求指控董事违反义务。股东们认为,公司董事恶意行事,故意无视其职责。然而,特拉华州衡平法院大法官钱德勒(Changdler)解释说,本案股东的诉求目的是让董事个人对所作出的、在事后看来对公司很糟糕的商业决定承担责任。已如前述,根据前述 Caremark 案,关于董事作出糟糕的商业决定的指控属于第一类诉求,因此大法官得出结论说,该案属于 Caremark 案第一类诉求。法院对所谓的警示花旗集团即将发生损失的"红色"信号问题进行了详细的审查。在法院看来,花旗集团设立有审计和风险委员会,并向该委员会任命了财务专家,并非像原告所说的缺乏适当的报告与信息制度和控制;原告所谓的"红色"警示的证据,包括媒体文章、经济学家关于市场的预测、信用评级机构对花旗集团证券组合中的抵押证券中的信用资产的降级决定以及花旗集团证券组合价值的持续下行等,都不能表明董事们故意地无视其监管责任。原告的指控没有提供任何董事具有"恶意"的证据。法院后来援引商业判断规则,支持被告董事的动议,迅速地驳回了原告的诉求。③

---

① In re Caremark Int'l Inc. Litig., 698 A. 2d 959, 960 (Del. Ch. 1996).
② In re Citigroup S'holder Derivative Litig., 964 A. 2d 106 (Del. Ch. 2009). 起诉书指控被告董事们对下列行为造成的损失负有责任:允许公司购买 27 亿次贷,批准了一个股份回购计划,批准给予首席执行官 Charles Prince 过高的补偿方案等。
③ 该案之所以很快就被驳回,其主要原因在于原告没有满足股东派生诉讼的条件。根据特拉华州法律,股东要提起派生诉讼,必须在诉前向董事会提出要求,提出其主张及要求董事会提起诉讼,并表明董事会不当地拒绝诉请;或者,以要求董事会提起诉讼是无用的事实为理由进行辩解。对于后一条件而言,若是股东要让董事承担监管责任,则原告股东必须主张,董事会的多数成员都是有利害关系或者缺乏独立性的(在该案中原告没有提出这一主张),或者列举有关事实,表明董事会的行为从表面上看就是极其糟糕的,以至于董事会的同意不能满足商业判断标准,因而追究董事责任具有相当大可能性。

花旗集团案在学界引起了争论,有学者批评说,这会鼓励董事会对公司的商业结果不负责任,完全无视公司应由董事会管理或置于董事会指导之下的原则,并主张特拉华法院扩大信托义务的适用范围。① 但也有学者支持该案法院的观点。②

"商业判断规则"现在也为大陆法传统的德国采用。2005年9月生效的《公司决议上诉法的完善与现代化法》给德国《股份公司法》第 93(1)2 条增加了关于商业判断规则的新规定,即如果董事在作出商业决定时合理地相信其是在适当知情的基础上为公司的最佳利益行事,则没有违反义务。③ 在此之前,德国在司法实践上就已采用商业判断规则。在 ARAG/Garmenbeck 案的判决中,德国联邦最高法院就认为,如果公司管理委员会以不负责任的方式经营公司业务,或其行为以其他方式违背委员会义务,则管理委员会的董事才会产生责任风险。④ 负责任的商业行为要求管理层在知情的基础上仅为公司最佳利益作出决策,防止其成员让企业承受过度风险。但是,对于公司的监事会来说,德国联邦最高法院的态度更为严格。尽管商业判断规则原则上也适用于监事会,但法院认为,监事会成员只在很有限的范围内受商业判断规则保护。

商业判断规则有其合理性。首先,法院对公司的商业决定进行事后判断并不一定妥当;其次,一项商业投资不成功可能是由多种原因造成的,管理部门的决定可能只是其中一个原因;第三,风险与机会同存,有的风险性决定可能给企业带来很大的成功,虽然有的也会很糟糕。因此,只要公司董事及管理层是在适当知情的基础上为了公司的最佳利益行事,就不违反义务,这就给其提供了一个"安全港",预留了决策的自由裁量空间,消除其不必要的顾虑,促使其尽心尽力为公司最佳利益服务。否则,公司董事及管理层可能会由于担心承担责任而过于谨慎保守,反而不利于公司的经营和最佳利益。当然,商业判断规则的适用得考虑具体情况中的各种因素,但美国《公司治理原则》中所述的三个条件,可以作为指南予以参考。

---

① See Robert T. Miller, The Board's Duty to Monitor Risk After Citigroup, U. Pa. J. Bus. L., Vol. 12, 2010, p.1153.
② See Eric J. Pan, A Board's Duty to Monitor (Benjamin N. Cardozo Sch. of Law, Working Paper No. 281, 2009), at http://papers.ssrn.com/sol3/papers.cfm?abstract_id=1521488.
③ Aktiengesetz [AktG](德国股份公司法), Sept. 6, 1965, BGBl. I at 1089, § 93(1)—(2).
④ ARAG/Garmenbeck [1997] Neue Juristische Wochenschrift 1926.

第三章　促进我国海外投资的组织法

需要注意的是,虽然德国也采取了商业判断规则,但德国的商业判断规则与美国的并不完全一样。德国的商业判断规则包括以下要素:(1)管理部门的商业决定,即管理部门行使自由裁量权做出的决定,如果董事与高管是根据法律、章程或者合同义务要求做出的决定,就不是自由裁量;(2)为公司利益;(3)无利益冲突;(4)基于充分的信息行事;(5)不过度承担风险,不作危险的决定(hazard decision)。最后一点比较重要,在德国,作出过度的风险承担的决定不受商业判断规则的保护,而在美国的商业判断规则中则没有这一要素。① 可见,德国的商业判断规则与美国相比较为严格。

商业判断规则并非仅对注意义务而言的。实际上,它的内容同时涉及忠实义务和注意义务,并以不违反忠实义务为前提,因为适用该规则的条件是"无利害冲突",是为了公司的利益。

(二)我国的立法改进建议

既然商业判断规则有其合理性,那么我国应否采用?对董事和高管在行使决策职责时,是否也应该对其采用必要的责任保护措施?

我国公司法目前没有关于商业判断规则方面的规定,但对于董事的决策责任而言,公司法对股份有限公司作出了特别的规定。《公司法》第112条规定:"……董事应当对董事会的决议承担责任。董事会的决议违反法律、行政法规或者公司章程、股东大会决议,致使公司遭受严重损失的,参与决议的董事对公司负赔偿责任。但经证明在表决时曾表明异议并记载于会议记录的,该董事可以免除责任。"依据此条的规定,董事因决策不当承担赔偿责任的前提条件有两个:一是决议违法违规,二是致使公司遭受严重损失。与第149条相比较,第一个条件类似,第二个条件则规定的是"严重损失"。这样,股份有限公司董事在决策方面承担赔偿责任的门槛比有限责任公司董事要高,有利于保护股份有限公司的董事。但此条规定产生的一个问题是,在不同形式的公司里,股东与董事受保护的程度不同,显得有违平等原则。另一个问题是,在股份有限公司的情况下,董事的决策责任与非决策(如监管)责任的条件也有所不同,股份有限公司的董事在决策方面的责任适用第112条,责任门槛较高,而非决策方面则适用第149条,责任门槛较低,从而可能导致股份有限公司董事在决策方面的随意或漫不经心而

---

① See Wulf A. Kaal and Richard W. Painter, Initial Reflections on An Evolving Standard: Constraints on Risk Taking by Directors and Officers in Germany and the United States, *Seton Hall L. Rev.*, Vol. 40, 2010, pp. 1433, 1461—1468.

损害公司利益的现象发生。因此该条规定有待改进。

至于商业判断规则,我们认为,我国采纳该规则也是很有意义的。这既关系到公司治理制度中对董事与高管的激励与约束机制的完善问题,也涉及法律的效率与公正的价值取向问题。前面谈到,商业判断规则有其合理性,如果董事与高管的义务与责任规定的过严,他们就可能为明哲保身而采取过于保守的经营策略,容易使公司错失商机,不利于保护和发挥企业家的积极性和创新精神,也就不利于经济发展。同时,商业判断规则的采用也可以避免法院对公司的商业决策正确与否进行实质审查。这也是美国司法实践上之所以将该规则作为司法审查标准的一个重要原因。因为,如果允许法院对公司的商业决定正确与否作实质审查,也就可能会导致以"事后诸葛亮"的偏见评价先前的决定,从而有失公正。

当然,在采用商业判断规则时,要考虑到法律移植或借鉴的环境与条件问题。从我国《公司法》第149条规定看,董事责任的门槛并不高,因而可考虑借助于商业判断规则予以保护。但我国与美国不同的是,派生诉讼制度还不完善,股东兴诉的难度较大,也不常见,因此,董事因违反信托义务而受到派生诉讼威慑程度也不大。从这个角度看,目前似乎没有采用商业判断规则的紧迫性。随着我国市场经济与法治的发展,以后对董事的诉讼也会增多,引入商业判断规则就会具有必要性。我国可以通过法院在司法实践上先行采用商业判断规则并逐步完善,然后可在此基础上通过立法加以规定。

确定适用商业判断规则的前提条件非常重要。从美国的司法实践看,适用商业判断规则的前提仍然是不得违反信托义务,即董事或高管与该交易无利害关系,有理由相信其依据的有关商业信息在当时情况下是合理的,并有理由认为有关决定符合公司最佳利益。"无利害关系"与"最佳利益"属于忠实义务,而依据合理的商业信息(知情)作出决定则属于注意义务。德国式的商业判断规则适用条件,还强调不得过度承担风险。我国是应该采取美国式宽松的商业判断规则还是德国式较为严格的商业判断规则,需要根据我国的国情,仔细考虑对董事与高管的激励与约束的平衡。我们认为,德国式的商业判断规则可以借鉴,除无利益冲突、符合公司最佳利益的底线外,也要强调董事的注意义务,即在知悉信息的基础上作出决策,并且不鼓励过度承担风险。

六、董事的监管责任与董事会监管制度的完善

监管也是董事与董事会的主要职能之一。所谓监管就是董事会对企业的经营管理层进行监督和管理。公司的经营好坏除与董事会的决策有关外,也与董事会的监管有关。监管不力或监管失误都会导致公司发生严重损失。美国次贷危机的原因之一,就是有关公司的董事会在监管方面存在缺陷。因此,改进和完善公司监管制度,也成为国际社会关注的热门话题。

董事会及董事执行监管职能时,也必须履行忠实与勤勉义务,否则也须承担责任。从前述美国的实践可以看到,在涉及董事的监管责任时,美国法院往往强调公司是否建立有健全的内部控制制度,以此作为董事是否违反义务的重要判断标准。

对于董事会的监管职能,我国《公司法》没有给予足够的关注。《公司法》第46条关于董事会行使的职权的规定中,甚至都没有提到董事会对董事与高管的监管。这虽然与《公司法》设立有专门的监事会有关,但董事会自身也应该具有这一职能。董事会的监管职能主要表现在建立健全的内部控制制度方面,从而可以保证董事会能够知悉各种重要信息并作出适当的决定,保证企业合法合规地经营,防范可能发生的风险和失误。而监事会的监督则主要体现在对董事与高管在公司经营中的日常监督上,二者既有联系也有区别。因此,健全和完善董事会的监管制度是改善公司治理的又一项紧迫的任务。

董事会的监管职能,除了任免经理层管理人员外,还包括指导和决定企业的战略,对企业的风险管理、薪酬管理等进行监督管理。从此次国际金融危机与公司治理实践来看,完善战略管理、风险管理以及薪酬管理制度,是有力地约束董事和高管行为的重要制度安排。因此,我们有必要把注意力放到如何完善这些制度上来,促进公司治理向"善治"方向发展。

近年来,美国联邦政府在风险管理和公司治理方面也采取了许多新的措施,其中最为重要的是2010年7月21日由奥巴马总统签署生效的《多德—弗兰克华尔街改革和消费者保护法》。在此方面,该法采取了两种改革措施:一是信息披露导向的改革,二是公司治理方面的改革。欧盟以及其他国家在世界金融危机后也采取了相应的改革措施。国际社会的这些做法可以作为我们的借鉴。

(一)战略管理制度

企业的战略直接关系到企业的长远可持续发展。因此,战略管理是企

业管理中的最为重要的环节之一。企业通过合理程序制定的长远战略计划,可以使管理人员认识到企业的优势和不足,包括企业的发展机会、资源、竞争者以及其他的制约因素,并协调企业内的经营活动。尤其重要的是,战略管理可以防止企业管理者为获得个人任职期间的激励只顾企业的短期效益而不考虑其长远利益的短视行为。

有学者认为,企业的战略管理是指以保持竞争力的方式来管理业务的程序。企业管理其战略有不同的模式。从动态的角度看,战略管理包括三个阶段:制定战略、实施战略以及评估和修正战略。[①] 企业首先要制定好自己的战略规划,这通常包括企业的远景规划和蓝图、短期(如 5 年左右)的计划目标(即企业在此期间应尽力实现的质量与数量方面的目标)以及实现这些目标的战略措施。从功能上看,战略规划要详细说明企业打算如何实现其目标,并设计实现企业目标的具体程序和相应的责任。制定有效的战略计划的关键,是保证它能反映企业的竞争优势,如产品、价格、市场、技术等方面的优势。同时,也应注意分析企业的不足及其原因,分析实现竞争优势的各种制约因素,并管理风险。所以,管理风险也是战略管理的重要内容之一。

战略规划制定出来以后,企业就应该尽力使其得到有效的实施。企业应有效率地利用其资源、采取措施,实施其战略规划。为此,企业要发展战略支持性的文化和组织结构。如果战略得不到有效的实施,那么战略管理的利益就无法实现。

在战略实施一段时间后,应对其进行评估,看是否达到了预期的目标。如果没有有效地向预定目标推进,那么就必须对战略措施进行修正,以便促进实现预定目标。战略管理应该"与时俱进",当情况和经营环境发生变化时,就应及时对过时了的规划进行修正和调整,以保持自己的竞争优势和可持续发展的能力。

董事会在企业的战略管理中发挥着重要作用,这是董事会自身的职能所决定的,因为董事会对企业的所有活动都负有监督管理的责任。董事会通常应设立战略委员会,在战略规划的制定和修改过程中,董事会应该对企业管理层提供指导和提出建议。董事会还可以通过选聘首席执行官对企业的战略施加影响。由于首席执行官通常是公司最高的战略决策者,董事会

---

① See Nadelle Grossman, The Duty to Think Strategically, *La. L. Rev.*, Vol. 73, Winter, 2013, p. 449.

通过挑选代表特定公司战略的人担任首席执行官,就表明其支持该候选人的公司战略。

对于我国企业、特别是国企来说,加强战略管理无疑也是至关重要的。首先在组织结构上,董事会有必要设立战略管理委员会。战略委员会组成人员中应包含有一定数额的、与公司业务相关的不同经历与背景的外部董事,这对公司的发展战略的确定具有积极作用。对于国企海外投资来说,制定有远见的战略极为重要。作为跨国经营的企业,应该从全球的视角来确定自己的战略。例如,资源开发类型必须从世界资源分布情况出发,确定本企业的资源合作开发的战略;制造型企业则应从市场开发与国际竞争的角度来考虑自己的全球战略。虽然制定出好的战略规划与措施要花费董事和高管们不少时间和精力,但企业实施战略后的收益会远远超过所付出的成本。当然,企业的战略需要根据情况的发展变化及时修正和调整,应采取切实有力的措施予以实施。

战略管理直接关系到企业发展的竞争能力和风险管理,其重要性是不言而喻的。而要使战略管理制度得到有效实施,就应该将董事与高管的薪酬激励措施与战略管理的目标挂钩,将战略管理制度化,并切实监督其实施。只有当企业有效地制定和实施了科学的战略管理,并使企业成功运行时,董事或高管才能获得预期的薪酬,否则就对其薪酬待遇予以适当扣减。

(二) 风险管理制度

已如前述,我国有的企业在海外投资受损或失败,在很大程度上是由于企业负责人对投资项目不注意作认真的可行性研究,缺乏风险管理和控制的意识,脑袋一热就草率拍板作出决定。因此,加强董事会对风险管理和控制的监督,有助于防止草率决策,防控风险。

所谓风险,从广义上说,是指未来收益的不确定因素。这些不确定因素既有自然的,也有人为的。对于企业来说,管理层在经营活动中,应特别注意企业的风险承受能力,尽可能地对风险的可能性和严重性作出评估,并采取措施减轻和管理风险。

近些年来,风险管理的理论在国际实践上不断得以发展,特别是企业风险管理(Enterprise Risk Management)理论,突破了传统上只考虑某个部门、某种业务的风险的局限,从整个企业层面、从不同业务风险的相互关系的角度来管理风险。但是,2008年金融危机发生后,人们认为其教训之一,是企业风险管理方面失控,尤其是董事会对风险管理的监管方面,需要从公司治理制度角度加以改进。

一般来说,企业所有人,无论是董事会、管理层以及企业的职员,都有责任对风险进行管控。但董事会在风险管理方面负有最终的监管责任。从此次金融危机前的实践看,公司董事会在风险管理方面存在的突出问题是:(1) 没有将风险放在整个企业的基础上进行管理并与公司的战略相适应;(2) 风险管理与激励机制不相匹配。

因此,董事会应将风险管理作为企业战略管理的必要部分,加强企业风险管理。根据 OECD 的建议,在风险管理方面的良好做法是:董事会应负责设计风险管理指南,应从公司战略与风险承受能力和内部风险结构相结合的角度进行审查并提供指导。管理层则负责制定具体风险管理制度,并监督下级职员遵守。在组织结构上,企业的风险管理与控制职能应独立于企业的营利中心,首席风险官应直接向董事会报告工作。除商业秘密外,风险管理程序和风险评估结果应予以适当披露,董事会应确保企业以透明的和可理解的方式向市场传递重要的风险要素,风险要素的披露应显示出那些与公司战略最为相关的要素。①

风险管理还应该与董事与管理层的激励机制挂钩。在以前的公司治理实践上,企业的风险管理与董事和管理层的激励机制通常是分离的,这样,董事和高管为了获得高薪酬激励,可能会使企业承受过度的风险;同时,即使企业发生重大损失,也不影响董事与高管们的高额薪酬。这一公司治理制度方面的缺陷,也可能是导致此次美国次贷金融危机的原因之一。因此,有必要将风险管理与董事及高管的激励与薪酬相联系。

(三) 薪酬管理制度

在公司治理实践上,有的国家强调对公司董事和高管的薪酬激励制度。这种激励包括薪酬和股权等方面的激励,特别是将这种激励与公司的股票价格挂钩,以期通过激励制度促使董事和高管尽力为公司工作,从而解决现代公司存在的因为所有权与管理权的分离而产生的代理问题。美国是采用此制度最为典型的国家。长期以来,美国公司的董事与高管的薪酬普遍比欧洲国家的公司高得多,在一定程度上也具有提高董事与高管的积极性的作用。

但是,片面强调董事与高管的激励而不考虑相应的制约,也会产生负面作用。21 世纪初美国发生的安然等大公司高管做假账的一系列事件表明,

---

① OECD, Corporate Governance and the Financial Crisis, Conclusion and Emerging Good Practices to Enhance Implementation of the Principles, February 24, 2010, pp. 13—15.

公司董事和高管为了使自己的利益最大化,不仅可能会只着眼于公司的短期利益,而且甚至会通过做假账等手段虚增公司收益来获取个人利益。2008年美国金融危机发生后,人们进一步注意到,某些大公司(例如花旗集团这样的大金融公司)虽然因管理不善遭受了严重损失,但公司董事和高管享受的高额薪酬待遇却不受任何影响。因此,公司的薪酬管理制度需要进一步改革。

改革薪酬制度最重要的一个环节,是加强董事会在薪酬管理方面的责任。从近些年来的国际实践看,董事会在薪酬管理方面应该采取以下措施:

(1)增加透明度。在薪酬待遇方面,缺乏透明度是被人们诟病的问题之一。在此方面,董事会应改进相应的政策。例如,董事会应该制定和披露董事与高管的薪酬政策,包括涉及股权激励的薪酬政策。

(2)将董事与高管薪酬与企业的长期战略和业绩标准挂钩。以前的激励制度只是单纯对董事与高管采取高薪酬待遇,并且没有将薪酬待遇与公司的长期利益挂钩,而企业高管为了在其任期内为取得高额薪酬待遇而仅关注企业的短期利益,无视企业的长远发展和长期利益。因此,董事会的薪酬政策应将董事与高管的薪酬与公司长期利益联系起来,根据公司的战略目标来确定业绩指标。只有当公司业绩达到或超过可量度的业绩目标而不仅仅是度过了任职期限时,才能支付董事或高管相应的薪酬。

(3)将董事与高管的薪酬与企业的风险管理相联系。前面谈到,此次金融危机发生后,在公司薪酬管理方面显露出的一个问题是,以前的薪酬激励是与风险脱钩的,即使企业在风险管理方面存在疏漏甚至导致发生重大损失,但董事与高管的薪酬也不会因此而减少。危机发生后,这种不对称的制度安排受到广泛的批评。因此,国际社会现在认识到,良好的做法是,将公司董事与高管的薪酬待遇与风险管理相挂钩。例如,董事与高管如果没有履行契约就延付其股份;根据风险管理情况确定支付奖金的标准以及收回奖金等。美国《多德—弗兰克华尔街改革与消费者保护法》第956条要求金融机构披露那些鼓励过度承担风险或可能导致重大金融损失的基于激励的薪酬安排,并要求联邦管理机构制定规章或指南,禁止有关金融机构采取鼓励承担不适当风险并可能导致重大金融损失的、基于激励的支付安排或具有此特点的任何此类安排。[①]

(4)采取组织结构的措施。例如,美国《多德—弗兰克华尔街改革与消

---

① Dodd-Frank Wall Street Reform and Consumer Protection Act (2010).

费者保护法》要求在证券交易所上市的公司只任命独立董事担任董事会薪酬委员会的成员,该委员会有权决定公司董事与高管的工资。

上述做法也值得我国借鉴。我国的国有企业以前也曾过于强调董事与高管的激励机制而忽视相应的约束机制,现在国资委已经注意到了这一问题,颁布了有关规章,注重健全国有企业高管的考核制度,并与薪酬待遇相联系。今后需在实践中进一步改进和完善国有企业的薪酬管理制度。

七、国有企业股东对董事会的控制与监督

中国企业"走出去",除应强化董事的义务与责任外,加强股东对董事会的控制与监督也是改善公司治理的重要内容,没有有效的监督机制,董事的义务与责任也无法有效的实施。从国有企业的情况看,当然首先还是由谁来行使股东权的问题,然后才涉及如何行使股东权问题。

（一）由谁来行使股东权

国有企业的财产是国家所有的,国家是人民的,因此国有企业的财产在理论上属于全体人民所有。政府是国家的代表,因此政府也代表人民管理国有财产,管理国有企业。我国全国人大常委会 2008 年通过的《企业国有资产法》第 3 条明确规定："国有资产属于国家所有即全民所有。国务院代表国家行使国有资产所有权。"

然而,政府与企业的职能是不同的,因此,为了保证国有企业能够享有足够的经营自主权,最好的做法是使国家所有者职能与企业经营管理者职能相分离。2005 年经合组织发布的《国有企业公司治理指南》明确提出,国有企业必须明确将国家所有职能和经营者职能分离[1];其在 2010 年的《亚洲国有企业公司治理政策概要》中也指出,亚洲国家国有企业数量居多,必须要有一个清晰的职能分离制度。[2] 从以上两个报告可以看出,经合组织也深刻地认识到,国有企业"公司治理"的关键在于"国家所有职能和经营者职能分离,职能明晰",并积极倡导政府作为所有者(出资人)行使其权利或者称政府作为出资人行使股东权。据经合组织调查,近些年来,已有一些成员国(如芬兰、韩国、波兰、瑞士、法国)制定和颁布了关于国有企业的法律与规则框架,有些国家(如比利时、捷克、芬兰、匈牙利、希腊、韩国、新西兰等)成立专门部委管理国有企业,或者建立国有资产运营公司管理国有企业,运营国

---

[1] OECD, Guidelines on Corporate Governance of State-owned Enterprises, 2005.
[2] OECD, Policy Brief on Corporate Governance of State-owned Enterprises in Asia, 2010.

第三章　促进我国海外投资的组织法

有资产。①

例如,在比利时,建立了国有资产部(State Owned Assets),由部长负责管理国有企业。在捷克,国有企业最初由国家资产管理委员会负责,而后由财政部接管,财政部负责国有企业董事会的选任和日常运作。在德国,国有资产归财政部管理,财政部于2009年颁布《国有企业公司治理准则》对国有企业进行有效管理。在希腊,由财政部下属的中心处代表政府作为股东管理国有企业。而在韩国,国有企业有一个内部管理指导委员会管理,该委员会由总统提名并由政策金融大臣负责主持日常工作。

又如,成立于1974年的新加坡淡马锡控股有限公司,是一家由新加坡财政部负责监管,以私人名义注册的控股公司。新加坡政府创立此公司的目的在于让此公司专门负责各类关联企业中国有资产的经营和管理。公司董事会由10名董事组成,4名为政府公务员,另外6名为企业人士。董事会内设有两个重要的常设委员会,负责董事会重大决策的实施。一是执行委员会,其职责是检查所有关联企业的重大项目投资事项,同时在财政权限内,对其投资或将其实现私有化(公开上市);另外一个为财务委员会,主要监管淡马锡公司在股票和资本市场的投资活动。淡马锡公司对旗下关联公司管理分为A类和B类,A类主要涉及公共资源和执行公共事业的企业,比如供水、能源、煤气、医疗、教育等,对于这些企业"淡马锡公司在其中占100%的股份或者持多数股份"。B类则是那些有潜力在本区域或国际市场发展的企业,"淡马锡公司控股支持这里企业以合并、整合、收购以及整体出售等方式,或通过发行新股以减少原有股份的办法,推动企业向国际市场发展"。②

我国是采取专门国家部委的方式来对国有企业进行管理的。1988年,国家成立国家国有资产管理局,这是我国第一个专司国有资产管理的政府职能机构,其后在1998年的政府机构改革中被撤销。2003年,国务院将国家经贸委指导国有企业改革和管理的职能、中央企业工委的职能以及财政部有关国有资产管理的部分职能等整合起来设立国务院国有资产监督管理委员会。国务院授权国有资产监督管理委员会代表国家履行出资人职责。国务院国有资产监督管理委员会的成立和2003年《企业国有资产监督管理

---

① OECD, State-owned Enterprise Governance Reform—An Inventory of Recent Change, 2011.

② 王国平:《现代国有企业治理研究》,化学工业出版社2011年版,第33页。

暂行条例》的出台标志着我国国有资产管理体制改革取得重大突破、进入新的阶段。① 该《暂行条例》规定,国务院和各级政府代表国家对国有及国有控股、国有参股企业履行出资人职责,国有资产监督管理机构根据授权,按照"权利、义务和责任相统一,管资产与管人、管事相结合"的原则,依法履行出资人职责,对企业国有资产进行监督管理(监督管理的内容包括对所出资企业负责人、所出资企业重大事项以及企业国有资产实施管理)。该《暂行条例》明确要求各级人民政府应当坚持政府的社会公共管理职能与国有资产出资人职能分开,坚持政企分开,实行所有权与经营权分离。国有资产监督管理机构不行使政府的社会公共管理职能,政府其他机构、部门不履行企业国有资产出资人职责。②

我国《企业国有资产法》进一步对国家出资企业与监管部门的职责作了明确规定。该法第4条规定:"国务院和地方人民政府依照法律、行政法规的规定,分别代表国家对国家出资企业履行出资人职责,享有出资人权益。"该法第11条进一步规定:"国务院国有资产监督管理机构和地方人民政府按照国务院的规定设立的国有资产监督管理机构,根据本级人民政府的授权,代表本级人民政府对国家出资企业履行出资人职责。"这样,国有企业的所有者职能与经营者职能就分离开来,国有企业建立其自己的法人治理结构,依法享有经营自主权,而政府及其授权机构则对国家出资企业履行出资人职责。应该说,这一改革思路总体方向是正确的。

2011年6月14日,国资委同时发布了两个文件:《中央企业境外国有资产监督管理暂行办法》和《中央企业境外国有产权管理暂行办法》。这两个重要规章的出台,是国务院国资委依法履行出资人职责、完善国有资产保值增值责任体系、加强境外国有资产监管的一项重要举措,对于推动中央企业认真落实做强做优、培育具有国际竞争力的世界一流企业的目标要求,加快实施国际化经营战略,具有十分重要的意义。

(二) 对董事与高管任免的控制与监督

股东对企业行使控制和监督的重要权利之一,是任免企业的董事和高管。我国的《企业国有资产法》第四章对国有出资企业管理者的选择和考核作出了规定,即履行出资人职责的机构依照法律、行政法规以及企业章程的

---

① 赵达:《国资改革"马前卒"——国有资产监督机构沿革历程回眸》,载《上海国资》2008年第1期。
② 《企业国有资产监督管理暂行条例》第4—7条。

规定,任免国有独资企业的经理、副经理及其他高级管理人员,任免国有独资公司的董事长、副董事长、董事、监事会主席和监事,以及向国有资本控股公司、国有资本参股公司的股东会、股东大会提出董事、监事人选。这一规定与各国公司法和商业组织法的通行规定是相一致的。

然而,履行出资人职责的机构对国有企业董事与高管的任免权的落实,还要取决于我国体制改革的进一步深化。由于我国管理体制的特殊性,国有企业的政企分离问题还没有完全解决。一些国有企业、特别是央企的人事改革一直是深化经济体制改革的难点和重点。有媒体指出:"央企高管的任命仍存在明显的行政化倾向,人事管理离市场化相去甚远。很多时候,央企高管高薪'金饭碗',被当成安排中央及省市年龄偏大、提拔无望官员的肥缺,成了攒养老钱、享享清福的待遇。网友戏称'当不了省长就给你个行长,当不了大部长送你个董事长,年薪动辄数百万,凭谁冲钱都想干'。"[①]而且,国有企业领导人都有相应的行政级别,大型央企的负责人大都具有副部级或正部级行政级别,按照我国"党管干部"的做法,这些具有行政级别的国有企业负责人要由党政部门任免。

因此,国有企业的人事任免的改革方向,仍然是政企分离,避免将行政官员的任免与考核办法套用或"移植"在国有企业上。首先,应该取消国有企业的行政级别,切断企业与行政级别上的联系。这不仅可以促使国有企业成为市场经济中真正独立的法人实体,改善公司治理,而且也有利于政府履行出资人机构对国有企业的管理。否则,对于一个具有部级级别的央企负责人,作为同级的政府履行出资人职责的机构实际上是无法对其进行任免的。其次,国有企业负责人的任免应与党政干部的任免彻底脱钩,应避免将国有企业职位作为党政干部的"政治安排",防止将国有企业负责人职位异化为行政部门一种的"荣誉""福利"或"补偿"。作为履行出资人职责的机构来说,也应该防止"利益冲突",避免将自己的官员指派到自己管辖的国有企业任职。再次,对国有企业负责人应采取公开选拔和竞聘制度。国有企业负责人的任命应引入市场竞争机制,采取公开透明的选拔方法,让其对国有资产的出资人即全体国民负责,并依据公司法的有关规定进行选拔和任免。

对董事与高管的任免通常必须建立在对其进行必要的考核基础之上。

---

① 《央企高管成无望升官补偿 当不了省长就当董事长》,载《人民日报(海外版)》2013年1月16日。

根据我国1999年《境外国有资产管理暂行办法》，绩效评价是国有资产管理部门实施监管的一项重要内容。国有资产管理部门既要做好绩效评价办法实施情况的监督检查，又要做好本级政府管理的境外企业国有资产绩效评价工作，并将评价结果报送政府，同时抄送人事、党务管理部门，作为对企业经营者进行任免与奖惩的参考依据。[①] 我国《企业国有资产法》明确规定，履行出资人职责的机构（国资委）依法对其任命的企业管理者进行年度和任期考核。对于境外企业来说，其负责人是由境内投资企业委派的，为了加强对境外企业国有资产经营管理，境内投资企业要承担其监督管理职责。国务院国资委发布的《中央企业境外国有资产监督管理暂行办法》规定，中央企业应建立健全境外国有资产经营责任体系，对境外企业经营行为进行评价和监督，落实国有资产保值增值责任；应按照《中央企业资产损失责任追究暂行办法》的规定，负责或者配合国资委开展所属境外企业重大资产损失责任追究工作。国资委则应督促、指导中央企业建立健全境外国有资产经营责任体系，并按照《中央企业资产损失责任追究暂行办法》组织开展境外企业重大资产损失责任追究工作。由于考核问题与薪酬问题也相挂钩，因此有关内容将在下面进一步阐述。

（三）对企业重大决策事项的监督

在现代公司所有权与经营权相分离的情况下，企业的日常经营管理是由董事与高管负责的，股东应尊重其独立的经营管理权，不干预其日常经营管理。但是，股东有权对董事和高管进行必要的监督。对国有企业董事与高管进行监督的另一重要措施，是像上市公司一样，凡属重大交易均须经股东会批准。这一措施属于事前监督，可以防止企业负责人盲目决策或决策失误。

我国1999年的《境外国有资产管理暂行办法》对于企业的重大决策事项的监督就作出了相关规定。依据该《暂行办法》，对于中央管理的境外企业的重大资本运营决策事项需由财政部（当时的国有资产管理部门）或由财政部会同有关部门审核；必要时上报国务院批准。重大决策事项包括：境外发行公司债券、股票和上市等融资活动；超过企业净资产50%的投资活动；企业增、减资本金；向外方转让国有产权（或股权），导致失去控股地位；企业分立、合并、重组、出售、解散和申请破产。中央管理境外企业的下列事项须报财政部备案：不超过企业净资产50%的境外投资活动；企业子公司发生

---

① 我国《境外国有资产管理暂行办法》第29条。

上文中列举的重大决策事项。地方政府管理的境外企业发生上述事项,参照上述办法进行管理。该办法还对境外上市、境外借款、对外担保、涉及减少国有资本金的损失报告制度、任期审计和离任审计制度等作了规定。

我国自2003年国有资产监督管理体制进行改革以后,作为履行出资人职责的国有资产监管机构与作为经营人的企业在企业经营管理权限与职责上有了明确规定。2008年的《企业国有资产法》对关系国有资产出资人权益的重大事项的决定权和监督权作了相应的规定。对于境外企业国有资产管理,国资委2011年6月发布的《中央企业境外国有资产监督管理暂行办法》提出了中央企业境外投资及后续管理过程中各个关键环节的管理要求,明确了境外企业生产经营活动中各项基础管理工作的原则性要求,规定了境外企业重要经营管理事项的报告程序、内容和时限,从企业内部管理和外部监督两个层面提出了境外国有资产监管工作内容和要求。依据该《暂行办法》,中央企业是所属境外企业监督管理的责任主体。境外企业有下列重大事项之一的,应当按照法定程序报中央企业核准:(1)增加或者减少注册资本,合并、分立、解散、清算、申请破产或者变更企业组织形式;(2)年度财务预算方案、决算方案、利润分配方案和弥补亏损方案;(3)发行公司债券或者股票等融资活动;(4)收购、股权投资、理财业务以及开展金融衍生业务;(5)对外担保、对外捐赠事项;(6)重要资产处置、产权转让;(7)开立、变更、撤并银行账户;(8)企业章程规定的其他事项。① 但中央企业及其重要子企业收购、兼并境外上市公司以及重大境外出资行为应当依照法定程序报国资委备案或者核准;如果境外企业转让国有资产,导致中央企业重要子企业由国有独资转为绝对控股、绝对控股转为相对控股或者失去控股地位的,应当按照有关规定报国资委审核同意。② 可见,对于境外企业的重大事项的监管,国务院国资委2009年的这一《暂行办法》与1999年的《境外国有资产管理暂行办法》的不同之处在于,中央企业是其境外企业的监管责任主体,只有当境外企业的重大事项直接影响到作为出资人的权益时,才应报国资委审核同意。此外,该《暂行办法》还对境外经营中普遍存在且易引发国有资产流失的个人代持股权、离岸公司监管、外派人员薪酬等特殊业务提出了规范要求。

---

① 《中央企业境外国有资产监督管理暂行办法》第29条。
② 《中央企业境外国有资产监督管理暂行办法》第30条。

(四) 对董事与高管激励与薪酬制度的监督

对董事与高管采取相应的激励机制,在公司治理的理论与实践上,是解决代理问题的一个重要措施。但是,近些年来的实践表明,单纯强调对企业董事与高管的激励也会产生副作用,包括会导致高管的激励与业绩不相配备,高管与员工收入过于悬殊而造成社会不公、高管为追求短期利益最大化而不顾企业的长远发展等。

从我国的情况看,近些年来国有企业高管的薪酬普遍增长过快。有些企业打着国际竞争以及健全激励机制的旗号,自行给高管提高薪酬待遇,其幅度之大,增长速度之快,令世人瞩目。据媒体披露,2012年208家上市国有企业的192家国有企业董事长(或总经理)的年薪超过百万,其中年薪超过200万元的就有十几位,中集集团总裁麦伯良以998万元的年薪位列榜首。但从中集集团的情况看,在这4年,中集集团的业绩并未与高管薪酬的涨幅同步。受宏观经济不景气影响,中集集团2012年实现净利润19.39亿元,营业收入543.34亿元,同比分别减少47.46%和15.27%。然而,该集团高管2012年的年薪均比2009年高了十多倍,其平均职工薪酬4年则只增长了32%,这一增幅与高管薪酬涨幅相比简直是天壤之别。① 可见,目前我国国有企业高管薪酬存在的主要问题是:(1)薪酬与企业业绩关联度低;(2)缺乏有效的监督机制,透明度低;(3)与社会及企业平均工资收入水平差别过大,如果加上隐性收入则更为悬殊。

因此,在激励机制的同时,也要建立和健全对公司董事与高管的约束机制,这对国有企业来说更为重要。此次金融危机表明,公司高管的激励机制必须与公司的长期利益相结合,并注意风险管控,以防止高管为获取高酬报,只着眼于短期目标而忽视长期利益,甚至无视企业的风险承受能力,造成"以高薪酬报换取公司失败"的现象。此外,决定企业高管薪酬时还应考虑社会公平与正义。

1. 国有企业董事与高管的薪酬待遇应与企业绩效相挂钩

履行出资人职责的机构应采取适当的方法或评估方法对企业的业绩进行考核和监督。这可以采取系统性的标杆分析法,即和国内外业内最大竞争对手进行比较从而提高业绩的方法,来进行考评。这种标杆分析法应涵括生产率和劳工、资产和资本的有效运用。

---

① 参见安丽芬、朱丹丹、陈岩鹏:《央企发布年报,高管年薪再成热议话题》,载《厂长经理日报》2013年5月1日。

第三章　促进我国海外投资的组织法

我国 2003 年国有资产管理体制改革后,授权国资委对国有资产行使监督管理权。2003 年的《企业国有资产监督管理暂行条例》将"通过统计、稽核等方式对企业国有资产的保值增值情况进行监管"作为国资委的职责之一。该《暂行条例》还要求国有资产监督管理机构建立企业负责人经营业绩考核制度,与其任命的企业负责人签订业绩合同,根据业绩合同对企业负责人进行年度考核和任期考核。①

对于境外国有资产,《中央企业境外国有资产监督管理暂行办法》规定,国资委应当将境外企业纳入中央企业业绩考核和绩效评价范围,定期组织开展境外企业抽查审计,综合评判中央企业经营成果。②

2003 年国资委颁布了《中央企业负责人业绩考核暂行办法》,对国有企业负责人进行业绩考核。考核的基本指标包括年度利润总额和净资产收益率指标。2009 年国资委引入了经济增加值(economic value added,EVA)作为央企的考核指标之一,以经济增加值指标替代原来的净资产收益率。经济增加值是指从税后净营业利润中扣除包括股权和债务的全部投入资本成本后的所得,是一种全面评价企业经营者有效使用资本和为股东创造价值能力,体现企业最终经营目标的经营业绩考核工具,也是企业价值管理体系的基础和核心。EVA 和以往的考核指标相比,它更加注重股东投入资本的回报、资金使用效率,同时也更加注重企业成长的可持续性。经过三年的实践后,国资委又对央企的考核办法进行了修订和调整,从 2013 年起,将大多数企业经济增加值的权重由原来的 40% 提高到 50%,并将有关奖惩与激励制度与之挂钩。③ 这项制度很有必要,并应在今后实践基础上进一步科学化和合理化。

2. 国有企业董事与高管的薪酬待遇应与企业的重大损失相挂钩

前面谈到,以前在公司治理实践上,有的国家过于强调对企业董事与高管的激励,而没有把这种激励机制与约束机制相结合,这样一来,有些企业由于管理者没有尽到责任而导致重大损失时,董事与高管的薪酬待遇却不

---

① 《企业国有资产监督管理暂行条例》第 13、18 条。
② 《中央企业境外国有资产监督管理暂行办法》第 32 条。
③ 国务院国有资产监督管理委员会:《中央企业负责人经营业绩考核暂行办法》,2003 年 10 月 21 日国务院国有资产监督管理委员会第 8 次委主任办公会议审议通过,2006 年 12 月 30 日国务院国有资产监督管理委员会第 46 次委主任办公会议修订,2009 年 12 月 28 日国务院国有资产监督管理委员会第 84 次委主任办公会议第二次修订,2012 年 12 月 26 日国务院国有资产监督管理委员会第 125 次委主任办公会议第三次修订。

受影响。这种情况自美国次贷问题引发的金融危机以后,已经受到国际社会的关注,不少国家已经采取了相应的改进措施。

我国以前在有关国有资产管理的法规中虽也有绩效考核与奖惩制度,但有关制度并不具体,也没有得到很好的执行。2008年国务院国资委颁布了《中央企业资产损失责任追究暂行办法》,有关制度进一步具体化了,并明确将资产损失与企业负责人的责任相挂钩。该《暂行办法》将企业资产损失责任分为直接责任、主管责任、分管领导责任和重要领导责任。重要领导责任是指企业主要负责人在其职责范围内,未履行或者未正确履行管理职责,以及违反法律、法规和相关规定,造成资产损失时所应当承担的责任。① 依据该《暂行办法》,在以下几种情况下,企业主要负责人都可能要承担重要领导责任:(1)企业因未建立内控管理制度或者内控管理制度存在重大缺陷,造成企业重大或者特别重大资产损失的;(2)子企业发生重大或者特别重大资产损失;(3)企业发生重大或者特别重大资产损失隐瞒不报或者少报资产损失的。而且,该《暂行办法》还规定,若企业因违反有关规定,未履行或未正确履行职责,导致决策失误造成重大或者特别重大资产损失的,企业主要负责人应当承担直接责任,参与决策的企业其他人员应当承担相应的责任(但参与决策的人员经会议记录证明决策时曾表明异议的,可以免除相应的责任)。② 对资产损失责任人的处罚包括经济处罚、行政处分和禁入限制。经济处罚是指扣发绩效薪金(奖金),终止授予新的股权。这些规定,对于完善国有企业公司治理制度具有重要意义,与国际上关于公司治理制度改革的方向是一致的。

需要注意的是,依据该《暂行办法》,企业负责人因决策失误造成重大损失而承担直接责任是有条件的,即只有当违规或未履行职责导致决策失误造成重大损失时,企业负责人才承担责任。所谓"违规"可广义理解为包括违反法律、法规、部门规章以及企业规章、合同等规定,既包括实体性规定,也包括程序性规定。如果企业的重大损失不是因为企业负责人违规及未履行职责而造成的,而是由于市场突然发生变化或者是商业判断的失误,该《暂行办法》并未规定企业负责人对此重大损失承担责任。

此外,现在有的国家还规定,企业发生重大损失时,还要对已支付给董事与高管的薪酬予以追索扣回。我国国资委的上述规定对于资产损失责任

---

① 《中央企业资产损失责任追究暂行办法》第26条。
② 《中央企业资产损失责任追究暂行办法》第27—31条。

的经济处罚则仅是指扣发绩效薪金(奖金),终止授予新的股权,没有涉及追索扣回方面的处罚。

3. 国有企业董事与高管的薪酬待遇不能单纯由企业自己决定

企业高管的薪酬不能由高管自己来决定,应该由企业董事会、股东大会、乃至政府的国有企业监督部门来决定和监控。从制度制约的角度来说,企业经营管理层高管的薪酬应该由董事会确定,因为对这些高管实行管控和激励是董事会的责任。董事会的薪酬委员会所负的责任,就是对企业高管的业绩进行考核和评估,并对其实行相应的薪酬制度,予以激励或约束。但是,2008年发生的次贷危机表明,对公司董事和高管的薪酬,股东也应该有权进行约束。

美国2010年《多德—弗兰克华尔街改革与消费者保护法》第956条禁止金融机构采取鼓励过度承担风险的基于激励性的薪酬政策。第951条则赋予股东对公司高管薪酬(compensation)的发言权,即要求股东对批准或不批准高管薪酬与是否批准"金降落伞薪酬"计划进行投票,尽管股东的投票只是咨询性的、无拘束力的。股东每6年得通过投票形成一项单独的决议,以决定股东将如何经常性地对此进行投票,是每年还是两年或三年投票一次。对于"金降落伞薪酬"来说,则无论何时要求股东批准一项收购、合并、联合或提议出售或以其他方式处置公司的全部或实质上所有资产时,均可触发股东的咨询性投票。可见,对于董事会在风险管理方面的责任,美国联邦一级现行的立法不是追究董事违反忠实义务或注意义务的责任,而主要是将风险管控与董事高管的薪酬政策相联系,这是次贷危机后公司治理制度方面新的发展趋势。实际上,在"多德—弗兰克法案"生效前不久,摩托罗拉等公司的股东就已投票反对其首席执行官的高管薪酬方案。

欧盟近些年来与美国一样,对上市公司董事的薪酬问题也十分重视。欧盟委员会早在2001年就设立高级公司法专家小组,分析上市公司董事的薪酬问题。在专家小组报告的基础上,欧盟委员会2004年12月提出了一项关于上市公司董事薪酬的建议。[①] 该建议提请成员国采取必要的措施,包括披露董事薪酬政策,股东就薪酬报告进行强制性的或咨询性的投票,对董事个人的总薪酬和其他利益予以披露,股东对基于股票价格采取的薪酬予以事先认可等。2005年欧盟委员会就上市公司的非执行董事的作用又发

---

① Commission Recommendation of 14 December 2004 Fostering an Appropriate Regime for the Remuneration of Directors of Listed Companies,2004/913/EC,2004 O. J. (L 385) 55.

布了一项建议,其目的是保证非执行董事的独立性。① 但是,这些建议都是没有法律拘束力的,执行得也不理想。2008年金融危机爆发后,欧盟认识到在此方面应进一步采取措施,于是,2009年欧盟委员会又发布了关于上述两个建议的补充建议②,提请成员国采取详尽的最佳做法。在董事薪酬结构方面,该补充建议提议:(1) 以年薪的不可变部分为基础,将"金降落伞"离职金限制为两年年薪(annual remuneration),若是由于未能适当的履行职务而被终止合同,则禁止给予离职金;(2) 要求在不变薪酬和可变薪酬间的平衡,可变薪酬应与预先确定的、可度量的业绩标准相联系,以加强业绩与报酬间的联系;(3) 通过延迟支付可变薪酬,平衡长期与短期业绩标准,促进长期的持续发展;(4) 允许公司收回其基于明显误述的数据基础上已支付的可变薪酬。该补充建议还提请成员国采取四项基本原则来改善股东的参与:(1) 扩大前两个建议的披露要求,改进股东监督董事薪酬的政策;(2) 确保股东出席股东大会并参与对董事薪酬的投票;(3) 规定非执行董事不应以股票选择权作为报酬,避免利益冲突;(4) 加强薪酬委员会,保证其中至少一名具有该领域的专门知识,避免与薪酬咨询顾问发生利益冲突。此外,欧盟委员会在2009年还专门针对金融服务业发表了一项关于董事薪酬的建议,规定成员国应保证金融企业建立、实施和维持与风险管理相一致、促进合理、有效的风险管理的、不会引起过度承担风险的薪酬政策。③

欧洲议会2010年7月7日与欧盟成员国政府就加强对银行业监管的新规定达成了一致,欧盟从2011年起严格限制银行高管的奖金数额,以遏制过度冒险行为,防范危机重演。根据该法,欧盟将减少现金形式的红利发放,将现金比例限制在红利总额的30%以内,数额特别巨大的限制在20%以内。同时,今后所有现金红利的发放都将取决于银行的投资表现,如果表现不佳,可以不予发放现金红利。欧盟还规定奖金必须与工资挂钩,每个银行必须根据员工工资限定奖金额度,以降低金融领域不合理的奖金比例。不仅如此,银行高管至少要拿出一半的基本收入作为"待定资产",一旦银行

---

① Commission Recommendation of 15 February 2005 on the Role of Non-Executive or Supervisory Directors of Listed Companies and on the Committees of the (Supervisory) Board, 2005/162/EC, 2005 O. J. (L 52) 51.

② Commission Recommendation Complementing Recommendations 2004/913/EC and 2005/162/EC as Regards the Regime for the Remuneration of Directors of Listed Companies, C (2009) 3177 (Apr. 30, 2009).

③ Commission Recommendation of 30 April 2009 on Remuneration Policies in the Financial Services Sector, 2009/384/EC, 2009 O. J. (L 120) 22, at (1)—(2).

发生困难,将动用这笔钱进行救助。而以红利形式发放的养老金也在这次改革范围内,欧盟也把它当作一种"待定资产",只有表现出色的银行高管才能享受这项待遇。欧洲议会负责这项草案磋商的议员阿琳·麦卡锡说,以前高风险的短期奖金激励制度过于鼓励冒险,造成蔓延全球的金融危机,使纳税人付出了沉重代价。新法规将薪酬奖金同企业的长期表现挂钩,将有效防范由过度冒险带来的威胁。

德国 2009 年 8 月通过了《管理委员会薪酬适当性法案》,考虑到经理人员在管理中强调短期因素而忽视公司的长期利益,并受此激励而承担不负责任的风险,该法要求,若公司处于危机之中,则得减少管理委员会的薪酬;监事会成员对未适当确定管理部门的薪酬也要承担个人责任。[1] 为鼓励管理部门作出长期性决策,该法还规定,管理部门薪酬中基于业绩的那部分,例如选择权,得在给予各管理人员选择权的 4 年后才可支付。

对于国有企业来说,由于企业产权为国家所有,因此,政府作为国有企业的唯一或多数控股的股东,对企业行使控制权,包括决定企业董事会成员等高管的薪酬水平的权利。有些国家对国有企业高管薪酬规定了相应的政策。有的国家将其与市场水平对齐,但不是与市场最高等级对齐。有的国家直接对国有企业高管薪酬水平作出规定。这些规定有时还会以限制股份期权或限制奖金作为辅助手段。政府之所以对国有企业高管薪酬作出限制,有着多重考虑。首先是考虑公平问题。当然,由于国情和文化的不同,有的国家注重创设机会公平,有的注重结果公平。无论采取哪种态度,有关国家通常对私人企业的高薪酬采取容忍态度,但一般希望避免公众对公共部门和国有企业的过高薪酬的非议。其次,也要考虑到激励薪酬制度的有效性问题。有证据表明,薪酬与公司业绩的相关性并不强。薪酬与业绩的这种分离在某些产业中经常可以看到,例如在石油和航空业,业绩与商品价格走势密切相关,当然也可能是普遍市场走势的结果。近来在金融部门发生的危机表明,激励性薪酬可能鼓励过度冒险,特别在金融机构或者积极运用金融工具的国有企业就是如此。对于政府和企业董事会来说,激励性薪酬制度要解决的基本问题是:(1) 是否薪酬水平足以吸引必需的人才;(2) 是否足以激励达到所期望的业绩水平。但达到这两个目的涉及多种因

---

[1] See Gesetz zur Angemessenheit der Vorstandsvergütung [VorstAG][Act on the Appropriateness of Executive Board Compensation], Aug. 31, 2009, BGBl. I, at 2509 (Ger.)

素，很难说仅凭激励性薪酬制度就能起到有效作用。①

从我国的国情出发，国有企业可以分成不同的类型：有的企业与国计民生直接相关，具有提供公共产品或公益性质；有的是垄断性、政策性强的企业；也有的是竞争性经营企业。不同类型的企业，需要的激励机制是不同的。直接关系到国计民生的那些政策性国有企业，主要应服务于国计民生，类似于政府那样提供公共产品，这些企业高管的薪酬应与政府公务员差不多；垄断性国有企业，仅凭借垄断资源或地位就可以取得很好的经济效益，因此，不需要高薪激励机制。真正需要激励的是那些竞争性行业，尤其是需要发展国际竞争力的产业。即使是对这些竞争性企业，由于国有企业在产权上属于国有，其高管薪酬的增长速度也不应高于国民经济发展的速度和企业业绩增长的速度，其高管与普通员工的收入差距也必须严格管控。据媒体最近报道，中国人社部正在起草国有企业负责人薪酬管控方案，该方案拟既要对市场竞争型、垄断型等不同类型的企业加以区分，还要考虑企业负责人的选任是属于行政任命，还是来自市场招聘。该方案还将采用差异化薪酬管控的办法，综合考虑当期业绩和持续发展，对行政任命的国有企业高管人员以及部分垄断性高收入行业的国有及国有控股企业负责人薪酬水平实行重点限高，并逐步推广薪酬延期支付和追索扣回制度。但在征询企业意见中，有的企业对实施"差异化"薪酬管理有不同意见，认为如果过分强调企业性质分类、企业负责人来源分类，将有可能导致国有企业高管人员流动、高管团队氛围等方面的问题。②

如果说发达的市场经济国家都认为应该对企业高管限薪的话，那么中国对国有企业高管限薪就更有必要了。国有企业薪酬涉及多方面因素，除公司业绩外，也要考虑到社会公平和分配正义问题。其一，国有企业高管与社会平均工资水平以及企业员工平均工作水平不能相差过于悬殊。我国有的国有企业高管在为自己的天价薪酬辩护时，往往拿国际上少数顶尖的企业作比较。实际上，欧洲和日本企业高管薪酬普遍不高，与员工薪酬相差不过几倍。"美国企业高管薪酬绝非一些媒体报道的普遍那么高，拿天价薪酬的高管凤毛麟角，绝大多数企业高管薪酬在全国平均工资的 2—4 倍之

---

① See W. Richard Frederick, Enhancing the Role of the Boards of Directors of State-owned Enterprises, OECD Corporate Governance Working Papers No. 2, 2011, pp. 21—22.

② 参见降蕴彰：《部分央企反对高管限薪：内部氛围搞得不对了》，载《经济观察报》2013 年 7 月 20 日。

间。"①其二,我国很多国有企业高管在获得畸形高薪报酬的同时,还享受着较高的行政级别,有不少其实就是行政任命的。这些高管同时拥有财富与权力,不仅享受"市场化薪酬",而且还享有政府官员的政治和福利待遇,隐性收入多,权力制约少,很多开支也都是企业支付的。"他们可以一方面享受垄断带来的利益分配好处,一方面又利用权力阻碍国有企业红利的上缴和对全民的分红。"②这就使得社会分配不公的问题更为突出,因而对国有企业高管薪酬进行管控更为必要。

当然,对于那些竞争性行业的国有企业及其海外投资来说,如果需要从市场竞争中选拔企业高管,可以给予应聘高管以"市场化薪酬",以激励其为企业利益最大化服务。但这种激励机制同样也要与制约机制相衔接,与企业的业绩和长远发展能力、风险管控等挂钩。

八、结论

随着我国对外投资的发展,企业"走出去"的国际化发展进程也将会加速。然而,我国企业"走出去"成败如何,在很大程度上与公司治理制度是否完善息息相关。在公司治理制度中,核心制度是董事与高管的义务与责任以及股东对董事会的控制与监督权利。近些年来,国际社会也对此予以高度关注,有关国家纷纷修改相关法律,加强股东的控制与监督,使董事与高管的义务与责任更为明确,激励与制约机制更为合理,促进效率与公正的平衡。

对于董事与高管的义务与责任制度来说,我国公司法及相关的规章在此方面还显得较为滞后,需要进一步健全和完善。具体来说,我国公司法应明确董事与高管的忠实与勤勉义务的内容与判断标准,以促使其为公司最佳利益服务;应以董事与高管是否具有"过错"以及是否给公司造成严重损失作为其承担责任的条件和依据;在决策职责方面,董事与高管若违反忠实与勤勉义务应承担决策失误的责任,但若符合商业判断规则可免除其责任;在监管职责方面,董事与董事会应着重关注企业内部控制制度的建设问题,如果没有建立完善的内部控制与监督制度,则董事应承担监管失误的责任。

对于国有企业来说,促进境外投资也亟待完善公司治理制度,除强化董

---

① 见《美国企业高管薪酬真相》,载《新金融观察报》2012年11月12日。
② 降蕴彰:《部分央企反对高管限薪:内部氛围搞得不对了》,载《经济观察报》2013年7月20日。

事与高管的义务与责任外,还应加强股东对董事会的控制与监督。借鉴国际经验和实践,国有资产监督管理部门在代表政府对国有企业行使出资人职责时,应特别注意加强对董事与高管的任免、企业的重大决策以及董事和高管的激励与薪酬制度的监督。在此方面,我国国资管理部门已经积累了一些经验,但有些制度也还需要进一步改革和完善。

总的来说,如果董事与高管的义务与责任制度以及股东的监督机制较为完善,就可以在一定程度上解决现代企业普遍存在的"代理"问题,促使董事与高管忠实与勤勉地为公司利益最大化服务,从而促进企业的可持续发展。

第四章 促进我国海外投资的金融制度

【本章提要】 各国金融制度与海外投资活动密切相关。本章探讨的专题一是促进海外投资的财政支持制度,指出各国在充分利用多边和双边国际投资保护机制及本国海外投资保险机制的同时,直接或间接运用财政资金资助适格的海外投资项目,以实现本国的经济全球化发展战略;二是促进海外投资的金融信贷优惠制度,在提出现实问题和分析原因的基础上,考察典型国家对海外投资的相关金融信贷优惠制度和经验,进而立足我国国情,探讨我国促进海外投资的金融信贷优惠制度的构建和完善;三是促进海外投资的外汇管理制度,在分析相关国家和国际组织关于促进海外投资的外汇管理制度的基础上,剖析我国在促进海外投资的外汇管理方面存在的问题,并提出完善我国促进海外投资的外汇制度和措施的建议。

海外投资是一国经济活动的跨国延伸,是一国全球经济战略的重要组成部分。除了追逐跨国经济利益的考虑之外,更重要的是对本国经济长期发展战略的全球部署。从现代经济发展的视角考察,能源和技术已成为衡量一国经济发展潜力和国际竞争力的重要指标,因此全球范围的能源和技术争夺战也由此正式拉开帷幕。跨国投资因此成为跨国获取重要能源和核心技术的重要途径。

为了在能源和技术的全球争夺战中占据有利地位,各国均采取措施鼓励、支持和保护本国企业的海外投资。其中,直接和间接的金融优惠措施往往成为一国促进海外投资措施的重要内容。美国、德国、英国、法国、日本等西方国家,在其拓展海外投资市场过程中,都曾经或正在实施各种形式的财政补贴政策、优惠信贷政策及宽松的外汇政策,以最大限度地降低海外投资者的投资成本,鼓励本国企业在国际投资市场上开展符合本国长远经济发展战略需要的海外投资。

第一节 促进海外投资的财政支持制度

以国家财政补贴助推一国海外投资发展,是各国政府促进本国企业全球拓展的重要途径。无论是欧美、日本等发达国家,还是新兴的发展中国家,都在充分利用多边投资担保机构(MIGA)、解决投资争端国际中心(IC-SID)、双边投资条约(BITs)等多边和双边国际投资保护机制以及国内的海外投资保险机制的同时,直接或间接运用财政资金资助适格的海外投资项目,以实现本国的经济全球化发展战略。从各国已有的海外投资财政补贴实践看,均已取得良好的推进海外投资发展的政策效果。

一、国外促进海外投资的财政支持制度

相比海外投资保险和海外投资优惠贷款等海外投资促进措施,各国所采取的财政支持政策对海外投资的促进作用更为直接,其所发挥的作用有时甚至是海外投资保险和优惠贷款所无法比拟的。国家的财政支持除了直接的财政补贴,也经常表现为对一国企业的海外投资提供各种有益的信息、技术等综合性支持,包括海外投资项目的可行性研究支持、技术人员培训支持和创新开发研究支持等,即由国家直接或间接为本国企业的海外投资提供前期和持续的综合财政支持,以增强本国企业在海外投资中的竞争力,同时降低本国企业在海外投资中的各种风险。因此,美国、日本等资本输出大国,都在完善本国海外投资保险制度、税收优惠制度等保护和鼓励本国海外投资的法律制度的同时,更通过政府财政措施,支持和鼓励本国海外投资的发展。

(一)美国海外投资财政支持制度

美国从1948年实施"马歇尔计划"开始,就建立了一套以海外投资保险为核心的促进和保护海外投资法律制度。其中,在财政支持方面,美国主要采取以下措施:

首先,早在上个世纪50—70年代,美国为推行其海外矿产资源开发战略,就对美国企业的海外战略矿产和重要的国防矿产开发提供高额的勘探费资助(通常为该企业勘探合同金额的75%,高者可达90%)。经初步勘探,若未发现矿藏,该企业可无需偿还该项资助金;若发现矿藏,则自盈利年度起,每年从其收益中提取5%用于偿还政府的勘探费资助。[①]

其次,美国把政府对外援助与企业海外投资联系起来,把对外援助作为促进本国企业海外投资的重要筹码,通过对外援助,使本国企业在受援国的

[①] 张光进:《资源型企业跨国经营财税金融支持研究》,载《中国地质大学学报(社会科学版)》2010年第3期。

第四章　促进我国海外投资的金融制度

投资中获得更有利的竞争机会。至于受援对象国,美国主要选取资源丰富的国家和政治上与美国保持密切关系的友好国家,并鼓励甚至极力推动本国资本投资于该类国家,以实现美国的对外战略。如美国对中东、中亚地区的经济援助甚至军事援助或控制,实际上以政府的力量保证美国企业在该地区的资源开发优势和利益回报,使该地区成了美国获取石油、天然气等资源供应的重要来源地。如 2005 年建成的巴库—第比利斯—杰汉伊(以下简称巴杰)输油管道,全长 1767 公里,输油能力为每天 100 万桶,成了美国精心策划的从里海将石油和天然气输往地中海的战略性工程,通过该输油管道,打破了俄罗斯对该地区石油和天然气的长期控制,成为以国家援助推动美国资本对外投资,并实现美国的全球战略目标的成功典例。①

最后,美国还由政府出资设立专项基金或机构支持美国企业的海外投资,如美国贸易发展基金(TDA)、小企业发展中心等。TDA 虽是美国联邦政府促进出口贸易的机构,但在促进海外投资方面也发挥着重要作用。TDA 主要通过向发展中国家和中等收入国家的投资项目提供可行性研究、定向考察、技术援助等方面的资助,增强美国公司在海外投资方面的对外竞争力。据悉,在 TDA 支持美国海外投资的各项资助中,资助项目可行性研究的费用约占该机构总预算的 77%。② 此外,鉴于中小企业在海外投资中面临更多风险的现实,从上个世纪 80 年代以后,美国开始注重对中小企业海外投资的特别鼓励和保护,如建立"小企业发展中心",对高科技型中小企业的对外投资提供资金援助,并实行专门针对中小企业的技术转让计划等。③

(二)日本海外投资财政支持制度

日本经济在经过战后(1945 年以后)的恢复和 20 世纪 50 年代的快速发展,进入 20 世纪 60 年代以后,已开始从资本和技术的输入国转变为输出国。1970 年起,日本超过德国成了仅次于美国的世界第二大经济体④,资本输出也进入全盛时期。为配合资本和技术的输出,日本从上个世纪 50 年代

---

① 《力促巴杰输油管道用心良苦,美国把触角伸进里海》,at http://news.sina.com.cn/w/2005-09-19/10176981380s.shtml,2012 年 9 月 20 日。
② 参见商务部网站 http://mds.mofcom.gov.cn/aarticle/Nocategory/200208/20020800038106.html,2012 年 10 月 1 日;刘耘:《促进企业海外投资财税政策的国际比较及借鉴》,载《经济纵横》2005 年第 4 期。
③ 查贵勇:《基于 BOP 和 FAT 的中美服务贸易国际竞争力比较》,at http://syue.com/Paper/Economic/Trading/17234.html,2012 年 10 月 1 日。
④ http://www.zhihu.com/question/22162573,2016 年 7 月 25 日。

中期开始,逐渐摸索和推行一套行之有效的海外投资政策,其中在海外投资财政支持政策方面,主要实施以下两方面的措施:

(1) 海外投资亏损准备金制度。在日本经济快速发展和海外投资不断推进的背景下,为了进一步促进和保护海外投资,日本继美国之后,于1956年创设了海外投资保险制度,为日本的海外投资提供政治风险保险。此外,日本还先后于1964年和1971年设立了海外投资亏损准备金制度和海外资源开发投资准备金制度,为日本企业在经济、政治不稳定的发展中国家的资源开发等海外投资亏损提供财政优惠或补偿。根据该制度,凡是符合规定条件的对外直接投资,均可将其投资的一定比例计入损失准备金,免予纳税,当其投资遭受损失时,即可直接从该损失准备金中获得补偿。[①]

(2) 海外投资培训与信息支持制度。日本促进海外投资财政支持政策的另一特色制度是海外技术人员研修制度,即由政府委托"海外技术人员研修协会"[②]对日本企业拟派驻海外的技术人员或东道国的技术人员进行培训,由政府对海外技术人员的培训提供财政补助,包括在培训过程中所发生的差旅费、研修实施费、调研费等方面的补助。

此外,日本进出口银行下设的海外投资研究所还为日本的海外投资企业提供从项目考察、可行性研究到项目建设及投产全过程的信息咨询服务。[③] 同时,日本国际合作机构(JICA)作为日本外交部下设的独立行政法人,则致力于为日本企业的海外投资提供无偿的项目前期考察、人员培训、技术援助等多方面的援助性服务。[④]

(三) 法国促进海外投资财政支持制度

法国的主要海外投资方向为欧盟和北美,对发展中国家的投资相对较少,因此,与美国、日本等国将其支持海外投资与其对外援助相结合的做法

[①] 《海外投资等损失准备金》,at http://kanjokamoku.k-solution.info/2007/05/_1_482.html,2012年10月6日。

[②] 1959年设立,2012年3月与日本海外贸易开发协会合并为"海外产业人才培养协会"(HIDA),主要活动包括接受外国人员赴日培训、派遣日本技术人员赴海外培训、派遣日本技术专家赴海外现场指导。At http://nihongo.hidajapan.or.jp/,2012年10月5日。

[③] 日本进出口银行成立于1950年12月,为政府全额出资设立的金融机构,1999年10月与日本海外经济合作基金合并为日本国际合作银行。At http://d.hatena.ne.jp/keyword/%C6%FC%CB%DC%CD%A2%BD%D0%C6%FE%B6%E4%B9%D4,2012年10月5日。

[④] http://ja.wikipedia.org/wiki/%E5%9B%BD%E9%9A%9B%E5%8D%94%E5%8A%9B%E6%A9%9F%E6%A7%8B,2012年10月5日。

第四章 促进我国海外投资的金融制度

不同,法国对海外投资的支持主要针对海外投资企业本身。

法国的海外投资财政支持政策主要针对海外投资企业的海外市场开拓行为给予特别支持,即对于每个符合条件的中小海外投资企业,均由政府无偿提供一定金额的国际市场开拓资助[①],使其从政府的财政支持中占据有利的竞争优势。

其次,法国政府还设立专门针对中小企业海外投资的商业开拓险,即由政府为中小企业的海外投资提供保险,当企业海外投资(市场开拓)失败时,可从政府保险机构获得保险金补偿。

同时,法国还设立中小企业特别保险,通过该项保险,当海外投资企业在海外投资中遭受重大亏损时,可从政府特设保险机构获得最高相当于其投资总额50%的保险金补偿。

此外,与其他发达国家一样,法国政府也对海外投资企业提供专项财政资助,支持其对海外投资项目进行扎实的可行性研究,从而减轻海外投资企业投资前期的财务负担,同时降低本国企业因盲目大规模投资而造成巨大损失的风险。

(四)韩国促进海外投资财政支持制度

韩国在促进海外投资方面是富有成效的。其中,在政府对海外投资的财政支持方面尤为引人注目,如通过《海外投资开发促进法》(1978年)、《海外资源开发促进法》(1979年)、《搞活海外投资促进方案》(1987年)等立法与政策,构建了一套较完善的促进海外投资的财政支持制度。[②]

(1)建立海外投资信息咨询制度。首先,韩国政府设立了海外投资信息中心,专门负责收集和发布海外投资的国别和产业导向信息,向海外投资企业提供投资咨询等。同时,由大韩贸易投资振兴公社于2007年设立海外投资咨询支援中心,对拟向海外投资的企业免费提供投资目标国与投资相关的情报信息,包括投资程序、相关法律、金融费用测算、劳资关系、投资导向等与海外投资相关的资料。[③]

[①] 参见刘耘:《促进企业海外投资财税政策的国际比较及借鉴》,载《经济纵横》2005年第4期,第54页。

[②] 参见谈萧:《韩国海外投资法制建设及其对中国的启示》,北大法律网,at http://article.chinalawinfo.com/ArticleHtml/Article_30916.shtml,2013年1月28日。

[③] 见中国商务部网站:《韩国设立海外投资咨询支援中心》,at http://www.mofcom.gov.cn/aarticle/i/jyjl/j/200705/20070504665403.html,2012年10月11日;宓红:《韩国对海外投资企业的信息服务及启示》,at http://www.docin.com/p-293825831.html,2012年10月11日。

(2) 建立海外投资损失准备金制度。即允许海外投资企业在其应税所得中按其投资总额的 15%（资源开发投资则为 20%）提存损失准备金，一旦其海外投资出现损失，即可以该准备金予以填补；若未发生损失，则在 3 年之后分 4 年平均摊入应税收入中逐年纳税。①

综上可知，在促进海外投资方面，各国都直接或间接地运用财政资助措施，支持本国企业的海外投资前期研究与开发，或为本国企业的海外投资提供损失补偿或保险，使本国企业在海外投资中减轻或免除后顾之忧，在激烈的国际投资竞争中获得有利的竞争优势，降低本国企业的海外投资风险和损失，以此鼓励本国企业开拓国际市场，尤其是国际能源市场，从而带动本国经济的国际化进程，推进本国经济的全球化布局和可持续发展。

二、我国促进海外投资的财政支持制度及其存在的问题

近年来，与我国外汇储备大幅增长相适应，我国的海外投资比重也逐渐加大。但是，与发达国家海外投资企业相比，我国企业在资金、技术、规模、管理能力等方面均存在明显的差距。从国际经验看，海外投资较发达的国家，都曾经和正在以不同的形式对海外投资企业提供各种财政支持。我国作为发展中国家，企业的自身劣势往往使其在激烈的国际竞争中处于不利地位。因此，除了鼓励具有比较优势的企业对外投资，更需要政府通过适当的财政支持，协助其在海外投资中降低投资前期成本，甚至补偿部分海外投资损失，以争取有利的整体竞争条件，在资源开发等战略性领域实现海外投资的持续增长。

（一）我国促进海外投资的财政支持制度

1. 对海外投资的直接财政补贴制度

为了实施"走出去"发展战略，引导具有比较优势的企业积极开展对外投资，财政部和商务部于 2005 年 12 月就发布了《对外经济技术合作专项资金管理办法》，并于 2006 年 5 月发布了《关于对外经济技术合作专项资金支持政策有关问题的通知》。根据以上《管理办法》和《通知》，对符合条件的海外投资项目，政府将以直接补助或贴息等方式给予专项资金支持。专项资金经海外投资企业申请并经财政部和商务部认定和批准后由财政部全额拨付。其中，直接补助的范围包括境内企业为获得海外投资项目而发生的相

---

① 《我国境外投资所得税制度评析》，at http://news.9ask.cn/grdz/tjzs/201108/1473965.shtml，2012 年 10 月 11 日。

关费用,如聘请法律、技术、商务顾问所支出的咨询费、编制项目可行性研究报告所支出的费用、购买和翻译规范性文件和招投标书所支出的费用、办公场所租赁或购置费、境外突发事件处理费①等。直接补贴的比例原则上不超过申请企业实际支付相关费用的50%。而政府的贴息则主要针对境外投资项目所发生的由境内银行所提供的中长期贷款利息。贴息的幅度不超过中央银行公布执行的基准利率。对于外币贷款,则年贴息率不超过3%。②

此外,2014年4月,财政部和商务部修订公布了《外经贸发展专项资金管理办法》,目的正是在于合理利用中央安排的专项资金,有序引导国内企业开展境外投资,促进对外投资合作和切实落实我国的"一带一路"对外经济战略。③

2. 对海外投资的间接援助制度

我国对海外投资的财政支持,除了直接的财政补贴之外,还从海外投资人员培训、海外投资信息的收集及为海外投资提供咨询等方面,间接为我国企业的海外投资提供各种便利和支持。

(1) 海外投资人员培训

随着我国海外投资的迅速发展,对跨国经营管理和技术人才的数量和质量也提出了更高的要求,而中国企业跨国经营人才的短缺已成为阻碍海外投资进一步发展的瓶颈。为此,商务部曾于2007年发布了《2007—2009年跨国经营管理人才培训工作方案》,由商务部会同有关部门组织对我国1000家国家和地方重点企业的2000名中高级管理人员进行培训。2011年,商务部、国资委、全国工商联曾联合发文,组织第二批跨国经营管理人员培训,培训的主要对象为中央企业海外业务主管部门负责人、中央企业下属二级公司主管海外业务的负责人、地方重点企业主管海外业务的负责人等。根据上述部委文件,培训期间所涉及的公共费用全部从商务部的专项资金中列支。

由此可见,我国对海外投资企业跨国经营管理人才的培训已进入常态化,这一举措对于我国拓展海外投资、为海外投资企业输送合格的经营管理

---

① 境外突发事件是指从事境外投资的企业派出的人员因恐怖事件、战争、政局动荡、自然灾害等不可抗力因素造成的人身安全威胁或伤亡等紧急事件。参见《关于对外经济技术合作专项资金支持政策有关问题的通知》第3条。

② 《对外经济技术合作专项资金管理办法》第5条、第9条、第10条。

③ 张秀:《对现行外经贸发展专项资金政策的思考》,载《国际商务财会》2014年第10期。

人才必将发挥重要的政策作用,以弥补我国在海外投资竞争中长期存在的人才劣势。

(2) 海外投资信息咨询

为了加快我国实施"走出去"战略,更安全、高效地开展对外投资,2009年4月,商务部发布了《对外投资合作国别(地区)指南》,为我国企业的跨国投资提供权威性的信息服务。该《指南》已覆盖全球160多个国家和地区,《指南》的发布,对我国企业准确、及时掌握海外投资信息,客观、全面了解各国的海外投资环境,降低对外投资风险,都将发挥重要和积极的信息供给作用。

《指南》由商务部组织我国驻外使馆经商处、商务部研究院、商务部投资促进局和国内有关专家共同编写,体现了信息的针对性、客观性、时效性和权威性。首先,针对我国企业对外投资的需要,在介绍所在国与投资有关的基本信息的同时,指出我国企业在该目标国开展具体投资业务时可能遇到的问题,并提出相应的解决建议。其次,《指南》主要以投资目标国的法律法规、官方统计数据和其他相关信息为依据,尽可能客观、全面地反映该国的政治、经济和社会等方面的状况。同时,由于《指南》的信息主要来自我国驻外使领馆、所在国政府部门或半官方机构以及有关国际组织,因此相关信息具有准确性、权威性特征。此外,《指南》所提供的信息都尽可能体现所在国(地区)最新发布的法律法规、政策和经济数据等,并定期更新,具有较强的时效性。

此外,商务部还建立了"国别投资经营障碍报告制度",广泛收集我国企业在境外投资活动中遇到的问题、风险和障碍,如东道国颁布的对外国投资者可能构成不利影响的法律、法规及政策环境等,并编纂《国别投资经营障碍报告汇编》,为我国企业的海外投资提供可靠的警示性信息。

在上述信息服务的基础上,商务部还建立了"对外投资合作信息服务系统"[1],为我国企业海外投资提供全面、综合性的海外投资环境信息和相关案例[2],以减轻我国企业海外投资前期信息收集的成本和降低海外投资风险。

---

[1] 网址:http://femhzs.mofcom.gov.cn/fecpmvc/pages/fem/LoginedHome.html。
[2] 商务部网站,http://www.mofcom.gov.cn/aarticle/zhengcejd/bq/bz/200910/200910065 83799.html。

(二)我国现行海外投资财政支持制度存在的问题

1. 现行海外投资财政支持制度缺乏系统性

自 2000 年正式提出"走出去"战略以来①,我国政府相继出台了一系列鼓励海外投资的政策。但这些政策多以国家发改委、财政部、商务部等政府部门的规章或规范性文件的形式出现,既缺乏作为一项制度应具有的系统性,又因其法律层级较低而缺乏权威性和稳定性。

2. 现行海外投资财政支持的效果欠佳

首先,财政资助的范围过于狭窄。如前所述,企业的海外直接投资往往需要大额的前期资金投入,如投资项目的可行性研究费用、场所租赁费、设备购置费、人员派遣及跨国差旅费等,而前期资金投入往往不具有确定的回收性。为此,由政府提供前期资金补助成了鼓励企业海外投资的重要措施。然而,我国对海外投资的财政资助,无论是直接资助还是间接资助,都主要针对大型国有企业的海外投资,而一些更需要资金支持的中小企业则往往得不到应有的政策支持。因此,无论是对海外投资的前期资金支持还是贷款利息补贴,实际上都主要局限于对大型国有企业的补贴。

其次,财政资助缺乏灵活性。我国对海外投资的财政资助往往采用直接补贴形式。由于受制于专项财政资金限额,直接财政补贴往往难以达到应有的支持力度和形成可持续的效果,加上获得财政支持所设定的严格条件,从而导致除了大型国有企业之外,其他中小企业实际上难以通过财政资助获得有效的支持。

3. 服务配套措施未能到位

政府通过多种途径为海外投资提供服务已成为各国海外投资财政支持的重要组成部分。我国虽然在为海外投资提供服务方面采取了一些措施,但许多相关服务主要仍是针对国有企业,如前述关于海外投资管理人员培训的安排,实际上只针对国有重点企业的海外投资,这与我国推行市场经济的理念明显不符。

海外投资信息是企业准确把握海外投资机会和评估海外投资风险的重要根据。政府通过其遍布全球的外交机构和官方交流,可及时获得全面、准确的海外投资信息。因此,由政府设立海外投资信息服务机构已成为各国

---

① 中国国际贸易促进委员会经济信息部:《我国"走出去"战略的形成及推动政策体系分析》,at http://www.ccpit.org/Contents/Channel_1276/2007/0327/30814/content_30814.htm,2012 年 11 月 17 日。

鼓励海外投资的重要措施。我国虽已建立了海外投资信息服务系统，但由于我国派驻各国的使领馆力量分布不均，对许多国家的资料收集渠道单一，仍存在信息的取得不全面、不准确，信息的提供滞后，信息服务系统更新不及时等弊端。

三、完善我国海外投资财政支持制度的思路与措施

（一）海外投资财政支持政策的系统性与连续性

如前所述，海外投资较成熟的国家，都通过出台具有系统性和针对性的政策措施构建其海外投资财政支持制度。我国自实施"走出去"战略后，也相继出台了一系列鼓励海外投资的财政支持政策，包括对海外投资前期投入的财政支持和海外投资所需贷款的利息补贴等措施。但由于所出台的财政支持措施缺乏系统性和连续性，往往造成海外投资者对国家财政支持政策难以合理有效利用，使国家的财政政策目标未能有效实现的窘境。

我国自上个世纪80年代开始寻求构建海外投资法律制度。从海外投资政策和立法的发布机构和调整范围看，早期主要是外汇管理机关针对海外投资的外汇管理问题发布的，如1989年由国家外汇管理局发布的《境外投资外汇管理办法》及其《实施细则》。之后，其他部委也相继逐步介入对海外投资的监管，并分别发布了相关规章或规范性法律文件。1991年8月国家发改委发布的《关于编制、审批境外投资项目的项目建议书和可行性研究报告的规定》，1996年6月财政部发布的《境外投资财务管理办法》，2002年10月对外贸易经济合作部和国家外汇管理局联合发布的《境外投资联合年检暂行办法》，都是该阶段我国海外投资的代表性文件。从2003年开始，国家发改委和中国进出口银行多次联合发布具有明显鼓励海外投资导向性质的《对国家鼓励的境外投资重点项目给予信贷支持有关问题的通知》。而较集中出台海外投资政策、法规的时期则是2009年之后，包括2009年3月商务部发布的《境外投资管理办法》、2009年7月国家外汇管理局发布的《境内机构境外直接投资外汇管理规定》、2011年1月中国人民银行发布的《境外直接投资人民币结算试点管理办法》、2011年2月国家发改委发布的《关于做好境外投资项目下放核准权限工作的通知》、2012年3月国资委发布的《中央企业境外投资监督管理暂行办法》、2012年6月国家发改委、外交部和工信部等联合发布的《关于鼓励和引导民营企业积极开展境外投资的实施意见》等。

从上述我国海外投资政策立法看，明显表现出多头监管和缺乏协调的

特征。其中,突出表现为不同监管部门之间政策、法规的不协调。如商务部2009年的《境外投资管理办法》对境外投资的定义(第2条)与国资委2012年的《中央企业境外投资监督管理暂行办法》的境外投资定义(第2条)就存在明显的不一致,即前者表述为"企业通过新设、并购等方式在境外设立非金融企业或取得既有非金融企业所有权、控制权、经营管理权等权益的行为",而后者则笼统地表述为"企业在境外的固定资产投资、股权投资等投资行为"。同一监管机关前后出台的监管文件也存在不同程度的不一致,如国家外汇管理局1989年的《境外投资外汇管理办法》、2006年的《关于调整部分境外投资外汇管理政策的通知》和2009年的《境内机构境外直接投资外汇管理规定》,对"境外投资"的界定即不尽相同。而在国家发改委与外交部、工信部于2012年6月联合发布《关于鼓励和引导民营企业积极开展境外投资的实施意见》之前,我国政府对海外投资的鼓励政策也完全针对国有大中型企业,并未顾及其他市场经济体。此外,有的部门从监管的角度考虑出台严格的监管措施,有的则从鼓励的角度出发出台各种扶持和鼓励措施。上述不协调的存在,必然影响不同监管部门对相同海外投资行为的认定和政策导向,同时造成我国海外投资财政支持政策缺乏应有的系统性和连续性。

为了实现我国通过财政支持鼓励海外投资的政策目标,首先必须强调我国海外投资财政支持政策的系统性,加强海外投资各监管部门之间的沟通协调,避免出现各监管部门颁布的海外投资财政支持政策相互矛盾和冲突的现象。同时,财政支持政策应具有连续性和相对稳定性。虽然政策措施相对立法而言的最大优势在于其灵活性,但如果不能做到应有的连续性和稳定性,可能会使许多海外投资者因无法准确把握国家支持政策而影响其海外投资的热情和部署。可见,财政支持政策的系统性、协调性和连续性,是我国实现全球海外投资战略的重要保障。对此,国家相关部委也已有所关注,并在2012年6月由国家发改委联合外交部、工信部、财政部、商务部等十多个部委发布的《关于鼓励和引导民营企业积极开展境外投资的实施意见》中明确强调应"抓紧研究制定境外投资领域专门法规,完善现行有关境外投资管理的部门规章,加强部门规章的统筹与协调"(第3条第8项)。

此外,从国外的实践经验看,政府财政支持的连续性除了政府对海外投资的前期支持,还表现在对投资亏损的补偿。对海外投资亏损的补偿制度,除了主要针对东道国政治风险的海外投资保险制度外,许多国家还建立了海外投资损失准备金制度，对本国企业在海外投资中遭受的亏损提供财政优惠或补偿。作为借鉴，引入海外投资亏损补偿金制度，对于确保海外投资企业不致因一次的海外投资亏损而一蹶不振，并迅速恢复投资能力，尽快投入新一轮的海外投资竞争，必将具有长期和稳定的支持和推进效果。

（二）海外投资财政支持制度的公平性与导向性

我国对海外投资的财政支持政策，无论从形式上还是实质上，主要是针对国有企业提供财政支持。如2004年10月国家发改委与中国进出口银行联合发布的《关于对国家鼓励的境外投资重点项目给予信贷支持政策的通知》规定，国家通过中国进出口银行每年安排一定规模的境外投资专项信贷资金，专门用于支持国家鼓励的境外投资重点项目（如能弥补国内资源相对不足的境外资源开发类项目等）。又如2005年12月财政部和商务部联合发布的《对外经济技术合作专项资金管理办法》规定，对符合条件的海外投资项目，政府将以直接补助或贴息等方式给予专项资金支持。这些规定都明显体现了国家对海外投资财政支持的导向性。但从实际执行效果看，有能力从事国家鼓励的境外投资重点项目的企业多为国有大型企业，特别是由国务院相关部委出资设立和管理的中央企业。相应地，能够从政府的海外投资财政支持政策中获得支持的海外投资者必然主要是此类国有大型企业，一般的中小企业则很难从国家财政政策中获得支持。

为了真正落实"走出去"战略，鼓励有条件的企业积极拓展海外投资，由国家出台更公平对待海外投资者的财政支持政策显得尤为重要。如前所述，我国现有的财政补助措施主要针对国有企业的海外重点投资项目，对于资金更加匮乏、更需要前期资金支持的中小企业，则往往难以获得国家的财政支持。即使2012年出台的《关于鼓励和引导民营企业积极开展境外投资的实施意见》，在其"切实完善对民营企业境外投资的政策支持"中，也只规定"鼓励国内银行为民营企业境外投资提供流动资金贷款、银团贷款、出口信贷、并购贷款等多种方式信贷支持"，与前述对国家鼓励的境外投资重点项目所给予的信贷支持（即享受中国进出口银行出口信贷优惠利率的专项信贷资金支持）仍存在显著的差距。

为此，可借鉴欧美和日本等西方国家支持中小企业海外投资的经验[①]，将国家对海外投资的直接财政补助惠及中小企业，并对虽非国家鼓励的境

[①] 如法国，除了一般性对国内企业的海外投资提供"开拓海外市场特别支持"外，更专门针对中小企业的脆弱性特征，通过政府财政支持设立了"海外投资商业开拓险"。

外投资重点项目,但却能较好地发挥国内产业优势的海外投资项目,也给予相应的投资前期的财政补助和利息补贴。实际上,我国许多中小企业对发展中国家的投资,虽然规模不大,也未必符合国家现有的海外投资导向,但同样可形成中小企业的强大产业优势。对此类中小企业的海外投资所给予的财政支持,同样可以获得巨大的投资效益、社会效益和国际影响,真正发挥财政资金支持海外投资应有的作用。

（三）服务性财政支持的软激励效应

除了直接的财政支持,各国对海外投资的服务性支持也对其海外投资的发展发挥着举足轻重的作用。因此,海外投资法制较完备的国家,都十分重视对海外投资服务性激励机制的构建。突出表现在建立专门性的海外投资信息咨询制度,为海外投资企业提供从项目考察、可行性研究、项目建设到投产全过程的信息咨询服务。此外,许多国家还对本国的海外投资提供综合性的服务支持,包括海外技术人员培训、可行性研究、技术援助等服务性支持[1],如美国的小企业发展中心和日本的海外技术人员研修制度均具有明显的服务性财政支持功能。通过信息服务、技术支持和人员培训,使企业全面、准确掌握海外投资信息,企业的外派人员尽快适应海外投资的环境和要求。

服务性的政府支持虽不具有金钱性财政补助的直接资助效果,但其所具有的软激励效果也不容小觑,尤其对于信息获取能力较弱、技术能力较低的中小企业,甚至往往具有决定性的作用。为此,借鉴国外成功的实践经验,完善我国的海外投资服务性支持体系,对推动我国海外投资的进一步发展具有重要的意义。

我国现行的海外投资支持体系中也已涉及海外投资管理人员培训、海外投资信息服务等,但在实际执行中仍存在诸多缺陷。其中,突出表现在海外投资管理人员培训仅针对国有企业的管理人员,并未顾及更需要人才和技术援助的中小私营企业。此外,海外投资信息的获取方面也存在一定的滞后性和不公平性,如海外投资信息指南的更新滞后,由政府出资支持的海外投资环境实地考察也只给予国有大型企业尤其是中央企业等,中小私营企业则未能获得公平的财政支持待遇。

---

[1] 许多发达国家为海外投资的项目可行性研究提供经费支持,为海外投资者的外派人员培训提供经费和技术支持等。参见刘耘:《促进企业海外投资财税政策的国际比较及借鉴》,载《经济纵横》2005年第4期。

2009年启动的新一轮海外投资立法已开始注意到了为海外投资者提供服务性支持的重要性，并在2009年的《境外投资管理办法》中专章规定了"管理与服务"，提出由商务部会同有关部门建立健全境外投资的引导、促进和服务体系（第28条），包括发布《对外投资合作国别指南》和《对外投资国别产业导向目录》，并建立对外投资信息服务系统，为国内企业的海外投资提供投资环境、投资机会、投资障碍、风险预警等方面的信息服务；同时，通过建立多边或双边的政府间投资合作机制等，协助海外投资企业解决在东道国遇到的困难和问题。

在《境外投资管理办法》一般性规定的基础上，2012年6月发布的《关于鼓励和引导民营企业积极开展境外投资的实施意见》进一步规定了通过提升经济外交服务水平和信息服务水平，鼓励和引导国内民营企业积极开展境外投资的政策思路。包括：通过建立多边或双边高层交往和磋商机制，为民营企业的海外投资创造有利的政治环境；通过驻外机构加强对当地中资企业的信息服务、风险预警和领事保护，积极帮助企业解决境外投资中遇到的困难和问题；由政府相关部门协助指导民营企业应对海外投资中的反垄断审查和诉讼；由政府有关部门定期发布对外投资合作国别投资环境和产业指引，帮助民营企业了解投资目标国的政治、经济、法律、社会和人文环境及相关政策；由政府有关部门进一步建立和健全国别重大风险评估和预警机制，加强动态信息的收集和反馈，及时警示和通报有关国家政治、经济和社会重大风险，并提出有效的应对预案和采取适当的措施化解风险。[①]

从近年来国家的政策导向可知，我国已开始重视对民营企业海外投资的鼓励和引导，虽然以国家部委"实施意见"的形式出现显得效力不足，但与以往只强调对国有企业海外投资财政支持的情况相比，已是极大的进步，使资金实力和信息获取能力、技术能力均处于弱势的广大民营企业从国家的政策变化中增强了开展海外投资的信心。

第二节　促进海外投资的金融信贷优惠制度

一、问题的提出——从一则案例谈起

案例简介：A公司是一家在国内从事燃料油加工生产的民营企业，其生

[①] 《关于鼓励和引导民营企业积极开展境外投资的实施意见》第4条、第5条。

第四章　促进我国海外投资的金融制度

产所需燃料油主要来自进口。为了节约成本，A公司在新加坡专门设立了B公司，并通过境内某中资银行在新加坡的分支机构获得一定授信额度的贷款用于支付采购燃料油所需的货款。B公司的主要功能定位是作为A公司的低成本融资通道，以"内保外贷"①的融资方式获得比国内利率更低的贷款，以保障公司的资金周转。

以上案例，引发了笔者对以下几个问题的思考：

1. A公司为何在新加坡设立B公司？

A公司在新加坡设立B公司的行为是典型的与国际贸易相关的海外投资行为，并非个案。其实，内地公司在我国香港地区以及新加坡等地设立子公司是司空见惯的事情，尤其是在我国香港地区。有资料显示我国对外投资60%以上直接投资于香港，或者是通过香港转投资的。② 设立海外公司的目的往往是多方面的③，总体而言大都系为优化企业的战略布局，旨在为公司的跨国贸易等提供便利，同时更好地利用当地的利税、融资和汇率优势，促进公司在海外的资本运作，提高盈利能力等。而A公司之所以选择在新加坡而不是在我国香港地区设立B公司，与新加坡是世界石油贸易中心不无关系。就B公司而言，一个最重要的功能是获得境外美元贷款，在境内人民币贷款利率居高不下的情况下，在境外获得一定授信额度的低利率的美元贷款不失为一种明智之举。④

---

① "内保外贷"业务是在预先获准的对外担保额度内，境内银行为境内公司的境外投资子公司提供对外担保，境内公司反担保境内银行，最后境外银行给境外子公司发放相应的贷款的行为。参见《企业如何办理"内保外贷"业务》，at http://forex.cnfol.com/100806/134,2044,8168015,00.shtml，2016年7月26日。

② 参见《赖小民：我国要逐步成为资本的出口国》，at http://money.163.com/11/1115/15/7ITM662700254O7J.html，2016年7月19日；《东方早报》：《中国超60%对外投资是通过香港完成》，at http://money.163.com/15/0307/20/AK4MCTJ700253B0H.html，2016年7月26日。

③ 进行海外投资的目的是多元的，如提高国际竞争力和自由品牌影响力、减少贸易摩擦、从境外更好地获取资源、充分利用人民币升值及金融危机后境外资产贬值和收购成本降低进行海外投资等。

④ 根据我国商务部国别指南（新加坡）的介绍：新加坡不设中央银行，金融管理局行使央行职能，截至2015年2月末，新加坡共有商业银行127家，其中本地银行5家、外资银行122家。新加坡本地银行主要有：星展银行、大华银行、华侨银行等。中国的中国银行、工商银行、建设银行、农业银行、交通银行均在新加坡设有分行或代表机构，国家开发银行在新加坡也有派驻工作组。外资企业可向新加坡本地银行、外资银行或中资银行、各类金融机构申请融资业务，可申请的贷款和融资类型包括短期贷款、汇款融资、应收账款融资、出口融资、分期付款等。参见商务部：《对外投资合作国别（地区）指南——新加坡（2015年版）》，at http://fec.mofcom.gov.cn/article/gbdqzn/，2016年7月26日。

2. A公司为何选择在境外融资而不是在境内融资？

首先，目前境内并不能直接获得美元贷款，虽可以获得人民币贷款但人民币还不是国际结算货币[①]；其次，我国是实行外汇管制的国家，即便用获得的人民币贷款购汇换成美元进行国际结算，也要经过繁琐的审批手续；再次，境内融资成本高于境外是不争的事实，而其融资效率往往又低于境外。综合以上三方面的原因，使得境内企业选择境外融资。就A公司而言，境内人民币贷款利率较新加坡高出很多，抛开B公司在新加坡的其他功能不谈，就是加上维护B公司的日常运营所需成本，在境内的融资成本依然偏高。由于境内A公司有资产及信用历史，通过境内A公司的抵押担保等形式，使B公司获得中资银行的授信额度（如全球授信），然后在境外按当地利率获得额度范围内的贷款，可以大大降低融资成本。此外，由于境外金融创新比较发达，中资企业也可以从境外当地银行或其他国家金融机构取得融资，比如杠杆收购，在境内就无法取得该种贷款。虽然金融危机后，境外银行的贷款业务都不同程度缩紧，融资难度增加，但如果具备一定的资质条件，符合银行的要求，依然可以取得低利率的贷款。由此不难看出，A公司通过在新加坡设立B公司进行低成本融资，既是明智之举，也是无奈之举，因为国内的金融环境迫使企业出于自身利益的考量不得不选择境外融资。

3. A公司为何不直接从境内政策性金融机构融资？

政策性金融机构的贷款利率比较低，可以大大降低企业的融资成本，但由于其特殊的职能，资金使用往往有严格的限定条件。就A公司而言，如果取得境内政策性金融机构的优惠贷款，大可不必去新加坡设立B公司进行融资，更可以省却B公司在新加坡的运营成本，就国家而言，也不必造成B公司在新加坡应缴纳的相关税费的流失。但现实情况却是A公司的条件并不符合中国进出口银行和国家开发银行的要求，并不能获得相应的优惠贷款（有关这两家银行的贷款条件将在下文展开专门论述）。而A公司作为我国中小企业的缩影，在我国国民经济生活中占据着举足轻重的地位[②]，

[①] 根据我国商务部国别指南（新加坡）的介绍，虽然中资企业在新加坡开立银行账户无特殊限制和税费，目前新加坡的中国银行、工商银行、星展银行、汇丰银行已推出人民币业务，可开立人民币账户，人民币可直接结算，但范围还是有限，况且结算对象不一定是新加坡当地企业，往往是沙特等石油出口国，人民币还不是国际结算货币。At http://fec.mofcom.gov.cn/article/gbdqzn/，2016年7月26日。

[②] 王辉：《中国中小企业融资难现状及对策研究》，载《经济研究导刊》2012年第9期，第64页。

也是我国企业"走出去"战略的生力军。所以,改革政策性金融机构的运作模式,充分利用"国家信用"满足企业尤其是中小企业"走出去"战略的融资需求,建立和完善我国的对外投资政策性信贷优惠制度,显得尤为迫切和必要。

4. A公司为何没有采取股权投资基金等其他融资形式?

A公司除了可以争取商业银行贷款、政策性银行贷款支持外,还有其他融资渠道,比如取得国内外资本市场的股市融资、债券融资、股权融资基金等融资形式。虽然理论上存在多种可能性,然而现实却不尽如人意。首先,中国的中小企业上市门槛过高,绝大多数中小企业被排除在上市融资门槛之外,而海外上市一般市盈率低,存在后续维护成本高等问题;其次,中国的债券市场发展还处于初级阶段,债券融资渠道并不通畅,其发展进程还远远比不上银行信贷市场和股票市场[1];此外,股权投资基金大都热衷于国内短、平、快的项目,况且包括地方政府引导基金在内的对外并购基金(PE/VC)也不多,像A公司这样的企业也不具有吸引力。根据世界银行的调查,中国的中小企业资金绝大部分来源于自有资金和内部留存收益,比例一直保持在50%以上,银行贷款占40%左右,而公司债券和股权融资比例却很低。[2]

实际上,A公司在新加坡设立B公司是我国企业海外投资实务的一个缩影,具有一定的代表性,能够折射或反衬出我国在金融支持体系上的一些问题。通过对此案例的分析,可起到一定程度的抛砖引玉效果。

根据商务部、国家统计局、国家外汇管理局联合发布的《2014年度中国对外直接投资统计公报》和UNCTAD《2014年世界投资报告》的统计数据,2014年,中国对外直接投资继续高速增长,创下1231.2亿美元的历史最高值,同比增长14.2%。自2003年中国发布年度对外直接投资统计数据以来,连续12年实现增长,2014年流量是2002年的45.6倍,2002—2014年的年均增长速度高达37.5%。2014年,中国对外直接投资与中国吸引外资仅差53.8亿美元,双向投资首次接近平衡。[3]

党的十八大报告把实施"走出去"战略作为全面提高开放型经济水平的重要内容,明确要求:"加快走出去步伐,增强企业国际化经营能力,培育一批世界水平的跨国公司",为在更广领域里、更高水平上"走出去"指明了方

---

[1] 王辉:《中国中小企业融资难现状及对策研究》,载《经济研究导刊》2012年第9期,第64—65页。
[2] 同上。
[3] 参见商务部对外投资和经济合作司:《2014年度中国对外直接投资统计公报》,at http://www.fdi.gov.cn/1800000121_33_5576_0_7.html,2016年7月28日。

向。2013年9、10月份习近平主席利用外事活动明确提出了"一带一路"战略,该战略与党的十八大报告一脉相承,是国家高层统筹国内、国际两个大局、为应对全球形势的深刻变化所作的重大战略部署,是国内改革开放的内在需求,是经济崛起的中国参与构建国际经济新秩序的重要举措,关乎国家改革发展与繁荣稳定。"一带一路"战略的有效落实当然离不开金融支持政策。在2015年发布的"十三五"规划中,对外投资又进一步被反复强调,并形成了更为具体的指导方针。①

以上经济数据和举措足以表明,我国正在以高速增长的态势"走出去",而国家的"走出去"发展战略和国家领导人提出的"一带一路"战略,都需要企业有能力"走出去"。而上述案例折射出的核心问题即是企业融资难的问题,具体体现在境内融资成本高、中小企业难以获得政策性金融机构支持、融资渠道单一(主要是银行贷款)等方面。对此,国内就有学者鲜明地指出,"企业境外融资难主要问题在国内"②,究其深层次原因,与我国资本市场发展不够完善、企业自身海外投资经验不足、国家对企业"走出去"的金融支持体系不够完善等因素有关。对于前两个原因,问题的排解是非常庞杂的系统工程,非一朝一夕所能解决;而就后者而言,金融信贷优惠制度的完善和实施应是解决问题的有效途径。

基于上述现实问题的提出和原因的探明,以下拟对若干具有代表性的国家对海外投资的相关金融信贷优惠制度和经验进行考察,并期望从中得到启示,进而立足我国国情,对我国促进海外投资的金融信贷优惠制度的构建和完善进行较深入探讨。

二、国外的海外投资金融信贷优惠制度经验及其启示

美国作为世界上最为发达的国家,在促进海外投资方面积累了丰富的经验;日本作为世界上第三大经济体,其"海外投资立国"的战略使其成为世界上最主要的投资大国之一;而韩国一直被认为是发展中国家推进海外投

---

① 参见"十三五规划纲要(全文)",包括:增强对外投资和扩大出口结合度,培育以技术、标准、品牌、质量、服务为核心的对外经济新优势;支持企业扩大对外投资,推动装备、技术、标准、服务走出去,深度融入全球产业链、价值链、物流链,建设一批大宗商品境外生产基地,培育一批跨国企业;以及完善境外投资管理,健全对外投资促进政策和服务体系,等等。At http://sh.xinhuanet.com/2016-03/18/c_135200400.htm,2016年7月26日。

② 参见谢涌海:《企业境外融资难主要问题在国内》,at http://money.163.com/11/1115/15/7ITMJU7S00254O7J.html,2016年7月23日。

第四章　促进我国海外投资的金融制度

资的代表,其在海外投资的发展阶段和制度设置方面与我国较为相近。此外,日本和韩国与我国同属亚洲国家,在文化和法律体系上有许多共同之处,都出现过海外投资迅速扩张的时期,而这些问题正是我国当前所面临的问题。这些国家促进海外投资的信贷优惠制度曾经面临并已解决了的问题以及正在解决的问题及今后的发展趋势,都可能为我国促进海外投资金融制度的完善提供重要的借鉴。为此,以下选择了具有代表性的美国、日本、韩国作为考察对象,汲取它们的经验,以期对我国促进海外投资金融信贷优惠制度的构建与实践有所裨益。

虽然各国国情不尽相同,但在促进海外投资金融信贷优惠制度的构建问题上,却有规律可循。纵观相关国家的法律与实践,促进海外投资金融信贷优惠制度可分为三个层次:第一个层次,各国多通过一般性的法律、法规或政策性文件,对该国的"走出去"战略作出一般的制度性规定和指导安排。这些法律、法规的存在,是一国在促进海外投资在信贷优惠方面最基础的制度安排,它们一般从原则上框定该国促进海外投资信贷优惠制度的总体方向。第二个层次,各国多通过设立若干相关政府职能部门,为实施海外投资战略提供必要的指导、管理和服务。这些职能部门的功能一般都能涵盖海外投资过程中所涉及的绝大部分事项[1],当然也包括促进海外投资金融信贷优惠制度的事项。第三个层次,各国多存在若干专门性(尤其是政策性)的金融机构,以向相关企业提供包括优惠信贷在内的具体的相关金融服务。[2]这类金融机构主要是以国家主权信用为其评级的政策性金融机构,它们以一国主权信用评级为基础,对该国企业向海外投资提供金融支持。

---

[1] 这些事项包括向相关企业提供境外投资的各类商业信息、设立各种投资促进平台、审批海外投资行为、监督政府支持资金的使用等等。应该承认,法律法规与职能部门之间联系比较紧密,一般而言,前者多为后者的设立依据。二者相辅相成,从抽象规范与实际机构两个方面共同致力于实现促进一国海外投资的政策目标。例如:美国在第二次世界大战后通过了《经济合作法案》《对外援助法》《共同安全法》等系列法律法规,并设立了经济合作署专门负责境外投资事务;韩国20世纪70年代就出台了专门的《扩大海外投资法案》,1992年颁布了《海外直接投资制度改善法案》和《外汇管理规定修正案》,鼓励企业开展海外投资,后来并依靠互联网技术组建了海外投资信息系统(OIIS),同时通过大韩贸易投资振兴公社、中小企业振兴公团为对外投资提供各种信息服务。

[2] 进出口政策性金融机构是各国为促进本国对外贸易、对外投资活动等而创立的特殊金融形式,它是贸易自由化与国家干预的巧妙结合,体现了各国参与国际经济活动的战略意图,是各国参与国际竞争的有力武器。各国相关此类机构主要有:日本的国际合作银行、韩国的输出入银行、新加坡的淡马锡公司(Teamasek)以及英国的出口信贷担保局(ECGD)和美国的海外私人投资公司(OPIC)、美国进出口银行、法国国家银行和外贸银行、德国德意志开发公司等。上述机构以以政府财政作为后盾,为对外投资提供咨询、信贷、风险担保等服务。

(一) 美国促进海外投资信贷优惠的经验

美国多年来一直是世界上最大的贸易国,同时也一向保有数额巨大、涵盖甚广的海外投资。美国所拥有的科技研发与创新能力,使其在高新科技领域长期保持无可替代的优势地位,在服务贸易、知识产权及技术转让等具有广阔发展前景的领域中也拥有强势地位。这些优势的存在,正是美国长期维持较强的国际竞争力和海外拓展能力的重要因素。为了充分发挥此类优势,美国政府一向维持着自由的海外投资政策,并为其企业的海外战略提供强大的政策支持。在现时世界金融危机的大背景下,美国政府仍持续加大对其本国企业投资海外的支持力度,一方面鼓励企业扩大出口,另一方面也鼓励企业拓展投资海外,其中加大金融信贷优惠支持力度始终是其重要举措之一。因此,美国有关促进海外投资优惠信贷制度的设计及运作中形成的经验,尤其是其注重给予中小企业特别支持的实践,值得我国借鉴和吸收。

美国是世界上最早通过立法对企业海外直接投资经营进行法律保护和支持的国家。[①] 为了确保出口贸易和海外投资促进政策的落实,美国政府先后成立了美国海外私人投资公司(OPIC)、美国贸易发展署(TDA)和美国小企业管理局(SBA)[②]等机构,专门为美国企业开拓海外市场提供从信息搜集和传递到资金放贷担保等多方位的服务。此外,美国联邦政府的许多部门(如商务部、财政部、运输部、能源部、农业部等)也先后成立了促进出口和海外投资的机构。[③] 其中,根据美国总统行政命令成立的跨部门协调机构在美国促进对外投资方面发挥了巨大的作用,如美国联邦小企业管理局,由政府按年度全额划拨专项财政资金,为中小企业的海外投资提供技术上的援助及信息、教育和培训等方面的帮助,并通过提供贷款或贷款担保为中小企业海外投资提供资金方面的支持;再如,根据1993年9月第12870号行政命令成立的、由19个部门参加的"贸易促进协调委员会"(Trade Promotion

---

[①] 1948年美国国会即通过了《经济合作法案》,确立了对其本国投资者给予"安全保证"的基本原则。同时,美国还制定了《对外援助法》《共同安全法》等有关法律,对海外投资加以保护。此外,美国联邦政府还可根据具体情况,通过行政命令的方式集中资源来促进本国企业的海外投资。

[②] 美国是世界上最早制定中小企业基本法的国家:早在1953年,美国国会即通过了《小企业法》,拨款并授权联邦政府专门成立小企业管理局(Small Business Administration, SBA),其基本宗旨是尽可能地对美国的小企业予以保护、援助、指导和扶持,维持自由竞争的企业制度,从而保持和加强国家整体的经济实力。

[③] 政府所设促进出口的机构主要是为企业拓展海外投资和促进出口提供各类信息、咨询、可行性研究、培训、举办研讨会、展览及其他相关服务。

Coordinating Committee),以及根据 2010 年 3 月第 13534 号行政命令设立的"出口促进内阁"(Export Promotion Cabinet),在其相关报告中都涉及促进美国企业出口以及海外投资的信贷优惠方面的建议,包括通过既有的融资平台以及设计新的金融产品扩大资金量,放宽对中小企业的贷款要求和申请、审核程序等等。[1]

在金融信贷优惠方面,美国主要通过进出口银行和海外私人投资公司对海外直接投资提供信贷支持。其中,海外私人投资公司的主要业务之一就是为私人投资者提供融资活动,尤其是鼓励美国中小企业在发展中国家进行直接投资。在美国进出口银行的对外贷款业务中,有两项是专门用于支持本国公司对外直接投资的:一项是开发资源贷款,用于支持本国公司在外国的资源开发投资,特别是战略性资源的开发;另一项是私人对外直接投资贷款,即对本国公司的一般性对外投资给予贷款支持。

在对中小企业对外投资提供支持方面,美国具有丰富的经验。除了由美国进出口银行提供的"小企业"项目外,在具体实践中,还包括来自以下两个层面的支持,即国家行政层面和特许民间投资公司层面。前者主要依托美国中小企业管理局为中小企业提供贷款融资服务,其服务覆盖面非常广,提供的贷款金额也比较灵活多样,极大地推动了中小企业对外投资的发展。后者是由中小企业管理局特许私人所有或经营的投资公司给予具有较高风险而难于从普通融资模式中得到支持的小企业提供贷款或投资,该层面的支持成了促进中小企业对外投资融资的重要补充渠道。

美国是一个崇尚实用主义与经验主义的国家,虽然在金融信贷优惠方面没有形成全面系统的法律体系,但其丰富的实践经验积累和灵活的应对措施,使其看似松散的体系得以有序运作,并有效地促进着海外投资的发展。

(二) 日本促进海外投资的经验

由于日本本土资源匮乏,因此其海外投资(尤其是资源开采类的投资)在国民经济中占据重要地位。早在第二次世界大战以前,日本海外投资就已具有相当规模,1930 年就已经成为资本净债权国。第二次世界大战期间,日本发动的侵略战争,不仅给亚洲人民带来了深重灾难,也使其自身丧失了 41.5% 的国家财富。战后的日本经济可谓千疮百孔,但 1950 年的朝鲜

---

[1] The Export Promotion Cabinet, Report to the President on the National Export Initiative: The Export Promotion Cabinet's Plan for Doubling U.S. Exports in Five Years, September 2010, p. 41.

战争为其带来的大批订单使日本企业暂时渡过了危机[①]，其后日本出台一系列法律法规，整顿和扶植日本企业尤其是中小企业的发展，使日本经济得以迅速恢复和发展。在对外投资方面，日本从 1950 年开始着手布局海外投资，经过 20 世纪 60 年代初期的缓慢发展后，进入 70 年代后开始快速发展，并很快成为世界上最大的净债权国，从其海外投资的发展轨迹看，具有起步晚、增长快的特点，呈现出"后来居上"的势头。[②] 这与日本积极、有效的金融扶持政策是密不可分的。

首先，日本拥有结构合理、功能齐全的海外投资金融支持体系，尤其针对中小企业[③]，是最早制定扶持政策的国家，也是立法最为完善[④]、政府扶持手段最多的国家。日本中小企业在国际上具有强大的竞争力与日本的金融扶持政策显然密切相关。[⑤] 这在事实上促进了其本国企业海外投资的全面发展。

[①] 成蓉：《美国、日本中小企业融资支持政策的演进——兼论对浙江省建设中小企业金融中心的启示》，载《生产力研究》2011 年第 7 期，第 139—140 页。

[②] 陈莉：《日本中小企业对外直接投资优势分析》，吉林大学东北亚研究院 2006 年博士学位论文，第 37—38 页。

[③] 2006 年年底日本中小企业家数占全部企业 99.7%，就业人数达到七成，销售额近六成，产生的附加值超过一半以上，在国民经济发展中扮演重要角色。参见梁连文、黄博怡、沈中华、侍安宇：《日本中小企业政策金融体制的演进》，载《中小企业发展季刊》第 17 期，第 186—189 页。中小企业的占比数据，一直保持到最近，以 2012 年为例，在日本全国约 386 万家企业中，中小企业就有 385 万家，占比仍达 99.7%。参见新华网：《日本中小企业的创新之路》，at http://news.xinhuanet.com/world/2014-10/19/c_1112883581.htm，2016 年 7 月 26 日。

[④] 主要立法有：1948 年的《中小企业设置法》、1949 年 5 月的《中小企业等协同组合法》、1956 年的《中小企业振兴资金助成法》以及 1963 年的《中小企业基本法》《中小企业现代化资金助成法》《中小企业投资育成股份公司法》《中小企业指导法》。此外，还相继制定了《中小企业高度化资金融通特别会计法》，修订了《中小企业信用保险法》《中小企业信用保险公库法》《中小企业等协同组合法》等相关法规。1968 年提出"中小金融二法"，分别为《为整备改善中小企业金融制度修正相互银行法、信用金库法法律》和《金融机构合并及转换法》。1990 年日本中小企业厅拟定了《90 年代中小企业设想》，1995 年制定了《中小企业创造活动促进法》和《关于促进中小企业创造性事业活动的临时措施》，1998 年 12 月制定了《新事业创出促进法》，1999 年 10 月，日本经济产业省对《中小企业基本法》进行了修改。2006 年 6 月通过的《行政改革推进法》，日本政策投资银行和商工组合中央金库于 2008 年 10 月实施股份公司化，国际合作银行被分解为国际金融部门和日圆贷款部门，前者与国民生活金融公库、中小企业金融公库和农林渔业金融公库合并为日本政策金融公库，而后者并入日本国际合作机构（JICA），改制为新的开发援助机构（ODA）。2008 年为应对金融海啸，日本国会通过了《以中小企业等为对象之金融圆滑对策整体措施》的法案，涉及以中小企业为对象的信用保证制度、采取必要措施等内容。参见梁连文、黄博怡、沈中华、侍安宇：《日本中小企业政策金融体制的演进》，载《中小企业发展季刊》第 17 期，第 200—201 页。

[⑤] 欧阳海泉：《我国中小企业融资体系研究》，湖南大学经济与贸易学院 2004 年博士学位论文，第 66—67 页。

第四章　促进我国海外投资的金融制度

目前,日本负责海外投资的主管机关是经济产业省,而促进海外投资的政策性金融机构则有日本国际合作银行(JBIC)和日本政策金融公库(JFC)等。

日本国际合作银行成立于1999年10月1日,由原日本海外经济合作基金(OECF)和日本进出口银行(EXIM)①合并成立而来,是主要服务于日本企业"走出去"战略的政策性金融机构。2008年被并入日本政策金融公库。2012年4月1日,又根据《股份公司国际合作银行法》(以下简称《JBIC新法案》)的规定从日本政策金融公库中分离出来,成为独立行政法人。其资金来源除政府拨付资本外,主要来自政府借款和发行JBIC债券。日本政府则对JBIC的债券发行提供担保并为其融资提供便利。《JBIC新法案》明确了JBIC的职责,主要包括:促进日本在国外的重要资源开发和获取;维持并提高日本产业的国际竞争力;促进以防止全球变暖等保护环境为目的的海外事业的开展;应对国际金融秩序的混乱。② 其业务主要是直接服务于日本企业开拓海外市场。

日本政策金融公库是2008年10月依据《政策金融公库法》所设置,是依据该法对原中小企业金融公库、国民生活金融公库等机构进行整合改革,为财务省管辖的特殊股份公司。目前政府对中小企业的低利率融资业务均属于日本政策金融公库的业务。其业务内容包括对中小企业放款、支援证券化业务、信用保险业务等。其融资业务的特征主要体现为专门供应长期资金、提供特别性政策贷款、与区域性金融机构进行合作。该公库的运营,对日本中小企业增强国际竞争力、实施海外并购和投资起到了积极的推动作用。

日本大力推动海外投资,尤其注重对中小企业的金融信贷优惠支持,与其国土狭小、国内市场有限的国情是密不可分的。日本政府能够充分、深刻认识自身的国情,确立"科技立国"与"海外投资立国"相结合的战略,采取卓有成效的政策,结合不同阶段的国情变化不断调整其海外投资金融政策,并对政策性金融机构进行适时的改革,使其更好地为本国企业的海外投资提供最大程度的支持,这也是其成功实施海外扩张的重要原因。

(三)韩国促进海外投资信贷优惠的立法与实践

韩国一直被认为是发展中国家致力于开展对外投资的典型代表。为促

---

① 成立于1950年,是日本为企业提供信贷优惠支持最具代表性的金融机构。
② 洪波、汤莹玮、虞红丹:《日本国际协力银行的改革发展及其启示》,载《金融与经济》2012年2月,第91—93页。

进海外投资的发展,韩国政府先后颁布了一系列法律法令,建立了完备的法律体系。① 与美国和日本一样,在促进海外投资过程中,韩国非常重视对中小企业的扶持,并针对中小企业的海外扩张形成系统的支持法律文件。②

为促进海外投资,韩国在 1962 年就设立了促进海外贸易投资的政府机构大韩贸易投资振兴公社(KOTRA)③,1998 年 6 月,韩国政府又成立了隶属于 KOTRA 的大韩贸易投资中心(KISC),成为国家指定的唯一海外投资振兴机构,由政府授权其制订、磋商、解决包括投资计划在内的各方面海外投资促进方案,为海外投资者提供一条龙服务。此外,政府或民间还设有动力资源部④、海外资源开发协会⑤、韩国中小企业振兴公团⑥等机构团体,为海外投资提供相应的服务。

韩国促进海外投资的政策性金融机构⑦主要有韩国进出口银行和韩国产业银行。此外,以中小企业为支持对象的专业银行如韩国中小企业银行等⑧,在客观上为具备条件的中小企业实施海外扩张也发挥了促进作用。

---

① 例如,1978 年制定的《海外投资开发促进法》、1979 年 5 月颁布的《海外资源开发促进法令》、1987 年 4 月制定的《搞活海外投资方案》、1992 年颁布的《海外直接投资制度改善方案》和《外汇管理规定修正案》等。

② 例如,《中小企业事业调整法》(1961 年)、《中小企业基本法》(1966 年)、《中小企业系列化促进法》(1975 年)、《中小企业振兴法》(1978 年)等。

③ 大韩贸易振兴公社创建于 1962 年,是通过海外市场调研开拓和促进海内外进出口,振兴韩国贸易的政府机构。为了更利于韩国各企业在海外的投资和引进先进国家的投资,1995 年大韩贸易振兴公社更名为大韩贸易投资振兴公社(以下简称 KOTRA)。KOTRA 是一个非营利性的政府机构,是韩国对外贸易投资的促进机构,其宗旨是促进韩国与世界各国之间的经贸往来与投资合作。五十余年来,KOTRA 通过开展贸易与投资信息传递,市场调研服务和商务联系等多种贸易促进活动,为韩国的经济发展作出了贡献。

④ 1977 年 12 月,韩国增设动力资源部,下设 16 人组成的海外投资审议委员会,负责制定对外投资的有关政策、措施,统一掌管和协调对外投资业务,负责审批对外投资项目。

⑤ 1982 年 2 月,韩国成立海外资源开发协会,并在韩国输出入银行设立海外投资洽谈室,对对外投资项目进行可行性论证,确定适当的投资规模并制定相应的产销计划。

⑥ 重点支持中小企业的对外投资。

⑦ 在韩国,一般银行依照银行法的规定设立,而政策性金融机构则是依照韩国银行法、韩国产业银行法等特别法来设立的。韩国政策性金融机构的种类有韩国进出口银行、韩国产业银行、中小企业银行等。参见朴振吾:《韩国进出口政策性金融机构立法经验对中国的启示》,中国海洋大学 2008 年硕士学位论文,第 32 页。

⑧ 陈坚:《韩国银行开展中小企业信贷业务的实践及其借鉴意义》,载《金融论坛》2006 年第 5 期,第 57—63 页;崔栢烈、郭化冰《韩国中小企业对外直接投资扶持政策及对中国的启示》,载《中国外资》2012 年 2 月总第 259 期,第 16—21 页。

第四章 促进我国海外投资的金融制度

韩国进出口银行[①]所涉及的海外投资业务主要包括海外投资资金贷款、海外事业资金贷款等，为韩国企业的对外直接投资提供条件优惠的资金支持；其下设的经济发展基金则专门为风险过大或经济收益过低的经济合作项目提供信贷。进出口银行对本国企业的对外投资承担主要的资金筹措功能，同时从国库补助金和海外资源开发基金中拨出部分援助金，向对外投资企业提供年利率为9%、占所需资金70%的贷款，其中，100万美元以上的贷款，偿还期为10年，100万美元以下的贷款，偿还期为7年，对特殊部门的贷款，偿还期可延长至20年。上个世纪80年代以后，韩国扩大了金融支援的范围和比率。如对外投资贷款的比率，大企业为所需资金的80%，中小企业为所需资金的90%，偿还期延长为12—20年。在贷款利率方面，大企业的年利率为7%—8.8%，中小企业以及资源开发项目投资的年利率为6%。目前，进出口银行对海外投资的优惠贷款主要设置了海外投资信贷（Overseas Investment Credit）和海外项目信贷（Overseas Project Credit）两种贷款形式。[②] 从2007年开始，韩国进出口银行强化了对海外投资企业的扶持力度，贷款范围由原先的当地法人所需的设施和运营资金扩大到了当地法人的投资资金。对资源类投资的扶持也从原先的资源开发和生产项目扩大到了风险较大的资源勘探领域。

相较而言，韩国产业银行[③]的成立宗旨则是"为了恢复战后严重被破坏的国家经济"，并在国民经济发展和金融产业发展过程中扮演引导者的角色，主导着相关产业的发展方向。据悉，产业银行先后向三星、现代、LG、STX等韩国知名企业海外投资提供了大量的资金支持，持续为这些韩国民族企业的国际化战略保驾护航。产业银行是金融专业银行，作为韩国政府100%出资的政策性银行，逾八成业务为投资银行业务，为企业提供包括贷款和担保、投资金融、进出口金融和外汇等国际金融业务。

[①] 为了有效支援重工业、化学工业产品的出口和海外投资，促进本国经济的发展，韩国于1969年7月制定了《输出入银行法》，并根据该法于1976年设立韩国输出入银行（又称"韩国进出口银行"，即 Export-Import Bank of Korea，可简写为 KEXIM）。1977年输出入银行又从韩国再保险公司（Korean Reinsurance Corporation）接管了出口信用保险业务，发展至今，韩国输出入银行已是集信贷、保险、担保于一身的综合性进出口政策性金融机构。

[②] 参见韩国输出入银行官方网站，at http://www.koreaexim.go.kr/en/banking/overseas/credit_03.jsp。

[③] 韩国产业银行（Korea Development Bank，KDB）成立于1954年，亦名韩国开发银行。其前身是1918年建立的韩国开发银行，1954年依据韩国《产业银行法》（Korea Development Bank Act），由政府出资建立。其宗旨是"遵照国策，为产业的恢复和促进国民经济的发展，提供和管理产业资金"。参见李君：《德国、日本、韩国政策性银行的运作》，载《国际经济评论》2002年第9期，第39页。

此外，为促进和支持本国企业的海外投资，韩国政府还设立了一系列金融基金，包括 1976 年成立的、以服务中小企业为主旨的韩国信用保证基金（Korea Credit Guarantee Fund），以及 1987 年根据《对外经济合作基金法》设立的、专门资助韩国跨国公司在发展中国家从事资源开发或股权投资的对外经济合作基金。①

三、我国促进海外投资优惠信贷制度的现状与问题

众所周知，我国是从上世纪 90 年代后期才开始逐步取消海外投资限制的，1997 年党的"十五大"报告第一次提出"鼓励能够发挥我国比较优势的对外投资"，"更好地利用国内国外两个市场、两种资源"。2001 年《"十五"计划纲要》将"走出去"与对外贸易、利用外资并列为"十五"开放型经济发展的三大支柱。2002 年，党的"十六大"报告提出了"坚持引进来和走出去相结合，全面提高对外开放水平"。2004 年，国务院作出关于投资体制改革的决定。2006 年，七部委联合下发了《境外投资产业指导政策》。2007 年，国务院下发了《关于鼓励和规范企业对外投资合作的意见》。我国与其他发达国家相比，促进海外投资的实践起步晚，并没有专门的促进海外投资立法，相关的外汇、保险、金融信贷、中介服务等相关职能部门缺乏相应的协调统一，促进海外投资的金融信贷优惠措施尚欠法律化，仍具有较强的政策性特征。

在我国现行的金融信贷优惠制度中，促进海外投资的金融政策文件主要有 2004 年 10 月 27 日国家发改委与中国进出口银行联合下发的《关于对国家鼓励的境外投资重点项目给予信贷支持政策的通知》（发改外资〔2004〕2345 号）和 2005 年 9 月 25 日国家发改委和国家开发银行联合下发的《关于进一步加强对境外投资重点项目融资支持有关问题的通知》（发改外资〔2005〕1838 号）。

而 2012 年 6 月 29 日由国家发改委会同其他十二部委联合下发的《关于印发鼓励和引导民营企业积极开展境外投资的实施意见的通知》（发改外资〔2012〕1905 号），被认为是国家支持民营企业海外投资的最新举措，其中第 6 条"加大金融保险支持力度"中明确规定：鼓励国内银行为民营企业境

---

① 陈坚：《韩国银行开展中小企业信贷业务的实践及其借鉴意义》，载《金融论坛》2006 年第 5 期，第 57—63 页；崔栢烈、郭化冰《韩国中小企业对外直接投资扶持政策及对中国的启示》，载《中国外资》2012 年 2 月总第 259 期，第 16—21 页。

外投资提供流动资金贷款、银团贷款、出口信贷、并购贷款等多种方式信贷支持,积极探索以境外股权、资产等为抵(质)押提供项目融资;推动保险机构积极为民营企业境外投资项目提供保险服务,创新业务品种,提高服务水平;拓展民营企业境外投资的融资渠道,支持重点企业在境外发行人民币和外币债券,鼓励符合条件的企业在境内外资本市场上市融资,指导和推动有条件的企业和机构成立涉外股权投资基金,发挥股权投资基金对促进企业境外投资的积极作用。

自2013年下半年以来,在我国境内陆续设立的上海、广东、天津和福建自贸区内,以上海自贸区为龙头和试点相继试水,并推行了若干促进海外投资的具体政策,包括境外投资企业的注册备案、换汇等程序的优化,以及为境外投资项目的融资提供制度性支持等。① 为加大对自贸区实体经济发展以及跨境投融资的金融支持,中国人民银行发布《关于金融支持中国(上海)自由贸易试验区建设的意见》,在创新自贸区特有账户监管体系、探索投融资汇兑便利、扩大人民币跨境使用以及深化外汇管理改革等诸多方面,指明了改革的方向。

根据我国鼓励和促进海外投资的立法与政策,具体执行促进海外投资金融信贷优惠政策的政策性金融机构主要有中国进出口银行和国家开发银行。以下分别对其海外投资信贷优惠的条件和要求加以介绍和评析。

1. 中国进出口银行

2004年国家发改委和中国进出口银行联合颁发的《关于对国家鼓励的境外投资重点项目给予信贷支持政策的通知》第1条规定:"国家发展改革委和中国进出口银行共同建立境外投资信贷支持机制"。根据国家境外投资发展规划,中国进出口银行在每年的出口信贷计划中,专门安排一定规模的信贷资金(以下称"境外投资专项贷款")用于支持国家鼓励的境外投资重点项目。中国进出口银行依据项目特点制定了《境外投资贷款管理办法》。境外投资专项贷款享受中国进出口银行出口信贷优惠利率。中国进出口银行还将对拟使用境外投资专项贷款的项目,提供与项目相关的投标保函、履约保函、预付款保函、质量保函以及国际结算等方面的金融服务,并根据境内投资主体和项目情况在反担保和保证金要求方面给予一定的优惠。

---

① 参见《中国(上海)自由贸易试验区管理办法》《中国(上海)自由贸易试验区境外投资项目备案管理办法》《中国(上海)自由贸易试验区境外投资开办企业备案管理办法》等一系列自贸区法规文件。

所谓"境外投资贷款"是指中国进出口银行对我国企业在境外投资的各类项目所需资金发放的本、外币贷款。境外投资项目主要包括四类:境外资源开发项目;带动国内设备、技术、产品等出口的境外加工贸易项目、境外投资建厂项目和基础设施项目;提高国内企业产品研发能力和出口竞争能力的境外研发中心、产品销售中心和服务中心项目;开拓国际市场、提高企业国际竞争能力的境外企业收购、并购或参股项目等。其贷款对象为经我国工商行政管理部门登记注册,具有独立法人资格的中资企业或中资控股企业。其贷款申请条件为:(1)借款人具备与境外投资项目相适应的经济实力和经营管理能力,并具有一定的涉外经营管理经验;(2)拟投资项目获得我国和项目所在国或地区有关部门批准,有关协议已经签订;(3)借款人在境外投资项目中出资总额不低于 100 万美元,以自有资金出资的比例一般不低于其应出资额的 30%;(4)拟投资的境外项目配套条件落实,预期经济效益良好,有较强的贷款偿还能力;(5)提供经中国进出口银行认可的还款担保;(6)项目所在国政局稳定、经济状况和投资环境良好;(7)对国别风险较高的项目应投保海外投资险;(8)中国进出口银行认为必要的其他条件。

实践中,中国进出口银行以"大企业、大项目"为主的"双大"经营策略,以大企业为依托,从大项目入手,重点支持实力强、有比较优势的大企业"走出去"[①],而从贷款的条件及要求来看,一般也都是中小企业难以承担的项目。

2. 国家开发银行

2005 年国家发改委和国家开发银行联合下发的《关于进一步加强对境外投资重点项目融资支持有关问题的通知》第 1 条规定:"根据国家境外投资发展规划,国家发展改革委和国家开发银行拟定年度境外投资重点项目融资支持计划,并由国家开发银行在每年的股本贷款规模中,专门安排一定的贷款资金(以下称'境外投资股本贷款')用于支持国家鼓励的境外投资重点项目扩大资本金,提高融资能力。"国家开发银行正是基于该通知对境外投资给予名为"境外投资股本贷款"的扶持安排,其主要扶持对象为以下四类境外投资重点项目:(1)能弥补国内资源相对不足的境外资源开发类项目;(2)能带动国内技术、产品、设备等出口和劳务输出的境外生产型项目和基础设施项目;(3)能利用国际先进技术、管理经验和专业人才的境外研

---

① 吕海彬:《金融机构支持"走出去"战略的经验比较及启示——就美日中政策性金融机构而谈》,载《北方经贸》2007 年第 6 期,第 108—110 页。

发中心项目;(4)能提高企业国际竞争力、加快开拓国际市场的境外企业收购和兼并项目。在执行国家优惠信贷过程中,国家开发银行除视项目的具体情况给予一定的利率优惠外,还提供如下支持和服务:(1)为境外投资重点项目提供大额、稳定的中长期非股本贷款支持;(2)加强与国际金融组织或跨国公司合作,组织国际银团贷款、境外贷款等,协助落实融资方案;(3)提供基础设施、基础产业、支柱产业领域的行业分析、风险评估等服务;(4)提供与项目相关的信用证及国际结算等方面的配套金融服务;(5)提供汇率、利率风险管理等金融衍生工具服务。

从国家开发银行的贷款项目及条件要求看,其贷款的门槛也是相当高,其贷款对象也与进出口银行一样,主要着眼于国有大型资源性企业、业绩卓越的大型家电企业和IT企业等,中小民营企业则难以获得其信贷支持。为了更好地整合资源,帮助中小民营企业"走出去",我国的优惠信贷政策应该更多地向中小企业倾斜。

四、美、日、韩海外投资优惠信贷制度对我国的启示

如前文案例所述,我国中小民营企业在"走出去"中往往面临各种"融资难"的现实问题。在我国企业以高速增长的态势"走出去"的大潮中,该问题已是理论界和实务界亟待解决的问题。我国政府也意识到该问题在我国拓展海外投资过程中的不利影响,于是,国家发改委会同其他十二部委于2012年6月29日联合下发了《关于印发鼓励和引导民营企业积极开展境外投资的实施意见的通知》,并在"十三五"规划中多次强调重申。尤其是当前"一带一路"战略落地,迫切需要相关金融支持政策的实施。在国际层面上,相关配套的金融支持机构如亚洲基础设施投资银行和丝路基金均已设立,相信企业在政策沿线国家进行投资时将有望获得新的信贷优惠。[①] 然而,战略问题的解决并非一朝一夕之功。从解决企业融资难问题的微观视角出发,结合对美、日、韩等国促进海外投资的立法与实践的考察,笔者认为,以下成功的经验可资我国借鉴:

(1)应重视政策性金融领域的立法。我国至今没有政策性金融机构的专门立法,其促进海外投资的优惠信贷依据仅限于国家发改委与政策性金融机构下发的通知,具有非常强的政策性,尚未实现规范化和制度化,不利

---

① 《"一带一路"多项金融支持政策呼之欲出》,at http://www.scio.gov.cn/ztk/wh/slxy/31200/Document/1453852/1453852.htm,2016年7月25日。

于政策性金融体系的运行,也不利于各职能部门之间的协调。对比发达国家和一些发展中国家的信贷优惠立法经验与成功实践,我国在这方面的工作尚待完善。

(2)成立专门的中小企业管理机构。为鼓励我国中小企业参与海外投资,有必要建立类似于美国的中小企业管理局、日本和韩国的中小企业厅的机构,加强对中小企业的海外投资支持力度,以更好地解决中小企业融资难的问题。

(3)扩大政策性银行贷款对象,加大对中小民营企业的支持力度。前已述及,我国对海外投资提供信贷支持的政策性金融机构是中国进出口银行和国家开发银行,其贷款对象主要是大型资源性的国有企业以及实力雄厚的大企业,而中小民营企业则难以获得贷款,在国内融资成本过高的情势下,通过政策性银行对中小企业贷款有所倾斜,应是有效的举措。纵观美、日、韩的做法,都非常重视对中小企业的金融信贷支持。

(4)改革政策性银行的经营模式及筹措资金方式。在该方面,日本国际合作银行的改革和发展值得借鉴。其自成立以来就结合不同阶段的国情不断推进改革发展,尤其在业务范围上,随着金融环境的不断变化,某种业务在一段时间内具有政策性,另一段时间内可能具有商业性,如果其业务范围过于僵硬,必然影响其政策性作用的发挥。在筹措资金的方式上,日本国际合作银行基于自身信用发行债券筹措资金的方式也值得借鉴,但也要借助金融市场的制度安排,约束政策性金融机构的行为,以使其良性发展。[①]

(5)完善商业银行信贷政策的支持。鼓励商业银行为民营企业境外投资提供流动资金贷款、银团贷款、出口信贷、并购贷款等多种方式信贷支持,积极探索以境外股权、资产等为抵(质)押提供项目融资。商业银行要坚持风险可控和商业化运作原则,结合国家宏观政策和产业政策,做好市场调研和目标客户细分,大力发展并购贷款、国际贸易保函担保等业务,强化对我国企业"走出去"的多方位支持。[②] 从商业银行自身的角度出发,商业银行对我国海外投资企业的信贷支持,也符合其本身的"走出去"战略,使其在全球范围内更好地为中国企业服务的同时,实现自身的全球经营战略目标。

[①] 洪波、汤莹玮、虞红丹:《日本国际协力银行的改革发展及其启示》,载《金融与经济》2012年2月,第93页。

[②] 阎庆民:《大力发展并购贷款支持企业海外扩展》,at http://money.163.com/11/1115/11/7IT8KCLH00254O7J.html,2016年6月25日。

第四章　促进我国海外投资的金融制度

（6）建立和完善信用担保制度。促进海外投资，开拓国际市场，需要各类保函，保函已成为重要因素之一。我国中小民营企业融资难的原因主要在于中小企业融资中的风险控制难以解决，因此，完善信用担保制度，分散银行对中小企业贷款的风险，应是解决中小企业海外投资中融资难的重要手段。对此，可以借鉴美、日的做法，美国的担保体系是由政府直接操控的公共担保体系，由中小企业管理局具体执行；而日本的担保体系则采用二级担保体系，除了在各地设立地方性的信用保险协会，还设立一个全国性的中小企业信用保险公库（该保险公库的资金来源于政府，但不受政府控制，独立运作），凡由各地信用保险协会担保的中小企业贷款，也自动获得信用保险公库的保险。①

（7）充分利用国内资本市场为企业的海外投资提供融资便利。大力发展金融市场，调整股市融资的相关政策，逐步放宽股市融资平台对中小企业融资功能的限制，扩大债券融资支持，同时不断推进金融创新，大力发展股权融资基金，充分利用国内资本市场，为海外投资提供多渠道融资平台。

（8）充分利用国际资本市场融资。鼓励中小企业利用国际资本市场，拓展海外投资的融资渠道，支持重点企业在境外发行人民币和外币债券，鼓励符合条件的企业在境内外资本市场上市融资，指导和推动有条件的企业和机构成立涉外股权投资基金，发挥股权投资基金对促进企业境外投资的积极作用。

第三节　促进海外投资的外汇管理制度

新世纪以来，随着经济实力的逐步增强，我国开始逐步实施以促进海外投资为主要内容的"走出去"战略。从国内外的实践可知，一国金融外汇管理制度与海外投资的发展息息相关，我国在海外投资的外汇管理方面也采取了一系列政策与法律措施。以下结合对国外促进海外投资外汇管理制度的考察，就我国促进海外投资的外汇管理制度的演进和发展展开论述。

一、国外促进海外投资的外汇管理制度

外汇管理是一国货币金融立法制度中的重要环节之一，对于引导海外

---

① 刘国斌：《日美中小企业信用担保体系比较分析》，载《现代日本经济》2006年第6期，第42—44页。

投资方向及保护本国金融秩序均有着直接和重要的影响。

外汇管理是指一国政府对外汇的交易、结算、价格、收支、市场等行为所采取的管理制度,是由外汇管理主体运用相关的管理方式对外汇管理客体实施具体的监管而形成的运作过程或规范程序。在当今经济全球化背景下,为了谋求本国经济的发展,任何国家都需要开展广泛的国际经济交往。但由于不同国家的经济发展水平各不相同,各国针对海外投资也往往采取不同的举措,这就决定了各国针对外汇问题采取的管理制度也各不相同。

(一) 各国外汇管理制度的价值取向

1. 发达国家取消外汇管制

日本在地理上与我国临近,法缘也颇为相似,其外汇管理法制的历史演进和完善过程对我国具有较高的借鉴价值。日本在20世纪80年代初,为了进入IMF、GATT和OECD,对外汇管理体制作了深度改革;随即又在80年代中期推行金融自由化与日元国际化,实行高度宽松的外汇管理政策。1998年日本实施《外汇法》修改案后,又进一步放松外汇管理的多项内容,其中包括"企业和个人均可在外国银行开设账户进行海外投资;允许企业间采用外汇结算"。

发达国家的外汇管理制度在《OECD公约》中也有具体体现。《OECD公约》第2条d项明确规定其成员有义务采取或扩大资本项目自由化[1],该规定意味着成员国均应对包括对外直接投资在内的资本项目实行宽松的外汇管理措施。1961年,OECD还达成了《资本流动自由化法典》(Code of Liberalisation of Capital Movement),将成员国之间的股票、债券或投资存托凭证的发行与买卖,以及长期资本和短期资本流动等项目,均纳入其规范范围。[2] 这一法典实际上成了OECD成员取消资本项目外汇管制的主要法律依据。

实践中,发达国家立足于金融自由化和资本自由往来的原则,基本都已实现了资本项目下的外汇自由兑换[3],实现了内外资同等待遇,资本自由流动,取消了外汇管制[4]。尽管美国次贷危机给各国特别是金融自由化程度较高的发达国家带来巨大损害,发达国家也进行了诸多反思,但对于取消外汇

---

[1] Maintain and Extend the Liberalisation of Capital Movements.
[2] 李国安主编:《金融服务国际化法律问题研究》,北京大学出版社2011年版,第104页。
[3] 廖凡著:《国际货币金融体制改革的法律问题》,社会科学文献出版社2012年版,第112页。
[4] Chris Brummer, *Soft Law and the Global Financial System*, Cambridge University Press, 2012, p.10.

第四章 促进我国海外投资的金融制度

管制促进海外投资这一基本政策并没有作出任何改变。

2. 发展中国家放松外汇管理

发展中国家因其发展程度参差不齐,因此对外汇管理的价值取向也各不相同,主要存在以下两种形态:

(1)发展程度较高的发展中国家,包括主要产油国及国际金融中心所在国,例如科威特、阿联酋、沙特阿拉伯、新加坡、巴林等国,均已完全取消了外汇管制,允许对外自由投资。再如韩国,随着经济发展势头向好,贸易收支及经常项目持续顺差,1998年6月韩国政府宣布分两阶段的外汇自由化计划:1999年4月实施第一阶段计划,取消针对国内公司和金融机构外汇交易的大多数管制,取消外汇支付最高限额,所有金融机构都可以从事外汇业务;2001年1月实施第二阶段计划,实现个人外汇交易自由化和对外短期资本交易自由化。[1]

(2)经济发展水平较低的发展中国家,如亚、非、拉的部分国家和地区,至今仍实行相当严厉的外汇管制。

总体上看,对经济发展刚起步或脆弱的经济体来讲,短期内实施适当的外汇管制,其收益可能大于成本。但是,长期实施外汇管制的代价也是巨大的,因此放松外汇管制是大势所趋。尤其在经济已具备一定实力的条件下,尽早放松外汇管理将有利于经济的快速发展[2]。

(二)双边条约促进海外投资的外汇管理规定

各国特别是发达国家均注意到促进海外投资对本国经济的巨大推动作用,因此对海外投资提供了包括信贷、保险等方面的支持;但鉴于有些国家仍实行一定程度的外汇管制,为保护本国对外投资,双边条约对此也不可避免有所涉及。

美国2012年BIT范本专章规定了"金融服务"(第20条),且相比于2004年范本其内容有了扩展,相关条文也注意到了次贷危机对一国金融体系的巨大破坏性。虽然美国自该范本公布以来尚未签订新的BIT[3],鉴于中美两国正紧锣密鼓地进行BIT谈判,而我国目前使用的BIT草案未涉及金融服务问题,研究美国BIT范本关于金融服务的规定具有重要的意义。

---

[1] 曲凤杰:《韩国金融开放的经验和教训》,载《新金融》2006年第8期。
[2] 许少强、庄后响主编:《外汇管理概论》,格致出版社、上海人民出版社2008年版,第39页。
[3] 美国迄今共签订48个BITs,最新的一个是2008年2月19日与卢旺达签订的,2012年1月1日生效。参见美国外交部网站http://www.state.gov/e/eb/ifd/bit/117402.htm,2016年7月28日。

美国 2012 年 BIT 范本第 20 条第 1 款规定："不管本条约任何其他条款作何规定,不应阻止缔约方因审慎原因对金融服务而采取或维持相关措施,包括为保护投资者、存款人、投保人或金融服务提供者对其负有托管责任的人而采取的措施,或为确保金融体系的统一和稳定而采取的措施。如果这些措施不符合本条约条款,则不应用来逃避该缔约国在本条约项下的承诺和义务。"通过本款前半部分的叙述可以看出,条约的缔约方都拥有在紧急情况下采取相关金融措施的权利,甚至可以说这是一项绝对的单方权利。因为从国家利益角度讲,任何成员都无权要求其他成员为遵守投资协定的规定而损害国内金融服务消费者的利益或使其金融体系陷入混乱。美国目前虽然尚未发生此类案例,但是 2008 年发生在中国平安保险股份有限公司(简称"平安保险")身上的"富通门"则引发国人高度关注。[①]

实际上,金融业在任何国家都是一个至为敏感的领域,但凡风吹草动,不仅与每个储户、投保人等金融消费者利益息息相关,而且直接影响到国家经济命脉。金融审慎措施也是维护社会稳定的重要手段,为避免出现重大的社会动荡风险,将金融审慎措施视作一种有别于一般征收措施的特殊手段是非常必要的。有学者认为,判断东道国的一项征收措施是否属于金融审慎措施,宜由国际仲裁庭作出。[②] 而在由国际仲裁庭作出此类裁决的情况下,结果殊难预料。

2012 年 9 月 19 日,平安保险正式针对比利时政府的国有化措施向 ICSID 提起仲裁申请[③],2015 年 4 月 30 日,仲裁庭以缺乏管辖权为由作出最终裁决,其中并没有进行任何实体审理。其实,即使进行实体审理,平安保险也很可能扮演缴纳更多学费的角色。因为,一国取消外汇管制并不影响其为了保护公共利益、金融或者经济安全而采取一定的措施,况且中国—比利时 BIT 也没有关于金融服务的条款。也许若干年后,平安保险能赢得这场"官司",毕竟仲裁庭并未对此案的其他管辖权问题或方式作出裁决,比利时政府在未取得大股东同意的情况下实施了类似于征收的行为,客观上也造

[①] "富通门"的基本案情是:2008 年,席卷美国的次贷危机引发的金融风暴很快波及到欧洲,富通集团是欧洲最大的金融服务机构,主要从事银行、保险和资产管理三大业务。为维护金融和经济稳定,避免危机加剧,10 月比利时政府决定对富通实行国有化并分拆,造成富通股价大面积缩水,平安保险作为最大股东损失 200 多亿元。

[②] 温先涛:《〈中国投资保护协定范本〉(草案)论稿(二)》,载《国际经济法学刊》第 19 卷第 1 期,北京大学出版社 2012 年版,第 132 页。

[③] ICSID Case No. ARB/12/29.

成了投资者巨大损失。

当然，美国 2012 年 BIT 范本也在注 18 中解释了缔约国针对金融服务采取措施的"审慎原因"，即维持金融机构的安全、稳健、完整从而确保其承担一定的金融责任以及维持支付和清算系统的安全、金融和经营的完整性。另外，不可忽视的是，第 20 条第 1 款后半部分也表明了这些措施不应用来逃避该缔约国在条约项下的承诺和义务。对此，第 20 条第 2 款作出了进一步说明，即不得影响第 7 条"支付转移"和第 8 条"业绩要求"的相关规定。因此，在通常情况下，取消外汇管制从而保证资金自由流通仍然是基本要求，采取金融审慎措施仅适用于紧急之需。事实上，美国 2012 年 BIT 范本正是为应对次贷危机、促进对外投资，以解决其国内需求不足而采取的对策之一。

（三）国际组织条约的外汇管理规定

1. 国际货币基金组织（International Monetary Fund，IMF）

IMF 的宗旨第 4 项是：协助在成员方之间建立经常性交易的多边支付体系，消除阻碍国际贸易发展的外汇管制。《IMF 协定》第 8 条"成员方一般义务"第 2 款正式体现了这一宗旨，规定："除第 7 条第 3 款（b）项（基金组织持有的某种货币的稀少）及第 14 条第 2 款的规定外，未经基金组织同意，各成员方不得对国际经常性交易的支付和资金转移实行限制。"

《IMF 协定》第 14 条第 1 款规定：成员方可以采取过渡性安排，暂时保留对"国际经常性往来的付款和资金转移"的限制。

第 14 条第 2 款规定：已经通知基金组织准备按本规定采用过渡性安排的成员方，可维持并根据情况的变化调整其在加入基金组织时对国际经常性交易的付款和资金转移已经实施的各项限制，尽管本协定其他条文作了有关规定。然而，成员方应不断在其外汇政策中注意基金组织的宗旨。一旦条件允许，应即采取各种可能的措施，与其他成员方建立各种商业上和金融上的安排，以促进国际支付以及稳定汇率制度的建立。特别是，成员方一旦确信在不实行此类限制的情况下能够解决本身国际收支问题，且解决方式又不妨碍其使用基金组织的普通资金时，则应立即取消依据本款实行的限制措施。

第 6 条第 3 款规定：成员方可以采取必要的管制，以调节国际资本流动，但这种管制，除第 7 条第 3 款（b）项及第 14 条第 2 款规定外，不得限制经常性交易的支付或者不适当地阻滞清偿债务的资金转移。

综上可知，IMF 仅仅要求成员方取消经常性项目的外汇管制，第 30 条

(d)项将经常性交易支付定义为不用作资本转移目的的支付;而对于资本项目外汇管理的权利基本上都留给了成员方。这是由当时特定历史条件所决定的,即通过 IMF 对汇率政策加以控制,为经常性项目提供充足的流动性,限制不稳定的资本流动,被视为保持国际货币稳定、防止国际贸易和支付体系崩溃的必要措施。当然需要指出的是,随着时代的发展,IMF 也在转型,资本项目自由化现在已经成为其力推的目标。

2. 世界贸易组织(World Trade Organization,WTO)

GATT 第 15 条系外汇安排的相关规定,其中第 4 款规定"缔约方不得通过外汇行动妨碍 GATT 各项条款意图的实现,也不得通过贸易行动妨碍 IMF 协定各项条款意图的实现";第 5 款规定"当缔约方全体认为其他缔约方正在实施的有关进口支付和转移方面的外汇管制与 GATT 关于数量限制所规定的例外不一致时,应将此情况报告给 IMF"。这些规定都是关于缔约方的消极义务,即不得实施影响贸易自由化进程的措施。只有一项例外规定,即第 9 款第 1 项"GATT 不妨碍一缔约方依 IMF 或缔约方之间的特殊外汇协定,使用外汇管制。"

GATT 订立时间是上个世纪 40 年代,从以上条款可以看出,由于当时国际金融和贸易情势所限,GATT 并没有写明缔约国针对外汇管理应负的直接义务;况且 WTO 关注的毕竟是贸易问题,货币金融问题则归 IMF 管辖。事实上,GATT 第 15 条第 1 款明确表示 GATT 需要与 IMF 合作。有学者也鲜明指出,GATT 第 15 条没有为缔约国的外汇管制和汇率问题设定义务[1]。

此外,《服务贸易总协定》(GATS)中也有关于外汇管理的相关规定,主要体现在金融服务附件中。美国 2012 年 BIT 范本几乎完全照抄了该附件的相关规定,因此 GATS 金融服务附件的中心思想仍然是可以采取金融管理措施的,但不能违反协定中的承诺和义务。原则上允许各成员方采取必要的金融管理措施是可以理解的,因为金融业作为一国的敏感行业和经济发展的枢纽行业,是国家的重要经济命脉,关系到社会、经济的安全和稳定。如果为了取消外汇管制甚或推行金融服务自由化而否定东道国对其金融市场的监管权,恐怕没有任何一个国家会在这样的协定上签字。当然另一方面,如果其他成员认为某一成员所采取的名为审慎监管的措施,实际上是在逃避其依 GATS 或其具体承诺应履行的义务(如市场准入或国民待遇),则

---

[1] 杨松:《人民币汇率争端的法律分析》,载《中国法学》2012 年第 5 期,第 187 页。

可诉诸争端解决机构。

二、我国现行海外投资外汇管理制度及其存在的问题

我国目前仍然处于经济转型期,为了发展社会主义市场经济,早日实现民族复兴,我国仍需要对外汇实行有计划的管理。特别是2001年"入世"后,我国真正踏入经济全球化时代,国际收支状况也迅速变化,贸易顺差过大和外汇储备增长过快成为主要特点。国家外汇管理局数据显示,2015年之前十余年间,我国外汇储备逐年递增,其中2014年年底余额是38430.18亿美元;2013年年底是38213.15亿美元;2012年年底是33115.89亿美元。2015年,伴随"汇改"以及人民币"入篮",人民币面临贬值压力,外汇储备同比有所回落,为33303.62亿美元。①

（一）我国现行外汇管理制度

1996年1月29日国务院颁布《外汇管理条例》,1996年年底实现人民币经常项目下可兑换后,国务院于1997年1月14日对该《条例》进行了修订;2008年8月1日国务院对《外汇管理条例》再次进行修订,8月5日公布并施行。考察该《条例》,其确立的我国外汇管理原则有以下各项:

一是国家对经常性国际支付和转移不予限制。② 表明我国从法律上明确接受《IMF协定》第8条的成员国一般义务。

二是国家实行国际收支统计申报制度。国务院外汇管理部门应当对国际收支进行统计、检测,定期公布国际收支状况。③ 这是外汇管理的基础,也是透明度的要求。

三是经营外汇业务的金融机构应当按照国务院外汇管理部门的规定为客户开立外汇账户,通过外汇账户办理外汇业务;并依法向外汇管理机关报送客户的外汇收支及账户变动情况。④ 此外,国家外汇管理局为此还在2008年11月7日专门向各省、自治区、直辖市分局以及深圳、大连、青岛、厦门、宁波市分局和各中资外汇指定银行发布了办理外汇业务的通知。该条规定说明了银行在外汇管理中的重要作用。

四是我国境内禁止外币流通,不得以外币计价结算,国家另有规定的除

---

① 国家外汇储备规模详见国家外汇管理局发布的年度数据,参见 http://www.safe.gov.cn/wps/portal,2016-7-7/2016-7-28。
② 见我国《外汇管理条例》第5条。
③ 见我国《外汇管理条例》第6条。
④ 见我国《外汇管理条例》第7条。

外;境内机构或个人的外汇收入可以调回境内或者存放境外,调回境内或存放境外的时间和期限由国务院外汇管理部门根据国际收支状况和外汇管理的需要作出规定。①

五是国际收支出现或者可能出现严重失衡,以及国民经济出现或者可能出现严重危机时,国家可以对国际收支采取必要的保障、控制等措施。② 这是体现国家经济主权的一项重要规定,也符合《IMF协定》等多边条约的规定。

为防范跨境资本流动带来的金融风险,合理引导跨境资金流动,国家外汇管理局于2010年1月1日发布了《关于加强外汇业务管理有关问题的通知》(汇发〔2010〕59号,以下简称"通知一"),于2011年3月18日发布了《关于进一步加强外汇业务管理有关问题的通知》(汇发〔2011〕11号,以下简称"通知二")。"通知一"的目的在于防范跨境资金违规流入,在银行结售汇综合头寸管理、金融机构短期外债管理、出口收结汇联网核查管理、外商投资企业境外出资管理、规范境内机构和个人设立境外特殊目的公司管理、境外上市募集资金调回结汇等方面提出加强外汇业务管理的具体要求。而"通知二"在此基础上进一步调整银行结售汇综合头寸和金融机构短期外债指标,并就转口贸易外汇管理相关问题作出了补充规定。关于个人外汇收支结售汇问题,2007年2月1日施行的《个人外汇管理办法》及《个人外汇管理办法实施细则》以及2011年1月国家外汇管理局颁布的《电子银行个人结售汇业务管理暂行办法》规定,境内个人年度总额(5万美元)以内经常项目非经营性结售汇和境外个人年度总额以内经常项目非经营性结汇可通过电子银行办理,且应遵守有关结售汇年度总额管理规定;其他包含个人海外投资的个人结售汇业务仍应按规定通过银行柜台办理。

综上可见,随着我国经济规模和综合实力的上升,对经常项目下的外汇收支原则上已不加管制,但对资本项目下的外汇管理仍然非常严格,如有违上述资本项目外汇管理规定,相关的处罚也相当严厉。当然这种管理方式的出发点仍然是为了防止不利于我国经济发展的资本流动,维持我国的汇价稳定;可是其带来的滞后性也日渐显现。

(二)我国对海外投资的外汇管理规定

我国资本项目外汇管理的目标是逐步创造条件,有序地推进人民币在资本项目下可兑换。2004年底,按照IMF划分的7大类43项资本项目交

---

① 见我国《外汇管理条例》第8条和第9条。
② 见我国《外汇管理条例》第11条。

第四章 促进我国海外投资的金融制度

易中,我国有 11 项实现可兑换,11 项较少限制,15 项较多限制,严格管制的仅 6 项。2008 年《外汇管理条例》第三章又进一步放松或取消了限制,特别体现在境内机构对外直接投资与放贷、境内机构与个人对外证券投资等方面。具体说来,一是为拓宽资本流出渠道预留政策空间,简化对境外直接投资外汇管理的行政审批,增设境外主体在境内筹资、境内主体对境外证券投资和衍生品交易、境内主体对外提供商业贷款等交易项目的管理原则。二是改革资本项目外汇管理方式,除国家规定无须批准的以外,资本项目外汇收入保留或者结汇应当经外汇管理机关批准;资本项目外汇支出,国家未规定需事前经外汇管理机关批准的,原则上可以持规定的有效单证直接到金融机构办理,国家规定应当经外汇管理机构批准的,在外汇支付前应当办理批准手续。三是加强流入资本的用途管理,授权外汇管理机关对资本项目外汇及结汇后人民币资金的使用和账户变动情况进行监督检查。[①]

对于境外直接投资产生的资本流动,国家外汇管理局于 2009 年 7 月 13 日发布了《境内机构境外直接投资外汇管理规定》,第 5 条规定国家外汇管理局可以根据我国国际收支形势和境外直接投资情况,对境内机构境外直接投资外汇资金的来源范围、管理方式及其境外直接投资所得利润留存境外的相关政策进行调整。为规范境内银行境外直接投资的外汇管理,加强跨境资金流动检测和分析,国家外汇管理局于 2010 年 9 月 1 日颁布实施《关于境内银行境外直接投资外汇管理有关问题的通知》,取消了境内银行境外直接投资项下购汇核准手续。对于境内个人对外直接投资的外汇管理,除《外汇管理条例》第 17 条的相关规定外,还需遵循中国人民银行公布的 2007 年 2 月 1 日施行的《个人外汇管理办法》及国家外汇管理局发布的《个人外汇管理办法实施细则》,即允许个人开立外汇结算账户,个人可进行资本项目交易,个人结汇和境内个人购汇实行年度总额 5 万美元的管理制度。

（三）目前我国海外投资外汇管理制度存在的问题

目前,我国已形成了以行政管理为主要手段、按交易性质分类监管的外汇管理制度。该制度建立伊始,与当时的经济金融发展状况相适应,也在一定程度上促进了我国国民经济的健康快速发展。但是随着我国经济实力的进一步壮大以及国际经济金融形势的发展,当前外汇管理制度存在的问题也日益显现。

---

① 参见《国务院法制办、中国人民银行、国家外汇管理局负责人就〈外汇管理条例〉有关问题答记者问》,载《外汇管理汇编教程》,中国环境科学出版社 2012 年版,第 40 页。

(1) 外汇管理法规层级低,内容庞杂,体系性和稳定性差。其一,现行外汇管理的最高法规《外汇管理条例》是行政法规,与我国外汇管理的法律地位不相称,不符合金融法律体系完整性的要求。而且我国外汇管理法规、政策的出台和调整对象以适应性为特征,依据当时的国内经济、金融以及外汇形势的变化,动态地进行调节,更多地体现出事后救济的特征,造成外汇监管重点因外汇资金盈余状况影响而频繁调整。这就对立法者提出了较高的要求,需要较强的法律清理及法律汇编技能,经常出现施行一项规定就需废止一系列文件的情形。比如 2009 年 7 月 13 日国家外汇管理局发布《境内机构境外直接投资外汇管理规定》,其附件中就废止了 9 项通知;施行《个人外汇管理办法》更是废止了 16 个规定。① 当前,为配合实现资本项目可兑换,中国人民银行已接近完成对《外汇管理条例》的新一轮修订,仍然没有摆脱层级低的问题。其二,法规内容庞杂。大量外汇管理政策分散在各业务规章条文中,甚至出现不同规章文件之间内容相冲突的情况,非专业人士难以窥视全貌,不利于企业和银行对外汇管理法律体系的理解和实践操作,实际上增加了投资者的政策风险和投资成本。其三,相关外汇管理规则制定程序透明度较低。现存得以适用的规范性文件很多是国家外汇管理局以及中国人民银行的"通知",有学者称之为"二法规"②,不是法律但却具有比法律更强的执行力。这类通知是一种自上而下的管制,更多的是一种行政命令而较少考虑市场经营者在规则制定中的参与。其四,一些规定模糊,不具有可操作性。比如《外汇管理条例》第 9 条规定"境内机构、境内个人的外汇收入可以调回境内或者存放境外;调回境内或存放境外的条件、期限等,由国务院外汇管理部门根据国际收支状况和外汇管理的需要作出规定"。但是目前仍然难以看到关于条件和期限的规定,造成外汇入境困难。再如,《外汇管理条例》第 11 条规定:"国际收支出现或者可能出现严重失衡,以及国民经济出现或者可能出现严重危机时,国家可以对国际收支采取必要的保障、控制等措施。"这里,何谓"必要的保障、控制等措施"语焉不详。

(2) 监管以行政手段为主,经济手段与市场调节手段不健全,不利于投资贸易便利化和监管效率的提升。多年以来,我国在经常项目可兑换、资本项目有力管制的外汇管理理念下,确立了以行为监管为基础的管理标准和法规体系,行政手段不可避免地发挥了巨大作用。对于经常项目外汇收支,

---

① 参见商务部中国投资指南法律法规库。
② 蒋大平:《金融法治保障研究》,法律出版社 2012 年版,第 93 页。

主要是要求其具有真实合法的交易基础,对交易单证的真实性及其外汇收支的一致性进行审查,强调严格的一一对应,手续繁琐,效率低下。对于资本项目外汇收支,也是以真实性、合规性审核为基础,侧重于采取事前审批和事后登记、备案等手段,除有利于统计外大多没有实际意义。但这些行政规定客观上造成投资者往返于海关、商务部、外汇管理局和银行之间,增加了投资成本。

（3）对海外投资企业的后续金融支持力度仍有限。自从我国将"走出去"提升到国家战略的高度,外汇管理限制已经放开不少,也出台了一些规章制度,但是整体效果仍然不明显。目前我国境外投资企业设立后的资金来源主要有三种形式,即国内商业银行贷款、东道国融资和母公司资金支持。但是新成立的境外项目公司在境外银行往往没有信用记录,加之资本规模有限,从境外融资非常困难。而由境内母公司向境外投资公司发放委托贷款,又面临诸如较高的银行利率等门槛,无法解决企业的燃眉之急。这就造成实践中进行海外投资的大多是国有大中型企业,其以整个国家实力作为后盾,而这是民营企业或个人所难以具备的。

（4）个人海外投资外汇管理相对于机构投资仍然较严。目前只有财产转移、个人参与境外上市公司员工持股计划等少量政策涉及个人。即使有个别政策涉及境内个人海外投资,但由于目前个人购汇还限制在年度总额5万美元以内,而且尚缺少相应的具体操作配套规则,导致可操作性较差。实践中,个人海外投资为了规避外汇管理,多将投资项目申报为旅游、留学等。即使是投资移民、境外购房,外汇资金也无法通过合规渠道汇出。对于现实的投资需求,要么直接禁止要么置之不理,助长了外汇地下流通,也造成了申报交易性质发生个人经常项目与资本项目的混淆,对整体的国际收支统计产生不利影响。

三、构建促进我国海外投资的外汇管理制度

为了更好地促进海外投资,维护我国金融稳定和服务国家经济发展,推进人民币资本项目可兑换,我国的外汇管理制度应该找准外汇管理职能定位,逐步淡化行政审批管理痕迹,提升监管效率,从而促进外汇管理向市场化、规范化、简约化和便利化方向发展。

（一）海外投资外汇管理的市场化与规范化

1. 加快法规清理,实现外汇管理规范化

外汇管理法律体系是外汇管理的法制基础和制度保障。外汇管理是影

响整个国民经济运行和国际收支平衡的重要环节,有法可依应是其基本要求。而外汇管理法律的体系化则是外汇管理法制水平的重要体现。因此,针对目前法规、政策等未成体系及层级不高的问题,建议全国人大及时对此进行清理,制定专门的外汇管理法律。有学者建议去除行政色彩浓厚的"管理"字眼,将外汇基本法的名称定位为《外汇法》[①],对我国外汇管理的基本原则、目标任务、管理模式、管理主体等作出总括性规定,从而保护外汇市场经营主体的权利。当然,法律的精髓在于执行,外汇管理部门可以根据基本法律发布相关的具体实施细则,从而完善操作规程、统一执法标准、提高透明度,让所有进行海外投资的法律主体全面准确地了解我国的外汇管理法律体系,最大限度降低非经济成本。

2. 减少行政审批,促进外汇管理简约化

外汇管理的目标应该是从事前管理到事后管理,从直接管理到间接管理。这就要求对目前行政审批事项进行梳理,评估审批程序的便利性和有效性,逐步调整直至去除各种不必要的行政审批,减少行政痕迹,更多地依照法律、通过经济手段和市场机制引导外汇资金有序流动。特别是在海外投资外汇管理方面,简化相关手续,放宽跨境融资限制,增强服务意识,便利境内企业和个人为从事海外投资获取足够的外汇资金。

3. 外汇管理模式便利化

在管理方式上,从正面清单转变为负面清单,外汇指定银行在付汇时负责审核交易真实性,外管局侧重对涉汇主体进行总体监管,分析整个国际收支状况,防范金融风险。

(二)境内个人海外投资的外汇管理

随着我国经济的发展和国民财富的增长,境内个人海外投资需求越来越强烈。考虑到我国人口基数大,潜在投资主体多、个体差异大、需求多样化,以后应该逐步适度放松对个人海外投资的外汇限制。比方说,在个人海外直接投资项目中,可考虑完全放开投资移民、境外购房、实业投资等,重点审核材料的真实性即可。对于个人海外投资外汇管理总体上说可以仅采取以下几项管理措施。

(1)审核投资项目真实性。这是保证境内居民个人直接投资可控性的基础,是维护国际收支平衡及金融稳定的基本要求。投资者需要向外汇管

---

① 温建东、麦延厚编著:《人民币国际化与中国外汇市场发展》,经济科学出版社2011年版,第303页。

理局提交与投资项目相关的证明材料来证明投资的真实性,可以采取我国驻外使领馆投资确认函或者经当地公证的投资合同;外汇管理局对这些材料进行表面审核。

(2) 投资额度管理。实行额度管理是为了既能基本满足境内个人海外投资的外汇资金需求,又能有效对境内个人海外投资进行风险控制,即防止外汇资金大量流出影响国内金融环境。建议将目前的年管理额度5万美元提高到50万美元进行分别管理,50万美元以下的投资可以自由汇出;50万美元以上的投资实行登记管理。之所以以50万美元为额度,是因为境内个人对从事小规模生产的实业进行海外投资,50万美元可以满足基本需求;而且从投资移民来看,各国要求的移民资金基本上都在50万美元以下。对于50万美元以上的海外投资,必须向外汇管理局申请办理海外投资外汇登记。为了确保海外投资资金的合法性,外汇管理局除审核海外投资商业真实性材料外,还应审核海外投资资金合法来源的承诺函、纳税证明及存款证明等;经过以上审核后,外汇局给予海外投资外汇额度。

(3) 汇兑管理。境内个人进行海外投资可以自由使用自有外汇或者购汇,海外利润汇回的,投资者可以直接到银行办理入账和结汇手续。

四、促进人民币海外直接投资

2015年11月3日,中共十八届五中全会通过的《关于制定国民经济和社会发展第十三个五年规划的建议》明确提出,要扩大金融业双向升级,有序实现人民币资本项目可兑换,推动人民币成为可兑换、可自由使用货币。同年11月30日,IMF宣布批准人民币加入特别提款权货币篮。[①] 人民币国际化迈出最坚实步伐。

(一) 人民币海外直接投资的现状

近年来,随着改革开放的不断深入,我国跨境资金流动规模迅猛增长,跨境贸易人民币结算试点范围不断扩大,"贸易先行、投资跟进、两腿并行、相互促进"的贸易与投资一体化内在需求,使人民币境外投资的条件日趋成熟。

1. 人民币海外投资的政策导向

2011年1月,中国人民银行发布了《境外直接投资人民币结算试点管理办法》(以下简称《办法》),规定在跨境贸易人民币结算试点地区注册的境内非金融企业,经境外直接投资主管部门核准可开展人民币境外直接投资,

---

① http://www.imf.org/external/np/sec/pr/2015/pr15540.htm,2016年7月28日。

即通过设立、并购、参股等方式在境外设立或取得企业或项目全部或部分所有权、控制权或经营管理权等权益时可以直接以人民币汇出投资资本金(包括在境外设立项目或企业前需要向境外支付的前期费用),其在境外投资所获得的利润也可以直接以人民币汇回境内。《办法》的出台较好地促进了企业投资便利化,为企业"走出国门"提供了政策支持。据统计,2015年以人民币进行结算的对外直接投资发生额7362亿元,同比2014年的1866亿元将近翻两番。① 境外直接投资人民币结算是资本项目可兑换的重要一步,更是人民币国际化进程的一大步。

2012年3月,中国人民银行发布《关于境内银行业金融机构境外项目人民币贷款的指导意见》(以下简称《意见》),目的是为了扩大人民币跨境使用,促进贸易和投资便利化,为此,国内银行将为包括但不限于境外直接投资的境内机构"走出去"过程中开展的各类项目发放人民币贷款。

2. 人民币海外投资的实践

(1) 香港为人民币走出去提供了最为理想的试验场。香港是海外最早可以提供人民币存款、兑换及汇款银行业务的地区。自2003年《内地与香港关于建立更紧密经贸关系的安排》(CEPA)实施后,香港在2004年推出人民币业务,由中国人民银行通过指定一家专门的清算银行为香港的银行提供了人民币业务的清算渠道。十余年来香港人民币业务平稳运行、范围不断扩大,内地金融机构可以在香港发行人民币债券,香港已经发展成为一个具有一定规模的境外人民币市场。特别是次贷危机让全球各国陷入泥淖之中、香港也不能例外时,全国政协委员、香港期货交易所董事张华峰更表示希望人民币成为香港的法定货币。2015年11月5日,"十三五"规划建议第六部分中提出,支持香港强化全球离岸人民币业务的枢纽地位。2015年12月1日,香港财经事务及库务局局长陈家强表示,希望香港成为人民币业务的国际枢纽。②

在境外直接投资方面,香港也发挥着极为重要的作用。近几年来,我国境外直接投资中有超过六成是投资到香港或是经香港投资到世界各地的,香港无疑是我国境内企业海外投资的最主要的平台。加上香港未来将发展

---

① 参见中国人民银行于2016年1月15日发布的《2015年金融统计数据报告》,at http: www.pbc.gov.cn/goutongjiaoliu/113456/113469/3004953/index.html,2016年7月28日。

② 《香港特区政府财经事务及库务局局长陈家强认为 香港离岸人民币业务迎来发展契机》,载《经济日报》2015年12月2日第5版。

第四章　促进我国海外投资的金融制度

成为离岸人民币业务中心，更加便利我国企业的投融资活动。在香港成为境外直接投资人民币结算试点之后，一方面，我国企业可以通过香港的离岸人民币业务中心投资有关项目，增加投资途径；另一方面，香港拥有多币种、多功能的融资平台，融资成本低且相对便利，有助于我国企业对境外投资项目进行相关的融资和资金管理①。这将进一步促进香港离岸人民币市场的发展，扩大人民币在香港的使用范围，从而进一步推动人民币资本项目可兑换乃至人民币国际化的进程。

（2）人民币日渐成为亚洲硬通货。2009年3月，我国与白俄罗斯签订双边本币结算协议，这是中国与非接壤国家签订的首个一般贸易本币结算协议。此外，我国还与部分国家（地区）签署了一系列本币互换协议：一是在《清迈倡议》框架下，自2001年起至2008年年底，已与日本、韩国、泰国、菲律宾、马来西亚和印度尼西亚分别签订了六份双边货币互换协议，总额合计235亿美元，其中我国承诺出资165亿美元；二是自2008年年底起，先后与韩国、中国香港、马来西亚、白俄罗斯、印度尼西亚、阿根廷、新加坡和冰岛的央行或货币当局分别签署了八份双边本币互换协议，规模合计8035亿人民币。迄今，中国已与世界上35个国家（地区）央行或货币当局签署双边本币互换协议，金额达3.33万亿元人民币。② 随着越来越多的货币互换安排以及区域内贸易和投资使用人民币计价，亚洲国家钉住人民币的动力将日益增强，从而推动人民币成为亚洲的重要储备货币。事实上，印度、菲律宾、马来西亚、柬埔寨、白俄罗斯、俄罗斯、新加坡等国家央行均宣布将人民币纳入国家外汇储备之一③；我国一些边境直接投资中，人民币也可作为计价和结算货币。这都为进一步推动人民币国际化奠定了重要基础。

（3）人民币离岸金融中心竞争更加激烈。中国经济仍然保持较快的增长势头，中国的国际政治经济地位不断提高，人民币的国际化前景越来越受到国际市场的认可，全球主要国家和地区在争夺人民币离岸中心建设上的竞争也越来越激烈。目前，香港人民币离岸市场发展迅速，新加坡、伦敦、巴

---

① 李继宏、陆小丽：《从境外直接投资人民币结算试点看人民币国际化进程》，载《区域金融研究》2011年第5期。
② 详见中国人民银行货币政策二司于2016年7月20日发布的《中国人民银行和其他央行或货币当局双边本币互换一览表（截至2016年6月）》。参见http://www.pbc.gov.cn/huobizhengceersi/214481/214511/214541/2967384/index.html。
③ 参见《全球超50家央行已将人民币纳入外储》，载《大公报》2014年11月3日第3版；新加坡货币管理局网站http://www.mas.gov.sg/News-and-Publications/Media-Releases/2016/MAS-Renminbi-Investments-to-be-Part-of-Official-Foreign-Reserves.aspx。

黎、法兰克福、卢森堡等其他国际金融中心也表达了参与人民币离岸中心建设的意愿,并已经付诸行动。① 此外,其他地区也可能出现较为成熟的新的人民币离岸中心,比如台湾,其人民币存款量超过3000亿元。②

(二) 人民币海外直接投资的缘起

(1) 国内流动性过剩。改革开放以来,中国经济一直持续健康高速发展。虽然目前我国的劳动力成本优势逐渐同东南亚国家持平,但考虑到我国巨大的消费市场,外资来华投资的潜力仍然较大,跨境资金大量流入的态势短时间内难以逆转。另一方面,2008年以来,各方面的数据和估计表明,随着人民币升值的加速,国际热钱流入中国境内的速度明显加快。有人估计每年约流入热钱几百亿美元,而热钱的存量则已达上万亿美元③,并造成外汇储备剧增,流动性明显过剩。中国社会科学院金融研究所所长李扬指出,"如果用一句最简单的话来概括当前宏观经济、金融形势的基本特征,毫无疑问应该是流动性过剩"④。流动性过剩制约了央行货币政策的独立性,并且孕育了短期内国际资本推动国内资产泡沫的风险和在中期内资本流动大幅度波动的潜在风险。近年来中央政府层面对房地产进行调控而地方政府屡次"破冰",可见流动资金的巨大推动作用。为了解决这些问题,出台法规或者政策及时推进人民币海外直接投资应是缓解国内流动性过剩的最好方法。

(2) 缓解通货膨胀压力。次贷危机后,美国主动且积极地采取扩张性货币政策,以此刺激美国经济增长;同时利用美元的国际储备货币功能,大量超发货币,诱发全球性大宗商品诸如石油和农产品价格持续攀升,进而推高了其他生活必需品的价格。与此同时,我国则大量出口廉价商品及资源,积累了巨额外汇,这虽然带动了经济增长,但为对冲新增外汇占款,导致了人民币被动超发,为通胀埋下隐患。再加上欧债危机的冲击,2012年我国GDP同比增速首次破8%,2015年更是首次低于7%,为6.9%;但是CPI指数同比上升仍有1.6%⑤。另一方面,2015年一年内我国连续5次降息并下

---

① 参见中国新闻网 http://www.news.china.com/internationalgd/10000166/20160724/23135765.html. 2016-7-25/2016-7-28。
② 《人民币离岸中心 台湾要加把劲》,参见台湾商情网,2014-9-30/2016-7-28。
③ 马骏:《货币的轨迹》,中国经济出版社2011年版,第89页。
④ 董志龙:《人民币的崛起》,当代世界出版社2011年版,第114页。
⑤ 参见国家统计局网站 http://data.stats.gov.cn,2016年7月28日。

第四章　促进我国海外投资的金融制度

调存款准备金①,以此刺激消费提升出口,直接导致商业银行制造通货膨胀。有学者将这一路径鲜明表述为:信用扩展→国际收支顺差→外汇储备增加→外汇占款增加→基础货币增加→货币供给量增加→物价上涨②。再加上我国高投资、高能耗、高污染以及以牺牲环境和资源为代价的发展模式,扩大了对投资品的需求,导致原材料、能源价格不断上升。我国通货膨胀上升的势头可能比预计更为强烈。而促进人民币海外直接投资,则可降低国内市场上的货币流通量,减少无效率的投资,解决产能过剩问题,从而及时处理积压的产品,进而降低产品价格,缓解通胀压力。

（3）降低人民币波动压力。自 2009 年以来,人民币汇率低估已成为主要发达国家和国际机构的主流认识。特别是美国,自 2009 年以来,对人民币汇率的不满不断升级,而且有实质性行动相伴。2011 年 10 月 11 日,美国国会参议院通过《2011 年货币汇率监督改革法案》,使人民币汇率争议白热化。欧美很多政要学者把全球经济失衡的责任推给我国,最主要的理由就是我国国际收支和储备持续大规模增加,并据此认为我国直接干预货币③。目前的新趋势是美国已经开始从关注人民币汇率政策转到关注人民币汇率带来的贸易效果,从 IMF 转战到 WTO④。而 2015 年底以来,我国实体经济不振,外资不再大量流入甚至出逃,再加上人民币投机者套利资金反转,人民币汇率开始较大幅度贬值。这种币值严重不稳不符合国际储备货币的定位,更会损害投资者利益。

鼓励人民币海外直接投资,意味着海外市场的人民币规模扩大,存量增加;加上跨境人民币结算的有序开展,可以有效降低外汇储备增长从而促进国际收支平衡,实现汇率市场化,人民币才可能得以企稳。

（4）促进人民币国际化。中国的 GDP 总量已位居世界第二,是英国的三倍多,但英国仍享有对国际经济秩序的一定主导权,尤其在全球金融方面更是顶级强国之一。这就告诉我们,如果没有强大的资本市场、世界级的银行与保险体系,没有比肩美元、英镑的国际储备本位货币,没有能与纽约、伦敦相抗衡的国际金融中心,即使中国经济规模超越美国,也无法跻身顶级经

---

① 《2015 央行历次降准降息一览》,参见新华网 http://www.news.xinhuanet.com/fortune,2016-2-29/2016-7-28。
② 韩和元著:《通胀的真相》,科学出版社 2012 年版,第 207 页。
③ 〔美〕埃里克·赫莱纳、乔纳森·柯什纳编著:《美元大趋势》,欧阳珑译,东北财经大学出版社 2012 年版,第 115 页。
④ 杨松:《人民币汇率争端的法律分析》,载《中国法学》2012 年第 5 期,第 181 页。

济强国之列。因此,提升人民币地位是首先应该考虑的重要一环。况且,国际金融危机后,国际货币体系改革迫在眉睫。在短时间内超主权货币还难以实现的情况下,推动人民币国际化,促进人民币海外投资,减少世界经济对美元的过度依赖,将有利于国际货币金融的稳定发展。

首先,以美元为主的国际货币体系已成为国际金融不稳定和世界经济发展不平衡的重要因素之一,美国的国内货币政策目标与各国对储备货币的要求之间经常出现矛盾。其次,增加国际储备货币币种是完善国际货币体系的现实选择。有学者指出,中国具有和谐的政治实体、单一的金融政策、稳固的金融体系、统一的金融市场、日益强大的军事实力,背后的人民币比欧元更具优势,完全可以成为国际储备货币[1]。对于我国来说,人民币国际化则有利于减少中国贸易和投资的交易成本,有利于中国及时把握全球的投资机会,增加国内金融改革的动力,获得国际金融体系的话语权和参与规则制定的影响力,有利于降低国际储备货币美元独大导致的风险和波动。中国目前的经济实力、贸易规模、宏观稳定等经济基本面都已足以支持人民币国际化,人民币国际化是大势所趋、顺势而为。而通过人民币海外直接投资加速人民币的输出便是人民币国际化的必由之路。

(三) 人民币海外直接投资需要解决的问题

(1) 海外投资法律体系亟待完善。首先,在中国企业海外投资方面,至今没有一个比较完整的国家层面的境外直接投资法可供企业遵行。其次,与前述《办法》《意见》相关配套的制度安排还不完善,如与人民币境外直接投资相关的海外项目融资、内保外贷等管理办法和操作规程仍未出台,境外投资业务申报管理办法及境外所得征税政策也未成形,在一定程度上制约了对境外投资行为管理与服务的有效性。最后,《办法》《意见》等本身的一些规定还不够细化,如未规定企业取得核准后申请材料的上报时间,仅凭境外投资企业董事会利润处置决议材料无法及时发现投资利润畸高的异常投资行为等[2]。

(2) 资金回流渠道亟待规范。尽管人民币对外直接投资拓宽了海外人民币资金的来源渠道,会促进海外市场人民币规模的增长。但境外交易主体人民币持有意愿对海外市场人民币规模增长的影响不容忽视。目前,境外交易主体由于没有种类丰富、可靠便捷的人民币保值增值金融产品选择而抑制了其大规模持有人民币的意愿。加快金融市场广度和深度建设,逐

---

[1] Xiaobo Fan, What Will the Financial Order Be in A Decade? *Revue Juridique Themis*, 2011, p. 609.

[2] 魏忠全、张莉、刘晓辉:《人民币境外直接投资支持体系》,载《中国金融》2012年第3期。

步形成一个开放、交易规模巨大、体制健全的金融市场,丰富各类金融市场参与者对金融工具和交易品种的选择机会,扩大其对人民币的需求,增加其持有人民币的信心和意愿,将是一个必须面对的问题。

(3) 风险监管亟须强化。人民币境外直接投资和贸易规模的增长会使海外人民币负债增加。人民币负债的风险不同于外币负债,人民币跨境资金流动是降低当前货币错配风险的关键,但其可控性比较困难。这一转变过程需要加强监测分析及预警防范体系的构建。

(四) 促进人民币海外直接投资的建议

1. 有序推进人民币资本项目可兑换

资本项目可兑换是指一个国家居民和非居民之间的资本项目下支付和兑换均不受限制。实现人民币可兑换是中国跨境资金流动管理体制改革的重要目标,有利于提高利用国内外市场和资源的能力,促进经济有序开放与协调发展,同时有利于实现跨境资本流入与流出的基本平衡,促进跨境资金流动双向管理与调节机制的建立健全。在具体安排上,应结合中国国民经济和社会发展远景规划,统筹考虑中国的经济发展阶段、市场发育程度、企业承受能力、金融监管水平以及人民币国际化进程等,尽快确定阶段性目标和重点推进领域,有选择、分步骤地放宽交易限制,不断完善统计监测、风险预警和应急机制,确保资本项目可兑换稳妥有序与风险可控。据报道,从2016年开始,上海自贸区将推动人民币资本项目可兑换先行先试①,可考虑以便利海外融资为重点,调整对企业借用外债的"投注差"管理以及对金融机构的外债指标核定,深化外债管理体制改革;以资本市场开放为重点,逐步开放境内股票、债券等基础证券发行市场,完善境内机构境外发行股票、债券管理,大力推进证券买卖的开放,进一步提高证券投资可兑换程度;配合人民币跨境贸易结算,稳妥推进人民币资本项目业务开放。②

2. 研究制定全国统一的对外投资法,使海外投资行为有法可依

对于外商投资,我国已有"三资企业法",但对于对外投资,我国尚缺乏直接的法律规定,因此当务之急是尽快制定与《办法》《意见》相配套的法律法规,即《对外投资法》,内含具体的投资主体、权利义务、操作程序和实施规

---

① 参见上海市市长杨雄 2016 年 1 月 25 日在上海市第十四届人民代表大会第四次会议上的政府工作报告以及《杨雄:正在制定上海国际金融中心建设"十三五"规划》,中国证券网,2016 年 6 月 12 日。

② 陈炳才、邢厚媛主编:《贸易、投资与人民币国际化——国际金融趋势与人民币汇率政策》,中国金融出版社 2011 年版,第 71 页。

范,形成分工明确、监管有力的新型人民币直接投资管理体系。针对境外直接投资人民币结算业务由于过度强调审慎监管等原因导致的业务办理过程繁杂、手续不便等问题,建议相关部门尽快出台具体措施,进一步简化境外直接投资人民币结算业务的办理手续,确保《办法》中各项促进投资便利化的政策措施依法得到有效贯彻和落实。

3. 加快推动人民币国际化

人民币国际化意味着人民币在国际结算中充当国际货币的职能,或在他国央行中充当储备货币的职能。考察美元、日元等的国际化道路可知,人民币国际化必然是一个渐进的过程,需要考虑规避风险和保持币值稳定。首先,可以充分利用香港离岸金融市场的作用。香港有较健全的金融市场,有与国际接轨的法律体系和金融人才;与内地有紧密经贸往来,而且形成了制度性框架协议CEPA,同时人民币在香港已经广泛使用,香港人民币离岸金融业务流程比较成熟。如果把香港作为人民币国际化的桥头堡,不仅可以减轻人民币可兑换性一步到位的压力,而且可以积累经验,稳步地推进人民币国际化,也可以巩固和发展香港国际金融中心的地位[①]。其次,扩大货币互换范围并使之常规化,或者加大向海外市场投放国债的力度和广度,确保人民币及时回流,维护国际收支平衡,也为他国将人民币列为储备货币免除后顾之忧。最后,扩大我国在IMF、FSB(金融稳定理事会)等国际金融机构中的话语权,发挥我国在G20中的作用,努力推进国际金融新秩序的建立,塑造我国作为负责任大国的国际形象。

---

① 博源基金会编:《人民币国际化:缘起与发展》,社会科学文献出版社2011年版,第289页。

第五章　我国海外投资壁垒问题及对策

【本章提要】　海外投资壁垒问题,是近年来我国海外投资者面临的法律难题。本章依次探讨我国海外投资壁垒问题的背景与识别、作为投资壁垒的国家安全审查制度及我国应对海外投资壁垒问题的措施等专题,指出,与国际贸易面临形形色色的贸易壁垒一样,我国海外投资也面临日益复杂的投资壁垒;由于在国际投资领域尚不存在综合性、实体性的多边投资条约以及我国海外投资与投资条约实践的特殊性等原因,我国在有效应对海外投资壁垒方面面临更大的挑战。

　　进入21世纪,海外投资被确立为我国国家经济战略的重要组成部分。[①]这一战略的确定不仅是考虑到国家的整体经济实力以及企业的个体竞争能力逐步具备对外投资的条件,也是考虑到海外投资可以一定程度上缓解我国面临的日益复杂的贸易壁垒或贸易保护主义。不过,与对外贸易面临形形色色的贸易壁垒一样,我国海外投资也面临着日益复杂的投资壁垒。不仅如此,较之我国加入WTO因而可以利用WTO机制应对贸易壁垒问题,由于在国际投资领域尚不存在综合性、实体性的多边投资条约以及我国海外投资与投资条约实践的特殊性等原因,我国在有效应对海外投资壁垒方面面临更大的困难,具有有别于其他国家的特殊性。

　　本章首先讨论我国海外投资壁垒问题的基本原理,其次专门讨论在生成机理与实施机制方面具有典型性的作为投资壁垒的国家安全审查,再次讨论我国应对海外投资壁垒问题的措施。

---

　　① 参见《国民经济和社会发展第十个五年计划纲要》(2001年3月15日第九届全国人民代表大会第四次会议批准)第十七章。

第一节 我国海外投资壁垒问题的背景与识别

一、我国海外投资壁垒问题的背景

（一）海外投资壁垒问题的一般背景

1. 国际投资在国际经济中的地位不断提高

自近代以来的很长时间里，国际贸易是国际经济交流的主要形式，因而贸易壁垒是各国长期面临的一个重要问题。尤其是，20世纪30年代，在爆发全球经济危机的情况下，许多国家实行"以邻为壑"的贸易政策，竞相设立贸易壁垒，这种做法不仅进一步损害了国际贸易，甚至被认为是最终导致爆发"二战"的重要原因之一。[①]鉴于这一深刻的教训，应当遏制贸易保护主义，减少贸易壁垒成为战后国际社会的基本共识。以推动贸易自由化，减少贸易壁垒为基本宗旨的"关税及贸易总协定"（General Agreement on Tariffs and Trade, GATT）体制由此应运而生，并在20世纪90年代初发展到涵盖成员方更广泛、涵盖事项更多、约束更有力的WTO体制。

与此不同，直到进入20世纪80年代以后，国际投资才逐步成为重要的、在国际贸易之外推动国际经济的新的"引擎"[②]，或者"增长的引擎"。[③] 20世纪90年代以来，国际资本流动的规模急剧扩大。根据联合国贸易与发展会议（UNCTAD）的统计，1990年时国际直接投资流量约为410亿美元[④]，这一数字在2010年时急剧增加到1.24万亿美元[⑤]。

诚然，不能认为，在国际投资成为重要的国际经济交流形式之前就不存在着投资壁垒问题，但是，可以认为，这种背景下的投资壁垒对于国际投资的实际影响是比较有限的，因而不会成为一项重要的国际法律议程。随着国际投资在国际经济中的地位不断提高，投资壁垒问题——无论是要求消

[①] See John H. Jackson, *World Trade and the Law of GATT*, The Bobbs-Merrill Company, 1969, p. 38.

[②] See World Investment Report 1992, p. 17; Industry Canada, Formal and Informal Investment Barriers in the G-7 Countries: The Country Chapters, Occasional Paper, Vol. 1, No. 1, 1994, p. 2.

[③] 参见1992年《世界投资报告》：1992年《世界投资报告》的副标题就是："跨国公司作为增长的引擎"。

[④] World Investment Report, 1992, p. 11.

[⑤] World Investment Report, 2011, p. 2.

第五章 我国海外投资壁垒问题及对策

除既有的投资壁垒从而推动国际投资,还是直接或间接设置新的投资壁垒——将日益受到关注。

2. 投资自由化进程的持续推进

UNCTAD发布的多份报告表明,20世纪80年代以来,各国的投资制度总体上朝着自由化的方向发展。① 即便在当前全球经济萧条的大背景下,与不少国家频频采取贸易保护措施相比,各国尤其主要经济体对外国投资总体上仍然持开放的态度。② 可以认为,促进外国投资已经成为各国的基本政策共识,投资自由化观念很大程度上已经"深入人心"。

大体而言,投资自由化意味着东道国消除投资壁垒。不过,实践表明,东道国并不会彻底地、径直地,而只是部分地、逐步地取消既有的投资壁垒。此外,外国投资者面临的投资壁垒未必可以简单地归结于东道国政府的产物,比如某些投资壁垒是基于东道国特定的文化传统、市场结构或社会力量,因而也不能简单认为东道国政府可以消除所有投资壁垒。

投资自由化进程的持续推进对于投资壁垒问题产生了三个重要的影响:

首先,业已存在的投资壁垒对于外国投资的实际效果日益显现,因而引发更多的关注。在这方面,加拿大于1974年制定的《外国投资审议法》以及由此引发的争端是一个重要的例子。根据该法,在加拿大投资兴业的外国投资者要满足所谓的当地成分要求,即外资企业必须有一定比例的生产投入用于购买加拿大本地产品或者使用加拿大原材料生产的产品,以及出口实绩要求,即外资企业的产品必须有一定比例用于出口。③不过,直到1982年,这些规定才被美国诉诸GATT缔约方全体。1984年,GATT专家组裁定,该法关于当地成分要求的规定违反了GATT第3条关于国民待遇的规定,但关于出口实绩的要求并未违反GATT。④

其次,随着投资自由化进程的不断推进,那些原本只是针对国内经济活动制定的措施可能会被认为构成投资壁垒。20世纪90年代初,加拿大工

---

① See, e.g., World Investment Report, 1992, pp. 79—85; World Investment Report, 2000, pp. 6—7; World Investment Report, 2005, p. 22.
② See Report on G20 Trade and Investment Measures, September 14, 2009.
③ 参见曾华群主编:《国际投资法学》,北京大学出版社1999年版,第690页。
④ See Riyaz Dattu, Journal From Havana to Paris: The Fifty-Year Quest for the Elusive Multilateral Agreement on Investment, *Fordham International Law Journal*, Vol. 24, 2000, pp. 289—291.

业部曾经针对"七国集团"成员国内存在的投资壁垒问题进行过细致的调查研究。随后发布的研究报告指出,未来投资自由化的进程可能会纳入竞争政策、知识产权制度,以及金融市场规制方面的趋同。[①]在未能实现协调或趋同的情况下,那些以往被认为属于正当的规制措施,比如竞争法,也可能被指控构成投资壁垒。

再次,伴随着投资自由化进程的"重新规制化"可能滋生新的投资壁垒。投资自由化并不意味着东道国规制外国投资必要性的丧失,更不意味着规制外国投资权力的放弃,而只是要求东道国政府调整规制领域、程序或手段。事实上,在投资自由化进程中,"去规制化"(de-regulate)现象与"重新规制化"(re-regulate)现象是同时存在、并行不悖的。相较而言,以往,投资自由化受到大力推崇因而各国基本上只关注"去规制化"问题。晚近,随着投资自由化风险的显现,越来越多的国家更多地关注"重新规制化"问题。

"重新规制化"不仅在国内法层面进行;或许更重要的,它在国际法层面也日益得到确认。20世纪90年代中后期以来的投资条约实践表明,与以往投资条约实践普遍致力于推动投资自由化不同,晚近缔结的投资条约实践日益关注维护东道国的规制权,其重要做法之一是纳入各种各样的例外安排。比如,一些投资条约明确规定,除非严重不成比例,基于公共健康、环境保护等原因采取并且以非歧视方式实施的措施不能被认定构成间接征收。[②] 又如,借鉴 WTO《服务贸易总协定》(GATS)的做法,美国 2004 年 BIT 范本和加拿大 2004 年 BIT 范本都规定了金融审慎例外安排,以避免东道国由于采取金融审慎措施而被外国投资者提出索赔,20 世纪 90 年代以来多次金融危机的爆发一再表明了东道国采取此类措施的重要性。[③]这些新的实践主要就是着眼于维护东道国在社会公共利益方面的政策空间。

然而,正是在这一具有正当性的"重新规制化"过程中可能滋生新的投资壁垒。一方面,随着社会关系的日益复杂,东道国在准确理解、判断与识别规制措施与投资壁垒,尤其非正式壁垒客观上面临着困难,因而东道国善意采取的旨在实现特定正当规制目标的措施可能客观上成为了投资壁垒。另一方面,东道国借规制之名行实施投资壁垒之实。在投资自由化观念已

---

① Industry Canada, Formal and Informal Investment Barriers in the G-7 Countries: Summary and Conclusions, Occasional Paper, Volume 2, No. 1, 1994, p.9.

② See, e.g., 2004 US Model BIT 1, Annex B(Expropriation); 2012 US Model BIT, Annex B(Expropriation); 2004 Canada Model BIT, Annex B(expropriation); 中国—印度 BIT(2006)附件.

③ See 2004 US Model BIT, article 20; 2004 US Model BIT, article 10.

第五章　我国海外投资壁垒问题及对策

经"深入人心"的背景下,虽然东道国仍然有可能采取那些容易被识别的正式投资壁垒,比如外国投资者股权限制,但为了避免其投资环境被认为趋于恶化,更可能的做法是,在"重新规制化"的过程中以规制的名义实施那些不易被识别的非正式壁垒,比如本身虽然具有正当性却被异化的行政管理措施。经合组织(OECD)的一份政策文件提醒人们特别要注意环境措施、与环境有关的国家援助措施等可能被异化为"绿色投资保护主义"措施,对外国投资构成歧视。①在某种程度上,可以认为非正式投资壁垒的出现是对正式投资壁垒被消除的一种"弥补"。

在投资自由化进程呈现加速推进的20世纪90年代初,这一似乎自相矛盾的趋势已经被注意到了。比如,在注意到各国针对外国投资的政策总体趋于自由化的同时,1992年《世界投资报告》专门提及美国于1988年制定的《埃克森—佛罗里奥修正案》,认为强化对外国投资进行国家安全审查的该法可能被用于削弱外国投资者的竞争力。②前述加拿大工业部研究报告的结论是,与国际贸易领域中的非关税壁垒一样,非正式的投资壁垒已经成为国际投资流动的重要障碍。③

此外,从投资壁垒的产生与实施机制方面看,以往,投资壁垒在绝大多数情况下纯粹是国家机构判断与决策的产物,因而不妨称之为投资壁垒的"国家化"产生与实施机制;晚近,投资壁垒问题在不少情况下受到非国家行为体的影响,从而出现了不妨称之为投资壁垒的"社会化"产生与实施机制。其原因是,随着外国投资规模的扩大、领域的增加,东道国的非国家行为体,比如特定的社群、非政府组织越来越关注外国投资的影响,尤其在环境等方面的负面影响,从而要求政府加强对外国投资的规制。在一些情形下,即便特定投资就整体以及长远而言对于东道国的发展是有利的,但东道国中的特定群体可能认为该投资损害了它们的利益或者它们未能公平地从中受益,从而表达与东道国政府不同的诉求。其结果是,政府与这些非国家行为体在规制外国投资的问题上存在着共识时,政府可能利用这些非国家行为

---

① Investment Division, Directorate for Financial and Enterprise Affairs of OECD, Harnessing Freedom of Investment for Green Growth, Freedom of Investment Roundtable, April 14, 2011, p. 2; Green-Investment Protectionism: What Is It and How Prevalent Is It, Background Paper for Harnessing Freedom of Investment for Green Growth, pp. 7—12.

② World Investment Report, 1992, p. 85.

③ Industry Canada, Formal and Informal Investment Barriers in the G-7 Countries: Summary and Conclusions, Occasional Paper, Volume 2, No. 1, 1994, p. 1.

体的态度或行为设置或实施投资壁垒。政府与这些非国家行为体在规制外国投资的问题上存在着分歧时,政府的决策可能屈从于非国家行为体的意见。不仅如此,这些非国家行为体可能会单独发挥产生与实施投资壁垒的作用。投资壁垒产生与实施机制的"社会化"趋势使得应对投资壁垒问题变得更为复杂。

3. 投资自由化产生重大风险

20世纪90年代发生在墨西哥和亚洲爆发的金融危机、21世纪初在阿根廷发生的经济危机使人们深切地认识到,投资自由化蕴含着重大的政策风险。尤其是,较之贸易条约普遍没有直接向私人赋予权利因而主权国家更有可能通过相互妥协以应对风险,投资条约、尤其是20世纪90年代以来缔结的投资条约往往不仅赋予外国投资者相当优惠的实体待遇,而且规定外国投资者有权就其与东道国政府之间发生的投资争端诉诸国际仲裁,从而对于主权国家应对投资自由化风险构成强有力的制约。在这方面,阿根廷的惨痛遭遇是一个重要的例子。20世纪90年代,阿根廷在投资自由化方面扮演"急先锋"的角色。2001—2002年间,阿根廷爆发了经济危机。为应对经济危机,阿根廷采取了一些措施。由于一些措施损害了外国投资者的权益,外国投资者频频把阿根廷诉诸国际仲裁,创设了国际投资仲裁史上的"神话"。[1]

诸如阿根廷频频被诉之类的经历使一些国家对于投资自由化的风险心生戒惧,由此可能恢复以往的投资壁垒,甚至引进新的投资壁垒。事实上,阿根廷的惨痛经历已经促使一些国家,尤其拉丁美洲地区的发展中国家收紧了投资自由化的步伐,甚至采取某些激烈的做法。针对2004年间102个经济体的投资政策变化的调查,UNCTAD发现,在全部271项新的投资措施中,虽然绝大多数仍然是有利于外国投资者的准入与经营,但不利于外国投资者的投资措施的比例创下了1991年UNCTAD开展此项工作以来的新高,其中尤以拉丁美洲与加勒比地区的国家为甚,不利于外国投资的措施比例高达24%;其次是非洲国家,这一比例也达到19%。[2]

---

[1] 参见单文华:《卡尔沃主义的"死亡"与"再生"——晚近拉美国家对国际投资立法的态度转变及其对我国的启示》,载《国际经济法学刊》第13卷第1期,北京大学出版社2006年版;Mary H. Mourra ed., *Latin American Investment Treaty Arbitration*, Wolters Kluwer, 2008.

[2] World Investment Report, 2005, p. 22.

第五章　我国海外投资壁垒问题及对策

4. 发展中国家(包括转型经济国家)在国际资本流动中的地位发生重要变化

20世纪90年代以前,资本输出国实际上是发达国家的代名词,发展中国家的对外投资微不足道。根据UNCTAD的统计,1978—1980年间,发达国家对外投资在国际投资总额中的比例平均为97%,1988—1990年这一比例仍然高达93.1%。[①] 20世纪90年代以来,发展中国家对外投资能力逐步增强,国际投资结构逐步发生变化。1990—2005年间,发展中国家对外投资总额从150亿增至1300多亿美元。2005年,发展中国家对外投资在国际投资总额中的比例已经达到约17%。[②] 从增长幅度看,这一期间发展中国家对外投资增加了约十倍,超过发达国家对外投资的增幅。[③] 1995年来自发展中国家的跨国公司首次被UNCTAD纳入统计范围以及2006年《世界投资报告》把发展中国家的对外投资作为报告主题,都是对发展中国家资本输出能力不断增强的确认。2010年,发展中国家对外投资达到3880亿美元,占当年全球对外资本流动的比例已经达到29%,中国、印度以及俄罗斯已经名列全球最大的20个资本输出国。[④]

国际投资结构的这一重要变迁对于投资壁垒具有重要的影响。首先,那些具有较强对外投资能力的发展中国家,其中包括中国开始关注其海外投资者面临的投资壁垒问题,从而成为消除投资壁垒的新的支持者。其次,随着发展中国家的投资的不断涌入,那些以往对发展中国家鼓吹投资自由化、要求消除投资壁垒的发达国家在一定程度上"自食其言",设置或者实施投资壁垒。如下文所述,我国投资者在美国遇到的国家安全审查至少一部分可以认为属于投资壁垒。

此外,2008年美国金融危机诱发的全球经济萧条也对投资壁垒产生了影响。2007年,美国爆发了由于"次贷"危机诱发的金融危机,这一危机随后蔓延到众多国家并且发展为延续至今的全球性经济萧条。为了克服经济危机,许多国家采取了应对措施。国际经济萧条催生了针对外国投资的壁垒。这是因为,为了使本国经济尽快摆脱危机,一些国家制定或者实际实施的应对措施可能会优先考虑或者只考虑本国企业的利益,从而对外国投资

---

① World Investment Report,2006,p.7.
② Ibid.,p.105.
③ UNCTAD,World Investment Report,2004,p.19.
④ World Investment Report,2011,pp.6,7.

构成歧视。①

（二）我国海外投资壁垒问题的特殊背景

1. 政治背景

我国海外投资壁垒问题的政治背景主要是指中国与世界就中国的"和平崛起"之间发生的互动。2003年12月,时任国家总理温家宝在哈佛大学演讲时首次以我国政府名义宣布我国将走"和平崛起"道路。②虽然我国政府反复声明一个崛起的中国对世界不是威胁,而是机遇,中国不会遵循传统大国普遍采取对外扩张实现崛起的旧模式,而是采取和谐共赢的新模式③,但由于中国崛起不可避免地会对现行国际秩序产生重大影响,现有国际秩序的主要受益者会心怀戒心。一些国家的政府或专业人士认为中国能否和平崛起是一个未知数,甚至有人认为中国崛起不可能是和平的。④

海外投资不纯粹是我国企业的经济行为,它还构成了中国"和平崛起"的重要组成部分,因而我国海外投资既可能产生重要的政治影响,也会承受诸多的政治反应。⑤

2. 经济背景

我国海外投资壁垒问题的经济背景主要是指我国海外投资在发展速度、投资领域、投资区域以及投资主体等方面都具有特殊性,由此容易诱发投资壁垒。

首先,从投资规模看,我国海外投资增速迅猛。2002—2010年间,我国海外直接投资年均增速为49.9%。⑥ 2010年,我国海外投资达到688亿美元,年度流量首次超过日本、英国等传统海外投资大国。2012年1—11月,我国投资者在全球130个国家和地区累计实现非金融类直接投资625.3亿美元,同比增长25%。⑦如此迅猛的增长速度引发一些国家的担忧,进而诱发投资壁垒。

---

① Kathryn Gordon and Joachim Pohl, The Response to the Global Crisis and Investment Protection: Evidence, Columbia FDI Perspectives, No. 25, June 17, 2010.

② 温家宝:《把目光投向中国》,at http://www.people.com.cn/GB/shehui/1061/2241298.htm,2005年9月10日。

③ 参见国务院新闻办公室:《中国的和平发展道路》(2005年12月);《中国的和平发展》(2011年9月)。

④ 参见《外刊论中国的崛起》,载《国际展望》2004年第11期。

⑤ See, e.g., H. Res. 344, House of Representatives, U.S., June 30, 2005.

⑥ 《2010年度中国对外直接投资统计公报》,第5页。

⑦ 商务部:《2012年1—11月我国非金融类对外直接投资简明统计》(2012年12月17日),at http://www.fdi.gov.cn/pub/FDI/wztj/jwtztj/t20121217_148085.htm,2013年1月13日。

第五章 我国海外投资壁垒问题及对策

其次,从投资领域看,我国海外投资的某些重点领域本身就容易诱发投资壁垒。这些投资领域首先是指自然资源投资。为确保我国经济长期平稳发展的需要,通过对外投资获取稳定的自然资源是我国的基本战略。①不过,自从 20 世纪 60 年代国际经济新秩序运动以来,自然资源领域始终是最容易诱发政治风险的领域。尤其是,随着东道国对自然资源战略性认识的提高,以及国际资源价格的变动,近年来东道国要求与外国投资者重新谈判生效合同的情形屡见不鲜。根据多边投资担保机构(MIGA)的调查,自然资源领域是当前以及未来最容易诱发政治风险的领域。②

再次,从投资区域看,发展中国家是我国海外投资的主要地区。由于推动发展与发展中国家友好关系③、我国企业整体上还不具备在发达国家从事投资的竞争力等原因④,发展中国家成为我国海外投资的主要区域。根据 2010 年的统计,我国在发达国家的投资存量仅占全部存量的不足 10%。⑤总体而言,发展中国家与发达国家在投资环境,比如市场开放度、政策稳定性与透明度、法治化程度,还存在不小的差距,因而外国投资者在这些国家容易面临投资壁垒问题。

最后,从投资主体看,国有企业在我国海外投资中仍然发挥相当大的作用。根据 2010 年的统计,虽然从事海外投资的国有企业在全部海外投资企业数量中的比例仅占 10% 左右⑥,但仅中央企业和单位的海外投资就占全部海外投资流量的 70%。⑦ 虽然我国国有企业是按照现代企业制度开展经营活动,但它们的投资活动有时被认为是在贯彻我国政府的意志,或者接受了我国政府的补贴⑧,从而可能促使东道国设置投资壁垒。

3. 法律背景

与其他广大发展中国家相类似,目前我国仍然处于逐步减少投资壁垒

---

① 参见《2010 年度对外直接投资统计公报》,第 12 页。
② MIGA, World Investment and Political Risks 2009, p. 31.
③ 参见《中国对非洲政策文件》(2006 年 1 月)第四部分。
④ 有人认为,中国企业"到政治风险比较大的国家和地区去投资,很多时候是不得已之举"。参见李长久等:《中国企业走出去风险在哪》,载《环球时报》2006 年 6 月 21 日第 11 版。
⑤ 《2010 年中国对外直接投资统计公报》,第 16 页。
⑥ 《2010 年中国对外直接投资统计公报》,第 29 页。
⑦ 《2010 年中国对外直接投资统计公报》,第 12 页。
⑧ 目前,一些西方国家的政府机构和学者开始讨论中国政府赋予对外投资企业财政补贴或金融支持措施的性质,以及在投资争端中是否区别对待国有企业的问题。See, e. g., Gary Hufbauer, Thomas Moll and Luca Rubini, Investment Subsidies for Cross-Border M&A: Trends and Policy Implications, United States Council Foundation Occasional Paper No. 2, April 2008.

以吸引外国投资的过程当中,换言之,我国本身对于外国投资者仍然保持着投资壁垒,这在客观上不利于我国要求相关国家消除针对我国投资者的投资壁垒。另一方面,由于我国企业尚不具有大规模对外投资的能力,长期以来我国的法律实践不太关注对外投资壁垒问题。对此,不妨以中外双边投资条约对于国民待遇的规定为例予以说明。

国民待遇的基本含义是缔约一方有义务把给予本国投资者的待遇同样给予在同等情况下的来自缔约另一方的投资者。20 世纪 90 年代以前,我国缔结的双边投资条约只有少数针对国民待遇作出了规定。①这表明,如果那些没有规定国民待遇的中外双边投资条约仍然在生效,那么我国投资者就无法根据投资条约的规定主张国民待遇,从而要求特定东道国消除投资壁垒。不仅如此,那些规定国民待遇的中外投资条约可能也未能有效地应对投资壁垒问题。这是因为:(1) 迄今为止我国所缔结投资条约中的国民待遇条款都只适用于经营阶段或者说准入后阶段,而不适用于准入阶段。据此,我国没有义务在市场准入阶段为外国投资者提供国民待遇,但我国海外投资者也因此无法利用投资条约应对在市场准入阶段面临的投资壁垒。(2) 传统中外投资条约中国民待遇条款采取的普遍表述方式是,"根据其法律和法规"或者"尽可能"根据东道国法律赋予外国投资者以国民待遇。诚然,这使得我国仍然拥有是否以及如何赋予国民待遇的自由裁量权②,但这也使得我国海外投资者往往难以根据投资条约应对经营阶段面临的投资壁垒。

进入 21 世纪以来,我国缔结的一些投资条约在规定国民待遇时改变了传统的表述方式,即直接规定东道国有义务向外国投资者提供国民待遇。比如,2003 年中国—德国 BIT 第 2 条第 2 款规定:"缔约一方应给予缔约另一方投资者在其境内的投资及与投资有关活动不低于其给予本国投资者的投资及与投资有关活动的待遇。"值得注意的是,虽然这些 BIT 往往针对中国规定了"冻结条款",即允许中国保留现行与国民待遇不符的措施并对其进行修改③,但这一规定并不适用于缔约另一方。这意味着,我国海外投资者可以利用这些投资条约应对经营过程中面临的投资壁垒。尽管如此,既有的投资条约实践仍然不能充分地帮助我国海外投资者应对投资壁垒。其

---

① 参见曾华群主编:《国际投资法学》,北京大学出版社 1999 年版,第 432 页。
② 同上书,第 432—433 页。
③ 例见中国—德国 BIT 议定书第 3 条。

原因是:(1)从性质上说,国民待遇属于所谓的"相对待遇标准",即外国投资者在特定东道国有权主张获得的待遇取决于该国赋予其本国投资者的待遇。据此,我国所缔结投资条约规定的国民待遇不可能解决我国海外投资者与该国国内投资者可能共同面临的问题。(2)近年来我国缔结的某些投资条约在规定国民待遇时仍然维持传统的表述方式。比如,2007年中国—哥斯达黎加BIT第3条第2款规定:"在不损害其法律法规的前提下,缔约一方应给予缔约另一方投资者的投资及与投资有关活动不低于其给予本国投资者的投资及与投资有关活动的待遇。"2006年中国与俄罗斯缔结的双边投资条约也保持了同样的规定。① (3)近年来我国缔结的投资条约仍然未在准入阶段给予国民待遇,据此我国海外投资者仍然无法利用投资条约应对在市场准入阶段面临的投资壁垒。

二、我国海外投资壁垒的识别

2002年9月由原外经贸部(现商务部)颁布的《对外贸易壁垒调查暂行规则》(以下简称《调查暂行规则》)是第一个规定我国海外投资壁垒问题的法律文件。不过,该文件的主题是贸易壁垒问题,而非投资壁垒问题。《调查暂行规则》只是附带提及投资壁垒问题,即"对相关外国(地区)政府实施的投资壁垒的调查,参照本规则进行"②。2005年3月经商务部修改后发布的《对外贸易壁垒调查规则》(以下简称《调查规则》)延续了这种做法。③

《调查暂行规则》第3条规定:"外国(地区)政府实施或支持实施的措施,具有贸易扭曲效果,符合下列情形之一的,视为贸易壁垒:(一)该措施违反该国(地区)与我国共同参加的多边贸易条约或与我国签订的双边贸易协定;(二)该措施对我国产品或服务进入该国(地区)市场或第三国(地区)市场造成或可能造成不合理的阻碍或限制;(三)该措施对我国产品或服务在该国(地区)市场或第三国(地区)市场的竞争力造成或可能造成不合理的损害。外国(地区)政府未能履行与我国共同参加的多边贸易条约或与我国签订的双边贸易协定规定的义务的,该做法亦视为贸易壁垒。"④

借鉴《调查暂行规则》的规定,2003年商务部发布的第一份《国别贸易

---

① 中国—俄罗斯BIT第3条第2款。
② 《调查暂行规则》第31条。
③ 参见《调查规则》第35条。
④ 参见《调查规则》第3条。

投资环境报告》首次对投资壁垒作出了明确界定。该《报告》认为,投资壁垒是指"外国(地区)政府实施或维持"的措施,这些措施"违反该国(地区)与我国共同参加的与投资有关的多边条约或与我国签订的双边投资保护协定";"对来自我国的投资进入或退出该国(或地区)造成或可能造成不合理的阻碍或限制";"对我国在该国投资所设经营实体的经营活动造成或可能造成不合理的损害"。此外,"外国(地区)政府未履行与我国共同参加的多边投资条约或与我国签订的双边投资协定规定义务的,也视为投资壁垒"。[①]商务部于 2004 年发布实施的《国别投资经营障碍报告制度》是我国第一个对投资壁垒作出界定的法律文件。该文件第 7 条规定,东道国政府实施或支持实施的违反多、双边协定,对我国企业开展投资经营和服务贸易造成或可能造成不合理的阻碍、限制或损害的措施,视为投资壁垒或服务贸易壁垒。不难看出,这一界定也借鉴了贸易壁垒调查制度的做法。

  根据我国现行法律的规定,投资壁垒具两个特点。首先,投资壁垒的实施或支持主体是特定国家或地区的政府。从我国投资者请求商务部启动投资壁垒调查程序的角度看,对投资壁垒的实施或支持主体作这样的界定是合理的。这是因为,根据现行国际法,一国的行政部门原则上不能调查另一国家内非国家行为体的行为。不过,从海外投资的角度看,诚如前文指出的,投资壁垒未必就是政府行为导致的,也可能是特定的市场结构或社会力量的产物。因而,从应对海外投资壁垒的角度看,把投资壁垒的实施或支持主体局限于东道国政府是不够的。其次,判断特定措施或情势是否构成投资壁垒不仅可以基于法律——特别是国际法——依据,也可以基于事实依据。根据前者,东道国实施或支持的违反该国与中国缔结或共同参加的国际协定的措施或者未履行此类国际协定,可以被认定构成投资壁垒。根据后者,即便东道国实施或支持的措施没有违反该国与中国缔结或共同参加的国际协定,但只要对于我国投资者的准入、经营与退出造成不合理的阻碍或损害,也可以被认定构成投资壁垒。如前所述,由于迄今为止的我国投资条约实践总体看还是比较谨慎的,也由于多边投资法制建设还是初步的(比如只有 GATS 部分地规定了市场准入义务),我国政府据以援引从而主张某一外国消除投资壁垒的国际法依据是颇为有限的,而往往可能只能基于事实依据认定并应对投资壁垒问题。

  关于投资壁垒的类型,我国《国别贸易投资环境报告》(2003 年)把投资

---

① 商务部:《国别贸易投资环境报告》(2003 年),第 5 页。

壁垒分为三类,即(1)投资准入壁垒。比如,WTO成员方没有按照其承诺向外国投资开放特定领域,或者不合理地限制外国投资的进入。(2)投资经营壁垒。比如,东道国从产、供、销、人、财、物等方面,对外资企业的经营活动设置不合理限制。(3)投资退出壁垒。比如,东道国限制外国投资退出或外资企业经营利润离境。① 这一类型化划分为《国别投资经营障碍报告制度》所接受。②

第二节 我国海外投资壁垒的生成与实施机理

在近年来我国企业面临的投资壁垒中,国家安全审查虽然并不是最常见的,但无疑是最为引人关注的。更重要的是,国家安全审查典型地体现了在投资自由化时代投资壁垒的生成与实施机制,因而对国家安全审查机制的考察不仅可以表明国家安全审查制度本身的复杂性,也可以揭示作为整体的投资壁垒,尤其非正式投资壁垒的复杂性。

一、国家安全审查与我国海外投资壁垒问题

近年来,我国投资者的海外投资由于国家安全审查受阻成为我国公众关注的一个重要问题。不过,早在二十年前,我国投资者至少在美国已经遭遇过这方面的经历。1989年,中国航空技术进出口总公司("中航技公司")拟购买美国曼可(Mamco)公司。美国负责对外国投资进行国家安全审查的外国投资委员会(CFIUS)建议总统不批准此项收购行为。在给国会的通报中,当时的美国总统指出,鉴于中航技公司以往的商业活动,有理由怀疑中航技公司的收购动机。最终,美国总统禁止中航技公司收购。③中航技公司案是美国经由1988年《埃克森—佛罗里奥修正案》(The Exon-Florio Amendment)针对外国投资建立正式的国家安全审查制度以来,美国总统首次援引该法否决外国投资者对美国企业的并购行为。不仅如此,中航技公司案还直接促成了《埃克森—佛罗里奥修正案》的修改,即1993年《伯德修

---

① 商务部:《国别贸易投资环境报告》(2003年),第5页。
② 商务部:《国别投资经营障碍报告制度》第7条。
③ 参见何易:《美国境内外资并购中的国家安全审查制度——以中海油并购尤尼科为例的分析》,载《国际经济法学刊》第14卷第1期,北京大学出版社2007年版,第54页。

正案》(The Byrd Amendment)的制定。① 近年来,多家我国企业在美国的并购计划由于国家安全审查原因遭到否决或者被迫放弃,比如中海油收购尤尼科(2005)②、华为贝恩资本收购 3com(2009)③、唐山曹妃甸投资公司收购 Emcore(2010)④以及华为公司收购三叶公司(2011)⑤等均因国家安全审查原因而失败。

我国投资者在美并购案件频频由于国家安全审查受阻引起我国政府的高度重视。我国政府对于特定案件表达了关切。比如,针对华为公司被迫放弃收购三叶公司,商务部相关人士表示:购买三叶公司的技术资产是华为公司依据市场经济规则、根据自身发展需要进行的正常商业活动,该案结果令人感到遗憾。该人士认为近年来美国方面多次以保护国家安全等理由阻挠和干扰我国企业在美投资活动,希望美国相关部门摒弃成见,避免采取保护主义措施,以公平、公正、开放的态度正确对待来自中国的投资。⑥不仅如此,国家安全审查已经成为中美两国间的一个具有战略重要性的问题。在 2008 年举行的第四次"中美战略经济对话"和 2012 年举行的第四次"中美战略与经济对话"期间,中方都提出了这一问题。⑦事实上,国家安全审查是我国同意与美国谈判缔结双边投资条约的一个重要因素。⑧

值得注意的是,美国认为其无意并且不会把国家安全审查制度作为一

---

① 《伯德修正案》的主要修改内容包括:(1) 如果并购方为外国政府所控制或代表外国政府行事,并且并购导致在美国境内从事可能影响国家安全的州际商业的美国公司为外国人所控制,则 CFIUS 必须展开调查。(2) 强化了总统的报告义务。总统或其授权的代表应当定期向国会提交报告。参见胡盛涛《寻求投资开放与国家安全的新平衡——美国境内外资并购中的国家安全审查制度及其对中国立法的借鉴》,载《国际经济法学刊》第 14 卷第 1 期,北京大学出版社 2007 年版,第 19—20 页。

② 详细参见本节第二目。

③ 《华为收购 3com 失败内幕:触动美国家安全神经》,at http://tech.ifeng.com/special/huaweiyindushouzu/detail_2010_07/10/1750000_0.shtml。

④ 《美国政府阻止 Emcore 与中国投资公司的交易》,at http://money.163.com/10/0701/10/6AGG8LUT00253CVK.html。

⑤ 详见本节第二目。

⑥ 《商务部对华为被迫撤回对美三叶公司技术资产收购交易表示遗憾》,at http://news.xinhuanet.com/2011-02/21/c_121106513.htm。

⑦ 参见《第四次中美战略经济对话成果说明》,at http://news.xinhuanet.com/newscenter/2008-06/27/content_8450010.htm;《中美战略与经济对话成果清单发布》,at http://finance.people.com.cn/GB/17817534.html。

⑧ See Cai Congyan, China-US BIT Negotiations and the Future of Investment Treaty Regime—A Grand Bilateral Bargain with Multilateral Implications, *Journal of International Economic Law*, Vol.12, No.3, 2009.

种投资壁垒。对于中方表达的关切,美方还给予了积极回应。比如,在第四次"中美战略经济对话"中,美方表示将充分考虑中方提供的对《外国人兼并、收购和接管有关条例》的书面评论意见,并确认CFIUS的审查程序会确保所有外国投资,不论其来源地,得到一致的、公平的待遇。在第四次"中美战略与经济对话"期间,美方承诺CFIUS以同等规则和标准对待其审查的所有交易——不论投资者来源国,并且CFIUS的审查仅仅限于国家安全审查,无论交易是否涉及政府控制的或私人的外国投资者。然而,不可否认的是,前文所述的多起我国投资者在美并购案受阻恰恰就是发生在中方表达关切并且获得美方积极回应的期间。

我国海外投资由于东道国的国家安全审查而受阻并非只是发生在美国,我国投资者在印度、澳大利亚等国也面临类似的问题。近年来,印度政府多次以国家安全为由对中国公司在基础建设项目,如电力、电信、港口等项目上的投资设置障碍。① 根据印度《金融时报》2010年7月的报道,25家中国电信设备供应商被印度情报部门列入黑名单。②在澳大利亚,多起我国企业拟实施的重大投资计划至少部分由于国家安全因素而搁浅。③

如下文所述,对外国投资进行国家安全审查不仅是越来越多的国家的实践,并且为国际法所承认。然而,由于国家安全审查制度的生成有其特殊性,其实施更存在着极大的不确定性,因而国家安全审查制度很早以前就被认为可能沦为投资保护主义措施。④

二、作为投资壁垒的国家安全审查制度:实证考察

(一)中海油收购尤尼科案和华为公司收购三叶公司案中的国家安全审查

1. 中海油收购尤尼科案中的国家安全审查

中国海洋石油总公司("中海油")是我国第三大国家石油公司,是我国

---

① 《中国企业在印度受阻,300名中国员工被强令离厂》(2008年4月28日),at http://news.ifeng.com/world/2/200804/0428_2591_511660.shtml,2011年2月6日。

② 《论中国对外投资受限》,at http://www.sinosure.com.cn/sinosure/xwzx/rdzt/tzyhz/dwtzxs/140020.html。

③ 《澳大利亚议员称中国投资澳农场会"伤主权"》,at http://world.huanqiu.com/roll/2012-06/2778097.html。

④ See, e.g., W. Robert Shearer, The Exon-Florio Amendment: Protectionist Legislation Susceptible to Abuse, *Houston Law Review*, Vol. 30, 1993; Alan F. Holmer, Judith H. Bello, and Jeremy O. Preiss, The Final Exon-Florio Regulations on Foreign Direct Investment: The Final Word or Prelude to Tighter Controls? *Law and Policy in International Business*, Vol. 23, 1992.

海上石油和天然气的最大生产商。尤尼科(Unocal)是一家排名全美第九的石油公司。由于经营不善,该公司连续多年亏损,已经向美国政府申请破产,并且成为国际买家的收购目标。比如,2005年4月,美国雪佛龙公司(Chevron)以165亿美元的价格向尤尼科公司发出收购要约。2005年6月,中海油以超出雪佛龙公司近20亿美元的185亿美元报价发出竞购要约。不仅如此,在雪佛龙公司的报价中,以现金方式支付的只占25%,其余则通过增发新股支付,而中海油的报价为全现金收购,因而条件明显优于雪佛龙公司。

2005年6月28日,时任美国财政部长斯诺表示,美国将对该交易进行国家安全审查。7月1日,中海油主动提议CFIUS对该交易进行提前审查,并重申该收购对美国国家安全不构成任何威胁。7月7日,时任美国总统布什对中海油收购案正式表态:"外国投资审查委员会的审查是美国政府用来分析交易的一个过程。我最好不发表任何评论,让这个过程继续下去。"① 同日,尤尼科告知中海油将支持其收购要约,但中海油要承诺满足包括资产剥离和美国监管机构可能提出的其他要求在内的条件。随后,双方围绕这些条件展开谈判。7月19日,雪佛龙公司将收购价格提高至171亿美元,但仍然低于中海油的报价。然而,7月20日,形势发生逆转,尤尼科董事会决定接受雪佛龙公司加价后的报价,并推荐给股东大会。此外,除了面对《埃克森—佛罗里奥修正案》规定的审查,中海油还要面对7月30日刚刚通过的《能源政策法案》专门针中国企业规定的审查。② 在此情形下,中海油于8月2日宣布退出竞购。

值得注意的是,2005年6月30日,美国国会众议院在通过批准2006年拨款法案的第3058号决议中,明确指出,财政部根据该拨款法案获得的任何资金不得被用于建议批准向中海油出售尤尼科。③ 同一天,众议院以398票对15票通过不具有拘束力的第344号决议④,认为:(1)作为国有企业的中海油收购尤尼科会可能损害美国的国家安全;(2)如果尤尼科与中海油签订并购协议,则总统应该对该交易进行审查。支持众议院以压倒性多数通过该决议的因素包括诸如中国的政治体制、石油开采和生产等环节中运

---

① 《中海油收购尤尼科面临的双重任务》,at http://news.beelink.com.cn/20050710/1882835.shtml,2006年6月10日。
② 参见《能源政策法案》第1837节。
③ Section 951, H. R. 3058, 109th Congress 1st Session, June 30, 2005.
④ H. Res. 344, in the House of Representative, U.S., June 30, 2005.

第五章 我国海外投资壁垒问题及对策

用的敏感技术、收购尤尼科会使中海油获取美国限制向中国出售的军民两用技术、中国石油企业在被美国列为制裁对象的一些国家中开展经营活动等与严格意义上的国家安全丝毫没有关系的因素。

2. 华为公司收购三叶公司(3Leaf)案中的国家安全审查问题

根据华为公司 2011 年 2 月 25 日发布的公开信披露①，三叶公司是一家美国已经破产的新兴技术公司。2010 年 5 月和 7 月，在没有其他买主收购其知识产权的情况下，华为美国子公司 Futurewei 收购了三叶公司的特定资产。在 5 月交易完成前，华为公司向美国商务部递交了申请，并获得了美国商务部批示：出口三叶公司的相关技术无需许可。不过，在了解到 CFIUS 对该交易感兴趣后，2010 年 11 月，华为公司自愿提请 CFIUS 对此交易进行审查。2011 年 2 月 11 日，CFIUS 通知华为公司，建议其撤回审查申请。最初，华为公司拒绝接受 CFIUS 这一建议，希望完成全部审查流程，"以有机会还原华为的真相"。但是，鉴于"引起如此巨大的反响不是我们所希望的"，华为公司于随后接受 CFIUS 的建议，撤回审查申请。

在该公开信中，华为公司对其认为在美投资过程中遭到的误解作了全面澄清。这些误解明显影响了"华为公司在美投资威胁美国国家安全"的判断，主要包括与中国军方的关系、中国政府的财务支持、威胁美国国家安全等方面。

关于华为公司与中国军方的关系，相关质疑的主要根据是华为创始人兼首席执行官任正非曾在中国人民解放军服役。对此，公开信指出，有着在军队服役经历的首席执行官，无论在中国还是美国，都是很正常的。华为公司只向客户提供符合民用标准的通信设备。没有任何事实证明华为公司与军方技术有关。

关于中国政府给予财务支持。公开信认为，华为公司总部在中国深圳经济特区，是在市场经济的环境中发展成长的，公司发展的资金来源于股东和正常的商业贷款。和其他在中国的商业公司一样，华为公司享受中国政府对高科技企业的税收优惠，以及研发创新方面的支持，但从未享受超过正常商业公司之外的额外资金支持。包括中国的商业银行授予华为公司的高额的买方信贷，实际上其贷款额度是给华为公司的客户的，而非华为公司，通过华为公司向这些客户推荐，由客户承担贷款利息和还款。

---

① 《华为公开信》，at http://www.forbeschina.com/review/201102/0007754.shtml，2013 年 2 月 5 日。

关于对美国国家安全造成威胁，相关质疑主要集中于所谓的"窃取美国机密信息"和"特殊时期发动网络攻击"。公开信指出，在美国，华为公司通过独立的第三方安全认证公司进行安全测试，此外还通过建立"可信任的交付"模式，来保障网络交付安全。公开信指出："我们想知道，是不是已经掌握了华为有违反美国安全的事例，具体是什么能否告诉我们。美国政府是对华为的过去担忧？还是对华为未来的发展担忧？担忧在哪些方面？具体什么事情？"公开信还指出，华为公司"愿意遵照美国政府在安全方面的任何要求，开放给美国的权威机构进行调查"。

（二）评论

应该承认，较之数量庞大的跨国投资活动而言，由于国家安全审查原因而受阻的案例是很少的，但它产生的"涟漪效应"则大得多。诚如我国原商务部部长陈德铭在2011年举行的第三次"中美战略与经济对话"上指出的，"尽管被否决的是小部分，但我国一些对外投资正处于起步阶段的企业却因为担忧被美国否决而吓退。"[①]更重要的是，国家安全审查制度典型地体现了在投资自由化时代投资壁垒，尤其非正式投资壁垒的生成与实施机制，以下结合中海油收购尤尼科案和华为公司收购三叶公司案进行讨论。

1. 作为投资壁垒的国家安全审查制度的生成机理

根据习惯国际法，对于本国主权——部分地表现为国家安全——由于其他国家或私人等行为体的行为而受到威胁，该国有权采取行动。因此，一国基于国家安全原因拒绝特定的外国投资是国家主权的应有之义。不过，在国际投资尚未成为重要的国际经济交往方式并且在产生重要的经济、社会乃至政治影响以前，各国客观上没有必要针对外国投资制定专门的国家安全审查制度。

以被公认在国家安全审查方面居于"领先"地位的美国为例，即便早在第一次世界大战期间美国国会已经以国家安全可能受到损害为由通过立法禁止外资进入广播、民航和内海航运等领域，但直到1975年时美国才成立了CFIUS，职司监控外国投资对美国的影响、协调有关外国投资的政策。不过，根据成立CFIUS的美国总统第11858号行政令，该机构只是有权审议外国投资，并无权采取措施。进而，CFIUS据以评估外国投资影响主要根据的是1950年《国防生产法》《国际武器交易管理条例》《出口管理法》《国际

---

① 《陈德铭：美国应使国家安全审查更透明》，at http://finance.sina.com.cn/roll/20110510/08249816993.shtml，2013年2月20日。

第五章　我国海外投资壁垒问题及对策

紧急经济权力法》等,而并非专门的外资立法。从实践方面看,1975 年至 1980 年间,CFIUS 只召开了十次会议。①20 世纪 80 年代中期以后,随着涌入美国的外国投资,尤其来自日本的投资逐步增加,这种情况发生了变化。日本富士通公司收购美国仙童半导体公司(Fairchild Industries)成为美国制定专门适用于外资并购的法律,即 1988 年《埃克森—佛罗里奥修正案》的直接诱因。②尽管如此,直至 1991 年,作为 CFIUS 牵头部门的财政部才发布了执行该《修正案》的实施条例。③

进入 21 世纪以来,越来越多的国家制定或强化了针对外国投资实施的国家安全审查制度,比如美国制定了《外国投资与国家安全法》(2007 年)及作为其实施细则的《关于外国人合并、收购和接管的规定》(2008 年),澳大利亚制定了《关于外国政府在澳大利亚投资的指导原则》(2008 年)、《外资并购条例》(2010 年)和《外国投资政策》(2011 年),俄罗斯制定了《战略外资法》(2008 年),以及印度制定了《外资直接投资政策》(2011 年)等。随着我国海外投资的继续发展,这些法律对于我国企业的影响将逐步显现。

不仅根据国内法,根据国际法,包括投资条约,东道国也有权基于国家安全原因针对外国投资者采取行动。早期的实践主要局限于美国。比如,1991 年美国—阿根廷 BIT 第 11 条规定:"本条约不能禁止任何缔约一方为维护公共秩序,履行其在维护或恢复国际和平或安全方面承担的义务,或保护其本国的根本安全利益(essential security interest)而采取必要的措施"。晚近,这一实践被越来越多的国家所借鉴。④

越来越多的国家关注外国投资可能损害到本国的国家安全是可以理解的。传统上,国家安全风险通常是指一国的主权尤其领土完整由于另一国的军事或政治行动而受到威胁。在全球化背景下,一国面临的国家安全环

---

① 参见胡盛涛:《寻求投资开放与国家安全的新平衡——美国境内外资并购中的国家安全审查制度及其对中国立法的借鉴》,载《国际经济法学刊》第 14 卷第 1 期,北京大学出版社 2007 年版,第 16—17 页。

② 仙童半导体公司是美国首屈一指的电脑芯片制造商。美国国会强烈反对富士通公司收购该公司。主要原因有二:(1) 当时美日贸易关系正处于紧张阶段;(2) 美国担心其作为世界强国和国际技术强国的地位受损。此外,国防部也认为,富士通公司收购仙童公司将导致日本控制美国军用电脑芯片主供应商,从而使美国国防工业高科技产品依赖外国资本。迫于压力,富士通公司主动放弃了收购计划。

③ Regulations Pertaining to Mergers, Acquisitions, and Takeovers by Foreign Persons, 31 C. F. R. Part 800.

④ See UNCTAD, The Protection of National Security in IIAs, UNCTAD/DIAE/IA/2008/5, New York and Geneva, 2009.

境发生了很大变化,因而客观上有必要更新传统的国家安全观念。比如,对国家安全构成威胁的行为体不限于国家,也可能是诸如跨国公司之类的非国家行为体,因而在某些情形下有必要加强对这些非国家行为体的规制。又如,影响国家安全的因素增加了,一些传统上不会被认为影响国家安全或者与国家安全联系不大的事物(比如某些自然资源)逐步被认为会影响到国家安全。因而,针对外国投资的国家安全审查制度本质上是为了适应全球化而建立或强化的一种规制实践。

然而,正是在这一过程中,国家安全审查制度可能被异化成一种投资壁垒。主要原因是,一方面,从性质上说,国家安全问题具有混合性,即它既具有法律的一面,也具有——或许更主要地——政治的一面,因而,一国在理解、认定以及应对国家安全威胁方面享有很大的自由裁量权,即便其采取的措施可能不会被认为是"完全自我判断的"[1]。由此,一国基于国家安全考虑采取的措施不太可能再被判定违法。另一方面,基于营造良好投资环境的考虑,或者受制于诸如双边投资条约施加的国际义务,一国通常不倾向于,或者难以合法地针对外国投资直接采取限制或歧视性措施,而是诉诸国家安全审查。这是因为,一国利用国家安全审查设置投资壁垒具有两大"优势":第一,它是在适应全球化背景下的新的规制需求的名义下进行的,因而不会明显地损害一国良好的外国投资环境;第二,由于一国在进行国家安全审查享有很大的自由裁量权,因而其遭受的法律风险相对来说比较低,从国家安全审查制度的实施角度看更是如此。

2. 作为投资壁垒的国家安全审查制度的实施机理

实践表明,利用国家安全审查制度阻止我国投资者的投资未必需要负责国家安全审查的主管机构作出正式的法律认定,甚至不需要启动国家安全审查程序就可以收到"不战而屈人之兵"的功效。中海油收购尤尼科案和华为公司收购三叶公司案表明,通过 CFIUS 某种非正式的行为或程序,或者 CFIUS 以外的其他行为体采取的法律或非法律的行动,往往就可以成功地迫使投资者自行终止并购活动。

由于 CFIUS 并未针对特定投资作出正式的法律认定,因此我国投资者难以从法律上指控 CFIUS 的行为构成投资壁垒。比如,在华为公司收购三叶公司案中,CFIUS 在国家安全审查程序进行的过程中"建议"华为公司撤

---

[1] UNCTAD, The Protection of National Security in IIAs, UNCTAD/DIAE/IA/2008/5, New York and Geneva, 2009, pp.54—55.

销其主动提出的审查申请,换言之,CFIUS 并未作出最终认定。在中海油收购尤尼科案中,CFIUS 甚至根本就没有启动国家安全审查程序。不过,如前所述,美国国会众议院在具有法律拘束力的第 3058 号决议中,禁止财务部把根据 2006 年度拨款法案获得的资金用于推荐通过中海油收购尤尼科案;在不具有法律拘束力的第 344 号决议中,针对中海油公司收购尤尼科公司对于美国国家安全的影响作了极为负面的评价并且明确建议美国总统采取相关行动。这些行动显然对尤尼科公司最终撤回对中海油公司并购要约的支持产生了重要影响。尽管如此,实施国家安全审查制度的法定机构并非众议院而是 CFIUS,并且众议院通过的第 344 号决议是一个没有法律拘束力的决议。在这种情况下,无论是华为公司还是中海油,显然都只能是"投诉无门"。

即使 CFIUS 作出正式的决定从而阻止特定的我国投资,我国企业要获得有效的国际救济也并非易事。重要原因之一是,在修改 1994 年 BIT 范本中的根本安全例外条款时①,美国增加"它认为"(it considers)这一表述②,从而强调了东道国的自由裁量权。

或许正是由于这些原因,美国政府在评论中美双边投资条约谈判时颇为"自信地"指出,与中国缔结双边投资条约不会妨碍美国为保护国家安全而采取任何必要措施的能力。③

第三节 我国应对海外投资壁垒问题的措施

前面的讨论表明,投资壁垒问题不仅是一个国内法问题,也是一个国际法问题;不仅涉及法律的制定,而且涉及法律的实施;不仅是一个法律问题,而且可能涉及政治、经济、社会或文化因素,因而有效应对投资壁垒应当采取法律方法与政治方法相结合、国际法与国内法相结合的综合策略。以下从我国的立场,讨论应对海外投资壁垒问题的措施。

---

① "1. This Treaty shall not preclude a Party from applying measures necessary for... or the protection of its own essential security interests". See 1994 US Model BIT, article 14.

② "Nothing in this Treaty shall be construed: 2. to preclude a Party from applying measures that it considers necessary..., or the protection of its own essential security interests." See 2005 US Model BIT, article 18.

③ US Department of State, Bureau of Economic, Energy and Business Affairs, Fact Sheet: United States Launches Negotiations of an Investment Treaty With China, at http://www.state.gov/e/eeb/rls/fs/2008/106132.htm, last visited July 2008.

一、法律方法

（一）国际法

根据习惯国际法，任何国家没有义务准许外国人进入本国领土，这其中显然包括没有义务接受外国投资，除非该国在其与相关国家缔结或共同参加的国际条约中作出同意的意思表示。因而，投资条约是应对我国海外投资壁垒的主要法律依据。当然，习惯国际法在应对海外投资壁垒方面也可以发挥一定的作用。这一作用体现在两个方面，首先，根据习惯国际法，任何国家有义务对于已经进入其领土的外国人提供相关的待遇。其次，根据作为一项习惯国际法规则的互惠原则，如果一国对我国投资者设置或实施投资壁垒，我国也可以对来自该国的投资者适用类似的措施。

前已指出，作为发展中国家，中国的传统投资条约实践是比较谨慎的，这固然有助于维护我国的经济主权，但却不利于保护和扩大我国海外投资权益。不过，随着我国改革开放事业的进一步推进、我国企业对外投资能力的不断增强以及我国接受投资逐步自由化原则①，我国政府已经逐步意识到国际法尤其投资条约在应对海外投资壁垒中的作用。近年来，我国缔结的一些投资条约增加了一些有利于应对海外投资壁垒的规则，从而为我国海外投资者维护合法权益提供了国际法依据。

从实体内容方面看，这些规则主要涉及"冻结"并逐步消除现有的投资壁垒，或者明确禁止采取特定的投资壁垒。比如，中国—新西兰FTA第141条（"不符措施"）规定，国民待遇义务不适用于"（一）任何在其境内现存不符措施；（二）任何第（一）项所指不符措施的延续；（三）任何第（一）项所指不符措施的修改，只要与修改前的义务相比，该修改未增加该措施的不符之处"。换言之，不符措施被"冻结"了，即不能采取新的不符措施。对于现存不符措施，"双方应当尽力逐步消除"②。《中国—日本—韩国投资协定》专门针对特定的投资壁垒作出了规定。根据该《协定》第7条第2款，任何缔约一方不得在其领土上针对来自缔约另一方的投资者在"出口实绩要求或技术转让要求方面采取不合理或歧视性的措施"。

---

① 值得注意的是，中国接受的是"逐步"而非一蹴而就的自由化。比如，《中国—东盟成员国政府全面经济合作框架协定投资协定》序言规定："本协议的目标是旨在通过下列途径，促进东盟与中国之间投资流动，建立自由、便利、透明和竞争的投资体制：（一）逐步实现东盟与中国的投资体制自由化；……"

② 参见《中国—东盟成员国政府全面经济合作框架协定投资协定》第6条第2款。

第五章 我国海外投资壁垒问题及对策

从程序方面看,这些规则主要是指透明度要求。由于投资壁垒,尤其非正式投资壁垒往往是以一种不透明的形式采取或实施的,因此规定透明度要求具有重要的意义。① 比如,《中国—东盟成员国政府全面经济合作框架协定投资协定》第 19 条("透明度")规定各方应该"(一)发布在其境内关于或影响投资的所有相关法律、法规、政策和普遍使用的行政指南;(二)及时并至少每年向其他方通报显著影响其境内投资或本协议下承诺的任何新的法律或现有法律、法规、政策或行政指南的任何变化;(三)建立或指定一个咨询点,其他方的任何自然人、法人或任何人可要求并及时获取第(一)项和第(二)项下要求公布的与措施相关的所有信息;(四)至少每年一次通过东盟秘书处向其他方通报该方作为缔约方的任何未来的给予任何优惠待遇的投资相关协议或安排"。

不过,我国近期的投资条约实践不尽一致,其中某些值得商榷,进而应该考虑改进。以不符措施为例,并非近年来我国缔结的投资条约都包含着针对不符措施的规定。不仅如此,某些关于不符措施的规定值得商榷。比如,中国—新西兰 FTA 第 141 条规定不适用国民待遇的不符措施仅指"现存"措施;与此不同,《中国—东盟成员国政府全面经济合作框架协定投资协定》第 6 条规定此类不符措施既包括"现存"措施,也包括"新增"措施。这实际上是授权东道国可以任意设置投资壁垒。其结果是,已经在东道国经营的我国企业可能面临不确定的投资环境。这一做法或许是考虑到东盟成员国发展水平相差悬殊的因素,但它确实是目前其他国家的投资条约实践鲜有采取的,在我国的投资条约实践中也是绝无仅有的。以透明度要求为例,近年来我国与一些国家,尤其发展中国家缔结的另一些投资条约,比如 2007 年与哥斯达黎加签订的双边投资条约,并没有规定透明度要求。

为了更有效地发挥投资条约在应对海外投资壁垒方面的作用,我国政府不妨考虑在两个方面继续作出努力:

第一,稳健地推动投资条约继续向自由化的方向发展。

近年来我国企业在从事海外投资时面临的投资壁垒表明,市场准入阶段的歧视性措施是最主要的投资壁垒之一。众所周知,迄今为止,我国在双边投资条约项下从未接受给予准入阶段的国民待遇义务。其结果是,我国

---

① 透明度对于应对贸易壁垒也是极为重要的。众所周知,透明度是 WTO 体现的一项基本原则,晚近缔结的许多自由贸易协定甚至都以专章的形式规定透明度问题。参见 GATS 第 3 条、中国—新西兰 FTA 第十三章。

投资者无法根据我国与特定国家缔结的投资条约寻求法律救济。事实上，我国并非完全没有接受给予准入阶段的国民待遇，我国在加入 WTO 时根据 GATS 第 16 条（"市场准入"）和第 17 条（"国民待遇"）作出的具体承诺就涉及此类义务。①

随着社会主义市场经济体系的逐步完善以及我国海外投资能力的不断增强，我国的投资条约有必要考虑适当调整在准入前国民待遇方面的原有立场。比如，可以考虑借鉴 GATS 采取的"正面清单"的承诺方式，在投资条约中承诺，针对特定行业给予外国外资者以市场准入国民待遇。

第二，建议遵循"宜细不宜粗"的缔约技术。

传统上，我国缔结的投资条约比较简约，这既表现在条约的条款数目比较少，而且对特定问题的规定比较笼统。这种做法不利于给东道国确立明确的行为规范，东道国可能会有意识地利用条约规则或术语的模糊性设置或实施投资壁垒；或者，由于在理解这些条约规则或术语方面存在偏差，从而无意地设置或实施投资壁垒。

近年来，我国缔结的一些投资条约已经颇为细致，这有利于减少东道国有意或无意地设置投资壁垒的空间。比如，与以往投资条约没有对间接征收进行界定不同，中国—印度 BIT 对于间接征收的认定标准作出了明确的规定。②不过，另一些投资条约仍然比较简约。比如，与中国—印度 BIT 几乎同时缔结的中国—俄罗斯 BIT 并没有针对间接征收作出类似的界定。

---

① 参见《中国入世具体承诺减让表》。
② 中国—印度 BIT 议定书规定：
"关于对第五条中征收的解释，缔约双方确认以下共识：
（一）除了通过正式移转所有权或直接没收的形式进行的直接征收或国有化外，征收措施包括一方为达到使投资者的投资陷于实质上无法产生收益或不能产生回报之境地，但不涉及正式移转所有权或直接没收，而有意采取的一项或一系列措施。
（二）在某一特定情形下确定一方的一项或一系列措施是否构成上述第一款所指的措施，需进行以事实为依据、各案进行的审查，并考虑包括以下在内的各因素：
1. 该措施或该一系列措施的经济影响，但仅仅有一方的一项或一系列措施对于投资的经济价值有负面影响这一事实不足以推断已经发生了征收或国有化；
2. 该措施在范围或适用上歧视某一方或某一投资者或某一企业的程度；
3. 该措施或该一系列措施对明显、合理的，投资赖以进行的期待的干预程度；
4. 该措施或该一系列措施的特征和目的，是否是为了善意的公共利益目标而采取，以及在该等措施和征收目的之间是否存在合理的联系。
（三）除非在个别情况下，缔约一方采取的旨在保护公共利益的非歧视的管制措施，包括根据司法机关所作的具有普遍适用效力的裁决而采取的措施，不构成间接征收或国有化。"

（二）国内法

只要我国在投资条约中不接受诸如准入前国民待遇之类的内容，投资条约在应对海外投资壁垒方面的作用就是颇为有限的。进而，在一国对华投资规模很小而我国对该国投资规模较大的情况下，我国也很难根据作为习惯国际法规则的互惠以有效地应对投资壁垒。在此情况下，应该重视我国的国内法在应对投资壁垒方面的作用。

目前，我国采取的应对海外投资壁垒的国内法措施主要包括投资壁垒报告制度和投资壁垒调查制度。

1. 投资壁垒报告制度

为加快实施"走出去"战略，做好境外投资经营的后续管理服务工作，保护投资者的合法权益，创造良好环境，促进境外投资发展，商务部于2004年11月11日发布并实施《国别投资经营障碍报告制度》（以下简称《报告制度》）。根据该《报告制度》，我国驻外经济商务机构、商会及企业以适当形式反映境外中资企业在东道国投资经营中遇到的各类障碍、壁垒及相关问题。根据《报告制度》第2条规定，有关报告既作为商务部制定并发布年度《国别贸易投资环境报告》的基础材料之一，而且"国内有关部门在全面跟踪了解我国企业境外投资经营遇到的各类问题基础上，通过多双边机制，维护我国企业的合法权益"[①]。

在应对我国投资者面临的投资壁垒方面，投资壁垒报告制度不仅具有间接作用，也具有直接作用。从间接的作用看，首先，它有助于我国政府和我国企业更全面、更及时地了解外国政府的投资壁垒实践，从而为我国政府采取对策提供了基础，也为我国企业评估投资风险提供了重要依据。其次，它有助于外国政府重新评估本国的投资环境。不过，从已发布的各年度《国别贸易投资环境报告》来看，与颇为详细的相关国家的贸易环境不同，投资环境获得的关注则少得多。这一间接作用看起来尚未获得充分的认识和有效的挖掘。由此，《国别贸易投资环境报告》有必要加大对投资环境的关注，同时提高该报告对于包括我国投资者在内的国际商业界、被报告国家等的能见度，从而有利于我国投资者评估投资风险，并且尽可能地给被报告国家造成政策压力，促使其改善投资环境。

从直接的作用看，投资壁垒报告可以构成投资壁垒调查的基础。《报告制度》第12条规定："如报告反映的问题涉及投资壁垒或服务贸易壁垒，依

[①] 参见《报告制度》。

照《对外贸易壁垒调查暂行规则》的规定,商务部可以进行立案调查。"

2. 投资壁垒调查制度

根据《对外贸易调查暂行规则》第 2 条,商务部进出口公平交易局被指定作为实施的单位。不过,迄今为止,商务部从未据此立案启动投资壁垒调查程序。从近年来我国海外投资的经历看,没有启动投资壁垒调查程序显然并不表明我国投资者没有面临投资壁垒。导致这种现状的原因可能是多方面的。第一,从投资壁垒调查制度看,这一制度是"参照"适用贸易壁垒调查制度。不过,这种"参照"的做法能否有效地调查并应对投资壁垒是值得商榷的。比如,从实施单位方面看,根据《对外贸易调查暂行规则》第 2 条的规定,商务部进出口公平交易局可以被推定认为也是实施投资壁垒调查的单位,但致力于国际贸易事务的该机构是否适合于从事投资壁垒调查是值得商榷的。第二,从投资者的角度看,我国投资者可能并不熟悉投资壁垒调查规则,或者担心由于提请调查投资壁垒而在东道国可能面临更不利的处境,因而没有向商务部提请调查在东道国面临的投资壁垒问题。第三,从我国政府的角度看,我国政府可能考虑到我国投资者面临的投资壁垒大都在现行投资条约涵盖范围之外,因而无论是受理我国投资者提出的申请还是依职权自行启动调查程序,都可能缺乏充分的国际法依据。

诚然,迄今为止,商务部也仅仅启动过一次贸易壁垒调查程序。[①]不过,商务部不倾向于启动贸易壁垒调查程序是有道理的。主要原因是,WTO 协定基本可以涵盖我国对外贸易关系,据此,我国可以直接根据 WTO 协定把采取贸易壁垒措施的 WTO 成员方诉诸 WTO 争端解决机构,因而原则上不需要在国内层面上启动调查程序。与此不同,由于我国迄今为止的投资条约实践仍然是颇为谨慎的,因而《对外贸易调查暂行规则》在应对投资壁垒方面应当发挥更大的作用,从而为我国政府调查海外投资壁垒并采取相应的行动提供必要的国内法依据。

---

① 2004 年 2 月 25 日,江苏省紫菜协会作为申请人向商务部提交了贸易壁垒调查申请,请求对日本限定紫菜进口原产地的措施进行贸易壁垒调查。2004 年 4 月 22 日,商务部应申请人申请,决定对日本关于紫菜进口的管理措施进行贸易壁垒调查。调查期间,调查机关与日本政府有关部门就被调查措施分别在东京和北京举行了三轮磋商。在 2004 年 10 月中旬于北京举行的第三轮政府磋商中,日方承诺将采取切实措施积极解决中方关注。2005 年 2 月 21 日,日本经济产业省公布了日本 2005 年紫菜进口配额方案,取消了对进口干紫菜和调味紫菜原产国的限定,并规定 2005 年日本干紫菜和调味紫菜进口配额总量为 4 亿张。鉴于日本政府已取消对中国产干紫菜和调味紫菜的歧视性措施,并解决烤紫菜对日出口等问题作出了相关承诺,商务部决定终止调查。参见《商务部公告》2005 年第 10 号。

从是否存在以及存在何种法律依据的角度看,根据《对外贸易调查暂行规则》进行的投资壁垒调查有三种情形:

第一,东道国设置的投资壁垒受到特定条约约束且该条约赋予我国投资者诉权。比如,根据近年来我国缔结的一些投资条约①,所有由于投资产生的法律争端——当然包括由于投资壁垒产生的法律争端——均可诉诸国际仲裁。在这些情形下,我国政府原则上没有必要启动调查程序,而应由我国投资者根据相关国际条约自行寻求救济。

第二,东道国设置的投资壁垒受到特定条约约束但该条约未赋予我国投资者诉权。比如,由于我国缔结的多数投资条约规定,涉及征收补偿数额的法律争端才可被投资者诉诸国际仲裁②,据此,投资者无法把涉及投资壁垒的法律争端诉诸国际仲裁,尽管此类投资壁垒已经被纳入中外投资条约的涵盖范围。在这些情形下,我国政府对此类投资壁垒进行调查是有国际法依据的。因此,可以视必要启动调查程序,从而为投资者主张投资条约规定的实体利益提供程序保障。本质上说,我国政府进行投资壁垒调查构成投资条约实施机制的组成部分。

第三,东道国设置的投资壁垒未受我国与该国缔结或共同参加的任何条约约束。在这种情形下,我国政府仍然可以启动调查程序。这是因为,根据《对外贸易调查暂行规则》第 3 条的规定,认定投资壁垒不仅可以根据相关国际条约的规定,也可以直接根据特定措施对我国投资者产生的效果。这种情形下的投资壁垒调查的主要意义在于,它在法律的层面上明确东道国设置的投资措施构成了投资壁垒。尽管我国政府和我国企业不能据此向被调查的外国主张法律权利,但有助于促使东道国重新审视、修改或取消所采取的投资措施。当然,我国政府在决定启动调查程序时应该持慎重的态度。原因是,如前所述,根据习惯国际法,一国没有义务允许外国人进入本国领土。在这种情形下,我国进行投资壁垒调查本质上是域外适用我国的国内法,而根据国际法的理论与实践,一个国家的国内法通常不具有域外效力。

二、政治方法

由于投资壁垒成因及表现形式的复杂性,运用法律方法应对投资壁垒

---

① 例见中国—印度 BIT 第 9 条第 3 款。
② 例见中国—英国 BIT 第 7 条第 1 款。

未必总是有效的,而政治方法,尤其制度化的政治方法在某些情况下可能更为有效。比如,对于我国投资者在美国开展投资时面临的国家安全审查问题,我国政府通过"中美战略经济对话"机制及"中美战略与经济对话"机制向美国政府表达了严重关注,从而促使美方在整体政策的层面上承诺公平地对待我国投资者。

我国缔结的投资条约以及相关国内法也规定了制度化的政治方法。从投资条约方面看,我国缔结的许多投资条约规定设立相关促进与保护相互投资的政治机制。比如,中国—哥斯达黎加BIT第12条规定,缔约双方代表应该进行会谈,以审查本协定的执行情况;交流法律信息和投资机会;解决因投资产生的争议;提出促进投资的建议。又如,中国—新西兰FTA第150条规定,双方设立投资委员会,该委员会应当应任何缔约一方的请求举行会议以考虑关于投资问题的第十一章实施中出现的任何问题。从国内法方面看,根据《对外贸易调查暂行规则》第33条的规定,商务部在认定存在着投资壁垒后可以举行双边磋商、启动多边争端解决机制,或者采取其他适当的措施。显然,这些措施中包括政治方法。《国别投资经营障碍报告制度》第11条也规定,对于经由投资经营障碍报告制度发现的有关问题,"可通过高层互访、双边经贸混委会或其他外交途径进行磋商,帮助企业寻求尽快解决问题的途径"。

三、结论

投资壁垒是我国海外投资面临的一个日益突出的问题。它既有投资自由化背景下投资壁垒问题的共同特征,比如投资壁垒的表现形态、生成机制更加复杂,也有中国的特殊性,比如特殊的投资者结构容易诱发投资壁垒、谨慎的投资条约实践制约了我国应对投资壁垒问题的能力。从我国政府的角度看,应对投资壁垒应该采取法律方法与政治方法相结合、国际法与国内法相结合的综合策略。我国政府应对投资壁垒的基本法律依据应该是国际法,尤其投资条约,因而我国有必要稳健地推动投资条约实践。在投资条约实践仍然比较谨慎的情况下,我国有必要适当地发挥国内法在应对投资壁垒方面的作用。同时,鉴于投资壁垒成因及表现形式的复杂性,我国也有必要利用政治方法以应对投资壁垒。

第六章　我国海外投资的环境保护

【本章提要】　环境保护是海外投资者及其母国的重要义务和责任,日益成为国际社会的共识。本章探讨的专题一是我国保护海外投资环境的理由,从政治、经济、法律和环境伦理等方面分析我国保护海外投资环境的原因,指出,保护我国海外投资地的环境可确保我国海外投资的可持续发展,有利于我国的长远经济利益和政治利益,是保护海外投资的另一种方式;二是作为母国的规制方法,分别探讨母国立法规制方法、母国司法规制方法、母国通过银行、保险机构和证券交易所的规制方法及我国海外投资环境保护的国内法制构想;三是投资者自我规制方法,分别探讨投资者通过行为守则自我规制方法和通过合同自我规制方法;四是海外投资环境保护的国际投资法制,分别探讨国际投资协定下母国与投资者的责任和义务、我国海外投资环境保护的国际投资法制构想。

引　　言

伴随我国经济的高速增长,我国海外投资亦迅猛发展。我国的直接投资输出和输入数字显示,在过去几年里,我国直接投资输出量的增长快于外资输入量的增长。根据《2015年世界投资报告:改革国际投资规制》,从2009年至2014年,我国的外国直接投资分别为:950亿美元、1147.34亿美元、1239.85亿美元、1210.8亿美元、1239.11亿美元、1285亿美元;而我国的海外直接投资分别为:565.3亿美元、688.11亿美元、746.54亿美元、878.04亿美元、1010亿美元、1160亿美元。① 这些数字足以表明,作为一个新兴市场经济国家,我国正在逐步演变为一个重要的直接投资输出经济体。实际上,自1979年以来,我国的海外投资一直呈上升趋势,即使是美国的次贷危机和欧洲主权债务危机,都没有影响我国海外投资的增长势头。然而,

---

① UNCTAD, World Investment Report 2015: Reforming International Investment Governance, at http://unctad.org/en/PublicationsLibrary/wir2015_en.pdf, Feb. 8, 2016.

我国的海外投资却被指"掠夺性发展",即依靠掠夺海外自然资源、牺牲海外的环境、漠视海外的人权为代价的发展。"中国环境新殖民主义"(China's Environmental Neo-Colonialism)、"中国环境威胁论"(China's Environmental Threat Theory)和"中国生态倾销论"(China's Ecological Dumping)一时也甚嚣尘上。确实,一些中国海外投资项目已经或可能引起环境问题,例如,在非洲苏丹的水利项目、在南美洲智利的铜矿开采项目,以及在阿根廷的制造业项目。正因如此,引起了非政府组织(Non-Governmental Organizations,NGOs)对中国海外投资环境问题的关注。例如,1961年成立以来一直致力于环保事业的世界自然基金会(World Wild Fund,WWF)呼吁中国政府重视海外投资所造成的环境问题;自然之友(Friends of Nature)发表的一篇文章援引莫桑比克水利专家里贝罗(Ribeiro)的观点,劝诫中国应该从西方国家的发展中汲取教训,不要对承诺援建项目所带来的环境破坏问题视而不见。① 中国的非洲投资被批评为掠夺自然资源并大规模破坏环境。② 尽管这些指责的确实性还有待考查,也许还可能存在某种程度的政治偏见,但却也在一定程度上表明了我国海外投资存在环境破坏和污染问题。

　　同时,我国海外投资的产业分布和地理分布也蕴含着环境风险。从产业分布方面看,除第三产业外,我国的海外投资主要投向采矿(例如石油、铜)、自然资源开发(例如水、电)、加工制造和基础设施建设等。无论是在数量方面,还是在金额方面,我国的海外投资并购活动都主要集中于能源、采矿和公共事业。总之,我国海外投资者的投资集中于高环境风险行业。从地理分布方面看,亚洲、非洲、拉丁美洲的发展中国家是我国海外投资的重要区位。由于地缘、文化、经济状况类似等原因,亚洲成为我国企业"走出去"战略最重要的目的地。③ 其次是自然资源丰富的非洲和拉丁美洲。在非洲,我国开发自然资源的位置只能位于西方国家"不屑开采"的地区,这些地

---

① 自然之友:《中国援建非洲项目"危害环境"》,at http://www.fon.org.cn/content.php? aid=8694,2010年6月23日;也有其他学者指责中国对其跨国公司海外投资活动视而不见,参见 Ben Schiller, The China Model, at http://www.opendemocracy.net/democracy-china/china_development_3136.jsp, Jun. 23, 2010.

② 赵穗生:《中国:在与非洲进行交往及与西方力量发展关系之间保持微妙平衡》,载门镜、〔英〕本杰明·巴顿:《中国、欧盟在非洲:欧中关系中的非洲因素》,李靖堃译,社会科学文献出版社2011年版,第92页。

③ 2011年生效的第十二个五年计划(2011年至2015年),即《国民经济和社会发展十二五规划纲要》,强调促进"走出去"战略政策的任务。

区往往生态环境脆弱。① 我国在非洲的很多在建或已建的大坝项目也对当地环境及社区产生了环境影响。在大洋洲,我国已成为澳大利亚主要的外国投资者,澳大利亚也是发达国家中吸引我国海外投资最多的国家,并且我国的投资主要投向其自然资源领域,容易产生环境问题。②

正是因为意识到了海外投资造成的环境外部性问题的迫切性,我国环保部的智囊机构中国环境规划院与全球环境研究所专门编写了《中国对外投资企业环境行为指南》,据此我国的海外投资企业必须对建设项目进行环境影响评估。③ 商务部也定期更新和发布作为投资目的地的166个国家(地区)的《对外投资合作国别(地区)指南》,其中均涉及各国环境法和环境保护内容。虽然其内容非常简单,只是列出了东道国的环境保护行政机构,相关的法律、法规的名称及这些法律和法规的要点(如要有实质性参考价值,还必须进一步细化),但总体上,该《指南》要求我国企业保护海外投资地的生态环境,遵守东道国相关法律。④ 可见,伴随我国海外投资滋生的环境问题已经引起了我国政府的高度重视。但是,这仅仅是一个开始,对于我国规制海外投资环境的理由或动因、现行规制中存在的问题及包括国际投资法规制进行治理的设想都需要进行深入探索和研究。

第一节　我国保护海外投资环境的理由

各发达资本主义国家虽然已走过高污染发展阶段,但仍无法避免其投资者在海外造成环境污染。也许是由于奉行新自由主义的原因⑤,或由于自私自利的资本本身统治的这些国家并没有限制利润最大化的动力,这些国

---

① 政治风险即非商业风险,来自东道国政府,是由东道国政治环境的不确定性引起的,同时这种不确定性会给企业的预期利益与资产安全带来波动和损失。在这里,政治环境的不确定性主要指东道国政府的稳定性与控制力、政策的连续性。张英达、葛顺奇:《跨国经营的政治风险:结构、趋势与对策》,载《国际经济合作》2011年第11期,第4页。

② UNCTAD, World Investment Report 2012: Towards a New Generation of Investment Policies, at http://unctad.org/en/PublicationsLibrary/wir2012_embargoed_en.pdf, Dec. 22, 2012.

③ 《对外投资合作环境保护指南》, at http://www.zhb.gov.cn/gkml/hbb/gwy/201302/t20130228_248632.htm,2016年1月19日。

④ 商务部发布《对外投资合作国别(地区)指南》,at http://www.scio.gov.cn/xwfbh/xwbfbh/wqfbh/2014/31836/zy31841/document/1383892/1383892.htm,2016年1月19日。

⑤ See Marta Russell, Backlash, the Political Economy, and Structural Exclusion, *Berkeley Journal of Employment and Labor Law*, Vol. 21, 2000, p.335.

家并未针对海外投资环境保护制定相应的母国国内法。① 既然如此,我国关注海外投资环境的理由或动力何在?

一、政治方面

不管对中国崛起的态度有何根本不同②,中国的政治实力是举世公认的。根据保罗·肯尼迪在《大国的崛起与衰落》③一书中的经典阐述,不断增强的经济存在必将扩大中国在国际关系中的政治影响力。根据易显河教授的"领袖型国家"理论,中国先天具有领袖型国家的资质,或者说,不管愿意还是不愿意,中国就是大国,这使中国成为世界领袖具有了先天禀赋。然而,当代真正的领袖型国家应该是具有"德性"的国家,至少发展自己不应该以牺牲别国的利益为代价,包括环境利益。更高的要求和期待是,领袖型国家应该讲究诚信,尊重公认的国际价值体系,并担负起对国际体系的重大责任,包括构建国际体系。④ 所以,作为未来可能的领袖型国家,我国不仅仅要输出商品和人力,还要输出文化价值,但无论如何不应该输出环境破坏和环境污染。

对于中国的发展模式,有学者提出了"仁慈大国"理论,即作为负责任的大国,中国不应当重蹈西方大国那种"霸道"的发展模式,而应当成为一个"仁慈大国"。⑤ 这种理想当然涵盖对待海外投资的环境外部性问题方面,反映了对发达国家发展模式的反感和理性反思。

我国现实国家政策宣言肯定了学者们的理想。2005 年 9 月 15 日,在联合国成立 60 周年的首脑会议上,胡锦涛主席发表了题为《努力建设持久和

---

① 笔者曾向纽约大学法学院豪泽(Hauser)全球法学院项目主任及环境与土地法中心主任理查德·B. 斯图尔特(Richard B. Stewart)教授求证了这一问题,他的回答印证了笔者的结论,即这些国家,包括美国都没有对其海外投资进行专门的立法规定。美国政府片面信赖其投资者的自我规制,至多规定美国的海外投资企业必须遵守所在国的环境保护要求。美国的《国家环境政策法》(National Environmental Policy Act)中没有关于海外投资环境保护问题的规定,而其本身也不适用于海外投资。美国法院一直不愿意将其《国家环境政策法》适用于域外。

② 陈安:《"黄祸"论的本源、本质及其最新霸权"变种":"中国威胁"论——中国对外经济交往史的主流及其法理原则的视角》,载《现代法学》2011 年第 6 期。

③ Paul Kennedy, *The Rise and Fall of the Great Powers: Economic Change and Military Conflict from 1500 to 2000*, Fontana Press, 1988.

④ 易显河:《国家主权平等与"领袖型国家"的正当性》,载《西安交通大学学报(社会科学版)》2007 年第 5 期,第 54—71 页。

⑤ 徐崇利:《中国的国家定位与应对 WTO 的基本战略——国际关系理论与国际法学科交叉之分析》,载《现代法学》2006 年第 6 期,第 11 页。

平、共同繁荣的和谐世界》的演讲,正式提出了"和谐世界"的新理念。① 2007年10月15日,胡锦涛总书记在党的十七大报告中又提出,各国人民携手努力,推动建设持久和平、共同繁荣的和谐世界,各国应该遵循《联合国宪章》的宗旨和原则,恪守国际法和公认的国际关系准则,在国际关系中弘扬民主、和睦、协作、共赢精神。② 2012年11月8日,胡锦涛总书记在党的十八大报告中进一步指出:"合作共赢,就是要倡导人类命运共同体意识,在追求本国利益时兼顾他国合理关切,在谋求本国发展中促进各国共同发展,建立更加平等均衡的新型全球发展伙伴关系,同舟共济,权责共担,增进人类共同利益。"③习近平的国际政策则充满了世界主义情怀。④ 这里,我国政府所强调的理念既是"仁慈大国"对国际价值体系的贡献,也建立"和谐世界"的国际法的特征。而保护海外投资地的环境,减少与东道国的环境和社会摩擦可以说是对这一理论的实践,也是这一理论的现实要求,更能展示我国海外发展的道德力量。

对于国际法上的大国问题,有学者不仅指出大国的义务问题被忽视,而且建设性地提出了解决大国义务问题的法律方案。尤其具有启发意义的是,主张大国应对他国和国际社会承担适当的特殊义务,包括法律义务;善意履行这种特殊义务不仅是利他的,往往也是利己的。⑤

从世界范围看,无论是发达国家还是发展中国家,海外投资通常以私人企业作为主要投资者。也就是说,海外投资者一般限于私人。⑥ 然而,与绝大多数国家不同,在我国的海外投资中,中央各部委和各省市的专业外贸公司、对外经济合作公司、国有金融企业(中国银行、中国国际信托投资公司等)、国有工业企业和工贸集团,以及为了推动国际经济合作而在国外设立窗口型企业的各级政府部门等是海外投资的主办单位,这类投资主体几乎无一例外地属于国有经济成分。⑦ 根据《2011年度中国对外直接投资统计

---

① 胡锦涛:《努力建设持久和平、共同繁荣的和谐世界》(2005年9月15日),at http://www.china.com.cn/chinese/news/971778.htm,2010年6月22日。
② 胡锦涛:《高举中国特色社会主义伟大旗帜 为夺取全面建设小康社会新胜利而奋斗——在中国共产党第十七次全国代表大会上的报告》,at http://news.xinhuanet.com/newscenter/2007-10/24/content_6938568.htm,2010年6月23日。
③ 胡锦涛:《坚定不移沿着中国特色社会主义道路前进 为全面建成小康社会而奋斗——在中国共产党第十八次全国代表大会上的报告》,人民出版社2012年版,第47页。
④ 参见应琛:《习近平外交演讲中的世界主义情怀》,载《当代世界》2014年第11期。
⑤ 蔡从燕:《国际法上的大国问题》,载《法学研究》2012年第6期,第7、28页。
⑥ 陈安:《国际经济法学专论》(下编分论),高等教育出版社2007年版,第630页。
⑦ 熊志根:《加快我国海外投资的制度创新》,载《现代经济探讨》2004年第1期。

公报》,2011年年末,我国非金融对外直接投资存量前五十家公司中的大部分是国有企业,其中,中国石油化工集团公司、中国石油天然气集团公司、中国海洋石油总公司、中国移动通讯集团公司和华润(集团)公司排名前五位①,皆为国有企业。这类投资主体所完成的对外投资占我国全部对外直接投资的绝大部分。2011年年末,在我国非金融类对外直接投资存量中,国有企业仍占62.7%。②根据中国国际贸易促进会2012年发布的《中国企业海外投资及经营状况调查报告》,83.1%的国有企业表示在"走出去"过程中得到了各级政府不同程度和不同层面的帮助。国有企业在扩大海外市场,推动海外投资,提高国际竞争力中扮演重要角色。可以说,我国的海外投资在很大程度上是我国政府和国有企业带领下的海外投资。这就难以避免外国人将我国海外投资者与我国政府及其国有企业混同,并开始有所微词和警惕。如有非洲学者明确指出,中国政府利用国有机构和企业继续扩大和加深对非洲的投资,而在财政方面,依靠中国进出口银行与国家开发银行作为"领头羊"。③再如,对于中国海外投资者的并购活动,以美国为首的国家频繁使用国家安全审查措施。

需要强调指出,我国的"特殊国情"更决定了外国人并不会将我国国有企业与我国政府的行为进行严格区分。因此,我国国有企业海外投资造成的环境破坏和污染无疑将影响我国政府的形象,给我国政府带来负面评价。况且,时代的变迁也不再允许中国重复西方国家的传统发展模式,即以污染和剥削别国、尤其是弱国为代价来实现自己的繁荣和富足。政治应是我国"走出去"战略成功实施需要考虑的重要方面。从政治方面考量,我国需要对海外投资地的环境保护予以重视。

就投资者自身来说,发达国家的很多国际知名跨国公司为了树立良好的公众形象,从而间接实现盈利目的,已经进入了开展环境外交的阶段。④众所周知,一个企业的环境形象会影响其产品的销售,更会影响其长远发展。这些跨国公司的环境外交实践是值得"后起"的我国海外投资者学习

---

① 中华人民共和国商务部、国家统计局、国家外汇管理局:《2011年度中国对外直接投资统计公报》,中国统计出版社2012年版,第5、58页。

② 同上书,第17页。

③ 马丁·戴维斯:《中国如何影响非洲的发展?》,载门镜、〔英〕本杰明·巴顿《中国、欧盟在非洲:欧中关系中的非洲因素》,李靖堃译,社会科学文献出版社2011年版,第273页。

④ 董晓同:《美国跨国公司的环境外交——英特尔的实践》,载薄燕:《环境问题与国际关系》,《复旦国际关系评论》(第七辑),上海人民出版社2007年版,第161—183页。

的。目前,我国仍处于西方国家海外投资产业结构发展模式的初级阶段,在这一阶段,海外投资也集中于资源加工和采矿业。

诚然,我国公司刚刚走出国门,必须向"历史悠久"的西方跨国公司学习良好的商业实践,摒弃其斑斑劣迹。所以,对于我国政府以及我国的海外投资者本身,环境保护义务似乎是一个法律问题、经济问题兼政治问题,但首先是一个超越于法律问题和经济问题的政治问题。事物是在比较中存在的,鉴于一些西方知名跨国公司已步入环境外交阶段,我国海外投资者是否需要遵循公认的国际环境标准就更显而易见了。

进而言之,我国仍是不折不扣的发展中国家,南南合作仍然是我们必须遵守的国际关系准则。我国政府明确表示,"中国作为发展中国家的一员,中国愿在平等互利、讲求实效、形式多样、共同发展的原则的基础上,与南方国家在经济、科技、教育和文化等各方面开展广泛而深入的合作。"① 我国政府及海外投资者能否处理好在南方东道国的环境和社会问题,无疑会影响到南南合作的积极顺利展开。

母国之所以会期望其海外投资者在东道国遵守社会责任是因为其在某些方面仍是母国的"大使",不良的社会责任标准会影响在后的本国海外投资者的利益。而且,如果母国能对跨国公司进行规制,会为母国带来良好的声誉。澳大利亚政府打算通过立法要求澳大利亚的跨国公司遵守可强制执行的行为守则,虽然因政治原因最后并没有通过,但此项举措已为其赢得了声誉。相反,英国布莱尔政府却因支持严重破坏土耳其当地环境、文化及人权的伊里苏(Ilisu)大坝项目受到环境和人权非政府组织的激烈批评,对该政府产生了不利的政治影响。所以,母国规制海外投资者实际上有政治自利的一面。② 我国政府在国际上要发挥软实力,对待海外投资环境保护的态度也是重要方面,海外投资者也需要为此作出贡献。③

二、经济方面

如果母国对其海外投资进行环境规制,会增加这些海外投资者的成本,

---

① 中国对南南合作的立场,at http://www.fmprc.gov.cn/chn/pds/ziliao/tytj/zcwj/t3468.htm,2012 年 5 月 20 日。

② Jennifer A. Zerk, *Multinationals and Corporate Social Responsibility: Limitations and Opportunities in International Law*, Cambridge University Press, 2006, p.152.

③ See Uché U. Ewelukwa, South-South Trade and Investment: the Good, the Bad and the Ugly—African Perspectives, *Minnesota Journal of International Law*, Vol.20, 2011, p.513.

在其他国家没有对海外投资进行环境规制的情况下,无疑会使这些投资者处于竞争劣势,从而可能削弱整个国家的投资竞争力,所以,对海外投资者进行规制,保护海外投资环境,可能被认为缺乏经济动因,并不是理性的选择。这种说法也许有一定道理,但是,即使从功利主义角度,对海外投资环境进行保护也有充分的经济理由,可以说是理性的选择。

如果投资项目污染严重,在项目建设甚至实施后,都可能会遭到当地居民、环保主义者和非政府组织的阻挠,影响施工进程,影响项目运营,甚至最后可能被迫退出当地投资。即使是环境诉讼,也会严重损害投资者的经济利益。以雪佛龙(Chevron)公司为例,雪佛龙与厄瓜多尔的纠纷纷繁复杂,在过去的二十多年中,有关雪佛龙在厄瓜多尔丛林的石油开采活动的不同方面,在国内法院(包括美国国内法院和厄瓜多尔国内法院)和国际争端解决机构或人权机构(美洲国家间人权委员会)进行了众多程序。① 在雪佛龙与厄瓜多尔的争端中,1993 年,受害人组织首先在纽约的联邦法院提出环境损害求偿,但是,因管辖权原因被驳回。后来,受害人组织不得不在厄瓜多尔国内发起诉讼程序。2011 年 2 月,受害人组织获得了命令雪佛龙支付其 180 亿美元的判决。② 虽然雪佛龙对此判决进行上诉,但厄瓜多尔上诉法院于 2012 年 1 月 3 日驳回了该上诉。③对于该判决的执行,雪佛龙又试图从美国法院获得禁止执行厄瓜多尔法院判决的禁令,但在联邦地区法院签发的初始禁令(initial injunction)经上诉被联邦第二巡回区上诉法院撤销之后,雪佛龙的企图受挫。④还有与尼日利亚的争端,在后一争端中,雪佛龙违

---

① Chevron Corporation and Texaco Petroleum Company v. Republic of Ecuador, PCA Case No 2009-23 (UNCITRAL Rules), Jurisdictional Decision (February 27, 2012)(Chevron v. Ecuador II); Chevron Corporation (U. S. A.) and Texaco Petroleum Corporation (U. S. A.) v. The Republic of Ecuador, PCA Case No. 34877 (UNCITRAL Rules), Partial Award on the Merits (March 30, 2010), Final Award (August 31,2011); ICommHR, Report on the Situation of Human Rights in Ecuador, OEA/ser. L/V/II. 96(April 24,1997) (Ecuador Report), at http://www.cidh.oas.org/countryrep/ecuador-eng/chaper-9.htm, Dec. 21, 2011.

② See Summary of Judgment & Order of Superior Court of Nueva Loja, Aguinda v. Chevron Texaco, No. 2003-0002, February 14, 2011, Excerpts from Judgment & Order of Superior Court of Nueva Loja (Lago Agrio-first instance), at http://www.chevrontoxico.com, Jan. 13, 2012.

③ Ecuador Appeals Court Judgment (English), at http://www.docstoc.com/docs/110401927/Ecuador-Appeals-Court-Judgment-%28English%29, Jan. 13, 2012.

④ Chevron v. Naranjo, United States Court of Appeals for the Second Circuit, decided on January 26, 2012, Docket Nos. 11-1150-cv(L) 11-1264-cv(CON),at http://www.ca2.uscourts.gov/decisions/isysquery/83c7e33b-75ca-4735-acec-95593be09f03/2/doc/11-1150_op.pdf, Feb. 28, 2012.

第六章　我国海外投资的环境保护

反其社会责任,其石油生产对当地环境造成了严重污染,引起了当地居民的持续抗议,使雪佛龙成为众矢之的。居民抗议虽被当地军政府镇压,但雪佛龙也因共谋而名誉俱损。① 而且,雪佛龙还因《外国人侵权求偿法案》(Alien Tort Claims Act,ATCA)诉讼与求偿人庭外和解,不得不对其赔偿。总之,雪佛龙的海外投资对当地环境造成严重污染,遭到环境受害者的索赔,涉及诉讼和赔偿,影响其经济利益。在这种情况下,雪佛龙难以获得一个良好的经济发展环境,经济利益难免不受到影响。

对于我国的海外投资来说,如发生类似于雪佛龙的情况,则不但影响了投资者自身的经济利益,更是增添了"中国环境威胁论""中国新殖民主义""环境新殖民主义"及"生态倾销论"的口实,影响我国海外投资的整体利益。我国的海外投资尽管在快速上升,但是部分企业并没有重视当地的生态环境,结果投资受到抵制或损失惨重,铩羽而归。我国政府要想使其海外投资者获得长期的竞争力和长远的经济利益,对其进行规制也是必然的选择。

受传统思维的影响,我国海外投资者往往只关注海外投资地的政治、法律、市场等因素,而对当地的环境风险和社会风险往往缺乏足够的重视。现实中,我国海外投资项目因环境问题而受重大损失的已不乏其例。在柬埔寨投资森林开采的中资企业被收回森林采伐权,不得不撤出柬埔寨,损失了前期投资1500万美元。② 紫金矿业投资秘鲁北部的里奥布兰科(Rio Blanco)铜矿项目因被指未披露重大环境和社会风险,当地的环境保护机构已经对紫金矿业当地公司及其高层处以罚款。③ 首钢集团在经营的秘鲁铁矿公司(Hierro Peru)因为环境违法已受到了多次罚款。④ 中国石油化工集团公

---

① Scott Pegg, The Cost of Doing Business: Transnational Corporations and Violence in Nigeria, *Security Dialogue*, 1999, Vol. 30, pp. 473, 477, 478; Information for the Protest of Chevron Corporation for their Involvement with Oil and Gas Projects in Burma (Myanmar), at http://protestchevron.blogspot.com/, Jun. 2, 2010.

② 《中国海外投资者破坏生态可能受国内严厉处罚》,载《21世纪经济报》2010年7月9日,at http://www.goepe.com/news/detail-47438.html, 2012年2月15日。

③ 《紫金矿业于秘鲁铜矿项目发展可能受阻》(2007年9月11日), at http://content.caixun.com/NE/00/eu/NE00eu8l.shtm, 2012年6月19日;《紫金矿业秘鲁项目日程重估,押宝国内铜业》(2009年1月14日),at http://finance.qq.com/a/20090114/000199.htm,2012年6月11日。

④ Barbara Kotschwar, Theodore H. Moran & Julia Muir, Chinese Investment in Latin American Resources: The Good, the Bad, and the Ugly, Working Paper, Peterson Institute for International Economics, February 2012, pp. 16—17;Hierro Peru: China's Footprint in the Andes, April 17, 2010, at http://www.chinesewalker.cn/2010/04/17/hierro-peru-china%E2%80%99s-footprint-in-the-andes/, May 20, 2012.

司在加蓬的 LT2000 项目因环保组织的阻挠延期了半年。[①] 此外,我国海外投资者在蒙古、印度尼西亚、墨西哥的某些项目确实遇到了环境方面的问题,由于某一环境保护方面的批复或许可的欠缺而导致项目延期、无法按期投产等情况,主要涉及油气、矿山、冶炼厂投资等方面的项目,给投资者造成重大经济损失。

三、法律方面

我国海外投资受制于东道国的法律,而东道国的法律由其缔结的国际投资协定(international investment agreements,IIAs)和国内法构成。在 IIAs 体制下,东道国有保护环境的权利和义务,主要体现于 IIAs 序言和征收、间接征收例外、一般例外、重大安全例外及东道国不弱化或降低环境保护义务等条款。

一般来说,IIAs 的序言中提及环境保护或可持续发展目标并不意味着对缔约方施加有约束力的义务,但有助于解释条约,因序言处于统领条约的地位,对条约各具体条款的意涵也会有影响。我国的 1984 年 BIT 范本、1989 年 BIT 范本和 1997 年 BIT 范本的序言中只强调投资促进和保护及加强经济合作[②],对环境保护只字未提,尽管时至 1997 年,环境保护和可持续发展已经成为时代的主题。我国的 2010 年 BIT 范本(草案)的序言明确规定:"愿加强两国间的合作,促进经济健康稳定和可持续发展,提高国民生活水平。"[③]这是我国 BIT 范本现代化的一个重要指标。

与此相应,我国在 2010 年以前签订的 BIT 序言中极少提及可持续发展和环境保护。[④] 2010 年之后,我国修订和新签订的 BITs 不但在序言中提及环境保护或可持续发展目标,而且在具体条款中也有较详细规定。例如,2011 年 4 月 19 日,我国与乌兹别克斯坦重新签订了 BIT,其序言提及:"愿加强两国间的合作,促进经济健康稳定和可持续发展,增加缔约双方人民的

---

① 梁将:《中国企业海外资源性投资损失原因探析及对策》,载《亚太经济》2012 年第 1 期。
② See Norah Gallagher & Wenhua Shan, Chinese Investment Treaties: Policies and Practice, Oxford University Press, 2008, pp. 35—40.
③ 关于中国 2010 年双边投资条约范本草案的内容,可参见温先涛在《国际经济法学刊》第 18 卷第 4 期(北京大学出版社 2011 年版)、第 19 卷第 1 期和第 2 期(北京大学出版社 2012 年版)发表的三篇系列论文。
④ 中国签订的双边投资条约请访问 http://tfs.mofcom.gov.cn/aarticle/Nocategory/201111/20111107819474.html。

福祉。"① 再如,2012年5月13日,中、日、韩签署的投资协定的序言中,更为明确地规定:(1)承认不以放松普遍适用的健康、安全和环境措施的方式实现这些目标;(2)承认投资者遵守在其领土上从事投资活动的一缔约方的法律和法规的重要性,这有助于经济、社会和环境进步。② 在BIT序言中强调环境保护和可持续发展,无疑使缔约国采取环境保护措施具有法律依据,也有利于海外投资的长远发展和长期利益。

IIAs中的征收条款可视为是在例外情况下,东道国为了环境、公共健康、安全等公共利益目标进行合法征收的依据。③ 该条款既是对东道国的授权,也是对这种权利的限制。我国2010年之前的BIT范本,对征收的规定都相当简洁,但如果发生具体争端,此类规定中"为了公共利益"的目标均可解释为包含"为了环境保护"。2010年我国BIT范本(草案)第6条第1款和第2款对征收的定义及认定需要考虑的要素作了较为细致的规定,尤其是明确提出了平衡各要素的方法。该草案第6条第3款还新增了间接征收例外条款:"缔约一方采取的旨在保护公共健康、安全及环境等在内的正当公共福利的非歧视的规制措施,不构成间接征收,但在个别情况下,例如所采取的措施严重超过维护相应正当公共福利的必要时除外。"④中、日、韩三边投资协定和中国—加拿大BIT的规定与2010年该草案实质相同。⑤

实际上,海外投资在东道国越来越受到环境规制,涉及环境保护的国际投资争端也越来越多。迄今为止,国际投资争端解决机构已有很多有关环境规制措施的裁决,在涉及东道国行使环境规制权的国际投资仲裁争端中,

---

① 《中华人民共和国政府和乌兹别克斯坦共和国政府关于促进和保护投资的协定》,at http://tfs.mofcom.gov.cn/aarticle/h/au/201111/20111107819500.html,2012年6月20日。
② See preamble, Agreement among the Government of Japan, the Government of the Republic of Korea and the Government of the People's Republic of China for the Promotion, Facilitation and Protection of Investment, at http://www.meti.go.jp/english/press/2012/0513_01.html, May 18, 2012.
③ 公共利益目标,又称公共目的(public purpose)、公共福利目标(public welfare objective),是一个外延宽泛的概念。泛泛地讲,公共利益是为全社会的而不是为特定个人或部分人的便利、安全和利益。参见薛波:《元照英美法词典》,法律出版社2003年版,第1118页。
④ 温先涛:《中国投资保护协定范本》(草案)论稿(二),载《国际经济法学刊》第19卷第1期,北京大学出版社2012年版,第133页。
⑤ Agreement between the Government of Canada and the Government of the People's Republic of China for the Promotion and Reciprocal Protection of Investments, Annex B.10(3), at http://www.international.gc.ca/trade-agreements-accords-commerciaux/agr-acc/fipa-apie/china-text-chine.aspx?lang=en&view=d, Feb. 8, 2016.

东道国正当行使环境规制权的措施越来越多地得到维护。①

此外,类似中国—加拿大BIT的一般安全例外条款也赋予了东道国保护环境的权利,即"假如此类措施不以武断的或不合理的方式适用,或不对国际贸易或投资构成伪装的限制,该协定不应解释为防止一缔约方采取或维持包括环境措施在内的所述措施。"②在我国签订的一些条约中,旧的如1988年签订的中国—新西兰BIT,新的如2012年中、日、韩签署的三边投资协定包含了根本安全例外条款。虽然环境问题一般不会构成根本安全例外,但是并不排除在极端情况下,环境灾难会导致一个国家为了国家安全采取紧急措施。

近年来,东道国不弱化或降低环境保护的义务已成为我国签订IIAs的条款。2012年中、日、韩三边投资协定规定,东道国采取降低环境保护措施吸引外资的做法是不适当的。为此,各缔约方不应当(should not)放弃或损抑此环境措施作为鼓励在其领土上设立、并购或扩大投资的方法。③ 中国—加拿大BIT将"缔约方承认通过放弃、放松或损抑放松国内健康、安全或环境的措施来鼓励投资是不适当的"这一内容规定于第18条"磋商"之下。据此,缔约方的代表可(may)开会就此问题进行研究和磋商。④ 在东道国不弱化或降低环境保护以吸引外资成为一种义务的情况下,可产生棘轮效应,使东道国切实实施其环境法,并向"最佳国际实践"和"最佳可得技术"靠拢,避

---

① 例如,Methanex Corporation v. United States of America, UNCITRAL/NAFTA, Final Award of the Tribunal on Jurisdiction and Merits, August 3, 2005; Glamis Gold Ltd v. United States of America, Award, NAFTA/UNCITRAL Arbitration, May 16, 2009; Chemtura Corporation (formerly Crompton Corporation) v. Government of Canada, Ad Hoc NAFTA Arbitration under UNCITRAL Rules, Award, August 2, 2012; Waste Management, Inc. v. United Mexican States, ICSID Case No. ARB(AF)/00/3, Award, April 30, 2004; Biwater Gauff(Tanzania) Ltd. v. United Republic of Tanzania, ICSID Case No. ARB/05/22, Award, July 24, 2008.

② Agreement Between the Government of Canada and the Government of the People's Republic of China for the Promotion and Reciprocal Protection of Investments, article 33(2), at http://www.international.gc.ca/trade-agreements-accords-commerciaux/agr-acc/fipa-apie/china-text-chine.aspx?lang=en&view=d, Feb. 8, 2016.

③ Agreement among the Government of Japan, the Government of the Republic of Korea and the Government of the People's Republic of China for the Promotion, Facilitation and Protection of Investment, article 23, 24.

④ Agreement between the Government of Canada and the Government of the People's Republic of China for the Promotion and Reciprocal Protection of Investments, article 18(1) and (3), at http://www.international.gc.ca/trade-agreements-accords-commerciaux/agr-acc/fipa-apie/china-text-chine.aspx?lang=en&view=d, Feb. 8, 2016.

免其成为"污染天堂"。①

在现行国际投资体制下,如果东道国不严格执行其环境法,导致严重依赖自然环境保护的投资者利益受到影响,也可能招致投资者诉东道国的现象,从而迫使东道国加强环境保护。此类案件的独特之处在于,保护环境与保护投资者利益完全重叠。

近年来,一些亚洲、非洲和拉丁美洲发展中国家已开始加强环境保护,设立了环境报告、磋商、参与、环境影响评估制度等环境保护制度。例如,根据 2005 年《柬埔寨王国投资法修正法实施细则》,特定投资项目关系国家利益或具有环境敏感性的,理事会或省/直辖市投资委员会有权予以推迟注册。② 尼日利亚拟通过《石油产业法案》加强合资石油企业的环境报告制度。③ 纳米比亚 2007 年《环境管理法》严格规定,当遇到对环境可能有负面影响的项目时,为减少活动对环境的负面影响,应选择降低负面影响的方案,应遵守该法第三节所列的各项原则。④ 肯尼亚 2010 年《宪法》明确承认了公民"拥有清洁和健康环境的权利"。⑤ 有学者考查了非洲 52 个国家的《宪法》,已有 24 个国家明确将环境权纳入《宪法》。⑥ 秘鲁《矿产和碳氢化合物法》要求投资者通过公听会与当地社区磋商。2010 年 6 月,秘鲁议会又通过了《土著居民事先磋商权法》。根据该法规定,公司(即投资者)必须在公听会上介绍其所进行的强制性环境影响评估,当地居民可提问及表示异议,公司应予以考虑。⑦ 2010 年 10 月,哈萨克斯坦《底土及底土使用法》生

---

① Neumayer, E., Pollution Havens: An Analysis of Policy Options for Dealing with an Elusive Phenomenon, *Journal of Environment and Development*, Vol. 10, No. 2, 2001, p. 148.
② 《柬埔寨王国投资法修正法实施细则》第 6 条第 1 款第 4 项。
③ Nigeria: Petroleum Industry Bill of Senate Warning and Public Agitation, at All Africa. com, Mar. 14, 2011.
④ Clever Mapaure, Chinese Investments in Zimbabwe and Namibia: A Comparative Legal Analysis, Centre for Chinese Studies 2012, p. 33.
⑤ Brian Sang YK, Tending Towards Greater Eco-Protection in Kenya: Public Interest Environmental Litigation and Its Prospects within the New Constitutional Order, *Journal of African Law*, 2013, pp. 1—28.
⑥ 张敏纯、张宝:《非洲环境权入宪的实践及其启示》,载《求索》2011 年第 4 期,第 162 页。实际上,我国 2004 年修订的《宪法》中尚未承认公民环境权,仅在第 26 条第 1 款规定了"国家保护和改善生活环境和生态环境,防治污染和其他公害"的职责,在公民的基本权利和义务一章中并没有规定公民环境权。
⑦ Barbara Kotschwar, Theodore H. Moran & Julia Muir, Chinese Investment in Latin American Resources: The Good, the Bad, and the Ugly, Working Paper, Peterson Institute for International Economics, February 2012, p. 11, at http://www.iie.com/publications/wp/wp12-3.pdf, Jun. 24, 2012.

效,该法长达130条,使用"环境"措辞达100次之多。①

从海外投资者的角度来看,存在被东道国受害公众通过诉讼追究民事责任的风险。实际上,如果海外投资者存在环境犯罪的行为,还可能被东道国追究刑事责任。虽然各国因社会发展状况和法律制度沿革等不同,对环境犯罪也缺乏统一的界定,但基本上都存在环境刑事责任,且共同特征是入罪门槛越来越低。一般而言,自然人和法人违反环境保护法律和刑事法律的相关规定,具有严重危害性或造成严重生态环境污染和破坏的行为,可能构成犯罪并受到相应的刑事处罚。

如前所述,无论是 IIAs 中环境保护条款的现代化发展,还是国际投资仲裁扩大东道国环境保护政策空间的趋势都使东道国加强环境保护有了依据和动力,降低了环境规制的"寒蝉效应"。在此情况下,东道国的环境立法和司法也在加强。东道国改进环境立法和司法的压力来自东道国受影响的居民团体、市民社会及非政府组织,也包括国际组织。

四、环境伦理方面

一般认为,20 世纪 40—50 年代,法国哲学家阿尔伯特·施韦兹(Albert Schweitzer)和英国哲学家奥尔多·莱奥波德(Aldo Leopold)创立了环境伦理学。② 环境伦理学认为,人与自然的新型关系应该是平等、和睦、协调、同一、相互尊重的关系。如果违反环境伦理关系中应当尊重的善的、正确的、仁爱的德行标准,则会受到道德舆论的谴责。③ 环境伦理还包括受人与自然关系影响的人与人之间的伦理关系。现代的环境伦理强调通过人与自然的和谐来促进人与人、人与社会的和谐,即建设环境友好型社会。④ 笔者认为,人与自然是否和谐终究会影响到人与人是否和谐,环境伦理归根结底应是人与人的和谐,其不仅适用于一国国内,同样适用于国际社会,违反环境伦理必将受到道德谴责。20 世纪末以来,人类社会对自然的态度是"善待自

---

① Law of Subsoil and Subsoil Use, Kazakhstan, No. 291-IV,2010.
② 刘湘溶:《论生态伦理学的出发点》,载《湖南师范大学社会科学学报》1990 年第 4 期,第 72—75 页。
③ 盛国军:《环境伦理与经济社会发展关系研究》,中国海洋大学 2007 年博士学位论文,第 13 页。
④ 藤兆梅:《生态文明视野下的环境伦理问题研究》,浙江农林大学 2011 年硕士学位论文,第 5,9 页。

然",人与环境的关系是"保护自然"①,这就是我们这个时代的环境伦理。

海外投资者的投资活动最终会产生与当地居民的环境伦理关系,即人与人、人与社会的关系。在这种关系中,除尊重前述环境伦理的行为标准外,更要求不损人利己,不采取内外有别的歧视性做法。在此前提下,人与自然、人与人及人与社会的关系才可能进一步和谐发展,形成良性循环、持续繁荣。而母国出于环境伦理道德,也应对本国海外投资者适用与本国国内相同或高于国内的环境标准。

需要指出的是,尽管在他国造成的环境破坏和污染具有区域性,但全球环境具有一体性,最终将使每一个国家都成为这种环境外部性的受害者。"公地悲剧"最后将殃及每一个人,更何况海外投资地并不是"公地"。同时,漠视海外投资环境保护会遭到东道国及其他利益相关方的谴责。

顺便指出,有关发展与环境关系的假说——倒 U 形的库兹涅茨曲线(Environmental Kuznets Curve, EKC)不能成为海外投资破坏和污染环境的借口或良心上的安慰剂。库兹涅茨曲线假定一个国家或地区在经济发展的初期阶段,污染水平会随着收入的增长而上升,当经济发展到一定水平,收入达到一定值后,污染水平会随着收入的进一步增长而下降。首先,对于这一理论的科学性存在很大争议,其只能对已有现象作出部分描述和解释。其次,即使这一理论是正确的,它也不是一个"铁律",不能因为这一理论而放任环境破坏和环境污染,坐等经济发展到一定程度再行治理,即不能走"先污染后治理"的老路。

总之,保护我国海外投资地的环境不仅有利于东道国的可持续发展,也有利于我国海外投资的可持续发展,维护我国长远的经济利益和政治利益,是促进和保护我国海外投资的重要内容和方式,而绝非是作茧自缚。

第二节 作为母国的规制方法

一、母国立法规制方法

由于美国等一些国家经常依靠其强权单边制定一些可以域外适用的立法,从而导致了一个错误认识,即凡是法律的域外适用都是会损害其他国家

---

① 霍淑红:《国际非政府组织(INGOs)的角色分析——全球化时代 INGOs 在国际机制发展中的作用》,中央编译出版社 2011 年版,第 112 页。

立法主权,并受到抵制。但实际上,与此不同的是,本节所称的母国立法规制方法是母国立法适用于本国的海外投资者及其投资,而不是适用于东道国领土内的纯粹的外国人的行为或不行为。很多BIT对投资者都以设立地主义为原则,以实际控制主义为补充。所以,一个海外投资者可能同时拥有双重或多重国籍。即在这种情况下,海外投资者在受东道国或其他国家属人管辖的同时,也受母国的属人管辖。

母国可以对其海外投资者行使域外规制权,因为海外投资者仍受其母国法的调整,所以,母国在规制海外投资者方面仍可起重要作用。同东道国一样,母国也可以要求其海外投资者的活动与其条约义务及国内法中有关环境的标准和政策相符。即使没有相应的国际法义务,母国也可能对其海外投资者施加环境保护的法律义务,虽然直接施加环境保护的法律义务即使在发达国家也并不多见。在海外投资管理方面,以美国为首的发达国家奉行绝对的自由主义,对海外投资环境的管理没有相应的立法,仅仅是保险公司和银行能够在海外投资的环境管理方面起到监督作用。而且,美国一直拒绝将其《国家环境政策法》适用于海外投资者。以 EDF v. Massy 案[①]为例,美国华盛顿特区巡回法院裁决,设立在华盛顿的国家科学基金会要在南极麦克默多站的研究机构焚烧食物垃圾的决定必须遵守美国国家环境政策法,因为南极不属于任何一个国家。该案中法院的说明意在表明,如果行为发生在另一个国家而不是南极,则美国的《国家环境政策法》则不适用。可以推论,美国的《国家环境政策法》并不会当然地具有域外效力,从而起到保护外国环境的作用。就美国法律而言,"当一部制定法没有任何相反的明确意图时,所有的国会立法都应排他性地(exclusively)适用于美国法院管辖之下的领土"[②]。但在特定情况下,美国法也具有域外适用性。例如,在外国发生的作为或不作为的综合影响对美国的对外商业产生影响时,域外性是适用的。[③]

而且,国内环境法的一些原则和做法,例如预警原则、环境影响评估、列举环境敏感部门等,都可以为规制海外投资者及其投资的法律规范所吸收。对于海外投资环境的保护涉及国内法的域外适用问题。国内法的域外适

---

① 986 F. 2d 528(D. C. Cir. 1993).
② 〔美〕帕德罗·J. 马丁内兹—弗拉加:《国际私法程序中礼让的新作用》,李庆明译,中国社会科学出版社2011年版,第58、60页。笔者认为,在这里的"exclusively"译为"专门地"更好。
③ 同上书,第64页。

用,即将国内法在本国之外适用,有时是完全可以接受的。一方面,由于存在属人联系,母国对海外投资者进行规制当然是正当的;另一方面,诚如托马斯·科蒂尔教授所言,环境是公认的全球公共物品或公共关切,而国际法和东道国国内法的保护又不是很充分的情况下,母国相关法律的域外适用更有其正当性。

只要不干涉他国主权,不与他国的管辖权相冲突,一国的某些国内法可以适用于在外国的本国国民、公司或本国控制的公司的行为。外国出于条约、互惠或礼让,也会允许本国的立法、行政或司法行为。而且,海外投资环境保护不是为了本国投资者的经济利益,而是为了东道国人民的环境利益和可持续发展,更应该予以支持。母国海外投资环境保护的措施能够起到弥补东道国环境立法、行政与司法不足的作用。

目前,中国也有很多法律法规直接涉及对海外投资的环境管理,这些关于中国海外投资环境保护的规定零星地分散在不同的法律文件中,主要是国务院及各部委发布的法规和规章中,包括广泛的政策声明,也包括有关具体环境保护事项的措施。这些法规和规章反映了中国政府已经开始关注海外投资的环境保护问题,其主要内容包括要求海外投资必须进行核准或备案,遵守东道国的法律、法规和风俗习惯,当然包括保护环境的法律和法规,以及国际法准则。中国政府不批准那些根据投资对象国或地区的环境保护要求被禁止的产业和我国缔结或参加的国际条约禁止的产业。根据上述法规和规章,如果一个企业打算到非洲开采矿产资源,它必须向国家发改委提交可行性报告以获得批准,而可行性报告要包含对污染排放的描述。[①] 尤其需要指出的是,中国政府已于2013年2月28日发布了海外投资及援建项目的环境保护指南,以规范中央政府于2000年正式确定的"走出去"战略下企业的"走出去"行为,规避在海外投资的环境及社会风险。[②]

具体来说,以下国务院及各部委发布的法规和规章直接或间接地涉及海外投资环境的保护问题:

(1)国务院《关于投资体制改革的决定》(2004年)。根据投资规模,《决定》对海外投资的核准机构进行了规定。中方投资3000万美元及以上资源

[①] China' Mining Investment in Africa offend the Interests of Foreign Investor, might be Boycott, First Financial Daily, at http://news.sohu.com/20070202/n247993255.shtm,Jun. 24, 2012.

[②] 《中国企业走出去履行企业社会责任专题新闻发布会举行》,at http://www.mofcom.gov.cn/article/i/jyjl/m/201303/20130300045788.shtml,2016年2月8日。

开发类境外投资项目由国家发改委核准。中方投资用汇额1000万美元及以上的非资源类境外投资项目由国家发改委核准。所以,我国对海外投资项目存在核准制度,核准区分资源开发类和非资源开发类,也区分投资额。此外,根据该《决定》,企业应当申请环境保护许可证,遵守环境保护要求。对企业提交的项目申请报告,是政府进行核准的内容之一。

(2)《境外投资项目核准暂行管理办法》(2014年)。《办法》规定了国家发改委核准项目的条件为:符合国家法律法规和产业政策以及境外投资政策;符合互利共赢、共同发展的原则,不危害国家主权、安全和公共利益,不违反我国缔结或参加的国际条约等。这些条件都非常宽泛,没有表明符合这些条件是只指中国还是也包括东道国,实际上,确实应该作更广义的理解。

(3)《关于鼓励和规范我国企业对外投资合作的意见》(2006年)。《意见》要求我国企业对外投资要遵守当地法律法规,坚持工程项目承包公开、公正、透明,重信守诺,履行必要的社会责任,保障当地员工合法权益,注重环境资源保护,关心和支持当地社会民生事业,维护我国的良好形象和企业的良好声誉。与只在准出阶段提出要求的法律文件不同,该《意见》首次明确地提出了对我国海外投资企业在环境和人权等社会责任方面的要求,其宗旨是维护国家和企业的声誉。

(4)《境外投资产业指导政策》(2006年)。《指导政策》强调境外投资要互利共赢,遵守当地法律法规,树立良好国际形象,并充分注意防范各类风险。在《境外投资产业指导政策》指导下制定的《境外投资产业指导目录》皆规定,根据投资对象国或地区的环境保护要求被禁止的产业和我国缔结或参加的国际条约禁止的产业属于我国禁止对外投资的产业。

(5)《中国企业境外可持续森林培育指南》和《中国企业境外森林可持续经营利用指南》(2007年、2009年)。由国家林业局和商务部组织制定,鼓励和支持中国企业在境外采取"可持续发展方式"、"保护生物多样性的方式"以及"促进社区发展的方式"在境外开展森林培育和经营利用活动。通过积极引导和规范中国企业开展境外可持续森林培育和经营活动,促进所在国森林资源的可持续发展,维护我国政府在国际上的负责任大国形象。这是中国首次对特殊行业给予政策指导,也是世界上第一个专门针对本国企业海外从事森林培育活动的管理和技术规范,使政府规范本国企业在海外按照可持续方式开展经营活动。

(6)国务院国有资产监督管理委员会《关于加强中央企业境外投资管

理有关事项的通知》(2008年)。《通知》于第4条明确要求各国有企业加强社会责任意识,成为境外投资中节约资源、保护环境的表率,"境外投资要遵守当地法律法规,尊重当地民族的风俗习惯,诚实守信,进一步增强社会责任意识,积极履行社会责任,维护国家形象"。

(7)《对外承包工程管理条例》(2008年)和《对外承包工程行业社会责任指引》(2012年)。《条例》第4条第2款要求开展对外承包工程,应当遵守工程项目所在国家或者地区的法律,注重生态环境保护,促进当地经济社会发展。为进一步规范对外承包工程企业的海外经营行为,推动企业积极履行社会责任,商务部指导中国对外承包工程商会编制了《对外承包工程行业社会责任指引》。该《指引》借鉴了联合国全球契约和ISO 26000国际社会责任标准等国际共识的核心思想,在环境保护方面,指出环境保护是企业社会责任的重要方面,并具体从环境管理、资源节约与综合利益、降污减排及生态保护等方面规定了企业的环境保护责任。

(8)《关于进一步规范我国企业对外投资合作的通知》(2008年)。作为一个部门规范性文件,其第2条规定:"深入研究并遵守所在国家的法律法规,特别是环境保护、劳动用工、出入境管理、安全生产、招标投标等方面的规定。"对于那些违反东道国法律法规,并造成严重后果的公司,"商务部、外交部、国资委将依据有关规定作出处理或处罚。商务部将依有关规定给予通报批评、警告、不予通过年审、暂停直至取消经营资格等处理或处罚。外交部将依据有关规定视情况在有关企业或主管部门的外事审批权、护照申办权或签证自办(代办)权方面作出处罚。国资委将对产生不良影响的企业和有关责任人作出相应处罚。"可见,针对中国海外投资发展过程中的环境保护问题,中国政府希望通过充分行使母国的规制权,加大对违法违规的惩处力度,来保护海外投资地环境。

(9)《境外投资管理办法》(2014年)。《办法》再次涉及对海外投资者活动的规制问题,提出企业开展境外投资应当"要求其投资的境外企业遵守投资目的地法律法规、尊重当地风俗习惯,履行社会责任,做好环境、劳工保护、企业文化建设等工作,促进与当地的融合"。而且,企业境外投资不得违反我国缔结或者参加的国际条约、协定。

(10)《对外投资合作环境保护指南》(2013年)。《指南》适用于中国企业对外投资合作活动中的环境保护,对明确、全面地指导对外投资合作企业进一步规范环境保护行为,履行环境保护社会责任,推动对外投资合作的可持续发展具有重大意义。该《指南》是第一个专门针对对外投资合作中环境保护问题的部门规范性文件,由企业自觉遵守。

以上各项法规和规章反映了中国政府已经开始关注海外投资地的环境保护问题,但这并不是穷尽性的考查,因为相关的法规、规章和政策还有很多,包括国家关于境外投资的宏观政策、关于境外投资项目的核准、境外投资企业的设立、境外投资配套政策和制度、境外投资金融支持政策,等等。这些法规和规章如果能够得到切实遵守,必将对中国的海外投资环境起到保护作用。

与奉行资本主义市场经济的国家相比,中国作为脱胎于社会主义计划经济的国家,在海外投资环境规制的法规方面是最多的。问题是:如果这些法律法规没有规定具体的环境保护标准和具体要求,在相关机构审查和批准海外投资时必然缺乏可操作性。总体上看,大部分相关政策仍只是基本的纲要,尚缺乏具体的实施细则与标准,实施过程中也还缺少信息公开、公众参与方面的考虑,因此,外界尚不清楚这些要求是否被严格执行及执行标准,不清楚环境及社会影响评价在其中所占比重及操作标准。尤其是,这些法规和规章都强调了"准出"时要遵守的环境要求,而对于投资进入到东道国后如何规制其环境影响,除了强调要遵守东道国的本地法外,并没有相关规定。以前,由于我国由商务部主管企业的海外投资,但是对于企业在海外的环境保护情况,并不太涉及;环保部主管环境工作,但是主要管辖范围为国内的生态保护,这曾使得中国海外投资的环境保护方面实际上出现一些缺乏监管的情况。不过,环保部和商务部于2013年联合发布了《对外投资合作环境保护指南》,引导和规范中国海外投资企业的环境行为,从而完全改变了这种状况。

二、母国司法规制方法

母国的法院对东道国领土内发生的环境侵权行为行使管辖权有其合法依据,即被告为母国的海外投资者,母国法院对此类案件可依国籍、住所行使属人管辖权,其管辖权的基础是诉讼当事人中有一方是母国的国民或企业。而且,此类案件大多不涉及母国法院发布的裁决在母国以外的国家得到承认和执行的问题,因此,不存在对外国国家司法主权的侵犯。母国司法机构通过受理环境受害者的诉求,能够起到间接保护海外投资环境的作用。

第六章　我国海外投资的环境保护

(一) 受害人的一般侵权跨国诉讼

有很多理论支持母公司对子公司造成的损害承担责任[①],其中尤以"刺破公司面纱"理论具有代表性。根据"刺破公司面纱"理论,虽然子公司和母公司是各自独立的法人,只要作为受害者的原告能够证明在东道国的子公司或分支机构只是母公司实现其自身利益或跨国公司整体利益的工具,实际受其支配,即可以依据"被告所在地"的管辖原则向投资者母国的法院提起一般侵权跨国诉讼。只要作为股东的海外投资者"滥用"其股东地位,很容易被要求承担其投资(多表现为子公司形式)在东道国造成的环境损害责任。需要强调的是,不管对附属公司或组织是否"实质性的拥有",只要对附属公司或组织能够"有效控制",则就可以适用"刺破公司面纱"理论。以经典的印度博帕尔(Bhopal)案为例,博帕尔惨案发生后,受害者认为,联合碳化印度公司(Union Carbide India Ltd.)只是母公司美国联合碳化公司实现整体利益的一个工具。美国联合碳化公司最终承担了其子公司联合碳化印度公司所造成的涉及环境灾难的侵权责任。[②]

在海外投资者违反环境法造成环境损害及人的生命和健康的损害后,母公司可能根据公司分立、独立承担责任抗辩以推卸责任,正如印度Bhopal案中那样,但是,揭开公司的面纱理论及其他相关理论使得这种独立责任抗辩非常没有说服力。

在Lubbe案中,原告是英国投资者在南非的石棉生产公司的受害者。这些原告主张:由于子公司已不再存在,英国投资者要对由于石棉生产给原告造成的健康和环境损害进行赔偿;由石棉生产造成的环境损害和健康损害是不可分离的,如没有回填生产石棉留下的矿坑,不仅给环境造成污染,同时造成劳动者和居民的健康损害。虽然被告以"不方便法院原则"进行管辖权抗辩,但是,英国的上诉法院认定,虽然被告可以证明南非法院是天然的法院,但是,原告却证明了,尽管存在更适合的法院的事实,但是,由于资助的问题、南非法院作出的判决在英国的执行问题,以及在南非法院得不到集体诉讼救济的问题等,只有在英国法院才能使实质正义得以伸张。结果,英国上诉法院行使了管辖权。[③] 英国上诉法院对外国环境受害者的这种友

---

① Sarah Joseph, *Transnational Human Rights Litigation*, Hart Publishing, 2004, pp.129—142.

② Bhopal Disaster, at http://en.wikipedia.org/wiki/Bhopal_disaster#cite_note-Eckerman2004-3, Jun. 24, 2012.

③ Shalk Willem Burger Lubbe et al v. Cape plc (2000) 2 L1 Rep 383.

善态度是值得称赞的,环境受害者得到了投资者母国法院的救济,对于海外投资者来说,也不能不说是一个警示。

(二)受害人的《外国人侵权求偿法案》跨国诉讼

美国1789年就出台了《外国人侵权求偿法案》(Alien Tort Claims Act,ATCA),授权联邦地区法院对于"外国人提起的任何有关违反国际法或美国所缔结条约的民事侵权诉讼"有初审管辖权。①

到目前为止,诉诸《外国人侵权求偿法案》的案件不断增加,《外国人侵权求偿法案》诉讼在保护海外投资环境中具有重要作用。因为在主要的《外国人侵权求偿法案》诉讼中,大多涉及大的跨国石油、天然气公司,涉及环境损害问题,尤其是曾有个别案件,如 Chevron 案和 Unocal 案,在《外国人侵权求偿法案》诉讼的逼迫下,通过庭外和解,受害人最终得到了赔偿②,从而间接追究了投资者的环境损害赔偿责任。

以 Wiwa 系列案③为例,该系列案直接指控的是皇家荷兰石油公司、壳牌运输与贸易公司、壳牌石油发展公司及在尼日利亚的经营者。该系列案的最初起因是由于被告在尼日利亚奥戈尼地区的石油生产造成的当地环境破坏,以及天然气燃烧和石油泄漏加重了的环境破坏。为了保存自己的生存环境,当地人民在维瓦(Wiwa)等"九君子"的领导下进行环境保护运动,但是这些运动被得到被告资助的尼日利亚政府残酷镇压,以九君子被草率处决而告终。④ 在美国联邦法院对该案的属人管辖权与属物管辖权已经不存在问题的情况下,该案于2009年6月6日以原被告双方达成庭外和解协议而结束了马拉松式的诉讼。被告承诺为尼日利亚的人权活动家提供1550万美元的赔偿。⑤ Wiwa 系列案表明,美国司法实践已经接受对严重的环境破坏行使管辖权,而且,即使是庭外和解也能间接起到保护海外投资环

---

① 二者皆指美国《法典》第28篇第1350节(28 U.S.C. § 1350)。英文条文为:"any civil action by an alien for a tort only, committed in violation of the law of nations or a treaty of the United States"。

② See Ingrid Wuerth, Wiwa v. Shell: The $15.5 Million Settlement, ASIL Insight.

③ 该系列案包括 Wiwa v. Royal Dutch/Shell (1996), Wiwa v. Anderson (2001)和 Wiwa v. Shell Nigeria(2004)。

④ 肯·萨罗·维瓦(Ken Saro Wiwa)是"奥戈尼民族生存运动"的最重要领导,他留给世人最后的一句话是:"上帝带走我的灵魂,但斗争却依旧继续",表达了环境主义者及人权卫士的斗志,at http://wiwavshell.org/, Jun. 22, 2012。

⑤ Settlement Reached in Human Rights Cases against Royal Dutch/Shell, CTR. FOR CONST. RTS., June 8, 2009, at http://wiwavshell.org/documents/Wiwa_v_Shell_agreements_and_orders.pdf, Jun. 25, 2012。

境的作用,具有提醒海外投资者重视海外环境保护的重要意义。①

需要强调的是,在美国联邦法院的《外国人侵权求偿法案》诉讼中,被告并非总是美国公司,正如早在 Filártiga v. Pea-Irala 案中,美国第二巡回区上诉法院的法官所指出的,《外国人侵权求偿法案》授予涉及违反"普遍接受的国际人权法规范,而不管当事方的国籍"的民事求偿管辖权。② 不过,一般来说,需要被告是美国公司或在美国有营业的跨国公司,例如,Wiwa 案中,上诉法院即指出被告在美国纽约拥有办公室是法院行使属人管辖权的依据。所以,这并不是什么不容易具备的条件,根据《2011 年度中国对外直接投资统计公报》,现在很多中国的跨国公司在美国有营业。随着中国海外投资者在美国的投资日益增加,中国的海外投资者成为《外国人侵权求偿法案》被告的可能性也越来越大。

中国海洋石油总公司在全球发展战略的指引下,不仅在非洲、亚洲和拉丁美洲均有投资,在美国也建立了全资拥有的美国海洋石油有限责任公司。③ 而在缅甸,中国海洋石油总公司则被指滥用人权和污染环境。④ 在这种情况下,不是没有被受害人依《外国人侵权求偿法案》诉诸美国联邦法院的可能性。

海外投资者的环境保护义务已远远超出了道德义务的范畴。立法和司法实践表明,海外投资者已经承担了一些环境保护的法律义务,并且将承担越来越多的相关法律义务。⑤ 道德义务不以违法为要件,也并非通过国家强制力实现,而是由社会成员通过社会伦理价值进行评价,通过社会舆论影响,使主体因其违反道德的行为蒙受一定的损失。而法律义务是指必须承担的、法定化的,并以国家强制力为履行保障的责任,不履行的后果是承担不利的法律后果。⑥ 如果海外投资者违反了环境保护义务,对东道国民众造

---

① Xiuli Han, ATCA as an Avenue of Overseas Environmental Protection and Its Implication to China's Overseas Investors, *Frontiers of Law in China*, 2011, Vol. 6, No. 2, pp. 219—240; Xiuli Han, The Wiwa Cases, *Chinese Journal of International Law*, 2010, Vol. 9, pp. 433—449.

② Filártiga v. Peña-Irala, 630 F. 2d 876, 878 (2d Cir. 1980).

③ See Bloomberg, China's CNOOC Buys Bridas Stake for $3.1 Billion to Gain Fields, March 14, 2010.

④ See China's Oil & Gas Giants in Burma: Risks and Impacts from the Activities of CNOOC Ltd. and the China National Petroleum Corporation in Burma, at http://arakanoilwatch.org/?p=577, Jun. 24, 2012.

⑤ 根据 1980 年的《国家责任条款草案》第 19 条第 3 款 d 项,1992 年的《里约环境与发展宣言》等,蒂莫西·希利尔指出国际社会确实认为环境保护这一义务是强行性规范。〔英〕蒂莫西·希利尔:《国际公法原理》,曲波译,中国人民大学出版社 2006 年版,第 310 页。

⑥ 王灿发:《环境法学教程》,中国政法大学出版社 1997 年版,第 117 页。

成损害,对于环境受害人来说,如果海外投资者在东道国设立的分支机构仍继续存在,受害者可以直接通过东道国的行政或司法途径要求其承担责任。然而,如果该机构无力赔偿或者该机构已撤出东道国,受害人也可能选择到母公司所属国的法院进行诉讼。在美国,还存在各国海外投资者都可能成为被告的《外国人侵权求偿法案》诉讼这种特殊的救济方式。虽然此类诉讼经常遭遇不方便法院管辖权原则的限制,但受害者还是可能通过诉讼或庭外和解的方式得到救济。而通过侵权诉讼使海外投资者承担民事责任,能够间接起到环境保护的作用。

(三) 中国适用于海外投资环境侵权诉讼的国际私法制度

一旦环境灾难和争端发生,受害者在哪个国家的法院寻求救济,于是便产生了国际私法中的管辖权和法律适用问题。在涉及中国海外投资者的环境侵权诉讼中,一方面,受害者可能选择在东道国法院提起诉讼。接下来的问题就是,当裁决需要在中国执行时,中国的法院是否会承认和执行外国法院的裁决? 目前,中国承认和执行外国司法判决的司法协助条约还比较少[①],根据互惠原则承认与执行外国司法判决更是不稳定和有困难的,承认和执行外国司法裁决的情况极少。所以,如果是一个东道国的环境损害侵权裁决,得到中国法院承认和执行的可能性尚不确定。另一方面,受害者可能选择在中国的法院进行诉讼。或者因为东道国的赔偿标准相对较低,或者因为东道国政府与外国投资者之间往往具有共同利益,导致东道国政府给予外国投资者更多庇护,在这种情况下,寻求本国行政和司法救济比较困难[②]。

中国《公司法》第 20 条第 1 款和第 3 款反映了"揭开公司面纱"理论,如果位于中国的母公司对环境损害负有责任,就可能在中国法院成为被告,承担连带责任。然而,根据中国《民事诉讼法》第 28 条,因侵权行为提起的诉讼,由侵权行为地或者被告住所地人民法院管辖。根据本条规定,侵权行为发生后,受害人既可以向侵权行为地人民法院起诉,也可以向被告住所地人民

---

① 在北大法宝数据库中,笔者搜索到,至 2012 年 12 月 23 日,中国与外国缔结的涉及民商事事项的司法协助条约有 36 个。与世界上近 200 个国家的数字及中国的众多海外投资国相比,这肯定是少数。为了更好地承认和执行外国法院的判决,中国应当增加与外国缔结民事司法协助条约。其实,这对于中国自身判决的承认和执行来说也是很有必要的。前几年,外资的非正常撤离已经凸显了司法协助条约对于我国法院判决能否在国外得到执行具有重要意义。

② See Scott Dolezal, the Systematic Failure to Interpret Article IV of the International Covenant on Civil and Political Rights: Is There a Public Emergency in Nigeria? *American University International Law Review*, Vol. 15, 2000, pp. 1191—1193.

民法院起诉。而且,最高人民法院的司法解释曾明确指出,人民法院不得无故放弃管辖权。① 然而,尽管中国立法中没有关于不方便法院的明确规定,但中国法院已经作出过适用这一原则的判决。不方便法院原则的适用成为跨国民事诉讼的重大障碍,因为如果法院认为法院地对于当事方来说明显是不方便的,则可以驳回或中止案件。2015 年最高人民法院《关于适用〈中华人民共和国民事诉讼法〉的解释》第 532 条明确规定了我国法院可以适用不方便法院原则的情形。不方便法院原则的适用使国外的环境受害者诉诸中国法院具有很大的不确定性。在南部非洲发展共同体的 BIT 范本中,已经对此不方便法院问题进行了关注。根据该范本,对于投资者在母国作出的与其投资有关的行为、决定或不作为,如果在东道国导致了重大损害或人身伤亡,投资者要受其母国的民事司法程序约束。母国应当确保其法律制度和规则能够为受害者或不阻碍受害者利用其司法程序要求投资者及其投资承担民事赔偿责任,尤其强调案件应得到实质审理,从而排除了母国以不方便法院为由驳回受害者求偿的做法。② 回顾美国的实践,涉及海外环境损害的请求多被美国法院以不方便法院理由驳回③,严重损害了请求者的利益和美国的形象。

总之,一方面,通过母国的司法渠道能够间接起到保护海外投资环境的作用,使投资者对恣意损害有所顾忌。但另一方面,母国往往以不方便法院为由拒绝行使管辖权。因此,需要期待母国能够有更大意愿来保护受害人的利益。

三、母国通过银行、保险机构和证券交易所的规制方法

(一)银行

就银行业而言,2009 年 1 月 12 日,中国银行业协会④发布了《中国银行业金融机构企业社会责任指引》,在该指引第四章专门规定了金融机构应该承担的环境责任。《指引》要求金融机构支持经济、社会和环境的可持续发

---

① 最高人民法院《关于审理和执行涉外民商事案件应当注意的几个问题的通知》(2000 年 4 月 17 日),法[2000]51 号。

② SADC Model Bilateral Investment Treaty Template with Commentary,July 2012,Article 17,at http://www.iisd.org/itn/wp-content/uploads/2012/10/SADC-Model-BIT-Template-Final.pdf,Dec. 7,2012.

③ Supreme Court Asked to Stop Abuse of Alien Tort Statute,International Chamber of Commerce,January 26,2004.

④ 中国银行业协会是中国银行业自律组织。该协会是由中华人民共和国境内注册的各商业银行、政策性银行自愿组成的非营利性社会团体,中国银行业监督管理委员会是其主管单位。

展,尤其提出积极参考借鉴赤道原则。① 银行业金融机构应组建专门机构或者指定有关部门负责环境保护,配备必要的专职和兼职人员。银行业金融机构应通过信贷等金融工具支持客户节约资源、保护环境。此外,还倡导独立对融资项目的环境影响进行现场调查、审核。②

此前,在中国众多的银行业金融机构中,只有国家开发银行有独立的环境标准,中国进出口银行阐述了自己的环境政策,上海银行和中国招商银行与联合国环境规划署签署了环境保护与可持续发展宣言,而只有兴业银行(Industrial Bank Co., Ltd)于2008年10月31日宣布采用赤道原则③,主要的国有四大商业银行在环境保护方面还没有什么举措和作为。因此,这一行业规定的发布对于推动中国银行业参与环境保护具有重要意义,它也表明中国银行业已经开始重视环境保护。但另一方面,这一行业规定只适用于国内融资还是也适用于海外投资贷款则并不明确,而且,该行业规定非常简单,可操作性较差。但是,笔者认为,这一行业规定若只适用于国内融资显然不合理,可持续融资无疑是中国银行业的发展方向。

海外投资者,尤其是需要巨大资金投入的海外投资者通常需要母国银行的贷款,以资金融通为职能,以经济效益最大化为宗旨的银行也非常重视这类银行贷款。然而,如果不对那些可能对环境造成重大影响甚至损害的项目进行环境风险评估,从而确定是否放贷及放贷的条件,而是盲目放贷,则银行的经济利益不一定能够最终得以实现。所以,作为自负盈亏的银行,有理由有动力遵循管理环境和社会风险的赤道原则,考虑贷款项目可能对环境造成的影响,从而对贷款进行理性决策。如果一个项目不符合赤道原则所规定的标准,就应该拒绝放贷,这既实现了自身规避风险,同时也实现了维护东道国环境的目的。可见,银行采用赤道原则,能够起到监督和筛选海外投资项目的过滤作用,为维护东道国及其人民的利益提供保护屏障。

鉴于赤道原则的自愿性,投资者母国当然没有权力要求其银行必须采用这一原则,但母国应该大力"鼓吹"和推介,使其银行的行为逐渐向赤道原则靠拢,并最终自愿接受和采用这一原则。

---

① About the Equator Principles, at http://www.equator-principles.com/index.php/about-the-equator-principles, May 24, 2012.

② 中国银行业协会:《中国银行业金融机构企业社会责任指引》,北大法宝数据库,引证码 CLI.6.112362,2012年5月25日。

③ The Equator Principles, at http://www.equator-principles.com/index.shtml, Jun. 23, 2010.

第六章　我国海外投资的环境保护

兴业银行是目前为止中国唯一采用赤道原则的银行,而目前全球已有83个承诺采纳赤道原则的金融机构,包含了全球主要的金融机构。① 在这种情况下,除非中国的银行业能够自己制定行业标准,否则,参加业已成熟的世界银行业行为标准是参与全球竞争的必然选择。

实际上,现在世界上还有其他的银行业行为标准正在发展之中,如气候原则(Climate Principles),其主要旨在促使投资者了解如何将气候变迁与气候政策带来的风险最小化,鼓励这些投资者改善其治理方式,并说明气候的风险与商机。②

此外,由国际标准化组织(ISO)制定的 ISO26000 标准也为银行企业自身社会责任的实践提供了科学详尽的指引。2010 年 11 月,国际标准化组织正式发布 ISO26000《社会责任指南》,该《指南》强调企业经济、社会和环境三维的可持续发展,并非像赤道原则那样仅针对银行业项目融资涉及的企业社会责任。ISO26000 标准中的环境部分条款,对环境保护提出了较高要求。③ 虽然我国银行业目前引入这些标准还有困难,但通过引进 ISO26000 标准中目前可供我国银行业吸取的有关环境保护的理念和制度来完善我国银行业的社会责任,无疑是正确的选择。国际标准化组织不是政府机关,其制定的 ISO26000 标准最多也只具有软法性质,ISO26000 明确表明自己是不用于认证目的,自愿性的,适用于所有社会组织的指导性文件。但鉴于国际标准化组织的特殊地位,可以预见,其将来很可能会像国际标准化组织的其他认证标准一样,发展为具有强制性的标准。④

还有,中国有的银行虽然没有采用赤道原则或 ISO26000,但加入了联合国"全球契约"计划,并且有自己的环境政策。例如,国家开发银行就是典型的例子。国家开发银行于 2006 年加入联合国全球契约,是中国首家加入联合国全球契约的国有银行。2007 年开始,国家开发银行在其年报、社会责任报告和网站中就有环境政策和管理的信息,并有其自己的环境政策。在其社会责任报告中,与全球契约的十项原则相对照,列出其年度行动绩

---

① Members & Reporting, at http://www.equator-principles.com/index.php/members-reporting, Feb. 9, 2016.
② The Climate Principles, at http://www.theclimategroup.org/programs/the-climate-principles/, May 24, 2012.
③ 李伟阳、肖红军:《ISO26000 的逻辑:社会责任国际标准深层解读》,经济管理出版社 2011 年版。
④ ISO 26000-Social responsibility, at http://www.iso.org/iso/social_responsibility, Jun. 27, 2012.

效。并且,先后发布了几个指导性文件来指导其贷款实践。在其 2007 年社会责任报告中指出,把环境保护全面融入信贷业务流程,确保融资支持的所有建设项目都符合环境保护的要求。具体包括:客户准入评审、贷前环境评审和贷后环境监控。①

笔者认为,银行对作为投资者的借款人的规制在某种程度上比来自政府的规制更加有力。2006 年,中国进出口银行同意为莫桑比克的姆潘达·恩库瓦(Mphanda Nkuwa)大坝项目提供贷款,但姆潘达·恩库瓦水电站项目引起莫桑比克环保组织的关注,并针对中国进出口银行进行游说工作,试图阻止其融资过程。也许正是由于该项目的影响,中国进出口银行于 2007 年发布了《中国进出口银行贷款项目环境与社会影响评估指南》,该《指南》要求借款人遵守东道国的法律和法规,并详述了对海外项目进行社会和环境评估的要求。此外,中国铝业有限公司的秘鲁特罗莫克铜矿之所以在履行秘鲁环境法方面做得好的原因之一,据说是因为其获得了中国进出口银行的 210 亿美元的贷款,从而必须符合其规定的贷款标准。②

然而,有的中国银行没有意识到中国海外投资的环境风险。埃塞俄比亚的吉布 3 号(Gibe III)大坝是最受争议的水坝项目之一,据称将严重破坏当地的生态系统。因此,世界银行和其他金融机构,包括外国银行,没有一家参与到该大坝项目中。然而,中国工商银行却于 2010 年 7 月决定发放 5 亿美元的贷款用于吉布 3 号大坝施工的设备。这是该项目首次申请到外国金融机构的资助,然而,却遭到了受影响居民及非政府组织的强烈抗议,对中国工商银行及中国政府的形象都产生了负面影响。

无论如何,银行业在环境保护包括海外投资环境保护中的作用日益受到重视。2012 年 2 月,中国银监会印发了《绿色信贷指引》,其第 21 条提到了覆盖海外投资业务。《绿色信贷指引》强调有效控制环境和社会风险,要求银行业金融机构重点关注其客户及其重要关联方在建设、生产、经营活动中可能给环境和社会带来的危害及相关风险,包括与耗能、污染、土地、健康、安全、移民安置、生态保护、气候变化等有关的环境与社会问题。《绿色信贷指引》还强调在授信流程中强化环境和社会风险管理,要求银行业金融

---

① China Development Bank Social Responsibility Report, at http://www.cdb.com.cn/web/Column.asp? ColumnId=77, Dec. 1, 2012.

② Barbara Kotschwar, Theodore H. Moran, Julia Muir, Chinese Investment in Latin American Resources: The Good, the Bad, and the Ugly, Working Paper, Peterson Institute for International Economics, February 2012, p.17.

机构通过加强授信尽职调查、严格合规审查、制定合规风险审查清单、加强信贷资金拨付管理和贷后管理,从贷前、贷中和贷后三个方面加强对环境和社会风险的管理。① 可以说,在银行业参与环境保护方面,该《指引》是到目前为止最为全面和完善的,但其性质仍然是指导性的。如果各银行金融机构能够提高管理能力,认真贯彻执行,如果银监会能够发挥实质性的监督作用,其对于中国海外投资的环境保护应该能够起到直接的积极作用。

(二)保险机构

海外投资保险制度是指资本输出国政府对本国海外投资者在东道国进行投资时可能遇到的政治风险提供保险,投资者向本国投资保险机构投保后,若承保的政治风险发生并导致海外投资者遭受损失,则由国内保险机构补偿其损失的制度。② 海外投资保险制度是资本输出国保护与鼓励本国私人海外投资的重要国内法制度。

很多国家的海外投资保险公司,无论是官方的还是准官方的,或者是商业性质的,在承保条件中都有环境保护的规定。以美国海外私人投资公司为例,作为美国政府机构,其任务是通过承保美国公司新的海外投资可能面临的政治风险,以帮助和促进美国公司进行海外投资。1998年,美国海外私人投资公司发布了环境手册,规定了其用于未来及现行投资的环境标准、评估和监管程序指南。③ 美国海外私人投资公司承保的所有项目必须遵守东道国环境法规,大多数活动必须坚持世界银行的环境标准。而且,根据美国国内法,美国海外私人投资公司进行环境评估的结果公众可以获得。凡对环境有较大影响的投资项目,美国海外私人投资公司将拒绝予以承保。尤其是,美国海外私人投资公司对承保项目的环境监管是持续性的。在实践中,美国海外私人投资公司曾取消了其与弗里波特·麦克莫兰(Freeport McMoran)关于在印度尼西亚的伊里安查亚采矿业务的保险合同,原因即在于采矿业务造成了环境危害。④

近年来,中国出口信用保险公司作为海外投资的承保机构已经承保了

---

① 中国银行业监督管理委员会:《绿色信贷指引》(2012年2月24日),at http://www.cbrc.gov.cn/chinese/home/docDOC_ReadView/127DE230BC31468B9329EFB01AF78BD4.html,2013年4月9日。

② 余劲松、吴志攀:《国际经济法》,北京大学出版社、高等教育出版社2000年版,第273页;余劲松:《国际投资法》,法律出版社2003年版,第185页。

③ 62 Fed. Reg. 5646, Feb. 6, 1997.

④ C. A. Petsonk, In Search of a Compass: Ethical Principles for Environmental Law and Development, *Stanford Environmental Law Journal*, Vol. 15, 1996, Forward.

多项海外投资,为中国的海外投资规避政治风险提供了保障。投资承保的风险包括汇兑限制、征收、战争及政治暴乱、政府违约、承租人违约等。因此,对于海外投资中面临的环境规制风险,海外投资者可以向我国海外投资保险机构投保征收险,从而规避环境规制风险。

中国出口信用保险公司是中国唯一的官方海外投资保险机构,其海外投资保险支持和鼓励中国企业和金融机构进行海外投资,其投资保险项目主要分布在能源、矿产、电力等行业。① 然而,遍查中国出口信用保险公司的官方网站,对于其承保的项目,却未见有相关的环境标准、评估和监管程序。也许是因为投资保险尚属新生业务,但无论如何,中国出口信用保险公司在其所有海外投资保险业务中,可借鉴发达国家海外投资保险机构的经验,切实考虑环境方面的标准和要求。

(三)证券交易所

美国的证券监督管理机构存在这样的实践,即要求在美国证券市场上市的投资者全面披露其投资面临的环境和社会风险。② 从而,如果中国的海外投资者在美国证券市场上市,则美国的证券交易管理委员会能够对中国的海外投资者起到规制作用。美国 2010 年 7 月 21 日通过的《多德·弗兰克华尔街改革与消费者保护法》③要求在纽约证券交易所上市的石油、天然气和矿产公司必须就其给东道国政府的支付进行汇报,据认为,这是良好治理、减少贫困和获得健康的环境,从而实现可持续发展的必备前提。④ 虽然该法针对的主要是美国的海外投资者,但笔者也注意到,中国海洋石油有限公司即是在美国纽约证券交易所上市的公司,并且在美国证券交易委员会注册,在美国进行交易,每年要向美国证券交易委员会提交年度报告。此外,中国石油化工股份公司、中国石油天然气股份有限公司、兖州煤业股份有限公司、中国石化上海石油化工股份有限公司、中国铝业股份有限公司等

---

① 中国出口信用保险公司 2010 年度报告,at http://www.sinosure.com.cn/sinosure/gywm/xbkw/gsnb/images/20110913/24381.pdf,2012 年 4 月 27 日。
② Friends of the Earth, FOE and Peruvian Allies Call on Zijin Mining Company to Come Clean, at http://www.foe.org/news/blog/2011-03-foe-and-peruvian-allies-call-on-zijin-mining-company, May 19, 2012.
③ Dodd-Frank Wall Street Reform and Consumer Protection Act,12 USC 5301, 124 STAT, 1376.
④ Lisa Sachs, Shefa Siegel, Openness in Extraction, at http://www.project-syndicate.org/online-commentary/openness-in-extraction, Jun. 6, 2012.

第六章　我国海外投资的环境保护

公司皆是在纽约证券交易所上市的中国公司①,其行为必将受《多德·弗兰克华尔街改革与消费者保护法》约束。而且,将来,美国证券交易委员会实施该法的具体规则可能要求就合同到收入管理的各个方面,以及环境承诺进行全面披露。

通过证券交易所的监督作用,促进负责任的投资和可持续发展似乎已是一种趋势。2012年6月19日,共拥有超过4600家上市公司的全球5家证券交易所,正式签署了"可持续证券交易倡议",承诺在交易活动中注重环境保护,提倡长期可持续的投资。这些证券交易所会考虑上市公司的社会和环境影响,帮助上市公司作出对社会负责任的决定。②

深圳证券交易所于2006年9月25日发布了《上市公司社会责任指引》,将社会责任引入上市公司,鼓励上市公司积极履行社会责任,自愿披露社会责任的相关制度建设。在环境保护与可持续发展方面,要求上市公司应当根据其对环境的影响程度制定整体环境保护政策,指派具体人员负责公司环境保护体系的建立、实施、保持和改进,并为环保工作提供必要的人力、物力以及技术和财力支持。2010年7月28日,《深圳证券交易所主板上市公司规范运作指引》及《深圳证券交易所中小企业板上市公司规范运作指引》以社会责任专章取代了《上市公司社会责任指引》。除上述规定外,还要求上市公司积极从事环境保护,定期指派专人检查环保政策的实施情况,对不符合公司环境保护政策的行为应当予以纠正,并采取相应补救措施。上市公司可将社会责任报告与年度报告同时对外披露。社会责任报告的内容应包括环境污染方面的社会责任制度的建设和执行情况。

上海证券交易所也已经于2008年5月14日发布了《上海证券交易所上市公司环境信息披露指引》,敦促上市公司遵守该指引。在发布指引的通知中,强调了上市公司"应增强作为社会成员的责任意识,在追求自身经济效益、保护股东利益的同时,重视公司对利益相关方、社会、环境保护、资源利用等方面的非商业贡献"。同时,强调"有效保护环境的技术投入及研发计划",提倡公司在年度社会责任报告中披露每股社会贡献值,但要扣除因环境污染造成的社会成本。公司的年度社会责任报告必须包括公司在促进

---

① 纽约证券交易所中国上市公司名单,截止日期为2011年8月1日,at http://us.mofcom.gov.cn/aarticle/subject/investguide/lanmuthree/201201/20120107934573.html, Jun. 6, 2012.

② Exchanges Listing over 4600 Companies Commit to Promoting Sustainability, at http://www.unpri.org/news/20120618%20-%20SSE%20Announcement%20Rio.pdf, Jun. 24, 2012.

环境及生态可持续发展方面的工作。上市公司发生某些与环境保护相关的重大事件,且可能对其股票及衍生品种交易价格产生较大影响的,必须进行披露;对上市公司应披露的环境信息进行了列举;对不能按规定要求披露相关环境信息的,上海证券交易所会对公司及相关责任人员采取相应的惩戒措施。① 基于此,在上海证券交易所上市的公司对其海外投资的环境保护重大事件及环境信息应予以披露。

值得注意的是,实践中,中国的银行、证券和保险机构已经通过许可和汇报制度,建立了追踪海外投资者的投资与活动的制度。然而,整体上说,中国的银行、证券和保险机构仍然普遍缺乏对海外投资的环境保护和政策,海外环境保护不严格,不同步。② 尽管银行、证券、保险公司自身也存在行为守则或要求,但由于缺乏实施和监督,很多时候成为宣示性条款。但是,应该看到,银行、证券和保险机构对负面公众效应的顾忌。③ 而且,也应该看到,银行、证券和保险机构是海外投资者需要依赖的中介机构,它们对海外投资在环境保护方面的规制作用更有效,也需要加强。

四、我国海外投资环境保护的国内法制构想

UNCTAD 提出母国应当监督和规制其海外投资者。基于管辖权,母国可能有责任监督海外投资者,以确保其投资的经营与较广泛的社会和公共利益相一致,并确保这些投资者有机会和有动力从事那些促进较不发达东道国可持续发展的投资。④ 笔者强烈支持这一观点,尽管这种法律制度在发达国家很少存在,但中国可以为这些国家树立榜样,中国作为母国至少应该对海外投资环境保护起监督作用。

在国内法方面,中国已经有了一个针对性很强的海外投资环境保护指南,即《对外投资合作环境保护指南》,也有了众多法规、规章和政策。将来还应制定《海外投资法》(其中要规定海外投资环境保护问题)。不管称谓如何,最重要的是其将具有法律约束力。笔者建议,以最小化环境负面影响,

---

① 《上海证券交易所上市公司环境披露指引》,at http://www.sse.com.cn/cs/zhs/xxfw/fl-gz/rules/sserules/sseruler20080514a.pdf,2012 年 6 月 9 日。

② China's Overseas Environmental Problems Cause Domestic Concern, at http://globalcompactcritics.blogspot.com/2008/09/chinas-overseas-environmental-problems.html, Jun. 23, 2010.

③ Emeka A. Duruigbo, *Multinational Corporations and International Law: Accountability and Compliance Issues in the Petroleum Industry*, Transnational Publishers, 2003, pp.122—125.

④ UNCTAD, World Investment Report 2003, FDI Policies for Development: National and International Perspectives, United Nations, New York and Geneva, 2003, Ch. VI.

第六章　我国海外投资的环境保护

支持可持续发展为出发点,未来《海外投资法》有关环境保护部分的内容至少应包括以下几方面:

(1) 环境保护行政主管部门的审批和监管义务。我国的《环境影响评价法》已于 2003 年 9 月 1 日起施行,但其适用范围并不涵盖海外投资。环境影响评价是海外投资环境保护的最关键一环,因此,未来《海外投资法》要规定海外投资者要遵守东道国的环境影响评价法律的有关规定。对于可能会产生重大环境影响的项目,如果东道国没有相关的法律法规,或要求较低,可类推适用《环境影响评价法》的相关规定,并可借鉴联合国环境规划署的《环境影响评价目标和原则》的规定,发挥我国环境保护行政主管部门的审批和监管作用,《环境影响评价目标和原则》规定:"在早期阶段,国家(包括其有权机构)在事先考虑环境影响之前不应当从事或授权任何活动。当拟议活动的范围、性质和区位有可能产生重大环境影响时,必须进行全面的环境影响评价。"①

在国际环境法中,已经有大量的关于环境影响评价的文献,包括《里约环境与发展宣言》第 17 项原则、《联合国海洋法公约》第 204 条至第 206 条、《气候变化公约》第 4 条第 1 款 f 项。据此,一方面,国家应对重大海外投资的环境影响进行评估,另一方面,对不能证明其分析了环境影响和资源消费的重大海外投资,应不予核准。

需要补充的是,此处的环境影响评价不仅仅应该限于投资者进行海外投资时,而应该是系统性的、连续性的。在海外投资经营过程中,也应该存在环境影响的跟踪评价。②

(2) 实施投资项目透明度原则。法规或法律应当强调投资者对投资的

---

① UNEP, Goals and Principles of Environmental Impact Assessment, January 16, 1987, Principle 1.
② 例如,始建于 2003 年、建成于 2010 年的苏丹麦洛维水坝,是世界上最长的大坝和非洲最大的水利枢纽工程。中国进出口银行是大坝的最大贷款方,为项目提供资金 6.08 亿美元。中国水利水电集团和中国水利电力对外公司组建的 CCMDJV 联营体是大坝的承建方。2006 年,瑞士联邦水质科学研究所(Eawag)和联合国环境规划署(UNEP)分别对麦洛维大坝的环境影响进行了评价。双方一致认为,麦洛维大坝带来的淤泥损失、河岸侵蚀和生物多样性丧失等问题将对苏丹北部尼罗河河谷地区造成重大的环境和生态影响,但麦洛维大坝的环境影响评价报告却忽略了这些问题。采取较高环境标准的瑞士联邦水质科学研究所和联合国环境规划署的报告公布之后,作为大坝主要贷款方和承建方的中国进出口银行和中水电饱受批评,中国企业和国家形象因此而严重受损。类似事例还包括,由中国电力投资集团、缅甸第一电力部、缅甸亚洲世界公司共同投资的密松水电站,以及塞拉利昂颁布木材出口禁令等。参见任鹏、朱蓉:《缺失责任感的海外投资》,载《青海科技》2012 年第 1 期,第 23 页。

项目信息披露和报告义务(涉及商业秘密除外),这是项目透明度原则的基本要求。一项具有严重环境污染的项目是否应当被接受及是否应当继续存在是一个公共决策问题,有必要参考公众意见。东道国公众最有权利在环境污染与经济发展之中作出最后抉择。对此,全球报告倡议组织的实践和方法值得研究。作为《全球报告倡议组织报告》框架基石的《可持续报告指南》公布了衡量和报告环境绩效的原则和指标。① 所不同的是,笔者建议的报告应该是向中国政府和东道国及其人民的报告。此项报告义务也是连续性的。②

(3) 建立国家联系点制度。国家联系点(National Contact Point, NCPs)制度曾是一项被经济合作与发展组织国家证明行之有效的征税方法。在《经济合作与发展组织跨国公司指南》中也包含联系点制度,使其得到更全面的适用。联系点制度是《经济合作与发展组织跨国公司指南》中包含的原则和标准的实施程序,即在所有签字国建立联系点,而且,在联系点建立处涉及跨国公司不当行为申诉的调解机制。《经济合作与发展组织跨国公司指南》试图实现跨国公司与东道国的利益平衡,认为东道国给予跨国公司以国民待遇,而跨国公司应以负责任的社会行为予以回报。在海外投资环境保护方面,笔者认为可以借鉴这一做法,即在海外投资国建立联系点,以调查申诉者指称的有关投资造成的环境问题或对环境法的违反。而且,即使这些海外投资者不是在依其法律成立的国家所造成的污染,同样可以被投诉到这些联系点。联系点还应承担一些宣传工作并每年向中国政府汇报联系点的工作。

(4) 规定多重环境标准,以高者为准。基于属地管辖原则,海外投资者应当遵守东道国的环境标准是毋庸置疑的,这也得到了中国涉及海外投资的行政法规和规章的强调。然而,正如前文提及的,由于一些发展中国家的东道国可能竞相吸引外资,为了经济利益,环境保护标准不高或得不到执行。所以,笔者建议,应当规定海外投资者要遵从多重环境标准,包括东道国标准,母国标准和国际标准,以高者为准,以避免"竞争到底线"的问题。其实,《主权财富基金普遍接受的原则和实践》即采用多重标准的做法,规定

---

① Global Reporting Initiative, at http://www.globalreporting.org/Home, Jun. 23, 2010.
② 例如,对于被缅甸政府搁置的缅甸密松水电项目,缺乏透明度是其遭到当地民众和非政府组织反对的最大理由,非政府组织"国际地球权益"2007年9月的报告认为,中国政府在缅甸的投资活动在很大程度上是不透明的,环境影响评价方面的信息则处于未公开状态。参见张萍:《中国企业对外投资的政治风险及管理研究》,上海社会科学院出版社2012年版,第73页。

第六章 我国海外投资的环境保护

主权财富基金必须同时遵守母国和其投资的国家可适用的规制和披露要求。[①]

（5）直接规定银行和保险公司对其海外投资客户进行环境评价和监管义务。直接规定银行和保险公司对其海外投资客户进行环境监管的义务可以避免目前银行和保险公司各行其是，大多数仍未有对海外投资环境保护要求的情况。对此，世界银行集团、欧洲复兴和开发银行、亚洲开发银行、非洲开发银行及美洲开发银行都有相关的环境标准和实践，需要加以研究。值得注意的是，除了多边投资担保机构，包括美国海外私人投资公司在内的一些发达国家的官方海外投资保险制度，都已将承保的适格投资与环境保护、劳工标准等社会问题挂钩。虽然从短期来看，这种做法可能会影响和阻碍本国的海外投资，并可能导致介入东道国的社会问题，但从长期来看，这对各方面都是有利的。

当然，详细的绿色贷款或绿色保险的条款还是应当由银行和保险公司根据国际上的先进做法，并结合实际情况自己来制定。需要强调的是，多边投资担保机构这样的国际投资担保机构也可以为我国海外投资者所用。

企业是海外投资的微观主体，受政府的政策引导，由于投资海外资源的企业以国有企业为主，则政府政策引导作用力更强。鉴于此，结合前文海外投资环境保护的政治、经济和伦理分析，笔者建议尽快出台国家层面的《海外投资法》。

总体上说，《海外投资法》应将目前国家发改委、商务部、国资委、外汇管理局等部门分散制定的部门规章加以统一、协调，明确海外投资决策机制、海外投资监管机制、海外投资考核机制。其次，要将现行的投资进入期管理向后延伸到运营期管理和退出期管理，从而对海外投资进行全面管理。再次，对海外投资应改变现行的规模、数量追求型考核机制，建立投资效率、质量追求型的考核机制。另外，国家应及时总结企业海外投资经验，逐步制定和完善《海外投资法实施细则》等具有可操作性、实用性的配套法律。

另外，还应出台《海外投资保险法》，也以全国人大立法的形式完成，主要针对企业无力对抗的东道国政治风险。根据目前国际上的通行做法，本国海外投资保险公司主要保护在本国成立或者由本国国民控制的海外投资者。应由中国出口信用保险公司作为我国的准官方海外投资政治风险承保

[①] Sovereign Wealth Funds Generally Accepted Principles and Practices "Santiageo Principles", October 2008.

机构,促进我国的海外投资。在环境方面,美国的海外私人投资公司有自己的环境手册,并且不定期地进行更新,规定适用于现行及未来投资的环境标准、评估和监管程序等。其中,环境标准兼顾东道国和世界银行的环境标准,环境评估结果是透明的,向公众公开,环境监管是持续的。对于那些环境风险过大的项目则不予承保。在承保的政治风险中,环境风险包括在征收险中,只包括东道国不合法或不适当地以环境保护为由对投资进行的干涉。此外,美国海外私人投资公司针对环境风险较高的投资还开发了新的保险产品,如石油、天然气保险,以及除石油和天然气之外的自然资源保险。美国海外私人投资公司积累的丰富经验值得借鉴和学习。我国未来的《海外投资保险法》应鼓励海外投资者向中国出口信用保险公司购买海外投资政治险。海外投资者要遵守中国出口信用保险公司的环境标准和环境监管等要求。若发生保险事故,应由中国出口信用保险公司先行赔付海外投资者,此后,中国出口信用保险公司可以代位行使追索权。目前,中国签订的BITs基本都包括了政治风险投资及代位的规定,为建立海外投资保险制度提供了制度基础。实际上,国家发改委与中国出口信用保险公司已于2005年联合发布了《关于建立境外投资重点项目风险保障机制有关问题的通知》,虽然该《通知》主要体现政策导向性,无法律强制力,对风险发生后的政策安排亦没有明确,实施起来效果有限。但这种宏观上的制度安排与微观上的制度尝试,已为海外投资保险法的制定铺平了道路。①

第三节 投资者自我规制方法

投资者既是环境问题的主要制造者,也是环境治理的重要主体。投资者的环境责任源于其社会责任,是社会对投资者所寄托的环境保护方面的期望,是社会希望投资者予以履行的义务。社会期望投资者在谋求自身利益及其股东利益的同时,兼顾当地社区的环境保护需要,从而协调其生产经营活动与自然环境以及与当地社区的关系,从而实现各方的可持续发展。

对于作为主要投资者的跨国公司的国际法主体地位,向来是个争议话题,至今未有定论。传统上,一些西方学者支持跨国公司的国际法主体地位,其依据之一是跨国公司在国际投资仲裁庭的诉讼主体资格。然而,中国学者则对跨国公司的国际法人格予以否认。因此,有学者中性地称跨国公

---

① 梁将:《中国企业海外资源性投资损失原因探析及对策》,载《亚太经济》2012年第1期。

司为国际法中的非国家行为体。① 但有一点则已达成共识,即跨国公司也应当承担一定的国际法义务,包括尊重人权、保护环境等。而这也并不一定意味着跨国公司就是国际法主体,或者说,跨国公司承担国际法义务并不以其是国际法主体为前提。也许由于对于跨国公司是否是国际法主体有争议,以及利益使然,国际上有关规制投资者行为的文件大多是自愿性的,IIAs 中直接规定投资者责任的实践还处于初步尝试阶段。所以,在很长一段时间内,最根本的办法还是要依靠投资者的自我管理,而作为一个谋求长远发展的投资者,也应该有能力进行自我规制。投资者的自我规制和国家的法律规制应被视为是相互补充的关系②,因此可以推理,环境保护是国家和投资者的共同责任。

一、通过行为守则自我规制

虽然 IIAs 中有纳入投资者社会责任的迹象和趋势,但现今的投资者责任大多还是通过行为守则的方式,以软法的形式出现。

然而,大多数中国海外投资企业内部没有订立行为守则,也没有设立专门的环境保护部门或任命环境保护专家。有人认为,作为自我规制形式的公司行为守则,无论是私人组织、国家政府、国际组织,还是通过单个公司的内部程序制定,都是完全自愿性的,没有法律约束力,而且含糊不清,效用有限。实践也证明,一些跨国大公司虽然有"完美"的行为守则,但仍然避免不了制造环境问题。③ 无论如何,笔者认为,企业自我规制是保护海外投资环境的一个重要方法。

与以往抵制公司责任进入国际法的行为形成鲜明对比,现在,数千个公司有自己的行为准则,在大的跨国公司尤其普遍。超过四分之三的大型跨

---

① Peter Muchlinski, Mulinational Enterprises as Actors in International Law: Creating "Soft law" Obligations and "Hard Law" Rights, in Math Noortmann & Cedric Ryngaert, *Non-State Actor Dynamics in International Law: From Law-Takers to Law-Makers*, Ashgate, 2010, pp. 9—13.

② See Karsten Nowrot, *The Relationship between National Legal Regulations and CSR Instruments: Complementary or Exclusionary Approaches to Good Corporate Citizenship*, Halle (Saale) Inst. für Wirtschaftsrecht, 2007, p. 19.

③ 例如,西方石油公司(Occidental Petroleum)的行为守则规定,公司的首要任务之一是保护环境,在公司运转的每个方面都要考虑环境保护。优尼科(Unocal)在其行为守则中承诺以有效和对环境负责的方式开发自然资源和提供能源。See Occidental Petroleum Corporation, Code of Business Conduct, at http://www.oxy.com/SiteCollectionDocuments/code_of_business_conduct.pdf, Jun. 22, 2010; Unocal Statement of Principles, at http://www1.umn.edu/humanrts//links/unocalstatement.html, Jun. 22, 2010.

国公司,无论是来自发达国家还是发展中国家,都有关于社会和环境问题的政策。除了有数千个单独的公司行为守则,还有许多产业协会行为守则,多个利益相关方倡议的行为守则,共同构成了公司社会责任网络。① 一些产业协会承诺行业内尊重人权和环境标准,反映了它们对人权和环境的敏感度日益提高。例如,2003年5月的《巴库—第比利斯—杰伊汉管道项目联合声明》(Joint Statement on the Baku-Tbilisi-Ceyhan Pipeline Project)中,管道企业联合宣布放弃与国际人权标准和国际环境标准不符的诉求。②

大多数公司的行为守则提到政府间国际组织的环境标准,使这些公司的环境行为准则的一致性增强,但是,由于政府间国际组织的环境标准都非常原则,具体的实施细则还要各公司自己来制定,导致各公司的环境行为准则实际上存在诸多不一致之处。

海外投资者自我约束意味着通过公司治理机制作出努力,如改进环境报告和监测等。对于自愿的公司社会责任标准与国家及国际立法的关系,一方面,自愿的公司社会责任标准能够补充各国政府和国际组织的规制努力;另一方面,如果公司社会责任标准取代了立法或者不是建立在国家或国际规则基础之上,那么,这些自愿的公司社会责任标准可能损害、替代或扰乱政府的规制努力。③ 如果此类标准能够包含有约束力的"硬法"文件,诸如国内法律法规中的立法规定,或对投资者创设了非约束性义务的国际组织软法文件或IIAs中的软法义务,则会加强其实施。

逼迫跨国公司自我规制的法律上的原因应该是国内法和国际法。目前极少有国际规则和程序直接对投资者施加硬性环境规制,但是,这只意味着投资者对环境损害不直接承担国际责任,投资者仍要根据可适用的国内法承担义务和责任。在多边环境协定和IIAs中,有一些强制性条款要求缔约国承担环境保护义务,由于缔约国必须通过国内立法来实施这些多边义务,

---

① UNCTAD, World Investment Report 2011, Non-Equity Modes of International Production and Development, p. 113, at http://www.unctad.org/en/docs/wir2011_embargoed_en.pdf, May. 13, 2012; UNCTAD, World Investment Report 2012: Towards a New Generation of Investment Policies, p. 93, at http://unctad.org/en/PublicationsLibrary/wir2012_embargoed_en.pdf, Dec. 22, 2012.

② Joint Statement on the Baku-Tbilisi-Ceyhan Pipeline Project, at http://subsites.bp.com/caspian/Joint%20Statement.pdf, Jun. 26, 2012.

③ UNCTAD, World Investment Report 2011, Non-Equity Modes of International Production and Development, p. 114, at http://www.unctad.org/en/docs/wir2011_embargoed_en.pdf, May 13, 2012.

第六章　我国海外投资的环境保护

结果使其境内的投资者间接承担了多边环境协定和国际投资条约中的义务。①

当然,跨国公司进行自我规制也有道德上的原因。实际上,归根结底,现在跨国公司愿意承担社会责任是出于自利。② 举例来说,最值得注意的是,对各国——包括管制比较宽松的东道国——适用一致的排放政策,可能会给跨国公司带来经济利益和声誉方面的好处。在经济利益方面,公司一体化生产体系内的一致性不仅符合价值链逻辑,还可有助于降低生产、监测和其他成本。关于声誉方面的好处,跨国公司在各地采取行动的一致性有助于为该公司赢得"好公司"的名声。因此,改进气候报告,尤其是以统一和可核实的方式进行报告,可有助于确保公司名实相符。进一步提高市场透明度可以便利消费者的选择。③公司重视社会责任有利于其产品的销售,例如,各国政府在采购时可能考虑公司的社会责任标准,乐于购买环境友好商品。④

需要看到,一些投资海外的中国公司在环境保护方面已经作出了一些努力。例如,中国国际海运集装箱(集团)有限公司、中国远洋运输(集团)公司和海尔集团已经接受了《关心气候:商业领袖平台——一个由联合国全球契约的商界领袖发表的声明》⑤,承诺马上采取实际措施,降低碳负,为应对气候变化作出努力。中国石油天然气集团公司也承诺在海外投资项目中坚持环境要求。2009 年 9 月,中国五矿公司(China Minmetals Corporation)得到联合国全球契约办公室(Global Compact Office)的批准,成为该组织的正式成员。实践显示,有良好实践的海外投资者会得到国际社会的肯定。例如,同样在秘鲁投资,首钢秘鲁铁矿公司(Hierro Peru)的表现遭到批评,但中国铝业(Aluminum Corporation of China Limited)的特罗莫克(Toro-

---

① P. Muchlinski, *Multinational Enterprises and the Law*, 2nd ed., Oxford University Press, 2007, pp. 566—574.

② Peter Muchlinski, International Corporate Social Responsibility and International Law, In Todd Weiler, Freya Baetens, *New Direction in International Economic Law: In Memoriam Thomas Wälde*, Martinus Nijhoff Publishers, 2011, p. 232.

③ 《2010 年世界银行投资报告》(中文版),第 20 页。

④ UNCTAD, World Investment Report 2011, Non-Equity Modes of International Production and Development, p. 117, at http://www.unctad.org/en/docs/wir2011_embargoed_en.pdf, May 13, 2012.

⑤ Caring For Climate: The Business Leadership Platform, A Statement by the Business Leaders of the UN Global Compact, at http://www.unglobalcompact.org/languages/chinese/Caring_For_Climate_Chinese23102007.pdf, Jun. 22, 2010.

mocho)铜矿遵守当地环境法的行为却得到了表扬。[1]

有批评指责行为守则和指南是无意义的一般原则、不可靠的指南、不可强制执行的承诺,是法规的不充分替代。[2] 的确,守则和指南要求的自愿性和非法律强制性是最大弱点,自愿性导致其他企业、银行和保险公司免费搭车,非法律强制性有时造成这些守则和指南形同虚设。尽管存在这样的问题,客观地说,行为守则和指南具有积极效用。尤其是在目前一些东道国法律制度脆弱的情况下,这种自限能够为东道国环境提供更多保护。

二、通过合同自我规制

由于合同是缔约双方意思自治的产物,所以,也更能得到缔约方的自愿履行。笔者在此将合同中规定环境保护条款的方法也视为投资者自我约束的方法。这里仅以国际石油、天然气合同为例进行说明。

20世纪上半期缔结的传统石油合同普遍没有提及环境保护和管理问题,原因是这一时期环境意识和思想尚不发达,环境问题也不是迫切的现实问题。实际上,20世纪60年代后期和70年代初,环境问题才成为世界问题。20世纪80年代和90年代初,可持续发展的概念才开始流行。[3] 相应地,20世纪60年代缔结的石油合同开始有了"环境意识",但环境条款非常不足,包含环境条款还不是此类合同的突出特征,这种状况一直持续到20世纪90年代。因此,有学者提出了改善建议,包括增加环境影响评估、环境管理计划、环境报告、环境责任保险计划、复原义务、环境检查等具体环境条款。[4]

时至今日,有学者再次提出外国石油公司和东道国缔结的合同中也应该对环境保护予以重视。该学者通过样本分析,表明1994年之后,大量的现代石油、天然气合同中包含了各种环境条款,这些条款涉及从基准环境评估到环境救济的各个方面,但也有一小部分合同中只有象征性的模糊环境保护条款,如只提到遵守最佳的油田实践。因此,该学者最后呼吁环境政策

---

[1] See Barbara Kotschwar, Theodore H. Moran, Julia Muir, Chinese Investment in Latin American Resources: The Good, the Bad, and the Ugly, Working Paper, Peterson Institute for International Economics, February 2012, pp. 16—17.

[2] See Michael S. Baram, Multinational Corporations, Private Codes, and Technology Transfer for Sustainable Development, *Environmental Law*, Vol. 24, 1994, p. 42.

[3] Gao Zhiguo, *International Petroleum Contracts: Current Trends and New Directions*, Graham & Trotman/Martinus Nijhoff, 1994, p. 20.

[4] Ibid., pp. 214—220.

第六章 我国海外投资的环境保护

专家应重视此类合同中的环境条件。[①]

现在,该学者的呼吁已经得到了回应,国际律师协会(International Bar Association)起草的国际可持续矿业投资合同建议模板——《矿业开发协议范本》(Model Mine Development Agreement,MMDA),作为当前国际上唯一一份获得广泛认可的有利于实现可持续投资的矿业投资合同范本,集中体现了东道国在可持续发展方面的诉求。在环境方面,明确和详细规定了矿业投资者在项目建设前的义务,包括可行性研究、环境保护、环境管理计划(包括关闭计划)等,还明确提出适用国际金融公司的环境履行标准及赤道原则,强调了矿业投资者经磋商获得社会许可证的必要性。其主要的环境条款如下:

"本协议的缔约方相信,本项目在开发、经营和关闭时,能够保护国家的自然环境及其生态系统生产力,并消除不利环境影响,或将不利环境影响最小化或减轻到可接受的程度,并且对仍存在的不利影响予以补偿。

公司的可行性研究应包括对于获得许可证的条件的一般说明,包括履行和实施环境管理计划的预计成本。

关于环境评估和环境管理计划,环境管理计划的目标是防止项目造成任何不必要的和不适当的环境恶化;保护公共健康和安全,尤其是矿区所在社区的公共健康和安全;保护水的数量和质量;确保矿区内的影响在可控范围内;在矿区经营结束时,使矿区在物理和化学方面处于稳定状态,以防止对矿区外造成影响;确保未来各代可以安全和受益地使用矿区。

(1)公司应有环境评估,该评估应基于合理的工程学和经济学原理,注意到包括国际金融公司的绩效标准1在内的良好产业实践,确立在本协议生效日的环境状况基准,并评估项目的环境效果和影响。

(2)公司应有环境管理计划(如果环境管理计划由公司准备,应得到公认在国际矿业领域有专长的独立环境咨询公司的核实),该环境管理计划基于环境评估和合理的工程学和经济学原理,注意到包括国际金融公司的绩效标准1在内的良好的产业实践。应东道国要求,公司应以项目区域内受影响的社区可理解的语言和形式,公开其环境管理计划,并应将环境管理计划放置于本协议第30.1条指认的文件夹中。在开矿计划发生任何重大变更之前,应更新环境管理计划。环境管理计划应包括缔约方同意的要点,诸如:

[①] Kyla Tienhaara, Environmental Aspects of Host Government Contracts in the Upstream Oil & Gas Sector, *Oil, Gas and Energy Law Intelligence*, Vol. 8, No. 3, 2010, pp. 24—25.

(i) 公司打算用来减轻推动可行性研究中的项目造成之不利后果的措施;

(ii) 管理、补救、恢复和控制项目的所有环境方面的计划,排除公司并不承担责任的所有过去的环境问题,包括以下计划:

a. 避免、最小化、减轻、恢复并补偿(如适当的话)对矿区内生物多样性的影响;

b. 预防、最小化或减轻对河流和其他饮用水的不利环境影响,并确保此类污染不对人类或动物的生命,或淡水鱼,或植物造成不必要的损害或破坏;

c. 改进项目区的自然资源管理和养护的机会;

d. 考虑经济上和商业上可行的技术,避免或最小化项目排放的温室气体排放(根据政府间气候变化委员会的界定);

e. 有效地管理土壤资源,以使未来可以符合拟议的采矿后土地使用相符的方式使用地表土;

(iii) 在临时关闭或中止运营期间,及如果在计划的矿山服务年限结束之前被要求关闭,对于要进行的关闭活动,所要采取的行动的一个说明;

(iv) 在切实可行的范围内,同时进行复垦;

(v) 恢复所有已经开采区域为安全、稳定和适合拟议的开采后土地使用的最后地形;

(vi) 关于在项目区内开采后土地如何利用的计划;

(vii) 在本协议有效期间的任何时候,公司都应遵守所在国家有效的环境法(包括任何省级法律和地方法律),包括有关保护水质、空气质量、土地质量,养护生物自然资源,保护生物多样性,及处理有害和无害废物等方面的法律。以第 33.2.2 条为限,重大的未遵守环境法、环境许可证的条件,或环境管理计划中所有的减轻措施或限制,构成对本协议的违反。

如果适用的关于环境和社会影响评估、管理及污染预防的法律和规制比国际金融公司的绩效标准低,公司应以与国际金融公司标准相符的方式进行活动。

……"①

---

① MMDA 1.0, Model Mine Development Agreement, A Template for Negotiation and Drafting, April 4, 2011, at http://www.mmdaproject.org/presentations/MMDA1_0_110404Bookletv3.pdf, Apr. 1, 2013.

第六章 我国海外投资的环境保护

该范本并不是一个现成的协议,需要矿业投资者和东道国基于现实的个案进行调整和确定,对于众多具体的范例,缔约方有挑选的余地。但其却能够为具体的合同磋商、谈判和起草提供基础。该范本改变了过去那种"零和"("我赢你输"或"你赢我输")的谈判思维和范式,在具有经济、环境和社会"三支柱"含义的可持续发展理念的指导下,其公司、政府和社区"三赢"的全面考虑为矿业投资者与东道国政府缔结合同提供了令人鼓舞的参考和指导。

目前,从流量上看,采矿业已成为中国海外直接投资的第二大行业,且2012年以来,已进入矛盾凸显阶段,中小型项目在环境保护方面的问题开始显现,大型项目在社会责任方面也面临考验。因此,中国的海外矿业投资者应认真考虑《矿业开发协议范本》的适用性或借鉴意义。另外,笔者认为,这种通过合同自我约束的方法值得提倡,也可以推广到其履行会对环境产生重大影响的其他合同类型中。

回顾历史,在20世纪60—70年代,东道国试图控制跨国公司。在20世纪90年代,流行自由化,东道国对跨国公司"去规制"。而在今天,东道国与跨国公司间的关系在寻找平衡。[1]体现在国际投资法中,作为主要海外投资者的跨国公司正在从无规制到被规制,跨国公司也在通过行为守则或合同进行自我规制,即跨国公司在被动或主动承担义务,从只享受权利到逐渐要承担义务和责任。

投资者进行自我规制的主要理论依据之一是利益相关方理论(stakeholder theory)。虽然至今对这一理论有五花八门的定义,但公认奠定这一理论基石的学者是美国经济学家佛里曼(R. Edward Freeman),其最早在《战略管理:利益相关方方法》(Strategic Management: A Stakeholder Approach)一书中详细地阐述了这一理论。[2] 这一理论首次在跨国公司的战略管理中引入了利益相关方概念,将利益相关方视作那些能够影响企业目标实现,或者能够受企业目标实现过程中所采取的行动影响的任何个人或群体,所以利益相关方是一个非常广泛的概念,其中无疑包括当地社区、政府

---

[1] See Karl P. Sauvant, The Times They Are A-changin' —again—in the Relationships between Governments and Multinational Enterprises: From Control, to Liberalization to Rebalancing, at http://www.vcc.columbia.edu/content/times-they-are-changin-again-relationships-between-governments-and-multinational-enterprises, May 21, 2012.

[2] R. Edward Freeman, *Strategic Management: A Stakeholder Approach*, Pitman Publishing, 1984.

部门、媒体、学者、各类专门的利益集团和环保主义者等。利益相关方是任何可能受到组织决策与活动的影响,或可能影响组织决策与活动的各利益个体或群体。这一理论认为,跨国公司的目的不再仅仅是为了股东盈利,还要承担社会责任,维护和尊重所有利益相关方的形象和价值。公司股东的财富与利益相关方的利益是密切相关的,道德低下的公司会导致其股东的利益受损。在全球化时代,由于"去规制"的影响,国家的力量日渐衰弱,而跨国公司日益强大,因此,跨国公司需要对利益相关方承担更大的责任。各利益相关方对跨国公司的影响是不同的,跨国公司要考虑和决定各利益相关方的要求,承担更大的社会责任,跨国公司的繁荣取决于公司处理与不同利益相关方关系的能力。[1] 现在,利益相关方理论已被广泛接受,并成为跨国公司被动或主动承担社会责任的理论基础。值得指出的是,上海证券交易所于2008年5月14日发布的《上海证券交易所上市公司环境信息披露指引》直接采取了"利益相关方"的概念。而国家开发银行的2008年社会责任报告中就开始包括"利益相关方"参与的部分。

由于语言和文化的原因,中国海外投资者往往只注重和东道国政府打交道,然而,根据"利益相关方"理论,中国海外投资者应该知道,这是远远不够的,除了行政许可证,"社会许可证"也是其顺利进行海外投资的必要条件。各种外在约束决定了投资者要进行自我规制。

在已裁决的案件中,有许多争端是由于公众为保护环境拒绝给予"社会许可证",导致东道国政府拒绝颁发行政许可证。所以,投资者的眼中不应仅仅有东道国的政府,还要有东道国的社会和人民这个概念。对东道国的社会和人民负责才能避免投资的环境和社会风险。很多情况下,"社会许可证"的要求可能是无形的、非正式的,但现代社会已经有越来越多的国家在法律上正式要求投资项目要取得社会许可。为了取得社会许可证,投资者需要披露投资项目信息,了解东道国当地社区和利益相关方,并与之沟通,使之承认投资项目的正当性。而且,取得社会许可证并非一劳永逸,其维持还需要公司通过自己遵守规则的行为取得信誉。而投资者取得社会许可证

---

[1] R. Edward Freeman, The Stakeholder Approach Revisited, *ZFWU*, Vol. 5, No. 3, 2004, pp. 228—241; Charles Fontaine, Antoine Haarman, Stefan Schmid, Stakeholder Theory of the MNC, December 2006, at http://www.edalys.fr/documents/Stakeholders%20theory.pdf, Jun. 27, 2012; Kristina Tamm Hallström, Magnus Boström, *Transnational Multi-stakeholder Standardization*, Edward Elgar, 2010; Radu Mares, *The Dynamics of Corporate Social Responsibilities*, Martinus Nijhoff Publishers, 2008, p. 80.

第六章 我国海外投资的环境保护

的最高境界是建立和当地社区及利益相关方的信任关系。

第四节 海外投资环境保护的国际投资法制

一、IIAs下母国与投资者的责任和义务

在国际投资条约中,基本上体现的是母国及其投资者的权利和利益,母国及其投资者很少承担责任。然而,这样的体制被批判为不能维持动态的稳定性,因为一个法律体制必须维持权利与义务的一致性。所以,国际投资法制寻求东道国及其人民与母国及其投资者利益的平衡是必然的要求和趋势。现实中,越来越多的国家兼具资本输出国和输入国身份,以及发达国家在投资者—国家争端解决中亦经常成为被告,这使得母国及其投资者的责任问题也开始得到发达国家的支持。此外,非政府组织及学者们都在推动在IIAs中纳入母国及其投资者的责任和义务。

UNCTAD早在2003年就建议,应在新一代BIT中增加投资者责任和母国义务,以确保国际投资关系中母国、投资者和东道国三者之间权利与义务的平衡。①

响应UNCTAD的号召,2005年国际可持续发展研究院的《可持续发展国际投资协定范本》对母国及投资者的环境保护义务予以细化,可以说是使投资者及投资者母国也承担责任的尝试性规定。就母国的环境保护义务,要求母国要对海外投资的环境影响评估提供技术或资金支持;应东道国请求,母国要及时提供同样的情况下,适用于其投资者的投资的相关标准,包括但不限于母国环境影响评估程序;就投资者的环境保护责任,母国还有义务不妨碍利用其司法程序追究投资者的民事责任,而且东道国有关责任的法律应当得到适用。②

《可持续发展国际投资协定范本》对投资者的环保义务予以细化。这些义务包括:在投资设立前,应该进行环境影响评估,对于拟议投资的环境评

---

① UNCTAD,World Investment Report 2003-FDI Policies for Development: National and International Perspectives, Sales No E. 03. II. D. 8 (7/2003), Part II (Enhancing the Development Dimension of International Investment Agreements), Chapter VI (Eight Key Issues: National Experiences and International Approaches).

② IISD Model International Agreement on Investment for Sustainable Development, article 29, article 30, article 31, at http://ita.law.uvic.ca/documents/investment_model_int_agreement.pdf, Jun. 27, 2012.

估筛选标准和评估过程,投资者应该遵守东道国法律或母国法律中较严格者。而且,在完成东道国规定设立投资的手续之前,投资者或投资应该使环境和社会影响评估向投资地社会及东道国受影响的利益相关方公开,这种公开的资料和信息应有易得性。对于环境影响评估和关于拟议投资的决定,投资者及其投资还有东道国当局应该遵守预警原则。在环境影响评估中应该提供投资者及其投资对预警原则的适用情况。在投资设立之后,投资应该维持环境管理体系。具有超过250(500)个雇员或从事资源开发或高风险的工业企业应该维持ISO14001认证或相当的环境管理标准。环境管理体系中还应该包括应急及解除预案。投资者及其投资不应该规避东道国和/或母国的国际环境法义务。①

2007年挪威BIT范本草案第32条规定,缔约方(包括东道国也包括母国)同意鼓励投资者的投资活动要遵守《经济合作与发展组织跨国公司投资指南》(OECD Guidelines),并鼓励投资者参加《联合国全球契约》(UN Global Compact)。② 还规定缔约方具有程序性权利,即如果一方认为另一方主动以降低环境要求鼓励投资,则一方可以要求与另一方在联合委员会磋商,为了避免减损环境,双方应当进行磋商。③ 该范本草案还对跨国公司的社会责任进行了专门规定。在范本序言中明确指出"强调公司社会责任的重要性"。为此目标,联合委员会(管理条约的最高机构)在相关的时候,应当讨论有关公司社会责任的问题,包括环境保护、公共健康和安全、可持续发展的目标、反腐败及人权问题。④

近年来,已有越来越多的IIAs范本提到公司社会责任问题,从而使通过IIAs调整和约束公司的社会责任开始成为可能。确保适当的公司行为,包括涉及环境和社会实践的行为,也是IIAs内容现代化的表现之一。⑤ 对公司社会责任的强调实际上代表了IIAs的发展方向。

---

① Article 12, IISD Model International Agreement on Investment for Sustainable Development, at http://ita.law.uvic.ca/documents/investment_model_int_agreement.pdf, Jun. 27, 2012.

② Draft Version 191207, Agreement Between the Kingdom of Norway and _ for the Protection and Promotion of Investments, December 19, 2007, article 32, at http://www.asil.org/ilib080421.cfm, Jun. 30, 2012.

③ Draft Version 191207, Agreement Between the Kingdom of Norway and _ for the Protection and Promotion of Investments, December 19, 2007, article 11(2), at http://www.asil.org/ilib080421.cfm, Jun. 30, 2012.

④ 2007年挪威BIT范本草案第23条。

⑤ UNCTAD, World Investment Report 2010: Investing in a Low-Carbon Economy, p. 89, at http://www.unctad.ch/en/docs/wir2010_en.pdf, Mar. 22, 2012.

此类条款表明了在平衡投资者—国家的关系中,公司社会责任的重要性,公司承担的此类义务可能成为国际法上有约束力的义务。而且,在投资者—国家争端案件中,此类条款会对仲裁庭对 IIAs 条款的解释产生影响。此外,此类条款还在 IIAs 和国际性的公司社会责任之间建立了联系。①

二、我国海外投资环境保护的国际投资法制构想

我国的海外投资者面临着各种风险和不确定性,其中包括环境风险。我国的海外投资者应该意识到,随着关注环境的现代 IIAs、行为守则以及其他"软法"的扩散化,其所受到的监督和约束也会越来越多,由于历史和现实的原因,甚至比其他国家的投资者受到更多的监督。在国际舆论的监督下,我国的企业要想在国际舞台上站稳脚跟,只能"走得正,行得端"。对于海外投资环境保护,我国政府要有高姿态,有所作为,要注意不要把国内先污染后治理的发展模式移植到国外。在中国国际经济法学会 2012 年年会暨学术研讨会开幕式上,商务部条法司司长李成钢在主旨发言中意味深长地指出:"当青山绿水变成穷山恶水,回顾中国自身经济发展进程中的环境恶化的惨痛教训,我们该如何思考投资协定中的环境议题?"②在将来缔结投资协定时,对于海外投资环境保护将要采取的态度,不言自明。

以下仅从我国作为母国的角度,思考如何通过 IIAs 保护海外投资环境。

(一)加强 IIAs 中的环境条款是顺应国际投资法转型的需要

IIAs 体系正在迅速演变,各国出于确保 IIAs 与其他政策领域(如经济、社会和环境)的协调和互动的基本需要,正在积极审查和修订 IIAs 制度。中国是这一运动的积极参与者甚至主角。目前,中国还在继续积极与包括美国在内的一些国家谈判缔结新的 BITs 或修订原有的 BITs。③中国也与多个国家签署了包含投资章节的自由贸易协定,或已经完成或正在进行自由

---

① UNCTAD, World Investment Report 2011, Non-Equity Modes of International Production and Development, p. 120, at http://www.unctad.org/en/docs/wir2011_embargoed_en.pdf, May 13, 2012.

② 李成钢:《2012 年中国对外商务法律实践及其思考》,载《国际经济法学刊》第 19 卷第 4 期,北京大学出版社 2013 年版。

③ 中华人民共和国商务部条约法律司:《双边投资保护协定》,at http://tfs.mofcom.gov.cn/h/h.html,2012 年 6 月 26 日。

贸易协定谈判。① 如前所述,总的来说,当前投资政策趋势的特点是进一步实行外国投资自由化及便利化。同时,管制外国投资以促进一些公共政策目标(如保护环境、减贫和处理国家安全关切)方面的力度加大。从国内和国际政策层面来看,这种政策上的二元性以及重新平衡国家和投资者各自的权利和义务的政治意愿非常明显。投资政策的制定正试图体现这一现实:投资政策和其他政策,包括与广泛的经济、社会及环境问题相关的政策之间的相互作用联系更加密切。因此,随着 IIAs 网络进一步扩大,IIAs 制度内的平衡和一致性也将加强。② 随着国际社会对环境问题的强调,发达国家国内市民社会的环境意识日益高涨,发展中国家国内市民社会的环境意识逐渐觉醒,表现在国际投资法领域就是越来越重视环境保护问题。

调查研究表明,"BIT 已成为最受中国投资者期待的促进中国海外投资的措施"③。正因如此,中国政府正在积极地签订或重新修订 BITs 和自由贸易协定,在此过程中,中国应当努力达成包含环境条款、权利义务平衡的现代 IIAs。应该认识到,一方面,BIT 自然是保护我国海外投资者利益的有力工具,因为其主要目的是保护投资者利益;另一方面,如前所述,不但以美国为首的主要发达国家的 BIT 发生了从片面保护投资者利益向保留东道国政策空间,从而平衡投资者和东道国利益的转向,中国在作为资本输入国与资本输出国的双重身份越来越明显的情况下④,官方对签订 BIT 的态度也从保守转变为开放,从强调"留权在手"转变为不断放权。正确的选择应是寻求构建一种新的平衡,即寻求兼顾投资者权益与东道国主权。

我们暂时还得不到我国商务部最新的 BIT 范本,但比较 2010 年《中国投资保护协定范本》(草案)与以前的范本,中国越来越接受在 BIT 中加强环境保护。中国即将启动或已经重启的重大投资协定谈判包括中国与欧盟的投资保护协定谈判和中国与美国的投资保护协定谈判,由于对方都是重视

---

① 例如,中国—巴基斯坦、中国—新西兰、中国—智利、中国—东盟、中国—秘鲁、中国—哥斯达黎加、中国—澳大利亚自由贸易协定以及亚太贸易协定;中国目前正在积极和印度、挪威、哥伦比亚等国进行自由贸易协定谈判。

② 《2010 年世界投资报告》(中文版),第 11 页。

③ 单文华及课题组:《中国海外资源能源投资法律问题调查报告》,载《国际经济法学刊》第 19 卷第 2 期,北京大学出版社 2012 年版。这里仅仅提及双边投资条约当然过于狭窄,应该还包括其他投资协定。

④ 商务部官员称这种"双重身份"为"身份混同",蒋成华:"中国政府缔结国际投资协定和外资法律工作新实践、新情况和主要考虑",2012 年 4 月 8 日于武汉"国际投资法的新发展——以全球化背景下欧盟与中国为视角"国际学术会议上的发言。

环境保护的国家,而且,都把加强环境和劳工保护视为提高其企业竞争力的手段,因此,涉及环境保护问题将是不可避免的。

(二)反对在 IIAs 中纳入环境条款

虽然 IIAs 中纳入环境和劳工问题会对环境和劳工的保护起到重要作用,但是,并不是所有国家都会愿意将环境和劳工问题纳入 IIAs。目前,印度正在与澳大利亚商签自由贸易协定,印度设法说服澳大利亚,将环境、劳工和政府采购问题留在两国正在商签的双边自由贸易协定之外。印度的官员指出,澳大利亚想将劳工和环境问题涵盖在谈判之内,印度一直坚决反对。[①] 个中原因也许在于澳大利亚越来越成为印度的投资目的国,而加强劳工和环境保护不利于印度在澳大利亚的投资。

对海外投资者施加环境保护义务保护的是母国以外的东道国的环境,而不是母国国内的环境。而且,东道国可能会形成环境壁垒,阻碍母国的海外投资。这无疑是反对对海外投资环境进行保护的理由。

不容置疑的是,以往,有实力在海外投资的跨国公司大多仍来自发达国家,这些跨国公司势力强大,不仅与母国政府有着非常紧密的联系,而且也是母国最为强大的利益集团,以至于发展中国家早就提出来的包含投资者环境保护义务的《跨国公司行动守则(草案)》没有为发达国家所接受。UNCTAD 试图通过跨国公司中心对投资者的义务进行磋商,但由于跨国公司及其母国政府的反对,这种尝试以跨国公司中心的关闭而告终。然而,发达国家早已放弃了片面抵制对跨国公司施加强制性环境保护义务的做法,先发制人地通过一些自愿性指南,如《经济合作与发展组织跨国公司指南》来规制其跨国公司的行为。而且,笔者认为,由于新兴经济体也在进行海外投资,发达国家及其跨国公司推行较高的环境标准还会使其取得竞争优势。其实,在国际法层面上,对跨国公司施加环境保护义务与否,体现了两类国家的斗争中谁占上风的问题,以往,发达国家无疑取得了阶段性的胜利,目前来看,发达国家及其跨国公司则有所妥协。

目前,能够进行海外投资的母国结构发生了变化,新兴市场经济国家,包括中国、印度、俄罗斯等也成为重要主角。因此,完全排斥或完全接受环境条款进入国际投资协定都是不可能的。

---

① Labour, Environment May Stay Out of India-Australia FTA, May 3, 2010, 0229 hrs IST, Amiti Sen, ET Bureau, at http://economictimes.indiatimes.com/articleshow/5884557.cms?frm=mailtofriend, May 3, 2010.

(三) 中国 IIAs 中的环境条款及其缔结

据商务部网站资料,截至 2013 年 11 月 24 日,中国对外缔结的 BITs 有 128 个,生效的达 102 个。除美国外,包括了中国所有的主要贸易伙伴。在中国与多个国家签署的自由贸易协定中,也都含有与 BIT 类似的投资章节。

根据笔者的统计,生效的中外 BITs 中,包含环境条款的有:中国—毛里求斯 BIT(1996 年)、中国—特立尼达和多巴哥 BIT(2002 年)、中国—圭亚那 BIT(2003 年)、中国—马达加斯加 BIT(2005 年)以及中国—乌兹别克斯坦 BIT(2011 年)。其中,中国—毛里求斯 BIT(1996 年)第 11 条规定:"本协定的规定不得以任何方式限制缔约一方为保护基本安全利益或公共卫生或防止动植物病虫害或保护环境而采取任何禁止或限制措施或采取其他行动的权力"。中国—特立尼达和多巴哥 BIT(2002 年)和中国—圭亚那 BIT(2003 年)的序言皆规定"同意在不放松对健康、安全和环保措施的普遍适用情况下实现这些目标",即经济目标。根据中国—马达加斯加 BIT(2005 年)第 3 条第 2 款的规定,"出于安全、公共秩序、卫生、道德和环境保护等原因采取的措施不应被视作障碍",即不违反公平和公正待遇。中国—乌兹别克斯坦 BIT(2011 年)第 6 条第 3 款规定:"除非在例外情形下,例如所采取的措施严重超过维护相应正当公共福利的必要时,缔约一方采取的旨在保护公共健康、安全及环境等在内的正当公共福利的非歧视的管制措施,不构成间接征收"。而且,在新近缔结的中日韩投资协定中,环境条款更是非常突出和详尽。在中国缔结的自由贸易协定中包含环境条款更为常见,而且,环境条款更为广泛。中国—智利自由贸易协定(2005 年)、中国—新加坡自由贸易协定(2008 年)、中国—秘鲁自由贸易协定(2009 年)和中国—哥斯达黎加自由贸易协定(2011 年)都包含环境条款。其中,中国—智利自由贸易协定(2005 年)第 108 条规定,缔约双方应通过环境合作协定增加缔约双方在环境方面的交流和合作。中国—新加坡自由贸易协定(2008 年)在多个方面涉及环境保护。然而,所有这些规定都只涉及贸易而不涉及投资。在中国—秘鲁自由贸易协定(2009 年)中,第 161 条强调了环境问题方面的沟通与合作;第 162 条具体规定了林业和环境保护合作,提及在林业部门建立双边合作关系,这可能涉及林业部门的投资。在中国—哥斯达黎加自由贸易协定(2011 年)中,在缔约目标中"重申缔约双方实现可持续发展中经济、社会及环境因素适当平衡的愿望";第 75 条规定了为环境风险而采取紧急措施的透明度义务例外;第 123 条的农业合作强调发展并转化用于提高农业和畜牧业生产质量并降低环境影响的技术;第 159 条则并入了 GATT

第六章 我国海外投资的环境保护

1994第20条和GATS第14条例外,后者可能涉及商业存在,即外国直接投资。①

总之,通过中外BIT和自由贸易协定,在国际层面上对海外投资的环境影响进行管理,使海外投资活动与环境保护一体化,这应是一个不可忽视的更有可能性的海外投资环境保护的渠道。对于中国来说,在BIT或自由贸易协定中加强环境保护一方面是顺应国际趋势,另一方面,也是加强中国国内环境保护的需要。在国内环境法和政策执行乏力的情况下,以国际义务倒逼国内环境法和政策的切实履行不失为一种策略。

多边投资协定谈判失败后,有学者指出了未来多边投资条约的发展方向:强调其不仅应包括国家可以和必须对待跨国公司的方式,而且,要包括跨国公司必须如何行为。此外,还要包括强制性的环境保护条款和社会条款。跨国公司要以道德上负责任的方式经营商业,不要以牺牲(他国)人民、国家或环境为代价牟利。② 目前,应该争取这些理想首先在BIT和自由贸易协定中实现,使重视环境真正成为BIT和自由贸易协定发展的一个新趋势。

如果说外国投资者没有国际法上的人格,因此不能承担国际法上施加的义务,这一理论是站不住脚的,因为BIT可以赋予外国投资者各种权利,同样可以施加其各种义务。更不用说,因为投资者在解决投资争端国际中心取得了诉权,有学者认为外国投资者已在一定程度上具有国际法意义上的法律人格。③ 因此,可以在BIT中直接为外国投资者规定国际法上的义务,而这需要东道国与母国的共同努力。UNCTAD《2008年世界投资报告》中就指出,在投资条约中公司社会责任问题越来越重要,即如何平衡投资者和东道国的利益,或换句话说,以投资者的义务平衡投资者享有的广泛权利变得越来越重要,以回应在国际投资条约中设立有约束力的投资义务的持续不断的要求。④

---

① 所有这些FTA文本,参见 http://fta.mofcom.gov.cn/list/ftanews/1/catlist.html。
② Eva Nieuwenhuys, Global Development through International Investment Law: Lesson Learned from the MAI, in Nico Schrijver, Friedl Weiss, *International Law and Sustainable Development Principle and Practice*, Martinus Nijhoff Publishers, 2004, p. 307.
③ L. E. Peterson, The Global Governance of Foreign Direct Investment: Madly Off in all Directions, Friedrich-Ebert-Stiftung, Occasional Papers No. 19, May, 2005, p. 8.
④ International Investment Rule-Making: Stocktaking, Challenges and the Way Forward, UNCTAD Series on International Investment Policies for Development, United Nations New York and Geneva, 2008.

在中外签订或修改 BIT 和自由贸易协定时,笔者建议,要借鉴新一代 IIAs 的惯常规定方法,以使国际投资条约现代化,尤其要注意以下几点:

第一,除包括内涵广泛的"可持续发展"术语外,在序言中加入实现条约目标的方式应当与保护健康、安全和环境相一致的方式,承认对协定条款以与有关环境的国际协定的规定相互支持的方式进行解释。① 正如有学者所说,在序言中提及可持续发展目标,可以帮助仲裁员并给仲裁员在投资条约裁决中为可持续发展目标提供法律之"窗"。② IIAs 的具体条款也应以可持续发展为导向。

第二,在具体条款中要求投资者根据有关环境保护的国内法律、法规及国内与国际已确立的最佳实践和标准进行经营。③

第三,在具体条款中对投资者施加高标准的披露义务,包括企业的环境政策信息及公司采用的行为守则,以及与利益相关方沟通的义务。

第四,在具体条款中规定东道国不降低环境标准以吸引外资的义务,以及环境影响评估的义务。另一方面,东道国的环境规制也不能构成绿色投资壁垒,即只有正当的环境规制措施才是可以免除责任的。

第五,在具体条款中赋予母国管理海外投资者及其投资环境破坏和环境污染行为的权利。

(四)中国政府需要关注的两个方面

中国投资政策的转向,已经为许多学者所注意。④ 这当然有利于对中国海外投资者的保护,但它们是双刃剑,因其既适用于中国的海外投资,同时也适用于外国在中国的投资。因此,中国政府应注意国内环境规制措施的正当性和合法性。国际投资争端解决机构的司法实践表明:不构成征收、不需要承担赔偿责任的东道国环境规制措施需要符合环境保护目标、符合正当程序和善意要求、具有科学证据、符合比例原则、符合非歧视原则等。这些实际上是现代国家行政法与宪法的一般原则。联系中国政府签订的

---

① 2011 OECD Guidelines, Part II(General Policies);1990 UN Draft Code of Conduct on Transnational Corporation, paras. 10, 21;Norway 2007 Model BIT, Preamble;US 2012 Model BIT, Preamble;NAFTA, Preamble.

② Marie-Claire Cordonier Segger, Markus W. Gehring, *Andrew Newcombe*, *Sustainable Development in World Investment Law*, Kluwer Law International, 2011, p. 791.

③ 2011 OECD Guidelines, Part VI (Environment);1990 UN Draft Code of Conduct on Transnational Corporation, paras. 37—43.

④ Monika C. E. Heymann, International Law and the Settlement of Investment Dispute Relating to China, *Journal of International Economic Law*, Vol. 11, 2004, pp. 507—526.

第六章　我国海外投资的环境保护

BITs 和自由贸易协定越来越支持投资自由化和倾向于保护投资者利益,加强对东道国规制措施进行限制的现实和趋势,中国政府必须牢记中国仍是当今世界最大的外国直接投资输入国的现实,先不说在签订投资条约时要有更全面的考虑,在管理外资时,更要谨慎行事,须知自己的规制行为可能被诉至国际投资争端解决机构,甚至有败诉的可能。既然国际法上接受了越来越多的限制,就意味着我们要受这些限制的约束,因此,中国政府要注意自己对外国投资者采取的环境规制措施的规范性。另一方面,对于东道国政府以环境保护为名、实为绿色投资保护主义的措施要坚决通过各种法律渠道予以抵制。

笔者认为,采取过于苛刻的环境保护措施从而阻碍外资的进入及运营,或以环境保护为借口,限制外资进入,或为实现其他目的,采取环境规制措施,是一种投资保护主义的体现,皆可能构成投资领域的环境壁垒。实践中,环境保护往往成为反对中国海外投资者及其投资的起因,甚至是"完美"的借口。例如,中国海洋石油总公司在苏丹的石油开发遭遇当地反政府武装的绑架案就是当地部族以所谓外国石油公司"破坏当地的生态资源,又不给当地人分红"为作案理由的。① 再如,2011 年 9 月 30 日,缅甸政府宣布搁置中国投资开发建设的伊洛瓦底江上最大的水电项目——密松水电站,就是一个集环境、政治和文化问题于一身的事件。② 再如,昂山素季领导缅甸委员会调查中缅合资铜矿——莱比塘铜矿的所谓环境和社会问题,亦被怀疑实际上是以环境保护为借口,背后暗藏的是政治目的。③

但到目前为止,不同于国际贸易领域,即使存在环境壁垒,国际投资领域也很少使用环境壁垒这一提法。而且,环境壁垒可能被视为一种经济现象,而不是一个法律术语。另外,环境壁垒的判断标准也是一个问题,对此也还没有深入的研究。这是因为一直以来,受到关注的是东道国的环境保护及可持续发展问题,而不是东道国可能利用环境保护或可持续发展作为限制外国投资从而保护本国投资及产业的问题。在原外经贸部进出口公平贸易局、国际贸易经济合作研究院编译的《世界主要国家和地区贸易投资壁

---

① 参见《苏丹惨案震惊世界,是谁杀害了中国石油工人》,at http://news.enorth.com.cn/system/2008/11/02/003753127.shtml,2010 年 10 月 31 日。
② 秦晖:《中缅密松电站搁置之惑》,at http://www.chinadialogue.net/article/show/single/ch/4574-Lessons-from-the-Irrawaddy,2012 年 3 月 28 日。
③ 李娜:《昂山素季领导缅甸委员会调查合资铜矿》,载《环球时报》,at http://news.sina.com.cn/w/2012-12-02/091225710857.shtm, 2012 年 12 月 2 日。

垒报告》中,对于各国的投资壁垒均没有提及环境壁垒。① 商务部自 2003 年以来历年发布的《国别贸易投资环境报告》中,虽然包括投资壁垒部分,但未见有环境壁垒的说法。实际上,《欧盟贸易投资壁垒报告》也未曾提及环境壁垒。因此,投资领域的环境壁垒虽具有可能性,且已为中国学者们所感觉到,但并未成为普遍现象,也没有成为备受关注的问题。而且,显然,东道国以环境保护为理由采取征收措施,无论是合法的还是不合法的,都没有被冠以环境壁垒的称谓。

东道国较高的环境生态要求,如果不是专门针对外国投资者,则很难说构成环境壁垒,而只能视为一种环境风险。例如,中信集团西澳洲磁铁矿项目,一座二孔桥,国内造价大约 500 万元人民币,但在澳大利亚,为保护生态全程采用钢管桩,最终造价 5000 多万澳元,成本差异高达数十倍。② 所以,由于各国对环境保护的标准不同,即使东道国的环境保护要求事实上阻碍了外国投资的进入和运营,在法律上也很难提出任何主张,除非有关措施违反了东道国的承诺或违反了投资者母国与东道国之间的 IIAs。例如,如果 IIAs 中有准入阶段给予外国投资者国民待遇的规定,但东道国政府却对外国投资者设置了更高的环境标准,则不但违反了国民待遇,也构成了阻碍外国投资者进入的环境壁垒。在这种情况下,如果东道国的环境保护措施违反了其承诺或其与投资者母国之间的 IIAs 的要求,给外国投资者造成损害,外国投资者可以依法要求赔偿。中国对外缔结的 104 个有效的 BITs 及其他包含投资章节的自由贸易协定对于保护中国海外投资者免遭环境壁垒或对环境壁垒造成的损害提出赔偿,具有重要意义。或者说,中国海外投资者可以根据中国缔结的 IIAs 对东道国为保护环境采取的法律和政策措施提出挑战。例如,对于缅甸密松水电项目,如果不考虑政治因素,中国政府和中国电力投资集团完全可以根据《中华人民共和国和缅甸联邦政府关于鼓励、促进和保护投资协定》《关于合作开发缅甸水电资源的框架协议》及其他法律文件,对缅甸政府提出求偿要求。对由于晚近国际投资法过于偏袒投资者利益,扩大东道国规制权的呼声日高,平衡投资者与东道国利益成为一种公认的价值取向。然而,必须注意不要矫枉过正,必须要求东道国善意

---

① 参见《世界主要国家和地区贸易投资壁垒报告》, at http://gpj.mofcom.gov.cn/aarticle/d/cw/201204/20120408072241.html, 2012 年 4 月 1 日。

② 对于该案例,请参见吕景胜:《企业海外投资新型风险类型及其防范》,载《中国软科学》2012 年第 8 期,第 189 页。

行使环境规制权。对于中国这样一个正在"走出去"的新兴市场经济国家,保护海外投资环境是其顺利发展的必要条件,同时,防范环境保护成为投资壁垒也是其海外投资顺利发展的重要方面。

最后,需要提及是,中国本土的环境非政府组织在发展,例如于2004年3月在北京市朝阳区民政局注册成立的全球环境研究所,就是一家中国本土的非政府、非营利性组织。中国海外企业环境政策项目是其重点项目之一。该项目尤其关注在东南亚和南亚地区的投资引起的环境问题。全球环境研究所协助商务部及环保部完成了《中国企业境外可持续森林培育指南》及《对外投资合作环境保护指南》,并完成了"中国对外投资中的环境保护政策"项目。该组织还与其他国内外非政府组织合作,从事国内外环境治理的实践。① 现在和未来,中国应该重视发展本土的非政府组织,使其成为保护中国海外投资环境,从而促进和发展中国海外投资的重要力量。中国政府已经明确了对待非政府组织的态度,不但需要并欢迎境外非政府组织来华开展友好合作,在中国法律允许的范围内展开活动,而且,中国政府的多个部门正在加强与境外非政府组织的交流与合作,中国政府还要大力培育中国本土非政府组织的发展。② 这种对非政府组织开放和积极的态度和实践必将有利于中国海外投资环境的保护。

---

① 全球环境研究所,at http://www.geichina.org/index.php?controller=Default&action=Index,2013年4月1日。

② 《程国平部长助理在2011年非政府组织新年招待会上的致辞》(2011年1月12日),外交部网站,at http://www.fmprc.gov.cn/mfa_chn/ziliao_611306/zyjh_611308/t790430.shtml;《程国平副部长在2012年非政府组织新年招待会上的致辞》(2011年12月16日),外交部网站,at http://www.mfa.gov.cn/mfa_chn/wjbxw_602253/t890474.shtml,2013年4月1日。

第七章　我国对外能源投资合作的法律问题

【本章提要】 我国是能源生产大国和消费大国,能源是我国近年海外投资的主要产业方向之一。由于能源产业对各国国家发展战略的高度重要性,我国海外能源投资面临特别的法律问题。本章在简述能源安全与我国对外投资合作的基础上,对我国对外能源资源投资的法律环境与法律需求作了实证分析,进而分别对"我国对外能源投资合作的法律框架及其完善"和"企业环境社会责任与我国对外能源投资"两个专题作了较深入的探讨。

第一节　引论——能源安全与我国对外能源投资合作

一、中国的能源产需形势

中国是一个能源生产大国。新中国成立以来,特别是改革开放以来,中国积极开发能源资源,能源产业的发展举世瞩目。很长一段时期,中国实现了能源的自给自足,甚至于上世纪70年代至80年代曾大量对外出口石油、煤炭等能源产品,并一度成为欧佩克之外最大的石油出口国之一。此外,中国还积极发展核能技术和以水力、风力、太阳能为代表的可再生能源。2013年,中国年产煤炭397432.2万吨、原油20991.9万吨、发电54316.4亿千瓦时,与1990年相比分别增长了2.68倍、0.52倍和7.74倍。[①]

中国也是一个能源消费大国。伴随着中国经济三十余年的蓬勃发展,中国的能源消费也在高速增长。2013年,中国消费煤炭424425.9万吨、石油49970.6万吨、电力54203.4亿千瓦时,与1990年相比分别增长了3.02倍、3.35倍和7.70倍。随着今后国民经济的持续高速增长,中国的能源需求也将越来越大。以石油为例,改革开放三十余年来,中国石油生产与消费之间的关系经历了一个从生产富余到需求紧张的过程。1980年中国石油

[①] 本章能源产业数据如无特别说明,均来自国家统计局编:《中国统计年鉴2015》,中国统计出版社2015年版。

第七章　我国对外能源投资合作的法律问题

产量为10594.6万吨,当年消费石油仅8757.4万吨。然而自1993年我国首次从石油净出口国变成石油净进口国时起,石油生产与需求之间的缺口日益加大。2009年,中国当年消费石油38384.5万吨,成为继美国之后,世界第二大石油消费大国。在当年的可供石油量中,进口石油为25642.4万吨,自产石油为18949.0万吨,进口石油是自产石油的1.353倍。① 有专家曾估计,我国对外能源依存度将进一步加大,到2050年,国内石油需求将达到4.5—5.0亿吨,而国内自产原油供给则只能有0.6—1.0亿吨,缺口高达3.5—4.4亿吨。② 其他如煤炭、天然气等主要能源也面临类似的问题。虽然近年来随着全球经济增速减缓,特别是欧美等消费大国需求不振,导致全球基础原材料市场价格持续低迷,作为主要能源品种的国际石油价格一度在每桶30美元左右徘徊。与此同时,中国经济进入"新常态"以来,增长乏力也导致国内石油需求不畅。国内油气生产企业和煤炭生产企业关停减产的消息时常见诸报端。如传统老油田胜利油田2015年巨亏近百亿元,不得不在2016年初关停了四个低效油田。③ 但总体而言,传统能源特别是石油和天然气作为工业发展的战略资源的主要形式的地位没有变化,仍是各国经济发展的主要支柱和国家间竞争的主要战略资源。因此,本章将主要围绕石油天然气领域的对外投资展开讨论,当然有关结论也可类比适用于其他能源资源和基础原材料领域的对外投资法制。

二、中国对外能源投资发展迅猛

我国现有能源产业基地多已进入开发的中后期,生产活动大多处于产量稳定阶段。如1959年开始开发的大庆油田、1972年开发的胜利油田等,石油产量基本处于稳产到衰退阶段。以胜利油田为例,1987年其原油产量首次冲上3000万吨,并在3000万吨以上连续保持长达9年之久。1995年后,原油产量一直没能再次攀上这一高峰。④ 可以说在无重大地质发现的情况下,我国国内能源生产将不能从根本上满足我国当前及未来经济发展的需要。能源需求与能源生产之间的巨大缺口,要求"中国保障能源供应特别

---

① 国家统计局能源统计司编:《中国能源统计年鉴2011》,中国统计出版社2011年版。
② 数据来源:《中国能源战略研究(2000—2005)总报告》,转引自何慧龄:《我国能源安全形势与能源企业对外投资动因探析》,载《对外经贸实务》2008年第10期,第31页。
③ 彭斐:《去年亏损92亿元拟关4个油田 胜利油田疾呼"要冻死了"》,载《每日经济新闻》2016年2月18日第5版。
④ 曹耀峰:《胜利油田六大战略应对能源安全》,载《瞭望新闻周刊》2003年第50期,第42页。

是油气资源供应需要利用国际国内两个市场、两种资源"①,在内部挖掘开发潜力的同时,积极寻求建立安全、稳定的外部能源供应。良好的外部能源供给正在成为维护我国能源安全的重要举措。

建立外部能源供应,渠道不外乎在国际公开市场上采购和对外投资以获取"份额油"两种方式。由于能源产品的特殊性,国际能源市场的自由化程度并不高,能源资源的全球化配置是大势所趋。但是,不合理的国际政治经济秩序以及能源市场规则,给发展中国家利用国际资源设置了重重障碍。②能源市场的定价权仍掌握在少数垄断集团手中,使得单纯、被动地在国际市场采购石油等能源产品并不能充分保障国家的能源安全。我国作为国际能源市场的后来者,基本无力影响国际石油市场的定价权。世界石油市场的价格一举一动将直接影响我国的对外能源采购,从而影响到国家的能源安全。为此,有必要在呼吁建立一个更加运行平稳、公平开放的国际能源市场的同时,积极开展与油气资源富集国家在油气开采、生产和加工等产业领域的投资合作。

以 2000 年"走出去"战略的实施为标志,中国的对外投资可以分为两个阶段。2000 年以前中国的对外投资总体水平不高。以 1999 年为例,当年对外投资额仅为 19 亿美元。随着 2000 年"走出去"战略的实施,我国对外投资获得快速增长,其中 2010 年中国对外投资流量为 688.1 亿美元,连续 9 年保持增长势头,年均增速为 49.9%。③ "一带一路"战略的实施,进一步推动了中国对外投资的发展,据商务部合作司的简明统计,2015 年中国对外投资累计达 1180.2 亿美元,同比增长 14.7%。④ 与整体对外投资发展状况相吻合,中国对外能源投资在"走出去"战略实施后也呈现高速发展态势,特别是近年来,国际能源产业大型并购中常能见到中国企业的身影。2010 年中国对外前十大并购交易(见表 7.1)中就有七个涉及能源领域,其中并购金额前五名的并购交易均来自能源领域。⑤ 德勤会计师事务所发布的《2012年大中华区海外并购报告》称,2012 年前三季度中国能源与资源行业的对

---

① 江泽民:《中国能源问题研究》,上海交通大学出版社 2008 年版,第 13 页。
② 参见同上。
③ 《三部门发布 2010 年度中国对外直接投资统计公报》,at http://www.gov.cn/gzdt/2011-09/06/content_1941525.htm,2012 年 11 月 26 日。
④ 《2015 年我国非金融类对外直接投资简明统计》,at http://fec.mofcom.gov.cn/article/tjsj/ydjm/jwtz/201601/20160101239832.shtml,2016 年 3 月 27 日。
⑤ 张建刚:《中国能源行业对外直接投资发展对策与建议》,载《国际贸易》2011 年第 4 期,第 17—18 页。

外并购交易占交易总量的29%,占同期交易额的68%。① 如果考虑到海外投资存量转投资以及部分民营资本的海外投资未进行报备审批的情况,相信从事海外资源能源投资企业应不只这个数。

表7.1　2010年中国并购市场十大海外并购交易

标的企业	标的企业行业	标的企业地区	买方企业	并购金额（百万美元）
康菲石油	能源	美国	中国石化	4650.00
EDF Energy	能源	英国	香港电灯/长江基建	3608.24
泛美能源	能源	阿根廷	中海油	3529.63
Arrow Energy	能源	澳大利亚	中国石油/壳牌	3100.00
Bridas	能源	阿根廷	中海油	3100.00
沃尔沃	汽车	瑞典	浙江吉利控股	1800.00
非洲矿业公司	能源	英国	山东钢铁	1500.00
高斯国际	制造业	美国	上海电气	1500.00
RML	能源	澳大利亚	武汉钢铁	800.00
ACL Bank	金融	泰国	中国工商银行	585.64

三、对外能源投资在维护我国能源安全中的作用

能源安全是指"一个国家或地区可以获取稳定、足量、经济、清洁的能源供给,以满足需求,保障社会经济稳健运行和持续、协调发展的能力和状态"。② 事实证明,对外能源投资对保障国家的能源安全具有重要作用。这种作用主要体现在:

(1) 对外能源投资是直接获得外部能源供应的重要渠道。

当前主要能源资源富集国家的上游能源产业大多实行对外开放,在一定程度上允许外资进入上游能源开采业。以国际石油投资领域为例,各国允许的外资投资形式大致有三种类型,即特许权合同(concession)、产品分成协议(production share agreement)、石油服务合同(service contract)。

在这三类石油投资合同中,石油服务合同是以投资者取得相应报酬而

---

① 王胜先、何雨欣、德勤:《前三季度大中华区海外并购额创历史新高》,at http://finance.people.com.cn/n/2012/1114/c70846-19582173.html,2012年11月26日。
② 何贤杰等:《我国能源安全评价及对策研究》,中国大地出版社2010年版,第43页。

非石油所有权为目的的合同,也就是说投资者的"勘探开发成果归政府所有,合同者只能根据合同约定以现金形式回收成本并获得一定报酬"①,而不能直接获得石油。目前世界上采取单纯石油服务合同形式的国家只有沙特阿拉伯和委内瑞拉等少数国家。特许权合同也被有些研究者称为租让制合同。在这种合同项下,"资源国政府允许私人获得矿产资源的所有权,矿产所有者将矿产权转让给石油公司,而石油公司向矿产所有者支付矿区使用费",并获得勘探开发所得"全部油气的所有权"。② 在产品分成协议下,允许投资者在满足有关法律和合同条件(通常包括税费、国家提成"份额油")后,获得一定的石油分成,并可以自由支配属于自己的石油份额。目前世界上绝大多数国家都建立了三种投资形式并用的混合体制,即根据不同开采区块的地质条件和油藏状况等因素确定不同投资开发形式。其中,美国通常采用特许权合同形式,而俄罗斯主要采用产品分成协议方式。总之,大多数国家允许投资者取得开采出来的石油的所有权,并允许投资者自由选择将所获石油运回本国消费或在当地出售。由此可见,通过积极开展企业层面的对外能源投资,可以从源头上取得一定的石油份额,从而确保一定数量的海外石油的稳定供给。

(2) 对外能源投资有助于增强我国在国际石油定价中的话语权。

国际石油市场供需双方之间的竞争决定了国际油价的基本走势。由于国际石油资源的分布不均衡、石油产品的不可替代性等特点,使得在供需双方的竞争中,石油供应方在定价中发挥着举足轻重的作用。可以说谁掌握了资源谁就拥有了定价权。

以上世纪 70 年代的第一次世界石油危机为例,当时欧佩克(OPEC)成员国的产量占据了世界石油市场的半壁江山,当 OPEC 以石油为武器反对美国对以色列的支持,决定减产和提高原油价格后,对整个世界经济特别是西方主要发达国家经济造成了极大冲击,使得西方发达国家陷入整整十年的"滞胀期"。③ 第一次世界石油危机使得美国、日本、欧盟等主要能源消费国认识到国际能源市场的不完备性,而纷纷开始加强国家能源安全战略,其中的一个重要举措就是鼓励本国投资者拓展对外能源投资。考虑到运输成

---

① 王年平:《国际石油合同模式比较研究》,法律出版社 2009 年版,第 15 页。
② 同上。
③ 秦扬、何沙编著:《疯狂的石油:石油风暴下的世界政治经济镜像》,石油工业出版社 2010 年版。

第七章　我国对外能源投资合作的法律问题

本、仓储成本等因素,跨国石油公司对外进行石油投资,其所获石油份额只有一小部分会运回本国直接消费,大多数则通过公开市场进行出售,以平抑价格波动,确保本国的石油消费能够以合理的价格在国际市场得到补偿。经过几十年的发展,欧佩克尽管仍是国际石油市场最大的供应方,但随着英国石油公司(BP)、挪威国家石油公司(Statoil)为代表的西方大型石油公司向市场投放原油份额的增加,欧佩克对石油定价机制的影响在减弱,而国际石油公司的市场影响力仍举足轻重。据统计,目前全球已探明石油储量资源的90%以上垄断在西方大型石油企业手中。

当前我国已成为国际能源市场的主要买家,但是抵御市场价格变动风险的能力并不强,其中一个重要原因是我们在国际石油供给中没有话语权,对国际石油定价的影响力不足。和欧美日跨国石油公司一样,随着对外能源投资的增加,中国投资者在国外获得的份额石油也必然主要以投放国际石油市场为主,从而对国际石油的定价机制发挥影响,推动国际石油价格的平稳运行。稳定的国际石油市场反过来将有助于保证我国石油消费者能够获得持续的、价格合理的石油供应。

可以说,加强与能源富集国家在能源领域的务实合作,积极发展能源领域的对外投资,已成为保障能源供给,维护国家能源安全的重要战略举措。然而,纵观国际能源产业发展史,能源领域又是一个对法律非常敏感的行业。由于能源领域具有投资数额高、不确定因素复杂、投资回收期长等特点,投资东道国法律的细微变动都有可能对外国投资者造成严重的损失,甚至是血本无归。远如上世纪60年代中东产油国实行的征收措施,近如近年来委内瑞拉、玻利维亚的国有化措施和哈萨克斯坦、俄罗斯国家石油公司强行购买外国投资者股份的行为[①],都对投资者的投资安全造成了一定影响。此外,国际投资争端中能源领域的争端占有相当大的比重这一事实也从一个侧面反映出能源投资的法律风险。仅就ICSID仲裁为例,截至2015年12月31日,ICSID中心及其附属仲裁机构共受理案件549件,其中与能源

---

① 在2007年的"卡什干危机"(kashagan crisis)中,哈萨克斯坦政府对阿吉普公司(Agip KCO)进行巨额处罚和刑事指控相威胁,迫使外国投资者向哈萨克斯坦国家石油公司——KMG出售股份,从而使原本并不参股的KMG公司一跃成为Agip KCO第一大股东。参见Nurlan Tussupov, *The Policy of Resource Nationalism*: *The Case of Kazakhstan*, Oil, Gas & Energy Law Intelligence, 2010。

有关的投资争端占到了43%。① 同样,可以说发展我国对外能源投资业务,也必须高度重视法律的作用,通过建立和利用公正合理的法律规范来保护和促进我国投资者的海外投资活动。为此,本章通过对我国能源行业投资者对所在国投资法律环境评价和法律需求进行实证研究,对有关法律规则进行理论分析,以期为完善我国有关法律规范体系提供对策建议。

第二节　我国对外能源资源投资的法律环境与法律需求的实证分析[②]

一、调查概述

（一）调查背景

近年来,我国企业在能源资源领域的对外投资增长迅速。与此同时,企业面临的政治与法律风险也日益显现。在此背景之下,我们针对我国资源能源领域的海外投资企业,开展了一项问卷调查,旨在厘清我国海外资源能源投资（以下简称"中国投资"或"我国投资"）所切实面临的政治风险和主要法律障碍,并在此基础上探讨改善我国海外投资法律保护的方法和途径。

（二）调查对象

本问卷调查的对象是从事海外资源能源投资（包括石油天然气、电力、煤炭、黑色金属、有色金属等）的中国企业、管理海外资源能源投资的政府部门,以及从事相关服务的律师事务所和会计师事务所（"两所"）。

根据商务部《境外投资企业（机构）名录》[③],我国共有海外资源能源投资企业592家。这些企业在海外设立企业或机构的区域分布情况为:大洋洲51家,拉丁美洲33家,北美洲79家,非洲97家,东南亚163家,中亚149

---

① 此处所谓与能源有关是指根据世界银行产业部门分类表中的"石油天然气和采矿业""电力与其他能源"两类产业,不包括"建筑""水力、卫生与防洪""运输"等产业部门中与能源有关的产业。参见 ICSID 秘书处 2016 年发布的 the ICSID Caseload—Statistics (Issue 2016-1), at https://icsid.worldbank.org/apps/ICSIDWEB/resources/Pages/ICSID-Caseload-Statistics.aspx.

② 除非特别说明,本节中"投资"均指"中国海外能源资源投资","投资者"均指"中国海外能源资源投资者"。"受访者"指参与此次问卷调查或调查回访的人,包括来自中国投资企业、相关政府主管部门以及涉外律师事务所和会计师事务所中所有对调研作出有效回复的人。

③ 商务部:《境外投资企业（机构）名录》, at http://wszw.hzs.mofcom.gov.cn/fecp/fem/corp/fem_cert_stat_view_list.jsp,2010 年 7 月。

第七章　我国对外能源投资合作的法律问题

家,西亚 27 家,港澳 92 家,南亚 16 家,欧洲 29 家,东亚 51 家。本次调研选择了在五个主要投资区(大洋洲、拉丁美洲、非洲、东南亚、中亚)中的 21 个国家[①]设有企业或机构的中国企业投资者。入选企业的经营范围中至少有一项涉及能源投资。对于在多个国家或地区都设有企业或分支机构的境内投资主体则只保留一个。在剔除重复出现的"境内投资主体"时所采用的原则是:在"经营范围"条目下,矿产、能源投资的较其他相关领域优先保留;"境外投资企业(机构)"条目下,"公司"较"办事处"优先保留;两者相差不大时,则考虑各地区企业数目分布的平衡。经过首选和有效性筛选,总共调研对象为 300 个,占《境外投资企业(机构)名录》中全部海外资源能源投资企业的 50.68%。我们希望并相信这个样本基数能够大体上反映我国海外投资法律问题的概貌。

(三) 问卷设计

在可能遭遇的风险方面,Rubins 和 Kinsella 将国际投资中的政治风险分类为直接征收、行政性干涉、汇兑风险、内乱、违反国家合同、腐败、贸易管制等七种。[②]在获得保护方面,Dolzer 将保护国际投资的标准分由公平公正待遇、充分保护与安全、保护伞条款、司法救济保证、正当程序、司法拒绝、紧急情况、必要情形、武装冲突、不可抗力、权利保留、随意的或歧视性的措施、国民待遇、最惠国待遇,以及国际间财产转移等方面进行了详尽的论述。[③]此外,其他一些非经济因素包括人权、环境的可持续性和气候变化也对国际投资活动产生着不可忽视的影响。由于资源投资的期限长,中国对外资源投资也经受着这些非经济因素的考量。又由于这类投资是在自然环境中直接掘取资源和能源,环保问题在此也就比在其他种类的国际投资活动中而更显突出。

《能源宪章条约》(Energy Charter Treaty, ECT)是现有的唯一一个规范能源投资保护的重要多边条约。因此,本研究选择《能源宪章条约》的投资保护规则体系作为本次实证考察问卷设计的主要依据。为此,在结合理

---

① 这 21 个国家为:(大洋洲)澳大利亚、新西兰、巴布亚新几内亚;(拉丁美洲)委内瑞拉、巴西、阿根廷、智利、秘鲁;(非洲)苏丹、刚果、利比亚、尼日利亚;(东南亚)缅甸、马来西亚、印度尼西亚;(中亚)俄罗斯、哈萨克斯坦、土库曼斯坦、吉尔吉斯斯坦、乌兹别克斯坦、蒙古。

② Noah Rubins, N. Stephan Kinsella, *International Investment, Political Risk and Dispute Resolution: A Practitioner's Guide*, Ocean Publications, 2005, pp. 5—24.

③ Rudolf Dolzer, Christoph Schreuer, *Principles of International Investment Law*, Oxford University Press, 2008, pp. 119—194.

论资料分析的基础上，本研究尽可能总结《能源宪章条约》下所有可得的已决案例的争议焦点，围绕相关法律议题展开问卷设计。

本课题最终将实证调研的范围确定为政治风险总体情况、准入限制（业绩要求）、一般待遇（包括国民待遇、公平公正待遇、安全与保护）、具体制度（包括国有化措施、政治动乱、政府违反投资合同、财产转移）、法律纠纷、东道国法制状况（包括司法不公情况、法律不稳定、官员腐败）、投资的外部性问题（包括投资与贸易、投资与环境）以及法律需求等八个方面。

（四）问卷反馈

调研问卷初次发放至回收时间为 2010 年 10 月至 2011 年 4 月。本次调研问卷的回收率为 15.33%。调研对象的构成及问卷反馈的具体情况如表 7.2 所示。

表 7.2　调研对象采选及问卷反馈情况

		初选调研对象数	回复数	回复率
企业答卷者	大洋洲	60	18	30%
	拉丁美洲	30	6	20%
	非洲	60	10	16.67%
	东南亚	60	10	11.11%
	中亚	30	6	10%
	企业小计（不重复计算）	240	38	12.67%
政府部门答卷者		20	3	15%
律师事务所 & 会计师事务所答卷者		40	5	12.5%
总计		300	46	15.33%

注：若某企业投资者在两个或以上区域均有投资，除非答卷者作出特别说明，在分区域统计时同一份问卷会在统计这些区域中被重复计算。

本次调研的问卷调查把握程度设为 100%、80% 及 60% 三个等级。如图 7.2 所示，答卷者中有 21.74% 的人对其回答准确性的把握程度为 60%，有 58.70% 的人对其回答准确性的程度为 80%。对其回答准确性的把握程度在 80% 以上的答卷者占 78.27%。

第七章　我国对外能源投资合作的法律问题

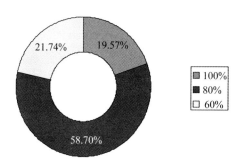

图 7.1　答卷准确性把握程度分布情况

（五）数据处理

所有有效答卷依照所设计的 22 个问题逐一统计①,对问卷中所有态度性问题的答案进行统计学编码,计算每个法律问题发生频度的均值②。编码依据为:将"从来没有、极少、有时、经常、总是如此"作为预设法律问题的发生情况,按照发生频度大小依次编码为"从来没有＝0,极少＝1,有时＝2,经常＝3,总是如此＝4"。"不知道"则作为无效回答处理。虽然由此得出的各个法律问题的均值并不等于这些法律问题在中国海外资源能源投资活动中的实际发生情况,但在其产生的编码体系内,这些均值数据应被认为能够反映出这些法律问题发生频度高低的相对情况。同时,由于均值的计算容纳了就每一具体法律问题的答卷者作答的程度和人数,故每一均值应被理解为是相应法律问题（风险）发生的频繁程度和涉及人数广度的综合性反映。

在对这些均值进行定量分析时,我们参考世界银行所确立的"理想制度范式"(Ideal Institutional Paradigm)③以及 Perry 应用这个范式所作的实证研究④,

---

① 基于整合资源和行文通畅的目的,本书并未使用全部问题,特此说明。
② 由于考察"国民待遇"、"公平与公正待遇"和"安全与保障"在问卷中以积极描述设计,故所得数据为投资者享受这些待遇的情况。为与其他负面描述问题相统一以便比较,这三个问题的均值结果均被频度最高情况(即 4)相减,最终数据表示未能享受到这些待遇的情况。
③ World Bank, Governance and Development, Washington DC: World Bank, 1992, p. 4.
④ Amanda Perry, Effective Legal Systems and Foreign Direct Investment: In Search of the Evidence, *International and Comparative Law Quarterly*, Vol. 49(4), 2000, pp. 779—799. See also Shan Wenhua, *The Legal Framework of EU-China Investment Relations: A Critical Appraisal*, Hart Publication, 2005, p. 253.

确定以 0.8 为达标基准线，并以 0.8 为级差。① 换言之，问题均值为 0.8 及以下为"达标"(≤0.8)，0.8 以上均属于"超标"状态，但依其严重程度又依次细分为"轻度超标"(>0.8 且≤1.6)、"明显超标"(>1.6 且≤2.4)、"严重超标"(>2.4 且≤3.2)和"根本超标"(>3.2 且≤4)。我们希望这样的定量分析能够更加清晰准确地揭示相关法律问题存在的程度。

二、中国对外能源投资总体法律环境评价

（一）总体政治风险

政治风险是基于政府行为或者市场中经济状况变化以外的原因，而产生的对于投资项目盈利能力的消极影响或威胁。② 这里的政府行为是指投资东道国政府通过作为或者不作为的方式，导致减损投资者实现其预期投资收益能力的行为。③ 本研究以一个独立问题询问答卷者中国的海外投资有没有因为政治因素而受阻或受损的情况，以便了解答卷者对于中国投资在海外经历政治风险的总体情况。具体反馈数据如图 7.2 所示。

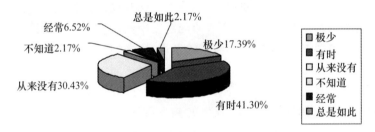

图 7.2 中国投资遭遇政治风险的总体情况

从总体情况看，有约三成答卷者表示中国投资从未遇过政治风险。其余答卷者中，有四成表示政治风险导致中国投资受损或受阻的情况有时发

---

① 在 Perry 应用世界银行"理想制度范式"的研究中，她将调查结果按照正向符合此理想制度范式的程度以 5 分为满分赋值，并以 4 分为"有效"制度的基准线，以 1 分为等差。故其结果等级依次为"有效"(≤4)、"边界状态"(≥3 且<4)、"无效"(≥2 且<3)和"严重无效"(<2)。相应地，本研究按反向不符合（即在何种程度上不符合理想制度范式从而构成法律风险可导致投资损失）为量值处理，并以 4 分为满分赋值，则其达标线应为 0.8，且其等差亦为 0.8。

② Thedore H. Moran, Political and Regulatory Risk in Infrastructure Investment in Developing Countries: Introduction and Overview, *CEPMLP Journal*, Vol. 5(6), p. 3 (citing Harvard Professor Louis Wells, Jr.). Also see Noah Rubins, N. Stephan Kinsella, *International Investment, Political Risk and Dispute Resolution: A Practitioner's Guide*, Ocean Publications, pp. 2—3.

③ See ibid.

生,另有近一成答卷者认为这种情况经常或总是存在。两项相加表明有半数答卷者认为中国资源能源投资面临着某种程度的政治风险,总体均值为1.31,处于"轻度超标"状态。

(二)准入限制:业绩要求

在国际直接投资中,东道国政府往往规定外国投资者应该作出某些承诺或承担一定义务,以作为投资者获得投资准入或享受某些特殊优惠或特权的前提条件。这些条件被称为"业绩要求"。[①]因此,本研究设计此开放性问题询问答卷者中国资源能源投资被附加各种业绩要求的情况。

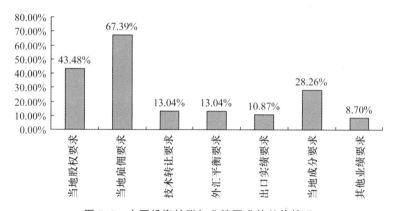

图 7.3 中国投资被附加业绩要求的总体情况

结果(图 7.3)表明,在所考察的业绩要求中,当地雇佣要求是中国投资者最常见的业绩要求(67%);位居其次的是当地股权要求(43%)。其余四项所考察的业绩要求被附加的较少,按答卷者选择的多少依次为:当地成分要求、技术转让要求、外汇平衡要求、出口实绩要求。此外,另有少数答卷者表示中国投资曾被附加过这些义务以外的其他业绩要求,例如安全环保要求、原油分成要求、承接该国其他工程要求、提供赞助等等。

(三)一般待遇情况

在调查中国企业在从事资源能源投资的过程中享受一般待遇的情况时,答卷者被问及三个问题:一是其在投资东道国是否享受到了与当地的本土企业以及其他外国企业同等的待遇(即"国民待遇");二是作为投资者,其认为自己在东道国享受到的待遇是否公平和公正(即"公平与公正待遇");

---

① 单文华:《欧盟对华投资的法律框架:解构与建构》,蔡从燕译,北京大学出版社 2007 年版,第 123 页。

三是东道国的法律是否为投资活动提供了充分的保障和保护(即"充分的安全与保护待遇")。以此来分别考察中国资源能源投资在海外享受国民待遇、公平公正待遇和东道国为中国资源能源投资提供安全保障的情况。结果见图7.4。

1. 国民待遇

就国民待遇问题,有43.48%的答卷者表示中国投资经常或总是能享受国民待遇;21.74%的答卷者认为其投资有时能享受国民待遇;少数答卷者(6.52%)认为中国投资从来没有或极少能享受国民待遇。此外值得注意的是,有28.26%的答卷者表示对投资享有的国民待遇如何不甚清楚,因而未对问卷中的相应问题作出正面回答。从正面答卷来看,大部分答卷者认为中国投资享受国民待遇,但仍有相当比例的答卷者表示我国投资未能享受稳定的国民待遇,其问题均值为1.21,属于"轻度超标"。

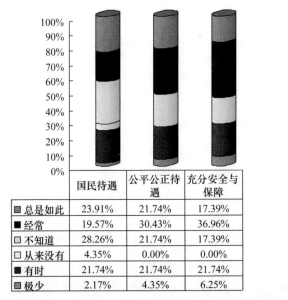

图7.4 中国投资享受一般待遇的总体情况

2. 公平与公正待遇

当询问中国投资在东道国享受到的待遇是否公平与公正时,过半数答卷者(52.17%)表示其所受待遇经常或总是公平与公正的。21.74%的答卷者表示其投资所享待遇有时公平与公正。表示中国在海外投资资源能源受到的待遇极少公平与公正的答卷者仅为极少数(4.35%)。这说明多数中国

第七章　我国对外能源投资合作的法律问题

投资在海外享受了公平与公正待遇的同时,仍有一定比重的中国投资未能享受稳定的公平与公正待遇,其问题均值为1.11,与国民待遇问题一样处于"轻度超标"状态,但相对后者略低。

3. 充分的安全与保护

几乎所有的投资条约都把为外国投资提供充分的安全与保障列为东道国的义务之一。[①] 这使得东道国负有保护外国投资不致受到有害影响的积极作为的责任。当然,对投资产生的有害影响可以来自东道国的政府机构,也可以来自任何第三方。[②] 答卷者反映中国投资享有东道国给予的充分安全与保障情况如图7.4所示。

总体上看,大部分答卷者(54.35%)表示中国投资经常或总是能够得到东道国的充分安全与保障;21.74%的答卷者表示中国投资有时能够得到这种保障;少数答卷者(6.52%)认为东道国极少给其投资提供充分的安全与保障。可见,大多数答卷者对中国投资在海外享有东道国所提供保障和保护的反应良好,但也有相当比重的答卷者反映我国投资未能享受稳定的安全与保障,其问题均值为1.21,与国民待遇相同,较公平公正待遇问题略高,同样处于"轻度超标"状态。

(四) 具体待遇情况

本节对中国海外资源能源投资享受具体待遇/制度的情况进行了考察,具体包括中国海外资源能源投资遭遇过国有化措施的情况、因政治动乱受损受阻的情况、投资合同遭东道国政府违反的情况以及投资中转移财产是否顺利的情况几个方面。

1. 国有化措施

答卷者反映中国资源能源投资受东道国政府实施国有化措施以及因此获得补偿的情况如图7.5—7.6所示。数据显示,超过半数答卷者(58.70%)表示他们的投资项目从来没有因为东道国政府的直接或间接的征收、征用或国有化措施而遭受损失;有17%的表示这种征收或国有化措施极少发生;另有共约15%的答卷者则认为这类措施有时、经常或者总是会发生,其问题均值为0.62,处于"达标"状态。在补偿方面,只有不到三成

---

① Noah Rubins, N. Stephan Kinsella, *International Investment*, *Political Risk and Dispute Resolution*: *A Practitioner's Guide*, Ocean Publications, 2005, p. 217.

② Rudolf Dolzer, Christoph Schreuer, *Principles of International Investment Law*, Oxford University Press, 2008, p. 149.

的答卷者表示征收得到了"及时、充分、有效的补偿",有一半以上的答卷者表示从来没有或极少会有得到这种补偿,另有 20% 的表示不了解情况,其问题均值为 3.06,处于"严重超标"状态。由此可见,尽管绝大多数未曾遭受征收或国有化措施,但一旦遭受这种情形,其所获赔偿往往达不到"及时、充分、有效"补偿的标准。

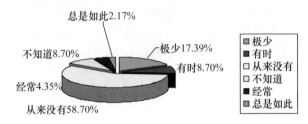

图 7.5 中国投资遭受国有化措施的总体情况

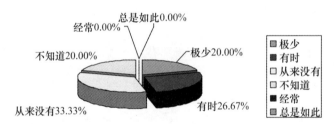

图 7.6 中国投资遭受国有化措施后获得补偿的总体情况

2. 政治动乱

政治动乱,指的是在东道国境内发生的军事行动或者内乱,包括革命、骚乱、军事政变及其他政治事件,东道国政府通常已经失去对这些事件的控制。[①] 当询问答卷者中国海外资源能源投资是否曾发生过投资因为骚乱、暴动或者战争等而受损的情况时,反馈情况如图 7.7—7.8 所示。

可以看出,约有七成答卷者表示到目前为止,从未或极少发生因政治动乱受损的情况,但同时也有超过两成答卷者表示这种情况时有发生,另有约 4% 的答卷者表示总是如此或经常发生。其问题均值为 0.73,与上述征收的频率接近但略高,仍处于"达标"状态。在肯定答卷者中,有近半数(44.45%)表示中国投资的损失从未或极少能获得"及时、充分、有效"的补

---

① 单文华:《欧盟对华投资的法律框架:解构与建构》,蔡从燕译,北京大学出版社 2007 年版,第 398 页。

偿,27.78%的答卷者认为有时可以得到这种标准的补偿,另有约11%的答卷者表示经常或总是可以得到充分补偿。其问题均值为2.58,与上述征收补偿情况类似但略高,同样处于"严重超标"状态。

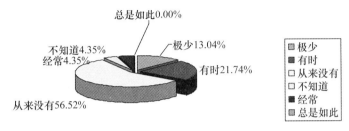

图7.7 中国投资因政治动乱受损的总体情况

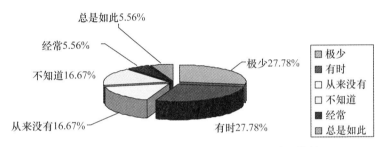

图7.8 中国投资因政治动乱受损获得补偿的总体情况

3. 投资合同

在本次问卷调查中,答卷者同样被问及是否曾遇到东道国政府不遵守其与投资者所签订的投资合同的情况(图7.9)。对于这一问题,过半数的答卷者(54.35%)表示东道国政府违反投资合同的情况尚未发生过,其余答卷者中有13.04%表示极少遇到东道国政府违反投资合同的情况,问题均

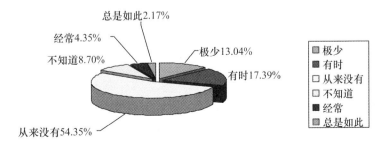

图7.9 中国投资遭遇东道国政府不遵守投资合同的情况

值为 0.76,属于"达标"状态。这说明东道国政府违反投资合同使投资利益受损的情况在中国海外资源能源投资中并不常见。

4. 财产转移

国际投资中的财产转移自由主要包括投资原本及利润的转移自由和资金兑换汇率的稳定两个方面。中国企业在海外进行资源能源投资的过程中,在财产转移这部分,同样会面临财产转移和汇率波动两方面的风险。

(1) 转移困难

在财产转移风险方面,如图 7.10 所示,大部分答卷者(63.04%)表示他们从投资项目运营之始至今,从未或极少在将投资原本和利润汇出东道国境外时遇到过困难。与此同时,有 10.87% 的答卷者反映经常会遇到这类财产转移的困难,另有一成以上的答卷者认为这类困难时有发生。其问题均值为 0.98,属于"轻度超标"状态,表明这方面的问题确实存在但并不很严重。根据调查人员进一步回访的了解,多数答卷者在此方面尚未遇到困难的原因主要有两种:其一在于他们的投资项目未曾遭受东道国政府在财产转移上施加的管制措施;其二在于资源能源投资项目一般周期较长,这些答卷者的投资项目处于前期开发阶段,尚未盈利。因为没有将利润汇回母国的资金转移活动,因而未曾遇到过财产转移方面的困难。

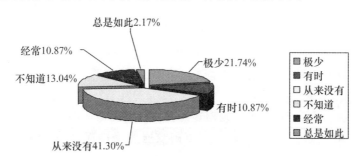

图 7.10 中国投资遭遇财产转移困难的总体情况

(2) 汇率波动

在汇率风险方面,调查数据显示绝大多数的答卷者(86.95%)都切实经历过汇率风险带来的损失,而表示这种风险"有时"发生的答卷者占最多数(47.83%)。仅有极少数答卷者(8.70%)表示其海外资源能源投资从未因汇率波动受损。该问题均值为 1.98,属于偏严重的"明显超标"状态(图7.11)。

第七章　我国对外能源投资合作的法律问题

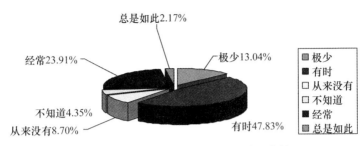

图 7.11　中国投资因汇率波动受损的总体情况

（五）东道国法制状况

在考察投资东道国的投资法制环境时，本研究从司法、立法、行政三个角度分别考察东道国司法执行的公正程度、立法中法律的稳定性以及行政中政府执法的廉洁程度这三个重要指标。

1. 司法公正性

从总体上看，半数投资者反映在东道国尚未在司法活动中遇到过不公对待的情况。但与此同时，仍有超过四成答卷者反映曾在不同程度上遭遇过司法不公的情况，而认为此情况为"有时"发生的占 26.09%。具体情况如图 7.12 所示。总体而言，中国投资遭遇司法不公的均值为 0.9，属于"轻度超标"，说明问题总体不算突出。

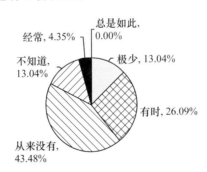

图 7.12　中国投资在东道国遭遇司法不公的情况

2. 法律稳定性

总体上，答卷者就投资因东道国法律不稳定而遭受损失或阻碍的反映与对司法不公的反映类似，半数答卷者尚未遭受过此类损失，但表示曾在不同程度上因此受损的反馈则比因司法不公受损的比例更高（45.66%），均值为 0.88，也处于"轻度超标"。具体情况如下图 7.13 所示。

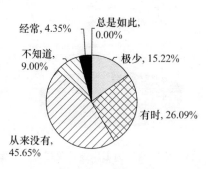

图 7.13　中国投资因东道国法律变动受损的情况

3. 官员腐败

与对司法不公和法律不稳定的反映有所不同,过半数的答卷者(54.35%)表示投资曾在不同程度上因东道国官员腐败受损或受阻。其中,三成答卷者表示这种损失"有时"发生,均值达 1.41,处于比较明显的"轻度超标"。具体情况如图 7.14 所示。

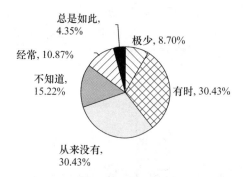

图 7.14　中国投资因东道国官员腐败受损的情况

(六) 投资争端情况

实践中国家与投资者的争端多由于东道国行使国家权力或发生其他政治事件致使投资遭受损失而发生争议。这些争议主要包括:国有化引起的争议;东道国管理行为引起的争议(外汇管制、增加税收、干预企业经营活动等引起的争议);东道国国内政治动乱、革命、战争等事件引起的争议。[①] 在本次实证考察中,中国海外资源能源投资者与投资东道国政府发生法律纠纷的情况如图 7.15 所示。

---

① 姚梅镇:《比较外资法》,武汉大学出版社 1993 年版,第 939 页。

第七章　我国对外能源投资合作的法律问题

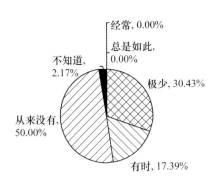

图 7.15　中国投资遭遇法律争端的总体情况

可以看出,半数答卷者表示在其投资过程中从未与东道国政府发生过法律纠纷。但与此同时,仍有超过四成受访者反映曾在不同程度上发生过法律纠纷。该指标均值为 0.67,属于"达标"状态。这说明国家与投资者纠纷在中国海外资源能源投资中鲜有发生。

（七）其他影响因素

外国直接投资的政治风险不仅来源于投资措施,也来源于贸易措施。意料之外出现的贸易管制能够对投资者造成负面影响,也能对直接参与相关产品或服务贸易的人产生影响。[1]同时,投资者在另一国开展资源能源投资活动,对当地自然环境和居民产生直接影响,可能导致生态环境破坏、原住民安置、土地资源纠纷等等问题。[2]因此,投资过程中的环保问题也可能是引起资源能源投资受损的重要政治风险之一。为此,本研究还考察了这两个重要非投资因素对中国投资的影响。

1. 贸易壁垒

如图 7.16 所示,在被问及是否曾遇到过投资项目因为贸易壁垒受损或受阻的情况时,四成答卷者表示他们从未遇到过这种情况,另有 23.91% 的答卷者表示其海外资源能源投资项目有时因为东道国施加贸易壁垒而遭受损失,均值为 0.86,临近"达标"水平。这表明中国投资不时会受国际贸易的影响,在有些地区会因为东道国施加的贸易壁垒而遭受损失。

---

[1]　Noah Rubins, N. Stephan Kinsella, *International Investment*, *Political Risk and Dispute Resolution*: *A Practitioner's Guide*, Ocean Publications, 2005, p. 23.

[2]　Peter D. Cameron, *International Energy Investment*: *The Pursuit of Stability*, Oxford University Press, 2010, p. 336.

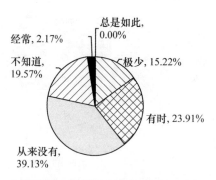

图 7.16　中国投资因东道国实施贸易壁垒受损的总体情况

2. 环保措施

中国海外资源能源投资遭遇这一风险的情况如图 7.17 所示,有 67.39% 的受访答卷者表示其投资项目曾经或多或少因为人权或环保问题受损或受阻,均值为 1.39,处于"轻度超标"状态。在统计这一问题时,峰值出现在"有时"这一选项上(41.30%),说明多数答卷者的投资活动曾因环境保护问题受损或受阻。另外有部分答卷者(28.26%)表示其投资尚未遭遇过这种风险的损害。其中有答卷者表示,其资源能源投资项目是由当地公司进行施工的,他们通过这种雇佣当地企业的办法来缓冲与当地居民(原住民)的冲突。

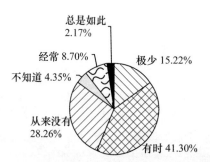

图 7.17　中国投资因环保问题受损或受阻的总体情况

(八) 中国对外能源投资法律环境的特征

如第一节中所述,为更清晰地体现这些法律问题的重要性程度,本研究将问卷问题中所有态度性问题的答案进行统计学编码,并分别计算每个法律问题发生频度的均值,得如下均值(表 7.3)。

第七章 我国对外能源投资合作的法律问题

表 7.3 中国资源能源投资遭遇法律问题情况均值表①

问题	PR	NT	FET	SP	NM	RT	BC	TR	ER	JU	LC	CR	DS	TB	EN
均值	1.31	1.21	1.11	1.21	0.62	0.73	0.76	0.98	1.98	0.90	0.88	1.41	0.67	0.86	1.39

注：PR—总体政治风险；NT—国民待遇；FET—公平公正待遇；SP—充分安全与保障；NM—国有化措施；RT—政治动乱；BC—投资合同违反；TR—转移困难；ER—汇率波动；JU—司法不公；LC—法律不稳定；CR—官员腐败；DS—遭遇法律纠纷；TB—贸易壁垒；EN—环境问题。

通过改进 Perry 的方法，确定以 0.8 为达标基准线，并以 0.8 为级差，将表 7.3 转换为图 7.18 中国投资总体法律风险均值图。可以看出，总体而言，我国海外资源能源投资总体法律环境比较严峻。突出表现在：

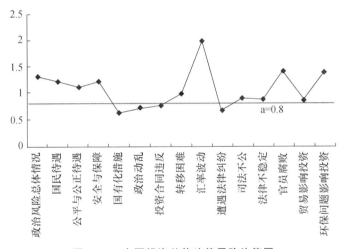

图 7.18 中国投资总体法律风险均值图

（1）我国投资总体政治风险水平均值处于"超标"状态，约有一半答卷者认为海外资源能源投资经常或者不时因为政治风险受到损失或者遭受阻碍。显然，这种风险不可忽视，需要密切关注并实施相应的风险防控机制。

（2）在本调查所考察的具体指标中，绝大多数处于"超标"甚至"明显超标"状态；其中，在投资者的一般待遇问题上，各项指标均处于超标状态，由此表明中国资源能源投资在海外享有一般待遇状况不佳。一般待遇，特别是其中的国民待遇和最惠国待遇是保障投资者平等参与竞争的重要法律基

---

① 本调研中，"准入限制"项的问题不属于可以量化的态度性问题，故未在本表中予以反映。

础。如果一般待遇状况不佳,则在一定程度上反映出我国投资者在海外资源能源投资市场处于受到"歧视性"对待的不利地位。

(3) 在投资者享有的具体待遇方面,五项指标中有三项指标处于"达标"状态,分别是国有化措施、政治动乱、投资合同违反。即使"达标"但数据显示这三项指标的均值也都属于不太理想的达标状态,特别是政治动乱(0.73)和投资合同违反(0.76)两项指标与达标线(0.8)非常接近。而且在征收或国有化措施的补偿方面,只有不到三成的答卷者表示征收得到了"及时、充分、有效的补偿",有一半以上的答卷者从来没有或极少会有得到这种补偿,另有20%的表示不了解情况,其问题均值为3.06,处于"严重超标"状态。由此可见,尽管绝大多数投资未曾遭受征收或国有化措施,但一旦遭受这种情形,其所获赔偿往往达不到"及时、充分、有效"补偿的标准。

(4) 在投资者享有的具体待遇方面,"转移困难"和"汇率波动"这两项反映"财产转移"待遇的指标不同程度上存在"超标"现象,其中"汇率波动"以均值1.98,位于总体投资环境评价诸指标中"超标"最严重的指标。这一方面反映出投资者对市场汇率波动的敏感,另一方面也反映出人民币汇率问题对我国对外资源能源投资的影响较为显著,应当引起有关部门的注意。

(5) 问卷反映,被访者对东道国的法制环境评价欠佳。所涉三项指标均未能"达标",其中尤以官员腐败问题比较突出。

(6) 相对而言,被访者对我国投资在东道国涉及争端纠纷的情况反映较佳。一种可能的解释是我国对外资源能源投资的历史不长,有关投资尚处于投资初期。一般而言投资的早期阶段,双方关系较为融洽,出现争端的情况较少发生。

(7) 贸易壁垒和环境保护措施都对我国对外投资造成一定的影响,其中环境保护措施相较于贸易壁垒对中国投资产生的不利影响更为显著。

(8) 如前文所述,我国对外资源能源投资面临准入限制的现象较为普遍。主要的准入限制形式除当地成分要求(如当地雇佣要求=67%,当地股权要求=43%)外,技术转让要求、外汇平衡要求、出口实绩要求、承接该国其他工程要求、提供赞助等也是我国投资面临的主要准入限制条件。

三、中国对外能源投资合作的法律需求

本研究通过对答卷者选择投资保障和促进方式的意愿程度进行了调查,以揭示中国对外能源投资合作的法律需求。本部分主要设置了两项指标,即答卷者对不同投资保护措施的偏好以及答卷者对不同投资促进措施

第七章　我国对外能源投资合作的法律问题

的偏好。为保证调查能够尽可能涵盖不同投资者的不同法律需求,除上述封闭式问题外,本部分还设置了开放性问题以获得答卷者对投资保护的意见和建议。

(一)海外投资保护

本问卷调查以多选题的形式询问答卷者眼中中国海外投资最有效的安全保障方式,其反馈信息如图 7.19 所示。

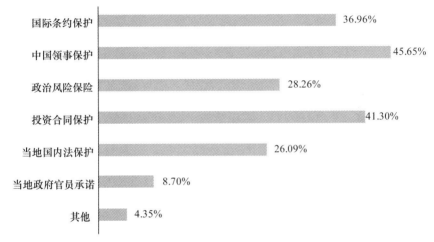

图 7.19　中国投资者认为最有效的安全保障

统计结果反映,相较于东道国措施,在保障投资安全的各方式中,答卷者更倾向于非东道国措施。其中本国领事保护是答卷者认为最为有效的安全保障方式,其次是投资合同保护、国际条约保护和政治风险保险。而东道国国内法保护和东道国政府承诺这两种东道国国内措施的偏好程度较低。值得注意的是,在对投资者的投资纠纷经历的调查中,绝大多数答卷者表示没有或很少遇到投资纠纷,但此处数据仍显示仅有少数答卷者信赖东道国国内保护措施。这表明中国投资比较重视国际法对海外投资的保护作用,尽管他们对国际救济方式尚缺乏了解。此外,有少数答卷者在问卷预设选项外提出了其他可以保障投资安全的方式,具体为仲裁以及东道国当地政局稳定,等等。

(二)海外投资促进

如图 7.20 所示,大多数答卷者都认为缔结双边条约是促进中国企业进行海外投资的积极性最为有效的方式。并且,期待强化海外投资担保的答卷者已经多于期待政府制定财政税收激励措施的答卷者。而期待以加强海外领事保护的方式来促进中国企业进行海外投资的答卷者则相对较少。这表明在现今的中国海外投资中,相比依靠传统的外交方式获得保护,投资者已经逐渐意识到法律对于保护投资的重要作用。

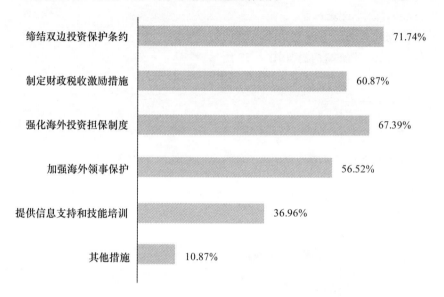

图 7.20　有效促进中国企业进行海外投资积极性的措施

注:其他措施包括驻外人员安全、提供当地翻译、给予优惠的保险条件、政府组织商务拜访活动、简化和放宽审批手续等。

(三) 其他意见建议

除了本研究已经显示的数据,答卷者还就中国海外投资保护提出了主观性的意见或建议,经分类整理后如下所列:

(1) 兼顾战略和投资回报选择市场。答卷者反映,国资背景的企业,海外投资遭遇复杂,而且出于战略需要会不可避免地选择一些不成熟的市场,如非洲和南美一些国家。建议民营企业选择成熟的市场,如澳洲等。有条件的企业要有战略考虑,不计较短期回报,以实现长远的投资收益。

(2) 为海外投资配备专业人员。答卷者提出可以培养海外投资企业负责人的风险意识和全球视野。此外,建议国家考虑制定引进具有全球化管理经验的经理人的企业税费优惠措施。

(3) 国家给予经济性的支持。答卷者表示,国家可以在条件允许的情况下,加强对战略资源能源类海外投资的资金奖励和外汇支持,或者对进口投资产出的资源能源产品(如矿产品)给予更多的优惠政策,尤其是税收方面的优惠政策。

（4）建立健全保障制度。答卷者建议，国家可以主动为海外投资设立各种保障。要求投资企业为海外投资项目和其中的工作人员强制投保，并在条件允许的情况下，由国家承担一定比例的保险费用。同时需要中国政府加大在东道国提供领事保护的力度。

（5）简化审批手续。答卷者提出，非央企出身的企业在"走出去"时需要向各级发改委、商务部层层报批，由于审批时间拖延错过许多机会，因此亟待简化项目报批流程，缩短审批时间。主管政府部门可以加强指导，正确引导。

（四）小结

根据答卷者的反映，中国投资在遭遇困难时普遍能够获得中国政府的支持和保护。就海外投资保障方式而言，领事保护仍然是目前最为有效的安全保障方式，但投资合同以及国际条约的保护作用也正日渐彰显。在投资促进方式上，双边投资条约已成为最受我国投资者期待的促进中国海外投资的措施。此外，海外投资担保制度的重要作用也已逐渐凸显，答卷者对此的期待甚至超过了对财政税收激励措施和外交领事保护的期待。由此可见，我国投资者对国际投资法的需求正与日俱增。

四、结论

在中国经济发展过程中，资源与能源安全占有举足轻重的地位。加强海外资源能源的投资是维护中国资源能源安全的重要措施。为此，在国家实行"走出去"战略过程中，强化以获取稳定的海外资源能源保障为目的的资源能源投资显得尤为重要。本研究对从事海外资源能源投资的中国企业、管理海外资源能源投资的政府部门，以及提供相关法律和会计服务的律师事务所和会计师事务所进行了问卷调查，切实考察了中国海外资源投资面临各种法律问题和风险的实际情况，并对突出的法律问题及其对策进行分析。通过本次调查，可以得出主要结论如下：

（1）我国投资总体政治风险水平均值处于"超标"状态，这应当引起投资者、政府有关部门的重视，并切实采取相应的风险防控机制。

（2）在与投资有关的法律环境诸要素中，我国海外资源能源投资在准入限制、一般待遇、征收的补偿、财产转移、环保措施等方面所面临的困难较为突出。其中，在准入限制方面，我国投资往往被附加各种业绩要求；在一般待遇方面，国民待遇、公平与公正待遇和充分的安全与保障三个核心指标均处于"超标"范畴；在征收和类似措施及其补偿方面，目前我国投资面临征收或国有化、政治动乱、政府违约等类似措施的风险较小（处于"达标"状态），但对于征收和类似措施的补偿问题则并不乐观，一旦出现补偿往往达不到"充分、及时、有效"的标准（处于"严重超标"状态）。此外，在财产的自由转移方面，不论是财产转移的自由程度（处于"轻度超标"状态），还是汇率波动的影响（处于比较严重的"明显超标"状态），都使中国海外资源投资处于不利状态。

（3）随着环境保护意识的增强，环保问题对中国对外能源投资的影响日益突出。从更广义上说，能源投资企业如何履行环保义务是企业如何承担社会责任的问题。尽管本问卷没有涉及人权保护、劳工标准等其他社会责任问题，但环保问题本身已凸显出企业社会责任在促进和保护我国海外资源能源投资的重要性。由此提示投资者在评估投资风险时，必须充分考虑有关企业社会责任的国内法和国际法规则的影响。

（4）尽管目前中国投资在海外很少与东道国政府发生法律纠纷，但调查结果表明投资者普遍对东道国法治状况存在担心。而在海外投资保障措施的法律需求方面，领事保护、投资合同以及国际条约等超脱东道国法律体系的国际法保护措施普遍受到青睐。同时，在投资促进措施的法律需要方面，双边投资条约已成为最受我国投资者期待的促进中国海外投资的措施。此外，海外投资担保制度的重要作用也已逐渐凸显，已经超过了对财政税收激励措施和外交领事保护的期待。这些都表明我国对外投资者对国际投资法律保护的需求正日趋强劲。

基于以上调查问卷所反映的问题，以下从我国对外能源投资合作的法律框架和企业的环境社会责任两个方面探讨有针对性地保护和促进我国海外资源能源投资的法律制度的构建和完善问题。

第三节　我国对外能源投资合作的法律框架及其完善

正如上一节所揭示的，在我国企业进行海外能源投资过程中面临多样的风险和障碍，同时企业也有着多元化的法律需求。为此，作为制度供给者的国家有必要全面审视现有法律体系的有效性，致力于推动和完善有关法律机制，为企业的对外能源投资提供有效的法律支持。而对于作为制度消费者的从事国际能源开发行业投资的投资者来说，在进行投资之前和投资经营活动中都必须充分考虑到有关法律制度对其投资的影响。特别是针对

第七章　我国对外能源投资合作的法律问题

能源投资风险大的特点,应当充分考虑如何合法地利用有关法律规则来降低可能面对的各种风险,特别是政治风险和法律风险等非商业性风险,以及在遇到投资风险时如何通过法律来保护自己的权益,尽可能做到保障投资安全,降低投资风险。为此,本节将围绕对外投资的促进和保护这一目的,在解读跨国能源投资法律风险特点的基础上,对影响我国企业对外能源投资的法律体系框架进行解读和评析,并提出进一步优化有关法律框架的对策和建议。

一、跨国能源投资的法律风险

能源产业历来被视为法律需求较高、法律风险较大的行业。这与能源资源本身的特性和能源产业的行业特点是分不开的。仅以石油开采为例,一口油井从开钻到产油,就要涉及勘探许可、开采许可、税收稽核、安全监督等行政法律关系;土地租赁(购买)、设备采购、技术服务等合同法律关系;污染赔偿、人身损害等侵权法律关系。此外,知识产权法、环境法、人权法甚至刑法中都有许多规范会影响到石油开采活动。而东道国区区一项法律的变更就有可能影响到投资者的收益水平。特别是能源投资的沉没成本高、投资回收期长,东道国法律的改变造成投资者血本无归的情况历史上屡见不鲜。

二、我国对外能源投资合作的法律框架

对跨国能源投资者来说,对外投资首先要面临东道国法律的规制,而其投资的风险也主要来源于东道国法律。此外,对于从事跨国投资的投资者来说,还会受到本国有关法律和国际法的规制。具体到我国对外能源投资者,调整其投资活动的法律规则基本可以分为三类,即我国国内法中的有关规范、东道国法律中的有关规范和国际法中的有关规范。

（一）我国国内法

对外投资对本国国民经济的影响可以分为积极影响和消极影响两方面,与此相适应,一国的对外投资法律通常也主要包括两方面:促进和保护对外投资的法律制度、调整和规制对外投资的法律制度。其中,促进和保护对外投资的法律制度体现在为投资提供便利条件、简化对外投资手续、健全投资保险制度、提供税收优惠和其他优惠措施等方面。调整和规制对外投资的法律制度的目的是为了保证对外投资的有序进行,防止对外投资活动对国民经济的冲击。调整和规制对外投资的主要法律制度如投资的备案或

审批制度、外汇管理制度、海关管理制度等。

就我国来说,目前尚无统一的对外投资法律,有关对外投资管理规范分散在诸多法律文件乃至政府规范性文件之中。如前所述,"走出去"战略的实施带动了一批企业走出国门,同时也促进了我国有关对外投资法律的完善。目前我国法律为对外投资提供了一系列优惠和便利措施,如根据商务部《关于印发〈对外投资合作境外安全风险预警和信息通报制度〉的通知》,建立了相应的风险预警和信息通报制度;根据财政部和商务部联合印发的《对外经济技术合作专项资金管理办法》,对部分境外投资合作业务给予直接补助或贴息等专项资金支持等。在优化对外投资环境的同时,我国法律也对对外投资实施比较严格的监管,比如,根据国家发改委 2004 年制定的《境外投资项目核准暂行管理办法》,所有境内投资者的境外投资都必须经过核准,而不论企业所有制,不分资金来源、投资形式和方式。否则,将无法办理外汇、海关、税务等手续。此外,在保护对外投资方面,我国的海外投资保险制度还很不完善,目前仅有中国出口信用保险公司一家从事海外投资担保业务的机构。总体来说,我国规范对外投资的国内法体系是建立在自身国情基础之上的,尽管已经取得了一定成绩,但仍有许多待改进之处,比如在海外投资保险制度上,投保人的范围、承保机构的设置、承保的范围等方面仍存在一些问题。[1]

(二) 东道国国内法

东道国法律也是规范外资的主要法律渊源。当今世界上共有二百多个国家和地区。由于历史和现实的原因,这些国家和地区的法律制度千差万别。有的国家的外资法律制度比较完备,而有些国家的外资法律制度则明显不足。总体来说,吸收外国投资在促进经济发展增进人民福利方面的作用已成为世界各国的共识,世界上几乎所有国家都会重视吸引外资。特别是上世纪 70 年代以来在经历过国有化风潮之后,许多发展中国家纷纷改变政策,转而采取宽松的外资政策和法律。例如,在外资准入方面,一些曾经将自然资源收归国有的国家(如俄罗斯、巴西等),转而在法律中规定允许外资进入自然资源开发领域;一些国家为打消投资者对东道国财产征收的顾虑而在法律中规定不对外资实行征收政策或规定征收必须符合"及时、有效和充分补偿"的规则(如哈萨克斯坦等)。尽管如此,外来投资者对东道国法

---

[1] 顾海波、唐殿彩:《中国海外投资保险立法初探》,载《国际经贸探索》2008 年第 12 期,第 47 页。

第七章　我国对外能源投资合作的法律问题

律的不信任仍是普遍存在的,特别是对那些法治建设不完备、政府腐败问题较突出、政治不稳定的国家来说,东道国的立法并不能真正打消投资者对投资保护问题的担心。

(三) 国际法

内国法律调整机制的局限性,促使对外投资的国际协调得以发展。特别是第二次世界大战结束以来,作为主要投资输出国的发达国家积极推动有关外资保护的国际法律制度。目前,与投资有关的国际法律制度已形成以国际习惯法为基础、以双边和多边投资条约为主体的法律体系。自改革开放以来,我国政府就非常重视吸引外资工作,除先后制定和修改了《中外合资经营企业法》《中外合作经营企业法》《外资企业法》等国内法外,还先后加入《解决国家与他国国民间投资争端公约》(简称《华盛顿公约》或《ICSID公约》)、《多边投资担保机构公约》(简称《汉城公约》或《MIGA公约》)等多边条约,并缔结了一批双边投资条约。这些国际法措施在促进外商来华投资方面发挥积极作用的同时,也构成保护我国投资者对外投资的主要国际法律框架。概括来说,有关的国际法主要有:

1. 国际习惯法

国际习惯法是最早的也是最基础的调整投资关系的国际法律规范。国际法在其发展过程中,形成一系列关于外国人及其财产法律地位的一般原则,如最惠国待遇、禁止非法征收等。这些原则构成了调整外资的主要法律规范。根据习惯国际法,除非在条约中明确表示同意,一国有权接受或拒绝外国投资,禁止或限制与外国投资有关的资本转移,有权对外国人财产直接实施征收或国有化。如果外国投资者与东道国发生争端,根据习惯国际法,外国投资者在诉诸任何国际救济之前必须用尽当地救济。但在许多情形下,关于国际投资的习惯国际法是含混不清的。① 典型例子是在对被征收的外国人财产的补偿方面,资本输出国主张,根据习惯国际法,补偿应该是"充分、及时、有效"的。与此相反,其他一些国家,尤其是拉丁美洲国家坚决反对这种补偿标准,并努力确立新的习惯国际法规则。

---

① 例如,法托罗斯(Fatouros)指出,"涉及外国直接投资的习惯法几乎不具备很强的明确性与具体性"。See Arghyrios Fatouros, Towards An International Agreement On Foreign Direct Investment, *ICSID Review-Foreign Investment Law Journal*, Vol. 12(2), 1995, p. 189. 在国际经济法一般领域中,人们认为国际习惯都是消极的,从法律性质上看是"软性"的,主要适用于那些极端的经济行为。See Stephen Zamora, Is There Customary International Law? *German Yearbook of International Law*, Vol. 32, 1989, p. 41.

2. 多边条约

由于资本输出国与资本输入国在一些关键性问题上存在的分歧,迄今为止并没有一项规范国际投资问题的全面的多边性公约。目前有效的多边公约分别对投资的不同方面进行了规范。尽管如此,它们仍构成国际投资法律的重要基础。目前中国参加的此类多边性公约主要有:

(1)《华盛顿公约》。《华盛顿公约》的目的是为促进以法律方式解决发展中国家与外国投资者间投资争端建立一种非政治机制。[①] 传统上,东道国不愿意接受普通的商事仲裁机构,如国际商会或美国仲裁协会的管辖,而诸如常设仲裁法院等国家间仲裁庭则通常不向私人投资者开放。[②]《华盛顿公约》规定的外国投资者与东道国争端解决机制较好地弥补了这一不足。截止到 2016 年 11 月,161 个国家签署了《华盛顿公约》,其中 153 个国家已经交存了批准文件。[③] 这表明《华盛顿公约》获得了广泛的采纳。中国于 1990 年签署并批准了该《公约》,此后中国对外签署的双边投资协定中大多也包含了通过该《公约》机制解决投资争端的规定。[④] 尤其引人注意的是,近年来我国投资者已开始利用《ICSID 公约》争端解决机制来维护自己在东道国投资的合法权益。典型案件如,我国香港居民 Tza Yap Shum 诉秘鲁案[⑤]、中国平安诉荷兰王国案[⑥]等。相关国际仲裁案件的出现,表明公约机制在一定程度上为维护我国投资者合法权益提供了制度保障。

(2)《MIGA 公约》。《MIGA 公约》签署于 1985 年 10 月,1988 年起生效。根据《MIGA 公约》,建立了多边投资担保机构(MIGA)。该机构的核

---

① Kenneth S. Jacobs, Reinvigorating ICSID With a New Mission and With Renewed Respect for Party Autonomy, *Virginia Journal of International Law*, Vol. 33(1), 1992, p. 123.

② 不过,从 20 世纪 90 年代以来,常设仲裁院制定了选择性仲裁规则,据此,仲裁当事人在与国家或国际组织发生纠纷时,可以利用该仲裁院的仲裁及调解机制。有关这方面的详细情况,参见 Permanent Court of Arbitration Optional Rules for Arbitrating Disputes between Two Parties of Which Only One Is a State (effective July 6, 1993), Permanent Court of Arbitration Optional Rules for Arbitration between International Organizations and Private Parties (Effective July 1, 1996) and Permanent Court of Arbitration Optional Conciliation Rules (Effective July 1, 1996). All available at http://pca-cpa.org/BD/,2012 年 11 月 26 日。

③ ICSID, List of Contracting States and other Signatories of the Convention, posted at http://icsid.worldbank.org/ICSID/FrontServlet? requestType = ICSIDDocRH&actionVal = ContractingStates&ReqFrom=Main,2016 年 11 月 29 日。

④ 如中国与瑞典、德国、法国、芬兰、意大利、奥地利及丹麦缔结的双边投资协定。

⑤ Tza Yap Shum v. Peru, ICSID Case No. ARB/07/6.

⑥ Ping An Life Insurance Company of China, Limited and Ping An Insurance (Group) Company of China, Limited v. Kingdom of Belgium, ICSID Case No. ARB/12/29.

心任务是,促进国际直接投资流向发展中国家,以及在发展中国家间的流动。① 其具体做法是,为一成员国的投资者在一发展中国家内的投资的政治风险提供保险(包括共保与再保险)。② 从某种意义上说,MIGA的保险制度对一国国内保险制度具有补充作用,因为后者通常规定了严格的承保适格条件,从而把许多投资者和投资拒之门外。MIGA成立以来已经取得重大进展。截至2016年11月,《MIGA公约》成员已经达到181个。③ 中国于1988年签署并批准了《MIGA公约》。对于中国投资者来说,为进行某些政治风险不确定的海外投资而投保MIGA不失为一种明智选择。

(3) WTO协定。传统上,1947年《关税及贸易总协定》并未涉及投资问题。然而,由于贸易与投资的密切联系,国际社会为把投资纳入多边贸易体制已经付出了诸多努力。在1994年最终通过的正式文件中,《与贸易有关的投资措施协定》(《TRIMs协定》)、《服务贸易总协定》(GATS)等对国际投资有持续影响的规则被纳入WTO体制中。尽管《TRIMs协定》界定的投资措施范围很有限,但《TRIMs协定》可以看作是国际投资法发展中的一个突破,因为它在历史上首次明确寻求在全球范围内规范投资问题。④ GATS是另一个对于投资具有重要意义的WTO协定。GATS主要涉及服务业领域内的市场准入与国民待遇问题。事实上,WTO协定及其实施措施大都与国际直接投资有关,因为它们全方位地影响到国际直接投资环境。2001年12月11日,中国正式成为WTO成员方。加入WTO,为中国投资者在其他WTO成员方寻求商业机会、开展投资活动提供了便利。

3. 双边投资条约

自上世纪50年代第一个双边投资条约生效至今,全球范围内已缔结了多达2953个双边投资协定,此外晚近缔结的自由贸易协定(FTA)中也大多包含有与双边投资条约在内容上和形式上相类似的投资章节,可以说双边投资协定已成为规范国际投资领域内最重要的国际法律。中国自1982年3月29日与瑞典签署第一个双边投资条约以来,先后签署了129个此类条

---

① 《MIGA公约》第2条。
② 同上。
③ MIGA, MIGA Member Countries, at http://www.miga.org/whoweare/index.cfm?stid=1789,2016年11月29日。
④ 与此相反,有学者认为事实上《TRIMs协定》是"回撤式"的,因为它限定了与贸易有关的措施的范围,并且根据GATT的规定这些措施应予取消。See Tomas L. Brewer & Stephen Young, *The Multilateral Investment System and Multilateral Enterpriises*, Oxford University Press (OUP), 1998, p.124.

约,成为继德国之后世界第二大双边投资条约缔约国。一般来说,双边投资条约中都会包含投资定义、准入、投资待遇标准、征收及补偿、战争损失补偿、汇兑、代位、争端解决等基本规定。这些规定涉及从准备投资(如准入条款)到进行投资和投资后的商业运营(如投资待遇条款等)直到投资退出(如汇兑条款)的各个阶段,既包括对东道国的实体性要求(如征收补偿、投资待遇条款),也包括程序性要求(如争端解决条款),构成了保护投资者权益的重要依据。

此外,《国际法院规约》第38条规定"一般法律原则"和"司法判例及各国权威最高之公法学家学说,作为确定法律原则之补助资料者",联合国大会决议和"软法"也通常被认为是国际法的渊源。其中有关外国人与东道国关系的部分也可以视为调整国际投资的法律渊源。不过,实践中,由于它们的效力以及确切内容通常难以证明,因此其对国际投资的影响是非常有限的。

(四) 投资合同

除了国内法和国际法以外,在国际投资领域还有一类对投资者有重要影响的法律文件,那就是投资合同。所谓投资合同,因投资项目的不同而有不同的名称,如在基础设施领域(如油气管网建设)会用到的 BOT 合同,在原油勘探开发领域常用的产品分成协议、石油采收协议、联合开发协议,以及被称为"非传统类型的石油合同"的石油生产合同、石油开发合同和恢复开发生产合同等[①]。不管名称如何,这一类合同都有一个共同的特点,那就是通常投资数额巨大。以石油开发领域而论,大量的石油开发项目由于投入巨大,有时一两个跨国公司根本没有能力完成开发工作,而常常是由多个大型跨国公司组成联合开发体进行开发。强大的财力能够保证这些投资者或它们的联合体可以在投资合同中要求东道国作出更多承诺,以保障其投资安全。事实上,当今国际投资法中的许多法律制度都是由这类投资合同发展起来的,如争议解决的非东道国化、不予征收的承诺、法律冻结与再协商条款等等。

三、我国对外能源投资合作的法律框架的完善

综上所述,促进和发展对外能源投资是符合我国国家利益的重要战略举措。法律作为调整社会关系的主要手段,在促进和发展对外能源投资中

[①] 王年平:《国际石油合同模式比较研究》,法律出版社2009年版,第18页。

第七章 我国对外能源投资合作的法律问题

发挥着重要的作用。目前调整中国对外能源投资的法律框架是由国际法和有关国内法共同组成的一个整体。加强对外能源投资合作的法律保障要求必须从整体上构建一个更为合理、有效的投资法律框架体系。

为此,一方面要继续强化有关国内法在促进我国企业海外能源投资中的作用,改革和完善我国国内法中有关对外投资管理的法律规范,特别是有必要依据国情、世情,积极稳妥地推进对那些阻碍投资便利化的法律措施的改革。比如,针对本章第二节投资者反映较严重的汇率波动对投资的影响问题,国家有关部门可以在增加对投资者用汇结汇自主权、简化审批手续、缩短汇兑耗时来降低投资者的汇兑损失。此外,针对人民币的自由兑换问题,有必要积极推动人民币的国际化。特别是对那些我国能源投资主要目标国中与中国外贸交易程度较高的国家,可以考虑开展试点人民币境外结算业务。这样,除了可以实现便利交易等货币改革目标外,一定意义上,对能源投资者而言,也可以适当规避人民币汇率变化带来的风险。

另一方面,更重要的是,要积极推动对我国投资者更加"友好型"的外部法律规范体系建设。所谓外部法律体系不外乎投资输入国法律体系和国际法律体系。

对投资输入国法律体系来说,鉴于国家主权原则,一个国家有权自主决定其法律制度。中国奉行在"和平共处五项原则"基础上的国际交往,自然不能干涉对方制定和执行法律这一内政活动。但不干涉内政并不是说就不能对对方国家的法制建设发挥影响力。事实上,法律移植是一国法律变迁的重要动力之一。当今世界,全球化趋势日益加强,一个国家要想更快、更好地发展就有必要借鉴外国的先进经验为己所用。中国改革开放三十多年来的成就举世瞩目,近年来更是连续多年居世界吸引外资数量第一。这其中,中国通过改革不适应市场经济的法律法规而逐渐建立起来的比较完备的法律体系的作用功不可没。对于那些正在探索自己发展道路的投资目标国,中国有必要通过人员交流、文化交流、教育培训、信息交换、资金支持等方式,帮助改善其法律体制,建立起对外资友好的法治环境,从而在一定程度上实现有利于我国对外能源投资的投资输入国法律保护体系。不过应当指出的是,东道国法律在保护外国投资方面的局限性是明显的。这其中既有外国人对东道国法律不信任的根深蒂固的心理原因,也有投资者与东道国在利益目标和价值取向上不同的原因,更有东道国法律变迁受价值观、政权更替、国内政治力量对比等客观原因。历史也一再证明东道国法律保护的不可靠性。

为此,在国际能源投资实践中,很早就发展出被称为石油习惯法(Lex Petrolea)的以非内国法保护能源投资的实践。[1] 石油习惯法中的许多规范,如不得非法征收、合理预期、东道国承诺等,已经被国际投资法所吸收,成为保护包括能源投资在内的所有外国投资的国际法准则。国际法作为国家间的法律规范,是国家间平等交往的产物。为保障我国海外投资者的合法权益,同时也是为保障国家"走出去"战略的实施,有必要对有关国际法问题进行深入研究,从而构建一个更加符合我国国家利益和投资者权益的国际法律环境。正如上述实证研究所揭示的,中国能源投资者在海外投资过程中所享受一般待遇相对欠佳,其中以国民待遇为最差。而这些恰恰是当前国际投资法所关注的重点。此外,在领事保护、条约保护等国际法保护手段和当地法律、当地政府官员承诺等东道国国内法保护手段之间,我国海外能源产业投资者更倾向于认同国际法保护手段。这也表明进一步完善与我国海外投资有关的国际法机制的重要性。

第四节 企业环境社会责任与我国对外能源投资

跨国企业通过对外直接投资对全球经济作出了重要的贡献,但其投资活动也引发了诸多负面影响。其中,跨国企业在发展中国家投资石油、天然气等能源行业引发的环境社会责任问题尤为突出。开采过程中燃烧伴生气和石油泄漏等跨国石油企业破坏环境行为一直广受诟病。[2] 上世纪壳牌(Shell)石油在尼日利亚的石油泄漏事故[3]、德士古(Texaco)在厄瓜多尔的石油污染事件[4]、本世纪英国石油公司(BP)在墨西哥湾的泄漏事故[5]都对当地的环境造成了严重破坏并引发动植物保护、人类健康、渔业和农业生产、土著人权利保护等一系列问题,引发了众多国际民间团体及非政府组织

---

[1] Kim Talus, Scott Looper, Steven Otillar, Lex Petrolea and the Internationalization of Petroleum Agreements: Focus on Host Government Contracts. *Journal of World Energy Law and Business*, Vol.5(3), 2012, pp.181—193.

[2] Alison Lindsay Shinsato, Increasing the Accountability of Transnational Corporations for Environmental Harms: The Petroleum Industry in Nigeria, *Northwestern University Journal of International Human Rights*, Vol.4(1), 2005, p.192.

[3] Ibid., pp.192—193.

[4] http://www.texacorainforest.org/historictrial.htm.

[5] 英国石油公司对墨西哥湾油污事件负有绝对责任, at http://world.huanqiu.com/roll/2010-05/804289.html.

(NGOs)的强烈抗议。在过去的二十年间,要求跨国能源企业更好地规范其投资行为并承担相应社会责任的呼声不断高涨,企业社会责任已成为国际社会广泛讨论的议题。

近年来,在我国对外能源投资活动中,部分企业由于对驻在国环境法缺乏了解、对环境社会影响的认识不足等原因,时有发生环境破坏事件,对企业和国家的形象造成了负面影响。同时,本章第二节的调查也表明,环境责任问题越来越成为影响中国企业海外项目顺利运营的重要因素。为此,强化对中国海外能源投资企业的社会责任意识实属必要。

一、跨国企业社会责任的主要内容

关于企业社会责任(简称 CSRs)的讨论可以追溯到上世纪 50 年代,美国著名经济学家霍华德·鲍恩(Howard Bowen)最早提出了企业"社会责任"一词。[①] 但目前,关于企业社会责任,国际上并无统一定义。对于不同的人、不同企业以及不同国家而言,企业社会责任内涵并不完全相同。尽管如此,企业社会责任的核心关注并未因此而动摇。具体而言,跨国企业的社会责任主要包含以下内容:

(1) 跨国企业应对其投资经营行为产生的社会影响承担责任。应尽量减少其行为产生的不良社会影响,扩大其行为的积极影响。这方面,保护消费者利益、防范贿赂行为或与政府恶意串通等危害公众利益的行为均已引起高度重视。

(2) 跨国企业应对其投资经营行为产生的环境影响承担责任。应遵守东道国的环境法律、法规,避免给东道国自然环境带来人为破坏,并采取积极有效的措施防范或治理环境损害。这方面,投资环境友好项目或采取对环境有利的技术和管理模式至关重要。

(3) 跨国企业应在投资经营活动中切实保护雇员的权利,保障劳工权,并承担相应的责任。具体包括:废除童工、合理报酬、安全的生产条件、集会、结社和谈判权利的确认等。

(4) 跨国企业应保障其投资经营活动不侵犯基本人权,并承担相应的人权责任。除环境、劳工权外,跨国企业的人权责任还具体体现在避免破坏当地居民的基本生存权、种族歧视和侵犯少数群体权利等方面。

---

① Kevin T. Jackson, Global Corporate Governance: Soft Law and Reputational Accountability, *Brooklyn Journal of International Law*, Vol.35(1), 2010, p.48.

(5) 跨国企业应承担更广泛的社会责任,与东道国社会建立更和谐的相互关系。这要求企业行为不仅应符合法律和基本道德要求,同时还要考虑社会公众的合理期待,因而可能超越法律和基本道德要求,并有助于在东道国植入更为合理的社会价值。[1]

上述企业社会责任的内涵和承担责任方式同样适用于跨国能源企业。从这一角度讲,跨国能源企业和其他跨国企业的社会责任并无本质区别。但由于跨国能源投资的特殊性,以及社会对其环境责任的突出关切,以下将主要针对跨国能源企业的环境责任加以重点研究。

二、跨国能源企业承担环境社会责任的一般途径

跨国能源企业承担环境社会责任一般通过两种途径,即自愿机制和法律机制。

(一) 自愿机制

自愿机制是指跨国能源企业通过自行制定企业行为守则或自愿遵守其他非政府组织(NGOs)以及国际组织制定的非强制性行为准则,规范其经营行为并主动承担社会责任的形式。

(1) 企业行为守则。企业行为守则是企业自行制定的行为准则和道德标准,主要通过企业政策声明或合同体现,属于企业自律行为。守则的具体内容根据企业不同而有所差异,但环境保护责任和劳工权承诺等是公认的企业行为守则的主要内容,此外也有涉及消费者权利保护和反腐败等问题的。

(2) NGOs 指南。NGOs 参与制定的企业社会责任指南数量众多,通过对企业报告标准及企业业绩评定标准的确立,指引企业承担社会、劳工及环保方面的社会责任。例如,社会责任国际组织(SAI)于 1997 年发起制定的社会责任道德标准体系(SA8000)是全球首个规范企业道德行为的国际标准,并可由第三方认证。而著名的全球报告倡议组织(GRI)从 1999 年开始发布《可持续报告指南》,也产生了重大的社会影响并因此成为联合国全球契约的合作协议。[2]

---

[1] Jedrzej George Frynas, Corporate Social Responsibility in the Oil and Gas Sector, *Journal of World Energy Law & Business*, Vol. 2(3), 2009, p. 180.

[2] Ilias Bantekas, Corporate Social Responsibility in International Law, *Boston University International Law Journal*, Vol. 22(2), 2004, p. 321.

第七章　我国对外能源投资合作的法律问题

(3) 国际组织的国际性文件。从上世纪 70 年代开始,一些重要的国际组织就开始关注跨国企业在最不发达国家的影响,并致力于制定规范跨国企业行为的国际性文件。例如,经合组织(OECD)早在 1976 年就发布了《国际投资与跨国企业宣言》以及《跨国企业行为准则》(简称"OECD 准则",2000 年最新修订)。而国际劳工组织(ILO)继 1977 年发布《关于多国企业和社会政策的三方原则宣言》(简称"ILO 三方宣言")后,又于 1998 年发布《基本行为准则及工作权利宣言》。联合国则于 2000 年正式启动"全球契约"计划,号召世界各国企业遵守人权、劳工标准、环境及反腐等方面的十项基本原则。

(二) 法律机制

法律机制是指通过国内法或国际法规定跨国能源企业应承担的具有强制性的社会责任和义务。

(1) 东道国国内法。基于普遍接受的国家主权原则,东道国(主要为发展中国家)国内法通常是规范跨国企业行为的首选法律方法,但通过东道国国内法规制跨国企业社会责任目前仍存在诸多弊端。首先,东道国主要依赖国内宪法、环境法和劳动法中的有关规定规制企业社会责任,缺乏普遍和专门适用的社会责任立法。其次,东道国国内立法的实施效果仍很不理想。以尼日利亚为例,尼日利亚有多部国内立法涉及对石油投资行为的规范,如石油法、土地使用法、有关伴生气燃烧法、石油安全条例、环境影响评估法以及石油资源部为石油产业制定的各种环境指南和标准等。但是,在实施方面,由于尼日利亚政府长期以来依赖跨国石油企业作为其财政收入的主要来源,加之政府本身就是石油投资企业的大股东,因此其有效实施立法的意愿明显欠缺。此外,政局不稳、政府职能部门执行力不足也直接影响了立法的有效施行。[1]

(2) 投资母国国内法。投资母国通过立法规范跨国企业的海外投资行为,是补充东道国立法的重要手段。例如,美国 2002 年《莎—宾法案》(Sarbanes-Oxley Act of 2002)要求企业披露其是否采取道德规范,并应公布具体内容和修订等事项。此外,《外国人侵权索赔法案》(ATCA)还赋予外国人在美国国内提起侵权之诉的权利。当美国跨国企业在海外违反其社会责任,而受害者又无法得到东道国有效救济时,极有可能将案件诉至美国。事

---

[1] Engobo Emeseh, et. al., Corporations, CSR and Self Regulation: What Lessons from the Global Financial Crisis? *German Law Journal*, Vol.11(2), 2010, pp.244—246.

实上,已经有两起与尼日利亚石油投资有关的人权侵权案件起诉至美国法院。① 除美国外,英国和法国等欧盟国家也有类似国内立法。② 投资母国对跨国企业的规制在近年有所加强,但由于投资母国对投资利益的偏袒,以及"国际礼让原则"和"不方便法院原则"的不当运用,严重影响了其有效性。

(3) 国际法。国际法主要是指具有"硬法"性质的国际条约和国际习惯法。国际条约方面,联合国跨国企业委员会(联合国国际投资与跨国企业委员会的前身)于1983年就开始起草《跨国企业行动守则》,旨在通过全球普遍接受的、具有法律约束力的规则,但该《守则》至今未正式通过。OECD于1995年开始致力推动多边投资条约(MAI)的谈判,但MAI过度强调维护投资利益,忽视环保和劳工权的做法,引起了消费者、环境、发展等NGOs和广大公众的普遍反对,最后以失败告终。可见,用多边条约方式规范国际投资以及跨国企业行为的道路并不平坦。一个亟待解决的问题是,如何平衡投资保护和投资者责任间的关系。投资者责任(尤其是社会责任)是否应纳入以及在多大程度上纳入国际投资条约(IIA)体系,一直是各方争论的焦点。除条约外,在国际环境法中也存在一些习惯法规则,它们也是规范跨国企业环境社会责任的有效法律规范。

总体而言,自愿机制依赖于企业自律以及NGOs和国际组织制定的具有"软法"性质的原则或标准。然而,自律和"软法"的共同特点是其非强制性,仅在企业自愿基础上遵守。很难想象,追求利润最大化的企业在企业利益和社会责任发生重大冲突时会选择后者。2008年金融危机的经验告诉我们,企业在盲目追求利润时,会置自身安危于不顾,更何况消费者和公众利益。因此,尽管自律及"软法"具有不容否认的积极意义,但仅能作为规范国际能源企业环境社会责任的辅助手段。要有效规范跨国企业的环境行为,仍需依赖具有"硬法"特点的法律机制。但目前,不论东道国还是母国的立法均有其客观局限性,尚不足以构成对投资行为的有效规范。从这一角度讲,制定国际社会普遍遵守的规则对跨国企业进行全球规制,应是最理想

---

① 这两起案件分别是维瓦诉荷兰皇家壳牌案(Wiwa v. Shell)和博沃托诉雪佛龙案(Bowoto v. Chevron),See Ibid., p.246。博沃托案已于2008年12月作出判决,被告Chevron胜诉。而维瓦案则因被告壳牌企业同意支付原告1550万美元,于2009年6月终结。See http://en.wikipedia.org/wiki/Bowoto_v._Chevron_Corp.; http://en.wikipedia.org/wiki/Wiwa_family_lawsuits_against_Royal_Dutch_Shell。

② 如英国2003年《企业责任法案》和法国2001年《新经济规则法》。See Ilias Bantekas, Corporate Social Responsibility in International Law, *Boston University International Law Journal*, Vol. 22(2), 2004, pp.326—327.

的途径。

跨国能源企业的环境责任往往伴随其投资行为产生,因此,双边投资条约作为当前最普遍的规范跨国投资行为的硬法机制,有必要在规范投资者环境社会责任方面发挥作用。事实上,以《能源宪章条约》(ECT)为代表的一些国际投资条约已经开始将环境规制纳入国际投资法的调控范围内,并通过国际投资仲裁这种国际司法程序,使得其中的环境规则具有"硬法"的执行效力。

三、国际投资法对跨国能源投资的环境法律规制:以 ECT 为例[①]

ECT 对环境问题的规定主要见于其序言、第 19 条等条款和《能源宪章之能源效率和相关环境问题议定书》(PEEREA)中。

(一) ECT 的环境规则

ECT 第 19 条是条约关于环境问题和可持续发展的核心条款。它规定:"每个缔约方应努力以经济有效的方式,减少其境内能源活动周期的所有活动对其境内外环境产生的有害影响。"为此,各国应以"成本效益方式行动",并"努力采取预防性措施以防止或降低环境损害"。缔约方还同意实施"谁污染谁负责原则"。而且,ECT 第 19(2)条还规定了专门的环境争端解决机制,即在"没有其他合适的国际法庭时,由能源宪章大会谋求解决"[②]。PEEREA 则在第 19 条基础上,制定了提高能源效率、减少环境负面影响的政策性原则,为成员间合作与协作提供了一个框架。总之,ECT 环境规范借鉴了某些重要的环境原则,顺应了全球普遍关注环保的趋势,具有相当积极的意义。

(二) ECT 的仲裁实践

直接适用 ECT 第 19 条的案例尚未见报道,但根据 ECT 第 26 条提起的投资者诉国家争端中,已有两个案例涉及能源投资中的环保问题。其中,Plama Consortium Limited 诉保加利亚案是 ICSID 处理的第一起涉及 ECT

[①] 本部分内容主要参考已发表的本课题阶段性研究成果,即贺艳:《国际能源投资的环境法律规制——以〈能源宪章条约〉及相关案例为研究对象》,载《西安交通大学学报(社会科学版)》2010 年第 4 期,第 75—81 页。

[②] 国家发展计划委员会:《能源宪章条约:条约、贸易修正案及相关文件》,中国电力出版社 2000 年版,第 42—43 页。

实体问题的仲裁案件。① 该案申诉方 Plama 认为,在其收购保加利亚国有炼油厂诺娃普拉马企业(Nova Plama)时,因为保加利亚政府制造了许多障碍,使其运营失败。其中,特别提到 1999 年保加利亚环境法修订案规定,政府不再承担国有炼油厂既往环境损害责任。Plama 因此主张,新法违反了保加利亚政府与 Plama 缔结的私有化协议(该协议明确规定排除 Plama 的既往环境责任),与 ECT 第 10 条和第 13 条规定不符,并提出了 3 亿美元的赔偿要求。而被诉方保加利亚政府在仲裁中则强调,ECT 的目的不仅在于促进投资,也在于促进缔约方的经济发展,因此其修改环境法的做法并无不妥。该观点得到了仲裁庭的认可。仲裁庭指出,条约解释应考虑到 ECT 各项目标的整体性。② 仲裁庭还指出,"法律的稳定性"不能剥夺国家合法制定或修改其环境法的权利。③ 最终,仲裁庭驳回了申诉方的所有诉求。

第二起案例是 Vattenfall 诉德国案。④ 该案申诉方 Vattenfall 认为,德国汉堡市政府在其设立燃煤发电厂的过程中,多次拖延许可审批的时间,并在最终发放许可时,附加了比之前约定更为严格的环境限制条件。申诉方因此要求德国政府承担违反 ECT 第 10 条和第 13 条的责任,并赔偿 14 亿欧元的损失。2010 年 3 月 12 日,双方签订暂时中止仲裁程序协议。2011 年春,德国方面最终同意降低环境标准,并因此终止了与 Vattenfall 的争端。但 2011 年 5 月 31 日,Vattenfall 再次对德国提起了 ECT 下的仲裁申请。⑤ 原因是,日本福岛核电站事故发生后,德国国内反核电呼声高涨,德国议会为此修订了《原子能法》,决定到 2022 年前终止核能的使用。Vattenfall 认为其两家核电站因此遭受损失,要求赔偿高达 37 亿欧元的损失。⑥ 由于该案同样涉及东道国环保措施的正当性,因此,值得高度关注。

从仲裁实践看,尽管尚未有涉及 ECT 第 19 条的争端被提交仲裁,但这并不意味着与环境有关的争议就不能提交仲裁。事实上,许多投资争端都

---

① Plama Consortium Limited v. Republic of Bulgaria, ICSID Case No. ARB/03/24, Award, August 27, 2008, at http://www.encharter.org/index.php? id=213&L=0♯Plama.
② Ibid., para.176.
③ Ibid., para.177.
④ See Request for Arbitration, ICSID Case No. ARB/09/6, March 30, 2009, at http://www.greenpeace.de/fileadmin/gpd/user_upload/themen/klima/Klageschrift__-_Vattenfall_gegen_die_deutsche_Bundesregierung__englisch_.pdf.
⑤ ICSID case No. ARB/12/12.
⑥ See http://corporateeurope.org/publications/profiting-from-injustice/investment-treaty-disputes♯footnoteref5_qxzs192.

会因为东道国履行其环境义务或采取特定的环境措施而产生,尤其是石油、天然气等能源领域,环境风险是投资者面临的重要风险。东道国环境法规的变化会给投资者带来重大影响,并由此引发争端。从这一角度讲,ECT投资者诉国家仲裁为投资者应对环境风险提供了重要保障。但问题是,仲裁庭在处理与环境有关的投资争端时,能否考虑 ECT 环境规则? 能否通过环境义务以限制投资者权利? 从条约规定看,ECT 本身并未明确排除仲裁庭对环境规则的适用,也未禁止当事人援引 ECT 的环境规则提出抗辩。这样,就给仲裁庭尊重合理环境价值留下了空间。Plama 案使我们看到通过仲裁实践协调投资和环保价值的可能性,但 ECT 将在多大程度上尊重环境价值,又在多大程度上影响国家的环境立法和政策,还需要进一步实践来证明。

四、进一步推进中国海外能源投资应注意的问题

能源产业是中国对外投资的优先发展领域,此类投资和开发与当地环境密切相关,容易产生环境问题并引发人权争议。近年来,中国海外投资在取得初步成就的同时,频繁遭到西方媒体对中国海外项目环境影响和中国企业环境行为的负面报道。"中国环境威胁论"此起彼伏,严重影响了中国企业和国家形象。在全球普遍关注跨国企业社会责任的背景下,中国只有采取更加积极的措施,不断改善自己的国际形象,提升自己的国际影响力,才能够进一步有效参与国际竞争,增强国力。

(1) 进一步完善国内相关立法和政策。我国现行《公司法》第 5 条明确规定:"公司从事经营活动,必须遵守法律、行政法规,遵守社会道德、商业道德,诚实守信,接受政府和社会公众的监督,承担社会责任。"这一规定确认了企业承担社会责任的法定义务,在各国立法普遍缺乏"社会责任条款"的背景下具有相当进步的意义。但是,该条款明显缺乏实质性内容,也没有相应的救济机制,仅构成原则性或宣告性条款。并且,该"社会责任条款"能否适用于中国海外投资企业在东道国的投资行为也尚不确定。因此,中国应借鉴发达国家的立法经验,不断完善相关国内立法,为合理规范海外投资行为提供重要的国内法基础。面临日益突出的海外投资环保压力,中国政府还应尽快出台海外投资环保指南,以彰显负责任大国的国际形象。2009 年商务部颁布了《境外投资管理办法》,其中第二章规定了能源、矿产境外投资的审批程序,但该《办法》并未要求企业提供环境影响评估报告;第四章企业的行为规范,也未明确规定企业的社会责任(包括环保责任)。对外投资环境政策和立法的缺失无疑是导致企业社会责任感缺乏的重要原因。因此，政府应制定和完善与对外能源投资环保责任有关的法律、法规和政策，以更好地规范企业的投资行为。

（2）应充分认识加强能源领域国际合作的重要性。中国经济高速发展，导致能源需求量不断增大，能源短缺问题日益成为经济发展的制约因素。作为国家能源战略的组成部分，中国对外能源投资直接关系国家的能源安全。但是，能源领域的投资十分敏感，必须建立在国际合作的基础之上。对此，中国可以考虑进一步加强与 ECT、国际能源机构等的联系。只有广泛参与国际合作，才能获得相应的国际法律保护并最大限度地维护自身的权益。而国际合作对于能源投资的环境法律规制和环境风险的防范同样重要，因为最大限度与国际社会主流民意保持一致是抵御外界攻击的重要策略。为此，中国应积极参与有关国际谈判和国际条约的缔结，尤其是在对外缔结新的 BITs 或修改原有 BITs 时，应切实重视对环境的法律保护，并致力于推动和引导包含可执行性环境条款的新 BITs 模式的构建。

（3）不断增强海外企业的社会责任感。企业社会责任感的缺失是中国海外企业面临环保压力的主要内部因素。目前，除部分大型国有企业外，中小型海外投资企业普遍缺乏内部环境管理制度，环保意识比较淡薄。在全球普遍关注企业社会责任的时代背景下，中国企业应不断提高自身环境保护意识，加强道德自律。这样既可以树立良好的企业形象，也可改善和当地居民的关系，减少纠纷，进而推动企业的长远发展和当地社会的可持续发展。为此，应鼓励中国企业自觉履行 OECD 跨国企业准则和联合国全球契约等国际文件要求，严格规范自身的投资行为，避免投资与环境及人权的冲突。

（4）建立健全国内金融机构的绿色信贷制度。金融机构在贷款前对企业投资计划的环境影响进行评估，是国际金融机构的普遍做法。但中国金融业尚未建立完善的绿色信贷制度，金融机构忽视环境风险、盲目贷款也是导致中国企业被频繁指责的原因之一。未来中国应重视发展低碳经济，促进环境友好项目的投资，而金融机构绿色信贷制度的作用必然进一步凸显。在对外投资方面，通过绿色贷款，鼓励环境友好项目投资及建立环境示范工程，将有助于缓解企业的环保压力，维护中国良好的国际形象，创造更有力的投资外部环境。

（5）积极鼓励新能源领域的对外投资。石油、天然气等传统能源行业是全球温室气体排放的"主力军"，不断提高能源利用效率是实现节能减排的重要措施,但传统能源的不可再生性也决定新能源的开发必然是未来全球能源产业的发展方向。根据联合国环境规划署《2009年可持续能源投资趋势》报告,2008年全球绿色能源投资总额已经超过了石油、天然气等传统能源的投资额。因此,中国要在新一轮国际竞争中占据主动,政府必须通过立法、政策和融资等措施,积极引导企业对外投资新能源项目,包括风能、太阳能等绿色能源。只有这样,才能保障国家的能源安全并推动人类社会的可持续发展。

总而言之,跨国企业的社会责任问题正日益受到国际社会的关注,越来越多的跨国企业开始积极承担环保、人权等社会责任,企业的"良心时代"似乎已经到来。[①] 然而,研究表明,跨国企业对社会责任的承担并未根本改变企业以营利为目的的本质特点。从这一角度讲,无论是企业自律还是国际"软法"等自愿机制都缺乏应有的可靠性。要根本解决能源投资中的社会责任问题,必须依赖具有法律约束力的"硬法",尤其是国际投资条约的完善。传统国际投资条约致力于推动投资自由化和经济发展,而忽略人权、劳工权、环保、反腐等社会维度的考量。随着全球经济一体化的不断推进,国际市民社会日趋成熟,人权、环境等社会价值和社会道德不断引起国际社会重视并强烈期待国际法的保护。因此,在投资条约中合理反映这一诉求已成为必然趋势。中国作为负责任的新兴大国,应抓住这一历史机遇,积极参与国际新规则的制定。在有关投资条约中,应综合考虑投资者权利与投资者环保责任的协调。对能源投资企业而言,认真履行国际法和国内法以及"软法"所确定的环境社会责任,有助于在东道国树立良好的企业形象,建立与当地社区间的良性互动,为投资的长远、可持续发展奠定坚实的基础。

[①] Janet E. Kerr, The Creative Capitalism Spectrum: Evaluating Corporate Social Responsibility Through A Legal Lens, *Temple Law Review*, Vol. 81(3), 2008, p. 831.

下 篇
促进与保护海外投资的国际法律制度

　　本篇主要探讨促进与保护海外投资的国际法律制度。在国际法层面,宏观上研讨促进与保护我国海外投资的相关国际法制度的新发展,提出利用上述国际法制度促进与保护我国海外投资的建议。本篇分为国际投资条约理论、双边投资条约实践及国际投资争端的解决等三个方面,论述相关专题。

第八章 国际投资条约理论

【本章提要】 国际投资条约理论,如多边投资协定(MAI)谈判、BIT 范本、国际投资条约的价值取向及转型等,是我国学者亟须加强研究的领域。本章主要探讨的专题一是 MAI 谈判前瞻,在探讨 MAI"适当谈判场所"的选择问题之后,指出,MAI 谈判不能纳入 WTO 体制具有充分的法律依据,MAI 谈判应有发达国家和发展中国家的普遍认同和参与,MAI 谈判应注重平衡资本输出国与资本输入国的权益,是 MAI 取得成效的基本要素;二是 BIT 范本的演进与中国的对策,指出,在经济全球化背景下,条约范本及其实践呈现出"自由化"和"可持续发展"两种发展趋向,我国应从解决南北问题的高度,坚持国际经济法基本原则,审慎决定我国条约范本的目标和模式,以利制订具有中国特色的"可持续发展导向"条约范本;三是公平与公正待遇标准解读,指出,国际投资条约中的公平与公正待遇只能是具体内容需经国际习惯法构成要件检验的"国际最低待遇",不可能是超越该项最低待遇之对外资"良治"的保证以及其他较高程度的保证;四是公平正义作为国际投资条约的价值取向,指出,国际法中的公平正义应包括经济主权原则、平等自由原则、公平互利原则和有约必守原则,有必要以公平正义为价值取向,针对当代 BIT 的种种弊端和不足进行变革;五是后危机时代国际投资法的转型,指出,该转型主要表现在国际投资条约内容的新发展和仲裁实践的再调整。这种转型的推动力是各国对新自由主义的反思,以及学者和非政府组织对国际投资体制的批判,有其局限性。中国兼具资本输入国与输出国的双重身份,是国际投资法转型的代表和中坚力量。

第一节 多边投资协定谈判前瞻

制订一个具有普遍约束力的综合性、实体性的多边投资协定(Multilateral Agreement on Investment,MAI),是国际社会,尤其是发达国家自 1948 年《国际贸易组织宪章》(即《哈瓦那宪章》)以来长期努力而迄今未能实现的目标。① 在乌拉圭回合中,通过"与贸易有关"领域的扩展,世界贸易组织(World Trade Organization,WTO)体制已涵盖了投资议题。当前,多数发达国家力图进一步将 MAI 谈判纳入 WTO 体制。MAI 的"适当谈判场所"如何选择?将 MAI 谈判纳入 WTO 体制的法律依据何在? MAI 谈判取得成效的基本要素是什么?这些都是值得我国国际经济法学界认真思考和研究的重要问题。

一、MAI"适当谈判场所"的选择问题

在一定意义上,MAI 难产的重要原因之一是国际社会对 MAI 的"适当谈判场所"迄今未能达成共识。半个多世纪以来,从联合国贸易和发展会议(United Nations Conference on Trade and Development,UNCTAD)、经济合作与发展组织(Organization for Economic Cooperation and Development,OECD)到 WTO,都不同程度地作出了有关制订国际投资实体规则的努力,也留下了发展中国家与发达国家有关 MAI"适当谈判场所"分歧的记录。②

(一) UNCTAD

20 世纪 50、60 年代以来,联合国大会是建立国际经济新秩序、发展国际经济法基本原则的策源地,通过了《各国经济权利与义务宪章》等一系列有关建立国际经济新秩序的决议,确立了国际投资法的基本原则和重要规范。

作为联合国负责贸易和发展问题的专门机构,UNCTAD 长期致力于促进对发展中国家的技术援助和能力建设(capacity building),开展了有关研究国际投资协定的计划。该组织还是联合国研讨贸易、金融、技术、投资和可持续发展等相互联系问题的中心。它通过综合的方式,即结合研究和政策分析、技术援助、能力建设以及"形成共识"(consensus-building)等活动开展工作。1996 年,UNCTAD 在南非米德兰会议上决定专门研究投资问题,拟制订一个多边投资法律框架,以帮助发展中国家以最佳地位参与国际上有关外国直接投资的讨论和谈判。2005 年,UNCTAD 起草有关发展的第

---

① 关于制订实体性多边投资协定的早期努力,参见陈安主编:《国际投资法》,鹭江出版社 1988 年版,第 21—28 页。

② 张庆麟、彭忠波:《晚近多边投资规则谈判的新动向——兼论我国多边投资谈判策略的选择》,载《国际经济法学刊》第 12 卷第 3 期,北京大学出版社 2005 年版,第 117—120 页。

二代国际投资政策的研究报告,包括有关区域一体化协定投资专章和新一代双边投资条约(bilateral investment treaties,BITs)的报告。① UNCTAD投资与企业司(Division on Investment and Enterprise,DIAE)具体负责国际投资协定领域的研究和政策分析。有关国际投资条约的近期研究成果《20世纪90年代中期的双边投资条约》和《1995—2006年双边投资条约:投资规则制定的趋向》②,对BITs实践的发展作了系统深入的实证分析,为较全面认识BITs的现状及发展趋向提供了重要的参考。

联合国成员国的普遍性、构成状况及"一国一票"的表决制度,决定了发展中国家和发达国家在是否选择联合国作为MAI谈判场所问题上的不同立场。发展中国家极力倡导在联合国系统内,特别是UNCTAD进行MAI谈判,而发达国家则坚决反对,并否定联合国大会有关建立国际经济新秩序的一系列决议的法律效力。③ 鉴于发展中国家和发达国家的对立立场,加之当前UNCTAD本身有关国际投资协定的立场④,UNCTAD显然不是MAI谈判场所的现实选择。

(二) OECD

OECD自成立以来,一直是研讨国际投资协定的中心。20世纪60年代初期,《OECD关于外国财产保护的公约》(草案)为各国的BITs谈判提供了一个基础。在20世纪80年代,它报告了OECD成员有关国际投资协定主要特征的立场。在国际投资协定领域,OECD的优势之一是通过健全的委员会"审查与平衡"(checks and balance)程序开展高质量的分析工作。为增进各国政府与国际投资者对国际投资协定的共同理解,OECD投资委员会参与讨论由国际投资协定产生的问题,包括不同国际投资协定之间的关系、关键条款(如公平与公正待遇、间接征收、管理权利和最惠国待遇)的解释以及有关国家与他国投资者之间仲裁制度本身的问题。2005年6月,OECD

---

① Annex: United Nations Conference for Trade and Development, for Symposium Co-organised by ICSID, OECD and UNCTAD on Making the Most of International Investment Agreements: A Common Agenda, December 12, 2005, Paris.

② 两份重要研究文献的英文题目分别为:United Nations Conference for Trade and Development, Bilateral Investment Treaties in the Mid-1990s, United Nations, 1998; United Nations Conference for Trade and Development, Bilateral Investment Treaties 1995—2006: Trends in Investment Rulemaking, United Nations, 2007.

③ 参见张庆麟、彭忠波:《晚近多边投资规则谈判的新动向——兼论我国多边投资谈判策略的选择》,载《国际经济法学刊》第12卷第3期,北京大学出版社2005年版,第118页。

④ UNCTAD投资与企业司詹晓宁司长在2010年国际投资协定研讨会(中国厦门,2010年9月8日)上表示,UNCTAD本身无意推动MAI的签订,是否签订MAI,应由各国政府决定。

投资委员会发布了有关支持在国际投资仲裁中增加透明度的报告。[①]

1995年至1998年间,OECD有关MAI的谈判是发达国家创设全球性投资实体规则的重要尝试。之前,发达国家试图将MAI谈判纳入关税及贸易总协定(General Agreement on Tariffs and Trade,GATT)体制,因遭到发展中国家的普遍反对而转为选择OECD。OECD设计了导向全球性投资实体规则的两个阶段性程序:第一阶段是在OECD的25个成员国范围内谈判商签全球性投资条约,预期大多数成员国具有共同的投资利益,较容易达成协议;第二阶段是在该条约制订后,促使非OECD成员国参加。[②] 以发达国家为主组成的OECD,素有"富人俱乐部"之称。其有关MAI的谈判反映了追求高标准的投资保护和投资自由化的政策目标,片面考虑和强调跨国公司的利益。由于其成员国有关"区域一体化例外"和"文化产业保护例外"等议题的严重分歧,加之非政府组织的强烈反对[③],1998年12月,在巴黎召开的OECD非正式会议决定终止该谈判。

尽管OECD有意在适当时机重启MAI谈判,实践已经表明,在OECD成员国内部进行MAI谈判,然后推及非OECD成员国,是广大发展中国家所不能接受的。有学者深刻地指出,鉴于MAI是世界性的,对许多非OECD成员国具有重要的潜在影响,将OECD作为该条约的谈判场所是错误的。[④]

[①] Annex: Organisation for Economic Co-Operation and Development, for Symposium Co-organised by ICSID, OECD and UNCTAD on Making the Most of International Investment Agreements: A Common Agenda, December 12, 2005, Paris.

[②] Jeswald W. Salacuse, Towards a Global Treaty on Foreign Investment: The Search for a Grand Bargain, in Norbert Horn (ed.), *Arbitrating Foreign Investment Disputes*, Kluwer Law International, 2004, p. 81.

[③] 在谈判过程中,主要来自发达国家的NGOs结成了广泛的同盟,对MAI谈判的程序和内容均提出了批评。1997年,NGOs取得了MAI草案。当发现MAI谈判者已同商务利益团体协商,但未与市民社会的其他成员协商时,NGOs通过网络发动了世界性的有效抗议活动。它们指出,该谈判程序是有缺陷的,由于OECD秘密进行谈判,牺牲了市民社会其他成分(如工会、环境保护者和人权组织等)的利益,维护和促进了商人利益。反全球化力量迅即参与抗议活动,认为MAI是以本地利益团体及其利益为代价促进全球化的工具。参见Jeswald W. Salacuse, Towards a Global Treaty on Foreign Investment: The Search for a Grand Bargain, in Norbert Horn (ed.), *Arbitrating Foreign Investment Disputes*, Kluwer Law International, 2004, pp. 83—85; M. Sornarajah, *The International Law on Foreign Investment*, 2nd edition, Cambridge University Press, 2004, pp. 3—4, 79—80。

[④] Jeswald W. Salacuse, Towards a Global Treaty on Foreign Investment: The Search for a Grand Bargain, in Norbert Horn (ed.), *Arbitrating Foreign Investment Disputes*, Kluwer Law International, 2004, p. 83.

（三）GATT/WTO

长期以来，发达国家试图将投资议题纳入 GATT/WTO 体制。在 1982 年 GATT 部长级会议上，美国作为主要倡议者，首次提出了将投资议题纳入 GATT 体制的建议。由于欧共体成员和发展中国家反对，该提议被取消。在乌拉圭回合中，在美国等发达国家的强力推动下，产生了《与贸易有关的投资措施协定》（Agreement on Trade-Related Investment Measures，《TRIMs 协定》）。1996 年，在 WTO 新加坡部长级会议上，各成员同意考虑投资、竞争政策、政府采购透明度及贸易便利化等议题（统称为"新加坡议题"）。在该会议上达成的决议是，WTO 应研究贸易与投资之间的关系，并成立了"贸易与投资关系工作组"，开展专门研究。OECD 的 MAI 谈判失败后，随之产生了 WTO 能否接此重任的问题。日本和欧共体极力推动在 1999 年召开的 WTO 西雅图部长级会议上启动 MAI 议题的谈判。这一企图因受到一些发展中国家代表团和非政府组织的反对而偃旗息鼓。2001 年召开的 WTO 多哈部长级会议仍未达成明确启动多边投资规则框架谈判的最后决议，只是提及正式决议留待坎昆部长级会议决定。在 2003 年召开的 WTO 坎昆部长级会议上，多数发展中国家表示还未做好 MAI 议题谈判的准备。① 由于各成员在农产品议题和新加坡议题的尖锐矛盾无法调和，坎昆会议重蹈西雅图会议无果而终之覆辙。② 2005 年，在 WTO 香港部长级会议上，投资议题仍未能取得进展。③

值得注意的是，发达国家在 WTO 体制中提出投资议题，只是"投石问路"，其更重要的目标是将 MAI 纳入 WTO 体制。早在 OECD 的 MAI 谈判期间，就有学者主张，MAI 最后文本形成后，应由 WTO 接管，即实施所谓"将 MAI 纳入 WTO 的战略"④。1998 年，时值 MAI 谈判陷入困境，法国政

---

① 冯军：《从多哈回合议程谈中国多边投资框架谈判立场》，载《国际经济法学刊》第 10 卷，北京大学出版社 2004 年版，第 315—316 页。

② 周汉民、邱一川：《坎昆峰会述评与 WTO 多哈回合展望》，载《国际经济法学刊》第 11 卷，北京大学出版社 2004 年版，第 128—133 页。事实上，WTO 成员之间有关投资议题是否纳入多哈回合议程是该回合谈判中断的重要因素之一。在 2003 年 WTO 部长会议上，欧共体贸易代表同意在多哈回合议程中取消投资议题，美国随后也支持这一决定。参见 Andrew Newcombe, Lluis Paradell, *Law and Practice of Investment Treaties*, *Standards of Treatment*, Wolters Kluwer, 2009, pp. 55—56.

③ Doha Work Programme, Ministerial Declaration, Adopted on 18 December 2005（WT/MIN(05)/DEC）[Z], December 22, 2005, at http://www.wto.org01/02/2006.

④ M. Sornarajah, *The International Law on Foreign Investment*, 2nd Edition, Cambridge University Press, 2004, p. 291.

府委托进行的一项有关 MAI 的研究结果认为,OECD 不是 MAI 的适当谈判场所,不能在已有基础上继续该谈判。法国总理进一步指出,MAI 的适当谈判场所不是 OECD,而"很自然地是 WTO"。[1] 面临大多数发展中国家反对的情况,一些主要发达国家提出了表面看来较为弹性的两项建议:一是将 MAI 定位为"复边协定"(Plurilateral Agreement)。[2] 依此定位,对 WTO 投资议题谈判感兴趣的 WTO 成员可启动并持续进行 MAI 谈判,达成协议后,由希望成为 MAI 当事方的 WTO 成员签署并加入。这样,未参与谈判的其他成员不会受到损害,因为它们可自主决定选择保留在 MAI 之外,甚至是 MAI 谈判之外。二是 MAI 采用 WTO 体制下《服务贸易总协定》(General Agreement on Trade in Service,GATS)"积极清单"(positive list)的承诺方式。该方式意味着,MAI 的约束力不会自动延伸到缔约国所有行业和所有投资领域。相反,各缔约国可规定承担义务的行业和承担义务的种类。[3]

应当指出,GATT/WTO 体制是发达国家主导的体制。在对 GATT/WTO 体制作历史考察之后,印度 WTO 专家哈吉拉·劳·达斯先生指出,发达国家、尤其是美国和欧共体一直在 GATT/WTO 体制中追求其自身的发展利益和目标,在很大程度上已获得了成功。历史表明,GATT 体制是由发达国家主导和创建的[4],发达国家无论何时意识到某些对其有重要利益的议题,都会将其纳入 GATT/WTO 谈判议程。因此,GATT/WTO 体制一直以来几乎都承载着发达国家的利益主题,而 GATT/WTO 法的主要特点是依据主要发达国家、尤其是美国的法律和惯例模式而形成的。[5] 将

---

[1] Jeswald W. Salacuse, Towards a Global Treaty on Foreign Investment: The Search for a Grand Bargain, in Norbert Horn (ed.), *Arbitrating Foreign Investment Disputes*, Kluwer Law International, 2004, p.84.

[2] WTO 协定包含两类附件:第一类为多边贸易协定(Multilateral Trade Agreements),对此类协定,各国或具有单独关税区地位的地区在加入 WTO 时应采取一次性一揽子接受的方式,不得对任何协定或条款采取选择加入或保留。第二类为复边贸易协定(Plurilateral Trade Agreement),对此类协定,仍允许各国或具有单独关税区地位的地区在加入 WTO 时选择加入。因此,此类协定只约束选择加入特定协定的成员,对未加入的成员不产生任何权利和义务。

[3] 〔印度〕哈吉拉·劳·达斯:《WTO 与多边贸易体系之过去、现在与未来》,第三世界网络(TWN),2004 年,第 94—95 页。

[4] 关于美国在创建 GATT 中的作用,参见 Ronald A. Brand, *Fundamentals of International Business Transactions*, Kluwer Law International, 2000, pp.277—281.

[5] 〔印度〕哈吉拉·劳·达斯:《WTO 与多边贸易体系之过去、现在与未来》,第三世界网络(TWN),2004 年,第 16—19 页。

MAI纳入WTO体制,同样反映了发达国家的利益。其主要目的是,通过WTO的贸易自由化机制扩大投资的自由化,确保其海外投资者能在发展中国家自由进入和经营,从而消除或削弱发展中国家调整外资准入和外资经营的权力。如果在WTO体制中形成MAI,其义务将如同WTO其他协定一样约束各成员。对发展中国家而言,这是十分困难的局面,意味着发展中国家将丧失其在发展过程中调整投资政策的所有灵活性。此外,将MAI纳入WTO体制所产生的严重后果之一是,使发展中国家因投资问题而面临交叉报复的风险。[①]

事实上,即使实施发达国家提出的上述两项弹性建议,也无法减轻对发展中国家的事实上的约束和压力。在MAI以"复边协定"形式存在于WTO体制的情况下,随着缔约方的增多,游离于MAI之外的发展中国家将被迫参加或被边缘化。GATS的经验还表明,"积极清单"方式在向发展中国家提供保护方面也有明显的局限性。在GATS及其下属具体行业,如金融服务和电信服务的谈判中,发展中国家面临着将更多领域和更多措施纳入条约约束的巨大压力。由于MAI的总体目标是确保发展中国家的外国投资者能相对自由地投资经营,发展中国家自然有理由担心"积极清单"方式不可能对其提供保护,也会担心在国际投资领域将面临需要作出高度承诺的压力。此外,发展中国家在已作承诺的领域中不可能重新采用某些限制性的投资措施。在经济发展过程中,发展中国家需要审时度势,制定、修改或撤销某些不合时宜的外资政策和措施,而这种灵活性将在已作承诺的领域中丧失殆尽。在OECD主导的MAI谈判期间,由印度领导的发展中国家反对MAI和旨在创设保护外资和促进投资自由化的新国际法规则的任何企图,认为MAI是对发展中国家主权和经济独立的威胁。[②]

(四)何去何从

各国对MAI谈判场所的选择,取决于各国自身谈判目标的选择和国家

---

① 根据《关于争端解决规则与程序的谅解》第22条第3款:"在考虑中止哪些减让或其他义务时,起诉方应适用下列原则和程序:(a)总的原则是,起诉方应首先寻求对与专家组或上诉机构认定有违反义务或其他造成利益损失或减损情形的部门相同的部门中止减让或其他义务;(b)如该方认为对相同部门中止减让或其他义务不可行或无效,则可寻求中止同一协定项下的其他部门的减让或其他义务;(c)如该方认为对同一协定项下的其他部门中止减让或其他义务不可行或无效,且情况足够严重,则可寻求中止另一适用协定项下的减让或其他义务……"

② Jeswald W. Salacuse, Towards a Global Treaty on Foreign Investment: The Search for a Grand Bargain, in Norbert Horn (ed.), *Arbitrating Foreign Investment Disputes*, Kluwer Law International, 2004, p. 83.

整体利益的考虑。根据国际经济法的公平互利原则,MAI 的"适当谈判场所"应能保障发展中国家和发达国家的平等参与权,特别是保障发展中国家在谈判中的话语权,同时,应能保障谈判参与的广泛性、充分性和公开性。然而,严峻的现实是,经济全球化是发达国家主导和推动的,MAI"适当谈判场所"的选择,发达国家也力图掌控主导权。①

如前所述,关于 UNCTAD 能否成为 MAI 谈判场所问题,发展中国家与发达国家两军对垒,无法达成共识。而 OECD 主导的 MAI 谈判已尝败绩,在主客观条件未发生根本变化的情况下,以 OECD 为谈判场所"卷土重来"绝非明智之举。当前,由于发达国家极力主张在 WTO 体制下启动 MAI 谈判,发展中国家面临的 MAI"适当谈判场所"问题实际上已归结为,是否接受或能否拒绝将 MAI 谈判纳入 WTO 体制的问题。

二、MAI 谈判纳入 WTO 体制的法律依据问题

有西方学者在预见 MAI 谈判的前景时指出,MAI 或类似的条约,最终将在 WTO 伞之下占有一席之地;如果在 WTO 受阻,则会在其他现有的或未来新设立的体制结构中达成。② 还有西方学者更为乐观地预测,很有可能、甚至可以肯定,有关投资议题的谈判最终将在 WTO 体制中完成。③ 也有中国学者认为,"中国应该积极参与多边投资框架的谈判,以争取在 WTO 框架下建立一个较为公平、兼顾发达和发展成员方利益的多边投资框架"④;"西方国家所主导的多元化谈判格局,决定了中国在选择谈判场所时,仍要坚持'两条腿'走路,积极参与各种场所的投资规则谈判"。⑤ 笔者以为,上述观点均忽略了将 MAI 谈判纳入 WTO 体制的法律依据问题,这实际上是一个前提性的关键问题。从法律层面看,主张 MAI 谈判不能纳入 WTO 体制,具有充分的法律依据。

---

① 参见张庆麟、彭忠波:《晚近多边投资规则谈判的新动向——兼论我国多边投资谈判策略的选择》,载《国际经济法学刊》第 12 卷第 3 期,北京大学出版社 2005 年版,第 116—117 页。

② John H. Jackson, *Sovereignty, the WTO and Changing Fundamentals of International Law*, Cambridge University Press, 2006, p. 243.

③ Edward Kwakwa, Institutional Perspectives of International Economic Law, in Asif H. Qureshi (ed.), *Perspectives in International Economic Law*, Kluwer Law International, 2002, p. 58.

④ 参见冯军:《从多哈回合议程谈中国多边投资框架谈判立场》,载《国际经济法学刊》第 11 卷,北京大学出版社 2004 年版,第 316 页。

⑤ 参见张庆麟、彭忠波:《晚近多边投资规则谈判的新动向——兼论我国多边投资谈判策略的选择》,载《国际经济法学刊》第 12 卷第 3 期,北京大学出版社 2005 年版,第 126—127 页。

第八章 国际投资条约理论

(一) WTO体制与国际投资法是分立的法律体制

虽然,试图调整国际投资的努力可追溯到1947年GATT成立之初和流产的国际贸易组织(International Trade Organization,ITO),GATT作为《哈瓦那宪章》和ITO的遗产继承人,显然与国际投资无关,或者更准确地说,GATT的管辖范围并未扩及东道国对外资准入和外资经营所规定的条件。国际贸易与国际投资的分立,对脆弱的GATT是有益的。历史上,在东方国家与西方国家之间、南方国家与北方国家之间许多最基本的争议问题,诸如东道国对外国投资者的责任、征收的法律后果、国际经济新秩序以及起草《跨国公司行为守则》等,GATT均置身事外。这些问题曾在联合国大会及其下属机构、世界银行、国际货币基金组织以及旨在签订友好通商航海条约和BITs的双边谈判中辩论,但从未发生于GATT。[①]

就国际经济法体系而言,WTO法属国际贸易法,而国际贸易法与国际投资法分立,同样作为国际经济法的重要分支。两者虽然不是泾渭分明,但具有基本的分界,互不隶属。

由于发达国家的强力推动,随着WTO体制"与贸易有关"领域的不断扩展,投资已成为WTO多边贸易谈判的议题之一,WTO法与国际投资法的涵盖内容也出现了一定程度的重叠或交叉,如与贸易有关的投资措施(Trade-Related Investment Measures,TRIMs)、与投资有关的贸易措施(Investment-Related Trade Measures,IRTMs)等。[②] 然而,TRIMs毕竟属于"与贸易有关"的领域,而IRTMs则仍然是贸易措施。尽管涵盖"与贸易有关"的领域,WTO体制性质上毕竟是多边贸易体制。WTO法与国际投资法的涵盖内容出现的此类重叠或交叉,并不能改变国际贸易法(含WTO法)与国际投资法两种分立体制的基本分野。[③]

[①] Andreas F. Lowenfeld, *International Economic Law*, Oxford University Press, 2002, p.94.

[②] IRTMs是指影响外国直接投资的数量、部门构成及地理分布的较为一般性的贸易政策措施。与TRIMs比较,它们通常不涉及具体的贸易或外国直接投资交易。IRTMs对直接的贸易流动具有第一层次的影响,同时,对随贸易流动之后产生的外国直接投资具有第二层次的影响,影响潜在投资者的决策,而外国直接投资的变化对未来有关的贸易流向又具有重要的第三层次的影响。根据UNCTAD的研究,IRTMs大致可分为市场准入限制、市场准入发展优惠、出口鼓励措施和出口限制措施等四大类。目前,对于IRTMs,主要由GATT/WTO有关RTAs、原产地规则、国家技术标准、受限产业部门的贸易安排等规范调整。参见余劲松主编:《国际经济交往法律问题研究》,人民法院出版社2002年版,第22—37页。

[③] 关于WTO体制与国际投资法之间关系的进一步评论,参见曾华群:《论WTO体制与国际投资法的关系》,载《厦门大学学报(哲学社会科学版)》2007年第6期,第105—113页。

诚然,在当代世界,贸易与投资联系密切,甚至密不可分,一些涉及投资的多边经济协定,如《北美自由贸易协定》(North American Free Trade Agreement, NAFTA)和《能源宪章条约》等都是在多边贸易谈判中产生的。其原因是,在多边经济谈判中将贸易与投资问题相联系,提供了支撑条约谈判的宽广的交易基础,这是单纯的多边投资谈判无法企及的谈判方式。这是基于贸易的投资谈判方式。特别是,发展中国家为增加其在发达国家市场的贸易量,将导致它们对外资采取更自由的保护性政策。不仅如此,从谈判理论的观点看,在多边谈判中涉及的问题越多,当事方就可能设计越多的协调点(trade-offs)。而当事方拥有越多的协调点,就越可能发现达成协议的基础。① 然而,尽管发达国家一再强调 MAI 对于促进国际贸易的重要性,在 WTO 体制中是否需要 MAI,尚未达成共识。② 更重要的是,WTO 体制对其本身的范围和职能已有明确的法律界定,并未涵盖 MAI。

(二) WTO 体制是调整国际贸易关系的法律体制

针对 WTO"与贸易有关"领域不断扩张的趋势,有学者尖锐地指出,如果将特定问题纳入 WTO 体制的唯一标准是该问题影响了贸易,那么实际上任何问题都可能纳入,因此,认定这些问题的重要原则是,WTO 涵盖的领域是与 GATT 一样限于贸易问题,或者,WTO 是不同于 GATT 的涵盖贸易以外领域的国际组织。③ 另有学者指出,尽管有"将 MAI 纳入 WTO 体制"的提议,"很难想象 MAI 如何与 WTO 相融合。WTO 并没有处理诸如投资者设立权(right of establishment)等事项的职能"。④

笔者以为,能否在 WTO 体制中启动 MAI 谈判的基本问题在于,该谈判有否 WTO 法上的根据。

《马拉喀什建立世界贸易组织协定》(以下简称《WTO 协定》)第 2 条题为"WTO 的范围",第 1 款明确规定:"WTO 在与本协定附件所含协定和相

---

① Jeswald W. Salacuse, Towards a Global Treaty on Foreign Investment: The Search for a Grand Bargain, in Norbert Horn (ed.), *Arbitrating Foreign Investment Disputes*, Kluwer Law International, 2004, p. 87.

② Yong-Shik Lee, *Reclaiming Development in the World Trading System*, Cambridge University Press, 2006, p. 122.

③ Edward Kwakwa, Institutional Perspectives of International Economic Law, in Asif H. Qureshi (ed.), *Perspectives in International Economic Law*, Kluwer Law International, 2002, p. 49.

④ M. Sornarajah, *The International Law on Foreign Investment*, 2nd Edition, Cambridge University Press, 2004, p. 291, note 47.

关法律文件有关的事项方面,为处理其成员间的贸易关系提供共同的组织机构。"该基本规定表明,WTO 的管辖范围是"其成员间的贸易关系"。显然,WTO 是调整其成员间贸易关系的国际组织,而不是富有夸张意味的所谓"经济联合国"。①

《WTO 协定》第 3 条进一步规定了 WTO 的职能,指出 WTO "应为其成员间就多边贸易关系进行的谈判提供场所"。关于未来的谈判议题和协定,"WTO 还可按部长级会议可能作出的决定,为其成员间的多边贸易关系的进一步谈判提供场所,并提供实施此类谈判结果的体制"。显然,无论是当前或未来的谈判议题,都必须在"多边贸易关系"的涵盖范围之内。由于 MAI 并非"多边贸易关系"的一部分,MAI 谈判显然不属 WTO 的职能范围。尽管《TRIMs 协定》第 9 条规定,WTO 货物贸易理事会"应考虑本协定是否应补充有关投资政策和竞争政策的规定",但该条款也无法支持在 WTO 体制中启动 MAI 谈判的主张。就前述发达国家"将 MAI 定位为复边协定"的弹性建议而言,由于货物贸易理事会是 WTO 体系的一个正式多边机构,在任何情况下,该机构的审查对象都不可能是"复边协定"。此外,该条款仅仅授权理事会"考虑",该用语明显不能解读为授权启动 WTO 体制中的 MAI 谈判。②

(三) WTO 体制的投资议题不能等同于 MAI

乌拉圭回合的成果涉及投资的规范包括《TRIMs 协定》、GATS 和《与贸易有关的知识产权协定》(Agreement on Trade-Related Aspects of Intellectual Property Rights,简称《TRIPS 协定》)。其中,《TRIMs 协定》最为典型,而 GATS 和《TRIPS 协定》只是内容上有涉及投资。③ 就《TRIMs 协定》而言,顾名思义,是规范"与贸易有关的投资措施"的协定,不是一个有关投资的综合性多边法律框架,比之 OECD 主导的 MAI 和各国普遍接受的 BITs,其适用范围极为有限,只能视为朝向有关投资的多边管制框架迈出的

---

① 有学者指出,把 WTO 称为"经济联合国"在法律上有误导作用。参见张玉卿:《善用 WTO 规则》,载《国际经济法学刊》第 10 卷,北京大学出版社 2004 年版,第 8 页。

② 〔印度〕哈吉拉·劳·达斯:《WTO 与多边贸易体系之过去、现在与未来》,第三世界网络(TWN),2004 年,第 94 页。

③ GATS 中主要是"商业存在"作为服务提供方式,本身也是一种投资方式。而《TRIPS 协定》通过对"与贸易有关的知识产权"的保护而与国际投资密切相关。关于 WTO 体系投资规则的概述,参见叶兴平:《WTO 体系内制定投资规则的努力》,载《现代法学》2004 年第 1 期,第 149—157 页。

一小步。①

WTO成员同意多哈回合有关贸易与投资关系的讨论集中于澄清范围与定义、透明度、非歧视、基于GATS型"积极清单"的设立前承诺、发展的规定、例外与收支平衡的保障以及协商与成员之间争端的解决。在该框架中没有BITs等传统国际投资条约包含的重要问题,如给予外国投资者的保护性待遇、货币转移、针对征收的保护以及外国投资者与东道国之间争端的解决。《多哈部长级会议宣言》未规定传统国际投资条约有关投资保护、促进和自由化的宗旨,而是强调其他新目标,即"任何框架应以平衡的方式反映母国和东道国利益,并适当考虑东道国政府的发展政策和目标以及它们为公共利益的管制权利"。上述新目标涉及的三个因素值得注意:一是促进的利益限于国家利益,而未提及私人投资者的利益;二是适当考虑的国家利益主要是东道国的利益,而不是投资者母国的利益;三是坚持"管制权利"意味着界定外资财产权利与东道国管制外资的权利是多哈回合有关谈判的争议焦点。②

显然,目前WTO体制的投资议题仍然限于"与贸易有关"的领域,不能等同于BITs等传统国际投资条约或MAI,两者不能混淆。需要特别引起警惕的是,在WTO体制中,发达国家看来是采取"步步为营"和"得陇望蜀"的策略,从投资议题的谈判谈起,一俟时机成熟即转为MAI谈判。

应当强调的是,从法律的角度,只有在《WTO协定》有关WTO范围和职能的规定作出修改、明确涵盖了国际投资关系之后,在WTO体制中启动MAI谈判才具有基本的法律依据。

三、MAI谈判取得成效的基本要素

应当进一步强调,比确定MAI的"适当谈判场所"更为重要的、甚至是决定MAI能否取得成效的基本要素是,MAI谈判应有发展中国家与发达国家的普遍认同和参与,应真正平衡发展中国家与发达国家的权益。

(一)MAI谈判应有发展中国家与发达国家的普遍认同和参与

历史经验反复表明,无论MAI的"适当谈判场所"如何选择,由于MAI

---

① Yong-Shik Lee, *Reclaiming Development in the World Trading System*, Cambridge University Press, 2006, pp.116—117.

② Jeswald W. Salacuse, Towards a Global Treaty on Foreign Investment: The Search for a Grand Bargain, in Norbert Horn (ed.), *Arbitrating Foreign Investment Disputes*, Kluwer Law International, 2004, p.86.

将适用于发展中国家和发达国家,MAI 谈判首先需要发展中国家和发达国家的普遍认同和参与。

迄今为止,全球性多边投资条约的重要成果是 1965 年《解决国家与他国国民间投资争端公约》(简称《ICSID 公约》或《华盛顿公约》)和 1985 年《多边投资担保机构公约》(Convention Establishing the Multilateral Investment Guarantee Agency,简称《MIGA 公约》)。在展望 MAI 谈判前景时,回顾《MIGA 公约》的立法史是有借鉴意义的。[①] 在 1962 年 3 月发表的《国际复兴开发银行:——职员报告》(IBRD, Multilateral Investment Insurance, A Staff Report)中,曾提出有关多边投资担保机构成员国的三种不同的方案:(1) 所有资本输入国与资本输出国;(2) 创设该多边投资担保制度的所有资本输出国;(3) 创设该多边投资担保制度的部分资本输出国。经过长期的分析研究,特别是将有关方案提供给国际复兴开发银行各成员国,广泛征求意见,最终确定了国际复兴开发银行所有成员国和瑞士均可成为多边投资担保机构(the Multilateral Investment Guarantee Agency, MIGA)的成员国,即包括了资本输入国与资本输出国。[②] 然而,国际复兴开发银行成员国没有参加 MIGA 的义务。《MIGA 公约》认识到资本输出国与资本输入国参与的重要性,特别反映于该《公约》第 61 条第 2 款和第 39 条的规定。[③] 由于发展中国家和发达国家较普遍了解和参与《MIGA 公约》的起草过程,并在《公约》中注意体现两类国家权益的维护和平衡,该《公约》为两类国家普遍认同和接受。截至 2016 年 11 月,该《公约》已有 181 个成员。[④]

令人遗憾的是,时隔 10 年,1995 年 OECD 主导的 MAI 谈判采取了与《MIGA 公约》相反的封闭模式,即在 OECD 成员国(主要是资本输出国)内部进行。旨在提供程序性投资保护的《MIGA 公约》尚且注意到资本输入国与资本输出国的普遍参与,而旨在提供实体性和程序性投资保护的 MAI 却

[①] 关于《MIGA 公约》的立法史,参见陈安主编:《国际投资法》,鹭江出版社 1988 年版,第 28—40 页。
[②] 《MIGA 公约》第 4 条第 1 款。
[③] 根据《MIGA 公约》第 61 条第 2 款,《公约》生效的条件之一是 5 个以上发达国家和 15 个以上发展中国家的批准。《MIGA 公约》第 39 条为平衡发达国家与发展中国家之间的表决权作了技术性安排,以反映两类国家在 MIGA 的平等利益。关于 MIGA 投票权制度的分析,参见陈安主编、徐崇利副主编:《MIGA 与中国——多边投资担保机构述评》,福建人民出版社 1995 年版,第 153—165 页。
[④] www.worldbank.org/25/11/2016.

采取资本输出国单方面"闭门造车"的模式,这不能不说是历史的倒退。在一定意义上,这一先天性缺陷注定了 MAI 失败的命运。在 MAI 谈判期间,发展中国家已质疑 OECD 作为 MAI 谈判场所的合法性,指出它未能提供发展中国家充分参与谈判的机会。美国著名国际经济法学家杰克逊在分析 MAI 谈判的失败原因时也指出,MAI 谈判缺乏绝大多数发展中国家的有效参与,而这种参与对 MAI 的成效至关重要。①

应当明确,发展中国家和发达国家的普遍认同和参与 MAI 谈判,实际上是平衡发展中国家和发达国家权益的组织保障。

(二) MAI 谈判应真正平衡发展中国家与发达国家的权益

经济全球化的重要特征之一是,作为可获得的投资和金融资产竞争集中的结果,各国、特别是发展中国家可选择的范围日益缩小。另一个重要特征是,各国不同程度地受外部力量驱动作出其经济决策。得益于全球自由贸易的发达国家,控制了充足的政治和经济力量以确保推行其有关自由化、私有化和外国投资的政策。它们通过创设 WTO 等国际组织及其体制和有关投资的双边或区域性条约来达到其目的。②

追根溯源,国际投资条约是发达国家创造并服务于其对外经济政策的工具。从传统的友好通商航海条约到 1959 年以来蓬勃发展的 BITs③,从 1959 年《海外投资国际公约草案》(the 1959 Draft International Convention on Investments Abroad)到 OECD 的 MAI,无不打上发达国家片面强调投资保护的深刻烙印。发达国家的这一"先天烙印"也是其"先天优势",反映了历史上发展中国家在国际投资条约谈判中的被动的弱者地位。

就缔约方而言,MAI 与 BITs 一样,可分为资本输出国和资本输入国。所不同者,前者是多方资本输出国和多方资本输入国的组合,而后者是一方资本输出国和一方资本输入国的组合。

---

① John H. Jackson, *Sovereignty, the WTO and Changing Fundamentals of International Law*, Cambridge University Press, 2006, p. 242.

② M. Sornarajah, A Developing Country Perspective of International Economic Law in the Context of Dispute Settlement, in Asif H. Qureshi (ed.), *Perspectives in International Economic Law*, Kluwer Law International, 2002, p. 83.

③ 根据 UNCTAD 的统计,截至 2016 年 4 月,各国共签订了 2953 项 BITs。参见 United Nations Conference on Trade and Development, World Investment Report 2016, pp. 110—112. 20 世纪 80 年代末期,一向奉行卡尔沃主义的拉丁美洲国家改变其有关 BITs 的立场,近二十年来共签订了 500 多项 BITs。参见 Mary H. Mourra (ed.), *Latin American Investment Treaty Arbitration, the Controversies and Conflicts*, Wolters Kluwer, 2009, p. 1.

第八章　国际投资条约理论

一般而言，BIT 定义为两个国家之间签订的一国同意对另一国的投资者和投资提供保护的协定。[①] 典型的 BITs 是发达的资本输出国与发展中的资本输入国之间的条约。半个多世纪以来，多数 BITs 效仿 1959 年《海外投资国际公约草案》和 OECD 1967 年《外国资产保护公约草案》(1967 Draft Convention on the Protection of Foreign Property)。[②] 由于来源相同，不同国家和时期的 BITs 所用的术语和涵盖的事项明显相似。[③] 新加坡国立大学国际投资法学家索纳那亚教授深刻地指出，虽然 BITs 设计为缔约双方的双向投资，实际考虑的只是单向投资。在缔约双方资金和技术差距悬殊的情况下，这是显而易见的。因此，声称作为条约基础的"双向流动"是冠冕堂皇的虚构，缺乏充分的对价(quid pro quo)。这种不平等的条约产生一些耐人寻味的问题，诸如：参与签订 BITs 的发展中国家是否拥有能充分理解条约用语的细微差别的法律专家？BITs 的签订能否产生资本输出国的资本流向资本输入国的实际效果？此类协定未包含资本输出国保证此种资本流动的明确责任，而资本输入国为得到此种"预期的外资流动"必须先让渡其主权，平等何在？尽管存在此种不平等，BITs 表面上是合法的，签订此种条约的国家被推定为愿意受其约束。除非有胁迫的证据(如以提供援助、贷款或贸易优惠为签约的条件)，应认为 BITs 是基于自愿的基础达成的。[④] 当前，OECD 国家参与 BITs 和 RTAs 实践的重心已从传统的投资保护转向更广泛的自由化规则。外资待遇标准更为侧重投资准入阶段的保护和新的自由化承诺。[⑤] 东道国投资促进政策中的外资审批权力逐渐演变为承认"设立权"、禁止"履行要求"和投资自由化义务，征收的四项前提条件(即出于公共利益、非歧视、正当法律程序和给予赔偿)和征收赔偿的"赫尔"规则(即给予充分、及时、有效赔偿)得以强化适用以及"外国投资者诉诸国际仲裁的单

[①] Paul E. Comeaux, N. Stephan Kinsella, *Protecting Foreign Investment under International Law, Legal Aspects of Political Risk*, Oceana Publications Inc., 1997. p.101.

[②] 关于 BITs 的简史，参见 Jeswald W. Salacuse, BIT by BIT: The Growth of Bilateral Investment Treaties and Their Impact on Foreign Investment in Developing Countries, *The International Lawyer*, Vol.24, 1990, pp.656—661。

[③] Jason Webb Yackee, Conceptual Difficulties in the Empirical Study of Bilateral Investment Treaties, *Brooklyn J. Int'l L.*, Vol.33, 2008, pp.415—416.

[④] M. Sornarajah, *The International Law on Foreign Investment*, 2nd Edition, Cambridge University Press, 2004, pp.207—208.

[⑤] OECD Secretariat, Novel Features in OECD Countries' Recent Investment Agreements: An Overview, Document for Symposium Co-organised by ICSID, OECD and UNCTAD on Making the Most of International Invest, December 12, 2005, Paris, p.4.

边启动模式"等①,进一步加剧了 BITs 主要功能的偏向性,即更侧重于对外国投资和外国投资者的保护,而相应削弱了东道国管制外资的权力,同时,基本上忽略了东道国投资促进和管理的政策目标。

以往 MAI 的内容设计,并未脱离传统 BITs 的窠臼,甚至是 BITs 的"升级版"。实际上,OECD 的 MAI 在很多方面与 NAFTA 的投资条款相似,而 NAFTA 的投资条款则基于美国的 BIT 范本。② 其目标是为外国投资者提供比 BITs 更高水平的保护。显然,索纳那亚教授上述有关 BITs 资本输出国与资本输入国之间不平等关系的精辟分析,同样适用于 MAI。

从发展的观点看,MAI 将扩大东道国的义务,进一步限制发展中国家采取外资措施以促进国内产业和促进发展,并不符合发展中国家的发展利益。一种观点认为,MAI 将为外国投资者提供制度性保障,由此有助于吸引外资进入发展中国家。事实上,各个发展中国家也可通过制定既符合其发展利益,又保护外国投资者的国内法提供此种制度性保障。这种做法比之对具有不同发展需求的各个发展中国家施加一系列多边条约义务更为有效。③ 另一种观点声称,MAI 将促进对发展中国家的外资流动。实践表明,外资流动在很大程度上取决于东道国的经济、政治和社会环境,而不是取决于东道国是否在外资准入和经营上采取更为开放的政策。

按发达国家的逻辑,限制东道国自主选择投资政策和措施,对外国投资提供高水平的法律保护,"自然而然"带来了外资输入东道国的后果,这就是"平衡资本输出国与资本输入国之间的权益"。④ 在传统 MAI 的内容设计中,资本输入国自主选择外资政策和措施的权力和权利受到限制,同时承担了保护外资的义务;而资本输出国的权力和权利未受任何限制,其跨国投资者的权利受到高水平的国际法保护,资本输出国及其跨国投资者均未承担

---

① 直到 1993 年,大多数资本输入国尚未与主要资本输出国签署含有"外国投资者诉诸国际仲裁的单边启动模式"的 BITs。2002 年的抽样调查表明,149 个发展中国家中有 117 个国家至少签署一个以上的此类条约。参见 Jason Webb Yackee, Conceptual Difficulties in the Empirical Study of Bilateral Investment Treaties, *Brooklyn J. Int'l L.*, Vol. 33, 2008, pp. 432—433.

② M. Sornarajah, *The International Law on Foreign Investment*, 2nd Edition, Cambridge University Press, 2004, pp. 291—292.

③ Yong-Shik Lee, *Reclaiming Development in the World Trading System*, Cambridge University Press, 2006, pp. 122—123.

④ 具有讽刺意味的是,在 BITs 历史的大部分时期,没有任何统计的或个案研究的证据证明 BITs 对 FDI 流量的作用,只是最近签署 BITs 的代价——意味着东道国的各项政策在仲裁庭面前可被成功地挑战——变得明朗化了。参见 Jason Webb Yackee, Conceptual Difficulties in the Empirical Study of Bilateral Investment Treaties, *Brooklyn J. Int'l L.*, Vol. 33, 2008, pp. 459—460.

任何义务。这显然片面维护了资本输出国的权益。需要明确的是,所谓"平衡资本输出国与资本输入国之间的权益",意味着在 MAI 的内容设计中,资本输出国与资本输入国都要享有权力和权利,并承担相应的义务,真正平衡资本输出国与资本输入国之间的权益以及东道国与外国投资者之间的权益。只有资本输出国与资本输入国达成这样的共识,才有可能达成两类国家普遍接受的新型 MAI。

  作为平衡发展中国家与发达国家的权益的具体体现,新型 MAI 应具有保护、促进跨国投资与管制跨国投资者行为的双重目标。早在 20 世纪 70 年代初,国际社会进行了国际投资立法另一方面的多边努力。该努力的重心是管制外国投资者、特别是跨国公司的不良行为。多年来,一些国际组织,包括 UNCTAD、OECD、国际商会和国际劳工组织等先后起草了有关管制跨国公司行为的一些方面(包括竞争、税务、雇佣关系、技术转让、贿赂、信息及披露等)的规则。然而,这方面努力所取得的进展甚微。值得注意的是,一直以来,保护国际投资和促进投资自由化的努力与管制跨国投资者行为的努力分别在不同的场所进行。两种努力各行其道,均未能构建起达到其目标所需要的多边法律框架。从国际现实出发,也许两种努力应合并进行。① 发达国家和发展中国家应争取共同建立一个新型的 MAI 谈判平台。在新型 MAI 的设计中,应体现"平衡发展中国家与发达国家的权益"的革新意识,发展中国家应具有加入 MAI 的自由选择权和自主决定外资准入领域、外资履行要求的权力,并承担保护跨国投资的义务;而发达国家则在取得海外投资的国际法律保护的同时,须承担监管本国海外投资的责任,承诺和保护发展中国家免受外国投资者、特别是跨国公司负面行为方式的损害。②

四、结语

  历史表明,制订一个具有普遍约束力的 MAI 绝非易事。首先,MAI 的"适当谈判场所"迄今难以确定,MAI 纳入 WTO 体制明显缺乏法律依据,如

---

  ① Jeswald W. Salacuse, Towards a Global Treaty on Foreign Investment: The Search for a Grand Bargain, in Norbert Horn (ed.), *Arbitrating Foreign Investment Disputes*, Kluwer Law International, 2004, pp. 87—88.
  ② 跨国公司的此类负面行为方式包括对东道国政治的干预、违反人权标准、违反环境规范等。参见 M. Sornarajah, *The International Law on Foreign Investment*, 2nd Edition, Cambridge University Press, 2004, pp. 171—181.

何纳入现有或未来的相关体制,依然是关山重重,云遮雾绕;其次,MAI谈判应有发达国家和发展中国家的普遍认同和参与,MAI谈判应注重平衡资本输出国与资本输入国的权益,当是 MAI 取得成效的基本要素,而国际社会对此尚未达成必要的共识。

当前,国际投资条约的"自由化"发展趋向值得关注。作为 MAI 模本的 BITs 片面维护资本输出国和跨国投资者权益的"先天不足",在长达五十多年的"后天"不仅未得到应有的纠正,反而被不断强化和扩张,发展中国家的谈判地位和能力进一步被削弱,发展中国家基于国家主权原则的权力和利益进一步被剥夺。此种发达国家与发展中国家之间权益严重失衡的条约实践,严重背离了普遍认同的国际法的主权原则和公平原则,实际上,也不利于国际投资条约实践本身的健康和可持续发展。

笔者以为,国际社会应充分认识 BITs 实践片面维护资本输出国和跨国投资者权益的危害性,在相关国际实践中纠正此种"失衡"现象。面对"经济全球化""投资自由化"的所谓"时代潮流",发展中国家比以往任何时期更需要联合自强,确立和维护共同的价值取向和基本立场,首先在相互之间的 BITs 实践中创立平衡资本输出国与资本输入国之间权益的新型 BITs,进而形成普遍接受的国际实践和国际投资新规范,为创立新型 MAI 的主要规范奠定必要的国际实践基础。

第二节 双边投资条约范本的演进与中国的对策

在经济全球化趋势下,双边投资条约(Bilateral Investment Treaty,BIT)实践已成为国际法最显著的新发展之一。① 截至 2016 年 4 月,世界各国共签订了 2953 个此类条约。② 在长期的 BIT 实践中,作为缔约各方政策宣示、谈判基础和基本准则的 BIT 范本不断发展,其作用和影响日益彰显。当下,在"改革以 BITs 为主体的国际投资条约体制"渐成国际共识的背景下,各国新修订的 BIT 范本更成为其有关参与此项改革的立场和实践的重

---

① Jason Webb Yackee, Conceptual Difficulties in the Empirical Study of Bilateral Investment Treaties, *Brooklyn J. Int'l L.*, Vol. 33, 2008, p. 405.

② UNCTAD, World Investment Report 2016, Investor Nationality: Policy Challenges, United Nations, 2016, p. 101.

要标志。① 鉴此,本节在概述 BIT 实践及其范本缘起与特征的基础上,评析 BIT 范本的类型及其发展趋向,进而探讨我国新 BIT 范本的目标和模式选择问题。

一、BIT 实践及其范本的缘起与特征

BIT 范本是顺应 BIT 实践之需要而产生和发展的。探讨 BIT 范本的演进,首先需要追溯和探究 BIT 实践及其范本的起源与基本特征。

(一) BIT 实践及其范本缘起

双边商务条约实践已有数百年历史。早期,此类条约旨在促进贸易,而不是投资。一般认为,BITs 的早期形式可溯及"友好通商航海条约"(Friendship, Commerce, and Navigation Treaties, FCN)②,即美国调整其对外经济关系的传统国际法律文件。此类条约虽然旨在促进贸易和航运,但也时常包含关于缔约一方国民在缔约对方拥有财产或经营商务能力的规定。1911 年以后,美国开始在其参与缔结的此类条约中增加有关保障私人企业商务活动的规定。第二次世界大战后,美国作为资本输出国的地位日益提高,海外投资成为美国对外经济交往的主要形式之一。相应地,签订旨在保护美国海外投资的双边条约,成为美国实行对外经济政策的主要措施之一。为了适应以投资为重点的需要,美国参与缔结的友好通商航海条约的结构和内容发生了重大变化,有关保护国际投资的内容约占二分之一。此类条约对保护国际投资的重要性增强了,其有关国际投资的规定主要包括外国国民及其财产的保护、外国人财产的待遇、国有化或征收及其补偿标准等。显然,此类规定已涉及其后产生的 BITs 的核心内容,为后者提供了具体调整国际投资关系的经验。③

当时,在国际投资日益成为重要国际经济活动的形势下,寻求国际法保

---

① 关于改革国际投资条约体制的最新进展,参见 UNCTAD, World Investment Report 2016, Investor Nationality: Policy Challenges, pp. 110—112.

② 早在 1956 年,"友好通商航海条约"就被美国学者称为"促进和保护外国投资的条约"。See Herman Walker, Jr., Treaties for the Encouragement and Protection of Foreign Investment: Present United States Practice, *The American Journal of Comparative Law*, Vol. 5(2), 1956, pp. 229—247.

③ Jeswald W. Salacuse, Nicholas P. Sullivan, Do BITs Really Work: An Evaluation of Bilateral Investment Treaties and Their Grand Bargain, *Harvard International Law Journal*, Vol. 46(1), 2005, pp. 71—73.

护的外国投资者只能借助由分散的条约规定、尚有争议的少数国际习惯及一般法律原则构成的调整国际投资的临时性国际法律规则。此种规则存在诸多严重缺陷,包括:(1)未能考虑国际投资实践的需求及处理外国投资者关切的重要问题,例如,此种规则实际上未涉及外国投资者从东道国转移其资金的权利;(2)通常是含糊的,可以有多种解释,例如,尽管存在有关"对外资国有化支付赔偿"的国际习惯,但缺乏计算赔偿额的明确规则;(3)缺乏对外国投资者提供有效的执行机制,以支持其针对东道国损害或占有其投资、或者拒绝履行契约责任的权利请求。

鉴于上述缺陷,自1959年以来,原联邦德国等欧洲国家以友好通商航海条约中有关促进和保护国际投资的事项为中心内容,同作为资本输入国的发展中国家签订专门性的"相互促进和保护投资协定"(Agreement concerning Reciprocal Encouragement and Protection of Investments),即现代BITs。[1] 历经半个多世纪,多数BITs模仿或至少广泛照搬1959年《海外投资国际公约草案》(Draft International Convention on Investments Abroad)和1967年经合组织(OECD)《保护外国财产的公约草案》(Draft Convention on the Protection of Foreign Property)的主要条款。由于来源相同,不同BITs的主题、结构和用语,在不同的时期、不同的国家实践仍显得非常相似。典型BIT的缔约方为一方为欧洲国家,另一方为发展中国家。[2] 20世纪80年代初,美国决定采用BIT作为保护其海外投资的工具之后,此类条约发展更为迅速[3],逐渐为世界各国普遍接受,成为国际投资条约体制中最为重要的形式。

在BIT实践中,发达国家往往花费大量的时间和精力起草BIT范本,

---

[1] 1959年,联邦德国与巴基斯坦签订了第一个"关于促进和保护投资的条约"。该条约包含了许多实体性规定,为其后BITs所效法。See Andrew Newcombe, Lluis Paradell, *Law and Practice of Investment Treaties*, *Standards of Treatment*, Wolters Kluwer, 2009, p.42.

[2] 瑞士、法国、意大利、英国、荷兰和比利时等欧洲国家紧随联邦德国BIT实践,与发展中国家签订BITs。See Jeswald W. Salacuse, BIT by BIT: The Growth of Bilateral Investment Treaties and Their Impact on Foreign Investment in Developing Countries, *The International Lawyer*, Vol.24, 1990, pp.656—657.

[3] Axel Berger, China's New Bilateral Investment Treaty Programme: Substance, Rational and Implications for Investment Law Making, Paper for the American Society of International Law International Economic Law Group (ASIL IELIG) 2008 biennial conference "The Politics of International Economic Law: The Next Four Years", Washington D.C., November 14—15, 2008.

作为与各个发展中国家谈判的基础。① 在起草 BIT 范本中,发达国家通常需要向各种组织、包括相关政府机构和私人团体咨商。一般而言,范本的主要功能是:第一,其起草过程是各国研究海外投资保护问题的重要机会,通过与相关政府机构和私人团体咨商,可形成国家政策立场,亦有助于保障本国立法机构认可和批准政府签订的特定 BIT;第二,由于发达国家计划与众多发展中国家商签 BITs,其范本可向相关缔约方传达其所寻求的具体谈判目标;第三,发达国家期望在同众多发展中国家商签 BITs 时保持其政策立场的相对一致性,以范本为基础开展 BIT 谈判是达此目标的有效方式;第四,由于范本在手,不必为各项 BIT 谈判逐一准备条约草案,明显加速了谈判进程;第五,通过提供作为谈判基础的范本,发达国家事实上确立了 BIT 谈判的基本框架,也掌控了谈判的发展进程;第六,范本有利于发达国家坚持和强化其既有立场和优势。在 BIT 谈判中,发达国家通常声称其范本中的规则是适用于各国的"国际通行规则",而不是专门适用于特定谈判对方的规则,亦时常凭借其范本,以某种让步未曾给予其他国家为由,拒绝作出违背其范本规则的妥协。

(二) BIT 范本的基本特征

如前所述,BIT 范本是发达国家在 BIT 实践中创造的,其发展趋向基本上也是由发达国家主导的。概括而言,BIT 范本的基本特征主要表现在:

第一,先天的"资本输出国烙印"。追根溯源,BIT 范本由欧美发达资本输出国精心设计并作为其对外政策的组成部分,旨在维护资本输出国的权益及解决其海外投资者关切的重要问题。因此,以"促进和保护海外投资"作为其主旨,片面强调资本输出国及其海外投资者的权益顺理成章,也是其先天的、不可磨灭的烙印。对发达国家而言,传统 BIT 范本为其带来了"与生俱来"的优势,也为 BIT 范本的进一步发展提供了基本模式。长期以来,由于发展水平和实力对比的悬殊及与所谓"国际通行规则""接轨"的现实需要,发展中国家的 BIT 范本一般是在发达国家 BIT 范本的基础上修订的,在结构、内容、用语甚至目标上与发达国家的范本亦步亦趋,并无实质性的区别。

---

① 例如,美国作为发达国家在 BIT 实践方面的后来者,其 BIT 范本历经 1983 年、1984 年、1987 年、1991 年、1992 年、1994 年、2004 年、2012 年 8 次修订。关于美国 BIT 范本的演进,参见 Kenneth J. Vandevelde, *U. S. International Investment Agreements*, Oxford University Press, 2009, pp. 91—112。

第二,偏重于"保护投资"的功能。理论上,BITs 是缔约国之间双边谈判的结果,旨在为缔约双方提供同等的法律保护。事实上,它们常常是作为资本输出国的发达国家与作为资本输入国的发展中国家之间的协定。BIT 范本在其名称和序言中往往声称其具有"保护投资"和"促进投资"双重功能,"保护投资"显然有利于资本输出国及其海外投资者,"促进投资"似乎较有利于资本输入国。值得注意的是,在 BIT 语境中,"促进投资"的用语是含糊的。"促进投资"是指"促进对外投资",还是"促进外来投资",抑或两者兼而有之? 可以明确的是,"促进投资"并不一定意味着缔约双方相互的"促进对外投资"。许多发展中国家因缺乏资金而反对本国投资者对外投资,其参与签订的 BITs 称为"促进和相互保护投资"(the encouragement and reciprocal protection of investment),而不是更为普遍采用的"相互促进和保护投资"(the reciprocal encouragement and protection of investment)。由于"促进投资"用语的含糊,"促进投资"的责任也是含糊的。它意味着发达国家承担促进其投资者对外投资的责任,抑或发展中国家承担改善其投资环境以吸引外资的责任? 实践表明,BIT 范本向来偏重于资本输入国"保护投资"的功能,基本忽略资本输出国"促进对外投资"的功能。主要表现在,对资本输入国而言,"保护投资"是具有法律约束力的条约责任;而对资本输出国而言,"促进对外投资"通常只是其促进海外投资的"最佳努力"(best-endeavour)宣示,而非具有法律约束力的条约责任。"促进投资"的条约责任通常落实在资本输入国创设优良投资环境以"促进外来投资"和实现"投资自由化"等方面,而基本忽略了资本输入国"促进外来投资"以利本国发展的政策目标。①

第三,单方的规范或指导意义。顾名思义,BIT 范本具有示范、规范或指导的意义,不是特定 BIT 谈判的文本(text)或草案(draft)。BIT 范本是一国有关国际投资政策和立场的反映,是其 BIT 谈判最高期望和最高目标的宣示。由于它来源于本国既有条约实践,试图为本国未来的条约实践提供指南或参考,具有单方的规范或指导意义。不言而喻,在缔约双方各有其 BIT 范本的情况下,缔约各方的范本只是规范其本身的范本,而不是规范缔约对方的范本。即使在缔约一方有范本、缔约另一方没有范本的情况下,该

---

① 关于发达资本输出国与发展中资本输入国之间 BIT 传统实践的不平衡或不平等,参见 Zeng Huaqun, Balance, Sustainable Development, and Integration: Innovative Path for BIT Practice, *Journal of International Economic Law*, Vol. 17(2), 2014, pp. 300—308。

范本仍然是"一家之言",是规范该缔约一方本身的范本,绝非规范缔约双方的具有"普适性"的"国际通行规则"。在 BIT 谈判实践中,美国等发达国家,往往声称其范本代表所谓"国际通行规则"的新发展,且倚仗其实力,对缔约对方施压,以便各个击破,实现其基于"美国利益至上"理念的既定政策目标。在中美 BIT 谈判中,美国清楚表明其立场,声称"美国将以美国 BIT 范本为基础进行谈判,该范本反映了高水平的投资者保护"。① 因此,缔约各方切忌将缔约对方的范本盲目接受为"反映 BIT 最新发展趋势的经典",甚至奉为"放之四海而皆准"的圭臬。缔约各方的范本均为基于本国国情参与制订国际投资规则的谈判文件,独立自主,各具特色,本无优劣、高下或主次之分,既不能妄自尊大,也不必妄自菲薄。缔约各方的范本作为具有单方规范或指导意义的谈判文件,不能强求作为特定 BIT 谈判的基础,更不能强迫缔约对方接受。

第四,与谈判实力相辅相成。诚然,特定 BIT 所规定的保护投资规则和标准,是缔约双方的期望与它们各自的谈判地位、谈判实力交互作用的结果。BIT 范本从一个侧面反映了南北国家在 BIT 谈判中悬殊的地位和能力。在 BIT 实践中,发达国家通常有范本可依,成竹在胸,主导和掌控谈判的发展进程,加之实力雄厚,可强势推行其既定政策目标。而发展中国家大多没有 BIT 范本,只能被动应对,甚至盲目接受发达国家范本的严苛条款。少数发展中国家即使备有 BIT 范本,由于历史和现实的种种因素,往往也未能摆脱发达国家 BIT 范本的深刻影响②,且未必拥有能充分理解条约用语细微差别的法律专家。③ 一些缺乏谈判能力和法律专家的发展中国家,不得不迁就或迎合发达国家不断发展变化的 BIT 范本。④ 在经济发展水平悬殊

---

① See US Fact Sheet of the Fourth Cabinet-Level Meeting of the US-China Strategic Economic Dialogue, in Kong Qingjiang, US-China Bilateral Investment Treaty Negotiations, EAI Background Brief No. 507, February 25, 2010, p. 5.

② 例如,斯里兰卡 BIT 范本共 13 条,依次为定义、投资的促进与保护、最惠国待遇、例外、损失的赔偿、征收、投资的汇回、缔约一方与缔约另一方投资者间投资争端的解决、缔约方之间的争端、代位、生效、协定的适用、期限与终止等条款,与德国等发达国家 BIT 范本的基本结构和内容大体一致。See Campbell McLachlan QC, Laurence Shore, and Matthew Weiniger, *International Investment Arbitration*, *Substantive Principles*, Appendix 9, Oxford University Press, 2007, pp. 427—431.

③ M. Sornarajah, *The International Law on Foreign Investment*, Cambridge University Press, 2nd Edition, 2004, pp. 207—208.

④ 詹晓宁、卡尔·乔金、卡迪·哈德姆:《国际投资协定:趋势和主要特征》,载《国际经济法学刊》第 14 卷第 1 期,北京大学出版社 2007 年版,第 126—127 页。

的发达国家与发展中国家之间,缔约双方分别作为谈判基础的两个范本所起的作用如何,实际上是双方博弈的结果。首先,重要的前提是,双方范本是否真正反映了各自不同的利益诉求。从当前情况看,由于具有"资本输出国烙印"的发达国家范本对发展中国家范本的深刻影响早已潜移默化,后者往往未能反映发展中国家居于资本输入国立场的基本利益诉求。因此,即使以两个范本为谈判基础的博弈,也不是简单"一对一"的条款比对或增减就可达到双方权益的平衡。就两个范本的相同或类似条款规定而言,双方在谈判中的"一拍即合"并不必然意味着"双赢",而很可能是缔约一方的"单赢"。例如,有利于发达国家的外资征收赔偿的"充分、及时、有效"规则(即"赫尔"规则)早已"暗度陈仓",被一些发展中国家的范本所采纳。就两个范本的不同条款规定而言,缔约一方以放弃 A 条款作为缔约另一方放弃 B 条款的条件,也并不必然意味着双方实现了"互有对等或适当让步"的妥协。A 条款与 B 条款分别对缔约各方的重要意义和法律后果决定了是妥协或"单赢"。例如,缔约一方以放弃"公平与公正待遇"(fair and equitable treatment)条款作为缔约另一方放弃"准入"(admission)条款的条件①,并不必然意味着缔约双方的妥协。在缔约一方的投资向缔约另一方单向流动的情况下,缔约另一方"准入"条款的重要意义和法律后果远高于缔约一方的"公平与公正待遇"条款。因为,"准入"条款的放弃意味着"投资自由化",东道国实质上放弃了外资审批权,权力、权利及利益关系重大;而"公平与公正待遇"条款的放弃,则尚有无须明文规定的"习惯国际法"作为替代,在未对"公平与公正待遇"条款作"独立、自给自足(self-contained)条款"解释的情况下,并未产生实质性的法律后果。②

在 BIT 谈判实践中,美国通常固守其范本条款。其不愿妥协的主要原因:一是如果谈判对方不愿接受其范本的实质部分,美国就认为该国不具有其范本所期望的外资政策;二是任何实质性妥协都可能导致将来的 BIT 谈判对方提出相同的要求;三是对已确立的原则作出妥协的后果可能适得其

---

① 所谓"准入"条款,是指缔约双方允许对方投资进入本国境内的一般规定,通常表明了东道国对外资的态度或立场。据之,东道国可根据国家发展战略,实施有关外资准入和经营的国内法律和政策。See Axel Berger, China's New Bilateral Investment Treaty Programme: Substance, Rational and Implications for Investment Law Making, Paper for the American Society of International Law International Economic Law Group (ASIL IELIG) 2008 biennial conference "The Politics of International Economic Law: The Next Four Years", Washington D. C., November 14—15, 2008.

② See Rudolf Dolzer, Fair and Equitable Treatment: A Key Standard in Investment Treaties, *The International Lawyer*, Vol. 39, 2005, pp. 87—106.

反,产生比之未签订 BIT 更为不利的情况;四是如果某妥协被错误解读为对其范本的澄清,而不是妥协,将可能导致削弱其已有 BITs 的效力。美国对其范本的功效亦自我欣赏,称其 2012 年范本遵循美国长期的 BIT 实践,将继续保障其在投资争端中作为被诉国的"不败纪录",也将为其海外投资者提供有效的 BIT 保护。①

显然,作为发展中国家,对发达国家主导的 BIT 范本的上述基本特征应有清晰、深刻的认识,对特定缔约对方的范本应有充分、深入的研究,特别需要研究各个概念和条款的来龙去脉、法理依据、相关典型案例以至相关经济社会背景等。同时,应密切关注 BIT 范本的发展趋向,基于本国国情制订具有本国特色的 BIT 范本,在相关概念和条款中主张和维护本国政策和权益,切实反映本国的政策目标和利益诉求。

二、BIT 范本的类型及其发展趋向

发达国家的 BIT 范本大致可分为欧洲模式和美国模式两类。欧洲模式以德国范本为代表,瑞士、法国、英国、荷兰等欧洲国家普遍效法该模式。美国模式源于欧洲模式,自 2004 年以来自成一体,以美国范本为代表,加拿大等国采用或接受该模式。联合国贸易和发展会议(UNCTAD,简称"贸发会议")2012 年发布的"国际投资协定要素:政策选项"(Elements of International Investment Agreements: Policy Options,简称"协定要素")②虽是政策选项,不是范本,但源自各国 BIT 范本及其实践,兼容并蓄,既包含传统 BITs 的基本结构和主要条款,又提出重要的创新条款,与德国范本和美国范本具有一定的可比性。③ 以下简略比较德国范本、美国范本和"协定要素"

---

① Lise Johnson, The 2012 US Model BIT and What the Changes (or Lack Thereof) Suggest about Future Investment Treaties, *Political Risk Insurance Newsletter*, Vol. 8(2), November, 2012.

② UNCTAD《2012 年世界投资报告:迈向新一代投资政策》制订了"可持续发展的投资政策框架"(Investment Policy Framework for Sustainable Development,IPFSD),由"可持续发展投资决策的核心原则"(Core Principles for Investment Policymaking for Sustainable Development)、"各国投资政策指南"(National Investment Policy Guidelines)和"国际投资协定要素:政策选项"三部分构成。"协定要素"全文载于 UNCTAD, World Investment Report 2012, Towards a New Generation of Investment Policies, United Nations, 2012, pp. 143—159。

③ "协定要素"的"政策选项"以国际投资协定(international investment agreements, IAAs)主要条款为序,列举从"最有利于投资者"(the most investor-friendly)或"最高保护"(most protective)到为国家提供较高灵活性的各种选项。See UNCTAD, World Investment Report 2012, Towards a New Generation of Investment Policies, p. 144.

的形式和内容,以期探讨和揭示 BIT 范本的类型及其发展趋向。

(一) BIT 范本的类型

1. 德国范本、美国范本、"协定要素"的条款比较

总体上,由于部分来源相同及相互影响,德国范本、美国范本及"协定要素"的条款形式和内容方面尽管各具特色,亦有共通之处。兹列表简要比较如下:

表 8.1　德国范本、美国范本、"协定要素"的条款一览表[①]

德国范本	美国范本	"协定要素"	简要比较
序言	序言	序言(第1条)	三者均有规定
定义(第1条)	定义(第1条)	投资定义(第2.1条);投资者定义(第2.2条)	三者均有规定
准入与投资保护(第2条)	/	准入(第3条)	德国范本与"协定要素"有规定
国民待遇与最惠国待遇(第3条)	国民待遇、最惠国待遇、最低待遇标准(第3、4、5条)	待遇与保护标准(第4条)	三者均有规定,美国范本与"协定要素"较为详细
征收情况下的赔偿(第4条)	征收与赔偿(第6条)	征收(第4.5条)	三者均有规定,美国范本最为严格
自由转移(第5条)	转移(第7条)	资金的转移(第4.7条)	三者均有规定
代位(第6条)	/	/	德国范本规定
其他规定(第7条)	/	与其他协定的关系(第8条)	德国范本与"协定要素"有规定
适用范围(第8条)	范围(第2条)	条约范围(第2.3、2.4条)	三者均有规定
缔约国间争端的解决(第9条)	缔约国间争端的解决(第C节第37条)	国家间争端的解决(第6.1条)	三者均有规定

---

①　Sources: German Model Treaty—2008; Treaty between the Federal Republic of Germany and […] concerning the Encouragement and Reciprocal Protection of Investments; Treaty between the Government of the United States of America and Government of [Country] Concerning the Encouragement and Reciprocal Protection of Investment, 2012; and Elements of International Investment Agreements: Policy Options, UNCTAD, World Investment Report 2012, Towards a New Generation of Investment Policies, pp. 143—159.

第八章 国际投资条约理论

（续表）

德国范本	美国范本	"协定要素"	简要比较
缔约国一方与缔约国另一方投资者间争端的解决（第10条）	缔约国一方与缔约国另一方投资者间争端的解决（第B节第23—36条）	投资者与国家间争端的解决（第6.2-4条）	三者均有规定，美国范本最为详细
缔约国间的关系（第11条）	/	/	德国范本规定
登记条款（第12条）	/	/	德国范本规定
生效、期限与终止通知等条款（第13条）	生效、期限与终止（第22条）	最后条款（第12条）	三者均有规定
/	履行要求（第8条）	履行要求（第4.9条）	美国范本与"协定要素"有规定
/	高级管理层与董事会（第9条）	员工（第4.11条）	美国范本与"协定要素"有规定
/	关于投资的法律决定的公布（第10条）	透明度（第4.8条）	美国范本与"协定要素"有规定
/	透明度（第11条）	透明度（第4.8条）	美国范本与"协定要素"有规定
/	投资与环境（第12条）	/	美国范本规定
/	投资与劳工（第13条）	/	美国范本规定
/	不符措施（第14条）	/	美国范本规定
/	特殊程序与信息要求（第15条）	透明度（第4.8条）	美国范本与"协定要素"有规定
/	非减损（第16条）	/	美国范本规定
/	拒绝授惠（第17条）	/	美国范本规定
/	根本安全（第18条）	公共政策例外（第5条）	美国范本与"协定要素"有规定
/	信息披露（第19条）	透明度（第4.8条）	美国范本与"协定要素"有规定
/	金融服务（第20条）	/	美国范本规定

(续表)

德国范本	美国范本	"协定要素"	简要比较
/	税务(第21条)	/	美国范本规定
/	/	公共政策例外(第5条)	"协定要素"规定
/	/	投资者义务与责任(第7条)	"协定要素"规定
/	/	不降低标准条款(第9条)	"协定要素"规定
/	/	投资促进(第10条)	"协定要素"规定
/	/	制度建设(第11条)	"协定要素"规定
/	国民待遇、最惠国待遇、履行要求(第3、4、8条)	设立前(第B部分)	美国范本与"协定要素"有规定
/	/	特殊与差别待遇(第C部分)	"协定要素"规定

2. "超稳定状态"的德国范本

《德国2008年条约范本：德意志联邦共和国与某国关于促进和相互保护投资的条约范本》(German Model Treaty-2008：Treaty between the Federal Republic of Germany and [...] concerning the Encouragement and Reciprocal Protection of Investments)(简称"德国范本")可作为欧洲模式的典型。该范本合计13个条款。分别是定义、准入与投资保护、国民待遇与最惠国待遇、征收情况下的赔偿、自由转移、代位、其他规定、适用范围、缔约国间争端的解决、缔约国一方与缔约国另一方投资者间争端的解决、缔约国间的关系、登记条款、生效,期限与终止通知等条款。显然,德国范本的条文简约,直接规范国际投资活动,涉及国际投资的主要问题及条约法的一般问题。其中,"准入"条款是唯一体现尊重和维护东道国主权的条款,也是资本输入国在BITs中承诺给予外资待遇和保护的唯一回报。

对比欧洲各国的BIT实践,可知以德国范本为典型代表的欧洲模式历经半个多世纪,保持"超稳定状态"。欧洲各国分别与广大发展中国家签订了 BITs。截至 2016 年 6 月,德国已签订 135 个 BITs,签约数位居全球第一。① 有学者指出,欧洲模式较为成功的原因主要是,欧洲国家在有关当地货币汇兑、履行要求②及征收等事项的保障方面,比美国的相关要求较为宽松。此外,欧洲国家与其前殖民地之间的特殊历史联系也可能影响一些新独立国家的 BIT 实践,后者可能认为与其前宗主国签订 BIT 会更有利些。③ 笔者以为,从技术层面看,欧洲模式的条文简约及其"超稳定状态",也是促成其 BIT 谈判成功的重要因素之一。

值得关注的是,自 2009 年 12 月《里斯本条约》(the Lisbon Treaty)生效后,欧盟决定以其名义与第三国签订 BITs,取代之前欧盟各成员国分别与第三国签订的 1300 多个 BITs。④ 目前,欧盟以其名义与加拿大等国之间包含投资规范的区域贸易协定(regional trade agreements, RTAs)谈判和与新加坡之间的 BIT 谈判正在进行。⑤ 作为谈判基础的"欧盟 BIT 范本",亦即名副其实的"欧洲模式"如何协调制订和发展,必将对世界各国 BIT 范本及其实践的发展趋向产生重大而深远的影响。

3. "自由化导向"的美国范本

在 BIT 实践及制订范本方面,比之欧洲国家,美国是后来者。美国 1977 年启动"BIT 计划"(bilateral investment treaty program),第一步是制订用于谈判的《美国政府与某国政府关于促进和相互保护投资的条约范本》(Treaty between the Government of the United States of America and Government of [Country] Concerning the Encouragement and Reciprocal Protection of Investment)。

1982 年,美国制订了第一个 BIT 范本。该范本包含 13 个条款。其中,5 个条款属实体性规范,涉及投资待遇(第 2 条)、征收赔偿(第 3 条)、战乱导致损害的赔偿(第 4 条)、转移(第 5 条)和税务(第 11 条)。三个条款涉及争

---

① http://investmentpolicyhub.unctad.org/IIA/(last visited June 23, 2016).
② 所谓"履行要求"(performance requirements),广义上指东道国对外国投资经营实施的管制措施,一般是要求外国投资者作出投资时履行某些相关要求(如当地成分、出口业绩、当地员工雇佣等),作为批准该投资或该投资享有优惠待遇的前提条件。此类管制措施旨在保障外国投资经营有利于东道国的发展目标,通常是利用外资增加当地就业、取得新技术及促进贸易平衡等。
③ Jeswald W. Salacuse, BIT by BIT: The Growth of Bilateral Investment Treaties and Their Impact on Foreign Investment in Developing Countries, p. 657.
④ UNCTAD, World Investment Report 2011: Non-Equity Modes of International Production and Development, United Nations, 2011, p. 100.
⑤ UNCTAD, World Investment Report 2013: Global Value Chains: Investment and Trade for Development, United Nations, 2013, p. 104.

端解决措施,包括协商、投资者与国家间仲裁及缔约双方间仲裁(第 6—8 条)。两个条款确定某些权力、权利和责任不属于条约适用的范围(第 9、10 条)。余下三个条款涉及条约的适用范围:一是对某些用语作出定义(第 1 条),二是对缔约方的次级政治机构(political subdivisions)适用该条约(第 12 条),三是规定条约的生效、有效期及终止(第 13 条)。由此可见,早期美国 BIT 范本比之德国范本,除不采用"准入"和"代位"条款、增加"税务"条款外,在形式和内容方面大同小异。

美国 BIT 范本历经 1983 年、1984 年、1987 年、1991 年、1992 年、1994 年、2004 年、2012 年 8 次修订。1983 年范本保持 1982 年范本的条款结构,修订了部分条款内容。1984 年范本包含 12 个条款,合并征收条款和战乱条款,对范本用语作了较大修改。1987 年、1991 年、1992 年范本是为处理 BIT 谈判产生的具体问题而个别修改的结果。1992 年 12 月《北美自由贸易协定》(North American Free Trade Agreement,NAFTA)的签署,促使美国考虑进一步修改其 BIT 范本内容。1994 年范本是对原范本进行整体综合审查的成果,包含 16 个条款。在美国 BIT 计划历史上,2004 年范本修改最广泛,在形式和内容方面均有许多重要改变,篇幅骤增为三倍。2012 年范本在保持原范本基本结构的基础上,对一些条款的内容作了修改或补充,特别表现在增加新的透明度要求和扩大劳工和环境保护范围等方面。

美国 2012 年范本(简称"美国范本")分为三节,共有 37 个条款。第 A 节包括第 1 条至第 22 条,分别是定义、范围、国民待遇、最惠国待遇、最低待遇标准、征收与赔偿、转移、履行要求、高级管理层与董事会、关于投资的法律决定的公布、透明度、投资与环境、投资与劳工、不符措施[1]、特殊程序与信

---

[1] 所谓"不符措施"(non-conforming measures),是美国 2004 年 BIT 范本第 14 条的名称。该条款允许缔约各方在 BIT 附录中具体规定其现有不符"履行要求"规定的措施和将来有权采取不符"履行要求"规定的措施的特定部门。该条款规定了不符国民待遇、最惠国待遇和雇佣规定的措施。相关研究表明,美国等声称对外资实行"准入前"国民待遇的国家,毫无例外地在 BITs 中附加了"不符措施"和/或"保留和例外"(reservations and exceptions)条款,以维护其国家利益和经济安全。此类"准入前"国民待遇加"不符措施"和/或"保留和例外"的安排,在很多情况下成为"口惠而实不至"的法律策略。

息要求、非减损①、拒绝授惠②、根本安全③、信息披露、金融服务、税务及生效、期限与终止等条款。第 B 节包括第 23 条至第 36 条,细化了"投资者与国家间争端解决程序"(investor-State dispute settlement, ISDS)的规定,分别对磋商与谈判、仲裁请求的提起、各当事方对仲裁的同意、各当事方同意的条件与限制、仲裁员的选定、仲裁的进行、仲裁程序的透明度、准据法、附录解释、专家报告、合并、裁决、附录与脚注、文件服务等作了专门条款规定。第 C 节第 37 条则专门规定了缔约双方之间争端的解决。

概括而言,美国范本内容的新发展主要表现在传统条款的发展、"投资自由化"条款及"与投资有关的"条款三个方面。

在传统条款的发展方面,美国范本对资本输出国及其海外投资者特别关切的概念或条款进一步澄清和细化规定,力图解决以往相关条文的不确定性,为外资和外国投资者提供更为充分的国际法保护,主要表现在:(1) 对"投资"和"投资者"作了更明确的定义④;(2) 将投资待遇条款"一分为三",分为"国民待遇""最惠国待遇"和"最低待遇标准"三个条款;并进一步澄清和完善投资待遇条款,包括国民待遇和最惠国待遇的不符措施,将"公平与公正待遇"和"充分保护和保障"(full protection and security)明示归类于习惯国际法等规定⑤;(3) 通过增加确立判断"间接征收"规则的新附录,澄清了征收条款⑥;(4) 细化"投资者与国家间争端解决程序"的规定,对投资者权利请求的提出、缔约双方在该程序的参与、透明度、加速程序、合并仲裁、救济方式等作了具体规定。⑦ 此类规定虽源自传统条款,但其专业化和精致化的规定在很大程度上决定了"投资者与国家间争端解决程序"的条约"法定模式"和

---

① 所谓"非减损"(non-derogation),是美国 2012 年 BIT 范本第 16 条的名称,旨在明确 BIT 不减损缔约各方投资者或涵盖投资基于缔约方法律法规、行政实践或程序、行政或司法裁决、缔约方的国际法律责任或承诺享有的更为优惠的待遇。

② 由于采用客观的"投资者"标准可能涵盖缔约方不愿给予 BIT 保护的投资者,一些 BITs 规定了"拒绝授惠"(denial of benefits)条款,允许缔约方对虽设立于该方、但与该方缺乏充分联系的投资者不适用 BIT 保护。关于"拒绝授惠"条款的定义和实践,参见 OECD, International Investment Law, Understanding Concepts and Tracking Innovations, Companion Volume to International Investment Perspectives, OECD, 2008, pp. 9, 28—33。

③ 所谓"根本安全"(essential security),是美国 2012 年 BIT 范本第 18 条的名称,旨在明确 BIT 不得被解释为要求缔约方披露其认为违反其根本安全利益的信息,也不得被解释为不允许缔约方采取其认为必要的措施,以履行维护或恢复国际和平或安全、或保护其本身根本安全利益的责任。

④ 美国 2012 年 BIT 范本第 1 条。

⑤ 美国 2012 年 BIT 范本第 3—5 条。

⑥ 美国 2012 年 BIT 范本第 6 条及附录 A, B。

⑦ 美国 2012 年 BIT 范本第 B 节第 23—36 条。

"司法化",从而弱化、排斥甚至否定了其他投资争端解决方式。

在"投资自由化"条款方面,美国范本增加履行要求、高级管理层与董事会、关于投资的法律决定的公布、透明度、不符措施、特殊程序与信息要求、信息披露等条款,特别表现在:(1)禁止履行要求的范围进一步扩大。该范本禁止履行要求的规定适用于任何投资,不限于涵盖投资。某些作为接受利益条件的履行要求亦属禁止之列。① (2)规定透明度和正当程序,如要求缔约各方指定有关涵盖投资事务的联系点,要求缔约各方答复对方提出的有关影响 BIT 实施的实际措施或拟议措施,在某措施适用于特定人的情况下,后者应得到通知并有提出答辩、要求司法审查或行政复议的机会等。② 此类规定反映了美国作为资本输出大国对 BIT 目标和功效的新追求。

在"与投资有关"条款方面,美国范本增加投资与环境、投资与劳工、金融服务、税务等条款。③ 特别是,要求缔约方尽最大努力保障其"不为吸引外资而放松环境措施和保护某些国际承认的劳工权利的措施"。

值得注意的是,美国范本未规定欧洲模式中唯一体现东道国主权的"准入"条款,以要求东道国给予外国投资者"设立权"取代。④ 美国范本在国民待遇、最惠国待遇及履行要求⑤等三个条款中均采用"设立"(establishment)的概念,与"取得"(acquisition)、"扩大"(expansion)、"管理"(management)、"行为"(conduct)、"经营"(operation)、"出售"(sale)或其他投资的处置方式并列,表明其实施"设立权"模式,即"设立前国民待遇和最惠国待遇"的立场。⑥ 由于国民待遇适用于"设立前",意味着缔约一方投资者享有与缔约对方投资者同等的"设立权",亦即要求东道国采取对国内投资者和外国投资者一视同仁的"投资自由化"政策。此类"设立权"条款旨在限制东道国在外资设立阶段的审查权力和管制外资准入的主权权力,导致东道国外资法律制度的自由化。⑦ 此类条款的创设和推行,反映了美国对"片面保护外资和

---

① 美国 2012 年 BIT 范本第 8 条。
② 美国 2012 年 BIT 范本第 11 条。
③ 美国 2012 年 BIT 范本第 12 条、第 13 条、第 20 条、第 21 条。
④ 所谓"设立权"(right of establishment),是通过在外资设立阶段和设立之后给予外国投资者国民待遇和最惠国待遇,或者仅给予最惠国待遇(亦称"设立前国民待遇和最惠国待遇"或"设立前最惠国待遇")而确立,并附有例外和保留。
⑤ 美国 2012 年范本第 8 条。
⑥ 美国 2012 年范本第 3 条、第 4 条、第 8 条。
⑦ Axel Berger, China's New Bilateral Investment Treaty Programme: Substance, Rational and Implications for Investment Law Making, Paper for the American Society of International Law International Economic Law Group (ASIL IELIG) 2008 biennial conference "The Politics of International Economic Law: The Next Four Years", Washington D. C., November 14—15, 2008.

外国投资者"的传统 BIT 立场的坚持和发展。

显然,"自由化导向"的美国范本是在保持传统 BIT 范本基本特征的基础上,强化"保护投资"功能的"升级版"和推进"投资自由化"的"更新版"。其主要目标是给予投资者更充分的投资保障和自由,同时,进一步限缩东道国的主权权力和政策空间。

4. "可持续发展导向"的"协定要素"

首先,需要明确的是,贸发会议提出的"协定要素"是汇集国际投资协定各种政策选项(policy options)供各国"各取所需"(adapt and adopt)的"菜单",而不是作为谈判基础和具有单方规范或指导意义的 BIT 范本。由于"协定要素"主要来源于各国 BIT 实践,在一定意义上是集各国 BIT 实践之大成,提供了 BIT 结构、用语和内容的重要汇集、选项或参照。更为可贵的是,"协定要素"倡导各国签订"可持续发展导向"(sustainable-development-friendly)BITs,提出了"投资者义务与责任""母国措施"[①]及"特殊与差别待遇"(special and differential treatment,SDT)等创新因素,在很大程度上反映了 BIT 范本的创新理念和发展趋向。

"协定要素"分为"设立后"(post-establishment)、"设立前"(pre-establishment)和"特殊与差别待遇"三个部分。

"设立后"部分在传统欧洲模式的基础上有所创新,是"协定要素"的最主要部分,共有 12 条,依次为序言、条约范围、准入、待遇与保护标准、公共政策例外、争端解决、投资者义务与责任、与其他协定的关系、不降低标准条款、投资促进、制度建设及最后条款。其中,序言、条约范围、准入、待遇与保护标准、争端解决、与其他协定的关系及最后条款等 7 个条款与德国范本类似。而公共政策例外、投资者义务与责任、不降低标准条款、投资促进及制度建设等 5 个条款则具有明显的创新因素。

在"设立前"部分,涉及"设立前责任"(pre-establishment obligations),

---

① 广义上,"母国措施"(home country measures)是指投资者母国基于合作发展原则,为促进、保护和规范其海外投资和海外投资者而制订或采取的国内措施和国际措施。一些资本输出国初步意识到规范其海外投资者在东道国经营活动的责任,且付诸行动。有学者指出,"可持续的投资"的成就是母国政府、东道国政府、母国私人、东道国私人、环境组织及公民等行为者的共同责任。因此,母国政府和母国私人应采取和接受必要的措施或规范。See Riva Krut and Ashley Moretz, Home Country Measures for Encouraging Sustainable FDI, Occasional Paper No. 8, Report as part of UNCTAD/CBS Project: Cross Border Environmental Management in Transnational Corporations, CBS, November 1999, pp. 1—2.

包含了"设立权"、限制"设立权"及保留"准入权"的不同选项。①

在"特殊与差别待遇"部分,共有 2 个条款,分别题为"不对称的责任"（asymmetrical obligations）和"附加工具"（additional tools）。② 该部分作为经济发展水平不同的发达国家与发展中国家之间 BITs 的选项,突出反映了发达国家与发展中国家之间 BITs 的结构性创新。

总体上,"协定要素"的主要特色表现在,力图通过调整 BIT 传统条款和增加创新条款,保障东道国的主权权力和政策空间,限制东道国的责任条款,同时,要求外国投资者及其母国承担必要的义务与责任,由此构建"可持续发展导向"BITs。

在调整传统条款方面,主要包括:(1) "投资"的涵盖范围不包括证券、短期或风险投资,要求符合"对东道国发展的积极影响"等具体特征③;(2) 对国民待遇、最惠国待遇或设立前责任的特定国家保留,确定可实施的政策措施(如补贴)、政策区域(如少数民族、土著团体政策)或部门(如社会服务)④;(3) "征收条款"规定,追求公共政策目标的非歧视性善意管制不构成间接征收⑤;(4) 不采用"公平与公正待遇"条款、"保护伞"条款。⑥ 此类规定旨在纠正传统条款中资本输出国与资本输入国之间、外国投资者与东道

---

① "协定要素"第 B 部分第 1 条。See UNCTAD, World Investment Report 2012, Towards a New Generation of Investment Policies, pp. 157—158.

② "协定要素"第 C 部分第 12 条。See UNCTAD, World Investment Report 2012, Towards a New Generation of Investment Policies, p. 159.

③ "协定要素"第 A 部分第 2.1 条。See UNCTAD, World Investment Report 2012, Towards a New Generation of Investment Policies, p. 144.

④ "协定要素"第 A 部分第 2.3 条,第 B 部分第 1 条。See UNCTAD, World Investment Report 2012, Towards a New Generation of Investment Policies, pp. 145, 157—158.

⑤ "协定要素"第 A 部分第 4.5 条。See UNCTAD, World Investment Report 2012, Towards a New Generation of Investment Policies, p. 148.

⑥ "协定要素"第 A 部分第 4.3、4.10 条。See UNCTAD, World Investment Report 2012, Towards a New Generation of Investment Policies, pp. 147, 150. 作为单独的投资保护条款,"保护伞条款"(umbrella clause)可溯及 1956—1959 年《阿部—相互保护海外私人财产权利国际公约草案》(Abs Draft International Convention for the Mutual Protection of Private Property Rights in Foreign Countries)第 4 条。该条款规定:"根据政府间协定、其他协定或缔约一方行政法规承诺给予非国民高于国民的待遇,包括最惠国待遇,此种承诺(promises)应优先适用。"1959 年《阿部—绍克拉斯—外国投资公约草案》第 2 条将该条款修改为:"缔约各方应在任何时候保证遵守其已作出的与缔约对方国民投资有关的任何承诺(undertakings)。"其后,1959 年德国—巴基斯坦 BIT 第 7 条规定:"缔约各方应遵守其已承担的与缔约对方国民或公司投资有关的任何其他责任(obligation)。" See OECD Secretariat, Improving the System of Investor-State Dispute Settlement: An Overview, Document for Symposium Co-organized by ICSID, OECD and UNCTAD on Making the Most of International Investment, 2005, p. 31.

国之间权益的不平衡。

在增加创新条款方面,主要是:(1)"投资者的义务与责任"条款,要求投资者在投资准入和经营阶段遵守东道国法律,促进投资者遵守企业社会责任(corporate social responsibilities,CSR)的普遍原则或可适用的企业社会责任标准[①];(2)"母国措施"条款,主要体现在"投资促进"和"制度建设"条款,特别是要求投资者母国制订促进"负责任的投资"(responsible investment)的措施[②];(3)"特殊与差别待遇"条款,作为发展水平悬殊的 BIT 缔约方,特别是缔约一方是最不发达国家的选项,其效力适用于现有和新的规定,使较不发达缔约方的责任水平适合其发展水平。[③] 此类创新条款旨在从整体结构层面纠正传统 BITs 中资本输出国与资本输入国之间、外国投资者与东道国之间权益的不平衡。

(二)BIT 范本的发展趋向

在一定意义上,BIT 范本最突出的问题分别是目标和模式问题。目标问题关系范本的指导思想和价值取向,模式问题关系范本的基本结构和主要条款。两者的新发展可反映出 BIT 范本整体的发展趋向。

1. BIT 范本目标的新发展

"保护投资"是以德国范本为代表的传统 BIT 范本及其实践确立的明确目标。在德国范本基础上发展起来的美国范本在强化"保护投资"的同时,提出了"自由化"的新目标,反映了传统 BIT 范本及其实践的新发展。2004年以来,美国范本的形式和内容均发生了显著的变化和发展。美国范本坚持和发展传统国际投资政策,"片面保护外资和外国投资者"的传统立场、基调和路线始终不渝,且逐步升级。其发展历程可大致概括为:从"传统的保护投资"发展为"更高水平的保护投资",进而确立和追求"投资自由化"的新目标。其新增加的"投资自由化"条款集中反映了美国作为资本输出大国对BIT 目标和功效的新追求。

而"协定要素"则在汇集和借鉴传统 BIT 范本及其实践各种"要素"的基础上,提出了"可持续发展"的创新性目标,力图通过调整"资本输入国与资

---

① "协定要素"第 A 部分第 7 条。See UNCTAD, World Investment Report 2012, Towards a New Generation of Investment Policies,p.154.

② "协定要素"第 A 部分第 1011 条。See UNCTAD, World Investment Report 2012, Towards a New Generation of Investment Policies,pp.155—156.

③ "协定要素"第 C 部分第 12 条。See UNCTAD, World Investment Report 2012, Towards a New Generation of Investment Policies,p.159.

本输出国之间权益不平衡"(简称"南北权益不平衡")的传统条款和增加"平衡资本输入国与资本输出国之间权益"(简称"平衡南北权益")的创新条款,纠正传统 BITs 中资本输出国与资本输入国之间、外国投资者与东道国之间权益的不平衡,为缔约双方提供公平的法律基础和规则,也反映了国际社会为改革和重构国际投资条约体制所需要的"平衡""可持续发展"和"一体化"等创新理念和共识。① 概括而言,"协定要素"对 BIT 目标取向的创新意义主要表现在:

第一,主张 BITs 由"片面保护外资"发展为"平衡当事双方权利义务和多元目标"。在传统 BIT 实践中,长期存在发达国家与发展中国家之间在谈判地位与能力、谈判目标与效果、权力与利益等方面的不平等或不平衡现象。"协定要素"强调资本输出国与资本输入国之间权利义务、东道国与外国投资者之间权利义务的平衡;同时,也主张 BIT 多元目标相互之间的平衡,包括保护外资与管制外资之间的平衡、经济与其他公共利益之间的平衡。

第二,主张 BITs 由"片面保护外国投资者权益"发展为"促进东道国可持续发展"。传统 BITs 片面保护外国投资者权益,未顾及东道国的经济发展,更遑论关注东道国的"可持续发展"。"协定要素"提出的"可持续发展"主要涵盖环境、社会发展、企业社会责任等内容,强调外资应纳入东道国的可持续发展战略,倡导各国签订"可持续发展导向"BITs。

第三,主张 BITs"一体化"推进保护外资和管制外资的两种功能。在传统国际立法中,保护外资和管制外资的两种努力"各行其道"。保护外资的 BITs 属于"硬法",具有法律强制力。而管制外资的国际规范,则大多属于"软法",成效甚微。"协定要素"强调保护外资和管制外资的同等重要性,提出在 BITs 中纳入"投资者义务与责任"等创新条款,力图在 BIT 实践中"一体化"推进保护外资和管制外资的两种功能。

"自由化导向"的美国范本和"可持续发展导向"的"协定要素"反映了当前 BIT 范本的两种不同发展趋向。何者能代表世界各国普遍认同的、符合世界各国长远利益的 BIT 范本的发展趋向,取决于世界各国的共识和实践。客观上,美国范本代表发达国家普遍的利益诉求,源于 BIT 传统实践,凭借发达国家的经济实力,在经济全球化的背景下强势推行,惯性相助,明显居

---

① 关于"协定要素"体现的"平衡""可持续发展"和"一体化"等创新理念,参见 Zeng Huaqun, Balance, Sustainable Development, and Integration: Innovative Path for BIT Practice, pp. 323—329。

于优势地位。而"协定要素"代表广大发展中国家的利益诉求,脱胎于 BIT 传统实践,力图变革创新,其"可持续发展导向"BITs 的创新理念和规范尚属催生或新生期,亟须各国、特别是发展中国家达成共识和付诸实践。

2. BIT 范本模式的新发展

如前所述,BIT 范本是欧美发达国家在 BIT 实践中创造的,带有先天的"资本输出国烙印"。美国范本是在德国范本的基础上发展起来的。在这个意义上,德国范本和美国范本实质上是一脉相承的,均可作为传统 BIT 范本的典型。以德国范本为代表的欧洲模式长期保持"超稳定"的基本结构和主要条款,美国 2004 年之前的范本也与欧洲模式大体保持一致。显然,2004 年之前,欧洲模式在世界各国 BIT 范本及其实践中居于主导和主流地位。美国 2004 年范本在形式和内容方面作了大幅修改,由简入繁,才出现了迥异于欧洲模式的"自由化导向"的美国模式。严格意义上,2004 年之后,BIT 范本才有欧洲模式和美国模式的明确区分,出现了欧洲模式和美国模式并行不悖的局面。当前,需要明确的是,在欧洲模式保持"超稳定状态"的情况下,尽管美国模式颇有"后来居上"之势,尚不能轻易断言美国模式代表了 BIT 范本的发展趋势,更不能认为美国模式已取代欧洲模式的地位,成为当前"引领"世界各国 BIT 实践的"放之四海而皆准"的"国际通行规则"。

"协定要素"产生于 2012 年,由于源自各国 BIT 范本及其实践,包括德国范本的主要规定和美国范本的部分规定,形式上与德国范本和美国范本也具有一定程度的关联性。值得注意的是,"协定要素"未采纳美国范本中的投资与环境、投资与劳工、非减损、拒绝授惠、金融服务、税务等条款,增加了公共政策例外、投资者义务与责任、不降低标准条款、投资促进、制度建设及特殊与差别待遇等创新条款,形成了独特的"可持续发展导向"模式。显然,"协定要素"是传统 BIT 模式的创新性发展,既包含经调整的传统条款,又提出了重要的创新条款,由此改变了传统 BIT 范本"片面保护外资和外国投资者"的基本结构。

欧洲模式、美国模式和"协定要素"模式三者孰优孰劣,尚待各国审慎选择并付诸实践。假以时日,才可望逐渐形成各国普遍认同的 BIT 模式的总体发展趋向。当然,在选择和推行 BIT 模式的国际实践中,缔约各方的立场、实力及参与程度必将产生相当重要甚至决定性的作用。不难预料,在中美 BIT、欧美 BIT 及中欧 BIT 谈判中,采用何种模式,对缔约各方都是重要的选择和严峻的考验,对 BIT 模式的总体发展趋向,对国际投资领域"国际通行规则"的形成与确立,也必将产生重大而深远的影响。

三、我国新 BIT 范本的目标和模式选择

作为实行改革开放政策的重要标志,自 1982 年 3 月与瑞典签订第一个中外 BIT 以来,我国积极参与 BIT 实践,后来居上,截至 2016 年 6 月已签订 129 个 BITs,签约数名列全球次席。① 在实施"走出去"战略的新形势下,我国海外投资事业迅速发展,亟须进一步参与改革和重构以 BITs 为主体的国际投资条约体制。作为兼有资本输入国和资本输出国双重地位的发展中大国,我国参与改革和重构国际投资条约体制的基本立场不仅事关国家权益,对国际投资条约体制的发展和新国际经济秩序的建立也具有十分重要的意义。当前,BIT 范本及其实践的发展处于十字路口,各国面临挑战或抉择。我国应在总结分析中外 BIT 范本发展趋向和相关实践的基础上②,从解决南北问题的高度,坚持经济主权、公平互利和合作发展三大国际经济法基本原则,审慎决定我国新 BIT 范本的目标和模式,以利于及时制订新范本,指导和规范我国的实践。

(一) 我国新 BIT 范本的目标选择

如前所述,长期以来,"保护投资"是以德国范本为代表的传统 BIT 范本及其实践确立的明确目标。在德国范本基础上发展起来的美国范本在强化"保护投资"目标的同时,提出了"自由化"的新目标,反映了传统 BIT 范本及其实践的新发展。当前,以美国范本为代表的"自由化导向"和以"协定要素"为代表的"可持续发展导向"可分别作为各国 BIT 范本及其实践的目标选项。

显而易见,在存在资本输出国与资本输入国之分的情况下,"自由化导向"BITs 是缔约一方受益、缔约另一方受限的安排。20 世纪 90 年代以来,BIT 范本及其实践出现了许多重要的新发展,总体上是忽略或淡化南北问题、特别是资本输出国与资本输入国的区分,强调"投资自由化"。③ 在多边

---

① http://investmentpolicyhub.unctad.org/IIA/(last visited June 23, 2016).

② 关于我国 BIT 实践的总结分析,参见李玲:《中国双边投资保护协定缔约实践和面临的挑战》,载《国际经济法学刊》第 17 卷第 4 期,北京大学出版社 2010 年版,第 114—126 页。

③ 关于 BIT 作为自由化工具的评论,参见 Kenneth J. Vandevelde, Investment Liberalization and Economic Development: the Role of Bilateral Investment Treaties, *Columbia Journal of Transnational Law*, Vol. 36, 1998, pp. 504—514. 有西方学者指出,"传统概念上对资本输出国与资本输入国的区分正失去其意义","此种传统结构已经过时"。See Angel Gurria, Welcoming Remarks, the Second Symposium on International Investment Agreements/International Investment Agreements and Investor-State Dispute Settlement at a Crossroads: Identifying Trends, Differences and Common Approaches, OECD Headquarters, December 14, 2010.

投资协定(MAI)谈判搁浅和 WTO 投资议题谈判举步维艰的情况下,发达国家更加重视在 BITs 和 RTAs 中纳入"投资自由化"条款。[①] 发达国家凭借其经济和政治优势促进"自由化导向"BITs,通常要求东道国遵循国际投资保护的"自由取向"(liberal approach),注重为外国投资者提供高水平的实体性和程序性保护[②],外资待遇标准更为侧重投资设立前的保护和新的自由化承诺。[③]

实践表明,对待"投资自由化"议题,取决于缔约双方的组合情况,不同的 BITs 之间存在明显差别。总体而言,与发展中国家相互之间签订的 BITs 相比,发达国家与发展中国家之间签订的 BITs 更倾向于规定"投资自由化"的内容。[④] 不言而喻,此类"投资自由化"规定的结果通常是,发达国家投资者单向自由投资于发展中国家,而发展中国家投资者一般尚未具备反向投资的能力。

随着我国改革开放不断深化、综合国力逐渐增强及实施"走出去"战略,我国兼具资本输入国和资本输出国身份,"自由化导向"BIT 是否自然而然地成为我国 BIT 实践的目标选项呢?

笔者认为,"投资自由化"不属 BITs 的涵盖内容,也不是 BITs 的必要条款,更不是 BITs 的主要目标。"投资自由化"的实质是限缩东道国管理外资的主权权力和政策空间,偏重和强化资本输出国及其海外投资者的权益。鉴此,基于经济主权原则和公平互利原则,在经济实力悬殊的发达国家与发展中国家之间,由于属单向投资关系,一般不能在 BITs 中采用显失公平的"投资自由化"条款;在经济实力相当的发达国家相互之间或发展中国家相

[①] 近年来,"自由化"导向的美国范本影响逐渐蔓延。OECD 成员国参与 BIT 和 RTA 实践的重心已从传统的"投资保护"转向"投资自由化"。其新近 BIT 实践的主要特征包括:(1) 高标准的追求,即从传统的关注"投资保护"发展为包含更广泛的自由化规则;(2) 重新定义关键的"投资保护",增加指导适用征收条款的新措词;(3) 越来越广泛地接受"投资者与国家间争端解决程序"等。See OECD Secretariat, Novel Features in OECD Countries' Recent Investment Agreements: An Overview, Document for Symposium Co-organized by ICSID, OECD and UNCTAD on Making the Most of International Investment, 2005, pp. 4—5.

[②] Axel Berger, China's New Bilateral Investment Treaty Programme: Substance, Rational and Implications for Investment Law Making, Paper for the American Society of International Law International Economic Law Group(ASIL IELIG) 2008 Biennial Conference "The Politics of International Economic Law: The Next Four Years", Washington D. C., November 14—15, 2008.

[③] OECD Secretariat, Novel Features in OECD Countries' Recent Investment Agreements: An Overview, p. 4.

[④] 詹晓宁、卡尔·乔金、卡迪·哈德姆:《国际投资协定:趋势和主要特征》,载《国际经济法学刊》第 14 卷第 1 期,北京大学出版社 2007 年版,第 121 页。

互之间,虽属双向投资关系,由于涉及限制缔约各方管理外资的主权权力和政策空间,是否将 BITs"保护投资"的目标升格为"投资自由化",是否在 BITs 中采用"投资自由化"条款,也应取决于缔约双方的共同意愿。事实上,尽管表面推崇"投资自由化",发达国家相互之间通常也不愿意签订"自由化导向"BITs,相互不愿意洞开国门,使本国企业面临来自缔约对方投资者的竞争压力。① 显然,我国新 BIT 范本不应以"投资自由化"为目标选项。在 BIT 实践中,我国应根据缔约双方的国情和经济实力对比情况,审慎应对缔约对方提出的"投资自由化"条款。②

近年来,发展中国家长期主张的"发展权"(right to development)概念在很大程度上已为"可持续发展"概念所取代,"可持续发展"原则被各国普遍接受为经济发展和国际关系的一般原则。③ 越来越多的 BITs 在序言中包括了"可持续发展"原则。总体上,"可持续发展"导向 BIT,应体现为"平衡南北权益"的实践。资本输出国与资本输入国均需要享有权力和权利,并承担相应的责任和义务,真正平衡资本输出国与资本输入国之间的权益及东道国与外国投资者之间的权益。具体而言,BITs 应具有保护、促进跨国投资与管制外国投资者行为的双重目标和功能。在 BIT 范本的内容设计中,应强化或增加有关东道国管制外资权力和投资者母国促进、管制海外投资活动的条款,即东道国应具有自主决定外资准入领域、外资履行要求等管制外资的权力,并承担保护跨国投资的义务;而投资者母国则须承担监管本国海外投资的责任,承诺和保护东道国免受外国投资者、特别是跨国公司负面行为方式的损害。④

我国新 BIT 范本理应顺势而为,以"可持续发展"为目标选项。在国际投资政策语境中,"可持续发展"可作为 BIT 缔约各方的"共赢"目标。由于它强调东道国经济和社会的发展,符合资本输入国的基本需要。由于它促

---

① Jeswald W. Salacuse, Nicholas P. Sullivan, Do BITs Really Work: An Evaluation of Bilateral Investment Treaties and Their Grand Bargain, p. 78.

② 在中美 BIT 谈判中,美国依据其范本,提出给予投资者"设立前国民待遇"等"自由化"要求,中美双方重申,在经济不稳定的时刻,进行中的中美 BIT 谈判将为履行 2009 年 G-20 高峰会议有关"开放性全球经济"(open global economy)的承诺作出贡献。有学者指出,中美 BIT 谈判如按美国范本处理美国提出的问题,将成为最自由化的 BIT。See Kong Qingjiang, US-China Bilateral Investment Treaty Negotiations, EAI Background Brief No. 507, February 25, 2010, pp. 5, 9—10.

③ 关于"可持续发展"原则的系统论述,参见尼科·斯赫雷弗著:《可持续发展在国际法中的演进:起源、涵义及地位》,汪习根、黄海滨译,社会科学文献出版社 2008 年版。

④ 跨国公司的此类负面行为方式包括对东道国政治的干预、违反人权标准、违反环境规范等。

进东道国创设健康的投资环境,也符合资本输出国及其海外投资者的重要利益。在我国新 BIT 范本及其实践中,"可持续发展"目标的确立,旨在从实质内容和结构形式上纠正传统 BITs 中资本输出国与资本输入国之间权益、东道国与外国投资者之间权益的不平等或不平衡。

(二) 我国新 BIT 范本的模式选择

一般认为,BITs 是调整国际私人投资关系的兼有实体性和程序性规范的专题性协定。BIT 实践及其范本经历五十多年的发展,已形成了体现于欧洲模式和美国模式(简称"欧美模式")的"共同语言"和各国普遍认同的"国际通行规则"。制订我国新 BIT 范本,并非要求完全脱离或排斥欧美模式和传统 BIT 实践,"另起炉灶",而是需要坚持国际经济法基本原则,以"扬弃"精神借鉴欧美模式传统条款的合理成分,重视采纳"协定要素"的创新因素,推陈出新。

1. 欧美模式传统条款的"扬弃"

毋庸讳言,长期以来,我国 BIT 范本主要借鉴以德国范本为代表的欧洲模式。实践表明,从形式、内容甚至用语上看,中国系列的 BITs 和德国系列的 BITs 并无实质上的区别。① 德国范本中的定义、准入与投资保护、国民待遇与最惠国待遇、征收情况下的赔偿、自由转移、代位、其他规定、适用范围、缔约国间争端的解决、缔约国一方与缔约国另一方投资者间争端的解决、缔约国间的关系、登记条款、生效、期限与终止通知等条款涉及促进和保护国际投资的主要问题和条约法的一般问题,均为 BITs 的必要条款。美国范本第 A 节的定义、范围、国民待遇、最惠国待遇、最低待遇标准、征收与赔偿、转移及生效、期限与终止等 8 个条款及第 C 节第 37 条缔约双方之间争端解决条款,亦遵循欧洲模式的传统条款。这些传统条款的形式,值得我国在制订新 BIT 范本中继续借鉴。

美国范本第 A 节的另 14 个条款属于新增条款。其中,履行要求、高级管理层与董事会、不符措施等属"投资自由化"条款;关于投资的法律决定的公布、透明度、特殊程序与信息要求和信息披露等属"透明度"条款,与"投资自由化、便利化"密切相关;投资与环境、投资与劳工、金融服务、税务属"与投资有关"条款;非减损、拒绝授惠及根本安全则分别是传统 BITs 中序言、

---

① 西方学者有关中国 BIT 实践发展的评论,参见 Monika C. E. Heymann, International Law and the Settlement of Investment Disputes relating to China, *Journal of International Economic Law*, Vol. 11(3), 2008, pp. 507—526。

适用范围及例外条款的深化或扩大化。一般而言,"投资自由化"条款涉及国家主权,往往限缩发展中国家管制外资的主权权力和政策空间。"与投资有关"条款则不断扩张 BITs 的适用范围,使 BITs 的谈判、签订和履行趋向复杂化,背离了 BITs 作为专题性协定的初衷和特质。① 美国范本第 B 节第 23 条至第 36 条有关"投资者与国家间争端解决程序"的规定,细化了投资争端的解决方式,是其最大特色,同时,也明显影响了 BITs 实体性与程序性规范的均衡和 BITs 中各种争端解决方式的均衡。对美国范本的上述新发展,我国在制订新 BIT 范本中应审慎评估,一般不予采纳。

应当指出,借鉴欧美模式的上述传统条款,绝非生搬硬套,"照单全收",而是需要深入分析德国范本与美国范本的异同及各传统条款的来源、含义及效果,以"扬弃"精神择善而从。谨以"准入"、"公平与公正待遇"及征收条款为例,进一步说明我国的应有立场和实践。

"准入"条款是德国范本和传统 BIT 实践中唯一体现维护东道国主权的条款,迄今仍为欧洲发达国家和广大发展中国家普遍采用。而"设立权"模式是美国为代表的少数发达国家旨在推动"投资自由化"的新模式。值得重视的是,2012 年,贸发会议制订的"可持续发展的投资政策框架"(IPFSD)重申和强调了《各国经济权利和义务宪章》(简称《经济宪章》)确立的东道国对外资的管制权利,规定基于国际承诺,为了公共利益,各国拥有确立外资准入和经营条件且尽量减轻其潜在负面影响的主权权利。② 我国作为发展中国家,一向倡导和坚持经济主权原则,在新 BIT 范本中,理应继续坚持德国范本"准入"条款的实践,同时,不采用美国范本的"设立权"模式和"禁止履行要求"等条款,以维护和保障管制外资进入的主权权力和必要的政策空间。

"公平与公正待遇"条款的广泛采用是外资待遇条款的新发展。理论上,"公平与公正待遇"是相当于习惯国际法要求的"国际最低标准",抑或代

---

① 应当明确,经济议题与社会、政治等议题相关,投资议题与贸易、税务等议题相关,专题性的 BIT 不可能、也不适合解决所有相关问题。当前,"与投资有关"的议题主要包括"投资与环境""投资与劳工"等,也涉及金融、税务、人权等,在形式上,也从序言的一般性宣示发展为专门条款规定。显然,如任凭 BIT 中"与投资有关"的议题自由发展,BIT 将逐渐发展成为综合性的领域宽泛的"超投资""超经济"的条约。一旦"与投资有关"的内容"尾大不掉",将导致 BIT 偏离投资主题的严重后果。

② 此为"可持续发展投资决策的核心原则"之(6)"管制权利"(right to regulate)的表述。See UNCTAD, World Investment Report 2012, Towards a New Generation of Investment Policies, pp. 106—110. 笔者以为,在肯定该原则的积极意义时,应当特别注意其"基于国际承诺"和"为了公共利益"两个限定条件。

表独立、自给自足的概念,即"独立条款"解释,见仁见智。① 由于"独立条款"解释的所有要素均与东道国行为有关,东道国显然需要承担高于"国际最低标准"的外资保护责任。应当指出,"公平与公正待遇"条款并非 BITs 不可或缺的条款。传统上,发展中国家起草或主导的国际规范性文件通常不予采用。② 一些发达国家即使采用该条款,也不接受"独立条款"解释。鉴于"公平与公正待遇"条款因含义不明,在实践中容易产生争议甚至滥用等情况,我国新 BIT 范本可考虑不予采用,以利维护和保障给予外资待遇的主权权力和可控性。

在近年 BIT 范本及其实践中,征收的前提条件仍然是征收条款的核心问题。发达国家得陇望蜀,步步为营,不断强化和细化征收的限制性前提条件,意在进一步剥夺或限缩东道国征收和管制外资的主权权力和政策空间,与《经济宪章》确立的"有权征收"原则背道而驰③,渐行渐远。首先,发达国家坚持把"不得征收"外资作为一般法律原则,与"有权征收"原则相悖。虽然,发达国家并非完全否定国家对外资的征收权,但对征收权作了严格的限制性前提条件,进而以是否满足前提条件为据区分"合法征收"与"非法征收",并主张依国际法和国内法(包括投资者母国和东道国的法律)保留对东道国政府征收行为是否合法的裁判权。其次,发达国家更为强调适用"及时、充分和有效的赔偿"规则(即"赫尔"规则),与《经济宪章》确立的"适当补偿"原则相悖,可能产生实质否定发展中国家征收权的严重后果。④ 鉴此,我国新 BIT 范本及其实践理应坚持《经济宪章》确立的各国对外资的"征收权"

---

① 有学者主张,给予外资"公平与公正待遇"的义务与给予外资"国际最低标准"待遇的义务并无区别,"国际最低标准"是习惯国际法的组成部分,包含"公平与公正待遇"等一系列国际法律原则。另有学者主张,"公平与公正待遇"蕴含不同于"国际最低标准"的含义,应作"独立条款"解释,依衡平检验方式个案适用以确定是否违反该标准。See Rudolf Dolzer, Margrete Stevens, *Bilateral Investment Treaties*, Martinus Nijhoff Publishers, 1995, pp. 58—59; UNCTAD, Bilateral Investment Treaties 1995—2006: Trends in Investment Rulemaking, 2007, pp. 28—33.

② 在 20 世纪 70、80 年代由发展中国家起草或主导的国际规范性文件,如联合国《各国经济权利和义务宪章》、亚非法律咨商委员会《促进和保护投资协定范本修正案》(Revised Draft of Model Agreements for Promotion and Protection of Investments),均未提及"公平与公正待遇"标准。See Rudolf Dolzer, Fair and Equitable Treatment: A Key Standard in Investment Treaties, *The International Lawyer*, Vol. 39, 2005 p. 89.

③ 《各国经济权利和义务宪章》第 2 条第 2 款规定:"各国有权:……(e)将外国财产的所有权收归国有、征收或转移,在收归国有、征收或转移时,应由采取此种措施的国家给予适当补偿(appropriate compensation),要考虑到它的有关法律和规章以及该国认为有关的一切情况……"

④ 曾华群:《变革期双边投资条约实践述评》,载《国际经济法学刊》第 14 卷第 3 期,北京大学出版社 2007 年版,第 23 页。

和"适当补偿"原则。

2. "协定要素"创新因素的采纳

"协定要素"在调整 BIT 传统条款的同时,提出了公共政策例外、投资者义务与责任、不降低标准条款、投资促进、制度建设及特殊与差别待遇等创新条款,反映了国际社会创造"可持续发展导向"BIT 模式的努力。我国新 BIT 范本应重视采纳"协定要素"的创新因素,进一步丰富其内容,并勇于实践。谨以"投资者义务与责任""投资促进""制度建设"及"特殊与差别待遇"条款为例,进一步说明我国的应有立场和实践。

"投资者义务与责任"条款是"协定要素"基于经济主权原则和公平互利原则的重要创新。"协定要素"提出,在 BIT 实践中,以"可持续发展"为目标,增加"投资者义务与责任"条款,以平衡外国投资者的权利和责任,促进"负责任的投资"。具体表现在:要求外国投资者在投资准入和经营阶段遵守东道国法律,促进外国投资者遵守普遍承认的劳工和人权标准,促进外国投资者遵守可适用的企业社会责任标准。[①] 应当指出,该条款内容尚属原则性规定,主要强调外国投资者本应在东道国承担的基本法律义务与责任。尽管如此,在 BIT 范本及其实践中,此类规范从无到有,仍具有重要的创新意义。鉴于该条款是平衡东道国与外国投资者之间权益及平衡外国投资者本身权利与义务的重要体现,是对传统国际投资条约体制的重要突破,我国新 BIT 范本理应率先采纳该条款,并积极付诸实践。

"协定要素"以"可持续发展"为目标,在"投资促进"和"制度建设"条款中规定了"母国措施"内容。主要表现在:制订促进海外投资、特别是"最有利于国家发展战略的投资"条款;建立缔约各方开展合作的制度框架,促进履行 BITs 以利最大限度发挥其对可持续发展的贡献。上述规定的重要创新是基于合作发展原则,强调资本输出国与资本输入国之间的"国际合作"义务,将"母国措施"作为资本输出国有关"投资促进"和"制度建设"的条约义务。鉴于"母国措施"是 BITs 平衡资本输出国与资本输入国之间权益的重要体现,我国新 BIT 范本理应率先采纳"协定要素"涉及"母国措施"的规定,进一步丰富其内容,并积极付诸实践。

"特殊与差别待遇"条款是"协定要素"基于公平互利原则和合作发展原则的重要创新。在 GATT/WTO 体制中,"特殊与差别待遇"条款早已确

---

① UNCTAD, World Investment Report 2012, Towards a New Generation of Investment Policies, p. 154.

立。2000年,贸发会议主张,"特殊与差别待遇"原则应引入BITs。[①]"协定要素"以南北问题为视角,规定了"特殊与差别待遇"条款,旨在从整体结构上纠正传统BITs"形式平等"掩盖下的"实质不平等"。为达此目标,该条款一方面规定"不对称的责任",使较不发达缔约一方承担较轻的责任;另一方面规定"附加工具",促进较发达缔约一方作出积极贡献。[②] 我国新BIT范本应积极采纳该条款,根据缔约双方经济发展水平等具体情况,予以适用,以实现和保障缔约双方的实质公平和可持续发展。作为发展中国家,我国在与发达国家商签BITs时,可主张采纳和适用"特殊与差别待遇"条款,我国作为较不发达缔约一方,承担相对较轻的责任。作为负责任的发展中大国,我国在与经济发展水平不同的其他发展中国家、特别是最不发达国家商签BITs时,应主动采纳和适用"特殊与差别待遇"条款,我国作为较发达缔约一方,承担相对较重的责任。[③]

总之,我国新BIT范本模式应继续借鉴欧洲模式,专注于投资问题,形式力求简约;同时,以"扬弃"精神借鉴欧美模式的传统条款,重视采纳"协定要素"的创新条款,形成符合国际经济法基本原则、具有鲜明中国特色的"可持续发展导向"BIT范本。应当指出,"协定要素"是倡导制订"可持续发展导向"BIT范本的国际性重要文件。基于"协定要素"的创新因素,我国新BIT范本可望开创"可持续发展导向"BIT范本之先河,为世界各国BIT范本和国际投资条约体制的发展和创新作出应有的贡献。

四、结语

BIT范本及其实践历经半个多世纪的发展,在以德国范本为代表的欧洲模式保持"超稳定状态"的情况下,出现了"自由化导向"的美国范本和"可持续发展导向"的"协定要素",分别代表当前BIT范本的两种发展趋向。美国范本是传统BIT模式的"升级版"和"更新版",体现于强化"片面保护外资"和追求"投资自由化"新目标。而"协定要素"是传统BIT模式的创新性

[①] UNCTAD, International Investment Agreements: Flexibility for Development, UNCTAD Series on Issues in International Investment Agreements (UNCTAD/ITE/18, New York and Geneva, 2000), pp. 29—36.

[②] UNCTAD, World Investment Report 2012, Towards a New Generation of Investment Policies, p. 159.

[③] 参见曾华群:《论我国"可持续发展导向"双边投资条约的实践》,载《厦门大学学报(哲学社会科学版)》2015年第1期,第80—89页。

发展,体现于调整"南北权益不平衡"的传统条款和增加"平衡南北权益"的创新条款,追求世界各国长远利益和人类共同福祉的"可持续发展"新目标,在很大程度上反映了国际社会改革和重构国际投资条约体制的创新理念、共识、诉求和初步成就。

值此国际投资条约体制发展的关键时刻,发达国家理应反思和调整其传统的"利己"立场和模式,改弦更张,以适应"南北合作共赢"的时代发展之需。而发展中国家则更需要及时改变和扭转其以往在国际投资条约实践中的被动姿态和弱势地位,为 BIT 范本及其实践的改革和创新而积极作为。

居于最大的资本输入国和新兴的资本输出大国双重地位,我国具有"平衡南北权益"的内在动因和客观需求。作为发展中大国,我国应有"负责任的发展中大国"的意识和立场,应有改革旧国际经济秩序、构建新国际经济秩序的使命感和责任感,应有积极主动参与制定、影响及引领国际投资条约体制总体发展趋向的自信和作为。在国际投资条约体制面临改革和重构的新形势下,我国需要认真总结中外 BIT 实践经验,深入研究相关国际实践和典型案例,遵循经济主权、公平互利和合作发展原则,经由欧美模式传统条款的"扬弃"和"协定要素"创新因素的采纳,及时制订具有中国特色的"可持续发展导向"BIT 范本,作为与外国商签或修订 BITs 的政策宣示、谈判基础和基本准则,也借以表明我国参与改革和重构国际投资条约体制的立场和实践。在商签或修订中外 BITs 时,以我国新 BIT 范本作为谈判基础之一,可以合理主张,我国新 BIT 范本汲取了"协定要素"的创新因素,寻求缔约双方权益的平衡和共赢,代表了新一代国际投资政策的发展趋向。从现实考虑,在发达国家基于国家利益考虑而固守传统 BIT 模式的情势下,我国与其他发展中国家作为平等的缔约双方,具有建立新国际经济秩序的共同历史使命和奋斗目标,可率先开展"可持续发展导向"BIT 实践,逐渐形成为"国际通行规则",进而影响发达国家与发展中国家之间的 BIT 实践及国际投资条约体制的总体发展趋势。

第三节 公平与公正待遇标准解读

一、引言

众所周知,近十年来,国际投资争端数量飙升,国际投资法的研究似乎出现了从侧重"规则制定"到强调"案例分析"的转向。在这些国际投资争端中,"公平与公正待遇"已经从一项相当程度上被忽视和仅被次要适用的国际投资法待遇标准发展成为了可能是投资者最具威力的权利。当下,它真实地在任何国际条约仲裁中扮演着中心的角色,并被投资仲裁庭适用于范围广泛的每个政府部门的行为。[①] 晚近,外国投资者对东道国提起的诉求几乎都涉及国际投资条约中的公平与公正待遇。据统计,截至 2007 年上半年,在已经裁决的 34 个涉及公平与公正待遇的案件中,外国投资者胜诉的有 16 个,占到了案件总数的 2/3,被否决的此类诉求只有 8 个。[②] 在整个国际法中,乃至在国内法中,像公平与公正待遇这样作为抽象的法律基本价值,直接用以断案,其使用如此频繁,几乎达到无案不涉的程度,而且申诉方胜诉率如此之高,堪称一个极其反常的现象,显然已构成对该项待遇的滥用。而公平与公正待遇的滥用对我国利用外资和海外投资的法律实践也是一个很大的潜在威胁,值得我们研究和探讨。

二、公平与公正待遇:实践之分析

从晚近国际投资争端仲裁实践来看,仲裁庭通过对国际投资条约中公平与公正待遇条款的扩张解释,过度拔高了对外国投资者的待遇标准。实际上,对公平与公正待遇内容的界定,应当坚持"国家造法",而不是"法官造法"。易言之,公平与公正待遇只能是其具体内容需经国家默示造法——国际习惯法构成要件检验的"国际最低待遇"。

[①] 引自 S. W. Schill, Book Reviews: The Fair and Equitable Treatment Standard in the International Law of Foreign Investment, *European Journal of International Law*, Vol. 20, 2009, p. 236。

[②] 外国投资者在公平与公正待遇项下诉求得到国际仲裁庭支持的案例有:在 2000 年裁决的 Metalclad v. Mexican 案、2002 年裁决的 Myers v. Canada 案、2000 年裁决的 Maffezini v. Spain 案、2001 年裁决的 Pope & Talbot v. Canada 案、2001 年部分裁决的 CME v. Czech 案、2003 年裁决的 Tecmed v. Mexico 案、2004 年裁决的 MTD v. Chile 案、2004 年裁决的 Occidental v. Ecuador 案、2005 年裁决的 CMS v. Argentina 案、2006 年部分裁决的 Saluka v. Czech 案、2006 年裁决的 Azurix v. Argentina 案、2006 年裁决的 LG&E v. Argentina 案、2007 年裁决的 PSEG v. Turkey 案、2007 年裁决的 Siemens v. Argentina 案和 2007 年裁决的 Enron v. Argentina 案等。外国投资者的此类诉求未获支持的案例有:2001 年裁决的 Genin v. Estonia 案、2001 年裁决的 Lauder v. Czech 案、2002 年裁决的 Mondev v. USA 案、2003 年裁决的 ADF v. USA 案、2004 年裁决的 Waste Management v. Mexico 案、2004 年裁决的 GAMI v. Mexico 案、2005 年裁决的 Methanex v. USA 案和 2006 年裁决的 Thunderbird v. Mexico 案等。以上统计见 J. Kalicki & S. Medeiros, Fair, Equitable and Ambiguous: What Is Fair and Equitable Treatment in International Investment Law, *ICSID Review—Foreign Investment Law Journal*, Vol. 22, 2007, 注释①②。

(一) 公平与公正待遇：现行之解释

在现行的国际投资条约中，大多规定了公平与公正条款，即使少数没有规定，也可以依最惠国待遇条款加以援用。国际投资条约对于公平与公正待遇的规定主要有两种：

第一种是不附加任何条件地规定公平与公正待遇。例如，1995 年西班牙与墨西哥 BIT 第 4 条第 1 款规定："缔约任何一方投资者在缔约另一方境内所作的投资应当获得公平与公正待遇，以及给予任何第三方投资者投资的待遇。"这种规定很容易被国际仲裁庭解释成公平与公正待遇是一种不受国际法制约的、独立自主的高水平外资待遇标准。

另一种是规定公平与公正待遇等同于国际习惯法中的"最低待遇"标准。最典型的立法例是 2004 年美国 BIT 范本第 5 条规定："最低待遇标准：1. 每一缔约方应给予涵盖投资以符合习惯国际法的待遇，包括公平与公正待遇及充分的保护与安全。2. 确切地说，第 1 款规定的给予涵盖投资的最低待遇标准即习惯国际法给予外国人的最低待遇标准。'公平与公正待遇'和'充分的保护与安全'这两个概念并不要求给予国际最低待遇标准之外的或额外的待遇，也不创设额外的实体权利。第 1 款规定的义务为：(a) '公平与公正待遇'包括不得拒绝在刑事、民事及行政司法程序中给予符合世界主要法律制度所包含的正当程序原则所要求的审理公正的义务。……"

对于这种规定，国际仲裁庭主要有两种解释[①]：一是认为"国际最低待遇"虽有发展，但现在的门槛仍然相当高，以该待遇标准界定公平与公正待遇，其对外国投资者的实际待遇水平要远低于上述第一种不受国际法制约的、独立自主的待遇标准之情形。例如，在 2006 年裁决的 Thunderbird v. Mexico 案中，仲裁庭指出："尽管自 1927 年 Neer 案这样的裁决以来习惯法在演进，但认定违反最低待遇标准的门槛仍然是高的，最近的国际观点也说明了这点"。二是认为"国际最低待遇"的认定门槛已经降到很低，以此作为判断公平与公正待遇的标准，与不以此作为该待遇的判断标准，并无实质区别。例如，2006 年 Azurix v. Argentina 案仲裁庭得出的结论是："国际最低待遇"已经演进，与不受国际法制约的、独立自主的公平与公正待遇相比，"其内容实质上是相似的"。

根据已有的国际投资仲裁裁决，一些学者归纳出了仲裁庭认定东道国

---

① 详见 T. J. Westcott, Recent Practice on Fair and Equitable Treatment, *The Journal of World Investment & Trade*, Vol. 8, 2007, pp. 409—430.

违反公平与公正待遇的 11 种情形,即违反正当程序;实行专断的和歧视性措施;损害外国投资者合法期待;缺乏透明度;未提供稳定的和可预见的法律和商务框架;采取强制和侵扰行为;以不适当之目的行使权力;东道国政府部门越权行事;未尽适当审慎之义务;不当得利;非善意等。① 而且这些学者均认为,他们所作的只是对已有国际仲裁实践的总结,其后,随着新的国际仲裁裁决的不断出现,公正与公平待遇可能还会增添新的内容。亦即公平与公正待遇是一种内容不断膨胀的外资待遇标准。

对于上述有关公平与公正待遇的 11 项内容,可具体划分为以下五类:

第一类是对外资"最低待遇"的保证,包括不违反正当程序,不采取歧视性行为和不实行专断措施。其中的正当程序是指东道国应给予外国投资者在独立的法庭以公正听审的机会,外国投资者在审理前应得到应有的信息以及东道国应可信地处理涉及外国投资者的案件。歧视性行为特指东道国非基于国籍而是基于其他因素对外国投资者实行的差别待遇,诸如基于种族、性别实行的差别待遇;就同样的情形采取不同的对待或就不同的情形采取同样的对待;以及专门针对某人或某事采取行动等。② 采取专断措施是指东道国政府罔顾法治理念,独断专行,缺乏合法和合理的依据对待外国投资者。以上三种情形主要涉及程序正义,只有在正当程序情形中东道国应可信地处理案件,以及在不采取专断措施情形下东道国的作为应有合法和合理的依据,才在有限的程度上与实体正义有关。③

第二类是对外资"良治"的保证,包括不损害外国投资者的合法期待,提供稳定的和可预见的法律和商务框架以及具有透明度三种情形。由于后两种情形本身即属保证外国投资者合法期待不受损害的具体措施,因此,可被第一种情形所涵盖。于是,在公平与公正待遇下,对外国投资实行"良治"的中心内容就是不损害外国投资者的合法期待。此类保证实际上是在广泛地追求实体正义。

第三类是对外资其他较高程度的保证,包括东道国政府不得以不适当之目的行使权力和越权行事两种情形。

---

① 详见徐崇利:《公平与公正待遇标准:何去何从?》,载曾华群主编:《国际经济新秩序与国际经济法新发展》,法律出版社 2009 年版,第 313—347 页。
② 参见 A. Newcombs & L. Paradell, *Law and Practice of Investment Treaties: Standards of Treatment*, Wolters Kluwer, 2009, p. 289。
③ 参见 G. Mayeda, Playing Fair: The Meaning of Fair and Equitable Treatment in Bilateral Investment Treaties, *Journal of World Trade*, Vol. 41, 2007, p. 287。

第四类是对外资保证的辅助性因素①,包括非善意和不当得利两种情形。这两种情形只是加大了东道国行为被认定为违反上述第一、二、三类情形之可能性的程度,其本身并不构成判断东道国是否违反公平与公正待遇的独立标准。

第五类是已另有保证的情形。东道国应尽适当审慎之义务,以使外国投资者及其投资免受物理侵害,实际上构成传统国际法公认的充分保护与安全待遇标准,因此,可不将其重复纳为公平与公正待遇的内容。此外,东道国不采取基于国籍之因素的歧视性措施已为国际投资条约中的国民待遇原则和最惠国待遇原则所吸收。

依上述分类,有可能构成公平与公正待遇内容的实际上只是其中的第一至三类情形。显然,第一类对外资"最低待遇"保证的适用门槛要远高于第二类对外资"良治"的保证,也要高于第三类对外资其他较高程度的保证。例如,东道国一具体行为被认定为损害外国投资者合法期待的可能性要远大于被认定为构成明显的专断措施。在 2006 年裁决的 LG&E v. Argentina 案中,国际仲裁庭明确表明,阿根廷政府采取的措施不构成专断行为,但属于未提供稳定的和可预见的法律和商务框架的情形,损害了美国投资者的合法期待,因而违反了公平与公正待遇。

(二) 公平与公正待遇:真实之内容

如上所述,从国际投资条约的规定和国际仲裁庭的解释来看,对于公平与公正待遇的定性,主要有二:一类是将之视为可任由仲裁员主观定夺的一种独立自主的外资待遇标准;另一类是将之界定为国际习惯法中的"最低待遇标准"。然而,后者实际上又有两种不同的解释:第一种是将公平与公正待遇等同于抽象的、概括性"国际最低待遇";第二种是认定其为具体内容需经国际习惯法构成要件检验的"国际最低待遇"。

在第一类定性下,公平与公正待遇将脱离国际法的约束在国际投资法律实践中"裸奔",使得国际仲裁庭获得过度的自由裁量权,以致不当地扩张对该项待遇适用的解释。就此,仲裁员实际上享有"法官造法"的权力,究其实质,是要将公平与公正待遇标准抬举为国际投资法中的超级"帝王条款",

---

① 参见 I. Tudor, *The Fair and Equitable Treatment Standard in the International Law of Foreign Investment*, Oxford University Press, 2008, p. 155。

从而严重损害了东道国对外资的管理权。①

从国际法律实践来看,抽象的公正原则一般只是作为适用具体国际法律规则的指导性理念,不能作为断案的直接依据,这一观点得到了国际法院有关判决的支持。只有在以下两种情形下,抽象的公正原则才能被国际裁判者直接用以断案②:一是当事双方同意。众所周知,"公平善意"原则(*Ex Aequo et Bono*)要作为"友好仲裁"的直接依据,须有当事双方的约定。迄今,很少有当事双方授予国际仲裁庭这种权力的案例。一些国际投资仲裁案(如 2003 年 ADF v. USA 案、2006 年 Saluka v. Czech 案和 2007 年 M. C. I. & Ecuador 案)的裁决明确表明,犹如"公平善意"原则,国际投资条约中的公平与公正待遇标准未经东道国和外国投资者的共同同意,不能作为仲裁庭断案的直接依据。二是在特定领域可以直接适用抽象的公正原则之做法已经构成国际习惯法。也就是说,国际习惯法对公正原则的适用起到了"反致"的作用。例如,在 1969 年 North Sea Continental Shelf 案中,国际法院判决认为,公平原则可以作为相邻国家大陆架划界的依据不是因为其是一种抽象的正义使然,而是该领域的国际习惯法允许法官这样做。虽然绝大多数国际投资条约都规定了公平与公正待遇标准,但是,显然,在国际投资争端解决过程中可以直接适用该抽象的待遇原则之做法并未形成国际习惯法。

其次,如属第二类定性中的第一种解释者,公平与公正待遇乃抽象的、概括性的"国际最低待遇"。然而,依国际习惯法形成的主客观要件判断,这样的"国际最低待遇"并不存在。③ 根据美国著名学者弗兰克的"合法性"国际法理论,合法性是国际法的力量源泉,而国际法的合法性又是建立在规则的确定性、有效性、一致性和符合性等要素的集成之上。④ 无疑,一个抽象的、概括性的"国际最低待遇"不可能具有这些要素,因此,必然存在合法性

---

① 详见徐崇利:《公平与公正待遇标准:国际投资法中的"帝王条款"?》,载《现代法学》2008 年第 5 期,第 123—134 页。

② 详见 T. Kill, Don't Cross the Streams: Past and Present Overstatement of Customary International Law in Connection with Conventional Fair and Equitable Treatment Obligations, *Michigan Law Review*, Vol. 106, 2008, pp. 860—862。

③ 详见 M. C. Porterfield, San International Common Law of Investor Rights, *University of Pennsylvania Journal of International Economic Law*, Vol. 27, 2006, pp. 79, 99—102。

④ 详见 H. M. Franck, *The Power of Legitimacy among Nations*, Oxford University Press, 1990, pp. 18—19, 234—235。

缺失的问题。从另一方面来看,假如存在一项抽象的、概括性的"国际最低待遇",且公平与公正待遇与之等同,那么国际仲裁庭仍可通过滥用解释权,自行其是,不经国际习惯法构成要件的检验,擅自"越过界河",不断将自己惬意的内容塞入其中,使之蜕变为上述第一类定性中的独立自主外资待遇标准。因这样的"国际最低待遇"之适用实际上仍不受限制,以之来限制公平与公正待遇,可谓只是将该项待遇标准披上"皇帝的新装",放入国际投资法律实践之中。可见,该第一种解释下的公平与公平待遇仍然没有改变"法官造法"的性质,其不可能以国际习惯法中的"最低待遇"之名目被各国所普遍接受。

我们认为,对于公平与公正待遇的定性,只应选择"国际最低待遇"第二类定性中的第二种解释,即将该待遇本身视为各种相关的国际习惯法具体规则的总和。换言之,凡成为公平与公正待遇之内容者,必须经过国际习惯法主客观要件的检验。这种观点现在也得到以往被认为会滥用"国际最低待遇"的美国的支持。在2007年3月提交的有关 G. G. L. v. USA 案的答辩文件中,美国主张《北美自由贸易协定》第1105条规定的公平与公正待遇就是"国际最低待遇",而一项规则要成为国际习惯法中"最低待遇"的内容,必须具备普遍一致的国家实践(客观要件)以及相应的法律义务感,即"法律确念"(主观要件)。依此,对于公平与公正待遇,以具体内容需经国际习惯法构成要件检验的"国际最低待遇"进行框定,等于坚持了"国家造法"的原则,而国际仲裁庭对该项待遇标准便只有了通常释法的权力,而无权擅自进行"法官造法"。倘若如此,公平与公正待遇标准的适用才算真正穿上了合体的"紧身衣"。

按照以上对公平与公正待遇的定性,进一步以国际习惯法的构成要件作为具体标准进行检验,前述西方学者归纳的11项情形之第一至三类未必都能成为该项待遇的内容。总的来看,这些情形均系从已有的国际投资仲裁裁决中归纳而来,属于对"法官造法",而非对"国家造法"结果的认同。具体而言,在归纳过程中,并没有区分各国际仲裁庭适用公平与公正待遇标准确当与否,而是不分良莠,照单全收,实际上是支持对该待遇标准的滥用。此其一。其二,在归纳时,往往将那些相反的裁决和反对的意见置之一旁。

最后，有些情形仅反映有关裁决的表面一致，而没有顾及实质内容存在的分歧。① 晚近，不但是西方学者，而且国际仲裁庭也普遍采取从以往的案例中总结公平与公正待遇之含义的做法，同样，这种做法实质上可能仍是对既成错误裁决的不断复制。② 是故，这些学者和仲裁员们所作的归纳是否公平与公正待遇内容的准确反映，还必须依国际习惯法的形成标准加以检验。

实际上，经国际习惯法之构成要件检验，真正构成公平与公正待遇内容的只有上述第一类对外资"最低待遇"的保证，即东道国不违反正当程序，不采取歧视性行为和不实行专断措施。既然这类对外资"最低待遇"之保证属于前述具体内容需经国际习惯法形成标准检验的"国际最低待遇"，那么它与抽象的、概括性的"国际最低待遇"就有着本质上的不同。

其一，就不违反正当程序而言，1927年美国—墨西哥普通诉求委员会裁决的Neer案认定拒绝公正审理乃违反"国际最低待遇"之举，但要求东道国的行为必须达到"极端恶劣的程度"。应该说，对于违反正当程序的判断，已有许多成案作出了比较定型的总结，其确定性比较高。③ 2003年美国自由贸易协定范本和2004年美国、加拿大双边投资条约范本均规定，公平与公正待遇"包括不得拒绝在刑事、民事及行政司法程序中给予符合世界主要法律制度所包含的正当程序原则所要求的公正审理之义务"。在我国对外缔结的一些双边投资条约中，也承认遵循正当程序构成对外资实行合法征收的一个条件。例如，1984年中国与法国间双边投资条约第4条第2款的规定即是如此。

其二，就不实行专断措施而言，1989年国际法院判决的ELSI案表明，只有东道国采取的是"令人震惊的，或至少是使人吃惊的行为"，方才构成专断的和歧视性行为，进而违反"国际最低待遇标准"。ELSI案检验标准也为一些国际投资仲裁案（如2001年Loewen v. USA案、2002年Mondev v. USA案和2005年Noble v. Romania案等）所采纳。我国对外缔结的一些双边投资条约（如2003年中国与德国间双边投资条约第2条第3款）也有

---

① 详见J. C. Thomas, Reflections on Article 1105 of NAFTA: History, State Practice, and the Influence of Commentators, *ICSID Review—Foreign Investment Law Journal*, Vol. 17, 2002, pp. 21—51。

② 参见S. Schill, "Fair and Equitable Treatment" as an Embodiment of the Rule of Law, in R. Hofmann & C. J. Tams eds., The International Convention on the Settlement of Investment Disputes (ICSID): Taking Stock after 40 Years, Nomos, 2007, p. 37。

③ 详见J. Paulsson, *Denial of Justice in International Law*, Cambridge University Press, 2005。

不对外资采取专断措施的保证。

必须指出的是,构成前述第一类对外资"最低待遇"之保证的情形不是笼统的东道国"拒绝公正审理"或采取"专断的行为",而是深度的"粗暴的拒绝公正审理"或采取"明显专断的行为"。正如 2006 年 Thunderbird v. Mexico 案国际仲裁庭断言的那样,东道国违反公平与公正待遇的只是"那些低于可接受的国际标准的粗暴拒绝公正审理或明显专断的行为"。在上述有关 G. G. L. v. USA 案的答辩文件中,美国首先将公平与公正待遇限定为"国际最低待遇";接着,就该标准解释应掌握的严格程度进一步表达了以下意见:第一,"国际最低待遇"不能因外国投资者声称某一管理或立法"不公平"就对东道国施加赔偿的责任。因为在政府政策和公共利益发生变化的情况下,管理权和立法权的行使必然会带来对一些人不公平的结果;第二,"国际最低待遇"不能支持这样的论点——东道国行政和立法机关不应作出"专断"的决策,而是东道国采取的立法和管理行为应得到相当程度的重视;第三,作为"国际最低待遇"内容之一的拒绝公正审理,是指违反司法正当理念对外国投资者采取"恶名昭彰之不公正或极端恶劣的方式"(a notoriously unjust or egregious manner)。从以上三点意见来看,美国的立场是,如果东道国采取的只是一般的"不公平""专断"或"拒绝公正审理"的行为,并未达到严重的程度,不足以构成对"国际最低待遇"即公平与公正待遇标准的违反。

至于前述第二类对外资"良治"保证下的不损害外国投资者合法期待之情形(包括提供稳定的和可预见的法律和商务框架以及具有透明度,下同)以及第三类对外资其他较高程度保证下的不得以不适当之目的行使权力和越权行事两种情形,其作为国际习惯法具体规则均无法证成,不应成为公平与公正待遇的内容。可以说,此类高标准之保证构成的不是"国际最低待遇"而是"国际最高待遇"[①];而国际仲裁庭认为公平与公正待遇涵盖这些情形,只是它们在双边投资条约的语境下自说自话而已。就此,有的学者直言不讳地断定:"这些仲裁庭只是在适用双边条约的文本,而不是真正地在适用《国际法院规约》第 31 条(原文如此,应为第 38 条)规定的国际法习惯

---

① 参见 S. P. Subedi, *International Investment Law: Reconciling Policy and Principle*, Hart Publishing Ltd., 2008, pp. 140—142。

规则。"①

从各国的实践来看,现在,甚至一些西方发达国家都寻求降低对外国投资者的保护水平,相应地,它们不可能将前述第二类对外资"良治"之保证以及第三类其他较高程度之保证下如此宽泛的情形都认定为国际习惯法规则,进而吸纳为公平与公正待遇的内容。例如,在上述有关 G. G. L. v. USA 案的答辩文件中,美国对"国际最低待遇"表达的意见还包括:其一,该项待遇不能要求东道国采取或不采取管理措施以避免打乱外国投资者对其投资已定的期待。在关于间接征收的诉求中,投资者的合法期待可能是相关的因素,但不能将此照搬到"国际最低待遇"之中。在不构成间接征收的情况下,国际习惯法中不存在任何规则要求东道国对挫伤外国投资者期待的结果给予赔偿。如若不然,东道国就丧失了管理权。其二,"国际最低待遇"不能支持这样的观念,东道国有义务为外国投资提供透明的和可预见的框架。

从发展中国家的立场来看,历史上连传统的"国际最低待遇"都反对,现在国际仲裁庭要让它们接受比该项待遇高得多的对外资"良治"之保证以及其他较高程度之保证,并认同其为国际习惯法规则,进而构成公平与公正待遇的内容,不能不说是对发展中国家真意的妄断。2007 年 5 月,玻利维亚宣布退出《解决国家与他国国民间投资争端公约》(《华盛顿公约》),其给出的原因之一就是国际仲裁庭扩张适用公平与公正待遇,这反映了发展中国家对晚近国际仲裁庭在解决国际投资争端中滥用权力的强烈不满。

此外,一些西方学者认为,即使保护合法期待不构成国际习惯法,也可以构成《国际法院规约》第 38 条项下的"一般法律原则"。这种观点同样无法成立。虽然许多国家的国内公法中都有一些反映保护合法期待的具体规定(如法不溯及既往原则等),但作为一项普遍性的原则,保护合法期待并未得到各国的公认,诸如法国、德国、瑞士等的法律实践。② 当然,我们否认保护合法期待构成公平与公正待遇之内容,只是否认东道国在该待遇原则下对外国投资者作出一般性保证,并没有否认国际投资条约中的一些具体规

---

① 引自 A. Alvarez-Jiménez, Minimum Standard of Treatment of Aliens, Fair and Equitable Treatment of Foreign Investors, Customary International Law and the *Diallo* Case Before the International Court of Justice, *The Journal of World Investment & Trade*, Vol. 9, 2008, p. 58。

② 参见 A. Von Walter, The Investor's Expectations in International Investment Arbitration, in A. Peinisch & C. Knahr eds., *International Investment Law in Context*, Eleven International Publishing, 2008, pp. 197—198。

定(如"保护伞条款")反映了对外国投资者合法期待的保护。

需要厘清的是,前述第二类对外资"良治"保证下的不损害外国投资者合法期待之情形以及第三类对外资其他较高程度保证下的不得以不适当之目的行使权力和越权行事之两种情形,指的都是东道国行为的类别;而第一类对外资"最低待遇"保证下的不采取明显的专断措施之情形,反映的是东道国行为的性质或程度。可见,第一类保证与第二、三类保证是两种不同的划分标准。由此,东道国第二、三类保证下的行为如具有第一类保证下的明显专断措施之性质或达到了此等严重的程度,则将违反公平与公正待遇。尽管如此,最终判断标准仍然是东道国只对外资提供第一类"最低待遇"之保证。①

三、公平与公正待遇:理论之解析

晚近,除了国际仲裁庭之外,在西方学界,也有不少人主张应扩张公平与公正待遇之内容。例如,美国学者布劳威毫不掩饰地声言:"似乎明显的是,'公平与公正待遇'一词是有意模糊,意在授权裁判者一种准立法权,在特定的案件中为实现条约的目的而明晰一套规则。将'公平与公正待遇'界定为只是禁止最为罕见的政府不当作为之方式,乃是对仲裁庭进行抢掠,即仲裁庭被抢掠了发展法律的创造性职责。"②

在扩张公平与公正待遇之内容的过程中,保护外国投资者的合法期待已位居最受国际仲裁庭青睐之处。"有时,'合法期待'的概念似乎被用作解决所有未解决问题的万灵药",而"迄今为止,可以发现保护合法期待之概念在解释和适用公平与公正待遇标准时得到了最普遍的适用","可以清楚地看到,在过去几年里,该概念在解释公平与公正待遇条款时得到了最为显著的张扬"。③ 2004 年 Occidental v. Ecuador 案和 2005 年 CMS v. Argentina 案仲裁裁决均指出,法律和商务框架的稳定是"公平与公正待遇的一个实质要素"。2006 年 Saluka v. Czech 案仲裁裁决更是判定,合法期待是判断公

---

① 参见 J. R. Picherack, The Expanding Scope of the Fair and Equitable Treatment Standard: Have Recent Tribunal Gone Too Far, *The Journal of World Investment & Trade*, Vol. 9, 2008, pp. 278, 282, 285。

② 引自 H. Brower II, Investor-State Disputes under NAFTA: The Empire Strikes Back, *Columbia Journal of Transnational Law*, Vol. 40, 2003, p. 56。

③ 分别引自 A. Von Walter, The Investor's Expectations in International Investment Arbitration, in A. Peinisch & C. Knahr eds., *International Investment Law in Context*, Eleven International Publishing, 2008, pp. 173,182,189。

平与公正待遇的"支配性因素"。与此同时,不少西方学者也认为,在公平与公正待遇的所有内容中,外国投资者的合法期待已成为越来越受重视的一大因素①,乃至最重要的因素。在2006年Thunderbird v. Mexico案的反对意见中,作为仲裁员的德国著名学者魏尔德指出:"人们可以观察到,在过去的一些年中,合法期待原则之角色和范围发生了一个意义重大的变化,即从以往作为用以加强某一特定解释路径的辅助性解释原则到现在扮演作为'公平与公正标准'项下诉求的一个自立的下属类别和独立的基础之角色。"

实际上,晚近,对于公平与公正待遇的最大争议是,在前述第一类对外资"最低待遇"的保证之上,可否增加第二类对外资"良治"保证之内容。从理论上解析,我们认为,其答案只能是否定的。

(一)剩余裁量权原则与公平与公正待遇之真义

在国际投资条约未规定之处,公平与公正待遇应给东道国留出足够的"剩余裁量权"(a margin of appreciation),以便它们可以自主地管理外资。为此,只能将该项待遇的内容设限于前述对外资的"最低待遇"之保证。

就对外资具体待遇的高低问题,东道国与外国投资者母国之间历来存在争议,需要通过谈判,在相互妥协的基础上达成国际投资条约中各种实体性的保证条款。在双方未能取得一致的剩余领域,只有在其行为明显不当的情况下,东道国才会同意以公平与公正待遇这一绝对待遇标准约束自己;对于那些非明显的不当行为,东道国将承诺通过国民待遇和最惠国待遇两种相对待遇标准,给予外国投资者以不低于东道国对本国投资者和第三国投资者实行的待遇,借此为外国投资者提供平等竞争的"游戏场地"。假如把公平与公正待遇的标准进一步拔高,那么"就比投资条约中的任何一项规则都具有了进一步侵入东道国传统'保留领地'的可能性"②。这就等于说,在与外国投资者母国无法达成一致的剩余领域,东道国将国际立法权拱手交给了国际仲裁庭,由它们来定夺对外国投资者的具体待遇水平。经此,国际仲裁庭实际上获得了在一切法律共有的公平与公正之抽象基本价值下对东道国外资管理权的"生杀大权"。无疑,这样的解释逻辑背离了东道国在

---

① 参见 S. Fietta, Expropriation and the "Fair and Equitable" Standard—The Developing Role of Investors' "Expectation" in International Investment Arbitration, *Journal of International Arbitration*, Vol. 23, 2006, p. 375。

② 引自 R. Dolzer, The Impact of International Investment Treaties on Domestic Administrative Law, *New York University Journal of International Law & Policy*, Vol. 37, 2005, p. 964。

国际投资条约中订入公平与公正待遇条款的初衷。

国内社会比较成熟和发达,尤其是在法制化程度高的国家,法律缺漏只是一种例外现象。在民商立法相当健全的情况下,只要具体规定有缺失,任由诚实信用原则来弥补,也不至于造成该原则的滥用。国际社会则截然不同,其处于"无政府状态",除了强行法等之外,按照国际法之实定主义理论,几乎所有的国际法律规则都是主权国家明示或默示同意的产物。而各国之间因存在利益冲突等原因,在一些事项上无法达成国际条约之规定,实乃常态。也就是说,通过国际条约途径制定国际法的缺失程度要远大于国内立法的缺漏。鉴此,就国际法未涉之领域,自然应归由国内法管辖,各国不可能接受一个权位凌驾于本国主权之上的超国家立法机构。在国际投资法中,假如降低公平与公正待遇标准的适用门槛,将之解释成"无所不包的安全港条款"(catch-all safety cause)①,那么,对于国际投资条约未明确规定之处,外国投资者均可诉诸公平与公正待遇原则的保护,以致到了现在每案必涉的地步,实乃一个极其反常的现象。在国内法中,尚且只允许作为"帝王条款"的诚实信用原则在例外的情形下适用,在国际法中,却让公平与公正待遇原则的适用成为常态,使其俨然成为了国际投资法的超级"帝王条款"②,实在不可思议。

既然公平与公正待遇的适用之处恰恰是东道国与外国投资者母国之间就外资实体待遇存在分歧而无法达致国际投资条约具体规定的地方,那么,按照实体正义与程序正义关系之原理,当人们就实体正义如何发生争议时,可以通过程序正义来接近实体正义。如前所述,第一类对外资"最低待遇"之保证主要针对的是程序正义,只是在有限的程度上涉及实体正义,现将这种情形设定为公平与公正待遇的内容,符合实体正义与程序正义关系之法理。正如有的学者所言:"将公平与公正待遇原则限定在保护正当程序(程序公平)和一些有限的实体公平方面,有强有力的法理支持这样的限制。"③依此而论,不管东道国与外国投资者及其母国之间存有多大的争议,但总可找到一些共同的"最低公分母",第一类对外资"最低待遇"保证中有限的实

---

① 参见 S. Vasciannie, The Fair and Equitable Treatment Standard in International Investment Law and Practice, *The British Yearbook of International Law*, Vol. 70, 2000, pp. 133—138.
② 详见 R. Dolzer, Fair and Equitable Treatment: A Key Standard in Investment Treaties, *The International Lawyer*, Vol. 39, 2005, p. 91.
③ 引自 G. Mayeda, Playing Fair: The Meaning of Fair and Equitable Treatment in Bilateral Investment Treaties, *Journal of World Trade*, Vol. 41, 2007, pp. 287, 291.

体正义之因素(在正当程序情形下东道国应可信地处理案件,以及在不采取专断措施情形下东道国的作为应有合法和合理的依据)仍可在此非常小但又的确存在的空间里直接起作用。而在除此之外的大多数情形下,只能由第一类对外资"最低待遇"保证中居多的程序正义之因素发挥效用,以使外国投资者能够接近获得实体上的公平与公正待遇;相反,第二类对外资"良治"的保证实际上追求的是广泛的实体正义,在东道国与外国投资者及其母国之间未有共识之处,如把此类"高标准、严要求"列为公平与公正待遇的内容,显属"好高骛远"的不切实际之举。

(二) 法治原则与公平与公正待遇之真义

法律规则通常都具有一定的模糊性,但一般只是为了应对一些边缘性的情形而保有一定的弹性。在法治原则下,援用抽象的法律基本价值直接裁决案件,只能限于个别的情形,否则,将会造成法官权力的过度膨胀,并使得法律适用结果的稳定性、一致性和可预见性丧失殆尽,其性状无异于中国古代的"春秋决狱"。对于公平与公正待遇,将其内容限定于第一类对外资"最低待遇"的保证,不会造成国际仲裁员的能动失控;而如将之扩大至第二类对外资宽泛的"良治"保证,则会给国际仲裁员滥用自由裁量权敞开方便之门。在国际社会,因国际投资争端仲裁制度之问责性、融贯性和独立性的缺失,国际仲裁庭大肆扩张适用公平与公正待遇原则的结果将会极大地损害有关法治的原则。[①]

首先,从问责性的缺失来看,不管是机构仲裁,还是特设仲裁,国际投资争端国际仲裁庭都是临时组建的,仲裁员所受的制度性等制约程度远低于国内法院的法官,尤其是国际投资争端仲裁缺乏严格意义上的上诉程序,"一裁终局"的结果,更容易导致仲裁庭权力的滥用。而在赋予仲裁员依标准抽象、内容泛泛的法律基本价值或基本原则断案时,权力的滥用似乎是不可避免的。魏尔德申言:"国际法实质上只是提供一种控制东道国滥用国内法改变权的工具。……实体规则——公平与公正待遇、未予补偿不得征收、国民待遇——隐含着赋予国际仲裁管辖权之意。假如它们不存在,仲裁庭将照样发明它们(且过去已经发明它们——如相类似的'拒绝公正审理原则',见原作者此处注释);只要简单地依靠约定必须信守和'滥用法律'作为

---

① 详见 G. V. Harten, *Investment Treaty Arbitration and Public Law*, Oxford University Press, 2007, pp.152—158,164—175。

基本法律原则，他们可再次没有多大困难地重新发明它们。"①

其次，从融贯性来看，在国内司法过程中，因有遵循先例制度的作用或最高法院的指导，各下级法院以抽象的法律基本价值断案，尚有可能形成比较稳定、一致和可预见的判决结果。然则，在整个国际投资仲裁体系中，仲裁庭是分散组建的，根本不存在可起统一裁决之效用的共同上诉裁判机构，且前案裁决对后案最多也只有说服的效力，而不可能扮演国内判例法中先例的角色，此乃国际法"碎片化"特征的必然反映。无疑，国际仲裁庭"各自为政"，并拥有超大的自由裁量权决定公平与公正待遇的含义，必然会带来裁决之间的冲突。例如，在 2003 年 CME v. Czech 案和 2001 年 Lauder v. Czech 案中，两个国际特设仲裁庭分别就捷克政府同样的行为是否违反公平与公正待遇，作出了截然相反的裁决。不言而喻，在国际投资争端解决实践中，"任何允许截然抵触之判决合法存在的体制是不可能长存的。它动摇了法治和公平的理念。"②

最后，从独立性来看，国际投资争端仲裁程序中仲裁员的选任制度，难以保证裁判的公正性。在各国的国内司法制度中，法官是通过法定的民主程序选拔的，一般有固定的任期，并有稳定的薪金，其收入不跟审理案件的数量和业绩挂钩。亦即法官在任用上和财政上都独立于当事人。

相反，在国际投资争端仲裁程序中，仲裁庭是临时组建的，仲裁员由当事方或仲裁机构指定。通常而言，外国投资者和东道国可各指定一名仲裁员。国际投资争端仲裁的一个特点是诉求的提起是单向的，一般只有外国投资者诉东道国，而很少有东道国诉外国投资者的情形。由此，仲裁裁决对外国投资者越有利，就会有越多的外国投资者提起仲裁，国际投资争端仲裁的市场也就越大。同时，因国际投资争端仲裁的专业性强，能够胜任的仲裁员数量有限，故国际投资争端仲裁市场的扩大，将使得这些仲裁员从中获得更多的被指定的机会，仲裁报酬收入也将随之增加。鉴此，在促进国际投资争端仲裁市场扩大的"集体行动"中，不会出现仲裁员"理性冷漠"的问题；而且，在这一过程中，那些立场越偏向外国投资者的仲裁员，得到选择的机会

---

① 引自 T. W. Wälde, The Present State of Research Carried out by the English-Speaking Section of the Center for Studies and Research, in Centre for Studies and Research in *International Law and International Relations*, *New Aspects of International Investment Law*, Martinus Nijhoff Publishers, 2006, p. 78.

② 引自 M. D. Goldhaber, Wanted: A Word Investment Court, *The American Lawyer*, Summer, 2004.

就越多。如此"同业竞争"的结果,将造成仲裁裁决愈发偏袒外国投资者,从而严重损害裁决的公正性。从已有的国际投资争端仲裁实践来看,一些仲裁员被外国投资者反复指定,固然可能是因他们的水平高和声誉好所致,但也不排除其中有他们立场偏向外国投资者之因素的作用。相反,从东道国这方面来看,它们只是一个被动应诉的角色,即使仲裁裁决对其有利,也无法经由东道国扩大国际投资争端仲裁市场。因此,从整体上而言,仲裁员缺乏袒护东道国的动力。

如果当事双方无法就首席仲裁员的人选达成一致,那么首席仲裁员一般由有关常设仲裁机构的要员指定。例如,在世界银行集团下属的"解决投资争端国际中心"(ICSID)的仲裁程序中,首席仲裁员的指定者是 ICSID 的行政理事会主席或秘书长。前者按规定是世界银行行长,而世界银行行长依惯例又是美国人;后者通常是世界银行副行长兼法律总顾问。可见,这些来自西方国家尤其是美国的世界银行官员左右着 ICSID 首席仲裁员的指定,他们能否不偏不倚地履行该项职责,缺乏可靠的民主程序和制度保证。又如,一些国际投资争端首席仲裁员是由国际商事仲裁机构(如国际商会)的有关人员指定的。如此赋予一些商界的代表直接选择由谁来决定东道国主权行为的合法性,并裁决东道国是否应向外国商人(外国投资者)支付赔偿,显然有悖裁判独立的原则。

(三)利益平衡原则和公平与公正待遇之真义

无疑,对于公平与公正待遇的界定,应当平衡东道国的社会公共利益与外国投资者的私人利益。在国际投资条约中,东道国已经对外国投资者提供了各种具体的保证。在此之外,又通过公平与公正待遇,以国际习惯法的方式提供前述第一类"最低待遇"之保证,已给予外国投资者足够的保护。应该说,国际法给外国投资者提供的是"保护",而不是"保险",尤其是对发展中国家而言,"公平与公正待遇条款的运用不能用来保护投资者免遭在新兴的或发展中的经济体投资时碰到的固有的困难和风险。产生于与有限的或尚处于发展之中的政府管理和程序运作能力有关的风险之损失,不应通过公平与公正待遇标准的运用转嫁给东道国。"[①]

如果再将公平与公正待遇的内容扩张至第二类"良治"之保证,用以保

[①] 引自 J. R. Picherack, The Expanding Scope of the Fair and Equitable Treatment Standard: Have Recent Tribunal Gone Too Far, *The Journal of World Investment & Trade*, Vol. 9, 2008, p. 289。

护外国投资者的合法期待不受任何损害,那么,国际投资争端仲裁就偏离了正道,以致向外国投资者严重倾斜,对东道国的外资管理权形成了过度限制。① 值得注意的是,在对外资提供"最低待遇"保证的前述第一类情形下,东道国粗暴拒绝公正审理或采取明显专断的行为通常只是一些具体的措施,被判违反公平与公正待遇,对东道国的影响仍属可控;而在第二类"良治"保证的情形下,构成损害外国投资者合法期待的行为多为东道国政府修改法律或采取普遍性管理行为,一旦被裁决违反公平与公正待遇,可能会对东道国造成非常严重的影响。例如,东道国将无法通过修改相应的立法或采取必要的宏观调控措施来应对经济危机等。从实质上看,"对最低标准待遇的宽泛解读将国际法标准从防止外国国民受到非常恶劣的虐待转向了依高度弹性的公平、公正和正当程序之理念所作出的无所不包的保证。由此,仲裁庭就能够实现它们审查权的转变,表明它们的权威已经深入到了公法的心脏地带。"②

在晚近的国际投资争端仲裁实践中,仲裁庭通过对公平与公正待遇的扩张解释,偏袒外国投资者,使得利益的天平在东道国与外国投资者之间严重失衡。在对国际投资条约条款(包括公平与公正待遇)的解释上,一些仲裁庭采取的是私人之间国际商事纠纷仲裁的模式。基于这种解释模式,东道国与外国投资者之间管理与被管理的公法关系被异化为了对等双方之间的商事关系,改变了国家权力和责任的性质,从而将国家降到了私人当事方的地位,或曰把外国私人投资者抬升到了与国家平等的准主权者的身份。于是,东道国政府的各种社会公共利益淡出了国际仲裁员们的视线,在他们的眼中只剩下了对私人(外国投资者)利益的保护,其结果是把公法意义上的管理性国际投资争端作为私法意义上的纠纷加以解决,运用的是侵权行为必然导致赔偿责任的逻辑。

从国际投资争端的性质来看,对于公平与公正待遇的解释,应当采取的是国内公法的解释模式。在这种解释模式下,不能以跨国商事纠纷仲裁的理念置东道国与外国私人投资者于等同的地位,而是要考虑到东道国作为主权者和管理者的特质,即拥有平衡各种利益之公共权力、公共权威和公共

---

① 详见 C. P. Achaval, Tipping the Balance towards Investors, *The Journal of World Investment & Trade*, Vol. 9, 2008, pp. 147—162。
② 引自 G. V. Harten, *Investment Treaty Arbitration and Public Law*, Oxford University Press, 2007, pp. 89—90。

责任。东道国为了鼓励外资流入而对外国投资者提供保护，不可能以牺牲本国政府的优先目标(如经济发展、社会稳定、公共健康和保护环境等)为代价。由此可见，东道国与外国投者之间的管理性投资争端是国内公法意义上的纠纷；而按照国内公法的原理，国家的责任是有限度的，并非就其对私人造成的任何损害都得承担赔偿的责任。鉴此，国际仲裁庭对东道国在国际投资条约项下的义务作出解释时，应审慎对待，必须为东道国进行政策选择留出足够的余地。对于国际投资争端的解决，私法意义上的仲裁模式充其量不过是嵌入到了国际投资条约之构造，相对于后者，其所扮演的只是附属的角色。任何对国际投资条约规定(包括公平与公正待遇的条款)的解释不能背离东道国与投资者母国在缔约时的原意；在缔约原意不明时，不能脱离国际习惯法任作扩大解释。例如，不能以私法上的既得权保护和合同神圣之理念解释国际投资条约的规定，而是应采取国际法中的"如有疑义，从宽考虑"的原则来严格界定东道国所承担的义务限度。

四、结论

综上，经国际习惯法构成要件之检验，应将公平与公正待遇的内容限定为具体的"国际最低待遇"，即东道国政府不得粗暴地违反正当程序和实行明显的专断性措施以及不采取歧视性行为。然而，对于其中"粗暴"和"明显"之程度的判断，还需从严掌握，以免给国际仲裁庭滥用解释权留下空间。

我们认为，"国际最低待遇"是国际法中对外国人的通适待遇标准，外国投资者只能享受该待遇标准下作为一个外国人可以享受的待遇，不能任由诸多分散的国际仲裁庭借助公平与公正待遇在国际投资领域给"国际最低待遇"添入拔高对外国投资者保护的特殊内容(如对合法期待的保护等)。迄今，通适于外国人的"国际最低待遇"之权威性解释是1927年美国—墨西哥普通诉求委员会在Neer案判决中确立的"极端恶劣程度"之标准和1989年国际法院在ELSI案中提出的"令人震惊的，或至少是使人吃惊的"之检验标准。即便"国际最低待遇"是演进的，作为通适于外国人的待遇标准，其演进之处除了应满足国际习惯法的构成要件之外，还须已由国际法院这样的权威性裁判机构作出认定，而不能听凭形形色色的临时国际投资仲裁庭群起妄断。

目前，国际法院正在审理 Ahmadou Sadio Republic of Guinea v. Democratic Republic of the Congo 案，该案涉及对外国投资者的"国际最低待遇"问题。国际法院对此如何裁决及其后续影响如何，我们拭目以待。不过，笔者相信,国际法院的大法官们精通法理,且据有的学者分析,他们也向来比较保守,不太可能像国际投资争端仲裁员们那样"胆大妄为,无法无天",预计国际法院的大法官们在该案中会继续对"国际最低待遇"标准采取从严解释的立场。①

第四节 公平正义作为国际投资条约的价值取向

国际投资条约包括双边投资条约(BITs)、区域性投资条约和自由贸易协定中的投资章节,其中 BITs 数量最多,尤以发达国家与发展中国家之间的 BITs 为主。进入 21 世纪,投资条约数量迅猛增加,投资者不断利用投资条约挑战东道国政府的措施,投资条约不公正的天生缺陷逐渐显现,投资仲裁日益出现正当性危机。国际投资条约处在十字路口。

笔者认为,当今国际投资条约存在问题,主要是因为发达国家与发展中国家之间的投资条约存在不公平不公正之处,有必要以公平正义为价值取向进行重构。公平正义是社会最基本的伦理道德基础,是法律(包括国际法)的基本价值取向和追求的目标。罗尔斯指出,理想的正义是为了给现实中是否正义及如何实现正义提供指导。

一、国际投资条约中公平正义问题的提出

2012 年,中国与加拿大签订《中加投资保护协定》(以下简称"中加 BIT"),但加方迄今未批准,主要原因是民众反对。加拿大学者哈顿(Gus van Harten)博士在网上发出致总理哈珀的公开信,批评中加 BIT 是法律上互惠但事实上"非互惠"的协定,一俟生效,将使加拿大的立法、行政和司法主权,受到来自中国投资者的挑战。究其原因,是"预期将来中国企业在加拿大投资远超加拿大企业在中国的投资"②。言下之意,哈顿博士认为中加 BIT 今后可能对加拿大不利,因此是不公平的。但是,如果反过来,加拿大投资者在中国的投资远超过中国投资者在加拿大的投资,他还会认为该协定不公平吗?以一国利益之变化来衡量投资条约公平与否是否恰当?

---

① 详见 A. Alvarez-Jiménez, Minimum Standard of Treatment of Aliens, Fair and Equitable Treatment of Foreign Investors, Customary International Law and the *Diallo* Case Before the International Court of Justice, *The Journal of World Investment & Trade*, Vol. 9, 2008, pp. 51—70.

② Gus Van Harten, China Investment Treaty: Expert Sounds Alarms in Letter to Harper, at http://thetyee.ca/Opinion/2012/10/16/China-Investment-Treaty/, Jan. 30, 2013.

第八章　国际投资条约理论

中国现在兼具资本输入国和资本输出国地位，身份的改变是否必然带来立场的转变？有人认为，中国与发达国家缔结 BIT 时，要尽可能站在资本输入国的立场，限制投资者的权利，维护国家利益。而当中国与发展中国家缔结 BIT 时，则要站在资本输出国的立场，尽可能保护中国投资者。这种实用主义的做法是否长久呢？如果中国在与发达国家缔结 BIT 时是资本净输入国，而日后发展为资本净输出国，会不会作茧自缚？有没有一种 BIT 能经得起利益和时间的考验？

晚近，一些发展中国家和民间组织对国际投资条约非常不满，主要原因是条约的很多条款经投资者诉东道国机制的检验，暴露出了其不公平或不完善的天生缺陷。厄瓜多尔等一些发展中国家选择退出 ICSID，印度和南非也将投资者诉东道国机制排除出投资条约，连发达国家澳大利亚也高调宣布，从今以后，不再在投资条约中接受投资者诉东道国的争端解决机制。另一些国家则重新审视其对外缔结的投资条约。南非政府从 2007 年开始对已有 BITs 进行为期 3 年的审查，2010 年决定不再缔结新的 BIT，除非有迫切的政治或经济原因。[①] 南非还终止了现行的 BITs，2013 年拟定新的《促进和保护投资法》[②]，将在该国内法基础上与伙伴国重新谈判 BITs。那么，对发展中国家而言，什么样的投资条约才是可接受、可持续发展的呢？

发达国家也对投资条约面临的挑战作出反应。美国吸取《北美自由贸易协定》(NAFTA)的教训，于 2004 年出台新的 BIT 范本，从实体条款到程序性规定进行全面修订，2012 年再次出台最新 BIT 范本，增加对东道国利益的保护。加拿大也亦步亦趋。芬兰政府于 2013 年 4 月主办"赫尔辛基进程"(Helsinki Process)，邀请各国官员、学者、非政府组织(NGOs)等公开讨论投资条约何去何从。

上述迹象表明，现有国际投资条约存在缺陷，人们正在寻求变革。很多

[①] Xavier Carim, Lessons from South Africa's BITs Review, Columbia FDI Perspectives, Perspectives on topical foreign direct investment issues by the Vale Columbia Center on Sustainable International Investment, No. 109, November 25, 2013, at http://www.vcc.columbia.edu/content/lessons-south-africa-s-bits-review, Nov. 27, 2013.

[②] 该法名称是"Promotion and Protection of Investment Bill", at http://www.tralac.org/files/2013/11/Promotion-and-protection-of-investment-bill-2013-Invitation-for-public-comment.pdf, 2013 年 11 月 1 日公布给公众评议。

学者撰文提出改革建议,包括平衡投资者与东道国利益[①],约束投资者的行为[②],改良甚至废除投资者诉东道国机制[③],目的是试图使投资条约更为完善、更具可接受性。有关国际机构也纷纷推出其BIT范本或指导文件,国际可持续发展研究所2005年最早推出《可持续发展国际投资协议》[④],南部非洲发展共同体(SADC)也于2012年推出《双边投资条约示范蓝本》[⑤],UNCTAD于2012年推出《可持续发展投资政策框架》(IPFSD)[⑥]。这些范本和指导文件的共同特点是,主张平衡投资者和东道国的利益,促进可持续发展。人们对国际投资条约进行反思和重构时,到底需要何种价值取向,才能实现真正的可持续发展呢?

在投资条约改革大局未定的情形下,世界主要经济体却在紧锣密鼓地谈判新的投资条约。美国主导的跨太平洋伙伴关系(Trans-Pacific Partnership,TPP)协议谈判和美欧之间的"跨大西洋贸易投资伙伴关系"(Transatlantic Trade and Investment Partnership,TTIP)协议谈判均包括了投资章节。中美BIT谈判现已进入实质性阶段,中国政府同意在"准入前国民待遇和负面清单"的基础上谈判[⑦],中国—欧盟BIT谈判也已经启动,欧盟主张以"负面清单方式+国民待遇原则"为基础[⑧]。印度目前与美国、欧盟、澳大利亚、新西兰等国谈判BITs。印度和美国BIT谈判历时已久,由于印度坚持不接受"投资者诉东道国争端解决机制"而举步维艰。这些重要的投资协定谈判会将投资条约引向何方?

[①] 余劲松:《国际投资条约仲裁中投资者与东道国权益保护平衡问题研究》,载《中国法学》2011年第2期。

[②] Cai Congyan, China—US BIT Negotiations and The Future of Investment Treaty Regime: A Grand Bilateral Bargain with Multilateral Implications, *Journal of International Economic Law*, Vol. 12, No. 2, 2009.

[③] Gus van Harten, *Investment Treaty Arbitration and Public Law*, Oxford University Press, 2007.

[④] IISD Model International Agreement on Investment for Sustainable Development, at http://www.iisd.org/pdf/2005/investment_model_int_agreement.pdf, Nov. 10, 2013.

[⑤] Southern African Development Community, SADC Model Bilateral Investment Treaty Template with Commentary, at http://www.iisd.org/itn/wp-content/uploads/2012/10/SADC-Model-BIT-Template-Final.pdf, Nov. 26, 2013.

[⑥] UNCTAD, Investment Policy Framework For Sustainable Development, at http://unctad.org/en/PublicationsLibrary/webdiaepcb2012d6_en.pdf, Nov. 26, 2013.

[⑦]《中美战略与经济对话推动双边投资协定进实质性谈判》,at http://www.chinanews.com/gn/2013/07-12/5035137.shtml,2013年7月12日。

[⑧] 陆振华:《中欧投资协定谈判:欧盟主张"负面清单方式+国民待遇原则"》,at http://jingji.21cbh.com/2013/10-26/zNNjUxXzg4MzMzNA.html,2013年10月26日。

中国于2012年签署了中日韩三方投资协议和中加BIT,正在分别与美国和欧盟谈判BIT,还在上海自贸区试行"准入前国民待遇和负面清单"。中国在投资条约规则制定方面的作用日益凸显。美国哥伦比亚大学Karl P. Sauvant教授撰文考察中美BIT成为今后多边投资条约模本的可能性。[1] 我国也有学者提出,假如中美、中欧都能顺利达成投资协定,再假如美国和印度等主要新兴经济体也都达成类似协定,那么,未来国际统一的投资规则或国际投资公约还会远吗?[2]

笔者以为,投资条约(特别是发达国家与发展中国家之间的BITs)存在诸多弊端的根源在于缔约各方经济地位和谈判实力不对等,缔约各国(特别是发达国家)片面追求本国利益,导致条约不够公平和公正,难以长久持续地存在和发展。只有秉承公平正义这一法律(尤其是国际法)的基本价值取向,投资条约的改革才有出路,新的投资条约才具有可持续性,才能够被广为接受。

二、公平正义是法律尤其是国际法的基本价值取向

公平正义是指衡平、公正、公义、公道、合理、公理。亚里士多德指出,"城邦以正义为原则。由正义衍生的礼法,可凭以判断(人间的)是非曲直,正义恰正是树立社会秩序的基础。"[3]公平正义是制定法律的动力,也是衡量和评估法律的标尺;是法律的基础、精髓和追求的目标。公平正义不仅存在于自然法中,也存在于实在法中。许多国家法律将公平正义奉为一般法律原则。

公平正义也是国际法的基本价值取向和一般法律原则。公平正义是《联合国宪章》(以下简称《宪章》)的主题词之一。《宪章》序言提出要"维持正义","彼此以善邻之道,和睦相处"[4]。《宪章》强调联合国的宗旨之一是,

---

[1] Karl P. Sauvant and Huiping Chen, A China—US bilateral Investment Treaty: A Template for a Multilateral Framework for Investment? Columbia FDI Perspectives, Perspectives on Topical Foreign Direct Investment Issues by the Vale Columbia Center on Sustainable International Investment, No. 85, December 17, 2012, at http://www.vcc.columbia.edu/content/china-us-bilateral-investment-treaty-template-multilateral-framework-investment, Nov. 7, 2013. Karl P. Sauvant教授认为,中美BIT有可能成为多边投资框架的模本,而笔者是该文的合作者,持不同意见,所以,论文题目中对此加了个问号。

[2] 李成钢:《2012年中国对外商务法律实践及其思考》,载《国际经济法学刊》第19卷第4期,北京大学出版社2013年版,第10页。

[3] 马捷莎、李祥:《亚里士多德正义观及其启示》,载《学术交流》2006年第1期,第23页。

[4] 《联合国宪章》序言规定:"我联合国人民同兹决心:……,创造适当环境,俾克维持正义,尊重由条约与国际法其他渊源而起之义务,久而弗懈,……,并为达此目的:……彼此以善邻之道,和睦相处,……"。

"以和平方法且依正义及国际法之原则,调整或解决足以破坏和平之国际争端或情势。……"①《宪章》要求会员国以和平方法解决国际争端,"俾免危及国际和平、安全及正义。"②安理会在处理有非会员国介入的争端时,应规定公平的条件让它们参加。③ 对于非自治领土的居民,应"予以公平待遇"。④ 在《维也纳条约法公约》序言中,重申了《宪章》提出的维持正义和依正义及国际法之原则和平解决国际争端的理念。该《公约》还直接以公平为考量,判断条约的某个特定条款能否单独援引。⑤

对于由发达国家建立的国际经济旧秩序,广大发展中国家以公平正义为标尺,认为现行国际经济秩序在规则制定上是不公平不正义的,未考虑发展中国家的特殊情况而给予特殊安排。此外,在世界财富的分配上也是不公正的,因此这些国家以公平正义为武器寻求更加公平正义的国际经济新秩序,并取得了阶段性成果。联合国先后通过了多个与国际经济新秩序有关的决议,包括《建立国际经济新秩序宣言》(以下简称《宣言》)和《行动纲领》《各国经济权利和义务宪章》等。《宣言》提出,要在一切国家待遇公平、主权平等、互相依存、共同受益以及协力合作的基础之上,建立一种新的国际经济秩序,用以矫正各种不平等现象以及现存的待遇不公问题⑥;同时提出,对发展中国家要给予特惠的和不要求互惠的待遇。⑦ 这些诉求的落脚点也是公平正义。《各国经济权利和义务宪章》提出了主权平等和公平互利两个原则⑧,而这两个原则正是公平正义的两个内涵。《联合国海洋法公约》也支持在海洋利益分配中建立公正公平的国际经济新秩序:"达成这些目标将有助于实现公正公平的国际经济秩序,这种秩序将照顾到全人类的利益和需要,特别是发展中国家的特殊利益和需要,不论其为沿海国或内陆国。"⑨

公平正义理念不只停留于纸面,也付诸实践。国际法院以公平原则作

---

① 《联合国宪章》第1条。
② 《联合国宪章》第2条。
③ 《联合国宪章》第32条规定:"联合国会员国而非为安全理事会之理事国,或非联合国会员国之国家,如于安全理事会考虑中之争端为当事国者,应被邀参加关于该项争端之讨论,但无投票权。安全理事会应规定其所认为公平之条件,以便非联合国会员国之国家参加。"
④ 《联合国宪章》第73条。
⑤ 《维也纳条约法公约》第44条"条约之规定可否分离"规定:"三、倘惟由仅与特定条文有关,得于下列情形下仅对各该条文援引之:……(丙)条约其余部分之继续实施不致有失公平。"
⑥ 《建立国际经济新秩序宣言》序言。
⑦ 《建立国际经济新秩序宣言》四(14)。
⑧ 《各国经济权利和义务宪章》序言和第一章。
⑨ 《联合国海洋法公约》序言。

第八章　国际投资条约理论

为裁断案件的国际法依据。虽然《国际法院规约》(以下简称《规约》)未明文提及公平正义,但从前述联合国宗旨"以和平方法且依正义及国际法之原则,调整或解决足以破坏和平之国际争端或情势"可见,国际法院也应依正义原则裁判案件。国际法院 Hudson 法官在"默兹河改道"案的个人意见中也认为,《规约》其实已经将公平原则纳入国际法院断案的法律依据。其主要理由是,《规约》第 38 条规定,法院裁判案件时应适用"一般法律原则为文明各国所承认者",公平原则作为世界各国主要法律体系的共有的一般法律原则,已经构成了"一般法律原则",从而成为国际法的一部分。① 再者,《规约》还专门规定,法院有权在争端双方同意时本着"公允及善良"原则裁判案件②,而公允善良本来就是正义的内涵。在"北海大陆架"案中,国际法院首次适用公平原则。在该案中,丹麦和荷兰认为,应适用等距离原则划分丹麦、德国和荷兰三国相邻的北海大陆架,而德国认为,这样划出来的结果对它极不公平,因为德国的海岸线是凹入的,从两端划出的等距离线会交叉,导致德国只获得很不成比例的一小块。国际法院最后判定,以协议划界,按照公平原则,并考虑所有相关情况,包括地质因素、地理因素、矿藏的统一性和比例因素等。公平原则在国际法院的其他司法实践中多次得到运用。

罗尔斯认为,正义包含两个原则,即平等自由原则和差别原则。③ 平等自由原则运用到国际法上,就是平等原则和有约必守。平等就是各国具有平等权利,以及由此产生的自我决定的原则。有约必守的含义是,如果条约和另一些调整国家间关系的原则相一致,才应遵守。④ 差别原则运用国际法上,就是当各国在政治经济文化社会有重大差异的情况下,应采取一些特殊政策或做法,实现真正的公正平等。《建立国际经济新秩序宣言》和《各国经济权利和义务宪章》提出的公平互利就是差别原则的具体化。因此,应当认为,国际法中的公平正义应包括主权原则、平等自由原则、公平互利原则和有约必守原则等四项原则。

公平正义在国际法学术界也是历久弥新的话题。不少学者包括索纳那亚(Sornarajah)教授一再强调国际法必须遵循公平正义这一价值取向,并以

---

① M. W. Janis, Equity and International Law: the Comment in the Tentative Draft, *Tulane Law Review*, Vol. 57, 1982, p. 80.
② 《国际法院规约》第 38 条第 2 款。
③ 〔美〕约翰·罗尔斯著:《正义论》(修订版),何怀宏、何包钢、廖申白译,中国社会科学出版社 1999 年版,"译者前言"第 5 页及正文第 47 页。
④ 同上书,第 297 页。

公平正义为尺度来衡量国际法。① 公平正义也被用于国际环境法的评估。② 彼得斯曼(Ernst-Ulrich Petersmann)等学者也热衷于讨论国际经济法中的公平正义。③彼得斯曼指出,国际经济法不可避免地会涉及法律和司法正义问题(如公正的规则、公平的程序)、分配正义问题(如分配经济利益的规则),以及矫正正义问题(如确定和矫正不当的利益分配)。④ 公平正义同样也适用于国际投资条约。

三、多数国际投资条约的缺陷在于欠缺公平正义

彼得斯曼教授指出,外交官在谈判投资条约和投资协议时,投资者在利用投资条约时,甚至老百姓在抱怨受外资影响时,都是按照各自的公私视角和国内国际视角来解释和评价投资条约。⑤ 公平正义被抛之脑后。在当代社会,国际法有时沦为强权国家实现自身目标的工具。现有很多国际经济

---

① 中国学者如李居迁:《国际法——变动世界中的公平与正义》,载《清华法治论衡》2005 年第 1 期;肖永平、袁发强:《新世纪国际法的发展与和谐世界》,载《武大国际法评论》2010 年第 1 期。外国学者如 M. Sornarajah, Power and Justice in International Law, *Singapore Journal of International and Comparative Law*, Vol. 1, 1997; M. Sornarajah, Power and Justice: Third World Resistance in International Law, *Singapore Year Book of International Law*, Vol. 10, 2006; Steven R. Ratner, Ethics and International Law: Integrating the Global Justice Project(s), University of Michigan Law School, Public Law and Legal Theory Research Paper Series, Paper No. 315, at http://ssrn.com/abstract=2224064, Feb. 14, 2013。

② Carmen G. Gonzalez, Environmental Justice and International Environmental Law, in Shawkat Alam, Jahid Hossain Bhuiyan, Tareq M. R. Chowdhury &. Erika Techera (eds.), *Routledge Handbook of International Environmental Law*, Routledge, October 2012.

③ Ernst-Ulrich Petersmann, Justice in International Economic Law? From the "International Law among States" to "International Integration law" and "Constitutional Law", EUI Working Papers, Law No. 2006/46; Ernst-Ulrich Petersmann, The Judicial Task of Administering Justice in Trade and Investment Law and Adjudication, *Journal of International Dispute Settlement*, Vol. 4, No. 1, 2013; Chios C. Carmody, Frank J. Garcia, John Linarelli (eds), *Global Justice and International Economic Law: Opportunities and Prospects*, Cambridge University Press, 2012; John Linarelli (ed), *Research Handbook on Global Justice and International Economic Law*, Edward Elgar, 2013.

④ Ernst-Ulrich Petersmann, Justice in International Economic Law? From the "International Law among States" to "International Integration Law" and "Constitutional Law", EUI Working Papers, Law No. 2006/46, p. 13.

⑤ Ernst-Ulrich Petersmann, The Judicial Task of Administering Justice in Trade and Investment Law and Adjudication, *Journal of International Dispute Settlement*, Vol. 4, No. 1, 2013, p. 6.

第八章 国际投资条约理论

法律规则受西方霸权主义的影响很大,是与正义原则相冲突的。① 国际投资条约亦如此。

用公平正义来衡量和评判国际投资条约的正当性,可以从国际投资条约的缔结、内容、解释和适用各个方面来看。人们发现,由于历史和现实的原因,在 BIT 实践中,长期存在发达国家与发展中国家之间在谈判地位与能力、谈判目标与效果、权力与利益等方面的不平等或不平衡现象。因循传统"惯性",近年来,此种不平等或不平衡现象不仅未得到纠正,而且呈现强化和扩张之势。② 有学者将这种状态称为"失衡"③,笔者称之为欠缺公平正义。兹分述如下。

第一,从 BITs 缔结时的主权平等原则来看,BITs 欠缺公平正义。

如前所述,平等是正义的首要原则。然而,发达国家与发展中国家之间缔结 BIT 时,从政治经济实力、谈判实力、谈判能力和谈判地位各方面来看,双方都不是平等的,或者说,差距是很大的。

BIT 的产生和本意是保护发达国家的投资者。20 世纪 90 年代之前,BITs 主要是在发达国家与发展中国家之间签订。西方发达国家鼓吹投资自由化能促进各国经济的发展,对财产权的保护会促进投资和发展。如果发展中国家真的想要吸引外资,最好是签订美国所倡导的那样高保护标准的 BITs。④ 另一方面,发达国家认为,发展中国家政局不稳定,国内法律不够健全,司法不够公正,当地救济手段和力度有限,不足以保护作为技术和资本供应者的西方跨国公司,因此有必要制定有约束力的可强制执行的规范来保护投资者,限制发展中国家的主权权力。

发达国家与发展中国家之间的 BITs 是不对称的条约。BITs 主要调整国际投资关系,但是这种投资是单向地从发达国家流向发展中国家,而不是发达国家与发展中国家之间的互惠流动。⑤ 条约所谓的"相互鼓励""相互促

---

① M. Sornarajah, Power and Justice in International Law, *Singapore Journal of International and Comparative Law*, Vol. 1, 1997, p.40.
② 曾华群:《论双边投资条约实践的"失衡"与革新》,载《江西社会科学》2010 年第 6 期,第 8 页。
③ 同上。
④ J. Salacuse & N. Sullivan, Do BITs Really Work: An Evaluation of Bilateral Investment Treaties and Their Grand Bargain, *Harvard International Law Journal*, Vol. 46, Winter, 2005, pp.106—107.
⑤ M. Sornarajah, Power and Justice: Third World Resistance in International Law, *Singapore Year Book of International Law*, Vol. 10, 2006, p.31, at http://law.nus.edu.sg/sybil/downloads/articles/SYBIL-2006/SYBIL-2006-19.pdf, Oct. 20, 2013.

进"投资实际上是一纸空文。因此,索纳那亚教授将这类条约界定为施予者(the giver)与接受者(the receiver)之间的条约,存在天生的不平等性。① 或者说,表面的平等互惠背后是不平等非互惠。它们可能侵蚀一方主权,但不会相应侵蚀另一方的主权。② 即使是在资本相互流动的两个国家之间的BIT,资本净输入国也会认为 BIT 不平等,会损害国家主权。例如,对于中加 BIT,加拿大学者哈顿博士因为"预期将来中国企业在加拿大投资远超加拿大企业在中国的投资",从而认定中加 BIT 是一个"非互惠"的协定。一俟生效,将使加拿大的立法、行政和司法主权,受到来自中国投资者的挑战。因而,对中加 BIT 有可能产生的对于加拿大的不利影响表示"深切忧虑"。③ 加拿大现有 24 个生效的 BITs④,几乎都是与发展中国家签订,加拿大都处于资本输出国地位。根据哈顿博士的逻辑,对发展中国家而言,这些投资条约更是"非互惠"的条约,都是以表面的"平等"掩盖了实质上的"不公平"。

发达的资本输出国与发展中的资本输入国之间的 BIT 也是不平等当事方之间的条约。⑤ 发达国家作为资本输出国,主要是保护其海外投资者的利益,尽可能限制东道国调控和管制外资的政策空间,而发展中国家作为资本输入国,主要是吸引外资发展经济,同时尽可能保护其主权。发达国家与发展中国家的谈判地位不同,谈判实力悬殊,缔约利益各异,由此达成的条约虽然在形式是平等的,但实质上却是不平等的。

第二,从缔结条约时当事国应自由同意来看,BIT 欠缺公平正义。

平等自由是正义的原则,《维也纳条约法公约》序言提出"自由同意与善意之原则"⑥,在谈判中缔约国是否自由同意是评估条约是否公正公平的强有力的标准。

有些发展中国家在缔结 BITs 时带有一定的盲目性和非自愿性。有些BITs 表面上是缔约国同意的结果,缔约国自愿接受国际条约的约束,但背

---

① M. Sornarajah, *The International Law on Foreign Investment*, 2nd Edition, Cambridge University Press, 2004, p. 218.

② Ibid.

③ Gus Van Harten, China Investment Treaty: Expert Sounds Alarms in Letter to Harper, at http://thetyee.ca/Opinion/2012/10/16/China-Investment-Treaty/, Jan. 30, 2013.

④ Foreign Affairs, Trade and Development Canada, Foreign Investment Promotion and Protection Agreements (FIPAs) in Force, at http://www.international.gc.ca/trade-agreements-accords-commerciaux/agr-acc/fipa-apie/force-vigeur.aspx?lang=eng, Nov. 26, 2013.

⑤ 曾华群:《变革期双边投资条约实践述评》,载《国际经济法学刊》第 14 卷第 3 期,北京大学出版社 2007 年版,第 29 页。

⑥ 《维也纳条约法公约》序言。

后却可能存在一定的非自愿性,因为发达国家以缔结 BIT 作为给予贷款的条件或提供投资保险的前提。例如,美国的海外私人投资公司(OPIC)是隶属于国务院的半官方机构,其提供海外投资保险的前提是该发展中国家与美国签订有投资条约(包括投资保证协定)。也有些发展中国家并没有意识到 BIT 的不平等性及可能给自己带来的危害,不明就里、盲目地签署了 BITs。例如,1959 年德国与巴基斯坦签订了第一个投资保护协定,50 年后,即 2010 年,UNCTAD 在厦门举办世界投资论坛,巴基斯坦前首席检察官在研讨会上公开承认,当时根本就不知何谓 BIT,若知道后果这么严重,当初就不会签署这样一份条约。[①]

发展中国家还常常在不自觉中"顺应潮流"接受了高标准的 BITs。发达国家利用投资条约中最惠国待遇的"多边传导效应"和"同侪压力"(peer pressure),在全球推高投资待遇标准。发达国家拟定高标准的 BIT 范本,相互之间签订高标准的投资条约,再将这些标准以双边条约或 FTA 中的投资章节的方式推销给广大发展中国家。通过最惠国待遇,这些高标准又传导给其他条约。在发达国家的主导和推动下,随着 BIT 标准的"水涨船高",一些发展中国家为引进外资,也只好"随行就市",自行提高标准。

第三,从 BIT 的规则条款来看,也欠缺公平正义。

法律的一般正义包括实体正义和程序正义,即公正的规则和公平的程序。根据 Dunoff 等人的观点,正义就是"在国际社会各成员之间公平地(equitably)分担义务和责任"[②]。运用到 BIT 中,就是要考察给予投资者的待遇标准、投资者诉东道国的程序规定以及各方权利义务是否公平。

由于发达国家与发展中国家缔结条约时的不平等不自由,必然导致 BITs 的内容不能公平公正地在它们之间分配权利和义务。有美国学者曾撰文承认,在美国—中美洲自由贸易协定(CAFTA)谈判中,美国利用其不

---

① 巴基斯坦前首席检察官 Makhdoom Ali Khan 先生在 2010 年 9 月 7—8 日 UNCTAD 在厦门举办的世界投资论坛上的发言。Makhdoom Ali Khan 先生是在 2010 年 9 月 8 日议题为"International Investment Agreements in the New Era"的 Session 2:Breakout Session B on the Systemic Evolution of the Investor-State Dispute Settlement System 上作上述讲话的。See World Investent Forum 2010:Programme, at http://unctad-worldinvestmentforum.org/img/WIF_2010_Programme_04-09.pdf,Nov. 20, 2013.

② Jeffrey Dunoff and Others, *International Law, Norms, Actors, Process: A Problem-Oriented Approach*, Aspen Publishers, 2nd Edition, 2006, p. 961. See also Itzchak E. Kornfeld, Comment on Ernst-Ulrich Petersmann's "The Judicial Task of Administering Justice in Trade and Investment Law and Adjudication", *Journal of International Dispute Settlement*, Vol. 4, No. 2, 2013, p. 5.

对等的谈判实力,胁迫中美洲国家同意,导致 CAFTA 有太多一边倒(one-sided)的规定。① 还有媒体报道,中美洲国家的谈判人员缺乏足够的筹码从美国换取所要的让步,并面临丧失贸易优惠的隐形威胁。② 从总体上看,BIT 的国民待遇、最惠国待遇、公平与公正待遇和持续的安全与保护、征收及其补偿等规则,对发达国家的投资者、特别是大的跨国公司有利,发展中国家的东道国承担了沉重的保护投资者及其投资的责任。晚近十几年,发达国家的投资者频频援引含糊的对其有利的 BIT 条款挑战东道国采取的各种措施,尤其是与环保、人权、社会福利等有关的管制性措施,并节节获胜。

广受诟病的是投资条约中投资者诉东道国的国际投资仲裁机制。该机制最初是专为发展中国家设置的,目的是片面地保护发达国家投资者的利益。早期发达国家之间几乎没有 BIT,更没有投资者诉东道国这一机制,直到 1994 年墨西哥参加 NAFTA,才第一次在有美国、加拿大两个发达国家在投资条约中出现。从表面上看,BIT 关于投资者与东道国争端解决机制的条款对缔约双方是互惠的、平等的。实质上,由于资本流向的单向性,缔约双方所面临的诉讼风险是不一样的:发达国家几乎不会面临来自发展中国家投资者的诉讼③,而发展中国家就得常常面临来自发达国家的投资者的起诉。因此,国际投资仲裁中的被告绝大多数都是发展中国家,但由于投资者没有事先同意仲裁,发展中国家不能主动提起仲裁请求,被诉时连提出反诉的机会都没有,故几乎没有投资者成为被告④,其不公平性显而易见。投资仲裁庭在裁断案件时,也往往以保护私有财产、投资条约的目的和宗旨是保护投资、外国投资者相对东道国而言是弱者等为由,偏向投资者。这明显违反了不偏不倚、按公义审判这一根本原则。由投资仲裁产生的弊端也日益显现,例如,条约解释的不一致、条约解释超越缔约双方的本意、投资者过

---

① Frank J. Garcia & Lindita Liko, Theories of Justice and International Economic Law, in John Linarelli (ed.), *Research Handbook on Global Justice and International Economic Law*, Edward Elgar, 2013, p.33, at http://ssrn.com/abstract=1962933, Nov. 20, 2013.

② Ibid., footnote 119.

③ Barton Legum, The Innovation of Investor-State Arbitration Under NAFTA, *Harvard International Law Journal*, Vol. 43, No. 2, 2002, p.537.

④ 迄今为止,东道国在 ICSID 起诉外国投资者的案件只有三个:加蓬诉 Serete 公司(Gabon v. Socie'te' Serete S. A.)(ICSID Case No ARB/76/1)、坦桑尼亚电力供应公司诉坦桑尼亚独立电力公司(Tanzania Electric Supply Company Limited v. Independent Power Tanzania Limited)(ICSID Case No ARB/98/8),以及印度尼西亚东加里曼丹省政府诉 Kaltim Prima(Government of the Province of East Kalimantan v. PT Kaltim Prima Coal and Others)(ICSID Case No ARB/07/3)。这三个案件都不是依据双边投资条约提起的,而是依据投资者与东道国的投资协议提起的。

度利用投资条约、东道国为公共利益制定的政策措施受到投资者挑战、仲裁程序冗长和昂贵、缺乏透明度等。① 近几年,一些拉美国家如智利、厄瓜多尔宣布退出《ICSID 公约》,南非、印度也宣布不再在 BITs 中接受投资者诉东道国机制。连发达国家澳大利亚都高调宣布,今后不再接受投资者诉东道国机制。这些,都是对不够公平公正的国际投资仲裁机制的抗议。加拿大学者哈顿博士也反对现行国际投资仲裁机制,认为它是有缺陷的(flawed)。② 原因之一是,《北美自由贸易协定》(NAFTA)生效以来,加拿大政府已被诉 30 起,在 4 起诉争中赔付了 1.7 亿美元,而加拿大投资者在海外针对外国政府的 16 个仲裁请求却无一获胜。③ 更深层次的原因是,加拿大相对美国而言是资本输入国,加拿大政府被美国投资者起诉的概率要远远大于美国政府被加拿大投资者起诉的概率。迄今,美国是加拿大最大的资本来源国,总投资额 3260 亿美元,占加拿大总外资的 51.5%。④

对于社会经济存在不平等的情形,正义的差别原则要求作出特殊的安排,以便使每个人都能获益。发展中国家则提出公平互利原则。不管是适用公正平等和差别原则,还是适用公平互利原则来考量,现有 BIT 规则的制订未正视发达国家和发展中国家之间的差别和不平等,更未作出有利于发展中国家、让发展中国家获益的特殊安排。

第四,从 BIT 的解释、适用和效果来看,也欠缺公平正义。

从理论上说,缔约国有权对自己创制的条约条款作出解释,但现行 BIT 对缔约国对条约的解释权及其对仲裁庭的效力鲜有规定⑤,投资条约一旦签署并批准,缔约国对该条约基本上就失控了。由于 BIT 一般都有投资者诉东道国机制,对 BIT 条款的解释权基本上就全部落入仲裁庭手中。罗纳德·德沃金提出"诚实正直的裁判原则"(adjudicative principle of integrity),要求法官将法律视为正义公平理念的表述,并在每个鲜活的案件中给

---

① Aldo Caliari, UNCTAD's Investment Policy Framework for Sustainable Development: Potential and Issues, at http://www.iisd.org/itn/2013/01/14/unctads-investment-policy-framework-for-sustainable-development-potential-and-issues, Jan. 14, 2013.
② 见于 Gus Van Harten 2013 年 9 月 15 日给笔者的邮件。该邮件存于笔者处。
③ Gus Van Harten, China Investment Treaty: Expert Sounds Alarms in Letter to Harper, at http://thetyee.ca/Opinion/2012/10/16/China-Investment-Treaty/, Jan. 30, 2013.
④ 《中国投资者不太青睐加拿大》,载《温哥华太阳报》11 月 4 日,转引自《参考消息》2013 年 11 月 6 日第 5 版。
⑤ NAFTA 第 1131 条"准据法"有此类规定,即 NAFTA 自由贸易委员会对协议条约作出的解释,应对依协议建立的仲裁庭有约束力。

予运用。① 然而,国际投资仲裁实践却表明,仲裁庭往往没有"秉公办案",在涉及案件的管辖权时,尽可能扩张解释条约条款从而达到扩大自己管辖权的目的。② 在裁判案件时,仲裁庭往往采用"以投资者为中心"的进路,对相关条款作扩张解释。例如,宣称 BITs 的宗旨是保护外国投资者,从而偏袒外国投资者。仲裁员在解释和适用 BITs 时还常常带有明显的"西方偏好"和偏袒强国的倾向。不同仲裁庭作出的裁决也五花八门,缺乏一致性(consistency)。对此,作为争端当事一方的东道国往往束手无策。

正义包括分配正义和结果正义。缔结投资条约的目的是促进投资。BITs 的引资效果是否明显呢? UNCTAD 的研究表明,BITs 对投资流向有一定的影响,但这种影响比较微弱。③ 世界银行也得出相同的结论,它在《2003 年全球经济展望》和《2005 年世界发展报告》中都指出,BITs 没有增加向签订投资协定的发展中国家的投资流动,同时,尚未发现,缔结 BITs 与其后的投资流入间存在密切联系。④ BITs 与外资流入的正相关虽未得到证明,但已得到证明的是,发展中国家频频被诉至国际投资仲裁庭,仲裁庭常常裁出天价赔偿金,东道国财政负担加重,制定新法律的主权权力却往往被"冻结"。

虽然近十年各国致力于对 BITs 的变革,但实践表明,无论是 BIT 新议题的提出,还是传统条款的革新,主导和推动的力量均来自发达国家。发达国家在 BIT 谈判中,多数是以其自身的 BIT 范本为谈判基础,仍然拥有经济实力和谈判人才等方面的明显优势,而发展中国家一般处于被动接受的地位,甚至落入发达国家精心设计的圈套。⑤ 中加 BIT 关于最惠国待遇

---

① R. Dworkin, *Law's Empire*, Belknap Press of Harvard University Press 1986, pp. 225, 243. See also Ernst-Ulrich Petersmann, Justice in International Economic Law? From the "International Law among States" to "International Integration Law" and "Constitutional Law", EUI Working Papers, Law No. 2006/46, p. 9.

② 关于这一问题,参见陈辉萍:《ICSID 仲裁庭扩大管辖权之实践剖析——兼评谢业深诉秘鲁案》,载《国际经济法学刊》第 17 卷第 3 期,北京大学出版社 2010 年版。

③ 张晓斌:《双边投资条约真吸引外资了吗?——BITs 引资效果的经验研究》,载《当代财经》2006 年第 4 期。

④ 陈安:《中外双边投资协定中的四大"安全阀"不宜贸然拆除》,载《国际经济法学刊》第 13 卷第 1 期,北京大学出版社 2006 年版,第 22 页。

⑤ 曾华群:《变革期双边投资条约实践述评》,载《国际经济法学刊》2007 年第 14 卷第 3 期,北京大学出版社 2007 年版,第 29 页。

追溯至 1994 年的规定①,对中国可能就是一个陷阱。加拿大贸易官员 Vernon MacKay 在国会交叉质询中揭秘如下:"中国已签署了 100 多个 BIT,……条约对公平与公正待遇标准采取了非常宽泛的措辞,并引发扩张性解释,当然我们的条约不会采用这些方式,但在华投资的加拿大投资者完全可以充分利用这一点……这些条款不仅适用范围更广,而且能够为加拿大投资者提供更高标准的保护。……我们之所以回溯至 1994 年以后的条约,正是为了鼓励缔约另一方(即中国,引者注)同样适用先前的条约。"②

国际投资条约的不公平不公正已昭然若揭。UNCTAD 指出,国际投资协议很可能"成为保护投资者及其母国利益的工具,却没有适当考虑发展中国家对发展的关切",从总体上说,"现有的条约条款严重偏向投资者及其母国"。③

四、国际投资条约应以公平正义为价值取向

如前所述,现有多数 BIT 从谈判到内容都欠缺公平正义,导致很多发展中国家对已缔结的 BIT 不满,谋求变革。笔者认为,任何国家在谈判投资条约时,心中都应该有公平正义这一杆秤,唯有符合公平正义的条约才能稳定与持久。

对于 2012 年签订的中加 BIT,哈顿博士认为是事实上的非互惠,是不公平的。中加 BIT 到底公平吗?笔者认为,应客观公正地评价中加 BIT。首先,从历时 18 年的中加 BIT 谈判过程来看,谈判双方在地位上是平等的,在谈判实力上虽有差距(笔者认为中国的经济实力和谈判人才略逊一筹),但还是相对对等的。其次,从 BIT 内容上看,中加 BIT 相对比较公平。一是实体规则比较完善,例如公平与公正待遇、征收及其补偿规则等比较严谨,不太容易被扩大解释或滥用。二是东道国对投资者承担的责任有所减轻或限制,例如国民待遇仅限于投资准入后,"一般例外"列举的事项较多较

---

① 中加 BIT 第 8 条"例外"中规定,第 5 条(最惠国待遇)不适用于"根据1994 年 1 月 1 日前生效的任何双边或多边国际协定给予的待遇"。

② Cross-Examination on Affidavit of Vernon John MacKay,参见 Gus Van Harten 著:《中国加拿大双边投资条约述评》,谷婀娜译,载《国际经济法学刊》第 20 卷第 4 期,北京大学出版社 2014 年版。

③ Aldo Caliari, Investment Policy for Sustainable Development, UNCTAD Proposes (September 2012), at http://www.coc.org/rbw/investment-policy-sustainable-development-unctad-proposes-september-2012, Sep. 9, 2012.

全面①，给东道国更多的自主政策空间和保护，从而避免将天平向投资者倾斜。中加 BIT 对投资者诉东道国机制也给予了一定的限制②，并增加了缔约国对仲裁程序的参与。③ 从总体上看，中加 BIT 较好地平衡了东道国和投资者的权利和义务。特别值得赞赏的是，中加 BIT 体现了公平正义中的差别原则，对中国和加拿大各自的特殊情况给予公平的特殊考虑和安排。例如，国有企业仍是中国最主要的经济实体，中加 BIT 将对国有企业施加的"禁止或限制对股东权益或资产的所有或控制，或者对高级管理人员或董事会人员施加国籍要求的措施"作为例外，排除在国民待遇和最惠国待遇之外④，从而为中国对国有企业的管控保留了政策空间。中加 BIT 还认可中国单方面要求投资者使用中国国内的行政复议程序，作为投资者诉诸国际投资仲裁的前提条件。⑤ 再如，加拿大一贯注重保护本国文化产业，在 OECD《多边投资协定》谈判时就力主将文化产业作为例外。中加 BIT 尊重加拿大的这一要求。⑥ 然而，中加 BIT 并非完美无瑕。笔者认为，中加 BIT 有关最惠国待遇适用于公平与公正待遇的规定，对中国是不公平的。我国 1994 年之后签订的某些 BITs 对公平与公正待遇的规定仍然非常笼统，很容易被投资者和仲裁庭扩大解释，从而认定中国政府的某些措施违反公平与公正待遇。中加 BIT 将最惠国待遇适用于 1994 年 1 月 1 日之后生效的双边或多边国际协定，其后果是，加拿大投资者在我国投资，可援引中加 BIT 的最惠国待遇条款，适用我国在其他 BITs 中笼统的公平与公正待遇条款，从而挑战我国的某些措施。

  基于中加 BIT 的谈判经验和教训，我国在与美国和欧盟谈判 BIT 时，既要坚持平等自由原则和权利义务平衡原则，又要坚持差别原则，考虑我国的特殊国情和要求，同时要特别小心避免中加 BIT 中最惠国待遇条款那样的陷阱。我国在与发达国家进行的 BIT 谈判中，应站在发展中国家的立场，寻求公平正义投资协定安排，维护发展中国家的利益。例如，在条款内容上应考虑发展中国家的诉求，作出公平互利的安排，对投资者诉东道国机制加

---

① 中加 BIT 第 33 条。
② 例如，第 20 条第 1 款限制了投资者可起诉东道国的义务范围；第 30 条要求仲裁庭裁断案件时应考虑东道国缔约方的法律，并接受缔约双方对条约条款的解释。
③ 例如，第 27 条和第 29 条赋予非争端缔约方获得仲裁文件、参与仲裁程序并发表意见的权利。
④ 中加 BIT 第 8 条第 2 款第 1 项第 2 目。
⑤ 中加 BIT 第三部分第 21 条的附录"诉请提交仲裁的前提条件;对缔约方的特定要求"。
⑥ 中加 BIT 第 33 条第 1 款。

以限制,平衡东道国与投资者的权利和义务等。另一方面,我国在与广大发展中国家签订 BITs 时,很可能居于资本净输出国的地位,仍应以公平正义为价值取向,平衡东道国与投资者之间的权利和义务,并充分考虑其特殊国情,作出公平互利的安排。

五、以公平正义为价值取向构建新一代国际投资条约

罗尔斯认为,任何法律和制度,无论多么行之有效和治之有序,只要它们不正义,就必须加以改革或者废除。[1] 更何况已出现缺陷的国际投资条约。索纳那亚教授指出,对于强权国家利用国际法而制定的不公平不平等规范,弱势国家应该运用那些受到正义支持的规范来进行挑战和反对。[2] 美国学者 Frank J. Garcia 等也提出,如果认为国际经济法整个或部分不够公平,正义理论可以提供替代范式或具体的变革方案,从而使之更为公平合理。[3]

以公平正义为诉求寻求变革并非笔者首创,WTO 多哈回合早已有之。一些政府和非政府组织对 WTO 谈判和 WTO 争端解决程序早就提出与正义相关的"可持续发展"诉求和更加"公平"的规则(如农业补贴、棉花贸易、纺织品、香蕉、生物遗传资源等)。[4] 笔者认为,鉴于国际投资条约前述存在的种种问题,将来各国谈判签订新的国际投资条约,应以公平正义为原则,作出更好的安排。

(一)在不对等的现实中谋求公平互利的安排

国际资本流动有单向流动和双向流动两种情况。单向流动主要是从发达国家流向发展中国家、从较发达的发展中国家流向一般的发展中国家。双向流动大量发生在发达国家相互之间,发展中国家相互之间也有但较少。单向流动下的投资条约表面上公平公正,实质上往往是不公平不公正的。

---

[1] 参见〔美〕约翰·罗尔斯著:《正义论》,何怀宏、何包钢、廖申白译,中国社会科学出版社 1988 年版,第 3 页。作者根据英文对中文的文字表达有所修改。

[2] M. Sornarajah, *The International Law on Foreign Investment*, 2nd Edition, Cambridge University Press, 2004, p.19.

[3] Frank J. Garcia & Lindita Liko, Theories of Justice and International Economic Law, in John Linarelli (ed.), *Research Handbook on Global Justice and International Economic Law*, Edward Elgar, 2013, p.6.

[4] Ernst-Ulrich Petersmann, The Judicial Task of Administering Justice in Trade and Investment Law and Adjudication, *Journal of International Dispute Settlement*, Vol.4, No.1, 2013, p.13.

双向流动的投资条约略显公平,但双向流动只是相对的,总有一方投资会多于另一方,如美国与加拿大。随着时间的推移,双方的投资地位也可能发生变化甚至逆转,如中国与加拿大。在经济全球化背景下,各国经济相互依存,一损俱损一荣俱荣。2008年席卷全球的金融危机再次证明了这一点。显然,资本的单向流动或双向流动还不足以作投资条约是否公平公正的判断标准。

资本单向流动导致投资条约的不公平不公正,其真正的实质还是一国的国力不足,在缔约过程中谈判实力不对等、谈判地位不平等。在国力不平等、不对等的情况下,表面上平等的条约实质上可能是不公平的。正如陈安教授所言,发达国家对于经济实力悬殊、差距极大的国家,"平等"地用同一尺度去衡量,用同一标准去要求,实行绝对的、无差别的"平等待遇",其实际效果,有如要求先天不足、大病初愈的弱女子与体魄强健、训练有素的壮汉在同一起跑点上"平等"地赛跑,从而以"平等"的假象掩盖不平等的实质。①

在发达国家与发展中国家存在先天差距的情形下,应适用正义的第二原则即差别原则和公平互利原则。公平正义的投资条约必须考虑缔约双方的政治经济社会文化水平,在必要时用表面"不平等"的条款实现实质上的公平和正义。国际贸易法中发达国家对发展中国家实行的"非互惠的普遍优惠待遇"可资借鉴。② 在国际环境法中发达国家与发展中国家的"共同但有区别的责任"原则也能给我们一些启发。运用到国际投资条约中,UNCTAD提出了"特殊与差别待遇"(Special and Differential Treatment, SDT)。③ 特殊与差别待遇的具体表现可以是,例如,在BIT缔约双方中,发达国家用准入前国民待遇加负面清单的方法,而发展中国家用正面清单的方法,或准入后国民待遇。又如,在征收补偿标准上,可以对发展中国家适当放宽。在投资者与东道国的争端解决中,允许发展中国家要求用尽当地救济,从而给发展中国家的东道国用国内法"矫正"错误的机会。

当然,特殊与差别待遇仅限于发达的资本输出国对较落后的资本输入国的优惠,不能通过最惠国待遇条款而"授惠"给其他国家。为此,要将之作为最惠国待遇的例外。

毋庸讳言,发展中东道国由于国内法制不健全,公共治理能力不足,事

---

① 陈安主编:《国际经济法学》,北京大学出版社2013年版,第96页。
② 同上书,第97—100页。
③ UNCTAD, Investment Policy Framework For Sustainable Development, p. 40.

实上可能采取不当举动,侵犯了投资者的利益,这时理应承担国家责任。对这种情况,东道国自身应完善本国法律和法治。IPFSD原则(3)强调良好的公共治理,主要是指政府服务的高效性和有效性,包括问责制、可预期性、清晰度、透明度、公正、法治,以及清廉。在投资条约中,在公共治理条款之后,可以补充一条:"缔约国有义务使本国法律符合其在本协议项下的义务;并采取各种措施确保本国各级政府遵守本协议的义务。"

(二)通过适当平衡各方利益实现公平正义

郑斌教授认为,"正义的本质在于适当平衡各方的利益",只有当各方在符合国际法一般原则时达到适当的利益平衡,正义才实现。① 为此,UNCTAD及学界也提出了平衡国际投资活动当事各方利益的建议。② 在IPFSD中,特别强调使用平衡的方法,一方面要平衡东道国和投资者的权利和义务;另一方面,单纯追求经济增长的目标要与保护民众和环境的需要相平衡,同时强调发展中国家在投资政策制定方面的利益。③

要平衡各方的利益,首先要厘清各方的利益,但不能片面强调一己之私利。国际投资条约涉及东道国、母国和投资者三方。笔者认为,这三方之间的利益关系不是对立关系,而是"共赢"关系。在"共赢"基础上比较容易达成公平正义的条约。

1. 在缔约各方共赢基础上达成公平正义的投资条约

对东道国而言,吸引外资,发展本国经济,是其最基本的利益。虽然没有证据和数据说明投资条约必然导致更多外资进入,但是,除极端情形外,引进的外资一般而言是有利于东道国经济发展的。但是,只有东道国最了解自己的行业需求和社会需要,只有当外资能够促进本国社会经济需要时,这种资金才对东道国有益。因此,要允许东道国对外资进行引导和调控。很多投资条约规定投资自由化,不允许东道国对外资进行引导和调控,例如

---

① John Gardner, The Idea of Justice, Social Science Research Network Electronic Library Network, 2012, at http://papers.ssrn.com/sol3/papers.cfm? abstract_id=2081682, Sep. 9, 2013.

② UNCTAD, Investment Policy Framework For Sustainable Development, pp.7, 11, 39;余劲松:《国际投资条约仲裁中投资者与东道国权益保护平衡问题研究》,载《中国法学》2011年第2期。

③ UNCTAD, Investment Policy Framework For Sustainable Development, pp.3, 7, 11, 12, 39; Aldo Caliari, UNCTAD's Investment Policy Framework for Sustainable Development: Potential and Issues, at http://www.iisd.org/itn/2013/01/14/unctads-investment-policy-framework-for-sustainable-development-potential-and-issues, Jan. 14, 2013.

禁止业绩要求的使用,投资者也常常利用投资者诉东道国争端解决机制(特别是其中的国际投资仲裁机制)挑战东道国对外资的引导和调控措施。为此,新一代投资条约应给东道国一定的政策空间,以帮助其实现经济发展的目的。同时,也可以考虑将前述"特殊与差别待遇"原则应用于此。

东道国吸引外资除了短期的局部的经济利益外,还应该考虑一国长期的整体的公共利益、公民福祉等,还应该考虑"全人类的共同利益"。因此,必须要求外国投资者保护环境、尊重人权、遵守劳工标准、不得贿赂官员,遵守东道国法律法规,尊重当地文化、民俗等。彼得斯曼就提出,应将那些与公共秩序有关的"以人为中心"(people-centered)的人权、环境和其他议题列入投资条约中。①

母国最重要的利益在于保护自己的海外投资者,保护其利益不受损害。当然,海外投资成功,也能够给母国带来丰厚的税收利益。这就是为什么母国在签订投资条约时,千方百计为投资者着想。

而投资者的利益就是投资自由、顺利、安全和获利丰厚。

投资者利益与东道国利益是否对立?近年日益增多的投资者诉东道国案件导致二者关系紧张,也让人误以为二者关系是你死我活的对立、零和关系。笔者以为,二者是共存、共赢、共荣的关系。投资者手中有资金、先进的技术和先进的管理经验,这正符合东道国的需要;东道国国内经济越发展,投资者施展才能的平台就越大,获利就越多。为此,双方应加强合作,共同繁荣。签订投资条约是一种象征,也是确定的国际法规范,表明东道国愿意为投资者提供良好而稳定的投资环境,鼓励、促进和保护外资,同时促进本国经济的发展。

另一方面,正是这种非对立而是共荣的关系,使投资者在与东道国出现争议时,不应动辄就上国际仲裁庭,而应考虑公司在东道国的市场及持续经营,愿意与东道国保持良好的关系,寻求和平方式解决争议。因此,在投资条约中,规定投资者和东道国都要守法,预防争端的出现;一旦出现争端,促进双方以友好方式协商解决,并安排较充分的沟通时间,而不是立即诉诸国际仲裁。

---

① Itzchak E. Kornfeld, Comment on Ernst-Ulrich Petersmann's "The Judicial Task of Administering Justice in Trade and Investment Law and Adjudication", *Journal of International Dispute Settlement*, Vol. 4, No. 2, 2013, p. 1.

2. 从完善条约相关条款和增加投资者义务两方面平衡各方利益

BIT 过去一味保护投资者利益,其条款由少数官员与学者起草与定夺,在没有仲裁实践时,看似严谨、无懈可击。但经仲裁实践一检验,特别是经投资者、仲裁员、律师等"群策群力"找出可资利用之处,于是"漏洞百出",其倾向投资者的"原形"毕露。连美国这一有完善国内法治的发达国家也不能幸免,只好修改其 BIT 范本,使公平与公正待遇、征收等条款略为完善和公平一些。

晚近,各国为了平衡东道国和投资者的权利和义务,正在完善公平与公正待遇、最惠国待遇、征收、保护伞等条款,还在投资条约中设置必要的例外条款包括根本安全例外等,为东道国维护国家安全和公共利益预留必要的空间。①

除此之外,投资者义务缺失是国际投资条约不公平不公正的表现之一。为此,可持续发展国际研究院(IISD)2005 年起草的 BIT 范本就规定了投资者的公司治理、公司的社会责任,以此来平衡投资者的权利和义务。2012 年 UNCTAD 的 IPFSD 提出要培育投资者负责任的行为,在投资条约中将公司社会责任的相关原则纳入。② 加拿大 2012 年 BIT 范本,增加了第 16 条"公司的社会责任",规定缔约各方应鼓励在其境内经营或受其管辖之企业自愿地在自身的公司实践和内部政策中,并入国际公认的公司社会责任的标准。这包括劳工、环境、人权、社区关系和反腐败。③ 2012 年的南部非洲发展共同体(SADC)范本也明文规定了投资者的义务。④

3. 如何增加投资者义务

通常认为,条约不为第三方创设义务,但可以创设权利。这就是投资条约过去只规定投资者权利、没有义务的原因。现在,要在投资条约中增设投资者义务,似乎存在理论上的困难。

作者认为,可重新审视《维也纳条约法公约》的相关规定⑤,即"条约非经

---

① 余劲松:《国际投资条约仲裁中投资者与东道国权益保护平衡问题研究》,载《中国法学》2011 年第 2 期,第 132 页。
② UNCTAD, Investment Policy Framework For Sustainable Development, Preface, p. ii.
③ Catharine Titi, The Evolving BIT: A Commentary on Canada's Model Agreement, at http://www.iisd.org/itn/2013/06/26/the-evolving-bit-a-commentary-on-canadas-model-agreement/, Jun. 26, 2013.
④ Southern African Development Community, SADC Model Bilateral Investment Treaty Template with Commentary, Part 3: Rights and Obligations of Investors and State Parties.
⑤ 《维也纳条约法公约》第 34、35、36 条。

第三国同意,不为该国创设义务或权利"。这条规定只禁止为第三方国家创设权利和义务,并不包括个人(包括投资者)。《维也纳条约法公约》还规定,若为第三国创设义务,需要该国"以书面明示接受"。若给予权利,第三国对此表示同意即可享受该权利,若第三国没有相反的表示,应"推定其表示同意"。但是,该第三国并不是只享权利没有义务,它在行使这项权利时,"应遵守条约所规定或依照条约所确定之条件行使该项权利"。运用到投资条约中,投资条约可以给予投资者各种待遇,但是,投资者不是第三国,条约不为第三国创设义务的规定应该不及于投资者。其次,投资者享受 BIT 赋予的权利的同时,应该也有义务按条约规定的条件行使该权利。这样,应该能够在条约中相应地规定投资者的义务。例如,要求投资者按东道国国内法的规定行使国民待遇等权利,按 BIT 规定的程序行使争端解决方面的权利,并遵守公司社会责任等义务。再者,投资者与其母国密切相关,母国实际上在很大程度上代表投资者的利益与东道国缔结投资条约,应该可以认为投资者已由其母国代表了,或二者构成一个利益共同体。因此,投资者不再是条约的第三方而是条约的相对方,因为母国"代表"其争取到各种权利,也应该"代表"其接受某些对应的"义务"。索纳那亚教授提出过类似的看法,认为投资者母国从跨国公司的海外投资中获益,因此,在跨国公司的不当行为给东道国造成损害时,也要承担一定的责任。跨国公司和母国都应当承担相应的条约义务,不能只享受权利。[1] 综上理由,可堂而皇之地在投资条约中明文规定投资者的义务。当然,投资者的义务是由母国"代表"承诺的,投资者可以不同意接受,但这种不同意应该是"全面不同意",即不同意承担条约义务,也不享受条约的权利,该条约与他完全无关。

(三) 在国际投资仲裁中考虑公平正义

彼得斯曼教授认为,在公法和私人仲裁中,为了公正,就要根据争端的特定情形,调整一般规则和原则。[2] 国际法院在适用公平原则断案时,也提出要考虑所有相关情况。例如,在大陆架划界中,应考虑地质因素、地理因素、矿产的统一性、比例因素等。

投资仲裁中最不公平的一点是,东道国在 BIT 中事先同意将投资争端

---

[1] M. Sornarajah, Power and Justice in International Law, *Singapore Journal of International and Comparative Law*, Vol. 1, 1997, p. 35.

[2] Ernst-Ulrich Petersmann, The Judicial Task of Administering Justice in Trade and Investment Law and Adjudication, *Journal of International Dispute Settlement*, Vol. 4, No. 1, 2013, p. 12.

提交国际仲裁,而投资者没有这一同意,导致东道国只有被动"挨告"的份。笔者认为,东道国在 BIT 中的事先同意,相当于"要约"(offer),需要投资者的"承诺"(acceptance),只有当双方提交仲裁的合意达成了,争端才能提交仲裁。现有 BITs 大多规定,投资者可通过将案件提交仲裁的方式作为承诺。笔者建议,为显示公平,投资者也应事先(比如进入东道国投资之时)作出全面同意提交仲裁的承诺。例如,东道国国内法可以规定,投资者同意将争端提交国际仲裁是其投资获准入的条件。[①] 对东道国而言,投资者同意仲裁的好处在于,东道国可以在投资仲裁案件中对投资者违反 BIT 或东道国国内法的行为提出申诉和反诉,以维护其国家利益。

对发展中国家而言,在投资争端解决中应坚持用尽当地救济原则。根据卡尔沃主义,外国投资者与本国投资者一样要在国内解决纠纷。国内救济是解决纠纷最直接有效的方法,因为国内法院和法官最了解本国国情、本国语言、本国文化,以及本国国内法,而国际仲裁庭却并不太了解东道国的国情和法律,容易以自己的法律文化或法律理念来裁断案件。另一方面,国内救济也给东道国政府一个矫正错误的机会。但是,如果东道国法院有地方保护主义的倾向或裁断不公,这对外国投资者不公平不公正,应给予投资者更进一步的救济选项,即国际仲裁。从这个意义上说,提交国际仲裁不是常态,投资者不可以随意利用,而是投资者的最后救济。用尽当地救济可以减少投资者与东道国的直接对抗,提交国际仲裁可以作为对东道国的威慑及对投资者的有效保护。美国—澳大利亚自由贸易协定(FTA)的做法可资借鉴,即虽然没有直接规定投资者诉东道国机制,但国际仲裁仍是可能的选项。

另一方面,仲裁庭在断案时要考虑语言、文化与法律传统的差异,从而更加公平公正地处理争端。例如,在谢业深诉秘鲁案中,中国—秘鲁 BIT 规定,缔约国同意将"涉及(involving)征收补偿额的争端"案件提交 ICSID,按我们对"涉及"含义的理解,"涉及征收补偿额的争端"仅限于征收补偿额争端,不包括征收争端。但是,英文"involving"含义不是"仅限于"而是"包括",即"包括"征收补偿额的争端,因而是否构成"征收"之争端亦可涵盖于"涉及(involving)征收补偿额的争端"。

再者,可通过限制仲裁庭对条约的解释权、增加缔约国对仲裁庭的影

---

① Gustavo Laborde, The Case for Host State Claims in Investment Arbitration, *Journal of International Dispute Settlement*, Vol. 1, No. 1, 2010, p. 111.

响、设立上诉机制等程序性规定来保证仲裁的公平与正义。过去 BITs 几乎没有规定谁有权对条约进行解释,实践中仲裁庭有任意解释的倾向,而且还缺乏一致性。美国 2004 年 BIT 范本将缔约国委员会的解释作为仲裁庭裁判的准据法之一,还允许非争端缔约国向仲裁庭提交自己对条约条款的解释意见。这样,缔约国有机会参与到条约解释中,从而矫正仲裁庭任意解释的缺陷。

公平正义的国际投资条约非但不会损害国家利益,反而有助于维护国家长期而全面的利益,维护稳定的国际投资秩序。否则,由于 BIT 的不公平不公正导致"朝令夕改"和讼争不断,于东道国、母国和投资者都不利。

六、结论

由于发达国家与发展中国家社会经济等方面的巨大差距,两类国家签订的 BITs 往往空有表面的平等,却欠缺实质上的公平正义,使得发展中国家难以从中获益,不但不能通过 BITs 更多地吸引外资促进本国经济发展,反而常常被诉诸国际仲裁庭,承担巨大的财政风险和负担。发展中国家过去援引公平正义原则谋求建立国际经济新秩序,今天仍然可以公平正义为价值取向,争取在国际投资条约中作出有利于发展中国家的特殊安排,包括特殊与差别待遇、平衡东道国与投资者利益、限制国际投资仲裁庭的权力、要求仲裁庭秉公平正义办案等。

第五节 后危机时代国际投资法的转型①

2008 年下半年伊始,受国际金融危机的影响,全球主要经济体经历了第二次世界大战后的又一次严重冲击。现在,虽然危机还远未结束,但经济危机在总体上有所缓解,可以说,世界已经进入了"后危机时代"。在这一时代,新自由主义者倡导的过度市场化、私有化和自由化所导致的不公正和不平等问题已暴露无遗,完全自由、去规制的新自由主义在很大程度上被证明已失败。而国际经济法领域的国际投资法则表现活跃,体现在国际投资协

---

① 原文发表于《厦门大学学报(哲学社会科学版)》2012 年第 6 期,在编入本书时稍有更新和修改。

定(IIAs)①及国际投资仲裁案件皆呈指数增长。然而,这只是问题的表象,IIAs 内容的变化和仲裁实践的矫正以及这两个方面引发的大量学者研究成果才能充分体现国际投资法转型的实质。需要明确的是,这次转型仍建立在"市场分配主义"而不是"权威分配主义"模式之上。由于各国的海外投资者希望寻求更加开放和公平的投资环境,传统意义上的投资保护协定中"保护"和"自由化"的核心地位并没有动摇。各国在矫正过度保护投资的同时,也特别注意扩大本国的政策空间。这似乎是对南方国家曾经主张的卡尔沃主义②的部分承认和回归,但其实质上只是对既有国际经济秩序的改良或修正而已。与此形成鲜明对照的是,以中国为代表的新兴市场经济国家在其签订的国际投资条约中则不断地放松对外资的管制,加大对外资的保护力度。因此,总体上可以认为,国际投资法更加注重权利与义务的平衡,发生了不同以往的转型。

一、国际投资法转型的表现

虽然国际投资法的渊源不止于国际投资条约,还包括资本输入国的外国投资法、资本输出国的海外投资法、国际投资习惯等,但众多国际投资条约内容的变化及仲裁实践的再调整足以表明国际投资法的转型。囿于篇幅,本节对这些条约内容的变化只进行选择性说明,对仲裁实践的再调整只列举典型案例。

(一)国际投资条约内容的新发展

(1)增加非投资敏感内容。后危机时代,新出现的双边投资条约(BIT)范本大多都对环境或劳工问题进行了相应的回应,而不仅仅强调投资保护和自由化。早在 2007 年挪威的 BIT 范本草案就指明了 BITs 在环境保护方面应然的发展方向,然而,作为草案还没有实行。③ 非政府组织国际可持续

---

① 包括双边投资条约、包含投资章节的自由贸易协定、双边税收条约和其他国际投资协定,但本节仅指前两者。
② "卡尔沃主义"由阿根廷国际法学家卡尔沃于 19 世纪 30 年代提出,主张用尽当地救济,排除强国利用外交保护进行任意干涉。其精神实质是外国投资者不能享有高于内国投资者的待遇。卡尔沃主义通过卡尔沃条款的方式得到拉丁美洲国家的普遍接受。然而,20 世纪 90 年代中期,由于拉丁美洲国家为吸引外资纷纷接受新自由主义理念,放弃了卡尔沃条款,以致有人宣称卡尔沃主义已经死亡。
③ Article preamble, 8(2), 11(1), 12, 23(3)(viii), 24(v), Draft Version 2007, Agreement between the Kingdom of Norway and _ for the Protection and Promotion of Investments, at http://www.asil.org/ilib080421.Cfm, Dec. 19, 2007.

发展研究院的范本更是表达了使国际投资可持续发展的良好意愿,鼓励采用包含投资者的环境保护义务甚至投资者母国责任的范本,但其并不是一个国家制定的 BIT 范本。① 美国 2012 年 BIT 范本将作为美国谈判 BITs 的依据,它扩大了缔约方的环境和劳工保护义务。该范本规定:第一,缔约方应当确保(shall ensure)不以各种方式放弃或损抑其环境法以吸引外资,从而使这一法律义务具有了强制性。相比之下,2004 年范本使用的是"应当努力确保"(shall strive to ensure)这一劝说性措词。第二,缔约方承认国内环境法律、政策以及诸如保护濒危物种协定等国际环境协定的重要性。第三,对环境保护有更详细更广泛的磋商程序。第四,强调公共参与。第五,强调缔约方的环境规制权。在劳工方面,美国 2012 年 BIT 范本在第 13 条作了类似于环境保护的规定。② 在 2015 年 11 月公布的 TPP 协定文本中,明确提出缔约国不应为吸引投资而降低关于环保、公众健康等方面的要求,并从定义、目标、义务、透明度与公众参与等多个方面,对环境问题作出了更加详细的规定。③

(2) 放弃或改革"投资者—国家争端解决"(ISDS)条款。鉴于近十年来投资者根据 IIAs 诉东道国的仲裁案件成指数增长,对东道国的规制主权提出了严峻的挑战,ISDS 条款受到莫大非议。在发达国家中,澳大利亚是放弃 ISDS 条款、复活卡尔沃主义的表率。其在与外国投资者的斗争中走在了最前沿,表现出了最坚决的态度。澳大利亚政府 2011 年 4 月的声明全面系统地排除了在未来缔结的 IIAs 中包含 ISDS 条款的可能性。④ 欧洲议会则采取了较为缓和的态度,其已通过决议,呼吁对投资争端解决程序进行改革,其中就包括要求对 ISDS 诉求设置前置程序,要求外国投资者用尽当地法律救济。而拉丁美洲的玻利维亚、厄瓜多尔和委内瑞拉等国则毅然于 2007 年、2009 年和 2012 年相继退出了《ICSID 公约》。玻利维亚和厄瓜多

---

① Article 11, 12, 14, 29, 30, 31, Howard Mann etc., IISD Model International Agreement on Investment for Sustainable Development, April 2005, at http://www. iisd. org/pdf/2005/investment_model_int_agreement. Pdf, Feb. 15, 2016.

② Article 12, 13, 2012 U. S. Model Bilateral Investment Treaty, at http://www. ustr. gov/sites/default/files/BIT%20text%20for%20ACIEP%20Meeting. Pdf, Feb, 15, 2016.

③ See Trans-Pacific Partnership, at http://ustr. gov/sites/default/files/TPP-Final-Text-Investment. pdf, Feb. 15, 2016.

④ Gillard Government Trade Policy Statement: Trading Our Way to More Jobs and Prosperity, Investor_State Dispute Resolution, at http://www. dfat. gov. au/publications/trade/trading_our_way_to_more_jobs_and_prosperity. Html, Feb. 15, 2016.

尔两国还分别终止了一些 BITs,以彻底甩掉制约其规制权的 ISDS 条款。这些国家最终另起炉灶,退守其认为更为公正的区域争端解决机制。阿根廷虽然没有退出《ICSID 公约》,但由于其成为在 ICSID 被诉最多(截至 2015 年 12 月 7 日,共 56 起案件)的国家,以致政府官员和学者对 ICSID 大加挞伐。对于欧盟和美国的 TTIP 谈判,欧盟 2015 年在网络上发布的咨询意见显示,许多欧盟民众认为 ISDS 机制会对环境、劳工等方面产生损害,因此,强烈反对将 ISDS 机制纳入投资章节中。[1] 从 TPP 投资章节 B 节的第 9 条第 17 款至第 29 款中可以看出,TPP 并未放弃 ISDS 条款,而是在继承美式 BIT 规定的同时,进行了部分调整。比如在争议发生时,TPP 要求双方首先进行友好磋商和谈判。此外,对投资授权、仲裁员选任、赔偿范围、投资者的证明责任等方面进行了细化。TPP 缔约方在 ISDS 方面进行的调整还包括:将提交仲裁的期限延长至 3 年零 6 个月,对准据法的规定更加具体,不再限制合并诉讼中指定仲裁员的国籍,以及规定更详尽的"法庭之友"规则等[2]。

(3) 强调透明度问题。最近的 BITs 范本更加强调透明度问题,包括东道国规制的透明度以及仲裁程序的透明度。以美国 2012 年 BIT 范本为例,其新增的透明度条款实际上对东道国和投资者都有约束,更加能够体现权利与义务之间的平衡。其第 11 条要求缔约方定期就如何改进涉及投资的法律和决定的公布以及仲裁程序的透明度进行磋商,尤其要求缔约方公布拟出台的法规,解释其目的和理由,允许公众评论,并且在最后通过法规时要考虑这些评论。此外,除关于卫生和植物卫生的措施外,缔约一方还要允许缔约另一方的人员参与制定标准。另一方面,2012 年美国 BIT 范本关于仲裁程序透明度的第 29 条,要求在遵守保密条件的前提下,被诉方在收到申诉方准备提起仲裁的通知文书、仲裁通知、提交给仲裁庭的诉状、答辩状和案情摘要等书面材料,所能获悉的庭审记录和文稿以及仲裁庭的命令、裁决和决定时,应及时将其通知非缔约方,并使之可为公众查阅;仲裁庭应使

---

[1] European Commission: Report on the Online Consultation on Investment Protection and Investor-State (ISDS) Dispute Settlement in the Transatlantic Trade and Investment Partnership Agreement (TTIP), at http://trade.ec.europa.eu/doclib/dots/2015/January/tradoc-153044.pdf, Feb. 10, 2016.

[2] 石静霞、马兰:《〈跨太平洋伙伴关系协定〉(TPP)投资章节核心规则解析》,载《国家行政学院学报》2016 年第 1 期,第 81 页。

庭审向公众公开,并在征求各方意见后确定适当的安排事宜。此外,美国 2012 年 BIT 范本还对非争端第三方参加仲裁听证和提交书面意见的权利进行了详细规定。①

(4) 考虑上诉机制问题。建立上诉机制被公认为是解决 ICSID 仲裁庭解释和适用法律不一致的最佳方案。2012 年美国 BIT 范本新增的第 28 条第 10 款对上诉机制有所考虑。其规定:如果未来在其他制度安排下,审查 ISDS 仲裁庭所作裁决的上诉机制得以建立,则缔约方应考虑根据本范本第 34 条作出的裁决是否应当受此上诉机制的制约。并且,缔约方应努力确保它们考虑采用的此类上诉机制的透明度类似于本范本第 29 条关于仲裁程序透明度的规定。欧盟与加拿大自贸协定(CETA)对上诉机制的规定具体而详尽:第一,CETA 设置专门的常设性制度(服务与投资委员会),并授予相当程度的权力和自治权;第二,最大限度地促进上诉机制与 ISDS 一般仲裁程序的协调,在仲裁诉请的递交、仲裁庭组成、准据法和解释等问题上都有补充性规定;第三,CETA 上诉机制设计平衡了专门委员会与缔约国之间的权力分配,在上诉请求权和上诉仲裁成本负担方面进行了妥协。②

(5) 主张设立常设投资法庭。在欧盟与美国的 TTIP 谈判中,欧盟提出了建立两级常设投资法庭的建议。③ 欧盟新任欧盟贸易委员 Cecilia Malmström 认为,传统的 ISDS 仲裁方式已不适合 21 世纪,不能为了保护投资者,而以失去政府规制权力为代价。她表示,推动多边投资仲裁法院将是其工作的中期目标。④ 实际上,在 2015 年 12 月 2 日欧盟与越南最终谈判

---

① Article 11, 29(1), 29(2), 20(3) (c) (iv), 28, 2012 U. S. Model Bilateral Investment Treaty.

② 参见王鹏、郭剑萍:《论国际投资仲裁上诉机制的设计——以 TTIP 谈判为例》,载《国际经贸探索》2015 年第 5 期,第 105 页。

③ See Transatlantic Trade and Investment Partnership Trade In Services, Investment And E-Commerce Chapter II-Investment, Section 3—Resolution of Investment Disputes and Investment Court System. 这是欧盟对投资保护与投资争端解决的提议,2015 年 11 月 12 日,欧盟提出并与美国讨论了该提议。最终协定中的实际文本以欧盟与美国的磋商结果为准。At http://trade.ec.europa. eu/doclib/docs/2015/november/tradoc_153955. pdf, Feb. 15, 2016.

④ Cecilia Malmström, Investments in TTIP and beyond-towards an International Investment Court, May 5, 2015, at http://ec. europa. eu/commission/2014—2019/malmstrom/blog/investments-ttip-and-beyond-towards-international-investment-court_en, Feb. 15, 2016.

达成的 FTA 中,已经规定了由独立法官行使审判权的两审制公开审理法庭。① 这一实践无疑表明,常设的国际投资法庭可能成为解决投资者与国家间仲裁存在的问题,从而使国际投资争端解决的司法化成为现实。

此外,由于金融危机的原因,IIAs 普遍包含国家安全例外自裁决条款、金融审慎措施例外条款以及规制措施例外条款等,在此不再详细列举。

(二)国际投资条约仲裁实践的再调整

国际投资法的转型还体现为仲裁实践的再调整。仲裁实践与条约法的转型相一致,即由片面偏向投资者利益转为同时兼顾投资者和东道国利益。20世纪60、70年代,直接征收的合法性及其补偿标准是国际经济法的焦点问题。20世纪90年代,间接征收的认定和补偿问题开始成为焦点问题。而后危机时代的今天,间接征收与非间接征收的规制之间的界限问题无疑才是最令人关注的焦点和尚待解决的问题。越来越多的仲裁庭为东道国保留政策空间的趋势,无疑也是国际投资法转型的一个重要表现。

仲裁庭在是否构成间接征收的检验标准方面,由"纯粹效果检验""目的/性质检验"发展到"兼顾效果与目标检验"。尽管这并不意味着前两种检验标准被完全放弃,但综合全面地考虑各种因素即"兼顾效果与目标检验"标准无疑已经成为当前主流。其不但体现于众多条约的规定,更得到仲裁实践的普遍采用,这有利于实现东道国公共利益与保护外国投资者私人财产权之间的利益平衡。

纵观几个标志性案件足以证明这种积极趋势。与2000年裁决的Metalclad案形成鲜明对比,2005年裁决的Methanex案没有采用"纯粹效果检验",而是采用了"效果和目的检验"。在2009年裁决的Glamis案中,仲裁庭适用了比例原则,对各要素进行综合考量,尽管开矿者的开矿花费高达1500万美元,但仲裁庭裁决不存在征收,驳回了Glamis Gold Ltd.的全部请求,并命令其支付案件仲裁成本的2/3。在2010年裁决的Chemtura案中,仲裁庭裁决:受申诉人质疑的措施构成了被申诉人对警察权的有效行使,加拿大并没有违反NAFTA第1105条、第1103条和第1110条,并且裁决由申诉人承担全部仲裁成本。此外,申诉人还要承担仲裁造成的被申诉人的

---

① See EU-Vietnam Free Trade Agreement: Agreed Text as of January 2016, Chapter 8: Trade in Services, Investment and E-Commerce; Section 3 of Resolution of Investment Disputes; Sub-Section 4: Investment Tribunal System, at http://trade.ec.europa.eu/doclib/docs/2016/february/tradoc_154210.pdf, Feb. 15, 2016.

费用和成本的一半。① 近年来,学界更多关注国际投资仲裁对投资者的偏袒问题,在一定程度上忽略了其维护东道国规制权的实践。②

二、国际投资法何以转型

(一) 各国对新自由主义的反思

如果一项法律中的权利和义务极不平衡,恢复利益平衡则是公平正义精神的要求及该法律发展的必然趋势。可以说,一个利益不平衡的法律制度是不能维持长久的,但其变动却需要现实的推动。20世纪90年代以来,新自由主义片面追求自由经济和经济增长率,导致社会的单向度发展,在国际投资领域即体现为片面强调自由化、私有化,强调保护投资者利益和限制政府规制权。然而,随着人民生活水平的提高,对生活品质的追求也日益增强,开始强调环境权、健康权及劳工权等,各国政府也无法再忽视这些问题,开始强调资本对社会的义务和责任。金融危机的发生更使新自由主义受到严重的怀疑和挑战,相应的措施是在国际金融方面加强金融监管,在国际贸易方面盛行贸易保护主义,在国际投资方面加强东道国规制主权。卡尔沃主义在拉丁美洲复活的根本原因也是由于解决拉美问题的"华盛顿共识"在拉丁美洲的最终失败,虽然其也曾为拉丁美洲经济的发展作出过重要贡献。

在分析美国欲矫正 BIT 的原因时,纽约大学 José E. Alvarez 教授明确指出,是因为美国政府本身(包括行政部门和国会)对所谓的"华盛顿共识"失去了信心。③ 这也印证了笔者的观点,因为"华盛顿共识"即新自由主义的具体政策取向,主张去规制、私有化、保护私人财产、自由贸易和资本自由流动。它不但使美国面临次贷危机,也使美国自身的主权日益受到投资者的挑战。新自由主义使投资者成为"庞然大物",不但小的国家,就连世界头号

---

① Metalclad Corp. v. United Mexican States, ICSID Case No. ARB(AF)/97/1, Final Award, August 30, 2000; Methanex Corporation v. United States of America, UNCITRAL/NAFTA, Final Award of the Tribunal on Jurisdiction and Merits, August 3, 2005; Glamis Gold Ltd. v. United States of America, UNCITRAL/NAFTA, Award, May 16, 2009; Chemtura Corporation (formerly Crompton Corporation) v. Government of Canada, UNCITRAL/NAFTA, Award, August 2, 2010. All these cases are available at http://www. Naftaclaims. com/disputes. Htm, Feb. 6, 2016.

② 根据 ICSID 的统计资料,在 2011 年根据《ICSID 公约》及《ICSID 附加便利规则》裁决的案件中,裁决拒绝行使管辖权的案件占 25%,驳回投资者所有求偿的占 25%,支持投资者部分或全部求偿的占 50%。

③ José E. Alvarez, Why are We "Re-Calibrating" Our Investment Treaties, *World Arbitration & Mediation Review*, Vol. 4, 2010, No. 2, p.144.

强国美国也被其挑战。更具讽刺意味的是,美国在 20 世纪 80 年代开始缔结 BIT 时,甚至在 1992 年签署 NAFTA 时,未曾料想日后其将在这一体制中成为最主要的被告。美国被迫承认,间接征收由原来的只用以对付发展中国家的利器,如今蜕变成了可能伤及自身的"双刃剑"。美国 2012 年 BIT 范本确实表明了在一定程度上美国对新自由主义失去了信心。因为已经有了阿根廷在金融危机中采取的措施被投资者集体诉讼的先例,那些背负过度主权债务的欧洲国家,肯定也会担心遭受主权借贷违约的投资者在国际投资争端解决机构对其进行集体诉讼。

(二)学者和非政府组织(NGO)对国际投资体制的批判

在社会思想和法律的转型中,学者总是起到举足轻重的作用。晚近有很多国内外学者反思和批判国际投资法中的不公正现象。而且,学者们不仅批判国际投资法的"失败"或"失灵",更提出了其对策建议,在投资者利益与东道国公共利益或东道国政府"规制权"的冲突中,基本上都站到了东道国一边,试图扭转或影响国际投资法的未来走向。在国际投资仲裁领域引入公法是最活跃的一种主张,主要代表学者有 Stephan W. Schill 和哈顿(Gus Van Harten)。前者强调国内公法对于国际投资法发展和变革的作用。对于解决国际投资法的正当性危机,其主张:不是废除国际投资仲裁,而是要在国际投资法中扩大公法思想;强调仲裁员的审查应类似于国内行政法院或宪法法院的审查;因投资仲裁是公法裁决而不是纯粹的商事仲裁,所以,建议通过比较公法方法在国际投资法中引入一些公法基本原则。后者则主张最好的选择是放弃 ISDS 机制,如果放弃不可行,各国应当寻找其他方法以保证仲裁员中立,并寻求重新磋商 ISDS 机制。① 还有学者通过考查比例原则在审查间接征收问题上的适用,提出更加遵从东道国警察权的具体方法②,实际上是期望通过具体方法的改进来保障东道国的规制自由,提高国际投资仲裁的正当性。此前,100 多名法学家联署的一封给《泛太平洋伙伴关系协定》(TPP)谈判者的公开信中,对在该协定中包含广泛的投资

---

① Stephan W. Schill, The Public Law Challenge: Killing or Rethinking International Investment Law, at http://www.vcc.columbia.edu/content/public_law_challenge_killing_or_rethinking_international_investment_ law#_ftnref5, Feb. 15, 2016; Gus Van Harten, Public Statement on the International Investment Regime, August 31, 2010, at http://www.osgoode.yorku.ca/public_statement, Feb. 15, 2016.

② Caroline Henckels, Indirect Expropriation and the Right to Regulate: Revisiting Proportionality Analysis and the Standard of Review in Investor-State Arbitration, *Journal of International Economic Law*, Vol. 15, No. 1, pp. 223—255.

者权利发出了警告,这对 TPP 的内容产生了一定影响。在国际投资法的这场变革中,中国学者也不是旁观者,大多也主张平衡投资者和东道国利益,并提出了如何平衡的具体方法。① 表面上看,完全放弃主义和改良主义的主张截然相反,然而二者并非无共同之处,因为二者都强调东道国的国家主权,或者更具体地说是东道国的规制权。2012 年 10 月 16 日,哈顿甚至直接写信给加拿大总理,表达对中加 BIT 下加拿大规制主权问题的担忧。

另一方面,关注国际投资法正当性危机的各种非政府组织也层出不穷。它们批判国际投资法缺乏正当性,并在各个阶段积极参与国际投资争端和仲裁实践,为国际投资法的健康实施作出了重要贡献。实际上,在前述东道国胜诉的案件中,都有非政府组织作为法庭之友在各个阶段积极参与,大大有助于东道国的胜诉。

三、如何看待国际投资法转型

(一)历史的反思

在投资者与东道国的天平上,出现了砝码向东道国移动的趋势,广大发展中国家曾强烈主张的国际经济新秩序在国际投资法领域得到了某种程度的承认。历史的发展似乎是个轮回,然而,这种轮回绝对不是简单的重复,而是辩证法哲学中所说的螺旋式上升。回想 20 世纪 60 年代以前的时光,ISDS 在司法上绝对是东道国国内法院管辖的事情,当然,随之也少不了强大的投资者母国的干涉和外交保护。20 世纪 60 年代中期以后,由于 ICSID 的建立以及众多 BITs、外国投资者与东道国的特许合同或其他包含投资章节的 FTAs 中都包含了 ISDS 条款,才使得投资者—国家争端国际化,即由国际仲裁庭解决这种争端。而且,20 世纪 90 年代以后,这种国际化才由于新自由主义而愈演愈烈。在 20 世纪 60—70 年代,发展中东道国试图通过国际经济法控制跨国公司,导致出现了《联合国跨国公司行动守则(草案)》《关于天然资源之永久主权宣言》《建立国际经济新秩序宣言》《建立国际经济新秩序行动纲领》等规范性文件。20 世纪 90 年代开始,流行新自由主义,各东道国对跨国公司放松规制,这些法律文件被束之高阁。而在今天,这些法律文件的精神正日益渗透到新一代的 IIAs 中,东道国与跨国公司间

---

① 如余劲松教授提出应该在现行的投资条约中设置必要的例外条款,为东道国维护国家安全和公共利益预留必要的空间等主张。参见余劲松:《国际投资条约仲裁中投资者与东道国权益保护平衡问题研究》,载《中国法学》2011 年第 2 期,第 132—134 页。

的关系在重新寻找平衡。

（二）中国国际投资政策的走向

根据 UNCTAD《2015 年世界投资报告》，2013—2014 年，中国共吸纳投资 1290 亿美元，比 2013 年增加 4%，已成为世界第一大投资输入国。与此同时，中国的对外投资额达到 1240 亿美元，仅次于美国（2310 亿美元），居世界第二。虽然就投资输入与输出的总规模来说，中国（2530 亿美元）与美国（3230 亿美元）尚存较大差距，但作为一个新兴市场经济国家，中国的发展潜力却是巨大的。从自身来看，中国在"走出去"战略的指引下，以国有企业为主导，无疑正在向一个海外投资大国的方向迈进，尽管这种迈进暂时受到国外的政治动乱及投资保护主义的影响和制约。所以，无论是商务部的官员还是国际经济法学界的学者，大多困惑于中国已经发生了"身份混同"，更确切地说，越来越兼具资本输出国和资本输入国的双重身份。

在这种情况下，中国到底应该缔结偏向于维护东道国规制主权的 IIAs，还是偏向于保护投资者利益的 IIAs？这似乎成了困扰理论界和实务界的难题。回顾历史，在中国签订的"第一代 BITs"（1982 年至 1989 年）及 1984 年 BIT 范本和 1989 年 BIT 范本中，仅仅接受临时仲裁庭对征收补偿额的管辖权。中国于 1990 年签署、1993 年批准《ICSID 公约》，但是，在中国签订的"第二代 BITs"（1990 年至 1997 年）及 1997 年 BIT 范本中，仍然"留权在手"。然而，1998 年以后，在中国签订的"第三代 BITs"中，普遍接受了 ICSID 对几乎所有投资争端的管辖权，而且放弃了用尽当地救济原则等安全阀。[1] 基于 2010 年 BIT 范本草案订立的 BIT，可以认为是中国签订的"第四代 BITs"，仅仅从间接征收条款增加的例外上就可以看出其试图平衡投资者与东道国利益的变化。[2]

不管承认与否，中国已经在实践着国际投资法的转型。在此，仅以中日韩三边投资协定为例。2012 年 5 月 13 日，中日韩签署了三边投资协定。在这一协定中，一方面加强了对投资者利益的保护，尤其是 ISDS 条款全面覆盖各类投资争端，从而普遍性地提高了对投资的保护水平。更值得关注的是，在征收问题上排除了岔路口条款的适用。此外，投资者还获得了更高水

---

[1] Norah Gallagher & Wenhua Shan, *Chinese Investment Treaties: Policies and Practice*, Oxford University Press, 2008, pp. 35—40.

[2] 关于中国 2010 年 BIT 范本草案，可参见温先涛先生在《国际经济法学刊》第 18 卷第 4 期、第 19 卷第 1 期和第 2 期发表的三篇系列论文。

平的国民待遇和公平与公正待遇、保护伞条款的保护。每一缔约方承担了透明度方面的更高义务,从而提高了投资者的合理预期。另一方面,该协定也强调投资保护、促进、便利和自由化的目标能够在不放松普遍适用的健康、安全和环境措施的情况下来实现,并承认投资者遵守东道国法律和法规的重要性,而且,投资活动要有助于东道国的经济、社会和环境进步。同时,在具体条款中,排除了投资者通过最惠国待遇条款援引其他协定中的更优ISDS条款的权利。该协定还规定,为了公共目的,东道国可以进行有补偿的征收。此外,该协定包含了国家安全例外、临时安全措施、审慎措施、"拒绝授惠"条款。为了保障东道国的规制权,作为该协定组成部分的议定书解释了确定间接征收是否存在的检验方法,即要考查规制措施的经济影响、对投资者合理期望的干预程度以及措施的性质和目标,包括目标和措施是否成比例。这种方法对各种因素的全面考虑更有可能平衡投资者和东道国利益。据此,议定书还将缔约一方采取的旨在保护正当公共福利的非歧视性规制措施排除在间接征收之外。[①] 该协定在很大程度上证明我国近年国际投资条约实践"顺应潮流",既为本国海外投资者保驾护航,也关注国家规制权的保留。

以陈安教授为代表的学者强调东道国的规制主权[②],也有学者强调既有国际经济秩序有利于中国的发展,强调超越南北划分的新方法。[③] 两相比较,前者似乎主要关注的是公正,而后者更强调利益。笔者认为:一方面,虽然国际大环境已变,南北矛盾已不是看待问题的唯一视角,但区分南北的立场和方法仍有其存在意义,具有对很多现象的解释力;另一方面,所谓"公正"应是各方主体之间利益的平衡,片面强调东道国的规制权或者投资者的利益都不"公正"。不管学者如何评论,我国的国际投资条约缔约实践确已发生了从"强调主权"到"全面放权"、再到"兼顾主权与投资者利益"的转变,

---

[①] Article 3, 4, 5, 6, 9, 10, 11(4), 4(3), 11, 18, 19, 20, 22, 2(b) of Protocol, 2(c) of Protocol, Agreement among the Government of Japan, the Government of the Republic of Korea and the Government of the People's Republic of China for the Promotion, Facilitation and Protection of Investment, at http://www.meti.go.jp/english/press/2012/0513_01.Html, Feb. 15, 2016.

[②] 陈安:《中外双边投资协定中的四大"安全阀"不宜贸然拆除》,载《国际经济法学刊》第13卷第1期,北京大学出版社2006年版。

[③] 徐崇利:《建立国际经济新秩序斗争的潮落与中国的立场》,载《国际经济法学刊》第15卷第2期,北京大学出版社2008年版;蔡从燕:《国际投资结构变迁与发展中国家双边投资条约实践的发展——双边投资条约实践的新思维》,载《国际经济法学刊》第14卷第3期,北京大学出版社2007年版。

第八章　国际投资条约理论

这是不争的事实。笔者并不认为我国晚近的缔约实践完全是对片面保护投资者利益趋势的追随,相反,在国际投资条约出现新发展趋势的历史条件下,由于我国现实身份的变化,缔约实践更有可能实现投资者和东道国利益的平衡。我国面临的重大挑战是:一方面,我国已面临国际投资条约仲裁第一案,即 2011 年 5 月 24 日 ICSID 秘书处登记的 Ekran Berhad 案,而且其可能会产生"蝴蝶效应",中国的外国投资治理水平亟须提高;另一方面,我国的海外投资需要国际投资条约的切实保护,因为中国的海外投资已经和正在面临各种投资风险。我国在缔约实践中需要审慎拿捏,作出符合国家利益及公平公正原则的选择。

中国是发展中国家缔结国际投资条约最多的国家,其中 BITs 数量居世界第二,现行有效的 BITs 为 104 个①。现行有效的其他国际投资条约为 18 个。② 目前,中国还在分别与欧盟和美国谈判 BITs。总体上,中国正在以积极开放的心态签订国际投资条约。现实的国际投资条约无疑是各方博弈的结果。然而,追求投资者保护和东道国利益的平衡应该是中国 BIT 实践的理念和原则。笔者认为,两者虽然存在矛盾,但并非非此即彼的关系,与传统国际投资条约相比,现代国际投资条约在两方面都有质的提高,中国应当也正在为此作出更大贡献。

从现实和发展趋势上看,中国与美国走的似乎是殊途同归的道路。美国原来侧重投资者利益,中国原来侧重东道国权益,现在却都试图平衡东道国与投资者的权利与义务。尽管在投资者的权利与责任和东道国政府的权利与责任之间构建适当平衡是中美 IIAs 实践的共同追求,但动因却不尽相同。此轮经济危机发端于美国,并导致对新自由主义的重新反思。2009 年开始,美国政府花了三年时间来矫正 2004 年 BIT 范本。基于对中国国有企业对美国企业进行跨国并购的恐惧,基于在国际投资仲裁中频繁成为被告的不满和担忧,美国对投资自由化采取了收缩政策。③ 而中国由于受经济危机的影响相对较小,海外投资战略并未受到实质性影响。从 2011 年欧洲成为中国境外并购投资的首选目的地来看,甚至可以说,欧债危机为中国的海

---

① 中华人民共和国商务部条约法律司:《我国对外签订双边投资协定一览表》,at http://tfs.mofcom.gov.cn/aarticle/Nocategory/201111/20111107819474.html,2016 年 2 月 15 日。
② China, Other Investment Agreements(other IIAs), at http://investmentpolicyhub.unctad.org/IIA/CountryOtherIias/42#iiaInnerMenu, Feb. 15, 2016.
③ 参见李玉梅、桑百川:《国际投资规则比较、趋势与中国对策》,载《经济社会体制比较》2014 年第 1 期,第 183 页。

外投资者提供了机会。中国的直接投资输出和输入数字显示,在过去几年里,中国海外投资的增长速度快于外国投资的增长速度,正逐步演变成一个重要的资本输出国。因此,中国需要为其海外投资提供现实的保护。

当前,"国际投资条约体制改革"成为海内外国际经济法学界的流行语。国际投资法的转型和现代化也成为必然趋势,反映在国际投资条约实践的新发展方面,共同趋势是注重投资者与东道国之间权利与义务关系的平衡。其主要原因包括各国对新自由主义的反思、对国际投资条约体制的重审等。[1] 我国在考虑制定新的 BIT 范本及参与国际投资条约实践时,应当审慎平衡投资者利益与国家规制权,为国际投资条约体制的改革实践作出应有的贡献。

---

[1] 韩秀丽:《中非双边投资条约:现状与前景》,载《厦门大学学报(哲学社会科学版)》2015 年第 3 期,第 52 页。

第九章 双边投资条约实践

【本章提要】 双边投资条约(BIT)是调整海外投资活动最主要的国际法规范。本章重点研讨 BIT 实践的热点问题。分别探讨的专题一是双边投资条约中的"根本安全利益"与"公共目的",指出,作为一种特殊公共利益的"根本安全利益"与可仲裁性及必要性抗辩紧密相关,而"公共目的"与征收问题并存,是合法征收的必备条件,并必须伴随相应补偿。在国际投资仲裁中,对"根本安全利益"而不是"公共目的"抗辩具有更重要的意义。二是双边投资条约中的"自裁决"条款,指出,由于自裁决条款的定性与适用具有一定的特殊性,且这种特殊性直接影响到案件结果,因此我国在 BIT 实践中,不应放弃这一条款赋予的条约权利,而应根据具体情况订立自裁决条款以维护国家安全利益。三是双边投资条约在武装冲突情况下的适用问题,依次探讨 BITs 中与武装冲突相关的常见条款及其在武装冲突中的适用性,根据条约法一般规则判断不包含此类条款的 BITs 的适用性及在反政府武装夺取政权情况下,BITs 的效力问题及违约行为的责任问题。四是香港 BIT 实践,在简述香港 BIT 实践的基础上,较细致地分析其适用范围、投资待遇、"剥夺"及赔偿标准、争端的解决等主要条款,进而探讨香港缔约权的授权性质及其国际承认的依据问题,以及香港 BIT 实践衍生的条约适用问题。五是我国"可持续发展导向"双边投资条约的实践,指出,我国应注重致力于 BIT 传统条款的"扬弃"和创新条款的采纳,审慎制订具有中国特色的"可持续发展导向"BIT 范本,指导和规范我国的 BIT 实践,为国际投资条约体制的可持续发展作出积极贡献。

第一节 双边投资条约中的"根本安全利益"与"公共目的"①

一、引言

当前,在缔结和修订国际投资条约时,美国强调应关注来自其他发达国家和新兴国家投资者对美国国家安全的影响。中美双边投资条约(BIT)谈判中,国家安全问题也是美国的一个重要考量。实际上,中国海洋石油公司(CNOOC)于2005年收购美国"尤尼科石油公司案"宣告失败以及阿联酋港口运营商"迪拜港口世界集团"竞标美国6个主要海港的失败,都清楚表明了美国在接受外资的决策中对国家安全问题的考量。当前我国在吸收利用外资中,国家安全问题也频频亮出红灯。例如,2008年9月,中国粮食行业协会发布的统计显示,2007年6.2%的外资企业控制着全国超过4成食用油的产出。另据媒体称,外资巨头"兰州威立雅"要挟兰州政府涨水价。② 这些情况提醒我们,目前我国许多具有自然垄断性的公用事业(包括水务)都不同程度地受到外资的控制,如外资以停止供应服务或降低产品服务质量为要挟,则将危及国家的公共利益和"根本安全利益"。另一方面,"根本安全利益"问题也应成为我国国际投资条约实践中需要考虑的重要因素。2015年1月19日公布的《中华人民共和国外国投资法(草案征求意见稿)》中就明确提出了外国投资的安全审查制度,并将外国投资的安全审查标准、程序以及是否可诉的问题包含在内。国际投资条约中与"根本安全利益"关系密切的另一重要概念是"公共目的"。"公共目的"是国际投资条约中合法征收的一个必要条件。缺少"公共目的",就是不合法的征收,不但要对投资者的直接损失,而且要对投资者的间接损失承担赔偿责任。虽然,国家根本安全之考虑也是出于"公共目的",但是,在国际投资条约中,二者的确具有重大区别,表现在定义、适用情况及可仲裁性与可补偿性等各方面。本节对上述问题作初步探讨。

---

① 原文发表于《现代法学》2010年第2期,在编入本书时稍有更新和修改。
② 《媒体称外资巨头要挟兰州政府涨水价》, at http://news.163.com/09/0903/04/5I8Q1IPB00011229.Html, 2016年2月15日。

二、"根本安全利益"与"公共目的"定义之辨析

根据 1962 年联大通过的《关于自然资源之永久主权宣言》,采取国有化、征收或征用措施,应当以公用事业、社会安全或国家利益等理由或原因作为根据,这些事业、安全或利益被公认为远较纯属国内外个人的利益或私家的利益重要得多。① 可见,公用事业、社会安全或国家利益都是为了"公共目的"和公共利益,与私人目的和私人利益相对。在这里,国家"根本安全利益"和公共利益都包括其中。

"根本安全利益"(essential security interest)亦称为"重大安全利益"②,或简称为"根本利益"(essential interest),亦称为"国家安全利益"(national security interest)。"根本安全利益"是最重要的公共利益。该术语通常用来指保护国家及其居民免受广泛的威胁。③ 在条约未采取如 GATT 第 21 条④仅对军事和政治利益进行穷尽性列举的情况下,"根本安全利益"除包含军事安全利益外,也可能涉及其他方面的利益。早在"Gabcíkovo-Nagymaros 案"中,国际法院就承认,受 Gabcíkovo-Nagymaros 工程更改的影响,匈牙利的自然环境作为该国的"根本利益"受到了影响和威胁。⑤ 联合国国际法委员也没有将"根本利益"严格限定为必须是涉及国家存亡的事项,而是认为应根据具体情况进行判断。⑥ 该委员会还明确指出,在过去二十年中,保护生态平衡已被认为是各国的"根本利益"。⑦ 因此,虽然传统上所理解的"根本安全利益"可能仅限于政治和军事安全利益,但在当代国际风险

---

① 《天然资源的永久主权》,A/RES/1803 (XV II),第 1 条(4),at http://daccessdds.un.org/doc/RESOLUTION/GEN/NR0/191/87/IMG/NR019187.pdf,Open Element,Feb.3,2016.

② 陈安:《国际经济法学专论》(第二版)(上编总论),高等教育出版社 1997 年版,第 421 页。

③ OECD, Security—Related Terms in International Investment Law and in National Security Strategies, May 2009, at http://www.oecd.org/dataoecd/50/33/42701587.pdf, Feb.3, 2016.

④ GATT 第 21 条安全例外规定: Nothing in this Agreement shall be construed (a) to require any contracting party to furnish any information the disclosure of which it considers contrary to its essential security interests; or (b) to prevent any contracting party from taking any action which it considers necessary for the protection of its essential security interests, at http://www.wto.org/english/docs_e/legal_e/gatt47_02_e.htm, Feb.3, 2016.

⑤ Case Concerning the Gabcíkovo-Nagymaros Project (Hungary/Slovakia), Judgment of 25 September 1997, ICJ Reports (1997).

⑥ See *Yearbook of the International Law Commission*, Vol. II, 1980, Part 2, para.32, p.49.

⑦ See ibid., p.39.

社会下①,"根本安全利益"已不仅限于此。当国家处于公共健康危机时,保护国家与人民的健康与生存当然属于各国的"根本利益"。如 2003 年我国发生"SARS 危机"时的情况。当一国发生严重的经济危机,也可以推定国家的"根本安全利益"受到了严重威胁。正因全球社会环境的变化,出现了恐怖主义、经济危机、公共健康等各种风险,20 世纪 90 年代中期就有学者提出了"人的安全"(human security)概念,试图以取代传统的"国家安全"的概念。②但是,国际投资条约中仍然采用"根本安全利益"的措辞,而在解释时又对其含义进行扩大解释。当然,如果条约中的具体条款对"根本安全利益"的范围进行了明确界定,则应以条约的规定为准。

"公共目的"(public purpose)③,又称"公共福利目标"(public welfare objective)或"公共利益"。④一般而言,该目的是为全社会的而不是为特定个人或部分人的便利、安全和利益。⑤投资条约中对于"公共目的"的规定,以美国 2004 年 BIT 范本为例。作为征收的合法条件之一,其规定为:"除非为了公共目的,以非歧视的方式实施,并伴有及时、充分、有效的补偿,并根据法的正当程序和《协定》第 5 条(第 1 款至第 3 款的最低待遇标准),任何一方不可对投资进行直接征收或国有化或采取相当于征收或国有化的措施间接征收或国有化。"⑥晚近的投资条约对"公共目的"进行了广泛的界定,包括环境、健康、安全及其他方面。体现在美国 2004 年 BIT 范本中,作为政府规制措施的例外措辞为:"除非在极少数情况下,一方设计并适用于保护合法的公共福利目标,诸如公共健康、安全和环境的非歧视性措施不构成间接征收。"⑦似乎公共健康、安全和环境又是"公共目的"中更重要的目的,以至于为此类目的的规制措施只有在例外情况下才构成间接征收。考虑到美国 1984 年范本中并无此类规定,这种变化表明了是否对这些"公共目的"采取

---

① 金融危机下,冰岛、乌克兰、匈牙利、巴基斯坦,甚至韩国都被认为濒临破产。
② See Barbara von Tiger strom, *Human Security and International Law Prospects and Problems*, Huar Publishing, Oxford and Portland, Oregon, 2007, Introduction, p. 18.
③ An Action by or at the Direction of a Government for the Benefit of the Community as a Whole. See Bryan A. Garner Editor in Chief, *Black's Law Dictionary*, Seventh Edition, West Group, 1999, p. 1245.
④ 德国 2008 年 BIT 范本就使用了公共利益(public benefit)的措辞,参见 Article 4 (2) of German Model Treaty-2008: "Investments by investors of either Contracting State may not directly or indirectly be expropriated, ……except for the public benefit and against compensation."
⑤ 薛波:《元照英美法词典》,法律出版社 2003 年版,第 1118 页。
⑥ 参见美国 2004 年 BIT 范本第 6 条第 1 款。
⑦ 参见美国 2004 年 BIT 范本附件 B (4) (b)。

措施,东道国拥有更大的主权权力。

根据郑斌教授的考察,公共需要(从政府的角度讲,采取满足公共需要的措施就是为了"公共目的"——笔者注)明显不是一个静止的概念,而是根据一般国家实践不断发展的概念。一国的国内管理要满足公共需要,但是,所谓公共需要必须是真正的,并且满足公共需要的管理要受善意原则的约束,超过这一界线或原则,国际法就会对公共需要的界定进行干预。① 一个外国人的投资在东道国的风险之一是东道国随时可能产生的公共需要,对于这种公共需要与投资者的所有权之间的关系,应当妥善处理。

公共需要如针对外国人的财产所有权或者使用权,那么,与相似情况下同样可能丧失财产的其他社会成员一样,外国人的权利也将让位于社会需要。国际法要求尊重私有财产,但当国家的上位利益需要时,其承认国家有损抑这一原则的权利。因此,国际法允许为了公共事业(public utility)在和平时期进行征收和在战争时期进行征用。②

广义上讲,"根本安全利益"也是一种公共利益,例如,无论是军营建设还是公路与铁路建设都曾被国际法庭认定为是为"公共目的"。但是,由于公共利益的广泛性③,并不是所有的"公共目的"都是为了"安全利益",更不是所有的公共利益都是"根本安全利益"。在外延上,"根本安全利益"要比"公共目的"所追求的公共利益小得多。

三、"根本安全利益"与必要性抗辩紧密相关

在投资条约中,"根本安全利益"与可仲裁性及必要性抗辩紧密相关。在一个国家因政治、军事、经济与社会危机而出现紧急状态(national emergency)④时,表明其"根本安全利益"受到了威胁。在这种情况下,国家往往会采取一些紧急的必要措施,而这些措施会影响到外国投资者的利益,虽然

---

① See Bin Cheng, *General Principles of Law as Applied by International Courts and Tribunals*, Cambridge University Press, 2006, pp.39—40.
② See ibid., p.36.
③ Bin Cheng, the Anglo—Iranian Dispute, *World Affairs* (N. S.), Vol.5, 1951, pp.387, 391.
④ 国家紧急状态(或事件)是指任何威胁国家和人民安全从而需要国家立即采取特别行动的全国性危机或状态。参见薛波:《元照英美法词典》,法律出版社 2003 年版,第 946 页。类似的解释有"A state of national crisis or a situation requiring immediate and extraordinary national action." See Bryan A. Garner Editor in Chief, *Black's Law Dictionary* (seventh edition), West Group, 1999, p.1046. 据此可以推断,国家出现紧急状态可以出于各种原因。

其可能并非专门针对外国投资者。例如,在 2000 年至 2003 年期间,阿根廷陷于经济危机,不能履行到期债务,不能实现对外国投资者的各种承诺,遂颁布了各种紧急状态法及法令(emergency law and decrees)。于是,受到影响的外国投资者纷纷向解决投资争端国际中心(ICSID)提交诉求,导致阿根廷官司如潮。① 在这些纠纷中,阿根廷则多以国家"根本安全利益"所必要进行抗辩。实际上,也正是阿根廷仲裁案凸显了"根本安全利益"与必要性抗辩的关系。

(一)可仲裁性问题

那么,ICSID 仲裁庭对紧急状态下为应对威胁到国家根本安全利益而采取的措施态度如何?在"CMS v. Argentina 案"和"LG&E v. Argentina 案"中,申请人都要求认定阿根廷政府为应对金融与社会危机而采取的措施损害了其投资利益,违反了投资者母国与阿根廷签订的 BIT、阿根廷立法及投资者与阿根廷政府签订的合同中有关征收、公平与公正待遇和"伞形条款"等规定。虽然两案的仲裁庭都表示,对阿根廷政府所采取的普遍的经济政策,它们无权通过裁决认定准确与否,但两个仲裁庭均认定,它们有权审查是"影响了各投资者投资的具体措施"还是"与投资直接相关的普遍适用的措施"违反了投资者母国与阿根廷签订的 BIT、阿根廷立法及投资者与阿根廷政府签订的合同。② 不仅如此,两个仲裁庭最后都对投资者的请求事项一一进行了裁决。实质上,两个仲裁庭是对阿根廷政府主张的"根本安全利益措施"实施了管辖权,使"根本安全利益措施"成为可裁决事项,而不是"自裁决"事项。两案中,阿根廷政府的抗辩均主张,即使它们的措施违反了条约,但因其为必要性状态或紧急状态所必需,根据联合国国际法委员会《国家责任条款(草案)》第 27 条③所确立的习惯法及阿根廷—美国 BIT 第 11 条④,应免于承担责任,即免于赔偿。于是,两个仲裁庭分别对阿根廷的措施

---

① 蔡从燕:《不慎放权 如潮官司——阿根廷轻率对待投资争端管辖权的惨痛教训》,载陈安主编:《国际经济法学刊》第 13 卷第 1 期,北京大学出版社 2006 年版。

② CMS Gas, Decision on Jurisdiction of July 17, 2003, para. 33; LG&E, Decision on Jurisdiction of April 30, 2004, paras. 67—68.

③ 《国家责任条款(草案)》(2001 年)第 25 条"必要性"规定:"一国不得援引危险情况作为理由解除不遵守该国家所负的某项国际义务的行为的不法性,除非:(a) 该行为是该国保护基本利益,对抗某项严重迫切危险的唯一办法;而且,(b) 该行为并不严重损害作为所负义务对象的一国或数国的,或整个国际社会的基本利益。"

④ "本条约不能禁止任何缔约一方为维护公共秩序,履行其在维持或恢复国际和平或安全方面承担的义务,或保护其本国基本安全利益而采取必要的措施。"At http://www.unctad.org/sections/dite/iia/docs/bits/argentina_us.pdf. July 1, 2008.

是否具有必要性进行了审查,但得出了相反的结论。

"CMS v. Argentina 案"仲裁庭认为:"严重的危机未必等同于全面崩溃的情形。没有如此极其严重的情况,则很显然,适用条约的规定而不是必要性请求……仲裁庭确信阿根廷的危机是严重的,但还没有到全面的经济和社会崩溃的程度。与当代其他不同地区影响各国的危机相比,可以指出,其他危机并未导致损抑国际合同或条约义务。即虽有重新磋商、修改和推迟义务的情况,但国际义务的本质却完好无损。"①

但在"LG&E v. Argentina 案"中,针对相同的事实,即阿根廷经济危机,仲裁庭却得出了相反的结论:"仲裁庭裁决,从 2001 年 12 月 1 日至 2003 年 4 月 26 日,阿根廷处于经济危机中,采取措施以维护公共秩序和保护其基本安全利益是必要的……因此,根据阿根廷和美国的 BIT 第 3 条,阿根廷免于承担这一期间违反条约义务的责任。"②相应地,仲裁庭免除了阿根廷政府对被裁定为必要性状态的 17 个月期间造成的损害的赔偿。同时,裁定阿根廷政府对 17 个月之外的时间所造成的损害承担责任。

在此,笔者无意深入讨论对于相同事实,两个仲裁庭得出相反结论的裁决不一致的情况,想指出的问题是,两个仲裁庭虽认为其不具有评判阿根廷经济政策和措施的资格,但对阿根廷经济危机的程度进行裁判,实际上就是对阿根廷的"根本安全利益"、阿根廷的政策和措施进行直接、间接的评判。进而言之,两个仲裁庭虽然认为阿根廷为"根本安全利益"所采取的措施是不可仲裁的,但对这些措施对投资者的影响又进行了仲裁,导致表面上对国家主权的尊重并没有任何实际意义。

实际上,两个仲裁庭③根据联合国国际法委员会《国家责任条款(草案)》第 25 条、阿根廷—美国 BIT 条款对阿根廷的措施进行的审查表明,仲裁庭

---

① CMS GAS Award, paras, 354, 355.
② LG&E v. the Argentine Republic, ICSID Case No ARB/02/1, Decision on Liability, October 3, 2006, para. 226.
③ 其中必有一个裁决是错误的,笔者支持 LG&E 案的裁决。LG&E 案的裁决在 CMS 案的裁决公布 16 个月之后发布,但拒绝了第 11 条仅仅在军事行动或战争的情况下才可适用的观点。根据阿根廷——美国 BIT 第 11 条,"本条约不能禁止任何缔约一方为维护公共秩序,履行其在维护或恢复国际和平或安全方面承担的义务,或为保护其本国基本安全利益而采取必要的措施。"at http://www. unctad. org/sections/dite/iia/docs/bits/argentina_us. pdf. July 1, 2008. 正如 LG&E 案的裁决所指出的,毫无疑问,2001 年 12 月阿根廷的情势需要立即采取决定性行动,以恢复国内秩序,停止经济衰退。断定这样严重的经济危机不构成"基本安全利益"将会给所有居民生活及政府的领导能力带来灾难。当一国的经济基础遭受严重打击时,问题的严重性可以等同于军事入侵的严重性。See ibid., para. 238.

对"根本安全利益"及阿根廷的措施行使了管辖权。"CMS v. Argentina 案"仲裁庭在对阿根廷措施进行审查并设想阿根廷可采取的其他措施后,得出结论称,阿根廷可以采取其他措施,因而阿根廷未完全满足习惯国际法下的必要性要件,无法排除其行为的错误性或不法性。相反,"LG&E v. Argentina 案"仲裁庭指出,"在 2001 年 12 月,阿根廷的根本利益受到威胁……尽管可能已有许多方法来设计经济复苏计划,但仲裁庭所掌握的证据显示,全面回应是必要的……"①因此,该仲裁庭确认阿根廷的措施是为保护其根本利益免受严重的、迫近的威胁而采取的唯一可行措施。由此可见,虽然,两个仲裁庭一开始就提出其对阿根廷采取的经济政策不具有管辖权,但实质上都不折不扣地行使了管辖权,从而否定了必要性问题是被申请国"自裁决"问题的主张。"Sempra v. Argentina 案"和"Enron. v. Argentina 案"仲裁庭均支持"CMS v. Argentina 案"仲裁庭的主张。②

在"BG v. Argentina 案"中,阿根廷主张,其在金融危机这种"必要性状态"(state of necessity)下采取的紧急措施免除了其任何行为的违法性,仲裁庭驳回了阿根廷援引"必要性状态"或"紧急状态"(state of emergency)作为对违反条约义务的抗辩。仲裁庭的理由是,在英国—阿根廷 BIT 中并没有类似于美国—阿根廷 BIT 第 11 条的措词,即不包括"国家安全"例外条款。尽管阿根廷坚持,虽然英国—阿根廷 BIT 中未包括"国家安全"例外条款,但不应排除"处于金融危机的国家为维持公共秩序而采取紧急措施"是 BIT 的应有之义,然而,仲裁庭不同意阿根廷的主张。仲裁庭也未接受阿根廷根据习惯国际法提出的任何必要性辩解。③

似可得出这样的初步结论:如果 BIT 中有类似于美国—阿根廷 BIT 第 11 条的规定,则仲裁庭可对"根本安全利益事项"进行仲裁。在 BIT 条款中如未使用"它认为"(it considers)这样的措词表明"根本安全利益"事项属于国家的"自裁决"事项,"根本安全利益"问题属于可裁决事项。如果有"它认为"这样的措词,仲裁庭是否会行使管辖权,迄今尚无成案。但是,从国际法院和 GATT/WTO 的历史来看,在未使用"它认为"这样的措词时,国际法

---

① LG&E Decision, paras. 257—258.
② Sempra v. The Argentine Republic, ICSID Case No. ARB/02/16(US/Argentina BIT); Enron v. Argentine Republic, ICSID Case No. ARB/01/3 (United States/Argentina BIT).
③ Article 381 and 385 of BG Group plc v. Argentina, ad hoc—UNCITRAL Arbitration Rules, final award, December 24, 2007, at http://ita. law. uvic. ca/documents/BG—Award. Pdf,Feb. 15, 2016.

院确信自己有管辖权;同时,国际法院也暗示了如有此类措词,则会排除国际法院的管辖权。① 一般而言,国际性争端解决机构是回避对"根本安全事项"进行裁决的。在相关案件中,美国也主张,由于此类事项是"自裁决"事项,不具有可仲裁性。尽管有学者主张此类事项也是可仲裁的,但BIT如无此类规定,则仲裁庭不会考虑"根本安全利益"抗辩。

如确定"根本安全利益"问题属于可裁决事项,且是必要性措施(不在本节的讨论范围)②,随之产生的是补偿问题,即如果一国为了维护其根本安全利益,采取的措施符合习惯国际法及有关BIT的规定,是否可以免除赔偿责任?对此,根据ICSID的裁决,迄今尚未得出确定性的结论。

(二)可补偿性问题

对于国际投资协定下,一国采取为"根本安全利益"所必要的措施是否产生了补偿问题,可通过ICSID案例予以考察。

1. 承担赔偿责任

在"CMS v. Argentina案"中,阿根廷主张,仲裁庭如裁决阿根廷当时的情况排除了其行为的不法性,也就排除了其补偿责任。但是仲裁庭驳回此主张,指出:"必要性抗辩可能排除一项行为的不法性,但并不排除对不得不牺牲的权利所有人进行赔偿。"仲裁庭认为:"被申请人的论点等于主张此种条约的一方或其国民应承担另一方根本利益抗辩的全部成本。"仲裁庭进一步确认,在考虑赔偿时,应权衡危机导致的不利后果。由于仲裁庭不认为

---

① 国际法院在1984年11月26日作出的"尼加拉瓜诉美国军事和准军事行动案"的管辖权裁决中指出,根据美国与尼加拉瓜1956年《友好通商航海条约》第21(1)条(c)项和(d)项的规定,即"本条约不得阻止缔约一方采取必要的措施履行职责以维持和恢复国际和平与安全,或保护本国的根本安全利益",不能排除国际法院对争端的管辖权。国际法院同时指出,该条款没有采取与GATT第21条相同的措词,即条约不得阻止缔约国采取"它认为保护其根本安全利益所必需"的措施,仅仅"必要的"措施不能排除国际法院的管辖权。See ICJ, Case Concerning Military and Paramilitary Activities in and Against Nicaragua (Nicaragua v. United States of America) (merits), Judgement of 27 June 1986, paras. 221—222, 282. 国际法院在"伊朗诉美国石油平台案"中,对为维护国家"根本安全利益"事项的管辖权问题,遵循了1986年"尼加拉瓜诉美国案"的裁决,因为伊朗与美国1955年签订的《友好、经济关系与领事权条约》第20(1)(d)条采用了与美国和尼加拉瓜1956年《友好通商航海条约》第21(1)条(c)项和(d)项相同的措词,即没有"它认为"的字样。See ICJ, Oil Platforms (Islamic Republic of Iran v. United States of America), Judgement of 6 November 2003. 在GATT/WTO体制下,只有"尼加拉瓜诉美国贸易措施案(II号案)"实质性地涉及GATT第21条,美国援引了GATT第21条,主张根据该条明确的用语,其行为不受专家组评审。美国反对专家组对美国援引第21条的合法性进行审查,因为该专家组的授权范围规定:"专家组不能审查或裁决美国援引第21条(b)款(iii)项的合法性或动机"。参见世界贸易组织:《关贸总协定法律及实务指南》(上),北京大学国际组织研究中心译,上海人民出版社2004年版,第601页。

② 采取了不符合必要条件的措施当然要对由此给投资者造成的损害进行赔偿。

阿根廷的情况构成"根本安全利益"受到威胁,裁决阿根廷必须予以赔偿,但因考虑发生经济危机的事实,赔偿额应低于未发生经济危机时的情况。①

2. 主张在投资者与东道国之间达成妥协

在"Enron 案"中,阿根廷的抗辩也未成功。仲裁庭不认为阿根廷的情况构成"根本安全利益"受到威胁。对于赔偿问题,阿根廷提出了同样的主张,仲裁庭似乎故意回避由其对赔偿问题作出裁决,建议受影响的一方与被申请人协商解决以达成一致,其中包括赔偿问题。②

3. 免除赔偿责任

"LG&E v. Argentina 案"仲裁庭指出,尽管国际法委员会《国家责任条款(草案)》第 27 条的规定模棱两可,但由于 BIT 将"必要性"作为免除国家行为不法性的理由,国家也就免于承担责任。仲裁庭进一步确定,在 2001 年 12 月 1 日至 2003 年 4 月 26 日期间,阿根廷处于"必要性"状态,不需要对这段期间的外资损害支付赔偿。③

据此,正如 Jose E. Alvarez 教授所说,"阿根廷被永久免除对这段危机期间发生的损害进行赔偿的责任,不仅赔偿的义务被中止,而且在危机结束时,补偿的义务也不会再发生,不受影响。"④

阿根廷官员曾指出,在处理必要性抗辩时,"CMS v. Argentina 案"和"LG&E v. Argentina 案"仲裁庭对基于同一条约作出不同裁决,存在巨大的矛盾。受"LG&E v. Argentina 案"裁决的影响,阿根廷申请撤销"CMS v. Argentina 案"仲裁庭的裁决。后来,"CMS v. Argentina 案"仲裁庭的裁决被 ICSID 撤销委员会撤销。撤销委员会裁决,阿根廷依美国—阿根廷 BIT 第 11 条对其采取的措施进行了成功的抗辩,由于美国—阿根廷 BIT 第 11 条抗辩会排除违反任何 BIT 实质性义务的裁决,会排除对此期间的损失支付赔偿。⑤"CMS v. Argentina 案"仲裁庭和撤销委员会之所以得出截然

---

① CMS Gas Transmission Co v. The Argentine Republic, ICSID ARB/01/8, para. 356 (Award)(May 12, 2005), 44 ILM 1205 (2005).

② Enron v. The Argentine Republic, ICSID ARB/01/3, (Award)(May 22, 2007), at http://ita. law. uvic. ca/documents/EnronAward. pdf. para. 345, Feb. 15, 2016.

③ LG&E v. The Argentine Republic, ICSID ARB/02/1, Decision on Liability, October 3, 2006, 46 ILM 236(2007), at paras. 26, 263, 267 (d).

④ José E. Alvarez and Kathryn Khamsi, The Argentine Crisis and Foreign Investors: A Glimpse into the Heart of the Investment Regime, IILJ, Working Paper, 2008/5, p. 68.

⑤ CMS v. The Argentine Republic, ICSID ARB/01/8, Annulment Proceeding, September 25, 2007, at paras. 145—146.

第九章　双边投资条约实践

不同的结论,是因为依据不同。前者依据国际法委员会《国家责任条款(草案)》第 27 条,后者主要依据美国—阿根廷 BIT 第 11 条。撤销委员会的裁决还支持"LG&E v. Argentina 案"仲裁庭的裁决,即对于必要性抗辩成功的情况,东道国无需支付赔偿。

在"Continental 案"中,在判断阿根廷所采取的措施(包括冻结银行活期存款的法令、冻结银行定期存款的法令、比索化及违约等)是否美国—阿根廷 BIT 第 11 条中规定的为维护"根本安全利益"目的所必需时,仲裁庭指出:"……如果阿根廷的必要性抗辩理由充分,如果结论支持阿根廷的抗辩,那么阿根廷将免除任何责任,因为必要性会排除对申请人造成损害的阿根廷对 BIT 义务的违反,和/或豁免阿根廷承担责任。"①虽然该案申请人 Continental Casualty Company 主张 1.12 亿美元的赔偿,但仲裁庭裁决只对不符合必要性抗辩的"重组申请人持有的国库券"的措施造成的损害进行赔偿,金额为 280 万美元。②

对于为了国家"根本安全利益"采取的措施是否要进行赔偿,不仅仲裁实践不同,学者也见仁见智。

Jose E. Alvarez 教授显然支持"CMS v. Argentina 案"仲裁庭的裁决。他对"LG&E v. Argentina 案"和 CMS 撤销委员会的裁决进行了批评,认为"LG&E v. Argentina 案"仲裁庭和 CMS 撤销委员会的推理都"不够清楚",并提出了疑问,指责"LG&E v. Argentina 案"仲裁庭和 CMS 撤销委员会没有清楚解释美国—阿根廷 BIT 第 11 条的明确规定为何导致这样的结论,即在根本安全受到的威胁结束后很久,国家不予赔偿依然是"必要的"。③ Jose E. Alvarez 教授还在其文章中提出,即使在东道国的必要性抗辩成功的情况下,与不可抗力抗辩成功一样,东道国依然要承担赔偿责任。赔偿责任并非永久免除,而只是暂时免除而已,或者说在东道国能力恢复后,仍要继续履

---

① See Continental v. The Argentine Republic, Award, ICSID Case No ARB/03/9, paras. 199.
② See also Damon Vis—Dunbar, Continental Casualty Company v. the Argentine Republic: Argentina Emerges Largely Victorious in Dispute Related to Country's Financial Crisis, at http://www. investmenttreatynews. org/cms/news/archive/2008/09/10/award-continental-casualty-company-v-the-argentine-republic-argentina-emerges- largely-victorious-in-dispute-related-to-country-s-financial-crisis. Aspx, Feb. 15, 2016.
③ CMS v. The Argentine Republic, ICSID ARB/01/8, Annulment Proceeding, September 25, 2007, at paras. 145—146.

行其赔偿义务①。

在接受 Jose E. Alvarez 观点的前提下,一些学者进一步指出,确定排除不法性的必要性状态期间非常重要,因其影响赔偿问题,仲裁庭将据以确定降低赔偿水平。② 这意味着,对于必要性期间投资者的损失,东道国有义务作出赔偿,只是赔偿金额会相应有所减少。

关于补偿的问题受国际法委员会《国家责任条款(草案)》第 27 条的约束。其规定,排除不法性的任何情况的结论"不影响……对有关行为造成的任何重大损失进行赔偿的问题"。根据《国家责任条款(草案)》第一部分第 5 章第 20 条至第 26 条,必要性属于排除不法行为的一种情形,其他情形还有同意(consent)、自卫(self-defence)、对国际不法行为的反措施(countermeasures in respect of an internationally wrongful act)、不可抗力(force majeure)、危急情况(distress)及遵从强制性规范(compliance with peremptory norms)。根据第 5 章第 27 条,援引这些情形排除国家行为的国际不法性并不影响对有关行为造成的物质损失(material loss)进行赔偿(compensation)。而该草案第二部分第 31 条规定,对国际不法行为,责任国有义务对其国际不法行为造成的损害进行全部赔偿(full reparation),这些损害包括物质上(material)和精神上(moral)的损害。第 34 条和第 38 条还进一步规定,赔偿的形式不仅包括恢复原状(restitution)、补偿(compensation)、赔偿(satisfaction),还包括利息(interest)。因此,在必要性抗辩成功的情况下,东道国的责任应该降低。在对国际法委员会的一份报告中,尽管几个国家建议限制对必要性情况进行补偿的可能性③,但这些建议并未得到采纳。据此,在必要性状态或不可抗力的情况下,并不意味着东道国的责任自然地

---

① Jose E. Alvarez 教授的主张并不能得到国内民法的支持,例如阿根廷《民法典》规定,"The debtor is not liable for the damages sustained by the creditor owing the non-performances of the obligation, when such damages are due to fortuitous event or force majeure, unless the debtor has assumed the liability for the consequences of such fortuitous event, or that it was due to his negligence, or took place after he was already in default which was not due to a fortuitous event or force majeure." See Section 513, Argentinean Civil Code;我国《民法通则》第 107 条也规定,因不可抗力不能履行合同或者造成他人损害的,不承担民事责任,法律另有规定的除外。

② See Andrea K. Bjorklund, Emergency Exceptions: State of Necessity and Force Majeure, in Peter Muchlinski, Federico Ortino and Christoph Schreuer(eds.), *The Oxford Handbook of International Investment Law*, Oxford University Press, 2008, p.510.

③ James Crawford, Second Report on State Responsibility: Addendum(UN Doc A/CN. 4/498/Add. 2 (1999)), para. 338, at http://untreaty.un.org/ilc/guide/9_6.Htm, Feb. 15, 2016.

被免除了,被告国必要性抗辩的成功不影响原告要求被告国进行赔偿。

另一位著名学者 Vaughan Lowe 教授则认为,"如认为国家已没有责任,处理其行为的后果及对第三方的潜在义务就更困难了,因为逻辑上,如果一国的行为不违法,一国就没有义务对其行为造成的损害进行赔偿。"[1]成功地援引"自卫"和"反措施"不会导致任何赔偿义务似乎证明了上述观点。此观点也印证了如下结论:"各国总是诉诸于特别措施以免受迫近的危险,源于这些措施而对外国人造成的损害一般不构成索赔的根据"[2];"一般而言,和平时期或战争年代采取的保证社会安全的措施并不产生赔偿问题,即使友好的外国人的利益因此而直接受损"[3]。

特别报告员 James Crawford 认为,"排除不法性的情况是否使一国完全免除其不符合其义务的行为的责任,还是不确定的问题。"[4]也许这是最正确的结论。正因为如此,不同的仲裁庭对于必要性状态下投资者的赔偿问题作出了截然不同的裁决。这对投资者和东道国来说是翻天覆地的变化,急需国际条约和习惯法予以明确。

从"Sempra 案"仲裁庭的裁决来看,即使被告不能成功援引必要性抗辩,仲裁庭仍然指出,在确定应付的赔偿额时,它会考虑危机情况对阿根廷的影响。[5] 这样,似乎看不出必要性抗辩的意义。

还有一种观点认为,必要性抗辩的成功只是推迟了东道国履行赔偿义务的时间,而并没有彻底免除其赔偿义务;当必要期间过后,东道国依旧要履行赔偿义务。[6] 实际上,这种观点并没有仲裁实践作依据。根据这一观点,必要性抗辩成功与否的后果只在于对东道国名誉的影响,而对赔偿额没

---

[1] Vaughan Lowe, Precluding Wrongfulness or Responsibility: A Plea for Excuses, *Eur J. Int L.*, Vol. 10, 1999, pp. 410—411.

[2] See Bin Cheng, *General Principles of Law as Applied by International Courts and Tribunals*, Cambridge University Press, 2006, p. 51.

[3] See ibid., p. 57.

[4] James Crawford, Revising the Draft Articles on State Responsibility, *Eur J. Int L.*, Vol. 10, 1999, p. 443.

[5] Sempra v. The Argentine Republic, ICSID ABR/02/16, at paras. 396—397, Award 28 September 2007, at http://ita.law.Uvic.ca/documents/Sempra Award.Pdf, Feb. 15, 2016.

[6] 该主张援引 Crawford 教授的 Second Report 为依据,但实际上,这种援引并不恰当,因为其并没有涉及延期支付赔偿的问题。See Andrea KBjorklund, Emergency Exceptions: State of Necessity and Force Majeure, in Peter Muchlinski, Federico Ortino and Christoph Schreuer(ed.), *The Oxford Handbook of International Investment Law*, Oxford University Press, 2008, p. 459.

有任何影响。①

值得指出的是，首先，不同的仲裁庭对阿根廷所存在的相同事实作出截然不同的裁决，即对阿根廷存在必要性状态的情况下是否还需要对投资者进行赔偿的裁决完全相反，这对于当事方的利益是具有天翻地覆影响的。对相同事实，应该只有一种裁决是正确的。其次，如果在必要性状态下，东道国仍然需要充分赔偿投资者的损失，则东道国耗时费力地抗辩就没有任何经济意义。再次，如果在必要性状态下，投资者得不到任何赔偿，则意味着构成必要性状态的各种风险全部由投资者来承担。在投资者没有任何过错的情况下，这也是有失公允的。因此，笔者赞同由东道国和投资者双方分担风险：一方面，对于投资者的损失由东道国和投资者共同分担，这意味着极大地降低东道国的赔偿额；另一方面，由于在必要性状态下及之后，东道国处境困难，延期支付对投资者的赔偿也有利于缓解东道国的困境。但笔者不赞同仅仅是延期支付，因为对东道国来说，此种措施最终并未减轻其赔偿负担。随着投资者与国家之间仲裁实践的进一步发展，这一问题可望明晰化。

四、"公共目的"与征收问题并存

"公共目的"是征收（包括国有化）的必要条件。② 而关于征收，对丧失财产的人支付赔偿被认为是必不可少的。③

对于这些公共目的，仲裁庭有权进行仲裁。正是因为仲裁庭对东道国为"公共目的"而采取的措施有广泛的审查权，甚至被一些学者作为全球行政法出现的证据。④ 对于这种审查的理由，也许是因为为了"公共目的"进行征收的权力必须善意行使。⑤ 而对于非善意的、歧视性的、国家没有尽力保

---

① See Andrea K. Bjorklund, Emergency Exceptions: State of Necessity and Force Majeure, in Peter Muchlinski, Federico Ortino and Christoph Schreuer, *The Oxford Handbook of International Investment Law*, Oxford University Press, 2008, p. 561.

② 对此，郑斌教授早就对国际性法院和法庭的实践进行了考察，得出的结论是，"国家的征收权利不仅应基于公共利益，而且应严格限于公共利益"。See Bin Cheng, *General Principles of Law as Applied by International Courts and Tribunals*, Cambridge University Press, 2006, p. 38.

③ See ibid.

④ See Benedict Kingsbury and Stephan Schill, Investor—State Arbitration as Governance: Fair and Equitable Treatment, Proportionality and the Emerging Global Administrative Law, NYU School of Law, Public Law Research Paper, No. 9—46.

⑤ See Bin Cheng, *General Principles of Law as Applied by International Courts and Tribunals*, Cambridge University Press, 2006.

护外国投资者利益的情形要予以谴责和惩罚。

在国际投资条约中,"公共目的"一词总是出现在有关征收的条款中。正如 Andreas F. Lowenfeld 教授所说,在所有 BITs 中,都包括有关征收的条款,都使用了相同或相似的措词。如果征收满足了规定的条件,则征收是合法的,并非违反 BITs。

举例来说,美国—阿根廷 BIT 第 4 条第 1 款关于征收的条件就包括"为了公共目的"(is carried out for a public purpose)和伴有赔偿(is accompanied by payment of compensation)。① 实际上,所有国家的法律都承认征收或国有化,只要其满足一定的条件,包括前述两个条件,就是合法的。BIT 中关于"公共目的"的规定,只是国际习惯法的具体表达而已。根据 TPP 投资章节,也强调征收的条件包括"公共目的"。根据 TPP 投资章节第 9 条第 7 款,一缔约方只有在特定情况下才可对另一缔约方投资者的投资实施征收、国有化或采取其他类似措施,即:为公共目的;以非歧视方式实施;在前两种情形下给予及时、充分和有效补偿;符合正当法律程序;补偿不应拖延;应以征收公布时或征收发生时被征收投资的公平市场价值计算等。

对于征收是否具有"公共目的",是否合法,其可仲裁性是不存在任何疑问的。这从各投资争端解决机构仲裁的大量有关征收的案件即可得知。对于征收补偿问题,应予以补偿也是公认的法律原则。争议也只在补偿的标准、数额、形式和期间方面。"充分、及时、有效"(adequate, prompt and effective)的"赫尔原则"和"适当(appropriate)补偿原则"代表了发达国家和发展中国家的不同主张。

符合"公共目的"合法征收必须伴有合理或公平的补偿,而不符合"公共目的"的非法剥夺更存在需要补偿的问题。在"ADC Affiliate Limited and ADC & ADMC Management Limited v. the Republic of Hungary 案"中,匈牙利政府因剥夺私人财产的行为未满足合法征收(lawful expropriation)所需要的公共目的的条件,被裁决为不合法的征收。在处理赔偿标准问题时,ICSID 仲裁庭认为,虽然 BIT 未规定有关不合法征收的赔偿标准,但可采用"Chorzow Factory 案"所确立的习惯法方法,即"赔偿应尽可能消除不法行

---

① See Andreas F. Lowenfeld, *International Economic Law* (Second Edition), Oxford University Press, 2008, p.559; also See Andreas F. Lowenfeld, *International Litigation and Arbitration Selected Treaties, Statutes and Rules*, Third Edition, Thomson/West, 2005, p.333.

为的所有后果,并重建如未发生不法行为很可能会存在的状态"①。最后,ICSID 仲裁庭确定的赔偿额高达接近于投资额的 5 倍。显然,公共目的在判断是合法征收还是非法剥夺及相应的补偿额问题上具有重要意义。合法征收只需要公平或合理的补偿,而对于非法剥夺,由于是国际不法行为,需要更多赔偿,这种赔偿可理解为具有惩罚性质。②

根据 Andreas F. Lowenfeld 教授的观点,"公共目的"并不是一个会产生较大争议的问题,在国际投资仲裁中也不是一个显著的问题。很明显,如果统治者将征用的大厦用于私人目的的,则不是征收。否则,只要所宣称的征收或其他违法的目标是有益于国家利益的,其他国家、法庭或仲裁庭是不会纠缠于这个问题的。③ 然而,仲裁庭会对东道国的公共利益和投资者的私人利益进行权衡,而这实际上是对公共利益措施的审查。

虽然在决定公共利益问题上,东道国当局有广泛的自由裁量权④,国家也可以为了其国家或公共利益采取征收措施,但这种措施的限度必须符合比例原则的要求。基于人民代表所选的国家比国际法官更适合决定什么是一国的公共利益这一假定,东道国享有广泛的自由裁量权;但为了防止对公共利益原则的滥用,要求所采取的措施合理且与目标成比例。如果所采取的措施比需要达到目标的手段更激烈,或尚存在较不激烈措施可以选择,那么,就不能认为所采取的措施是必要的。⑤ 仲裁庭的任务就是甄别过分的措施以确保其并不是伪装的保护主义或剥夺私人所有权的隐蔽方法。

几乎所有涉及征收的争端都涉及"公共目的"或公共利益问题,如果所采取的措施不是为了公共目的,则不存在合法征收的问题。在传统国际投资条约片面强调保护投资者利益的情况下,强调公共利益的重要性是十分必要的。在投资仲裁实践中,加强透明度和公共参与会促进对公共利益的关注和维护。而仲裁机构也只有公正维护东道国的公共利益,才能取得正

---

① Chorzów Factory Case (Merits) (1928), A. 17, p. 47.
② See Bin Cheng, *General Principles of Law as Applied by International Courts and Tribunals*, Cambridge University Press, 2006, pp. 50—51.
③ See Andreas F. Lowenfeld, *International Economic Law*, Second Edition, Oxford University Press, 2008, 564.
④ See P. Muchlinski, *Multinational Enterprises and the Law*, Oxford: Blackwell, 1995; N. Schrijver, *Sovereignty over Natural Resources: Balancing Rights and Duties*, Cambridge: CUP, 1997, pp. 504, 344—364.
⑤ 韩秀丽:《论比例原则在有关征收的国际投资仲裁中的开创性适用》,载《甘肃政法学院学报》2008 年第 6 期。

当性。① 需要指出的是,东道国为"公共目的"进行的规制如不构成征收,则投资者不会得到补偿。《北美自由贸易协定》下的"Methanex v. United States 案"已成为一个先例。在该案中,加拿大 Methanex 公司起诉美国政府,要求补偿其 9.7 亿美元,因为加利福尼亚州的环境法禁止一种该公司生产的危险化工制品甲基叔丁基醚(methyl tert-butyl ether)汽油添加剂。Methanex 公司认为,该法律对公共卫生的保护是"等同于征收"。在裁决美国的法规不是"等同于征收"的措施时,仲裁庭坚持,作为一般国际法原则,"一项为了公共目的非歧视性的法规,是根据正当程序颁布……不被认为是征收性的和可补偿性的,除非颁布法规的政府曾给了考虑投资的外国投资者以具体承诺,即承诺该政府不会颁布此类法规"。②

在该案中,加州颁布的法律不具有歧视性,也未曾给予 Methanex 公司具体承诺。因此,仲裁庭裁决加州的立法不构成征收,不予赔偿。仲裁庭不但极少提及立法对投资者投资受经济干预的程度,而且确认,市场份额的损失本身不构成征收。该仲裁标志着对国家"公共目的"(主要是环境、安全和健康)的支持。总之,政府为了"公共目的"正常地行使规制权不需要补偿;但如果逾越了正常行使的界限,构成征收,则需要补偿。由于正常的规制和可补偿的征收之间并不容易区别,这也是摆在仲裁员和法学家们面前的难题,需要具体情况具体分析。例如,随着作为一种人权和纳入了更高价值的规范——拥有清洁环境的权利的逐步演进,可能使东道国为保护环境而实施更多干预外资的措施,而这种措施却不是可补偿的征收。③

五、国际投资保护协定关于"根本安全利益"规定的新趋势

在国际投资仲裁中,"根本安全利益"必要性抗辩比"公共目的"抗辩具有更重要的意义,也更为困难。从"BG案"可以看出,如果 BITs 中没有"根本安全利益"例外的规定,仲裁庭倾向于对"根本安全利益"事项行使管辖

---

① See Barnali Choudhury, Recapturing Public Power: Is Investment Arbitration's Engagement of the Public Interest Contributing to the Democratic Deficit? *Vand. J. Transnat'l L.*, Vol. 41, pp. 831—832.

② Methanex v. United States, *I. L. M.*, Vol. 44, pp. 1345, 1456.

③ See M. Sornarajah, *The International Law on Foreign Investment*, 2nd ed., Cambridge University Press, 2004.

权。尽管目前包含"根本利益安全"例外的 BITs 只占 BITs 总数的 10% 左右①，但"根本安全利益"条款已经和正在受到美国和 OECD 国家的高度重视。② 美国对 BIT 范本修改时，明确将"根本安全利益"的管辖权排除在仲裁庭的管辖之外，并在美国新一轮 BIT 谈判中对国家安全问题坚持上述立场。

1984 年美国 BIT 范本规定："本条约不应阻止任何缔约方为维护公共秩序，履行其在维护或恢复国际和平或安全方面承担的义务，或为保护其本国根本安全利益而在其管辖范围内采取必要的措施。"在此范本的指导下，美国与各国缔结的许多 BITs 中关于根本安全利益的规定也基本上作如此规定。③

2004 年美国 BIT 范本第 18 条第 2 款则明确规定："本条约不得解释为：(1) 要求缔约方提供或允许访问其确定如披露将违背其根本安全利益的任何信息；或 (2) 阻止缔约方采取其认为对履行其有关维持或者恢复国际和平、安全或保护本国根本安全利益方面的义务所必要的措施。"④在美国此后缔结或修改的 BITs 中，以及缔结的包含投资保护的 FTAs 中，这种措词得以贯彻。例如，2005 年美国—乌拉圭 BIT 第 18 条、2008 年美国—卢旺达 BIT 第 18 条及 2007 年美国—秘鲁 FTA 第 22 条第 2 款。⑤

2004 年美国 BIT 范本第 18 条第 2 款的规定与之前的范本相比，增加

---

① 根据 William W. Bruke-White 和 Andreas Von Staden 的统计，在目前生效的 2000 多个条约中，至少 200 个条约包含根本安全利益例外条款，See William W. Bruke-White & Andreas Von Staden, Investment Protection in Extraordinary Times: The Interpretation and Application of Non-Precluded Measures Provisions in Bilateral Investment Treaties, *Virginia Journal of International Law*, Vol. 48: 2, p.313.

② 包含根本安全例外条款的国际条约和习惯法包括：1994 年《北美自由贸易协定（NAFTA）》第 21 章第 2102 条、《能源宪章条约》(Energy Charter Treaty)第 24 条、GATT 第 21 条、GATS 第 14 条、2001 年联合国国际法委员会《国家责任条款（草案）》第 25 条。See OECD, Essential Security Interests under Investment Law, 2007, at http://www.oecd.org/dataoecd/59/50/40243411.Pdf, Feb. 15, 2016.

③ 但也有例外情况，1995 年 1 月 10 日与阿尔巴尼亚签订的 BIT 及 1998 年 12 月 1 日与莫桑比克签订的 BIT 中则明确规定："保护缔约方根本安全利益的措施在性质上是自裁决事项"。英文原文为"Measures to protect a Party's essential security interests are self-judging in nature"，at http://www.unctad.org/sections/dite/iia/docs/bits/us_mozambique.pdf, available at http://www.unctad.org/sections/dite/iia/docs/bits/us_Albania.Pdf, Feb.6, 2016.

④ 2004 US Model BIT, at http://ita.law.uvic.ca/documents/USmodelbitnov04.Pdf, Feb. 15, 2016.

⑤ At http://tcc.export.gov/static/Uruguay-11.4.05.pdf; http://www.unctad.org/sections/dite/iia/docs/bits/US_Rwanda.Pdf, Feb. 15, 2016.

了"它确定"(it determines)与"它认为"(it considers)的用语,显然模仿了GATT 第 21 条的措辞,但又比第 21 条更加强调东道国的主观意志。其用意在于将"根本安全利益"的解释权留给东道国自己主观决定。这样,也就不存在由仲裁庭裁决高额补偿的可能性,表明了美国对国家主权的高度关注和重新强调。

考察其他国家的最新 BIT 范本,也都有类似的规定。加拿大 2004 年 BIT 范本第 10 条规定了非常广泛的例外,其中"根本安全利益"例外采用了与美国 2004 年 BIT 范本几乎相同的措词,即"它确定"和"它认为"。该范本亦明确规定"根本安全利益"属于"自裁决"事项。[①] 挪威 2007 年 BIT 范本也规定了"根本安全利益"例外,和美国、加拿大 BIT 范本的措词相似。[②] 值得一提的是,国际可持续发展研究院 2005 年制定的《可持续发展的投资协定范本》关于"根本安全利益"的规定也采用与美国、加拿大 BIT 范本相似的措词。[③]

印度 2003 年 BIT 范本第 12 条第 2 款也是"根本安全利益"条款,规定该协定不阻止东道国为保护其"根本安全利益"或者在极其紧急的情况下,根据法律在非歧视的基础上,正常而合理地采取行动。[④] 与美国、加拿大 BIT 范本不同之处是,它未明确规定"根本安全利益"为"自裁决"事项。

最近我国与东盟国家的投资协定反映了我国对这一问题的重视。其第 17 条"安全例外"规定:"本协议的任何规定不得解释为:(一)要求任何一方提供其认为如披露会违背其基本安全利益的任何信息;或(二)阻止任何一方采取其认为对保护基本安全利益所必需的任何行动,……"[⑤]

对于争端的可仲裁性,索纳那亚教授曾建议一些投资争端应由国内法院或国际法院来解决。那些涉及国际公共利益的争端由国际法院解决更合适,而那些有关国内利益的争端,国内法院是更好的解决场所。[⑥] 也有学者

---

① At http://ita. law. uvic. ca/documents/Canadian2004—F IPA-model-en. pdf,Feb. 15,2016.
② At http://ita. law. uvic. ca/documents/NorwayModel2007. doc,Feb. 15,2016.
③ IISD Model International Agreement on Investment for Sustainable Development 26,at http://ita. law. uvic. ca/documents/investment_model_int_agreement. pdf,Feb. 15,2016.
④ At http://ita. law. uvic. ca/Indiamodel-bit. htm,Feb. 15,2016.
⑤ 中华人民共和国政府与东南亚国家联盟成员方政府全面经济合作框架协议投资协议,at http://www. fsou. net. cn/html/text/eag/1006675/100667544. html,Feb. 15,2016.
⑥ See M. Sornarajah, *Settlement of Investment Disputes*, Kluwer Law International,2000,pp. 174—176.

根据《维也纳条约法公约》第 26 条的"善意履行原则"主张,即使是在使用"它认为"措词的"自裁决"的情况下,"根本安全利益"条款是"自裁决"性的,仲裁庭也应有权根据"善意原则"进行审查,因此,可以进行仲裁。①

可以看出,强调"根本安全利益"例外是一种新趋势,我国也需要注意采用。反观以往我国所签订的投资条约,却基本无这方面的规定。② 在我国与美国的 BIT 谈判中,美方非常明确地指出,与中国签订的任何投资条约都将必然包含允许政府基于国家安全因素对外资准入进行审查的规定。实践中,美国政府或国会也常以所谓"妨碍国家安全"为由否决涉及美国高新技术和能源领域的中国海外投资项目,以期达到美国在上述领域的垄断目的。③ 而我国在《外国投资法(草案)》中虽然引入了国家安全审查机制,但是制度建设仍有待完善,比如将金融领域的外国投资安全审查交由国务院另行规定的做法,有学者就认为,"经过多年的改革,目前我国银行、证券、保险、信托等主要金融机构都已经公司化,成为真正意义上的'企业',金融领域的并购比实体经济层面的并购活跃得多,所暴露的问题甚至更复杂,新法有必要改变这一历史遗留问题,不应再让金融业外国投资继续游离于国家安全审查联席会议机制之外。"④ 对于忽视"根本安全"例外的后果,陈安教授称"不堪设想"和"后患无穷"⑤,恐怕并非言过其实。我国的一些公用事业、尤其是战略性的基础设施项目,在不同程度上被外资控制,将来很可能出现当前一些拉丁美洲国家的情况,即为了国家的"根本安全利益"而要求外资退出或减资。在此情况下,如我国签订的 BITs 未明确规定"根本安全利益"属于"自裁决"例外的条款,我国为"根本安全利益"而采取的限制外资措施很可能被仲裁庭裁决为征收。

---

① See William W. Bruke-White & Andreas Von Staden, Investment Protection in Extraodinary Times: The Interpretation and Application of Non-Precluded Measures Provisions in Bilateral Investment Treaties, *Virginia Journal of International Law*, Vol. 48: 2, pp. 377—378.

② 陈安:《国际经济法学专论(第二版)》(上编总论),高等教育出版社 2007 年版,第 422—423 页。

③ 梁开银:《美国 BIT 范本 2012 年修订之评析——以中美 BIT 谈判为视角》,载《法治研究》2014 年第 7 期,第 90 页。

④ 漆彤、李建坤:《中国〈外国投资法草案〉若干问题探析》,载《武大国际法评论》2015 年第 2 期,第 72 页。

⑤ 同上。

六、结论

随着全球化的发展,以美国为代表的西方国家对于主权的概念并非是放弃,反而是加强了。如同在 GATT/WTO 下美国对国家安全利益的"自裁决"性主张一样,在国际投资争端中,美国依然会强调这一观点。可以预见,在未来的 BIT 谈判中,明确规定"根本安全利益"属于东道国"自裁决"事项的情况会增加。在此情况下,有关争端是不可仲裁的,仲裁庭也无权裁决补偿问题。"根本安全利益"例外是对国家主权的表达,是一国参与国际经济机制时不可或缺的"安全阀"。在紧急状态下,一国对本国的国民而不是外国投资者负有更大的责任。

由于"根本安全利益"例外受到更严格的限制,比较而言,"公共目的"理由更容易成功援引。涉及"公共目的"事项是可裁决事项,而"根本安全利益"在条约未明确规定由东道国"自裁决"的情况下,也是可裁决的事项,东道国不是有关条件是否得到满足的唯一"法官"。"公共目的"理由即使得到成功援引,也不能排除赔偿的可能性,因为除非是不构成征收的规制措施,合法的征收也是要补偿的。虽然目前还没有一个确定的结论,但是,"根本安全利益"理由如果能得到成功援引,却能排除东道国行为的违法性,有免除东道国赔偿责任的可能性。为了"根本安全利益"或"公共目的"而采取的措施都属于东道国政府规制的例外,在投资条约中以否定式来表达。① 当"根本利益"受到严重和迫近的威胁时可以采取措施,为了实现某一"公共目的"也可采取措施。两者共同之处是,均须注意满足相应的条件。

第二节 双边投资条约中的"自裁决"条款②

一、引言

2008 年 1 月 25 日,阿根廷根据《ICSID 公约》第 52 条第 1 款的规定向 ICSID 提交了要求撤销 ICSID 仲裁庭于 2007 年 9 月 28 日作出的"森普拉

---

① See North American Free Trade Agreement, U. S.—Can.—Mex., Dec. 17, 1992, *I. L. M.*, Vol. 32, 1993, Art. 1110 (1).
② 原文发表于《法商研究》2011 年第 2 期,在编入本书时稍有更新和修改。

能源公司诉阿根廷案"（简称"森普拉能源公司案"）①裁决的申请（简称"森普拉能源公司撤销案"）。② 2010年6月29日，ICSID撤销委员会撤销了"森普拉能源公司案"仲裁庭作出的阿根廷向森普拉能源公司赔偿1.28亿美元的仲裁裁决。如果森普拉能源公司不再另行起诉，那么阿根廷将被永久性免除这一债务。

"森普拉能源公司撤销案"无疑将给各国投资者与阿根廷政府间因2001—2002年经济危机引起的其他投资仲裁案件带来重大影响，因此，ICSID撤销委员会的上述决定受到各方的广泛关注。③ "森普拉能源公司撤销案"涉及BITs中的"自裁决"条款、裁决执行的临时中止、对撤销程序当事方提出的证据可采性进行裁决的权力归属等问题。其中，有关BITs中的"自裁决"条款是这些问题中的核心问题。ICSID撤销委员会之所以撤销"森普拉能源公司案"仲裁庭的裁决主要是因为该仲裁庭未适用准据法，即美国—阿根廷BIT第11条而导致其越权④，阿根廷主张美国—阿根廷BIT第11条是"自裁决"条款，尽管对于美国—阿根廷BIT第11条是否"自裁决"条款，ICSID撤销委员会并没有给出明确的答案。在此，"森普拉能源公司撤销案"向我们提出了BITs中"自裁决"条款的定性与适用问题。有鉴于此，笔者将通过探讨"自裁决"条款在国际投资条约中的发展，结合"森普拉能源公司撤销案"分析"自裁决"条款的定性与适用，并就我国BITs签订或修改中"自裁决"条款的选择与制订提出建议。

二、"自裁决"条款的发展：基于美国BIT实践的考察

有学者认为，"自裁决"条款是指在情势要求采取该条款所设想的措施时，条约的缔约方是决定是否采取及采取何种措施的唯一法官，唯一的限制

---

① See Sempra Energy International v. The Argentine Republic, ICSID Case No. ARB/02/16, Award, September 28, 2007.

② See Decision on the Argentine Republic's Request for Annulment of the Award for Sempra Energy International v. The Argentine Republic, ICSID Case No. ARB/02/16, June 29, 2010.

③ See Luke Eric Peterson, Major New Development in Argentine Crisis Case at ICSID, June 29, 2010, at http://www.InvestmentArbitration Reporter.com, January 30, 2016.

④ 申请撤销仲裁裁决的理由有：(1)仲裁庭组成不当；(2)仲裁庭明显越权；(3)仲裁庭的成员有受贿行为；(4)严重违背基本程序规则；(5)裁决未陈述其所依据的理由。虽然从表面上看，没有适用准据法并不是撤销仲裁庭裁决的理由，但判例法表明，未适用准据法是仲裁庭明显越权的表现之一，即对准据法协议的违反等于明显越权。See Christoph H. Schreuer etc., *The ICSID Convention: A Commentary on the Convention on the Settlement of Investment Disputes between States and Nationals of Other States*, Second Edition, Cambridge University Press, 2009, pp. 891—1022.

是仲裁庭可以用"善意"原则对争议措施进行裁定,从而解决争端。① 这种观点得到了"森普拉能源公司案"仲裁庭的认可。"森普拉能源公司案"仲裁庭指出,如果美国—阿根廷 BIT 第 11 条是"自裁决"条款,那么对其进行善意评审就足够了。但由于该条款并非"自裁决"条款,需要对援引该条款采取的措施进行实质审查。②

也有学者将"自裁决"条款称为"不排除措施条款",意指在某些特殊情况下限制一国的责任,这一条款对确定一国政府对特殊情况进行回应的自由以及确定 BIT 下投资保护的范围至关重要。③ 这里的特殊情况指阿根廷发生经济危机这类涉及国家安全或基本安全利益的情况。可见,"自裁决"条款与"国家安全"和"基本安全利益"密切相关。因此,"自裁决"条款与"国家安全"条款或"基本安全利益"条款往往相提并论。但是,笔者认为,并不能将两者等同起来,因为"国家安全"条款未必就是"自裁决"条款,或者说具有"自裁决"性质。换言之,也存在不具有"自裁决"性质的"国家安全"条款。可以说,"国家安全"条款是就条款的内容而言的,而"自裁决"条款强调的则是条款的性质。另外,需要指出的是,"自裁决"也不同于"不可裁判",后者是指争端不可提交仲裁或司法解决。④ 例如,对国际法院的管辖权,美国曾提出所谓"康纳利保留"。⑤ 据之,如经美国确定认为主要属于美国国内管辖范围事项的争端,美国将不承认国际法院的管辖权,即只承认美国国内法院的管辖权。如一项争端是不可仲裁的,也就完全排除了仲裁机构的管辖权。而"自裁决"条款虽然限制了仲裁庭的权限,但并未完全否定仲裁机构的管辖权。只能说,"自裁决"条款在极大程度上限制了仲裁庭进行审查的权能,同时也为东道国政府保留了极大的政策空间。

纵观大量的 BITs 及包含投资条款的区域贸易协定(regional trade agreements,RTAs),可以发现,包含"自裁决"条款是国际投资法发展的一

---

① See Expert Opinion of Dean Anne-Marie Slaughter and Professor William Burke-White of July 19 for Argentina in Sempra Case,2005.

② See Sempra Energy International v. The Argentine Republic,ICSID Case No. ARB/02/16,Award,September 28,2007.

③ See Gabriela A. Grinblat,Non-Precluded Measures Clauses and Their Effect on Foreign Investment,January 19,2010,at http://www.mayerbrown.com/publications/article.asp?id=8228&nid=6,Feb. 9,2016.

④ 不可裁判的争端又称为政治争端、不能提交国际法院或仲裁庭按照法律予以解决的争端。参见王铁崖:《中华法学大辞典国际法学卷》,中国检察出版社 1994 年版,第 56 页。

⑤ "康纳利保留"由美国在 1946 年 8 月 14 日提出,以美国德克萨斯州议员汤姆·康纳利的名字命名,其实质是限制美国对国际法院强制管辖权的承认。

个重要趋势。其中,最具代表性的就是美国缔结的一系列BITs。自21世纪初以来,美国签订的BITs正在从片面强调投资自由化和投资者权利向强调东道国的国家安全和其他权利如劳动权和环境权转型。例如,根据"路易斯维尔煤气电力公司案"①仲裁庭的观点,美国在1992年批准其与俄罗斯联邦的BIT后就开始考虑将BITs中的例外条款与"自裁决"联系起来。1995年美国与阿尔巴尼亚签订的BIT及1998年美国与莫桑比克签订的BIT都明确规定:"保护缔约方根本安全利益的措施在性质上是自裁决事项。"②不过,直到2004年美国BIT范本出台,美国才开始在其签订的BITs中广泛采用"自裁决"条款。从2004年美国BIT范本第18条与1983年美国BIT范本第10条第1款的比较中可发现这一新发展。2004年美国BIT范本第18条规定:"本协定不得解释为:(1)要求缔约方提供或允许获得其确定如披露将违背其根本安全利益的任何信息;或(2)阻止缔约方采取其认为对履行其有关维持或者恢复国际和平、安全或保护本国基本安全利益方面的义务所必要的措施。"然而,作为1991年美国—阿根廷BIT第11条来源的1983年美国BIT范本第10条第1款则规定:"本协定不应阻止任何缔约方为维护公共秩序,履行其在维护或恢复国际和平或安全方面承担的义务,或保护其本国基本安全利益而在其管辖范围内采取必要的措施。"

笔者认为,1983年美国BIT范本第10条第1款不是"自裁决"条款,因为其仅要求东道国采取的措施对于所述的目的是"必要"的。尽管已有的判例并不一致,BIT下的争端解决机构有权对东道国的措施是否符合"必要性要求"作出裁决。这也解释了为加强美国的投资规制权,2004年美国BIT范本改变"国家安全"条款措辞的原因。改变措辞的目的在于改变条款的性质,即将"非自裁决"性质的"国家安全"条款修改为"自裁决"性质的"国家安全"条款,反映了美国的真实意图。笔者认为,采用公认的文本分析方法,比较1983年美国BIT范本第10条第1款与2004年美国BIT范本第18条的

---

① See LG&E Energy Corp./LG&E Capital Corp./LG&E International Inc. v. The Argentine Republic, ICSID Case No. ARB/02/1, Decision on Liability, October 3, 2006.

② See Article XIV(Measures Not Precluded)of the Treaty between the Government of the United States of America and the Government of the Republic of Albania Concerning the Encouragement and Reciprocal Protection of Investment, with Annex and Protocol, Signed at Washington on January 11, 1995; Article XIV(Measures Not Precluded)of the Treaty between the Government of the United States of America and the Government of Mozambique Concerning the Encouragement and Reciprocal Protection of Investment, with Annex and Protocol, Signed at Washington on December 1, 1998.

规定,即根据后者增加的"其确定"和"其认为"的表述,可以认为后者具有"自裁决"性质。

在国家安全利益方面,美国正逐渐对"自裁决"条款持肯定与支持的态度。自 2004 年美国 BIT 范本出台以后,美国签订的 BITs 均明确表明缔约方本身作为其采取的有关措施的唯一法官的意图。例如,美国—乌拉圭 BIT 第 18 条、美国—卢旺达 BIT 第 18 条均复制了 2004 年范本第 18 条的内容。实际上,美国签订的含有投资条款内容的 RTAs 也都含有此类"自裁决"条款。[①] 例如,美国—韩国自由贸易协定第 23 条第 2 款规定:"本条约不得解释为:(1) 要求缔约方提供或允许访问其确定如披露将违背其根本安全利益的任何信息;或 (2) 阻止缔约方采取其认为对履行其有关维持或者恢复国际和平、安全或保护本国根本安全利益方面的义务所必要的措施。"

近年来,许多国家纷纷效仿美国调整 BITs 的内容,不仅涉及的范围更广、规定更细,而且强调对东道国安全利益的保护。实际上,很多国际投资条约将是否存在国家安全威胁及如何应对此种威胁的决定权留给了缔约方。典型的表述是"条约不应排除缔约方为保护其国家安全采取其认为必要的措施"[②]。据统计,12% 的 BIT 范本中包含具有"自裁决"性质的例外条款,大多数近年签订的包含投资条款内容的 RTAs 也包含此类例外条款[③],甚至国际可持续发展研究院《可持续发展投资协定范本》也使用了与 2004 年美国 BIT 范本第 18 条规定相似的措辞。[④]

"自裁决"条款所赋予的条约权利不仅为发达国家所重视,而且也是发

[①] 有学者已注意到美式双边投资协定的这种发展趋势,他们担心美式双边投资协定无法为投资者提供完善的保护,并建议投资者考虑利用其他投资协定来保护自身利益。See Skadden, New ICSID Annulment Decision Exposes Possible Gap in United States Investment Treaty Protection, July 19, 2010.

[②] See United Nations Conference on Trade and Development, the Protection of National Security in IIAs, UNCTAD Series on International Investment Policies for Development, United Nations, New York and Geneva, 2009, pp. 39, 72, 49, 40—41, 72, 61.

[③] Ibid., pp. 39, 72, 49, 40—41, 72, 61.

[④] See Howard Mann etc., *IISD Model International Agreement on Investment for Sustainable Development*, Published by the International Institute for Sustainable Development, April 2005.

展中国家、特别是弱势群体国家应掌握的权利①,而美国是利用这一条款较多的国家。在 2013 年年底,乌克兰危机爆发,美国借机对俄罗斯施行次级制裁,采取冻结、禁止国内公民与其交易等方法,意图阻止其他国家的公司或个人与俄罗斯进行商业往来,并得到了欧盟各国、日本等的积极响应。"BITs 中的'自裁决'条款是关涉次级制裁的重要条款,造成 BITs 下的次级制裁打击面更为宽广。"②近年来,许多国际投资法学者都对现代国际投资条约在权利义务上的不平衡及相应的国际投资仲裁的不公平提出质疑,对国际投资条约对投资者片面保护和对东道国主权侵犯的有关规定提出了激烈的批评。③ 美国通过并入"自裁决"条款使权利义务趋于平衡的 BIT 实践,似可作为对这些质疑和批评的回应。究其实质,美国在 BITs 中通过"自裁决"条款对国家安全的强调,反映了其对自身国家安全利益的重视和保护。

三、"自裁决"条款的定性和适用:基于"森普拉能源公司撤销案"的考察

(一)"自裁决"条款的定性

有学者认为,在"森普拉能源公司撤销案"中,ICSID 撤销委员会是基于美国—阿根廷 BIT 第 11 条是"自裁决"条款而撤销"森普拉能源公司案"仲裁庭裁决的,因此,ICSID 撤销委员会是倾向于接受美国—阿根廷 BIT 第 11 条是"自裁决"条款的。④ 笔者认为,在"森普拉能源公司撤销案"中,美国—阿根廷 BIT 第 11 条是否"自裁决"条款的问题根本没有得到解决,更不用说对该条的解释和适用了。ICSID 撤销委员会也不是根据美国—阿根廷 BIT 第 11 条是"自裁决"条款而撤销"森普拉能源公司案"仲裁庭裁决的,其撤销的主要依据是,该案仲裁庭因未适用美国—阿根廷 BIT 第 11 条而明显

---

① 当今世界的现实再次证明了投资者可能比东道国更强大。例如,2010 年 3 月 26 日,美国烟草制造商菲利普—莫里斯国际公司将乌拉圭诉至解决投资争端国际中心,这是对乌拉圭保护公共健康的措施提出挑战。对此,乌拉圭总统何塞·穆希卡指出:"乌拉圭是一个小国,每年的国内生产总值约为 440 亿美元,而菲利普—莫里斯国际公司的市场资本总值达 1 080 亿美元,乌拉圭相形见绌"。See 170 Nations, WHO Support Uruguay's Legal Battle Against Tobacco Giant, *Jakarta Globe*, November 19, 2010.

② 王淑敏:《国际投资中的次级制裁问题研究——以乌克兰危机引发的对俄制裁为切入点》,载《法商研究》2015 年第 1 期,第 167 页。

③ See Osgoode Hall Law School, Public Statement on the International Investment Regime, August 31, 2010, at http://www.osgoode.yorku.ca/public_statement/, Feb. 15, 2016.

④ See Shane Romig, Argentina Scores Second Win In World Bank Arbitration Committee, August 2, 2010, at http:/www.tradingmarkets.com/news/press-release/sre_-argentina-scores-second-win-in-world-bank-arbitration-committee-1082541.html, Feb. 14, 2016.

第九章　双边投资条约实践

越权。当然,如美国—阿根廷 BIT 第 11 条是"自裁决"条款,ICSID 撤销委员会就不必绕那么大的弯子,而可以直接断定仲裁庭明显越权。

由于定性是一个实质问题,远远超出了 ICSID 撤销委员会的权能。因此,关于美国—阿根廷 BIT 第 11 条的性质,ICSID 撤销委员会未作出明确回答,其理由是:"本委员会对于仲裁庭对案情实质的推理不会表达任何观点。"[①] 阿根廷曾提出许多依据(专家证词、官方声明及其他凭据)主张美国—阿根廷 BIT 第 11 条是"自裁决"条款,然而,ICSID 撤销委员会认为,由于这些依据明显针对案情实质的评审,它不考虑这些依据。[②] 倒是在"森普拉能源公司案"中,仲裁庭明确指出,由于美国—阿根廷 BIT 第 11 条不是"自裁决"条款,它可对阿根廷应对经济危机采取的措施进行实质审查。不过,该仲裁庭并没有继续适用美国—阿根廷 BIT 第 11 条的规定,对阿根廷采取的措施进行实质审查,而是适用联合国《国家对国际不法行为的责任条款(草案)》(简称《国家责任条款(草案)》)第 25 条[③]进行实质审查,认定阿根廷采取的措施不符合该条款有关"必要性"的累积要求,必须对投资者的损失进行赔偿。

实际上,不仅"森普拉能源公司案"仲裁庭认定美国—阿根廷 BIT 第 11 条不是"自裁决"条款,一系列涉及美国—阿根廷 BIT 第 11 条的阿根廷危机案的仲裁庭都拒绝承认美国—阿根廷 BIT 第 11 条是"自裁决"条款。[④] 这些仲裁庭对阿根廷根据美国—阿根廷 BIT 第 11 条所采取的措施进行实质评审本身就否定了美国—阿根廷 BIT 第 11 条是"自裁决"条款。因为按照公认的说法,对于"自裁决"条款,仅进行善意评审就足够了。据此,笔者认为,美国—阿根廷 BIT 第 11 条不是"自裁决"条款已然成为 ICSID 相关仲裁庭遵循的"判例法"。

基于美国 BITs 的发展及 ICSID 的仲裁实践,不难发现,"自裁决"条款

[①] See Decision on the Argentine Republic's Request for Annulment of the Award for Sempra Energy International v. The Argentine Republic, ICSID Case No. ARB/02/16, June 29, 2010.

[②] Ibid.

[③] 《国家责任条款(草案)》第 25 条规定:"1. 一国不得援引危急情况作为理由解除不遵守该国某项国际义务的行为的不法性,除非:(1) 该行为是该国保护基本利益,对抗某项严重迫切危险的唯一办法;而且(2) 该行为并不严重损害作为所负义务对象的一国或数国或整个国际社会的基本利益。2. 一国不得在以下情况下援引危急情况作为解除其行为不法性的理由:(1) 有关国际义务排除援引危急情况的可能性;或(2) 该国促成了该危急情况。"

[④] See United Nations Conference on Trade and Development, the Protection of National Security in IIAs, UNCTAD Series on International Investment Policies for Development, United Nations, New York and Geneva, 2009, pp. 39, 72, 49, 40—41, 72, 61.

的定性具有一定的特殊性,"自裁决"条款在某种程度上取决于条款本身的措辞,缔约方可通过明确的条约措辞来体现某一条款具有"自裁决"性质,反映自己的真实意图,以影响仲裁庭的评审标准;否则,有关条款就不能被定性为"自裁决"条款。

(二)"自裁决"条款的适用

ICSID 撤销委员会没有解决美国—阿根廷 BIT 第 11 条是否"自裁决"条款的问题,也没有对"自裁决"条款与"非自裁决"条款的关系进行论证。实际上,正确区分"自裁决"条款与"非自裁决"条款,在一定程度上有助于对"自裁决"条款的适用。笔者认为,"自裁决"条款与"非自裁决"条款最主要的区别在于两者与仲裁庭权能的关系上,而非与 ICSID 管辖权的关系上。在此,应区别权能与管辖权。在"森普拉能源公司案"中,仲裁庭认为,该案属于 ICSID 的管辖权和仲裁庭的权能范围,也就是说,ICSID 对争端具有事项管辖权和属人管辖权。ICSID 撤销委员会在其撤销决定中指出,阿根廷不仅在提出其论点时使用了"根据习惯法的必要性"和"根据美国—阿根廷 BIT 第 11 条的排除"的措辞①,而且在其撤销 ICSID 管辖权的请求中也没有根据"自裁决"条款进行抗辩②,因此,可以推断,ICSID 管辖权与自裁决条款没有关联。不同的措辞表明"权能"与"管辖权"具有不同的含义,"管辖权"指 ICSID 有权对"森普拉能源公司案"进行仲裁,而"权能"则指仲裁庭对争议问题进行审理的权限。ICSID 撤销委员会认可"森普拉能源公司案"仲裁庭关于"管辖权"和"权能"的裁决。③ 根据 ICSID 撤销委员会的推理,虽然阿根廷主张"森普拉能源公司案"仲裁庭因未能援引准据法——美国—阿根廷 BIT 第 11 条而明显越权,但仲裁庭一旦裁决美国—阿根廷 BIT 第 11 条不是"自裁决"条款后,就必须接着予以适用,否则就是明显越权。不难发现,阿根廷与 ICSID 撤销委员会认定"森普拉能源公司案"仲裁庭越权的理由是不同的。可以推断,如果美国—阿根廷 BIT 第 11 条不是"自裁决"条款,其当然既不能排除 ICSID 的管辖权,也不能限制仲裁庭的权能。如果该条款是"自裁决"条款,也不能回避 ICSID 的管辖权,但仲裁庭的权能却会受到限制,即仲裁庭只能对案情进行善意评审而非实质评审。关于"自裁决"

---

① See Decision on the Argentine Republic's Request for Annulment of the Award for Sempra Energy International v. The Argentine Republic,ICSID Case No. ARB/02/16,June 29, 2010.

② Ibid.

③ Ibid.

条款,有学者认为,其并不能剥夺国际法院或法庭的管辖权,而只能影响国际法院或法庭对国家措施适用的评审标准。① 这与笔者的观点不约而同。

如前所述,"森普拉能源公司案"仲裁庭否认美国—阿根廷 BIT 第 11 条是"自裁决"条款,因此其对案情的评审并不限于东道国所援引或采取的措施是否为善意。② 换言之,如果美国—阿根廷 BIT 第 11 条是"自裁决"条款,那么只需要根据善意原则对案情进行评审。

目前,根据"自裁决"条款采取的措施应受善意评审的观点得到了广泛认同。UNCTAD 也认为,当国际投资条约缔约方援引条约中"自裁决"性质的国家安全例外条款限制外国投资时,该条款并不能完全排除缔约方的国际责任。善意要求给予仲裁庭衡量措施合法性的尺度,使仲裁庭能区分正当的国家安全关切与构成伪装的保护主义。UNCTAD 还指出,基于善意评审,缔约方要证明其根据国家安全例外条款采取的保护措施的正当性也许更为困难。③ 但是,事实也并非完全如此,如"吉布提诉法国案"④涉及根据善意原则审查法国所采取的措施是否正当的问题,国际法院的善意评审只表现为非常有限的审查,即只要求法国陈述采取相关措施的理由。尽管如此,国际法院的这一司法实践仍表明,即使是根据"自裁决"条款采取的措施,也不能免受司法审查。在国际投资法领域尚无判例法可借鉴的情况下,国际法院对根据"自裁决"条款采取的措施进行善意评审的做法无疑具有借鉴意义。然而,迄今为止,国际法院或法庭的"判例法"并不足以明确"善意"这一一般国际法原则评审的确切含义,但这并不意味着其可有可无或毫无意义。"因为撇开条约的明文规定,唯一从法律上限制国家自由裁量权的似乎就是善意原则。所采取的措施应是合理的,必须不武断。"⑤善意评审的法理依据是非常明确的,根据《维也纳条约法公约》第 26 条规定的一般原则,缔约方必须善意履行其义务。

---

① See Robyn Briese & Stephan Schill, "If the State Considers": Self-Judging Clauses in International Dispute Settlement, *Max Planck Yearbook of United Nations Law*, Vol. 13, 2009.

② See Decision on the Argentine Republic's Request for Annulment of the Award for Sempra Energy International v. The Argentine Republic, ICSID Case No. ARB/02/16, June 29, 2010.

③ See United Nations Conference on Trade and Development, the Protection of National Security in IIAs, UNCTAD Series on International Investment Policies for Development, United Nations, New York and Geneva, 2009, pp. 39, 72, 49, 40—41, 72, 61.

④ See Certain Questions of Mutual Assistance in Criminal Matters (Djibouti v. France), Judgment, I. C. J. Reports 2008, p. 177.

⑤ Bin Cheng, *General Principles of Law as Applied by International Courts and Tribunals*, Cambridge University Press, 2006, p. 56.

四、我国的缔约选择

目前,在 BITs 中包含"自裁决"条款已成为国际投资法发展的重要趋势,一系列与阿根廷经济危机有关联的国际投资仲裁案也表明了"自裁决"条款的意义所在。"当前几乎所有设立例外条款的缔约方都注意将例外条款设定为'自裁决'性质的条款,保留国家采取措施的自由裁量权和灵活性,由此扩大国际投资管理的政策空间。"[①]客观上,"自裁决"条款对维护东道国主权及利益具有重要意义。当然,仅制订一项"自裁决"条款并不能完成平衡投资者与东道国的利益的全部任务,因为"自裁决"条款是在特殊情况下才可能得到援引的条款,要平衡投资者与东道国利益还必须从具体的规则和原则着手。但是,无论如何,"自裁决"条款是掌握在东道国手中的一个"安全阀"。有了它,东道国的国家安全利益就多了一重保护。在"森普拉能源公司撤销案"中,虽然美国—阿根廷 BIT 第 11 条是否"自裁决"条款的问题尚未明确,但其对 ICSID 撤销委员会撤销仲裁庭的裁决仍起了重要作用。如果美国—阿根廷 BIT 第 11 条被明确认定为"自裁决"条款,阿根廷的国家利益无疑会得到更大程度的保护。

值得反思的是,迄今,在我国缔结的 BITs 中,除 2009 年《中华人民共和国政府与东南亚国家联盟成员国政府全面经济合作框架协议投资协议》(简称《中国—东盟国家投资协议》)外,少有此类"自裁决"条款。《中国—东盟国家投资协议》第 17 条(安全例外)规定:"本协定的任何规定不得解释为:(1)要求任何一方提供其认为如披露会违背其基本安全利益的任何信息;或(2)阻止任何一方采取其认为对保护基本安全利益所必需的任何行动……"在我国已经与 129 个国家缔结了 BITs 且还在缔结新协定和修改旧协定的情况下,这些 BITs 尤其是目前仍处于谈判过程中的中美 BIT 是否应当包含"自裁决"条款及如何制订"自裁决"条款,是需要重视解决的问题。

(一)"自裁决"条款的选择

从经济利益出发,应认真考虑在 BITs 中是包含还是排除"自裁决"条款这一问题。在我国正逐步发展成为资本输出大国的情况下,尤其是在我国政府在海外拥有的大量主权财富基金可能面临东道国政府根据"自裁决"条款采取相关措施的情况下,我国签订的 BITs 是否应包括"自裁决"条款呢?

[①] 刘艳:《国际投资协定中东道国政策空间问题研究》,载《武大国际法评论》2014 年第 1 期,第 268 页。

在法律上,我国是不能完全排除"自裁决"条款的,因为权利与义务的平衡及公平和正义是一个条约最本质的特征。从经济上讲,虽然我国正在成为资本输出大国,但更是一个资本输入国,而美国仍然是世界上最大的资本输出国。为何美国不担心其签订的 BITs 中存在"自裁决"条款会使其海外投资得不到充分保护呢? 相反,美国 BITs 已发生了从包含不确定的"自裁决"条款到包含明确的"自裁决"条款的转变,这值得我们深思。

在未来的 BIT 磋商中,"自裁决"条款可能变得更为重要,因为出于国家安全或为确保政府对具有战略意义的部门具有更大的政府控制权,越来越多的国家正在采用或考虑采用国家安全措施来限制外国投资者在东道国投资的权利。此外,许多发展中国家继续面临着严重经济危机的风险,甚至发达国家也不能免于此类风险。最强有力的证据就是美国的次贷危机引发的经济危机至今"阴魂不散"。其实,任何国家都不能保证在其经济发展的过程中不会遇到紧急情况。在此情况下,一国不能放弃在 BITs 中使用"自裁决"条款的权利。在《关于国际投资体制的公开声明》中,声明者一致认为,作为一项一般原则,国家具有为了公共利益进行规制外资活动的基本权利,这一规制权力如得到善意行使,并且是为了合法的目的,就不会从属于投资者的权利。[①] 对于"自裁决"条款被滥用的风险,回顾其他国际争端解决机构的实践,不难发现,这种风险出现的可能性并不大。例如,在 ICSID 仲裁实践中,至今尚未出现东道国滥用"自裁决"条款的判例。此外,在 GATT/WTO 争端解决中,具有"自裁决"性质的 GATT 第 21 条也并没有被真正适用。[②]

(二)"自裁决"条款的制定

1. 应否区别对待的问题

一般来说,投资者在发展中国家面临东道国依据有关 BIT 中"自裁决"条款的规定而采取措施的可能性比发达国家更大。而我国海外投资地大多是发展中国家,这是否意味着在我国与这些国家签订的 BITs 中应当排除"自裁决"条款而在与发达国家签订的 BITs 中应包括"自裁决"条款呢? 笔者认为,区别不同的情况进行选择也是可以的。区别对待并不等同于采取

---

① See Osgoode Hall Law School, Public Statement on the International Investment Regime, August 31, 2010, at http://www. osgoode. yorku. ca/public_statement/, Feb. 6, 2016.

② See Report of the Panel, United States Export Restrictions, CP. 3/SR22, BISD II/28, June 8, 1949; Report of the Panel, United States—Imports of Sugar from Nicaragua, GATT B. I. S. D. L/560, 31S/67, Adopted March 13, 1984.

双重标准。双重标准意味着对相同的情况给予不同的对待,实际上是歧视。区别对待符合"具体问题具体分析"的原则,符合"平等互利"的基本法理,更符合"国家主权至上"的国际法原则。[①] 但是,即便是区别不同情况来选择是否应在BITs中包含"自裁决"条款,也未必采用发展中国家与发达国家"两类国家"的划分方法。关键在于实际情况。美国也没有根据缔约对象是发展中国家还是发达国家而采用不同的BIT范本,即包括或不包括"自裁决"条款。实际上,美国签订的BITs的缔约对方绝大多数也是发展中国家。可以认为,美国在BITs中采用"自裁决"条款可为自己保留更大的政策空间,作为资本输出国时,它可限制缔约对方利用"自裁决"条款,而作为资本输入国时,它又能充分利用"自裁决"条款保护其国家安全或基本安全利益。

2. 应否明确规定的问题

考察包括"森普拉能源公司撤销案"在内的国际投资仲裁的判例法,不难发现,即使BIT中不包含国家安全条款("自裁决性"的或"非自裁决性"的),如准据法(东道国国内法和国际条约法)不充分,仲裁庭还是会适用习惯国际法。不过,由于习惯国际法具有一定的模糊性,未必能反映缔约方的真实意图及东道国的利益,因而在BITs中,缔约方最好能对"自裁决"条款作出明确的规定,以避开习惯国际法的适用。笔者认为,对于"自裁决"条款,应使用"其确定"或"其认为"之类的措辞,或直接明确使用"本条款具有自裁决性"的措辞,表明其具有"自裁决"性质,从而排除仲裁庭的实质评审。如果不想使条款具有"自裁决"性质,也应作出明确规定,尤其是不能忽视必要性要求及基本安全利益或国家安全的定义,从而排除习惯国际法的适用。缔约时应当阐明"必要性"的含义,如免除未能履行某一条约义务而应负的责任是否需要符合一定的条件,这些条件是什么,等等。ICSID仲裁实践关于"必要性"的判例极不统一,或者说尚不成熟。在WTO准司法体制下,关于"必要性"的判例法虽然可以为ICSID仲裁所借鉴,但其本身尚处于发展过程之中。[②] 因此,一国如不愿受严格的《国家责任条款(草案)》第25条的

---

① 参见陈安:《陈安论国际经济法学》(第4卷),复旦大学出版社2008年版,第1924—1936页。

② 实际上,WTO下的必要性要求仍在通过判例法继续发展。例如,"韩国牛肉措施案""欧共体石棉案"及"美国赌博案"澄清了必要性检验方法的适用,尤其是合理可得的替代方法和平衡方法。并且,WTO专家组和上诉机构在"巴西影响翻制轮胎措施案"中明确承认一些规制措施是互相补充的,而不是必须采取合理可得的替代措施。See Benn McGrady, Necessity Exceptions in WTO Law: Retreaded Tyres, Regulatory Purpose and Cumulative Regulatory Measures, *JIEL*, 2009.

约束,也不愿由仲裁庭对"必要性"进行任意解释,就应在有关条款中明确阐明"必要性"的含义和要求。此外,对"基本安全利益"或"国家安全"的含义也应通过概括式和列举式作出明确的界定。

针对一些学者对"自裁决"条款适用的担忧①,笔者认为,可采取扩大或限制"自裁决"条款适用范围的方法。其实,已有此种条约实践可资借鉴。例如,1988年《中华人民共和国和日本国关于鼓励和相互保护投资协定》(简称中国—日本BIT)即用国家安全条款对国民待遇条款的适用范围进行限制。中国—日本BIT第3条第2款规定:"缔约任何一方在其境内给予缔约另一方国民和公司就投资财产、收益及与投资有关的业务活动的待遇,不应低于给予该缔约一方国民和公司的待遇"。接着,作为该协定组成部分的"议定书"又作了补充规定:"关于协定第3条第2款的规定,缔约任何一方,根据有关法律和法规,为了公共秩序、国家安全或国民经济的正常发展,在实际需要时,给予缔约另一方国民和公司的差别待遇,不应视为低于该缔约一方国民和公司所享受的待遇。"笔者认为,该规定虽然通过国家安全条款对国民待遇条款的适用范围进行了限制,但却没有明确国家安全的内涵。在今后的相关条约实践中,为了明确起见,可将"为了公共秩序、国家安全或国民经济的正常发展……"修改为"为了国家确定的公共秩序、国家安全或国民经济的正常发展……"以明确"国家安全"等内涵属国家"自裁决"事项。而对希望减少对"自裁决"条款不可预期性及解释和适用风险的BIT缔约方而言,一个可行的办法是要明确"自裁决"条款的含义和适用范围。②

必须指出,"自裁决"条款是赋予缔约方权利而不是施加义务,因此,应当珍视这项权利,而不是放弃。鉴于国际投资条约及判例法的发展趋势,笔者建议在我国签订的BITs中采用"自裁决"条款,并使用"确定""认可"等具有明确表达意义的措辞,来明确"自裁决"条款的含义和适用范围,以保证一旦采取具体措施时能符合相应的审查标准。

---

① See United Nations Conference on Trade and Development, the Protection of National Security in IIAs, UNCTAD Series on International Investment Policies for Development, United Nations, New York and Geneva, 2009, pp. 39, 72, 49, 40—41, 72, 61.

② See Osgoode Hall Law School, Public Statement on the International Investment Regime, at http://www.osgoode.yorku.ca/public_statement/, Feb. 6, 2016.

第三节　双边投资条约在武装冲突情况下的适用问题

一、导言

武装冲突中的投资保护问题,是国际投资相关研究中甚少涉及的一个领域。但2011年的利比亚冲突及中资企业的投资损失使得该问题在国内引起了广泛的关注。从法律的角度来说,利比亚冲突以惨痛的代价警醒我们:对于海外投资保护的研究,必须考虑到动乱甚至武装冲突的极端情况。

本节试图探讨的问题,正是武装冲突中投资保护问题的一个面向:BITs在武装冲突情况下的适用问题。国际法上,投资保护的主要法律依据是投资国与东道国签订的双边条约,或是共同参加的多边投资条约。在武装冲突的情况下,BITs是否仍然适用,对谁适用,尤其是 BITs 与国内性武装冲突中的非政府参与方有何关系,是笔者试图回答的问题。早在 20 世纪 60 年代,国际法委员会在准备和考虑《维也纳条约法公约》草案的过程中,就注意到武装冲突可能给条约带来影响,并指出武装冲突的爆发可能会导致条约的终止或停止施行。[1] 但委员会考虑到《联合国宪章》已经明确禁止使用武力,因此武装冲突应当被看作国际秩序中的一种反常现象,从而不应作为条约法的一般性规则而被纳入正在起草中的公约。[2] 最终,武装冲突对条约的影响被明确排除在《维也纳条约法公约》的研究和起草之外,最后通过的1969年《维也纳条约法公约》也就没有包含相关的规定。

但第二次世界大战之后的历史表明,《联合国宪章》对武力使用的禁止,并未消除武装冲突的现象。不仅如此,还出现了很多可能影响条约效力的新形式的武装冲突和军事占领等情形。[3] 鉴此,国际法委员会于 2004 年将"武装冲突对条约的影响"这一议题纳入了工作计划,并委任伊恩·布朗利(Ian Brownlie)为特别报告员,开始对该议题进行研究,对相关的法律原则

---

[1] *Yearbook of the International Law Commission 1966*(hereinafter ILCYB 1966),Vol. II, UN Doc. A/CN. 4/SER. A/1966/Add. 1, p. 176, para. 29.

[2] Ibid., pp. 267—268.

[3] Report of the International Law Commission, Fifty-second Session, General Assembly Official Records, Fifty-fifth Session, Supplement No. 10(A/55/10), 2000 (hereinafter ILC Report 2000), p. 140.

和规则进行编纂。①

2011 年,国际法委员会完成了《武装冲突对条约的影响草案》(以下简称《草案》)并建议联合国大会考虑以之为基础拟订一项公约。②《草案》的编纂历时七年,其间考察了大量相关国家实践和法律原则,听取和考虑了各国政府提供的意见及收集了国家实践方面的信息和材料。在此基础上,《草案》的基本结论是:武装冲突本身并不必然导致条约的终止或中止③;条约在武装冲突情况下是否继续有效会受到一些因素的影响,其中首先需要考虑的是条约本身有无相关规定,包括明示或默示地规定条约整体或某些条款在武装冲突条件下仍然适用。④ 在条约本身不含相关规定的情况下,则需综合考虑条约的性质等因素进行判断。⑤

本节以《草案》和一般条约法下的相关规则为规范框架,分析 BITs 在武装冲突中的适用问题。根据《草案》提出的应当考虑的因素,首先考察 BITs 中与武装冲突有关的条款,并指出其对武装冲突情况下 BITs 适用性的影响。其次,讨论 BITs 中不含相关条款的情况,此时将主要基于 BITs 本身的性质和条约法的一般规则进行分析。最后,考察在反政府武装在国内性武装冲突中取得胜利而取代原政府的特殊情况下,BITs 的存续、适用及违约责任的承担问题。至于 BITs 中各种具体规定和待遇如何理解、需要满足何种标准和条件等,相关仲裁庭和学界多有讨论,不在本节考察范围之内。

二、BITs 中关于武装冲突的规定

BITs 中涉及武装冲突的条款,大致可以分为三类,一是直接而明确地提到该条款在"战争"、"武装冲突"或"动乱"等环境下适用,并设定条约双方相应的权利义务,可称为 BITs 中的战争条款;第二类是笼统地保护投资免受暴力损害的条款,这种条款虽非特为战争情况而规定,却可用于战时的投

---

① Report of the International Law Commission, Fifty-sixth Session, General Assembly Official Records, Fifty-ninth Session, Supplement No. 10(A/59/10), 2004 (hereinafter ILC Report 2004), p.306, para. 364.
② Report of the International Law Commission, Sixty-third Session, General Assembly Official Records, Sixty-sixth Session, Supplement No. 10(A/66/10), 2011 (hereinafter ILC Report 2011), p.174, para. 97.
③ International Law Commission, Draft Articles on the Effects of Armed Conflicts on Treaties (hereinafter Draft Articles), 2011, Art. 3.
④ Ibid.
⑤ Ibid., Art. 6(a).

资保护,典型的是 BITs 中常见的完全保护和安全(full protection and security)条款;第三类则是可能在武装冲突情况下排除 BITs 其他条款适用的安全例外条款。

(一) 战争条款

很多 BITs 中包含有直接提到战争、武装冲突和暴乱等情况的战争条款。常见的战争条款会规定,在战争等情况发生时,东道国须在恢复、赔偿或补偿措施方面,给予投资国的国民或公司国民待遇和最惠国待遇。中国与外国签订的 BITs 中,很多也包含了这样的条款,如 2008 年中国—墨西哥 BIT 第 6 条规定:"缔约一方投资者在缔约另一方领土内的投资,由于战争、全国紧急状态、暴动、骚乱或其他类似事件而遭受损失,缔约另一方给予该投资者在恢复原状、赔偿、补偿或其他解决方案方面的待遇,不应低于其给予本国或任何第三国投资者的待遇,二者中以对有关投资者更为有利者为准。"

相同或类似的条文还出现在我国与哥斯达黎加、新加坡、摩尔多瓦、毛里求斯等国的 BITs 中。其他国家的 BITs 中同样不乏类似条款,如利比亚与葡萄牙、法国、意大利等国签订的 BITs,美国与阿根廷签订的 BIT 等。

上述条款本身并未设定实质性的赔偿或补偿义务,而只是规定当东道国就战争损失采取措施时,缔约相对方的投资者将与东道国本国和第三国投资者享有同样的待遇,其目的是规定一种最低限度的非歧视义务。该种条款对 BITs 中其他条款的适用并无影响,即并不排除 BITs 其他条款的适用。多个仲裁庭在涉及该条款的案件中强调,不能将其理解为不遵守条约义务的"一般免责条款"[1],"该条款并未减损条约的权利,而只是保证了任何意在补偿或减少损失的措施都会以非歧视的方式得到适用"。[2] 换言之,这种条款的作用是在条约所规定其他权利义务的基础上,再加上了战争损害补偿措施方面非歧视的义务。从适用性的角度来说,仲裁庭的以上解释表明,在武装冲突情况下,不只是战争条款、而且条约整体都依然适用,而且这是双方在缔约时合意预设的,双方只是通过明确的战争条款增加规定了适用于武装冲突及类似情势的一个额外保障。

除此之外,另有一种战争条款,除规定上述国民待遇和最惠国待遇外,还设定了实质性的权利义务,即规定在何种情况下及按照何种标准进行赔

---

[1] Enron v. Argentina, ICSID Case No. ARB/01/3, Award, May 22, 2007, para. 321.
[2] CMS v. Argentina, ICSID Case No. ARB/01/8, Award, May 15, 2005, para. 375.

偿或补偿。如美国 2012 年 BIT 范本第 5 条第 5 款规定,在武装冲突和国内动乱(civil strife)的情况下,"如果缔约一方的投资者在缔约另一方的领土上因以下原因受到损失:(a)条约项下的投资或投资的一部分被后者的部队或当局所征用;(b)不为情势所必需的情况下,条约项下的投资或投资的一部分被后者的部队或当局所毁损,则后者应为投资者的损失恢复原状或提供赔偿,或二者同时提供,视何者合适而定。任何赔偿均须及时、充分和有效,准用第 6 条(征收和赔偿)第 2 款至第 4 款,仅在细节作必要变通。"

这种条款相对于前一种战争条款来说更进了一步,在其基础上规定了东道国实质性的赔偿义务,将东道国在战争中对投资的征用和毁损等同于征收。但这种义务要求该种征用和毁损是归因于东道国的;就毁损而言,它还要求满足"不为情势所必需"的条件。但在武装冲突状况下,判断行为的归因性是很困难的,尤其是在敌对行动进行过程中造成毁损,其归因于哪一个冲突方往往很难判断。同样,仲裁庭也很难判定某一军事行动是否"为情势所必需",因为这有赖于作出行动当时的情况、指挥官所获知的信息及军事上的判断。因此,在实践中,仲裁庭往往就该条款的适用标准作出非常严格的解释,使得投资者很难证明东道国需根据该条款而负赔偿之责。①

不过,证明上的困难并不影响该条款在战争状况下的适用性。以上两类条款都明确适用于武装冲突情势,而且是一种武装冲突情况下的额外义务,即不影响条约其他规定、而只是在其他规定之外增加的额外保障。因此,这种条款的存在,应当构成 BITs 在武装冲突情况下作为一个整体仍然适用的根据。

(二)完全保护和安全条款

与战争条款不同,完全保护和安全条款并非特别适用于战争和武装冲突等情势,该条款通常并不包括类似于战争条款那种限制其适用范围的措辞,因此其适用范围要比后者广泛。完全保护和安全条款在 BITs 中非常常见,它可能会以不同的表述方式出现,如中国—瑞士 BIT 第 4 条规定:"缔约一方投资者的投资和收益在缔约另一方领土内应始终享受公正与公平的待遇,并享有完全的保护和安全",而 2001 年中国—缅甸 BIT 所使用的措辞则是"持续的保护和安全"。

虽然 BITs 通常并未规定完全保护和安全条款的适用范围及具体标准,

---

① Asian Agricultural Products LTD. (AAPL) v. Sri Lanka, ICSID Case No. ARB/87/3, Award, June 27, 1990, paras. 58—64.

但仲裁庭的相关裁决显示,该条无疑是适用于武装冲突情况的。尤其是早期的案例,几乎都是发生在武装冲突或动乱的情势下,主要涉及东道国保护投资免受战乱所造成的物理损害的义务。在最早的"AAPL 诉斯里兰卡"案中,仲裁庭就考察了英国——斯里兰卡 BIT 中的完全保护和安全条款。该案发生的背景是斯里兰卡武装部队对泰米尔猛虎组织所实施的武力行动。当时猛虎组织控制了 AAPL 的虾养殖场所在的整个地区,政府军怀疑该养殖场对猛虎组织提供了支持,对其发动了攻击行动,在行动中养殖场遭到毁损,22 位员工被杀害。① 在 AMT 诉扎伊尔案中,则是政府武装部队的成员抢劫了 AMT 的投资。②

在此之后,仲裁庭的相关裁决渐渐将该条扩展适用到武装冲突和物理损害之外的法律保护、商业安全等范畴。2001 年的"CME 诉捷克"案中,捷克传媒委员会(Czech Media Council)的行政措施致使投资者的当地生意伙伴终止投资所依赖的合同,仲裁庭因此裁决捷克违反了 BIT 中的完全保护和安全条款。③ 这种扩张适用迄今还存在争议。有的学者和仲裁庭认为,完全保护和安全条款应当仅限于对投资的物理损害,这经常会发生在武装冲突、动乱或其他涉及武力使用的紧急情况下。④

可以肯定且毫无争议的是,完全保护和安全条款适用于武力行动中对投资的物理毁损,因此适用于武装冲突的情势。但是,实际上该条款能赋予投资者的保护非常有限,因为根据迄今为止的案例法,政府在该条款下所负担的并非保障投资不受毁损的严格责任,而只是须尽谨慎注意义务。⑤ 因此,除非投资者能够证明毁损直接归因于政府,否则就只能在谨慎注意义务的框架下追究东道国的责任。而国家的谨慎注意义务是在习惯国际法下本就存在的,在"AAPL 诉斯里兰卡"案中,仲裁庭即根据斯里兰卡政府的表

---

① Asian Agricultural Products LTD. (AAPL) v. Sri Lanka, ICSID Case No. ARB/87/3, Award, June 27, 1990, paras. 79—85.

② American Manufacturing & Trading. Inc (AMT) v. Republic of Zaire, ICSID Case No. ARB/93/1, Award, February 21, 1997, paras. 1.05, 3.18.

③ CME Czech Republic B. V. (The Netherlands) v. The Czech Republic, Partial Award, September 13, 2001, para. 613.

④ Rudolf Dolzer and Christoph Schreuer, *Principles of International Investment Law*, Oxford University Press, 2008, pp. 149—150; BG Group Public Limited Company v. Argentina, Final Award, December 24, 2007, paras. 324, 326.

⑤ Case Concerning Elettronica Sicula S. p. A (ELSI), United States of America v. Italy, Judgment, I. C. J. Reports 1989, para. 108; AAPL v. Sri Lanka, ICSID Case No. ARB/87/3, Award, June 21, 1990, paras. 49—50.

态,判定即便没有条约中的完全保护和安全条款,国家也需要负谨慎注意义务,并明确指出"不遵守国际习惯法所施加的这一义务将会导致东道国的责任"。在"AMT 诉扎伊尔"案中,仲裁庭也作了类似的解释,认为美国—扎伊尔 BIT 中的安全与保护条款给东道国施加了一种"客观的义务,它必须不低于国际法所要求的最低的谨慎和注意的标准"。这也就是说,即使撇开条约的约定,在一般国际法上本就存在这种谨慎注意的义务。在"Amco 诉印度尼西亚"案中,仲裁庭直接根据一般国际法判定,"国家有责任保护外国人及其投资免于其某些公民的不法行为",因而在损害投资的行为并不归因于印度尼西亚的情况下,仍然裁决印度尼西亚因未能保护投资者而承担责任。[1]

(三)安全例外条款

安全例外条款在性质与作用上与上文讨论的两类条款截然不同。前两类条款的存在意味着 BITs 在武装冲突中继续适用,安全例外条款则刚好相反。一旦该条款的适用条件达到,BITs 中的其他条款就不再适用。该类条款一般规定当国家的根本安全利益(essential security interests)受到威胁时,允许受到威胁的缔约国采取必要的措施来维护秩序和保障自身的安全,即使该种措施将违反 BITs 的其他条款。美国 2012 年 BIT 范本第 18 条即规定了安全例外条款:"本条约不应被理解为……阻止一缔约方采取其认为必要的措施,以履行其为维持或恢复国际和平与安全所负的义务,或保护其本国的根本安全利益。"加拿大 2004 年 BIT 范本中也包含类似规定,但其对该条款可能适用的情势和何谓"根本安全利益"作了更严格的限制,将其限定于战争状态、武器贸易以及禁止核扩散等情势。

中国签订的 BITs 中也有安全例外条款,但往往并非排除整个条约的适用,而仅仅是针对某一项特定的条约义务或待遇。如 1992 年中国—菲律宾 BIT 第 4 条规定:"为了国家安全和公共利益,缔约任何一方可对缔约另一方投资者在其领土内的投资采取征收、国有化或其他类似措施。"再如 1988 年中国—日本 BIT 议定书第 3 条规定:"在因为公共秩序、国家安全或充分发展国家经济的理由而确实必要(really necessary)的情况下",缔约一方可以采取不符合国民待遇的歧视性措施,而不违反 BIT 的国民待遇条款。[2]

---

[1] Amco Asia Corporation and Others v. The Republic of Indonesia, Award, November 20, 1984, 1 ICSID Reports 413, para. 172.

[2] 该 BIT 在商务部官方网站上没有中文版,因此引文是根据英文翻译的。英文版可参见 http://tfs.mofcom.gov.cn/aarticle/h/at/201002/20100206778573.html,2016 年 2 月 11 日。

这实际上是在包括国家安全必要在内的一些特定情况下排除了国民待遇条款的适用。

安全例外条款的相关实践较少,现有的案例多与阿根廷经济危机有关,均是有关阿根廷在危机期间所采取的紧急应对措施。在"CMS 诉阿根廷"案的撤销程序中,ICSID 专门委员会就安全例外条款对条约适用性的影响作了清晰的说明。委员会指出,安全例外条款适用的直接后果,就是"条约项下的实体义务不再适用"①,安全例外条款"一旦适用且只要适用,就将排除 BIT 实体性条款的施行"②。虽然在与阿根廷经济危机相关的很多仲裁案件中,仲裁庭都没有支持安全例外条款的适用,但其理由是经济危机的严重程度尚不能满足安全例外条款的适用门槛。③ 必须承认的是,在武装冲突的情况下,这个门槛将会较容易满足,尤其是当武装冲突发展到一定的规模,在一个政权或国家的生存已面临威胁的情况下。所以,如果 BITs 中存在安全例外条款,就有可能根据该条款在武装冲突情况下排除 BITs 中其他实体性条款的适用。

三、BITs 没有相关规定的情况

如果 BITs 本身并未包含上述条款,则只能在条约法一般原则的框架内分析该 BITs 在武装冲突中的适用性问题。《草案》建议在条约本身没有明确规定的情况下,武装冲突对条约的影响应当考虑各种因素来综合判断,包括条约的性质、条约的事项、条约目的和内容等。《草案》的附件提供了一份清单,其中包括了因其所处理的事项而应当被推定为全部或部分继续有效的条约。"与私权相关的友好、通商和航海条约"被纳入了这份清单。这个条约类型既是 BITs 的前身,也包括了当代的 BITs。④ 此外,情势变更等条约法下关于条约终止或中止施行的一般原则也应纳入考量范围。

(一) 赋予私权的条约

友好、通商和航海条约被纳入《草案》附件的这一清单,是基于一种保护

---

① CMS v. Argentina, ICSID Case No. ARB/01/8, Award, May 15, 2005, para. 129.

② Ibid., para. 146.

③ Enron v. Argentina 案和 CMS v. Argentina 案两个仲裁庭都是把习惯法项下的危急情况 (necessity) 与 BIT 中的安全例外条款的适用条件等同,并据此判定阿根廷的经济危机没有满足危急情况的条件,因此也不满足安全例外条款适用的条件。

④ Ian Brownlie, First Report on the Effects of Armed Conflicts on Treaties, April 21, 2005, UN Doc. A/CN.4/552, paras. 75, 83.

私权的理念和原则。也就是说,虽然条约中的某些约文因为两国间的战争不再适用——典型的如规定两国"友好"的约文,但条约赋予个人或公司的私权却不能因国家之间的战争而受到影响。① 从18世纪起,直到1945年之前,都有很多相关判例法指向这一结论。② 之后的判例法就比较少见,这或许与《联合国宪章》明确禁止使用武力,以及近半个多世纪以来武装冲突主要发生在一国内部有关。

就早期的判例法来说,各国的法庭在这个问题上趋向一致,即战争的爆发原则上不影响关于私权的条约的适用,或至少是不影响条约中关于私权条款的适用,因为个人所享有的私权与国家的战争状态无关。与此相应,如果某项权利被认为与战争状态有密切关系,则相关条款可能会受到武装冲突的影响。如美国法院在多个案例中考察了所涉条款是否"在战争时期与国家政策不符",倘若答案是否定的,则认为该条款仍然有效。③ 相反,如果法院认定条约或条约的某些条款确实与战争状态"不相容"(incompatible),则该条约或条款将因为战争的发生而自动终止或中止施行。在"卡努特诉美国"(Karnuth v. United States)案中,美国法院认为,条约中关于两国国民可以自由越境进行商业往来的规定与敌对状态明显是不相容的,因为这种自由往来会使得国门洞开。因此,法院判定条约的该项规定因战争的爆发而自动终止。④

法国的判例亦与此类似。第二次世界大战期间,法国最高法院在审理一个涉及法国和意大利公民的租赁纠纷案时指出,虽然法意之间爆发了战争,但两国之间的定居条约(Treaty of Establishment)所规定的租赁方面的国民待遇仍然有效。法院认为:"纯粹私法性质的、不涉及两个敌对国之间的交往且与武力行动无关的条约——比如关于租赁的条约——不会仅因战争爆发即中止施行。"⑤但是,针对同一个条约,法国最高法院在另一个案件中却判定条约中关于租赁农业用地的条款不再继续施行,因其与战争状态不相容。⑥

---

① ILC Report 2011, p. 205, para. 26.
② Ibid., p. 206, paras. 28—30.
③ Ibid., p. 207, paras. 32—33.
④ Karnuth v. United States, 279 U.S. 231, 49 S. Ct. 274, pp. 239—241, 278.
⑤ Bussi v. Menetti, Cour de cassation, November 5, 1943, Annual Digest of Public International Law Cases 1943—1945, No. 103, pp. 304—305.
⑥ Gambino v. Consorts Arcens, Cour de cassation, March 11, 1953, International Law Reports 1953, p. 599.

从这些国家实践和《草案》的编纂可以得出这样两个结论:第一,战争的爆发不影响条约中关于私权的条款,因此 BITs 中赋予私人投资者的权利不应受到影响;第二,确有一些条约或条约中的条款因为战争的爆发而自动终止或中止施行,这是因为其与战争状态或战争状态下的国家政策无法相容,且这种情况往往是因为条约的缔约国之间发生了战争,由于互为"敌国"而致使一些条款无法施行。因此,如果战争发生在条约的一个缔约国和第三国之间,或是一个缔约国发生国内性武装冲突,则不会存在条约或某一条款自动终止或中止的问题。不过,在后一种情况下,仍然有可能因为卷入武装冲突的该缔约国实际形势的变化,而出现情势变更或是履约不能的状况,因此该国签订的 BITs 仍然有可能受到武装冲突的影响。下文将考察这种可能性。

(二) 情势变更

《维也纳条约法公约》(以下简称《公约》)关于条约终止或中止施行的规定中,受武装冲突影响的国家最有可能据以主张终止或中止 BITs 之适用的,就是情势变更了。根据条约法的一般规则,武装冲突可能影响条约效力存续的理由主要有情势变更和履约不能①,但履约不能是指由不可抗力所引起的实际上或客观上不能履行条约的情况。在《公约》起草过程中特别报告员提出了多种履约不能可能包括的情况,但都强调了其严格的适用条件,即客观上确实不可能履行,而不是在政治上、道义上甚或法律上无法履行;这种不可能履行是完全的、无法挽回的,是由于不可抗力所造成的无法消除的障碍,而不仅仅是难以履行。② 最后通过的《公约》条款对履约不能规定了相当严苛的条件,即要求"实施条约所必不可少之标的物永久性消失或毁坏以致不可能履行条约"时,方可援引履行不能而终止条约,或在这种履行不能为暂时的情况下,停止条约之施行。③ 很显然,就 BITs 的通常条款来说,很难认为武装冲突的存在使得其"标的物消失或毁坏"。因此,只有情势变更对 BITs 在武装冲突情况下的效力可能造成影响。

《公约》关于情势变更的规定是对习惯法项下"情势不变"(rebus sic stantibus)原则的编纂,但《公约》刻意避免了使用"情势变更"的措辞,而是使用了"情况之基本改变",目的是避免"情势不变"或"情势变更"原则在此

---

① Ian Brownlie, *Principles of Public International Law*, Sixth Edition, Oxford University Press, 2003, p. 592.

② *Yearbook of the International Law Commission 1957*, Vol. II, UN Doc. A/CN. 4/SER. A/1957/Add. 1, pp. 29, 50—51.

③《维也纳条约法公约》第 61 条。

前的习惯法下可能暗含的主观判定,而强调该规则的客观性。①《公约》第62条规定:"条约缔结时存在之情况发生基本改变而非当事国所预料者,不得援引为终止或退出条约之理由,除非:(甲)此等情况之存在构成当事国同意承受条约拘束之必要根据;及(乙)该项改变之影响将根本变动依条约尚待履行之义务之范围……倘根据以上各项,一当事国得援引情况之基本改变为终止或退出条约之理由,该国亦得援引该项改变为停止施行条约之理由。"

可以注意到,《公约》使用了否定性的措辞,将"情况发生基本改变不得援引为终止之理由"作为原则,而将可以以此为由终止或退出条约规定为例外,且需要满足严格的条件。这种措辞强调了"情况之基本改变"作为终止或退出条约的理由只能在例外的情况下适用,体现了《公约》编纂时尽可能保持条约稳定性的宗旨。②

《公约》本身并未定义何谓情况的"基本"改变,以及如何评估情况的改变是否"根本"变动了条约尚待履行义务的"范围"(或"程度",extent of obligations)。③ 但《公约》的该条规定在国际法院的很多判例中为当事国所援引,因此法院的相关判决可以为这些条件的解释提供指引。对相关案例的考察显示,虽然情势变更原则经常被援引,却几乎从未得到法院的支持。法院为上述条件的满足设定了很高的标准。如在"渔业管辖权"案中,国际法院认为,经《公约》第62条所编纂的、习惯法项下的情势变更的条件没有达到,法院指出:"要使一种情势的改变可以产生终止条约的理由,还需要它造成了尚待履行之义务的程度(extent)的根本改变。该改变必须将尚待履行之义务的负担增加到了这样一种程度,即使得该履行成为了本质上不同于(essentially different)本来所负担(之义务)的事项。"④

国际法院对《公约》中"根本改变了尚待履行之义务的程度"这一条件的解释,无疑是设置了非常高的门槛,仅仅是使得尚待履行的义务变得更为艰难是不够的,这种改变必须使得这种义务变得与之前"本质上不同"才可以。

在多瑙河案(Danube case)中,国际法院重申了这种严格的解读。在该

---

① ILCYB 1966, p. 258.
② Ibid., pp. 259—260.
③ 此处英文文本为"extent of obligations",似与中文文本并不相符,而且比中文的"范围"更难把握。
④ Fisheries Jurisdiction case (United Kingdom v. Iceland), Jurisdiction, Judgment of 2 February 1973, 1973 ICJ Reports, at 4, para. 43.

案中,匈牙利和当时的捷克斯洛伐克于 1977 年签订了一个条约,要共同在多瑙河上修建并运行一个大坝。后来,随着两个国家社会制度和经济体制的改变、捷克斯洛伐克的分裂等政治变动,匈牙利认为,1977 年条约签订当时的情况发生了根本的变化,使得条约的基础不再存在。法院则判定,1977 年条约是关于为了防洪、发电而成立的一个"合作投资项目"(joint investment programme),这种项目与政治变动关系不大。① 就经济收益而言,尽管在双方争议发生时,项目的预期经济收益比签订条约时减少了,但法院认为其并未达到根本改变双方条约义务的程度。② 法院还重申,《公约》所使用的否定性的措辞本身就说明,为了保证条约的稳定性,情势变更原则只能作为一种例外来适用。③ 因此,与《公约》一样,国际法院在判断情势变更原则是否适用时也以尽可能维持条约的稳定作为原则。

就武装冲突情况下情势变更的适用而言,欧洲法院有一个非常值得注意的案例。该案例是国际司法机构中少有的适用情势变更而中止条约施行的例子。该案涉及欧共体和前南斯拉夫的合作协定,在前南斯拉夫爆发武装冲突之后,欧盟理事会通过条例中止了该合作协定。该协定的中止使得南斯拉夫的一名酒进口商需要负担比原来更高的关税,因此他在德国法庭提起了诉讼。德国联邦财务法院(Bundesfinanzhof)请求欧洲法院就理事会中止该协定的条例是否有效作一个初步裁决(preliminary ruling)。④

欧洲法院在根据《公约》第 62 条中的两个条件判定该条是否可以适用时,从欧共体—南斯拉夫条约的目的出发,认为该条约的目的是为了促进缔约双方之间的经贸关系及帮助南斯拉夫经济和社会的发展。⑤ 为了满足条约目的,南斯拉夫必须一要保持着和平态势,二要保持执行合作协定项下之义务的能力,而战争的爆发使得这两点都无法达到了。⑥ 至于尚待履行之义务的程度是否发生了根本的改变,欧洲法院认为,这一条件只要求为了条约的本来目的继续履行条约已不再具有任何意义,而不要求达到实际履行不能的程度。在该案中,法院认为条约的目的是促进欧共体与南斯拉夫的贸

---

① Case Concerning the Gabcíkovo—Nagymaros Project (Hungary v. Slovakia), Judgment of 25 September 1997, 1997 ICJ Reports, at 3, para. 104.

② Ibid., para. 104.

③ Ibid.

④ A. Racke gmbH&Co. v. Hauptzollamt Mainz, Case C-162/96, June 16, 1998, European Court Reports 1998, p. I-03688.

⑤ Ibid., para. 54.

⑥ Ibid., paras. 55—56.

易,而在南斯拉夫发生战争的情况下,继续赋予从该国进口商品优惠关税对于满足条约目的已经没有任何意义了,所以该条件就算达到了。①

欧洲法院的这个案例显然采用了比国际法院低得多的标准,但该案能在多大程度上体现欧洲法院对《公约》第62条适用条件的真正态度,是值得怀疑的。因为在该案中,欧洲法院面对的问题并非直接判断欧共体—南斯拉夫条约是否可以因情势变更而中止,而是对欧盟理事会中止条约的决定作司法审查。二者的区别在于,在对相关条件的考察上,其适用的标准完全不同。司法审查只需要判断理事会的条例是否有明显的错误即可,因此标准是比较低的。正如欧洲法院自己承认的:"因为所涉规则的复杂性及其所涉及的某些概念的不精确,司法审查必然局限于这样一个问题,即理事会在通过中止(条约的)条例时,是否在评估这些规则的适用条件方面有明显的错误(manifest errors)。"②

而且,该案所涉及的是欧共体方面对条约的中止。如果前南斯拉夫援引情势变更而中止条约,以免于在战争条件下承担条约中的义务,又当如何呢?这些问题都无法从该案的判决中得出答案。事实上,欧洲法院对该案特别情况——即法院只是在对欧盟委员会的决定作司法审查,标准是判断后者有无明显的错误——的强调,恰恰说明法院很谨慎地刻意避免承认其对情势变更的适用条件作出了宽松的解释。

综上所述,在武装冲突的情况下,BITs这种旨在规定国家对投资者的待遇,即对私主体赋予私权而与战争状态不直接相关的条约,应当被推定为继续适用。缔约国若试图援引条约法下的情势变更等一般规则来终止或中止条约的适用,将需要满足非常严苛的条件。按照国际法院给出的标准,即使武装冲突的发生使得履约变得极为困难,也不必然满足情势变更的条件,因为情势变更所要求的是尚待履行之义务发生根本性的改变,达到使得该义务与原本所负担的义务完全不同的地步。而武装冲突只能让履约变得困难,它本身并不会改变BITs项下各种待遇的性质、内容和程度。履约不能则要求标的物被毁损或丧失,而BITs主要规定的是东道国应当给予投资者何种待遇,因此武装冲突的情况也很难导致履约不能所要求的条件。

---

① A. Racke gmbH&Co. v. Hauptzollamt Mainz, Case C-162/96, June 16, 1998, European Court Reports 1998, paras. 56—57.

② Ibid., para. 52.

四、反政府武装夺取政权情况下 BITs 的适用

在反政府武装团体夺取政权之后,关于 BITs 的适用有两个方面的问题:一是新的政权是否仍然承认 BITs 的效力;二是如果 BITs 继续有效,新政府是否要为其夺取政权之前发生的违反 BITs 的行为承担责任。

(一) 条约效力的继承

新政权是否承认 BITs 效力的问题实际上是条约的政府继承的问题,即在发生非正常的政府更替时,该国此前所签订的条约是否仍然有效。传统上,国际法区分国家继承和政府继承这两种不同的情况,有不同的理论和规则。关于国家继承的规则,一直以来都存在着很多争议,理论和实践都很不统一。试图编纂该领域习惯法的《关于国家在条约方面的继承的维也纳公约》区分不同的国家继承情况作了非常复杂的规定。但该《公约》的很多规定也存在争议。它于 1978 年通过之后,截至 2016 年 2 月也还只有 22 个缔约国。[①] 不过,单就双边条约来说,理论和实践则相对清晰,即在国家继承的情况下,通常会假定双边条约不予继承。[②] 政府继承则刚好与此相反,传统的观点是无论一国的政权更迭是如何发生的,均不影响该国的国际义务。简言之,政府更换了,国家还是原来的国家,因此该国原来所签订的所有国际条约都应继续有效,直至新政府通过合法的方式终止条约。[③]

反政府武装团体夺取政权,只牵涉到政府继承,而与国家继承无涉。国家继承是指"一国对领土的国际关系所负的责任,由别国取代"。[④] 国家继承通常发生在领土变更的情况下,比如国家的合并、领土分离、解体、一部分领土的移交以及新独立国家等情况。[⑤] 当代,多有论者质疑传统上的国家继承与政府继承之分,尤其是在商业性的权利义务方面。因为国家实践表明,在

---

① Status of Vienna Convention on Succession of States in Respect of Treaties, at https://treaties.un.org/pages/ViewDetails.aspx?src=IND&mtdsg_no=XXIII-2&chapter=23&lang=en, February 13, 2016.

② Malcolm N. Shaw, *International Law*, 4th ed., Cambridge University Press, 2002, p.686.

③ Jeff A. King, Odious Debt: The Terms of the Debate, *North Carolina Journal of International Law and Commercial Regulation*, Vol. 32, 2007; N. C. J. Int'l L. & Com. Reg., Vol. 32, pp.614—615.

④ 《关于国家在条约方面的继承的维也纳公约》第 2 条第 1 款第 2 项。

⑤ 《关于国家在条约方面的继承的维也纳公约》第 37—41 条。

第九章　双边投资条约实践

继承问题上,国家实际上并不考虑国家继承与政府继承在理论上的差别。①总结国家实践得出的结论是,无论在哪种情况下,至少就商业性的权利义务而言,国家都倾向于保持其连续性。②

因此,无论是根据传统的理论,还是当代学者对国家实践的总结,政府继承情况下条约都应当首先被假定是继续有效的。虽然新政府可以代表缔约国通过条约法下的正常途径包括通过谈判方式终止条约,但至少在此之前,条约仍然是有效的。

(二)违约行为的责任

关于新政府所代表的国家是否需要为此前的违约行为负责,需要根据行为的归因性区分三种不同情况分别讨论:一是在新政府成立之前的武装冲突中,由原政府一方实施的违约行为;二是由新政府的武装力量,即行为发生当时的反政府武装所实施的违约行为;三是无法确定归因性的违约行为。

第一种情况实际上仍然是政府继承的问题。首先应当明确的是,从归因性上来说,原政府实施的行为是归因于国家的,这是国家承担责任的前提条件。联合国国际法委员会的《国家对国际不法行为的责任条款(草案)》(以下简称《国家责任条款(草案)》)虽然并没有明确涉及该问题,但委员会在对该草案进行评论时指出,在反政府武装成功夺取了政权的情况下,政权更迭之前的既存政府所为的行为,也是应当归因于国家的。③ 事实上,政府的行为归因于国家,这本身是不存在任何争议的,虽然该政府后来被推翻了,但在行为发生的当时,毫无疑问该行为是归因于国家的;倘若该行为违反了该国的条约义务,那么在行为发生的当时,承担国家责任的两个条件就已经具足④,国家责任就已经产生。所以,问题的关键其实不在于归因性,而是新政府所代表的国家是否仍然应当负担原政府的行为所导致的国家责任。按照上面提到的政府更替不影响国家权利义务的原则,这个回答应当是肯定的。反过来说,否定的回答等于是说叛乱等政府非正常更迭将导致

---

① Tai-Heng Cheng, *State Succession and Commercial Obligations*, MNP, 2006, pp. 79—168.
② Ibid., p. 65.
③ International Law Commission, Report on the Work of Its Fifty-third Session, General Assembly Official Records, Fifty-sixth Session, Supplement No. 10(A/56/10), 2001 (hereinafter ILC Report 2001), p. 50, para. 5.
④ 《国家对国际不法行为的责任条款(草案)》第 2 条。

国家责任的消灭,这无疑是不成立的。国家实践也说明了这一点。纳米比亚最高法院甚至判定纳米比亚经过武装斗争而取得独立之后的新政府,应当为此前非法占领该国的南非行政当局的行为承担责任。用该法院的话说,"新政府继承了前国家机关所从事行为的相应责任……继承政府将继承被继承政府所作的任何事情的责任(liability for anything done)"。[1]

同理,对于上述第三种情形,即无法归因的行为,也应当判断在行为发生当时该国是否应当对该行为负责,即当时该国是否尽到了习惯法下的谨慎注意义务或 BITs 所规定的其他义务。如果在行为发生当时,该国没有尽到习惯法下或 BITs 下的谨慎注意等保护义务,则国家责任当时即已产生,新政府仍然应当继承该国家责任。

但是,这种逻辑无法运用在上述第二种情形之上,即对投资造成损害的行为是由新政府也即行为发生当时的反政府武装所为的情况。显然,如果反政府武装最终没有成功,则其行为是无法被归因于国家的,这已经被大量的国家实践证明是"既定的国际法原则"[2]。但在反政府武装成功地推翻了原政府并成为该国新政府的情况下,国家实践则表明该反政府武装的行为应当归因于国家。如在波利瓦铁路公司(Bolivar Railway Company)案中,独任仲裁员即认为"国家从一开始即为一次成功革命的义务承担责任"[3]。该案援引并肯定了这样一个原则,即"国家从一次成功革命开始时起,就对该革命的行为负责"[4]。国际法委员会将其作为一项归因规则写入了《国家责任条款(草案)》中。该草案第 10 条第 1 款规定:"成为一国新政府的叛乱活动应视为国际法所指的该国的行为。"因此,在叛乱活动中实施了违约行为的反政府武装,如果成功地推翻政权、建立起了新的政府,则其行为应当归因于该国家。

将成功建立政府的叛乱团体的行为归因于国家,可以说是基于该叛乱团体与新政权的延续性[5],但它无法解决行为的违法性问题,尤其是在 BITs

---

[1] Minister of Defence, Namibia v. Mwandinghi, Namibia, Supreme Court, October 25, 1991, in E. Lauterpacht and C. J. Greenwood (ed.), *International Law Reports*, Vol. 91, Grotius Publications Limited, 1993, p. 361.

[2] ILC Report 2001, paras. 2—3.

[3] Bolivar Railway Company Case, United Nations Reports of International Arbitral Awards, Vol. IX (Sales No. 59. V. 5), 1903, p. 453.

[4] Ibid., p. 445. Also see Dix Case, Opinions in the American-Venezuelan Commission, United Nations Reports of International Arbitral Awards, Vol. IX (Sales No. 59. V. 5), 1903, p. 119.

[5] ILC Report 2001, para. 4.

这样的双边条约的框架下。因为叛乱团体实施该行为时,虽然在 BITs 的框架下该行为是违约的,但叛乱团体当时并不在 BITs 下承担任何义务。如果叛乱团体违反国际人道法而对属于投资的工厂、设备等进行抢劫,这种违法性是可以成立的,因为国际人道法对叛乱团体同样适用。[①] 但 BITs 在行为发生时显然并不直接约束叛乱团体。因此,国家是否需要为这样的行为负责,仍然存在疑问。

《国家责任(草案)》及其评论都未涉及这一问题。上面援引的相关案例也只涉及叛乱团体在一般国际法项下的义务、或是国内法上对个人的合同义务,而并非双边条约项下的义务。不过,在实践中,有志于夺取政权的反对派武装通常会倾向于在可能的范围内遵守该国的国际义务,以赢得国际社会的支持并显示自己的正当性。如在利比亚局势仍不明朗时,反对派即表示其已派人保护中国在班加西的投资,并希望中国能"在安理会发挥更大的作用"及在战后帮助其重建。[②]

五、结论

武装冲突所伴随着的混乱、危险以及暴力,必然会给条约的履行带来困难。旨在促进和保护投资的 BITs,更加依赖于和平的环境,而似乎与武装冲突的状态不相容,但这并不意味着 BITs 不适用于武装冲突的情况。事实上,很多 BITs 本身就包含了与战争和武装冲突相关的条款,这包括可以保护投资免受武力损害的完全保护和安全条款、规定战后赔偿相关待遇甚至标准的战争条款,以及在武装冲突状态下排除 BITs 其他条款之适用的安全例外条款等。在 BITs 本身包含这些条款的情况下,其在武装冲突情况下的适用性应当根据这些条款的规定来判断。

在 BITs 本身没有特别规定的情况下,缔约国可能援引一般条约法项下的理由而主张条约的终止或中止施行。但武装冲突情况通常并不能满足条约法下履约不能的要件,因为履约不能所要求的是实施条约必不可少之标的物的完全毁损或灭失。此外,国际法院长期以来的多个案例已经确立了情势变更适用的严格条件,武装冲突虽然使得履约的难度大大增加,却无法满足情势变更所要求的缔约一方所承担之义务本质上与原来不同的要件。

[①] 1949 年四个《日内瓦公约》共同第 3 条。
[②] 凤凰网:《利比亚反对派:已保护中国公司项目,盼与中国友好》,at http://news.ifeng.com/mil/3/detail_2011_04/29/6066463_0.shtml, 2016 年 2 月 13 日。

因此，依照条约法的一般原则和规则，也很难仅仅因为武装冲突的发生就主张 BITs 的终止或中止施行。实际上，国家实践恰恰表明像 BITs 这种旨在赋予和保护私权的条约通常并不受战争状态的影响。

国内性武装冲突中，国家不对反政府武装的行为承担责任，但仍需根据 BITs 的条款和习惯法负谨慎注意的义务。即使反政府武装成功夺取政权，原则上也不影响 BITs 的效力，因为政府的更迭不能影响国家的权利义务。而且，该反政府武装所为的行为和前政府的行为一样，都应当归因于国家，因此对于其夺取政权之前的违约行为，该国同样应当承担责任。但反政府武装在夺取政权之前理论上是不受 BITs 拘束的，因此其破坏投资的行为是否构成违约，仍然存在疑问。

总之，在条约中明确规定相应的条款，应当是最为便捷有效的保证 BITs 在武装冲突情况下继续为投资提供保护的方式。要注意的是，安全例外条款一旦适用，即会排除 BITs 其他条款的适用。因此对于东道国来说，相比于援引一般条约法项下的情势变更等规则，安全例外条款可能是更好的选择；而相应地，该条款对投资国则意味着极大的风险。另外，在反政府武装夺取政权的情况下，BITs 的适用在法律上存在着一些疑问。因此，这种情况下投资的有效保护更多地依赖于投资国如何运用政治、经济等法律之外的手段，积极与反政府武装一方进行沟通，促使其对投资加以保护。

第四节　香港双边投资条约实践

《中华人民共和国政府和大不列颠及北爱尔兰联合王国政府关于香港问题的联合声明》（简称《中英联合声明》）附件一第 11 条第 1 款和《中华人民共和国香港特别行政区基本法》（简称《基本法》）第 151 条明确规定，香港特别行政区（简称"香港特区"）可以"中国香港"的名义，在经济、贸易、金融、航运、通讯、旅游、文化和体育等有关领域单独地同世界各国、各地区及有关国际组织保持和发展关系，并签订和履行有关协议。上述授权方式虽然尚未成为国际法中的普遍实践，但它明确确立了香港特区在规定领域中单独签订双边条约的能力。① 本节在简述香港双边投资条约(BIT)实践沿革的基础上,对其主要条款、法律依据及其衍生的条约适用问题作一初步探讨。

一、香港双边投资条约实践的沿革

20世纪50年代后期,原联邦德国与巴基斯坦签订了第一个旨在促进和保护跨国投资的BIT。传统上,BITs的缔约方均为主权国家。典型的是一方为欧洲国家,另一方为发展中国家。德国和瑞士在这方面居领先地位。历经半个多世纪,多数BITs都模仿、或至少广泛地照搬1959年《海外投资国际公约草案》(Draft International Convention on Investments Abroad)和经合组织(OECD)于1967年颁布的《保护外国财产的公约草案》(Draft Convention on the Protection of Foreign Property)。② 由于来源相同,不同BITs的主题、结构和用语,在不同的时期、不同的国家实践仍显得非常相似。③ 近年来,BITs为各国广泛接受,已然成为国际投资条约体制的最普遍形式④,也是国际法最显著的新发展之一。

英国自1974年起参与签订BITs的谈判。⑤ 在英国管治时期,香港的对外投资关系是由英国与有关国家之间的BITs(简称"英外BITs")调整的。英国通过"领土延伸"的换文将一些英外BITs延伸适用于香港。此类协定在香港的法律效力仅延续至1997年6月30日。在过渡期,为了保持和发展香港的对外投资关系,香港面临两种选择:一是香港以其名义单独同外国

---

① Yash Ghai, *Hong Kong's New Constitutional Order*, *The Resumption of Chinese Sovereignty and the Basic Law*, Hong Kong University Press, 1997, pp. 435—436; Anthony Neoh, Hong Kong's Future: The View of a Hong Kong Lawyer, *Cal. W. Int'l L. J.*, Vol. 22, 1992, pp. 351—352.

② 关于BITs的历史,参见Jeswald W. Salacuse, BIT by BIT: The Growth of Bilateral Investment Treaties and Their Impact on Foreign Investment in Developing Countries, *The International Lawyer*, Vol. 24, 1990, pp. 656—661。

③ Jason Webb Yackee, Conceptual Difficulties in the Empirical Study of Bilateral Investment Treaties, *Brooklyn J. Int'l L.* Vol. 33, 2008, pp. 415—416.

④ Michael R. Reading, The Bilateral Investment Treaty in ASEAN: a Comparative Analysis, *Duke Law Journal*, Vol. 42, 1992, p. 682. 关于BIT实践概况及典型条文分析,参见United Nations Conference on Trade and Development, Bilateral Investment Treaties 1995—2006: Trends in Investment Rulemaking, United Nations, 2007. 拉丁美洲国家在20世纪80年代后期转变其有关BITs的传统立场,开始签订BITs。近二十年来已签订五百多个BITs。参见Mary H. Mourra (ed.), *Latin American Investment Treaty Arbitration*, *the Controversies and Conflicts*, Wolters Kluwer, 2009, p. 1。

⑤ 关于英国BIT实践概况,参见Eileen Denza, Shelagh Brooks, Investment Protection Treaties: United Kingdom Experience, *Int'l & Com. L. Q.*, Vol. 36, 1987, pp. 908—923。

签订 BITs,二是中国签订的 BITs 的适用范围在 1997 年 7 月 1 日后扩及香港。香港选择前者。鉴于香港与中国内地之间经济和法律制度的重大差异以及在国际投资活动中的不同角色和地位,这一选择显然更能适应香港的实际需要,并且更能有效地服务于促进和保护香港对外投资和外来投资的目标。

香港以其名义同外国签订双边经济协定的实践肇始于过渡期(1984 年 12 月—1997 年 6 月)。当时,在中英联合联络小组主持下,作为保持和发展香港对外关系的重要工作之一,香港开始在民航、投资和税务等经济领域以其名义单独与外国签订双边协定。① 1992 年 11 月 19 日,《香港政府与荷兰王国政府关于鼓励投资和保护投资协定》在香港正式签署,1993 年 9 月 1 日正式生效,首开由非主权实体参与签订 BITs 的先河。在香港 BIT 实践中,香港—荷兰 BIT 作为第一个"先例",影响深远,成为"事实上范本"(de facto model)。香港 BIT 实践的"法律上范本"(de jure model),即"香港政府与……政府关于促进和保护投资的协定范本"发表于 1995 年。② 它遵循了 BITs 的传统结构和一般规则③,为香港 BIT 实践的发展发挥了重要作用。

截至 2016 年 9 月 9 日,香港以其名义与 19 个国家签订的 18 个 BITs 已正式生效。④ 值得注意的是,与香港签订 BITs 的缔约对方除泰国、科威特外,均为发达国家。⑤ 香港成功的 BIT 实践不仅显示了其对外自治权方面的突出成就⑥,也反映了国际法、特别是国际投资法发展的重要突破与

---

① 参见曾华群:《过渡期香港双边条约实践初探》,载《国际经济法论丛》1998 年第 1 卷,第 486—510 页。

② 香港 BIT 范本发表于 Rudolf Dolzer, Margrete Stevens, *Bilateral Investment Treaties*, Martinus Nijhoff Publishers, 1995, pp. 200—208。

③ BIT 范本有两种类型:一是欧洲范本,是传统型;二是美国范本,包括一些新条款和复杂的争端解决程序。香港 BIT 范本共有 11 个条款,分别是:第 1 条,定义;第 2 条,投资和收益的促进和保护;第 3 条,投资待遇;第 4 条,损失的赔偿;第 5 条,征收;第 6 条,投资和收益的转移;第 7 条,例外;第 8 条,投资争端的解决;第 9 条,缔约方之间的争端;第 10 条,生效;第 11 条,期限与终止。显然,香港 BIT 范本遵循欧洲范本。参见典型的欧洲范本,如 2008 年德意志联邦共和国与[某国]关于鼓励和相互保护投资的条约(总计 13 个条款)、2006 年法兰西共和国政府与[某]共和国政府关于相互促进和保护投资的协定草案(总计 11 个条款)。

④ 香港 BITs 无需立法实施,惯常做法是在缔约双方政府确认协定生效后,在《香港政府宪报》(第 5 号特别副刊)上刊登。

⑤ 在 19 个香港 BITs 的缔约对方中,17 个是经合组织(OECD)的成员国,只有 2 个是发展中国家。

⑥ 关于香港对外自治权实践的概况,参见 Zeng Huaqun, *Unprecedented International Status: Theoretic and Practical Aspects of HKSAR's External Autonomy*, The Journal of World Investment & Trade, Vol. 9, No. 3, 2008, pp. 275—297。

创新。

二、香港双边投资条约的主要条款

一般而言,香港的 BIT 实践遵循了传统模式,因其非主权实体地位,也具有一些重要特征,主要体现于适用范围、投资待遇、"剥夺"及赔偿标准、争端的解决等条款。[①]

(一)适用范围

广义上,BITs 的适用范围主要是指适用的地域、期限和对象,一般由协定的定义、期限等条款确定,对协定的效力具有重要意义。BITs 定义条款的目的是确定协定的适用对象及其范围。典型的 BITs 保护缔约一方投资者在缔约另一方境内的投资。因此,BITs 的适用范围取决于某些关键术语、特别是"投资"和"投资者"的定义。定义条款通常还对缔约双方的"领土"(territory)概念作出定义,使缔约一方"投资者"在缔约另一方"领土"之内的"投资"得以保护。[②] 此外,BITs 的期限和终止条款也确定了协定适用的时限。

一般而言,香港遵循 BITs 有关适用范围的普遍实践,同时,由于其非主权实体地位,也有一些特殊的规定,尤其在"投资""投资者""地域范围"等方面。

1. 投资

在 BITs 定义条款中,典型的"投资"定义是涵盖"各种资产",且附有未穷尽的资产清单。[③] 美国等资本输出国的 BITs 范本特别青睐宽泛的"投资"定义,旨在确保其 BITs 能保护与其海外投资相关的各种活动。[④]

遵循 BITs 的普遍实践,香港 BIT 范本第 1(e)条规定:

"投资"是指所有直接或间接持有或投资的资产,特别是,但不限于:

(i)动产、不动产和任何其他财产权利,如抵押权、留置权、质权或用益权;

(ii)公司的股份、股票和债券,及在公司的任何其他形式参与;

[①] 关于香港 BITs 特征的分析,参见 Zeng Huaqun, Initiative and Implications of Hong Kong's Bilateral Investment Treaties, *The Journal of World Investment & Trade*, Vol. 11, 2010, pp. 669—696。

[②] Andrew Newcombe, Lluis Paradell, *Law and Practice of Investment Treaties*, *Standards of Treatment*, Wolters Kluwer, 2009, p. 65.

[③] Ibid, pp. 65—66.

[④] M. Sornarajah, *The International Law on Foreign Investment*, 2nd ed., Cambridge University Press, 2004, p. 9.

(iii) 对金钱请求权或依据合同具有商务价值的履行请求权;

(iv) 知识产权和商誉;

(v) 依据法律或通过合同赋予的经营特许权,包括勘探、耕作、提炼或开发自然资源的特许权。

所投资产形式的变化,不影响其作为投资的性质。

香港 BIT 实践一般遵循上述规定,采用"基于资产"的宽泛"投资"定义,有的略作修改或补充①,其涵盖范围显然超出了"外国直接投资"。②

必须指出,所谓"所投资产形式的变化,不影响其作为投资的性质"的规定,具有重要的现实意义。根据该规定,投资的性质"冻结"于投资者作出投资之际,以后即使资产形式发生变化,其作为投资的性质仍无可争议。该规定未雨绸缪,有效避免或减少了潜在的有关投资性质的争端。

2. 投资者

BITs 通常规定,"投资者"是指缔约双方的具有国民身份的自然人③和依据缔约双方法律设立的公司。香港 BITs 有关"公司"作为"投资者"的定义遵循 BIT 的普遍实践④,而由于香港的非主权实体地位及其保护特定人群的需要,有关自然人作为"投资者"的定义则具有明显特征,即以居民资格取代国民资格。

传统上,在"自然人"的定义上一般采取两种方式:一是采取单一定义,适用于缔约双方;二是采取两种定义,分别适用于缔约双方。⑤ 香港 BIT 范

---

① 参见香港—荷兰 BIT 第 1(3) 条;香港—澳大利亚 BIT 第 1(e) 条;香港—丹麦 BIT 第 1(3) 条;香港—瑞典 BIT 第 1(3) 条;香港—瑞士 BIT 第 1(5) 条;香港—新西兰 BIT 第 1.5 条;香港—法国 BIT 第 1(2) 条;香港—日本 BIT 第 1.3 条;香港—韩国 BIT 第 1(4) 条;香港—奥地利 BIT 第 1(c) 条;香港—意大利 BIT 第 1(5) 条;香港—德国 BIT 第 1(2) 条;香港—英国 BIT 第 1(e) 条;香港—比利时与卢森堡 BIT 第 1(4) 条;香港—泰国 BIT 第 1(3) 条;香港—科威特 BIT 第 1(5) 条;香港—芬兰 BIT 第 1(3) 条;香港—加拿大 BIT 第 1 条。香港—韩国 BIT 第 1(4)(f) 条增加了投资的一种类型,规定:"在缔约一方境内,根据其法律法规,租赁协议项下的货物由承租人处理者。"

② 除了"基于资产"的定义,在 BIT 实践中,还有"投资"的重复或循环定义(tautological or circular definition)、完整清单(closed-list definition)等。参见 United Nations Conference on Trade and Development, Bilateral Investment Treaties 1995—2006: Trends in Investment Rulemaking, United Nations, 2007, pp. 8—13。

③ 绝大多数 BITs 保护具有缔约一方国籍的自然人。因此,缔约一方国民的典型定义是,根据该缔约方国内法承认为国民或公民的自然人。在一些情况下,"投资者"的定义更为宽泛,不仅包括公民,也包括根据内国法作为永久居民的自然人。

④ BITs 通常依据三个基本标准决定"公司"的国籍:(1) 设立地标准;(2) 住所地标准;(3) 控制标准。参见 Rudolf Dolzer, Margrete Stevens, *Bilateral Investment Treaties*, Martinus Nijhoff Publishers, 1995, pp. 35—36。

⑤ Ibid., pp. 31—32.

本采取第三种方式。根据该范本的规定,"投资者"指:"(i) 对于缔约各方:在该缔约方领域具有居留权的自然人……;(ii) 对于【香港的缔约对方】:具有国民身份的自然人"。① 可见,香港 BIT 范本采取永久居民和国民两种标准②,对香港仅适用永久居民标准,对香港的缔约对方则适用永久居民和国民两种标准。③

香港—荷兰 BIT 规定,"投资者是指:(i) 对于香港:在该领域具有居留权的自然人……;(ii) 对于荷兰王国:具有国民身份的自然人"。④ 如此规定已成为香港 BITs 的普遍实践。⑤ 此类规定与香港 BIT 范本的区别在于,对香港的缔约对方仅适用国民标准。

显然,由于其非主权实体地位,香港不能采用国民标准定义作为"投资者"的"自然人"。其原因在于,除了 1997 年 6 月 30 日之前香港居民复杂的国籍问题外,即使在中国对香港恢复行使主权的 1997 年 7 月 1 日之后,香港 BITs 的保护范围也不能涵盖不具有香港永久居留权的中国国民,包括中国内地、澳门地区和台湾地区的中国国民。而香港 BITs 的保护范围则可能涵盖具有香港永久居留权的外国国民。

然而,对作为"投资者"的"自然人"适用不同的定义标准,可能产生"双重 BIT 保护"问题。作为适用永久居民标准的后果,寻求香港 BITs 保护的香港永久居民可能是具有香港永久居留权的外国人,包括香港 BITs 缔约对方的国民。在此情况下,具有香港永久居民和香港 BITs 缔约对方国民双重身份的自然人,可按其意愿寻求或挑选来自香港或缔约对方的保护。香港

---

① 香港 BIT 范本第 1(f)(i)条。

② 在一些国家中,国民(national)和"公民"(citizen)在法律意义上存在重要区别。根据美国法,"国民"的用语比"公民"更为宽泛。例如,美国萨摩(American Samoa)土著是美国国民,但不是美国公民。参见 Kenneth J. Vandevelde, *U. S. International Investment Agreements*, Oxford University Press, 2009, p.144。

③ 实践中,只有 3 个香港 BITs 采用"永久居民标准和国民/公民标准均适用于缔约对方"的规定。香港—澳大利亚 BIT 第 1(f)条规定:"投资者"是指"在澳大利亚方面:(A)根据澳大利亚法律具有澳大利亚公民身份或永久居留于澳大利亚的自然人……"香港—新西兰 BIT 第 1(2)(b)(i)条和香港—加拿大 BIT 第 1 条也有类似规定。

④ 香港—荷兰 BIT 第 1(2)条。

⑤ 香港—丹麦 BIT 第 1(2)条;香港—瑞典 BIT 第 1(2)条;香港—瑞士 BIT 第 1(2)条;香港—法国 BIT 第 1(3)条;香港—日本 BIT 第 1.4 条;香港—韩国 BIT 第 1(5)条;香港—奥地利 BIT 第 1(d)条;香港—意大利 BIT 第 1(6)条;香港—德国 BIT 第 1(4)条;香港—英国 BIT 第 1(f)条;香港—比利时与卢森堡 BIT 第 1(5)条;香港—泰国 BIT 第 1(4)条;香港—科威特 BIT 第 1(6)条;香港—芬兰 BIT 第 1(4)条。

BITs缔约双方则不得不面临此种棘手的"投资者认同"问题。

为解决这一问题,香港—英国BIT第1(f)(i)条明确规定,"投资者"是指:对于香港:"具有香港特别行政区永久居留权且非英国国民的自然人";对于英国:"英国国民且不具有香港特别行政区永久居留权的自然人"。该规定试图澄清和解决"投资者认同"问题,却产生了"BIT保护真空"的新问题。显然,"具有香港特别行政区永久居留权的英国国民"无法从香港—英国BIT的缔约任何一方寻求保护。

3. 地域范围

在BITs实践中,有关地域范围的规定一般采用"领土"(territory)的概念。BITs适用的地域范围取决于"领土"的定义。定义该用语的目的并非划定缔约双方的领土范围。其重要意义在于,为BITs保护投资的目的,将位于缔约方领海之外海域的投资,视为位于缔约方"领土"之内。

值得注意的是,在香港BITs中,采用"地区"(area)而不是"领土"的概念。根据香港BIT范本第1(a)(i)条规定,所谓"地区",在香港方面,包括香港岛、九龙和新界①;在香港的缔约对方方面,系指包括该主权国家的全部领土,包括特定海域。② 以"地区"概念取代"领土",在BIT历史上是第一次,也是由香港的非主权实体地位所决定的。"领土"通常用于表述主权国家的地域范围。③ "地区"的含义更广,可用于表述非主权实体和主权国家的地域范围。鉴于香港的非主权实体地位,"地区"的概念比之"领土",更能准确表述香港的地域范围。

4. 适用期限

有关适用期限问题,在BITs谈判中产生了两个主要问题:一是协定是否适用于原有投资;二是协定适用的期限与终止问题。

第一,关于适用于原有投资问题。

根据《维也纳条约法公约》,条约通常不具有追溯力。④ 因此,来自条约

---

① 香港BIT范本第1(a)(i)条。这是所有香港BITs的实践。

② 例如,香港—荷兰BIT第1.1条规定:"在荷兰王国方面,指荷兰王国的领土,包括与该领土海岸相邻的海域及荷兰王国根据国际法行使主权权利或管辖权的海域。"

③ 对"领土"的一般定义是:"属特定政府管辖权内的地域;该地球表面部分由一国专属占有和控制。"Bryan A. Garner, *Black's Law Dictionary*, 8th ed., Thomson Press, 2004, p.1512.

④ 《维也纳条约法公约》第28条规定:"除条约表示不同意思,或另经确定外,关于条约对一当事国生效之日以前所发生之任何行为或事实或已不存在之任何情势,条约之规定不对该当事国发生拘束力。"

第九章 双边投资条约实践

的权利和义务仅适用于该条约生效之后,且适用于该条约生效之后发生的行为或事实。BITs是否在生效后适用于已有的投资,在BITs实践中有如下选择:

(1) 规定保护将来的投资和已有的投资,但不适用于在BITs生效之前产生或处理的任何与投资有关的争端或请求权;

(2) 规定仅保护将来的投资;

(3) 对此不作规定。

根据香港BIT范本第1(e)条,"'投资'的用语包括所有投资,不论是在本协定生效日期之前或之后作出"。该条款由所有香港BITs一体遵循。①看来,香港BITs对此采取最为开放的态度,即明确表明保护将来的投资和已有的投资,同时也不排除在"BITs生效之前产生或处理的任何与投资有关的争端或请求权"。

第二,关于期限与终止问题。

与其他国际条约不同,BITs通常规定其特定的生效期限,旨在为缔约双方投资者提供适用于其投资的国际法制的高度确定性和可预见性。在BITs实践中,一般规定10年期限,也有规定更长的期限,如15年。其他则规定,BITs持续有效,直至缔约一方通知缔约另一方其终止的意愿。

根据香港BIT范本第11条:"本协定将持续有效直至缔约任何一方给予缔约另一方书面终止通知之日起12个月届满。"

从上述可见,香港BIT范本未规定确定的期限,终止协定的方式是单方面提出书面终止通知。

香港—荷兰BIT第13.1条采取另一种模式,规定:"本协定在15年内保持有效。除非缔约任何一方在本协定有效期届满之日最少12个月前给予终止协定通知,本协定在不须言明的情况下每十年延长一次。缔约各方保留在本协定有效期届满之日最少12个月前基于通知的终止协定权利。"②

---

① 香港BIT范本。参见香港—荷兰BIT第9条;香港—澳大利亚BIT第1(e)条;香港—丹麦BIT第12(1)条;香港—瑞典BIT第11条;香港—瑞士BIT第9条;香港—新西兰BIT第2.2条;香港—法国BIT第12条;香港—日本BIT第10条;香港—韩国BIT第12条;香港—奥地利BIT第11条;香港—意大利BIT第9条;香港—德国BIT第9条;香港—英国BIT第1(e)条;香港—比利时与卢森堡BIT第11条;香港—泰国BIT第1(3)条;香港—科威特BIT第1(5)条;香港—芬兰BIT第13条;香港—加拿大BIT第1条。

② 香港—荷兰BIT第13.1条。

该模式成为香港 BIT 实践的普遍形式(参见表 9.1)。

表 9.1　香港 BITs 有关期限与终止的规定[①]

BITs 缔约双方	生效日期(年、月、日)	期限(年)	延长期(年)
香港—荷兰	1993.9.1	15	10
香港—澳大利亚	1993.10.15	15	未确定
香港—丹麦	1994.3.4	15	未确定
香港—瑞典	1994.6.26	15	未确定
香港—瑞士	1994.10.22	15	10
香港—新西兰	1995.8.5	15	未确定
香港—法国	1997.5.30	20	10
香港—日本	1997.6.18	15	未确定
香港—韩国	1997.7.30	15	未确定
香港—奥地利	1997.10.1	15	未确定
香港—意大利	1998.2.2	15	10
香港—德国	1998.2.19	15	未确定
香港—英国	1999.4.12	15	未确定
香港—比利时与卢森堡	2001.6.18	15	10
香港—泰国	2006.4.12	15	未确定
香港—科威特	2013.9.14	20	未确定
香港—芬兰	2014.3.16	15	未确定
香港—加拿大	2016.9.16	维持有效	维持有效

值得注意的是,所有香港 BITs 都规定了较长的适用期限(15 年),并附加延长的适用期限。在过渡期生效的香港 BITs 中,有关期限和终止条款的重要意义在于,明确表明了该协定将跨越 1997 年 7 月 1 日而持续有效。此类规定也表明,香港 BITs 的缔约对方确信,香港的国际地位在 1997 年 7 月 1 日之后将保持不变。

[①] 参见香港—荷兰 BIT 第 13 条;香港—澳大利亚 BIT 第 14 条;香港—丹麦 BIT 第 14 条;香港—瑞典 BIT 第 13 条;香港—瑞士 BIT 第 14 条;香港—新西兰 BIT 第 13 条;香港—法国 BIT 第 14 条;香港—日本 BIT 第 15 条;香港—韩国 BIT 第 14 条;香港—奥地利 BIT 第 13 条;香港—意大利 BIT 第 13 条;香港—德国 BIT 第 13 条;香港—英国 BIT 第 15 条;香港—比利时与卢森堡 BIT 第 13 条;香港—泰国 BIT 第 12 条;香港—科威特 BIT 第 12 条;香港—芬兰 BIT 第 16 条;香港—加拿大 BIT 第 38 条。

(二) 投资待遇

BITs 主要通过确立具有法律效力的投资待遇标准来减少跨国投资的非商业性风险。它们通常包括一项或多项待遇标准,以供评判东道国给予外国投资和外国投资者待遇的总体标准是否令人满意,且有助于解释和澄清更为具体的规定如何适用于特定情况。此类规定对 BITs 涵盖的投资和投资者是典型的实体性保护。

1. 投资待遇标准的类型

BITs 规定的投资待遇标准有多种形式,通常是签订一个投资待遇标准条款,在该条款中确立不同的待遇标准。在 BITs 实践中,有两类待遇标准:一是绝对待遇标准,包括公平与公正待遇、充分保护与保障、根据习惯国际法的最低待遇等[1];二是相对待遇标准,主要是指国民待遇和最惠国待遇。两者均产生了基于"非歧视"待遇的责任。[2]

国民待遇是 BIT 实践普遍支持的最重要的投资保证之一。[3] 在 BITs 中,它意味着缔约一方给予缔约另一方投资者不低于给予其本国投资者投资的待遇。该标准是个"空壳"(an empty shell),可容纳有关给予某些人或某些事项待遇的内容。该标准的效果是在相关市场中为外国投资者创设与本国投资者的平等游戏场地(a level playing field)。该法律分析涉及东道国给予本国投资与外国投资之间、或本国投资者与外国投资者之间待遇的比较。[4]

与国民待遇相同,最惠国待遇也是相对标准。最惠国待遇意味着缔约一方的投资或投资者有权享有缔约另一方给予的、不低于其给予任何第三国的投资或投资者的待遇。该标准确保 BITs 缔约各方的投资或投资者分别取得东道国给予任何第三国的投资或投资者的最佳待遇。因此,最惠国待遇标准至少在原则上,确立了受 BITs 保护的所有外国投资或外国投资者

---

[1] 关于绝对待遇标准、特别是公平与公正待遇标准,近年来有许多相关实践和评论。参见 Alberto Alvarez-Jimenez, Minimum Standard of Treatment of Aliens, Fair and Equitable Treatment of Foreign Investors, Customary International Law and the Diallo Case before the International Court of Justice, *The Journal of World Investment & Trade*, Vol. 9, No. 1, 2008, pp. 51—70。

[2] Mary H. Mourra (ed.), *Latin American Investment Treaty Arbitration, the Controversies and Conflicts*, Wolters Kluwer, 2009, pp. 169—170.

[3] Stephan W. Schill, Tearing Down the Great Wall: the New Generation Investment Treaties of the People's Republic of China, *Cardozo J. Int'l & Comp. L.*, Vol. 15, 2007, p. 94.

[4] Andrew Newcombe, Lluis Paradell, *Law and Practice of Investment Treaties, Standards of Treatment*, Wolters Kluwer, 2009, pp. 148—149.

之间的平等游戏场地。最惠国待遇的责任要求,国家的行为应该对不同国家类似情况的人、实体、货物、服务或投资一视同仁。① 近年来,国际投资仲裁庭对最惠国待遇条款的解释已引起了广泛的关注。②

应当指出,虽然 BITs 设计为缔约双方投资的双向流动,但在缔约双方财富和技术实力悬殊的情况下,投资实际上通常是单向流动的。③ 作为单向流动的结果,只有资本输出国及其海外投资者从 BITs 规定的高水平投资待遇标准获益。然而,由于香港是发达地区,其多数缔约对方是发达国家,当可实现缔约双方投资的双向流动。因此,香港 BITs 规定的投资待遇标准可望给缔约双方带来相互的利益。

2. 香港 BITs 有关投资待遇的模式

香港 BITs 有关投资待遇的条款有两种模式:香港 BIT 范本模式和香港—荷兰 BIT 模式。

香港 BIT 范本第 3 条规定:

(1)缔约一方在其境内给予来自缔约另一方投资者的投资或收益的待遇,不得低于前者给予其本国投资者或任何其他国家投资者的投资或收益的待遇。

(2)缔约一方在其境内给予来自缔约另一方投资者在管理、维持、使用、享有或处置其投资的待遇不得低于前者给予其本国投资者或任何其他国家投资者的待遇。

看来,香港 BIT 范本模式有关投资待遇的规定采取了合并国民待遇和最惠国待遇的形式。11 个香港 BITs 遵循此种模式,并略作修改和补充。④

虽然几乎所有 BITs 都有明示的国民待遇责任,各国民待遇条款之间却

---

① Andrew Newcombe, Lluis Paradell, *Law and Practice of Investment Treaties*, *Standards of Treatment*, Wolters Kluwer, 2009, p. 193.

② 关于本专题的详细评论,参见 Okezie Chukwumerije, Interpreting Most-Favoured-Nation Clauses in Investment Treaty Arbitrations, *The Journal of World Investment & Trade*, Vol. 8, No. 5, 2007, pp. 597—646; Mary H. Mourra (ed.), *Latin American Investment Treaty Arbitration, the Controversies and Conflicts*, Wolters Kluwer, 2009, pp. 187—188.

③ M. Sornarajah, *The International Law on Foreign Investment*, 2nd ed., Cambridge University Press, 2004, p. 207.

④ 香港—澳大利亚 BIT 第 3(1)(2)条;香港—丹麦 BIT 第 3 条;香港—瑞典 BIT 第 3 条;香港—新西兰 BIT 第 4 条;香港—韩国 BIT 第 3 条;香港—奥地利 BIT 第 3 条;香港—德国 BIT 第 3(1)(2)条;香港—比利时卢森堡 BIT 第 3 条;香港—泰国 BIT 第 3 条;香港—科威特 BIT 第 3 条;香港—芬兰 BIT 第 3 条。细微的修改和补充例如:香港—澳大利亚 BIT 第 3 条涉及"雇佣"问题;香港—韩国 BIT 第 3 条和香港—泰国 BIT 第 3 条规定:"公平与公正及不低于……"

明显不同。① 香港 BIT 范本和绝大多数香港 BITs 的国民待遇条款表明,该责任与最惠国待遇规定于同一条款,适用于投资者和投资,且规定了其适用的活动类型。它们没有明示的比较条件,如"在类似情况下"(in like circumstances)。此外,除了香港—新西兰 BIT,该条款未明示规定依据内国法。②

香港—荷兰 BIT 第 3 条规定:

(1) 缔约各方投资者的投资和收益应始终得到公平与公正待遇。缔约一方不得以任何形式通过不合理或歧视性措施损害其境内来自缔约另一方投资者对其投资的管理、维持、使用、享有或处置。

(2) 缔约一方在其境内给予来自缔约另一方投资者的投资或收益的待遇,不得低于前者给予其本国投资者或任何其他国家投资者的投资或收益的待遇,以更有利于相关投资者为准。

(3) 缔约一方在其境内给予来自缔约另一方投资者在管理、维持、使用、享有或处置其投资的待遇不得低于前者给予其本国投资者或任何其他国家投资者的待遇,以更有利于相关投资者为准。

(4) 缔约一方在其境内给予此等投资和收益的充分实质保护和保障水平,在任何情况下均不得低于前者给予其本国投资者或任何其他国家投资者的投资和收益的水平,以更有利于相关投资者为准。

(5) 缔约一方得遵守其签署的有关缔约另一方投资者投资的合同责任。

可见,香港—荷兰 BIT 结合了绝对标准和相对标准。首先,在原则上规定,缔约各方投资者的投资和收益,应始终受到公平与公正的待遇。虽然公平与公正待遇的含义富有争议,缔约任何一方的责任是:不得以不合理或歧视性的措施,损害缔约另一方投资者在其境内对其投资的管理、维持、使用、享有或处置。其次,该协定具体规定了投资待遇的主要方面,并采用"以更有利于相关投资者为准"的原则,包括:(1) 投资或收益的待遇;(2) 在管理、维持、使用、享有或处置其投资的待遇;(3) 给予此种投资或收益的充分实质保护和保障;(4) 投资因战乱而遭受损失之有关恢复、赔偿、补偿或其他

---

① BITs 的国民待遇的不同种类(variations)包括:该责任是否:(1) 明示规定依据内国法;(2) 与最惠国待遇规定于同一条款;(3) 适用于投资者和投资;(4) 规定其适用的活动类型;(5) 包含明示的比较条件,如"在类似情况下"。参见 Andrew Newcombe, Lluis Paradell, *Law and Practice of Investment Treaties*, *Standards of Treatment*, Wolters Kluwer, 2009, p.156。

② 香港—新西兰 BIT 第 4 条规定,对来自缔约另一方的投资和投资者实行国民待遇应"依据其法律法规"。

解决办法的待遇。①在这方面,3个香港BITs在一定程度上采用香港—荷兰BIT模式,特别是采用"以更有利于相关投资者为准"的原则。②

在有关投资待遇的BITs实践中,对于缔约一方投资者的投资和收益,缔约另一方通常在其境内给予国民待遇和最惠国待遇。在两种待遇同时实行的情况下,存在两种待遇的关系问题。一般而言,国民待遇优于最惠国待遇。但在实践中,有的国家为吸收和利用外国投资,通过签订条约或国内立法,在某些方面给予外国投资者优于本国国民的待遇,导致最惠国待遇优于国民待遇。值得注意的是,香港BITs采用上述国民待遇和最惠国待遇双重标准,同时规定"以更有利于相关投资者为准",指明了两者的关系,表明了其维护投资者权益的政策取向。

3. 投资待遇的例外

香港BIT范本第7条规定:"本协定有关缔约一方给予不低于缔约另一方投资者或任何其他国家投资者的待遇之规定,不得解释为缔约一方应给予缔约另一方投资者来自全部或主要与税务有关的任何国际协议或安排或全部或主要与税务有关的任何本地法例的任何待遇、特惠或特权的利益。"由此可见,投资待遇的例外仅有税务。在香港BIT实践中,只有香港—韩国BIT遵循此规定。③

香港—荷兰BIT第7条对投资待遇标准的适用范围作了明确限制,即"在不损害第3条第1款的情况下,由于下列原因而取得的任何待遇、特惠或特权的利益,不属适用上述待遇标准之列:(1)全部或主要与税务有关的任何国际协议或安排,或全部或主要与税务有关的任何本地法例;(2)参与任何现有或将来的关税同盟、经济同盟或类似的国际协议;或(3)与任何其他国家的互惠安排"。多数香港BITs遵循这一模式,规定了投资待遇的税务、区域贸易协定和互惠安排例外。

在香港BIT实践中,还有其他例外,诸如"促进奥地利与其邻国之间边境交通的法规不得援引作为本协定最惠国待遇的基础"④,"根据泰国法律给予特定人或公司'优先人'地位"。⑤

---

① 香港—荷兰BIT第4条。
② 香港—瑞士BIT第3(1)(2)(3)条;香港—法国BIT第4(1)(2)条;香港—意大利BIT第3(1)(2)条。
③ 香港—韩国BIT第4条。
④ 香港—奥地利BIT第4(2)条。
⑤ 香港—泰国BIT第7(c)条。

(三)"剥夺"及赔偿标准

自20世纪30年代以来,东道国对外资实行国有化或征收的合法性及赔偿标准是国际法理论和实践中最具争议的问题。因此,有关国有化或征收的保护及赔偿标准是BITs的重要条款。香港BITs的相关规定遵循发达国家的传统实践,同时,具有某些技术层面的发展。

1."剥夺"的前提条件

征收或国有化是跨国投资活动中的非商业风险之一。为防止或减少此种风险,BITs一般规定了实施征收或国有化应具备的为了公共目的、依正当法律程序、非歧视及给予赔偿等四项前提条件。[①] 一般而言,香港BITs遵循这一传统实践。

香港BIT范本第5(1)条规定:"除非依法,为了与其国内需要相关的公共目的并给予赔偿,缔约一方投资者的投资在缔约另一方境内不得被剥夺或被实施具有此等剥夺后果的措施……"

在实践中,5个香港BITs规定了"剥夺"应具备的依法、为了与该缔约方国内需要相关的公共目的及给予赔偿等三项前提条件。[②] 此规定与香港BIT范本的规定相同。

除了上述三项剥夺的前提条件外,香港—荷兰BIT第5(1)条增加了"基于非歧视"的前提条件。此种"四项前提条件"的规定由13个香港BITs所遵循。[③]

值得注意的是,虽然相关条款标题仍保留"征收"(expropriation)的用语,香港BITs缔约方在相关条文中审慎采用"剥夺"(deprive)的概念,而未采用征收或国有化的概念。取决于香港的非主权实体地位,香港BITs显然不能采用国有化的概念。而就"剥夺"和征收两个概念而言,前者的含义比后者更广。"财产的剥夺"可包括以下情况:政府未取得特定财产的所有权,

---

[①] 关于征收外国资产的详细分析,参见 M. Sornarajah, *The International Law on Foreign Investment*, 2nd ed., Cambridge University Press, 2004, pp. 344—401; Paul E. Comeaux, N. Stephan Kinsella, *Protecting Foreign Investment under International Law, Legal Aspects of Political Risk*, Oceana Publications Inc., 1997, pp. 57—81。

[②] 香港—奥地利BIT第6(1)条;香港—德国BIT第4(2)条;香港—比利时与卢森堡BIT第5(1)条;香港—泰国BIT第5(1)条;香港—科威特BIT第5(1)条。

[③] 香港—荷兰BIT第5(1)条;香港—澳大利亚BIT第6(1)条;香港—丹麦BIT第5(1)条;香港—瑞典BIT第5(1)条;香港—瑞士BIT第5(1)条;香港—新西兰BIT第6.1条;香港—法国BIT第5(1)条;香港—日本BIT第5.1条;香港—韩国BIT第6(1)条;香港—意大利BIT第5(1)条;香港—英国BIT第5(1)条;香港—芬兰BIT第5(1)条;香港—加拿大BIT第10(1)条。

也未占有、取得控制或使用该财产,但政府行为已造成对享有该财产的严重干预、导致该财产价值的大幅度降低或既有财产权利的破坏或消灭。① 因此,香港 BITs 采用"剥夺"的概念,不仅迎合了其非主权实体的特征,还在这方面为投资者提供了较充分的法律保护。

2."剥夺"的赔偿标准

历史上,坚持依据国际法给予"充分、及时、有效"赔偿的"赫尔规则"代表了绝大多数发达国家的立场,而发展中国家则主张"适当补偿"原则。

实践中,BITs 有关征收的赔偿规定通常涉及赔偿的标准及评估方式、决定赔偿的日期、兑换与转移及利息的支付等四个问题。此外,一些 BITs 还规定了对征收提起司法审查的权利。②

关于"剥夺"的赔偿,香港 BIT 范本第 5(1)条规定:"此种赔偿应相当于该项投资被剥夺前一刻或即将进行的剥夺已为公众所知前一刻(以较早者为准)的真实价值,应包括直至支付日按正常商业利率计算的利息,应不迟延地支付,应有效兑换和自由汇出。受影响的投资者有权根据实施该项剥夺的缔约方法律,将该项剥夺的相关投资者情形和该投资的价值诉诸该缔约方司法机构或其他独立机构,请求根据本款规定的原则审查。"

实践中,香港 BITs 一般遵循上述有关"剥夺"的赔偿标准。③ 4 个香港 BITs 进一步涉及赔偿的评估问题,规定:"在赔偿价值未能顺利确定的情况下,赔偿额应考虑投资原本、折旧、已回收的资本、重置价值、现行汇率趋向和其他相关因素,根据普遍认可的评估原则和公平原则确定。"④

香港—丹麦 BIT 第 5(1)条还规定了"不适当迟延"的限度,指出"在任何情况下,均不得延长 3 个月的期限"。虽然香港—法国 BIT 以"给予适当赔偿"(against appropriate compensation)作为"剥夺"的四项前提条件之

---

① See Albert H Y Chen, The Basic Law and the Protection of Property Rights, Hong Kong Law Journal, Vol. 23, No. 1, 1993, p. 60.

② Andrew Newcombe, Lluis Paradell, Law and Practice of Investment Treaties, Standards of Treatment, Wolters Kluwer, 2009, p. 377.

③ 香港 BIT 范本第 5(1)条;香港—荷兰 BIT 第 5(1)条;香港—澳大利亚 BIT 第 6(1)条;香港—丹麦 BIT 第 5(1)条;香港—瑞典 BIT 第 5(1)条;香港—瑞士 BIT 第 5(1)条;香港—新西兰 BIT 第 6.1 条;香港—法国 BIT 第 5(1)条;香港—日本 BIT 第 5.1 条;香港—韩国 BIT 第 6(1)条;香港—奥地利 BIT 第 6(1)条;香港—意大利 BIT 第 5(1)条;香港—德国 BIT 第 4(2)条;香港—英国 BIT 第 5(1)条;香港—比利时与卢森堡 BIT 第 5(1)条;香港—泰国 BIT 第 5(1)条;香港—科威特 BTI 第 5(1)条;香港—芬兰 BIT 第 5(1)条;香港—加拿大 BIT 第 10(2)条。

④ 香港—澳大利亚 BIT 第 6(1)条;香港—新西兰 BIT 第 6.1 条;香港—意大利 BIT 第 5(1)条;香港—比利时与卢森堡 BIT 第 5(1)条。

第九章　双边投资条约实践

一,该协定第5(1)条规定,"赔偿……应不迟延地作出"。该规定比其他香港BITs更为严格。

香港—泰国BIT第5(1)条还涉及赔偿的准据法,其中规定,赔偿标准"依照本条第2款规定",即:"在缔约一方征收仅由不动产构成的投资时,应适用本条第1款规定,除非在该财产真实价值确定之时,应适用实行征收该不动产的缔约方的法律和政策"。

香港BIT范本第5(2)条规定:"缔约一方对在其境内任何地方依照有效法律设立或组建的并由缔约另一方投资者持有股份的公司的资产进行征收时,应保证适用本条第1款的规定,从而保护拥有此种股份的缔约另一方投资者就其投资得到第1款所指的补偿。"在实践中,香港BITs遵循保障国际合营公司外国股东的赔偿原则。[①]众所周知,国际合营公司是国际投资的重要形式,尽管少数BITs在投资定义等规定中略有涉及,但对此类公司外资股份的征收问题作出如此专门性规定,香港BITs堪称典范。

(四)争端的解决

高效、全面的争端处理机制常常是构成相互信任气氛的重要因素之一。因此投资争端和缔约双方之间的争端的解决机制是BITs的重要内容。近年来,由1965年《解决国家与他国国民间投资争端公约》(《华盛顿公约》或《ICSID公约》)建立的"解决投资争端国际中心"(ICSID)机制成为BITs中最普遍采用的争端解决机制。在这方面,香港BITs的明显特征是未采用ICSID机制,同时也有一些技术性规定。

1. 投资争端

就BITs而言,投资争端是指缔约一方投资者与缔约另一方有关前者在后者境内投资的争端。一些BITs的缺陷在于,它们创设的有关投资事故的救济是通过追究政府责任的曲折程序(tortuous processes)来实现,而不是

[①] 香港—荷兰BIT第5(2)条;香港—澳大利亚BIT第6(2)条;香港—丹麦BIT第5(2)条;香港—瑞典BIT第5(2)条;香港—瑞士BIT第5(2)条;香港—新西兰BIT第6.2条;香港—法国BIT第5(2)条;香港—日本BIT第5.3条;香港—韩国BIT第6(3)条;香港—奥地利BIT第6(3)条;香港—意大利BIT第5(3)条;香港—德国BIT第4(3)条;香港—英国BIT第5(2)条;香港—比利时与卢森堡BIT第5(2)条;香港—泰国BIT第5(3)条;香港—科威特BIT第5(2)条;香港—芬兰BIT第5(3)条。

外国投资者本身可利用的直接救济。① 近年来，许多 BITs 在投资争端解决方面取得了重要的进展，即通过规定将投资争端提交中立的国际仲裁庭解决。采取国际仲裁解决投资争端的方式的条款有多种层次。在最低程度，此类条款仅指导当事方以仲裁作为争端解决方式。在最高程度，此类条款使外国投资者有权由其本身直接诉诸 ICSID 仲裁庭。②

私人本身直接诉诸国际仲裁庭，是国际法发展的重大突破。比较由母国通过外交保护实施国际公法的传统方式而言，外国投资者的此种诉权可确切地称为"国际投资法范式的变化"。取代依母国基于自由裁量权提供外交保护，多数 BITs 规定了投资者针对东道国诉诸 ICSID 仲裁程序的单方面权利，而东道国对 ICSID 机制通常给予一般和事先的同意。在国际实践中，外国投资者与东道国之间的仲裁经常依 ICSID 规则进行。③

根据香港 BIT 范本第 8 条，投资争端的解决程序是：

（1）由当事双方友好解决；

（2）如未能友好解决，应在提出权利请求的书面通知之 6 个月后，按照争端双方同意的程序解决；或者

（3）如在该 6 个月期间内未能就此种程序达成协议，则在有关投资者请求下，依照当时有效的联合国国际贸易法委员会仲裁规则将争端提交仲裁。缔约双方可以书面同意修订这些规则。

香港 BITs 通常遵循上述程序。④ 实践中，也有一些修改或补充，例如

---

① M. Sornarajah, *The International Law on Foreign Investment*, 2nd ed., Cambridge University Press, 2004, pp. 303—304.

② Ibid., pp. 249—250. 直至 1993 年，大多数资本输入国未与主要的资本输出国签署强力的 BIT，即包含允许外国投资者针对东道国直接诉诸国际仲裁的争端解决条款。据 2002 年的一项研究结果，在 149 个发展中国家中，已有 117 个国家（占 79%）至少签署了一项此类协定。参见 Jason Webb Yackee, Conceptual Difficulties in the Empirical Study of Bilateral Investment Treaties, *Brooklyn J. Int'l L*. Vol. 33, 2008, pp. 432—433.

③ 关于 ICSID 机制下投资者与国家间仲裁的最新发展，参见 Mary H. Mourra (ed.), *Latin American Investment Treaty Arbitration, the Controversies and Conflicts*, Wolters Kluwer, 2009, pp. 163—166; Andrew Newcombe, Lluis Paradell, *Law and Practice of Investment Treaties, Standards of Treatment*, Wolters Kluwer, 2009, pp. 58—59.

④ 香港—荷兰 BIT 第 10 条；香港—澳大利亚 BIT 第 10 条；香港—丹麦 BIT 第 9 条；香港—瑞典 BIT 第 9 条；香港—瑞士 BIT 第 11 条；香港—新西兰 BIT 第 9 条；香港—法国 BIT 第 9 条；香港—日本 BIT 第 9.2 条；香港—韩国 BIT 第 9(3)条；香港—奥地利 BIT 第 9 条；香港—意大利 BIT 第 10 条；香港—德国 BIT 第 10 条；香港—英国 BIT 第 8 条；香港—比利时与卢森堡 BIT 第 9 条；香港—泰国 BIT 第 8 条；香港—科威特 BIT 第 8(1)条；香港—芬兰 BIT 第 8(1)条。

第九章 双边投资条约实践

强调投资者提起仲裁的权利[①]和缩短友好解决的时限。[②] 一些香港 BITs 还指出仲裁的性质及仲裁裁决的效力。[③]

应当指出,香港 BITs 未规定缔约一方投资者与缔约另一方之间的争端由 ICSID 管辖,因此,由香港 BITs 涵盖的投资者不具有直接诉诸 ICSID 的权利。究其原因,首先是受到香港非主权实体地位的制约,香港不是 1965 年《华盛顿公约》的缔约方,香港政府本身未经该公约特定缔约方指定和同意,不能作为 ICSID 主持的调解或仲裁程序的当事人;其次,由于香港 BITs 中的投资者在香港方面包括了在香港享有居留权的外籍人士,此类投资者中不具有该公约缔约国国籍者也不能作为 ICSID 主持的调解或仲裁程序的当事人。在此情况下,对香港 BITs 缔约双方而言,投资争端的解决机制仍然是谈判的议题。这一实践的重要启示是,"由外国投资者本身直接诉诸 ICSID 或其他国际法庭"的规定,并非 BITs 中投资争端解决的唯一选项。

2. 缔约方之间的争端

就 BITs 而言,缔约方之间的争端是指缔约方有关条约解释和履行的争端。

根据香港 BIT 范本第 9 条的规定,缔约双方有关协定的解释或适用的争端的解决程序是:

(1) 尝试以谈判方式解决;

(2) 如果未能以谈判方式解决,可将争端提交双方同意的人或机构,或应依缔约任何一方的要求提交由三名仲裁人组成的仲裁庭裁决。

该条款有关特设仲裁庭的设立、审理以及裁决等规定,大体与 BITs 的一般实践相同,但具有如下特点:

(1) 强调国际法院院长的私人身份。在缔约各方或两名仲裁人未能在规定的期限内指派仲裁人或第三名仲裁人的情况下,缔约任何一方可以请

[①] 香港—荷兰 BIT 第 10 条规定:"如在该 6 个月期间内未能就此种程序达成协议,则在有关投资者请求下,将该争端提交仲裁……"香港—瑞士 BIT 第 11 条和香港—日本 BIT 第 9.2 条也有类似规定。

[②] 香港—澳大利亚 BIT 第 10 条规定:"如未能友好解决,应在提出权利请求的书面通知之 3 个月后,按照争端双方同意的程序解决。"香港—英国 BIT 第 8 条、香港—芬兰 BIT 第 8(1)条也有类似规定。

[③] 香港—韩国 BIT 第 9(4)条规定:"仲裁裁决对争端当事方具有最终效力。缔约各方应确保根据其相关法律法规承认和执行仲裁裁决。"香港—德国 BIT 第 10 条规定:"仲裁裁决对争端当事方具有最终效力,应根据其相关国内法予以执行。"

求国际法院院长以私人及个人身份在30天内作出必要的指派。① 所谓"以私人及个人身份"的规定也同香港的非主权实体地位有关。众所周知,根据《国际法院规约》,国际法院的适格当事人限于国家。② 在国际仲裁实践中,由国际法院院长指派仲裁人,一般也限于争端当事人均为国家的场合。香港 BITs 特别强调国际法院院长"以私人及个人身份"指派,正是为了避免发生有关国际法院院长指派资格的歧见。③

(2) 规定了明确的仲裁时间表(见表9.2)。此规定旨在防止特设仲裁庭因无现成的仲裁规则可循而久拖不决。主要表现在:首先,其他 BITs 未试图如此具体地规定进行仲裁程序的时限;其次,无论相关争端的复杂程度,该程序从组成仲裁庭至作出裁决的时限为四个半月。

(3) 仲裁庭须以尊重法律的基础作出裁决。所谓法律,当理解为包括国际法和国内法。此规定意在限制仲裁人的自由裁量权,反对仲裁人以公平正义原则作出裁决。

(4) 仲裁庭作出裁决前,可在任何程序阶段向缔约双方建议和解。这种仲裁与调解相结合的方式,反映了国际仲裁实践的发展趋向。

(5) 缔约双方可在接到裁决后15日内提出有关澄清该项裁决的要求,仲裁庭应在该要求提出后15日内作出澄清。此规定表明,仲裁裁决一般不必附具理由,但应当事人要求,仲裁庭应在规定期限内澄清其裁决。

表 9.2 香港 BITs 中有关缔约方之间争端解决时限的主要规定(单位:日)

香港的缔约对方	由当事方指定仲裁员	由仲裁员指定第三仲裁员	由国际法院院长/国际商会会长指定第三仲裁员	提交仲裁申请书	提交答辩书	开庭审理	颁发书面裁决	提出澄清请求	澄清答复
【范本】	30	60	30	45	60	30	30	15	15
荷兰	60	60	30	45	60	30	30	15	15
澳大利亚	30	60	30	45	60	30	30	15	15
丹麦	30	60	30	45	60	30	/	15	15

---

① 与此类规定不同的是香港—法国 BIT 第11(2)(b)条规定:"如未能在上述规定的期限内作出指派,缔约任何一方可以请求国际商会会长以私人及个人身份在30天内作出必要的指派。"
② 根据《国际法院规约》第34(1)条规定:"在法院得为诉讼当事人者,限于国家。"
③ 在其他 BIT 范本中,未见"以私人及个人身份"(in a personal and individual capacity)的用语。例如,德国2008年条约范本第9(4)条规定:"……如未能达成其他相关协议,缔约任何一方可以请求国际法院院长作出必要的指派。"

(续表)

香港的缔约对方	由当事方指定仲裁员	由仲裁员指定第三仲裁员	由国际法院院长/国际商会会长指定第三仲裁员	提交仲裁申请书	提交答辩书	开庭审理	颁发书面裁决	提出澄清请求	澄清答复
瑞典	30	60	30	45	60	30	30	15	15
瑞士	60	60	30	60	60	30	30	30	30
新西兰	60	60	30	45	60	30	30	15	15
法国	30	60	30	/	/	/	/	/	/
日本	30	60	30	/	/	/	60	/	/
韩国	30	60	30	45	60	30	30	15	15
奥地利	30	60	30	45	60	30	30	15	15
意大利	60	60	30	45	60	30	30	15	15
德国	30	60	30	/	/	/	/	/	/
英国	30	60	30	45	60	30	30	15	15
比利时与卢森堡	30	60	30	45	60	30	30	15	15
泰国	30	60	30	45	60	30	30	15	15
科威特	30	60	30	45	60	30	30	15	15
芬兰	30	60	30	45	60	30	30	15	15

香港 BIT 实践原则上遵循香港 BIT 范本的上述主要规定。[1] 然而,也有一些不同于香港 BIT 范本的规定,如准据法[2]、继任仲裁员的进一步规定[3]、费用的分担[4]、裁决的基础[5]及"不能由缔约双方视为在该争端保持中

---

[1] 香港—荷兰 BIT 第 11 条;香港—澳大利亚 BIT 第 10 条;香港—丹麦 BIT 第 10 条;香港—瑞典 BIT 第 10 条;香港—瑞士 BIT 第 12 条;香港—新西兰 BIT 第 10 条;香港—法国 BIT 第 11 条;香港—日本 BIT 第 11 条;香港—韩国 BIT 第 10 条;香港—奥地利 BIT 第 10 条;香港—意大利 BIT 第 11 条;香港—德国 BIT 第 10 条;香港—英国 BIT 第 9 条;香港—比利时与卢森堡 BIT 第 10 条;香港—泰国 BIT 第 9 条;香港—科威特 BIT 第 9 条;香港—芬兰 BIT 第 9 条。

[2] 香港—荷兰 BIT 第 11(5)条规定:"仲裁庭应基于尊崇法律作出裁决。在仲裁庭作出裁决之前,在该程序的任何阶段,建议缔约各方友好解决该争端。"

[3] 香港—澳大利亚 BIT 第 11(2)(a)条。

[4] 香港—澳大利亚 BIT 第 11(8)条规定:"然而,仲裁庭可裁决,由缔约一方承担较高比例的仲裁费用。"在香港—瑞典 BIT 第 10(8)条、香港—新西兰 BIT 第 10.8 条和香港—比利时与卢森堡 BIT 第 10(8)条也有类似规定。

[5] 香港—奥地利 BIT 第 10(7)条和香港—比利时与卢森堡 BIT 第 10(7)条规定:"仲裁庭应基于国际承认的法治(on the basis of internationally recognized rules of law)作出其裁决。"

立的国家之国民"的进一步规定。①

三、香港签订双边投资条约的法律依据问题

传统国际法认为,主权是缔约权的唯一依据,即只有主权国家才是条约的缔约主体。然而,在现代国际实践中,越来越多的非主权实体参与缔结条约,并且为国际社会所承认。一些实例表明,条约的缔结主体除主权国家外,还有国际组织、联邦制国家的成员、交战团体和区域性实体等。上述非主权实体签订条约的法律依据各不相同:一般而言,国际组织,是基于条约法和国际组织的基本文件;联邦制国家的成员,是基于联邦制国家宪法和国际社会的承认;交战团体,是基于条约或国际惯例;区域性实体,是基于主权国家授予的自治权和国际社会的承认。② 香港作为区域性实体,亦不例外。在此,香港缔约权的授权性质及其国际承认的依据问题值得进一步探讨。

(一)香港缔约权的授权性质

香港特区自治权的授权性质决定了香港特区缔约权的授权性质。在现代国际实践中,享有自治权的区域性实体可能成为国际条约的主体。然而,其前提是,该区域性实体应取得主权国家的缔约授权。香港与外国间经济协定的授权安排和规定进一步明确表明了香港单独缔约权的授权性质。

在过渡期,香港的国际实践不仅依据其事实上($de\ facto$)自治权,而且受到《中英联合声明》的精神和有关规定的重要调整和影响。根据《中英联合声明》第4条规定,在过渡期,英国政府负责香港的行政管理,以维护和保持其经济繁荣和社会稳定,中国政府对此予以合作。《中英联合声明》附件二第4、5条进一步规定了中英两国政府通过中英联合联络小组在国际关系领域的合作。保持和发展香港与世界各国、各地区的双边经济关系,是需要中英两国政府合作的重要行政管理工作之一。因此,《中英联合声明》的上述规定可被视为中国参与香港过渡期双边经济协定实践的法律依据。事实上,1985年以来,在谈判和签署香港与外国间经济协定过程中,中英两国政府通过中英联合联络小组进行合作,英方承担了通知中方有关香港与外国间经济协定发展的义务,并在某种程度上与中方沟通和协商。中方则同意

---

① 香港—法国 BIT 第11(2)(a)条规定:"不具有法国国籍和负责香港外交事务的国家之国籍及香港地区居留权的自然人可作为仲裁庭庭长。"
② 李浩培:《条约法概论》,法律出版社1988年版,第240页。

这些条约的效力将跨越 1997 年。①

从实践上看,在过渡期,香港与外国间经济协定的共同特征是,尽管对香港而言,缔约的权力来源于主权国家的授权,但条约文本并未表明授予香港缔约权的主权国家。香港与荷兰 BIT 序言指出:"香港政府,经负责其外交事务的主权政府正式授权签订本协定。"香港 BIT 范本和其他香港 BITs 均采取相同的用语。这是故意的含糊其辞。由于《中英联合声明》指出,直至 1997 年 6 月 30 日,英国负责香港的行政管理;1997 年 7 月 1 日,中国对香港恢复行使主权。考虑到香港作为 BITs 缔约一方在上述日期前后并未改变其认同(identity),对于缔约对方而言,上述"负责其外交事务的主权政府"可理解为在不同时期的两个政府,即 1997 年 6 月 30 日之前指英国政府,1997 年 7 月 1 日之后指中国政府。

1997 年 7 月 1 日香港回归以后,香港特区与外国间经济协定明确表明了中华人民共和国的授权。在香港特区签署的所有 BITs 中,均在序言中明确载明:"香港特别行政区政府,经中华人民共和国中央人民政府正式授权与……签订本协定"。

(二)国际承认的依据问题

一般认为,自治实体的自治权地位需要得到国际社会的承认。因此,香港特区高度自治权的地位不仅取决于香港特区本身、中国政府的单方面愿望,也取决于国际社会是否承认这一地位。②事实上,如果没有国家或国际组织与香港保持和发展双边关系的实践,香港特区在对外事务方面的自治权就毫无意义。根据国际法的基本原则,国家和国际组织被视为国际法主体的正常形态,符合某些条件即可取得国际法律人格。与国家和国际组织不同,香港特区的高度自治权和国际法律地位不仅取决于中国中央人民政府的授权,而且需要已有国际法主体的承认和接受。③香港 BITs 的实践表明,香港特区的高度自治权和缔约主体地位已得到众多国际法主体的承认和接受。进一步的问题是,已有国际法主体承认和接受香港特区缔约主体

---

① 参见《英方将在联络小组会上向中方解释香港政府拟定双边航空协议方案》,载《信报》1986 年 8 月 2 日。

② Albert H. Y. Chen, Some Reflections on Hong Kong's Autonomy, *Hong Kong Law Journal*, Vol. 24, 1994, pp. 179—180; Roda Mushat, Foreign, External, and Defence Affairs, in Peter Wesley Smith, Albert H Y Chen (ed.), *The Basic Law and Hong Kong's Future*, Butterworths, 1988, p. 264.

③ Xiaobing Xu, George D. Wilson, The Hong Kong Special Administrative Region as a Model of Regional External Autonomy, *Case W. Res. J. Int'l L.*, Vol. 32, 2000, p. 31.

地位的法律依据是什么？在香港 BIT 实践中，缔约对方如何认识香港特区高度自治权的法律依据或来源？

在国际实践中，有的自治实体，如所谓"国际领土"（international territories）的地位及其自治权是由条约确立的。① 鉴此，有西方学者主张，《中英联合声明》产生了一个权利与义务由国际法调整的"客观国际实体"（objective international entity），该声明创设和保障了香港的特殊地位，并保留了香港的自治权利；作为国际法的产物，香港特区的存在或其"生存权"（right to life）应受到国际保护，其居民的"民族状态"（peoplehood）应受到尊重。② 还有西方学者主张，香港特区类似欧洲中世纪具有经济、政治和法律独立性的"自由城市"（free cities）。③ 此类观点显然是片面的，因为它不适当地夸大了《中英联合声明》的作用，而忽略了《中英联合声明》有关规定的法律根据或法律根源。

诚然，香港特区高度自治权的法律依据包括了国内法和国际法。但在双重法律依据中，有主从之分，层次之分。应当明确，香港特区高度自治权的法律根据首先是 1982 年《中华人民共和国宪法》（简称中国《宪法》）。该法第 31 条规定："国家在必要时得设立特别行政区。在特别行政区内实行的制度按照具体情况由全国人民代表大会以法律规定。"中国《宪法》作为国家的根本大法，是中国条约实践和国内立法的基础和根据。《中英联合声明》第 3 条第 1 款规定："为了维护国家的统一和领土完整，并考虑到香港的历史和现实情况，中华人民共和国决定在对香港恢复行使主权时，根据《中华人民共和国宪法》第 31 条的规定，设立香港特别行政区"。《中英联合声明》的一系列关于香港特区高度自治权的规定均为中国基于《宪法》第 31 条所作的政策声明和国际承诺。④ 在国内立法方面，《基本法》在序言中重申了

---

① 例如，根据《但泽自由条约》（Free Treaty of Danzig），但泽（Danzig）在 1920—1939 年被视为由国际法原则和规则调整的享有法律人格的自由城市。参见 Roda Mushkat, Hong Kong as an International Legal Person, *Emory International Law Review*, Vol. 6, 1992, pp. 109—110。

② Roda Mushkat, Hong Kong as an International Legal Person, *Emory International Law Review*, Vol. 6, 1992, pp. 110, 169；Brian Z. Tamanaha, Post-1997 Hong Kong: A Comparative Study of the Meaning of "High Degree of Autonomy" with a Specific Look at the Commonwealth of the Nothern Mariana Islands, *China Law Reporter*, Vol. 5, 1989, p. 168.

③ Eric Johnson, Hong Kong after 1997: A Free City, *German Yearbook of International Law*, Vol. 40, 1997, pp. 402—404.

④ 参见《中英联合声明》第 3 条第 1 款和《中英联合声明》附件一第 1 条。

设立香港特区的宪法根据①,并进一步对香港特区享有的自治权范围作了具体明确的规定。

显然,香港特区首先是中国《宪法》的产物②,同时也由《中英联合声明》予以国际法层面的确认和保障。在理解香港特区高度自治权时,特别需要认识中国《宪法》作为决定性的第一级法律根据或法律根源的重要作用。《中英联合声明》有关规定尽管也可援引为香港特区高度自治权的法律根据,但毕竟是属于第二级的,并且明确属于"中国对香港的基本方针政策"的声明内容。在此双重法律结构中,中国《宪法》是第一级法律根据,《中英联合声明》和《基本法》是根据《宪法》制定的,属第二级法律根据。在这个意义上,香港特区高度自治权的决定性法律基础是中国国内法。如果将《中英联合声明》有关规定作为香港特区高度自治权的唯一根据,并据此强调香港特区的"国际化",将香港特区混同于主要依条约产生的所谓"国际领土"或"自由城市"③,实属牵强附会,是违背客观现实的。进而言之,香港特区与享有自治权的所谓"国际领土"或"自由城市"的本质区别在于:前者是直辖于中国中央人民政府的地方行政区域,是主权国家宪政体制中不可分割的组成部分,其权利和义务主要由中国国内法确立和调整;而后者则是在特定历史条件下,主权归属或国内法地位尚未确定的区域实体,其权利和义务主要由条约确立和调整。因此,在香港 BIT 实践中,缔约对方和国际社会承认和接受香港特区缔约主体地位的法律依据,只能是中国《宪法》《中英联合声明》和《基本法》有关香港特区自治权的规定,而不是所谓香港特区本身的"客观国际实体"地位。④

四、香港双边投资条约衍生的条约适用问题

根据《中英联合声明》附件一第 11 条第 2 款和《基本法》第 153 条第 1

---

① 《基本法》序言指出:"为了维护国家的统一和领土完整,保持香港的繁荣和稳定,并考虑到香港的历史和现实情况,国家决定,在对香港恢复行使主权时,根据中华人民共和国宪法第 31 条的规定,设立香港特别行政区,并按照'一个国家,两种制度'的方针,不在香港实行社会主义制度和政策。"

② Albert H. Y. Chen, Further Aspects of the Autonomy of Hong Kong under the PRC Constitution, *Hong Kong Law Journal*, Vol. 14, 1984, p. 343.

③ Roda Mushkat, Hong Kong as an International Legal Person, *Emory International Law Review*, Vol. 6, 1992, pp. 109—111.

④ 关于港外经济协定的法律依据及其意义,参见曾华群:《港外经济协定实践及其法律依据》,载《厦门大学学报(哲社版)》2009 年第 1 期。

款的规定,中国缔结的国际协定,中央人民政府可根据香港特区的情况和需要,在征询香港特区政府的意见后,决定是否适用于香港特区。① 上述规定显然排除了将中国缔结的所有国际协定不加分析地适用于香港特区的可能,表明了中国采取的有选择、有条件适用的立场。② 这是因为考虑到,由于香港的历史和现状,特别是香港特区与中国内地社会经济和法律制度的重大差异,中国缔结的国际协定不一定适合于香港特区的情况和需要。为了遵循和体现"一国两制"和香港特区高度自治的原则,中央人民政府庄严承诺,在决定中国缔结的国际协定是否适用于香港特区时,需要从实体内容上考察,以该协定符合香港的情况和需要为依据;在程序上,需要正式征询香港特区政府的意见。

另一方面,根据《中英联合声明》附件一第 11 条第 1 款和《基本法》第 151 条规定,香港具有在经济等领域的单独缔约权。在香港与中国分别与同一缔约对方签订 BITs 的情况下,可能产生香港 BITs 和中国 BITs 如何适用的问题。如前所述,迄今,香港特区以其名义与 19 个国家签订了 18 个 BITs,初步形成了香港系列 BITs。自 1982 年以来,中国与 129 个国家签署了 BITs,形成了中国系列 BITs。两个系列 BITs 的主要条款存在明显不同。③ 除中国—俄罗斯 BIT 外,中国 BITs 本身未对条约是否适用于香港特区作出明确规定。④

在此情况下,值得考虑的问题首先是,尽管有《中英联合声明》附件一第 11 条第 2 款和《基本法》第 153 条第 1 款的规定,在香港与中国分别与同一外国签订 BIT 的情况下,香港 BIT 与中国 BIT 如何适用? 对香港"投资者"

---

① 外国学者 Yash Ghai 认为,通过《基本法》第 153 条,香港特区本身的条约体制已构建,这是香港特区自治权行使的更具逻辑性和合理的方式。Anthony Aust 进一步认为,《基本法》这一规定允许中华人民共和国接受"其代表香港特区接受不同于中国其他地区"的条约责任。果真如此,中央政府须实施有关条约适用于香港特区的单独程序(formalities),尽管对于"属于外交事务或国防,或由于其性质和规定须适用于国家全部领土的条约",中央政府无需实施单独程序。参见 P. Y. Lo, *The Hong Kong Basic Law*, LexisNexis Butterworths, 2011, p. 771。

② 上述规定中的"国际协定"包括 1997 年 7 月 1 日之前和之后中国缔结的国际协定。对上述日期之前中国缔结的国际协定而言,可分为三类:一是中英两国都是缔约国,但目前并不适用于香港的国际多边条约,如 1979 年《联合国工业发展组织宪章》;二是中国已经参加但英国尚未参加的多边协定,如 1980 年《联合国国际货物买卖合同公约》;三是中国与外国签订的双边协定。

③ 关于香港系列 BITs 与中国系列 BITs 主要条款的区别,参见陈安:《对香港居民谢业深诉秘鲁政府案 ICSID 管辖权裁定的四项质疑——〈中国—秘鲁 BIT〉适用于"一国两制"下的中国香港特别行政区吗》,载《国际经济法学刊》第 17 卷第 1 期,北京大学出版社 2010 年版,第 14—17 页。

④ 2006 年中国—俄罗斯 BIT 议定书规定,除非缔约双方另有约定,该协定不适用于中华人民共和国香港特别行政区和中华人民共和国澳门特别行政区。

(具有中国国籍的香港永久居民等)和香港特区而言,香港 BIT 是否当然优先?依据何在?

鉴于香港签订 BIT 是经中国授权的,可以认为,中国授权香港缔约和香港单独缔约的法律事实本身清楚表明了中国和香港的"分别适用"的意愿和立场,即对香港"投资者"和香港特区适用香港 BITs,对中国"投资者"(不包括香港"投资者")和中国领土(不包括香港特区)则适用中国 BITs。对缔约对方而言,由于与香港和中国分别签订香港 BITs 和中国 BITs,也清楚表明了其"分别适用"的意愿和立场。然而,缔约双方"分别适用"的意愿和立场并不当然具有"排除对香港适用中国 BITs"的法律后果。《维也纳条约法公约》第 29 条确立的规则是,条约是否适用于各缔约国的全部领土,可由各缔约国依据意思自治原则协商确定,但如无明示或默示的相反意思,应认为条约适用于各缔约国的全部领土。① 由于中国 BITs 本身未规定中国"排除对香港适用中国 BIT"的意思,对缔约双方国民、国际司法机构或仲裁机构等第三方而言,出于特定因素考虑,仍然存在"挑选条约"(treaty shopping)的可能。

第二个问题是,在中国与特定外国签订 BIT,而香港与该国尚未签订 BIT 的情况下,中国 BIT 是否自动适用?依据何在?

"谢业深案"②引发了中国 BITs 是否自动适用于香港特区的现实问题。

主张中国 BITs 自动适用于香港特区的主要理由是:(1) 中国 BITs 的领土适用范围涵盖香港特区。中国 BITs 中一般规定,"领土"一词系指中华人民共和国的领土以及毗连本国海岸并按国际法对其拥有主权、主权权利或管辖权的海域。这一规定表明,中国 BITs 的适用范围是包括香港特区、澳门特区及台湾地区在内的中国全部领土的。(2) 中国 BITs 的"投资者"定义包括具有中国国籍的香港永久居民。中国 BITs 通常规定,"自然人投资者"在中华人民共和国方面,系指具有其国籍的自然人。在"谢业深案"中,ICSID 仲裁庭认为,没有任何证据能够有效证明缔约方的意图是把香港永久居民排除在中国—秘鲁 BIT 的适用范围之外,该 BIT 也缺乏显示这种

---

① 《维也纳条约法公约》第 29 条规定:"除该条约显示或另经确定有不同意思外,条约对每一当事国的拘束力及于其全部领土。"中国于 1997 年 5 月 9 日加入《维也纳条约法公约》。

② Mr. Tza Yap Shum v. The Republic of Peru, ICSID Case No. ARB/07/6, Decision on Jurisdiction and Competence, dated June 19, 2009.

意图的明确规定。①

反对中国 BITs 自动适用于香港特区的主要理由是:(1) 中国 BITs 自动适用于香港特区有违《中英联合声明》和《基本法》的规定。根据《中英联合声明》附件一第 11 条第 2 款和《基本法》第 153 条第 1 款的规定,中国缔结的国际协定并不自动适用于香港,只有在中央人民政府征询香港特区政府意见并作出正式决定后方可适用。(2)《中英联合声明》附件一第 11 条第 1 款和《基本法》第 151 条确认了香港特区在经济等领域的单独缔约权,中国 BITs 自动适用于香港特区可能造成与香港特区 BIT 实践的重叠或冲突。

1997 年 6 月 20 日,中国常驻联合国代表向联合国秘书长递交外交照会,全面阐述了中国政府关于香港特区适用国际条约的原则立场。② 然而,对于中国双边协定对香港的适用问题只是在《中英联合声明》这一双边条约层面和《基本法》这一国内法层面作了原则性规定。上述规定可能被国际社会所忽略。

鉴此,有学者建议从国际法层面进一步明确中国 BITs 对香港特区的适用问题,可采取的方式包括:(1) 单方发出外交照会,申明中国 BITs 不自动适用于香港特区。我国可采取外交照会的形式,向缔约对方申明相关中国 BITs 并不自动适用于香港特区,并告知《中英联合声明》和《基本法》的相关规定,从而使我国"一国两制"下条约适用的特殊程序获得缔约对方的理解、认可和支持。(2) 启动条约修订程序,可考虑作"投资者"和"领土适用范围"两方面的修订,明确中国 BITs 不自动适用于香港"投资者"和香港特区。(3) 依据《ICSID 公约》第 25 条第 4 款有关"授权缔约国自行决定提交 ICSID 仲裁的争端类型"的规定,通知 ICSID 秘书处,中国 BITs 不自动适用于

---

① 参见陈安:《对香港居民谢业深诉秘鲁政府案 ICSID 管辖权裁定的四项质疑——〈中国—秘鲁 BIT〉适用于"一国两制"下的中国香港特别行政区吗》,载《国际经济法学刊》第 17 卷第 1 期,北京大学出版社 2010 年版,第 32 页。

② 即《中华人民共和国常驻联合国代表秦华孙大使就多边国际条约适用于香港特别行政区事项致联合国秘书长的照会》。照会的两个附件列明了自 1997 年 7 月 1 日起适用于香港特别行政区的 214 项国际条约。照会特别提到,《公民权利和政治权利国际公约》和《经济、社会与文化权利国际公约》适用香港的规定,自 1997 年 7 月 1 日起继续有效。照会指出,未列入照会附件的、中国是当事方或将成为当事方的其他条约,如决定将继续适用于香港特别行政区,中国政府将另行办理有关手续。对属于外交、国防类或根据条约的性质和规定必须适用于国家全部领土的条约,中国政府无需办理有关手续。参见王子珍:《就香港特别行政区适用的国际条约中国向联合国递交照会》,载《人民日报(海外版)》1997 年 6 月 23 日第 6 版。

香港"投资者"和香港特区。①

笔者以为,在"谢业深案"中,ICSID 仲裁庭有关中国—秘鲁 BIT 适用于该案的管辖权裁决的明显缺失是,片面采取和强调了上述《维也纳条约法公约》第 29 条规定中"条约显示有不同意思"的单一标准,完全忽略或无视"另经确定有不同意思"的规定。《中英联合声明》附件一第 11 条第 2 款和《基本法》第 153 条第 1 款当可作为中国 BITs 不能自动适用于香港"投资者"和香港特区的法律依据,仲裁庭却视而不见。特别是,在秘鲁共和国政府提供了专家意见,明确指明相关法律依据的情况下,仲裁庭仍固执己见。由此可见,在国际仲裁实践中,在中国 BITs 不符合"条约显示有不同意思"标准的情况下,"另经确定有不同意思"的条约解释权属于仲裁庭,而不属于缔约方。由于当前国际仲裁实践缺乏有效的纠错机制,缔约方如不主动采取相应措施,发生类似缺憾在所难免。为防患于未然,在中国 BITs 中似应明确规定,该协定不自动适用于香港"投资者"和香港特区,以符合"条约显示有不同意思"的标准。

五、结语

实践表明,香港特区享有高于历史上和现实中的任何其他自治实体的自治权。在这个意义上,它确立了自治实体自治权的典范。②

过渡期以来,香港实现了从享有事实上自治权向享有法律上(*de jure*)自治权的重要转变。根据《中英联合声明》和《基本法》,香港特区享有法律上自治权。香港 BITs 的成功实践表明,香港特区的高度自治权和缔约主体地位已得到众多国际法主体的承认和接受。应当明确,中国《宪法》是缔约对方和国际社会承认香港特区缔约主体地位的第一级法律根据;而《中英联合声明》和《基本法》是根据中国《宪法》签订和制定的,属第二级法律根据。

进而言之,香港 BIT 实践对国际法、特别是国际投资法和国际条约法作出了重要贡献。首先,从总体上看,过渡期香港 BIT 实践创造了在特殊历史条件下条约实践的新模式,它简化甚至避免了条约继承或续订的复杂问题。香港特区政府,作为过渡期香港 BITs 权利和义务的享有和承担者,保持香

---

① 参见高成栋:《中外 BITs 对香港特区的适用争议及其解决》,载《国际经济法学刊》第 17 卷第 1 期,北京大学出版社 2010 年版,第 68—72 页。

② Xiaobing Xu, George D. Wilson, The Hong Kong Special Administrative Region as a Model of Regional External Autonomy, *Case W. Res. J. Int'l L.*, Vol. 32, 2000, p. 6.

港区域性实体地位的认同,承认此类协定持续有效。其次,在 BITs 历史上,香港与荷兰 BIT 是第一例由非主权实体与主权国家签订的此类协定,是 BITs 缔约主体方面的重大突破。最后,一些新的法律概念、原则和新的程序安排由香港 BITs 的缔约双方共同创造或接受,构成新的国际实践,也提出了国际法研究的新课题,必将进一步丰富国际法学的内容和促进国际法学的发展。

第五节 我国"可持续发展导向"双边投资条约的实践

当前,双边投资条约(bilateral investment treaties,BITs)实践的发展处于十字路口。美国 2012 年 BIT 范本和联合国贸易发展会议(UNCTAD)2012 年发布的《国际投资协定要素:政策选项》(Elements of International Investment Agreements: Policy Options,简称"协定要素")[①]分别代表 BIT 范本及其实践的"自由化"和"可持续发展"两种发展趋向。作为负责任的发展中大国,我国理应通过 BIT 传统条款的"扬弃"和创新条款的采纳,形成和促进我国"可持续发展导向"BIT 的实践。

一、BIT 传统条款的"扬弃"

所谓 BIT 传统条款,是指 1959 年以来,以德国 BIT 范本及其实践为代表的欧洲模式的主要条款。以美国 BIT 范本及其实践为代表的美国模式是欧洲模式的"升级版"和"更新版",体现于强化"片面保护投资"和追求"投资自由化"的新目标。客观上,BIT 实践及其范本经历五十多年的发展,已形成了体现于欧洲模式和美国模式(简称"欧美模式")的"共同语言"和各国普遍认同的"国际通行规则"。鉴此,制订我国"可持续发展导向"BIT 范本并非要求完全脱离或排斥欧美模式和传统 BIT 实践,"脱胎换骨"或"另起炉

[①] UNCTAD《2012 年世界投资报告:迈向新一代投资政策》制订了"可持续发展的投资政策框架"(Investment Policy Framework for Sustainable Development, IPFSD),由"可持续发展投资决策的核心原则""各国投资政策指南"和"国际投资协定要素:政策选项"三部分构成。"协定要素"虽是政策选项,不是范本,但源自各国 BIT 范本及其实践,兼容并蓄,既包含传统 BIT 的基本结构和主要条款,又提出重要的创新条款,与美国 BIT 范本具有一定的可比性。其"政策选项"以国际投资协定(international investment agreements, IAAs)主要条款为序,列举从"最有利于投资者"(the most investor-friendly)或"最高保护"(most protective)到为国家提供较高灵活性的各种选项。"协定要素"全文载于 UNCTAD, World Investment Report 2012, Towards a New Generation of Investment Policies, United Nations, 2012, pp. 143—159。

灶",而是需要在总结中外 BIT 实践的基础上,坚持国际经济法基本原则,参考欧美模式的合理成分,以"扬弃"原则择善而从,推陈出新。我国"可持续发展导向"BITs 的实践,首先面临 BIT 传统关键条款的取舍和调整问题,谨以"准入""公平与公正待遇"(fair and equitable treatment,FET)、征收条款为例。

(一)"准入"条款

所谓"准入"条款,是指缔约双方有关允许对方投资进入本国境内的一般规定,通常表明了东道国对外资的态度或立场。据之,东道国可根据国家发展战略,实施有关外资准入和经营的国内法律和政策。"准入"条款是德国 BIT 范本和传统 BIT 实践中唯一体现尊重和维护东道国主权的条款,也是资本输入国在 BITs 中承诺给予外资待遇和国际法保护的唯一回报。

与"准入"条款模式相对立的是"设立权"(right of establishment)模式。"设立权"概念来源于美国现代"友好通商航海条约"(friendship, commerce, and navigation treaties,FCN)的实践,即规定缔约一方国民在缔约对方设立商务企业的权利。① 美国 2012 年范本在"国民待遇""最惠国待遇"及"履行要求"(performance requirements)②等三个条款中均采用"设立"(establishment)的概念,与"取得"(acquisition)、"扩大"(expansion)、"管理"(management)、"行为"(conduct)、"经营"(operation)、"出售"(sale)或其他投资的处置方式并列,表明其实施"设立权"模式,即"国民待遇、最惠国待遇适用于设立"的立场。③ 由于国民待遇适用于"设立",意味着缔约一方投资者享有与缔约对方投资者同等的"设立权",亦即东道国采取了对国内投资者和外国投资者一视同仁的"投资自由化"政策。1994 年 1 月《北美自由贸易协定》(NAFTA)生效之后,加拿大在 BIT 实践中也采用"设立权"模式,日本等国亦随后效法。其产生的后果是,一些发展中国家取决于缔约对方的立场,在实践中采取了两种 BIT 模式:(1) 在与欧洲国家签订的 BITs 中,继续沿袭"准入"条款模式;(2) 在与美国、加拿大等国签订的 BITs 中,不得

---

① Kenneth J. Vandevelde, *U. S. International Investment Agreement*, Oxford University Press, 2009, pp. 236—237.

② 美国 2012 年范本第 8 条。所谓"履行要求",广义上是指东道国对外资经营实施的管制措施,一般是要求外国投资者作出投资时履行某些相关要求(如当地成分、出口业绩、当地员工雇佣等),作为批准该投资或该投资享有优惠待遇的前提条件。此类管制措施旨在保障外资经营有利于东道国的发展目标,诸如利用外资增加当地就业、取得新技术及促进贸易平衡等。参见:Kenneth J. Vandevelde, ibid., p.387.

③ 参见美国 2012 年范本第 3、4、8 条。

不接受"设立权"模式。① 两者的重大区别在于,在采用"准入"条款模式的情况下,东道国拥有对外资进入的甄别和审查权,保持管制外资的主权权力和必要的政策空间。而在采用"设立权"模式的情况下,东道国由于承担"投资自由化"义务,放弃了对外资进入和经营的甄别、审查及管制权,基本上放弃了管制外资的权力和必要的政策空间。

根据经济主权原则,各国拥有管制外资的主权权力。UNCTAD"可持续发展的投资政策框架"(IPFSD)在"核心原则"中,重申和强调了各国对外资的管制权利(right to regulate),明确规定,各国基于国际承诺及公共利益,拥有确立外资准入和经营条件且尽量减轻其潜在负面影响的主权权利。② 作为发展中国家,我国一向倡导和坚持经济主权原则,理应坚持"准入"条款的实践,同时不采用或接受"禁止履行要求"条款,以保持管制外资的主权权力和必要的政策空间。事实上,"准入"条款是长期以来绝大多数国家(包括广大发展中国家和多数发达国家)的共同立场和普遍实践。之所以将其作为我国"可持续发展导向"BIT范本的必要条款之一,是因为当前"准入"条款受到以美国2012年范本为代表的"设立权"模式及相关实践的严峻挑战。居于资本输入国地位的广大发展中国家,对坚持"准入"条款的必要性、法律意义和现实功效,需要有深刻的认识和客观的评估,更需要有坚定的立场和实践。

(二) FET条款

FET是20世纪90年代后期才引起关注的新课题。该概念虽存在于条约和其他文件多年,但在近年才被运用于仲裁实践。③ FET条款的广泛采用,反映了BITs外资待遇条款的新发展。

FET条款可溯及美国现代FCN实践。④ 其后,国际投资协定(IIAs)的

---

① UNCTAD, Bilateral Investment Treaties 1995—2006: Trends in Investment Rulemaking, United Nations, 2007, pp. xi, 21—26.

② UNCTAD, World Investment Report 2012, Towards a New Generation of Investment Policies, United Nations, 2012, p. 109.

③ C. H. Schreuer, Investment Arbitration-A Voyage of Discovery, *Transnational Dispute Management*, Vol. 2(5), 2005, p. 9.

④ 美国现代FCNs包括一些规定给予"涵盖投资"(covered investment)绝对待遇标准的条款,以便在缺乏具体规定的情况下,为外资和外国投资者提供更高水平的保护。各条约用语不同,1951年开始出现了一致的实践。1956年后,"FET"的用语有时取代了"公平待遇"(equitable treatment)。参见Kenneth J. Vandevelde, *U. S. International Investment Agreement*, Oxford University Press, 2009, pp. 234—235。

国际性范本草案持续采用该条款。① 战后，FET逐渐成为IIAs中最重要的待遇标准。多数IIAs规定了FET条款。不仅如此，即使未作明示规定，基于最惠国待遇条款，也可能通过援引其他BIT而适用FET标准。国际仲裁实践表明，FET提供了广泛的程序性和实体性保护，包括合法预期（legitimate expectation）的保护。由于FET覆盖宽泛，以其他具体待遇标准为据未能获胜的诉求，以FET标准为据则可胜诉。② 在近年投资争端解决程序中，外国投资者一般都会援引FET条款。③

FET条款独立于非歧视待遇条款（即最惠国待遇条款和国民待遇条款）的主要原因是，即使在IIAs未规定非歧视待遇条款的情况下，也明确表明适用于外资待遇的"国际最低标准"（international minimum standards）。非歧视待遇属相对待遇标准，而FET则属绝对待遇标准。FET是含糊的，可能有多种解释。理论上，FET是相当于习惯国际法要求的"国际最低标准"，抑或代表独立、自给自足（self-contained）的概念，即"独立条款"解释。④ 一些学者主张，给予外资FET的义务与给予外资"国际最低标准"待遇的义务并无区别，"国际最低标准"是习惯国际法的组成部分，包含FET等一系列国际法律原则。另一些学者则主张，FET蕴含不同于"国际最低标准"的含义，应作"独立条款"解释，依衡平检验方式个案适用以确定是否违反该标准。⑤ FET是指超越"国际最低标准"的行为、给予更高水平的保护及依据更为客观的标准。仲裁庭关注的不是国际最低、最高或平均标准，而是需要决定在所有情势下，该行为是否公平公正。因此，该用语应独立自主地理解和适用。⑥ FET至少意味着，在诉诸当地法院和行政机构、适用的税收及政府管制的实施等方面，无论投资者国籍或投资来源，均一视同仁。⑦ FET是

---

① Rudolf Dolzer, Fair and Equitable Treatment: A Key Standard in Investment Treaties, *The International Lawyer*, Vol. 39, 2005, p. 89.

② Andrew Newcombe, Lluis Paradell, *Law and Practice of Investment Treaties, Standards of Treatment*, Wolters Kluwer, 2009, pp. 255—298.

③ Rudolf Dolzer, Fair and Equitable Treatment: A Key Standard in Investment Treaties, *The International Lawyer*, 2005, p. 87.

④ Rudolf Dolzer, Margrete Stevens, *Bilateral Investment Treaties*, Martinus Nijhoff Publishers, 1995, pp. 58—59.

⑤ UNCTAD, Bilateral Investment Treaties 1995—2006: Trends in Investment Rulemaking, United Nations, 2007, pp. xii, 28—33.

⑥ Rudolf Dolzer, Margrete Stevens, *Bilateral Investment Treaties*, Martinus Nijhoff Publishers, 1995, p. 59.

⑦ Andreas F. Lowenfeld, *International Economic Law*, Second Edition, Oxford University Press, 2008, pp. 556—557.

宽泛的标准,包含保护的各种因素,包括与"国际最低标准"联系的共同因素、合法预期的保护、非歧视、透明度和针对恶意(bad faith)、胁迫(coercion)、威胁(threats)和骚扰(harassment)的保护。[1]

在近年的 BIT 实践中,绝大多数包含了 FET 标准的规定。然而,很少 BITs 对 FET 的含义作出清晰的界定。BITs 采用不同的解释方法,例如,称 FET 标准并不意味着高于习惯国际法规范,或称该标准为国际法的佐证(reference),或将该标准与非歧视待遇标准相联系。[2] 美国 2012 年 BIT 范本第 5 条规定,缔约各方应根据习惯国际法给予涵盖投资待遇,包括 FET 和"充分保护与保障"(full protection and security)[3],且进一步明确规定,FET 和"充分保护与保障"的概念,不超过"国际最低标准",也未增加实体权利。在一些发达国家看来,FET 与"国际最低标准""充分保护与保障"密切联系,互为解释,相互补充。

在"投资者与国家争端解决程序"(investor-state dispute settlement, ISDS)中,FET 条款对外国投资者和东道国的诉求及争端处理结果尤具重要的现实意义。[4] "解决投资争端国际中心"(ICSID)和 NAFTA 仲裁庭有关 FET 解释的实践,进一步引起了对是否及如何适用该条款的广泛关注。ICSID 用于解释 BITs 的 FET 条款的两个案例表明,FET 标准并未要求东道国对影响外资的所有损害负责,但东道国如在保护外资免受损害方面未能显示"应有的勤勉"(due diligence),就必须承担责任。ICSID 仲裁庭将"应有的勤勉"定义为"在类似情况下,可预期的行政良好的政府所能采取的

---

[1] 关于实践中 FET 要素的详细分析,参见 Andrew Newcombe, Lluis Paradell, *Law and Practice of Investment Treaties*, *Standards of Treatment*, Wolters Kluwer, 2009, pp. 279—298; C. H. Schreuer, Investment Arbitration—A Voyage of Discovery, *Transnational Dispute Management*, Vol. 2(5), 2005, p. 9; Jeswald W. Salacuse, Towards a Global Treaty on Foreign Investment: The Search for a Grand Bargain, in Norbert Horn (ed.), *Arbitrating Foreign Investment Disputes*, Kluwer Law International, 2004, p. 83.

[2] UNCTAD, Bilateral Investment Treaties 1995—2006: Trends in Investment Rulemaking, United Nations, 2007, pp. 28—33.

[3] 所谓"充分保护与保障"标准要求东道国政府不仅不能损害外国投资者的设备和员工,还需要在一些紧急情况(如叛乱等)下,保护外资和外国投资者免受其他人的损害。参见 Andreas F. Lowenfeld, *International Economic Law*, Second Edition, Oxford University Press, 2008, pp. 558—559.

[4] 在实践中,基于 BITs 的诉讼均援引 FET 条款。参见 Rudolf Dolzer, Fair and Equitable Treatment: A Key Standard in Investment Treaties, *The International Lawyer*, Vol. 39, 2005, p. 87.

合理防范措施"[①]。在 NAFTA 多个投资仲裁案中,各仲裁庭对 NAFTA 第 1105 条(涉及 FET)范围和内容的解释迥然不同,其中包含 NAFTA 全体缔约方强烈反对的解释,直接导致了 NAFTA 自由贸易委员会的干预。2001 年 7 月 31 日,该委员会颁布了关于解释 FET 的通知,明确反对"独立条款"解释,指出 FET 并未要求缔约方承担超出习惯国际法所确立的任何待遇标准。[②]

实质上,BIT 实践中适用 FET 条款的目的是弥补其他具体待遇标准的缺失,以期达到条约设定的保护投资者的水平。一些 BITs 甚至直接将 FET 条款与法律稳定性的基本目标相联系。[③] 一般认为,FET 条款的明显目的是,规定超脱于东道国国内法的基本的一般标准。由于"独立条款"解释的所有要素均与东道国行为有关,进一步加重了东道国的责任。显然,根据"独立条款"解释,东道国须承担比习惯国际法确立的"国际最低标准"更高水平的外资保护责任。

应当明确,FET 条款并非 BITs 不可或缺的条款,"协定要素"在调整 BIT 传统条款方面的选项之一是不采用 FET 条款。[④] 传统上,发展中国家在国际规范性文件中也不采用 FET 条款。在 20 世纪七八十年代由发展中国家起草或主导的国际规范性文件,如联合国《各国经济权利和义务宪章》、亚非法律咨商委员会《促进和保护投资协定范本修正案》(Revised Draft of Model Agreements for Promotion and Protection of Investments),均未提及 FET 标准。[⑤] 事实上,一些发达国家即使采用 FET 条款,也不接受"独立条款"解释。例如美国 2012 年范本的上述规定,也竭力避免增加外国投资者的实体权利。鉴于 FET 条款因含义不明在实践中容易产生争议甚至滥用等情况,我国"可持续发展导向"BIT 范本可考虑不采用该条款。在我国

[①] Jeswald W. Salacuse, Towards a Global Treaty on Foreign Investment: The Search for a Grand Bargain, in Norbert Horn (ed.), *Arbitrating Foreign Investment Disputes*, Kluwer Law International, 2004, p. 83.

[②] UNCTAD, Bilateral Investment Treaties 1995—2006: Trends in Investment Rulemaking, United Nations, 2007, pp. 29—30.

[③] 例如,1991 年美国—阿根廷 BIT 序言规定,"希望通过 FET 保障稳定的框架"。参见 Rudolf Dolzer, Fair and Equitable Treatment: A Key Standard in Investment Treaties, *The International Lawyer*, Vol. 39, 2005, p. 90。

[④] "协定要素"第 A 部分第 4.3.4 条。参见 UNCTAD, World Investment Report 2012, Towards a New Generation of Investment Policies, United Nations, 2012, p. 147。

[⑤] Rudolf Dolzer, Fair and Equitable Treatment: A Key Standard in Investment Treaties, *The International Lawyer*, Vol. 39, 2005, p. 89.

BIT实践中,如确因妥协需要而采用FET条款,应对其含义作出明确规定,以避免法庭或仲裁庭作出基于"独立条款"的扩大化解释。

(三) 征收条款

长期以来,对外资的征收权及赔偿标准问题是国际投资法理论和实践的热点问题,也是南北矛盾的最集中体现。"协定要素"指出,IIAs的征收条款并非剥夺国家征收私人财产的权利,而是保护投资者免遭专断的、无赔偿的征收,建立对外资包容的具有稳定性、可预见性的法律框架。[①] 在近年BIT范本及实践中,征收的前提条件仍然是征收条款的核心问题。

在传统BIT实践中,依使用的频率,在BITs中列举的征收前提条件包括:(1) 赔偿;(2) 公共目的;(3) 非歧视;(4) 正当法律程序;(5) 不违反具体承诺(specific undertakings);(6) 全部适用(catch-all);(7) 透明度(clarity);(8) 公平待遇。就特定BIT而言,缔约双方一般列举三至四项征收的前提条件,少则仅列举两项条件,多则列举五至六项条件。[②] 近年来,发达国家在BIT范本及其实践中,主张根据习惯国际法,国家不得征收外资,除非:(1) 为公共目的;(2) 基于非歧视;(3) 根据正当法律程序;(4) 给予及时、充分、有效的赔偿(即"赫尔"规则)。[③] 美国2012年范本第6条"征收与赔偿"规定,征收的前提条件是:(1) 为了公共目的;(2) 以非歧视的方式;(3) 给予及时、充分和有效的支付;(4) 根据法律的正当程序和第5条"最低待遇标准"第1—3款的规定。显然,美国2012年范本的相关规定更为严苛,特别表现在将"赫尔"规则和"最低待遇标准"同时列为征收的前提条件,且详细规定于征收条款。

《各国经济权利和义务宪章》第2条第2款规定:"各国有权:……(e)将外国财产的所有权收归国有、征收或转移,在收归国有、征收或转移时,应由采取此种措施的国家给予适当补偿(appropriate compensation),要考虑到它的有关法律和规章以及该国认为有关的一切情况……"长期以来,发达国家得陇望蜀,步步为营,不断强化和细化征收的限制性前提条件,意在进

[①] UNCTAD, World Investment Report 2012, Towards a New Generation of Investment Policies, United Nations, 2012, p. 148.

[②] Paul Peters, Recent Developments in Expropriation Clauses of Asian Investment Treaties, *Asian Yearbook of International Law*, Vol. 5, 1995, pp. 56—67.

[③] 对1995年以来签订的BITs的一项研究反映了有关征收条件的高度一致,绝大多数包含了上述四项条件。UNCTAD, Bilateral Investment Treaties 1995—2006: Trends in Investment Rule-making, United Nations, 2007, p. 47.

一步剥夺或限缩东道国征收和管制外资的主权权力和政策空间。这与上述规定背道而驰,渐行渐远。首先,发达国家坚持把"不得征收"外资作为一般的法律原则,与上述"有权征收"的规定相悖。虽然,发达国家并非一般地否定国家对外资的征收权,但对征收权作了严格的限制性前提条件,进而以是否满足前提条件为据区分"合法征收"与"非法征收",并主张依国际法和国内法(包括投资者母国和东道国的法律)保留对东道国政府征收行为是否合法的裁判权。其次,发达国家更为强调适用"赫尔"规则,与上述"适当补偿"的规定相悖。在发达国家普遍主张的征收四项前提条件中,"赫尔"规则无疑是决定性的。对发展中国家而言,在实行征收时要符合为公共利益目的、依照法律程序、非歧视性等三项前提条件相对可行,而要符合"赫尔"规则的赔偿标准则难以甚至无法企及。因为发展中国家受限于经济实力,在实行征收特别是以经济结构改革为目标的大规模征收时,往往无力支付"及时、充分和有效的赔偿"。而一旦无力支付,征收就无法实施。如果强行实施,就将被判定为"非法征收",必须承担国际责任。在此情况下,发展中国家的征收权实际上被彻底否定了。①

"协定要素"规定,征收须符合公共目的、非歧视、正当程序及支付赔偿等四项前提条件。② 比较而言,"协定要素"的"支付赔偿"规定与美国 2012 年范本有关"给予及时、充分和有效的支付"规定的重大区别在于,前者未涉及赔偿标准问题,而后者则明确规定了依照"赫尔"规则的赔偿标准。

鉴于传统 BITs 的征收条款对征收的前提条件作了严格限定,特别是以"赫尔"规则作为征收的前提条件,实质上剥夺了广大发展中国家对外资的征收权,我国"可持续发展导向"BIT 范本及其实践应坚持《各国经济权利和义务宪章》确立的经济主权原则,特别是各国对外资的"征收权"和"适当补偿"原则。当前,传统 BITs 征收条款对外资"征收权"的否定式表述(即"不得征收……除非")已司空见惯,从传统 BITs 保护外资的首要目标和功能看,似乎也在情理之中。然而,应当指出,此种否定式表述附加"赫尔"规则由于片面强调资本输出国和外国投资者的权益,忽视甚至否定资本输入国的主权权力,明显有违《各国经济权利和义务宪章》关于"有权征收"和"适当

---

① 曾华群:《变革期双边投资条约实践述评》,载《国际经济法学刊》第 14 卷第 3 期,北京大学出版社 2007 年版,第 23 页。
② "协定要素"第 A 部分第 4.5 条。参见 UNCTAD, World Investment Report 2012, Towards a New Generation of Investment Policies, United Nations, 2012, p.148。

补偿"的规定。鉴此,在我国"可持续发展导向"BIT范本及其实践中,可考虑在缔约双方达成共识的情况下,以肯定式表述缔约各方对外资的"征收权"和"适当补偿"原则。实际上,在BIT范本及其实践中,以肯定式表述的缔约各方"有权征收"外资取代否定式表述的缔约各方"不得征收"外资,仅是重申各国普遍承认的关于国家"征收权"的传统法律原则。

二、BIT创新条款的采纳

"协定要素"是BIT模式的创新性发展,集中体现于调整"南北权益失衡"的传统条款和增加"平衡南北权益"的新规范,追求世界各国的长远利益、共同福祉和"可持续发展"的新目标,在很大程度上反映了国际社会重构国际投资条约体制的创新理念、共识、诉求和初步成就。[①] 在BIT创新条款的采纳方面,主要涉及"投资者义务与责任""母国措施"和"特殊与差别待遇"(special and differential treatment, SDT)等条款。

(一)"投资者义务与责任"条款

"投资者义务与责任"条款是"协定要素"基于经济主权原则和公平互利原则的重要创新。

传统上,由于BITs的缔约主体一般是国家,绝大多数BITs仅规定东道国保护外资的义务或责任,而全然未规定外国投资者的义务或责任。外国投资者虽是BITs的真正和最终受益者,享有BITs提供的有关其投资的待遇、诉权等法律保障,其在东道国境内有关投资和经营的不当行为却无从或难以由BITs调整。

早在20世纪70年代初,国际社会进行了国际投资立法另一方面的多边努力,重心是管制外国投资者特别是跨国公司的不良行为。多年来,UNCTAD、经合组织(OECD)、国际商会和国际劳工组织等曾先后起草和制订有关管制跨国公司行为(包括竞争、税务、雇佣关系、技术转让、贿赂、信息及披露等)的规则。然而,这方面努力的进展和实效甚微。应当指出,一直以来,保护国际投资和促进投资自由化的努力与管制跨国投资者行为的努力在不同的场所分别进行,两种努力各行其道,互不交集,均未能构建起达

---

① 关于"协定要素"体现的"平衡""可持续发展"和"一体化"等创新理念,参见 Zeng Huaqun, Balance, Sustainable Development, and Integration: Innovative Path for BIT Practice, *Journal of International Economic Law*, Vol. 17(2), 2014, pp. 323—329。

到其目标所需要的法律框架。从国际现实出发,也许两种努力应合并进行。[①] 1984 年《联合国跨国公司行为守则(草案)》和 2011 年《OECD 跨国企业指南》[②]内容相近,在一定程度上反映了规制外国投资者的一般规则,可视为国际社会制订"投资者义务与责任"规范的初步尝试。

"协定要素"提出,在 IIA 实践中,以"可持续发展"为目标,增加"投资者义务与责任"条款,以平衡外国投资者的权利和责任,促进"负责任的投资"(responsible investment)。具体表现在:(1)要求外国投资者在投资准入和经营阶段遵守东道国法律,制订针对"不遵从"(non-compliance)行为的处罚措施,包括:拒绝对违反东道国法律所作的投资予以条约保护,拒绝对违反反映国际法律责任(如为履行有关劳工标准、反腐败、环境等条约义务)的东道国法律所经营的投资予以条约保护,规定在因外国投资者违反东道国法律而引起的 ISDS 中,东道国有权对该外国投资者提起反诉。(2)促进外国投资者遵守普遍承认的标准,如国际劳工组织《关于跨国企业和社会政策的三方原则宣言》和联合国《商务与人权指导原则》,且履行有关经济发展、社会和环境风险的企业适当谨慎(corporate due diligence),规定法庭或仲裁庭在解释和适用条约保护(如 FET 条款)或决定给予投资者赔偿数额时将考虑有关投资者"不遵从"行为的情况。(3)促进外国投资者遵守可适用的企业社会责任(corporate social responsibilities,CSR)标准,可提供 CSR 标准清单或规定 CSR 标准的内容,规定法庭或仲裁庭在解释和适用条约保护(如 FET 条款)或决定给予投资者赔偿数额时将考虑有关投资者"不遵守"(non-observance)行为的情况。(4)要求缔约各方之间在促进遵守可适用的 CSR 标准方面的合作。(5)促进母国以投资者在社会和环境方面的可持续行为作为给予海外投资促进优惠的条件。[③] 应当指出,上述"投资者义务与责任"条款内容尚属原则性规定,主要强调外国投资者遵守东道国法律和普遍承认的 CSR 标准的一般义务与责任,是外国投资者本应在东道国承担的基本法律义务与责任。尽管如此,在 BITs 中,此类规范从无到有,仍具有

[①] Jeswald W. Salacuse, Towards a Global Treaty on Foreign Investment: The Search for a Grand Bargain, in Norbert Horn (ed.), *Arbitrating Foreign Investment Disputes*, Kluwer Law International, 2004, pp. 87—88.

[②] 《OECD 跨国企业指南》(OECD Guidelines for Multinational Enterprises)于 1976 年颁布,2011 年第五次修订,参见 http://www.oecd.org/daf/inv/mne/oecdguidelinesformultinationalenterprises.htm。

[③] UNCTAD, World Investment Report 2012, Towards a New Generation of Investment Policies, United Nations, 2012, p. 154.

重要的创新和实践意义。

关于BIT规制外国投资者的具体形式和内容,有学者建议,可尝试以不同方式制订规制外国投资者行为的规则:(1)宣示性方式。如BIT序言可规定,投资者应对东道国经济、社会和环境的进步作出贡献。(2)强制性方式。如BIT可规定,外国投资者经营活动应遵守东道国法律法规、有关消费者保护和环境保护等国内、国际惯例等。(3)禁止性方式。如BIT可要求外国投资者不得进行任何形式的贿赂。(4)劝导性方式。如BIT可要求外国投资者在进行实质性研究活动时,应充分利用本地资源和员工。①

鉴于"投资者义务与责任"条款是平衡东道国与外国投资者之间权益及外国投资者本身权利与义务的重要体现,是国际投资条约体制的重要突破,我国"可持续发展导向"BIT范本理应率先采纳该条款,并积极付诸实践。

(二)"母国措施"条款

"母国措施"条款也是"协定要素"的重要创新。广义上,"母国措施"指投资者母国基于合作发展原则,为促进、保护和规范其海外投资和海外投资者而制订或采取的国内措施和国际措施。

传统上,BIT范本及实践赋予投资者母国"代位权"等权利,未施加任何责任。据此,投资者母国在拥有和行使保护其海外投资者权利的同时,未承担促进或规范其投资者海外投资活动的责任。投资者母国为其海外投资和海外投资者提供法律保护,促进或规范其投资者海外投资活动仅出于维护本国权益的考虑,未顾及东道国的权益。②

自20世纪80年代以来,OECD国家如美国、英国、德国、丹麦、挪威、新西兰、瑞士和加拿大等,开始关注对其海外投资者在东道国的环境保护、人权、商业行为、雇员权利及健康与安全等方面的责任,结合传统的海外投资保证制度或对外援助制度,制订了相关政策措施或项目计划,以促进对外"负责任的投资"和"可持续的投资"(sustainable investment)。1999年1月,OECD环境政策委员会和国际投资与跨国企业委员会在海牙召开"外国直接投资与环境大会",建议投资者母国制定指导其投资者在本国和国际经营活动的环境标准。这表明,一些资本输出国初步意识到规范其海外投资

---

① Cai Congyan, China-US BIT Negotiations and the Future of Investment Treaty Regime: A Grand Bilateral Bargain with Multilateral Implications, *Journal of International Economic Law*, Vol. 12(2), 2009, pp. 502—504.

② 关于投资者母国促进和规范其海外投资的动机分析,参见M. Sornarajah, *The International Law on Foreign Investment*, Cambridge University Press, 1994, pp. 65—67。

者在东道国经营活动的责任,且付诸行动。有学者指出,"可持续的投资"的成就是母国政府、东道国政府、母国私人、东道国私人、环境组织及公民等行为者的共同责任。因此,母国政府和母国私人应采取和接受必要的措施或规范。①

"协定要素"以"可持续发展"为目标,在"投资促进"和"制度建设"条款中,规定了"母国措施"的内容。主要表现在:(1)投资促进方面,制订促进海外投资特别是"最有利于国家发展战略的投资"条款。可能的机制包括:鼓励母国提供投资保证等海外投资优惠,以具有促进可持续发展效应的投资或投资者遵守普遍原则和可适用的CSR标准为条件;组织共同的投资促进活动,如展览、会议、专题研讨及延伸项目;交流有关投资机会的信息;保证投资促进机构经常性的咨商;通过建立IIAs机构加强促进投资活动。(2)制度建设方面,建立缔约各方开展合作的制度框架,促进履行IIA以利最大限度发挥其对可持续发展的贡献。包括:颁布IIA条款的解释;审查IIA的功效;商定条款的修改和通过再谈判,促使IIA更为适应缔约各方的可持续发展政策;组织和审查投资促进活动,包括投资促进机构参与的投资机会信息交流、组织投资促进的专题研讨等;讨论IIA的履行,包括有关具体瓶颈、非正式壁垒、繁文缛节及投资争端解决等问题;定期审查缔约各方遵守"不降低标准"(not lowering of standards)条款的情况;对发展中缔约方提供技术援助,使其参与IIA的制度化后续安排;确认和更新CSR标准并组织促进遵守CSR标准的活动。②

"母国措施"条款是BITs平衡资本输出国与资本输入国之间权益的重要体现。发达国家已有国内法实践。"协定要素"的创新之处是基于合作发展原则,强调资本输出国与资本输入国之间的"国际合作"义务,将"母国措施"作为资本输出国有关"投资促进"和"制度建设"的条约义务。我国"可持续发展导向"BIT范本理应率先采纳"母国措施"条款,进一步丰富其内容,并积极付诸实践。

(三) SDT条款

SDT条款是"协定要素"基于公平互利原则和合作发展原则的重要创新。在GATT/WTO体制中,SDT条款早已确立。2000年,UNCTAD主

---

① Riva Krut and Ashley Moretz, Home Country Measures for Encouraging Sustainable FDI, Occasional Paper No. 8, Report as part of UNCTAD/CBS Project: Cross Border Environmental Management in Transnational Corporations, CBS, November 1999, pp. 1—2.

② UNCTAD, World Investment Report 2012, Towards a New Generation of Investment Policies, United Nations, 2012, pp. 155—156.

张,SDT 原则应引入 IIAs。① "协定要素"规定了 SDT 条款,作为发展水平悬殊的 IIAs 缔约各方特别是缔约一方是最不发达国家的选项。其效力及于现有规定和新规定,使较不发达缔约方承担的责任水平适合其发展水平。为达此目标,SDT 条款涉及"减负"和"增压"两方面的规范。在"减负"方面,规定不对称的责任(asymmetrical obligations),使较不发达缔约一方承担较轻的责任。主要内容包括:(1) 延期履行义务。为较不发达缔约一方规定延期履行 IIA 义务的时间表,即承担分阶段(phase-in)履约义务,可适用于设立前义务、国民待遇、资金转移、履行要求、透明度及投资争端解决等方面。(2) 降低规范强度。允许较不发达缔约一方以最佳努力承诺(best-endeavour commitments)取代具有法律约束力的义务,可适用于设立前义务、国民待遇、履行要求及透明度等方面。(3) 保留。包括一般义务的国家特定保留,例如确定敏感部门、政策领域或具体规模的企业等保留,可适用于设立前义务、国民待遇、最惠国待遇、履行要求、透明度及雇佣员工等方面。(4) "发展导向"(development-friendly)解释。基于缔约各方不同发展水平的考虑解释投资保护标准,可适用于 FET、充分保护与保障及给予赔偿的数额等方面。在"增压"方面,规定附加工具(additional tools),促进较发达缔约一方作出积极贡献。主要内容包括:其一,技术援助。承担提供履行 IIA 义务和促进投资的技术援助的义务。其二,投资促进。为海外投资提供投资优惠,如投资保证。②

需要特别强调的是,"协定要素"主张在 IIAs 引入 SDT 条款,具有十分重要而深远的意义:首先,以南北问题为视角,从发达国家与发展中国家发展水平不同的基本现实出发,关注和强调与发达国家经济发展水平悬殊的发展中国家、特别是最不发达国家的可持续发展问题。其次,不仅关注形式公平问题,而且关注和力图实现实质公平问题,即在承认特定缔约双方经济发展水平不同的基础上,通过不对称的责任分配以实现实质公平。再次,不对称的责任分配意味着较发达缔约一方承担相对较重的责任,较不发达缔约一方承担相对较轻的责任,确保缔约各方承担与其能力及发展战略目标相符合的责任,量力而行,实际上也有助于保障 IIAs 的顺利履行及其目标

---

① UNCTAD, International Investment Agreements: Flexibility for Development, UNCTAD Series on Issues in International Investment Agreements, UNCTAD/ITE/18, New York and Geneva, 2000, pp. 29—36.

② UNCTAD, World Investment Report 2012, Towards a New Generation of Investment Policies, United Nations, 2012, p. 159.

的实现。

我国"可持续发展导向"BIT范本应积极采纳SDT条款,根据缔约双方经济发展水平等具体情况,予以适用,以实现和保障缔约双方的实质公平和可持续发展。作为发展中国家,我国在与发达国家商签BITs时,可主张采纳和适用SDT条款,作为较不发达缔约一方,承担相对较轻的责任。作为负责任的发展中大国,我国在与经济发展水平不同的其他发展中国家特别是最不发达国家商签BITs时,应主动采纳和适用SDT条款,作为较发达缔约一方,承担相对较重的责任。

三、结语

诚然,美国2012年范本和"协定要素"何者能代表世界各国普遍认同的、符合世界各国共同和长远利益的BIT范本发展趋向,取决于世界各国的共识和实践。客观上,美国2012年范本代表发达国家普遍的利益诉求,源于BIT传统实践,凭借发达国家的经济实力,在经济全球化的背景下强势推行,惯性相助,明显居于优势地位。而"协定要素"代表广大发展中国家的利益诉求,脱胎于BIT传统实践,力图变革创新,其"可持续发展导向"BIT的创新理念和规范尚属新生期,亟须各国特别是广大发展中国家充分重视,努力达成共识并积极付诸实践。

居于最大的资本输入国和新兴的资本输出大国双重地位,我国具有"平衡南北权益"的内在动因和客观需求。作为负责任的发展中大国,我国应有改革旧国际经济秩序、构建新国际经济秩序的使命感和责任感,应有积极主动参与制定、影响或引领国际投资条约体制总体发展趋向的自信和作为。当前,在调整或重构国际投资条约体制的新形势下,我国亟须遵循国际经济法基本原则,注重汲取"协定要素"的创新要素,及时制订具有中国特色的"可持续发展导向"BIT范本,并率先实践。

在我国"可持续发展导向"BIT范本及其实践中,传统条款的"扬弃"和创新条款的采纳,旨在从实质内容和结构形式上纠正传统BITs中资本输出国与资本输入国、东道国与外国投资者之间权益的严重"失衡"问题。在传统条款的"扬弃"方面,"准入"条款的坚持,维护和保障了资本输入国管制外资进入的主权权力和政策空间,有利于将外资纳入东道国的"可持续发展"目标;FET条款的不采用或限制性解释,维护和保障了资本输入国给予外资待遇的主权权力和可控性,在一定程度上缓解了东道国为外资提供绝对待遇标准的责任和压力;征收条款的"征收权"和"适当补偿"原则的坚持,维护和保障了资本输入国征收外资的主权权力和可行性,避免美国等发达国家以"赫尔"规则实质性否定东道国的"征收权"。在创新条款的采纳方面,"投资者义务与责任"条款赋予资本输入国权利、对外国投资者施加义务与责任,是平衡东道国与外国投资者之间权益及外国投资者本身权利与义务的重要体现;"母国措施"条款要求资本输出国承担促进和规范其海外投资的义务与责任,是平衡资本输出国与资本输入国之间权益的重要体现;SDT条款以南北问题为视角,通过不对称的责任分担,确保缔约各方承担与其能力及发展战略目标相符合的责任,以纠正传统 BIT"形式平等"掩盖下的"实质不平等"。显然,上述各个条款目标一致,相辅相成,可望共同构成我国"可持续发展导向"BIT 范本及其实践的重要内容。

第十章　国际投资争端的解决

【本章提要】　国际投资争端的解决,是我国海外投资企业寻求法律保护的重要方面。本章主要探讨的专题一是国际投资条约仲裁中投资者与东道国权益保护平衡问题,主张从条约例外条款的设置及适用问题、防止或限制对 BIT 有关条款的扩大性解释及改善投资者与东道国间争端解决机制等方面达此平衡目标。二是晚近国际投资争端解决实践之评判理论,指出,晚近国际投资争端的性质已由以往的"政治性争端"转变为现行的"管理性争端",国际投资争端的传统外交保护解决方式已为国际仲裁方式所取代,国际投资争端仲裁实践出现了明显的偏袒外国投资者,损害东道国权益之倾向。传统的"南北矛盾"理论框定、现有的"商事仲裁"理论和"国内公法"理论存在不同程度的缺失,需要引入一种视野更为宽广的"全球治理"理论予以弥补。三是 ICSID 仲裁庭扩大管辖权之实践剖析,指出,ICSID 成立至今,常有扩大管辖权之实践,其原因在于个人利益之考虑、偏向投资者利益而不顾东道国利益,发展中国家应采取各种措施防止 ICSID 仲裁庭扩大管辖权。四是 ICSID 仲裁裁决承认与执行机制的实践检视,指出,ICSID 裁决承认与执行机制的实践表明,该机制存在诸如败诉国以国内法律程序为由拖延履行裁决,执行地国混淆裁决的承认与执行这两个不同阶段,裁决由于执行地国的国家豁免法律而未得到强制执行等问题,ICSID 缔约国有必要制定与《ICSID 公约》相配套的国内法,但不宜限制国家主权豁免原则。

第一节　国际投资条约仲裁中投资者与东道国权益保护平衡问题

一、导言

自上世纪 80 年代以后,各国认识到外国直接投资对本国经济发展的重要性,因而重视创造良好的投资环境以吸引外国投资,对投资的限制逐步放宽,投资保护则得到普遍的重视和加强。除国内法措施外,在国际法层面上，越来越多的国家通过签订双边投资条约（BIT）来相互促进和保护投资，并允许私人投资者将其与东道国的投资争端提交国际仲裁。

然而，从上世纪 50 年代后期发展起来的 BIT，起初主要是作为资本输出国的发达国家用来保护本国海外投资者的工具。直到 20 世纪末，BIT 也主要是发达国家与作为资本输入国的发展中国家或不发达国家间签订的。由于 BIT 的宗旨和目的是促进和保护投资，因此条约从形式到内容大都是以保护投资者的利益为核心的，基本上没有或者很少考虑到维护东道国的权益问题。可以说，这种投资者与东道国权利义务失衡的 BIT 是战后不公正的国际经济秩序的产物和组成部分。

在近些年的国际投资条约仲裁实践中，有些仲裁庭过于强调投资者保护，进一步导致投资者与东道国权益保护的失衡，加剧了东道国与投资者间的矛盾与冲突。随着国际投资的发展，投资者与东道国间的投资争端也频繁发生，提交给国际仲裁的此类争端的数量也日趋上升。其中，本世纪初阿根廷金融危机引发的投资仲裁最为突出，达数十起之多。BIT 缔约国当初之所以同意将投资者与东道国的投资争端提交国际仲裁，主要是考虑到仲裁的自身特点，期待通过仲裁能使投资争端得到迅速、有效和公正的解决，以维护双方的利益。然而，在近些年的投资条约仲裁实践中，有些仲裁庭不仅没有很好地平衡东道国与投资者的权益，反而进一步片面强调并强化了投资者权益的保护，甚至将投资者的保护推至极端，其裁决纯粹以维护投资者权益为使命和目的，在东道国的公共利益与投资者私人利益的权衡中，它们选择了维护投资者的私人利益；在处理东道国国家根本安全利益与习惯国际法国家责任条款间的关系时，它们置前者于不顾而强调后者；在扩大还是限制仲裁庭的管辖权和审查权的权衡中，它们选择了扩大自己的权力，从而导致东道国权益与投资者保护二者间的严重失衡，甚至引发了有关国家对于国际仲裁的信任危机。

因此，在国际投资条约及其仲裁机制中如何在投资者和东道国权益保护之间寻求合理的平衡，成为国际社会关注的热点问题之一。而要合理平衡二者间的关系，就得从完善 BIT 实体规定、防范与限制仲裁庭对 BIT 有关条款的扩大性解释以及改善投资者与东道国间争端解决机制这几个方面着手。本节拟对这些重要问题进行分析和探讨。

二、条约例外条款的设置及适用问题

国际投资条约仲裁中导致投资者与东道国权益保护失衡的重要原因之

一是,仲裁庭认为 BIT 是以"促进和保护投资"为其宗旨和目标的,因而在解释和适用 BIT 有关条款时就以此为由向投资者保护方向倾斜,加之 BIT 实体内容通常规定的是缔约国保护投资者及其投资的义务,而没有怎么规定缔约国的权利和投资者的义务。这样,当投资者与东道国发生投资争端时,仲裁庭可能会强调投资者的利益保护而漠视东道国的权益。

因此,国际投资条约仲裁实践上提出的一个重要问题是:在追寻 BIT "促进和保护投资"的目标时,是否可以忽视甚至牺牲具有同等的甚至更为重要的目标,包括东道国的国家安全、公共健康、公共道德、环境和人权? BIT 应如何平衡和协调东道国与投资者间权益保护的关系?

在笔者看来,要合理平衡和协调这两者间的关系,最为重要的一个措施就是在现行的 BIT 模式下设置必要的例外条款,从而使缔约国在保护投资者及其投资的同时也为维护国家安全和公共利益预留一定的空间。

条约中的例外条款(或不得妨碍条款)是缔约国设置的"安全阀"。根据此种条款,当缔约国面临严重的经济、社会甚至政治危机或为了其经济的可持续发展和人民福祉时,国家可以采取必要的管理措施,以维护其根本安全利益或公共利益,不承担违反条约义务的法律责任。这一条款现在已受到许多国家的重视。

在条约实践上,该条款的设置要考虑几个因素:(1)例外条款所设置的目标和范围,是以以维护国家安全为目的,还是也包括公共秩序、公共健康、公共道德?(2)缔约国的措施应与所允许的目标相连接。缔约国采取例外措施对于目标来说应是"必要的""所要求的"或"不得不采取的"。(3)适用范围,即例外条款是适用于整个条约还是条约中的某些特定规定。

BIT 例外条款的目标与范围,国际实践虽不一致,但以下三个例外情形是应予以重视的。

(一)国家安全例外

国家安全例外现在已经被许多条约所接受。例如,1994 年的关贸总协定(GATT)第 21 条、WTO 的《服务贸易总协定》(GATS)第 14 条均规定有"安全例外"。在 BIT 实践中,美国等国缔结的 BIT 采用"根本安全利益"的表述,德国 BIT 则采用"公共安全",还有的采用"国际和平与安全"等措辞。中国与秘鲁 2009 年自由贸易协定中的投资规则采用"根本安全利益",中国与东盟的 2009 年投资协定中的安全例外则采用 GATS 第 14 条的表述。

1. 国家安全例外应包括国家经济安全利益因素

国际经济贸易条约中的"安全例外"传统上限定为国家的国防安全和国

际和平与安全,其目的与经济并不直接相关。然而,这种严格解释显得已经不能适应实际需要了。UNCTAD 近年的出版物指出,牛津英语词典将国家安全定义为:"国家及其人民、机构等的安全,特别保护其不受军事威胁或间谍、恐怖主义等的影响",这样,既然国家及其人民的安全是这一规定的核心,那么,可以合理主张,对人民健康和环境的威胁也包括在内,还包括对该国一般政治、经济、金融制度以及国内基础设施和文化传统的威胁。因此,影响国家安全的不仅包括传统的军事威胁、间谍和恐怖主义,而且包括疾病传播、自然灾害、内乱、严重的经济危机以及重要产业受外国控制等。①

在某些情势下,国家安全与经济也会直接相关,或者说包括国家的经济安全利益。从近些年国际局势和实践来看,严重的经济危机以及重要产业受外国控制是影响国家安全的两种重要情势。

在经济全球化的背景下,世界经济发展很不平衡,金融危机和经济危机频发,并具有很强的相互传导作用,从而可能使某个国家甚至一个区域的国家乃至全球经济陷于危机困境之中,影响到国家的根本安全利益。在本世纪初阿根廷经济危机引起的投资争端的几起裁决中,世界银行解决投资争端国际中心(ICSID)的仲裁庭都同意这一观点,即阿根廷与美国间 BIT 第 11 条(根本安全利益例外)包括经济紧急情况。至于经济危机达到何种程度才可免责,有关裁决意见不一致。有的裁决认为,阿根廷的危机是严重的,但还没有导致经济与社会的崩溃,还没有危及到国家的存在,因而不能援引该条约第 11 条的例外。② 另有的裁决认为,从 2001 年 12 月 1 日至 2003 年 4 月 26 日,阿根廷处于危机之中,根据第 11 条可采取必要措施以维护公共秩序和保护其根本安全利益,不构成违反条约义务。③ 另一种涉及国家安全的经济情势是重要产业受外国控制,这在外资并购活动中尤为引人注目,不少国家已经通过其国内法建立了外资并购的国家安全审查制。

可见,在全球化时代,国家安全不仅会受到来自经济方面的原因的影响,而且经济利益因素也成为国家安全概念的组成部分。因此,国际投资条

---

① UNCTAD, The Protection of National Security in IIAs, UN 2009.
② CMS Gas Transmission Co. v. The Republic of Argentina, ICSID Case No. ARB/01/8 (2005); Enron Corp. Ponderosa Assets v. The Republic of Argentina, ICSID Case No. ARB/01/3 (2007); Sempra Energy International v. The Argentine Republic, ICSID Case No. ARB/02/16 September 28, 2007.
③ LG&E Energy Corp. et al. v. The Republic of Argentina, ICSID Case No. ARB/02/1 (2006); Continental Casualty Company v. The Argentine Republic, ICSID Case No. ARB/03/9A, award of 5 September 2008.

约中设置的国家安全例外不能只限于传统的国防安全和国际和平与安全,还应包括国家的经济利益因素的考量。

2. 自行判断与非自行判断条款

根据 BIT 国家安全例外条款,当面临经济危机或其他影响国家安全利益情形时,东道国可否根据情势自行判断并采取应对措施? 在近些年的仲裁实践中,仲裁庭将 BIT 中的国家安全例外条款分为两类:自行判断条款和非自行判断条款。有些国际仲裁案例认为,只要 BIT 中的例外条款没有"其认为必要的"(it consider necessary)文字表述,就属于非自行判断条款,从而应由仲裁庭来审查判断缔约国的措施是否必要。

然而,仲裁庭的这种分类标准在很大程度上是主观推断的,没有考虑缔约国的真实意图。在笔者看来,BIT 国家安全例外条款在本质上应属于自行判断条款,因为:(1) 国家安全直接关系到一个国家的主权和利益,从缔约国的真实意图看,很难认定缔约国会将其有关国家主权和安全这样的重大事项交由第三者来审查。(2) 是否危及国家安全也只有当事国自己才最清楚,因而当事国应最有权根据自己的判断来采取其认为必要的措施,这不应属于第三方判断的事项。置身事外的第三方事后所作的任何判断都无法取代当事国在紧急状况时的判断和决策。(3) 以美国为代表的一些国家最近签订的 BIT 均在国家安全例外条款中明确加上"其认为必要的"措辞,表明缔约国的意图是:该条款属于自行判断条款。缔约国的随后的协定和实践可以作为缔约国真实意图的判断依据。

当然,这并不是说,国家可以根据"自行判断"为所欲为,根据国际法,国家必须善意履行条约义务。这样,尽管缔约国可以根据其自己的判断采取必要措施以维护国家安全,但这些措施也必须是善意的,而不应是专断的或歧视性的。判断是否善意,通常要考虑两个因素:(1) 国家是否以诚实和公平对待的方式行事;(2) 援引安全例外条款是否有合理的根据。

3. 国家安全例外条款与习惯国际法规则的关系与适用顺序

从国际法角度看,BIT 是"特别法",与普遍适用的国际公约或习惯国际法的效力是不同的。因此,国家安全条款与基于习惯国际法的抗辩是有区别的,其实体内容、理论根据、法律权威的渊源(前者属于条约,后者属于习惯国际法)、适用的范围都不同,因此,不能将二者混为一谈。

然而,在投资仲裁实践上,有的裁决将国家安全例外条款与习惯国际法关于国家责任的相关条款相等同,从而导致以适用习惯国际法国家责任条款(联合国国际法委员会编撰的《国家责任条款(草案)》第 25 条)来取代

BIT 中的国家根本安全利益的例外条款,使 BIT 的这一例外条款的适用落空。

这种做法不仅受到学界的广泛批评,而且在实践上也受到异议。例如,CMS 案的撤销委员会认为,CMS 案裁决犯了两个错误,一是将实施阿根廷与美国间 BIT 第 11 条(安全例外条款)所必要的条件与习惯国际法中危急情况所必要的条件相等同,没有看到二者的要求是不同的;二是没有弄清二者的关系和适用顺序,即应先适用 BIT 第 11 条的规定。尽管撤销委员会由于认定该裁决没有明显越权而没能最终撤销该裁决,但其报告对该案裁决作出的严厉批评颇有意义。更为值得注意的是,2010 年 6 月 29 日 ICSID 的 Sempra 案撤销委员会对 Sempra 公司诉阿根廷案作出了撤销裁决的裁定,理由是该案仲裁庭没有适用阿根廷与美国双边投资协定中关于排除协定适用的情况的第 11 条,从而构成明显越权。[①] 7 月 30 日,ICSID 的撤销委员会又对 Enron 诉阿根廷案的裁决作出撤销的决定,其理由之一也是因为没有正确适用法律构成明显越权。这 3 个委员会的决定在关于 BIT 例外条款与习惯国际法的国家责任条款的关系的分析中,纠正了仲裁庭适用法律的错误,对此后的仲裁将会产生重要影响。

(二)公共道德、公共秩序和公共健康例外

在国际投资领域,迄今很少有 BIT 将公共秩序或公共道德、公共健康作为一般例外条款加以规定。在仲裁未被接受为投资者与东道国间的投资争端解决方式时,此种例外规定似无必要。然而,当投资者可以通过条约仲裁来解决其与东道国间的争端时,如何处理投资者保护与公共秩序、公共道德或公共健康间的关系问题就变得突出了。为了合理协调二者间的关系,缔约国在 BIT 中将国家为公共道德或公共秩序、公共健康而采取的措施作为一般例外条款加以规定就显得非常重要。

首先,多边贸易体制已经将公共道德、公共秩序、公共健康作为一般例外。在 WTO 体制中,1994 年《关税与贸易总协定》(GATT)第 20 条、服务贸易总协定(GATS)第 14 条均规定:在此类措施的实施不在情形类似的国家之间构成任意或不合理歧视的手段或构成变相限制的前提下,本协定的任何规定不得解释为阻止任何成员采取或实施以下措施:(1) 为保护公共

[①] Sempra Energy International v. The Argentine Republic, ICSID Case No. ARB/02/16 (Annulment Proceeding), Decision on the Argentine Republic's Request for Annulment of the Award, June 29, 2010.

第十章 国际投资争端的解决

道德或维护公共秩序所必需的措施;(2)为保护人类、动物或植物的生命或健康所必需的措施;(3)为使与本协定的规定不相抵触的法律或法规得到遵守所必需的措施……这表明该种例外在 WTO 体制中已经得到确认和重视。

其次,无论何种经济活动,不管是贸易还是投资,都必须以不影响公共秩序或公共道德、公共健康为前提,这应该成为协调国际经济活动的一个准则。与贸易相比较,投资活动对公共秩序或公共道德、公共健康的影响更大。当东道国为了公共秩序、公共道德或公共健康原因采取必要的管理措施时,即使对私人投资者的利益有影响,也不应对投资者予以赔偿。

再次,将公共秩序或公共道德、公共健康作为 BIT 的一般例外,可以对条约中的各个条款适用,从而可以防止投资者置东道国的公共利益于不顾而通过选择适用 BIT 条款、钻法律空子索赔。例如,美国 2004 年 BIT 范本附件 B 关于征收问题中明确规定:除了在极少情况下,缔约一方旨在保护合法的公共福利目标如公共健康、安全与环境等的非歧视管理行为,不构成间接征收。这一条可以说是关于征收的特别例外,而不是适用于整个条约的例外。但是,将此条款仅作为征收的例外还是很有局限性的,因为现在投资者 BIT 索赔的最重要依据已经不是征收条款而是公平与公正待遇条款了,如果这一例外不对公平与公正待遇也适用的话,东道国为公共健康、安全与环境而采取的措施仍然会受到索赔。因此,将公共秩序或公共健康、公共道德作为一般例外更为合适。而且,相对而言,以公共健康、公共道德、公共秩序为例外时,缔约国采取必要的措施时就有较大的自由空间。

有鉴于此,现在有些国家已经逐步认识到该一般例外条款的重要性,有的 BIT 已经开始采用此种例外规定。例如,中国与东盟 2009 年的投资协定中就采用了与 GATT 第 20 条基本相同的一般例外的规定。相信以后会有越来越多的 BIT 采纳此种规定。

一般例外与前述国家安全例外相比,在范围、程度和适用条件上有所不同。前者范围较为宽泛一些,后者则是专为特定的国家安全原因设置的;前者主要关系到公共利益,后者则直接关系到国家的主权与安全;前者适用时有条件限制,后者通常没有条件限制,或者援用条件更为宽松。

BIT 的一般例外条款,从性质上看,可以作为一种兼具自行判断与非自行判断的条款。对于公共秩序或公共道德而言,由于各国的政治、经济、社会制度不同以及文化传统和价值观的差异,不同国家对其有不同的理解,国际上不存在一个统一的可以普遍适用的标准,因而应允许东道国根据本国的国情自行判断并采取其认为必要的措施。对于公共健康来说,东道国的措施是否必要及得当,既须从其自己的国情出发,也应考虑国际上有关公共健康和环境保护的条约、WTO体制的相关协议和规则。缔约国在商谈BIT的这一例外条款时,有必要对其予以明确规定,以便使仲裁庭可以根据缔约国的意图来解释和适用这一条款。

(三) 金融审慎措施例外

近些年来,国际金融危机频发,给有关国家、地区甚至全球都带来严重影响。因此,各国为防范金融危机而采取的金融审慎措施也应该作为BIT的例外之一。GATS金融服务附件第2条就规定:"尽管有本协定的任何其他规定,但是不得阻止一成员为审慎原因而采取措施,包括为保护投资人、存款人、保单持有人或金融服务提供者对其负有责任的人而采取的措施,或为保证金融体系完整和稳定而采取的措施。如此类措施不符合本协定的规定,则不得用作逃避该成员在本协定项下的承诺或义务的手段。"

在国际投资领域,现在也有些BITs也对此作了类似的规定。例如,美国2004年的BIT范本第20条就对此作了详细的规定,包括涉及有关争端解决方面的问题。中国与东盟的投资协议在第16条中,将GATS金融服务附件第2条纳入"一般例外"的条款中。

这一例外实际上与国家安全例外与一般例外均有着密切的联系。国家的金融安全也关系到国家安全,国家的金融秩序也涉及公共秩序。为了维护国家的金融安全和秩序,防范金融危机的发生,国家为审慎原因有必要采取相应的措施来维护金融体系的完整和稳定,保护公众利益,而不应等到金融危机发生后才采取措施。即使东道国采取的金融审慎措施与协定的规定不符,但只要不是恶意地将其作为逃避协定义务的手段,则不承担法律责任。

美国2004年BIT范本对于涉及金融服务审慎措施的争端解决方面,还采取了特殊的处理措施。即当投资者将争端提交仲裁而被诉方以金融审慎措施作为辩护理由时,首先要将问题提交给争端各方的主管金融机关协商并决定是否作出联合辩护;如在规定的期限内未作出决定,则可根据缔约国间的争端解决程序仲裁;只有当经过了上述程序仍未解决问题时,才可以提交ICSID或其他商事仲裁机构仲裁。这样做,可以更好地反映缔约国的真实意图,避免由投资仲裁庭自行任意解释条约而影响到缔约国金融安全的情形发生,可以为其他国家的BITs参考和借鉴。

投资条约中若规定了上述例外条款,就为缔约国设置了一种免责机制,缔约国就可以在例外情况发生时采取必要措施来维护国家安全和公共利益，而不承担违反条约义务的责任，从而可以合理平衡投资者与东道国间的权益保护关系。

三、防范与限制对 BIT 有关条款的扩大性解释

近些年的投资仲裁裁决主要是通过对 BIT 有关条款的扩大性解释来过度保护投资者权益的。这些条款主要包括：公平与公正待遇条款、保护伞条款、最惠国待遇条款等。因此，要合理平衡和协调投资者保护与东道国利益间的关系，还必须采取措施防范与限制对 BIT 的上述条款的扩大性解释。

（一）公平与公正待遇条款

近年来 IDSID 的仲裁案例在解释和适用公平与公正待遇时，基本上倾向于采取比传统国际最低标准更为宽泛的解释，并提出了分析公平与公正待遇的几个要素，以此来衡量公平与公正待遇是否被违反。其要点包括：公平与公正待遇要求提供稳定和可预见的法律与商业环境；不影响投资者的基本预期；不需要有传统国际法标准所要求的专断和恶意；违反公平与公正待遇条款必须给予赔偿。[①]

这在很大程度上改变了传统的习惯国际法标准。传统习惯国际法中的国际最低标准主要体现在 20 世纪 20 年代的"尼尔（Neer）案"等案件裁决中，认为只有当政府行为是专断的、恶意的、故意忽视其义务时才是违反国际最低标准。而近年来的国际投资条约仲裁案则以基于善意原则从宽解释的公平与公正待遇作为新的国际标准，来审查东道国的行为，从而在很大程度上强化了对政府行为的审查，并降低了投资者索赔的门槛。

公平与公正待遇现在成为 BIT 中投资者最容易获得索赔的条款。传统上 BIT 中保护投资者安全与利益的最重要的条款是征收条款，条约上一般对征收附加了几个条件，违反这些条件的征收就是违反条约义务。但依据公平与公正待遇条款索赔则没有条件限制，只要东道国没有提供稳定的法律与商业环境、影响了投资者的基本预期就够了。这实际上是给予外国投资者以特权地位，忽视东道国的权益，从而导致投资者保护与东道国利益间的严重失衡。

要防范与限制对公平与公正待遇作不适当的扩大性解释，可选择采取

[①] 参见余劲松、梁丹妮：《公平公正待遇的最新发展动向及我国的对策》，载《法学家》2007 年第 6 期；余劲松：《外资的公平与公正待遇问题研究》，载《法商研究》2005 年第 6 期。

以下措施：

(1) 在条约中明确公平与公正待遇的内容或解释标准。到目前为止，投资条约对公平与公正待遇都没有明确的定义，对于什么是公正与公平待遇在个案中很大程度上是个解释的问题。

那么，应以什么为标准或依据来解释公平与公正待遇？实践上，有些BITs规定依据"国际法"或者"习惯国际法"给予公平与公正待遇，另有些国家的BITs中则可能对公平与公正待遇没有附加任何限定标准。例如，中国以前的BITs就没有将公平与公正待遇同国际法或习惯国际法相连，条约仅规定给予"公平与公正待遇"。但近两年的条约则有变化，如中国与新西兰2008年的自由贸易协定投资规则中第143条规定："按照普遍接受的国际法规则"给予公平与公正待遇；中国与秘鲁2009年自由贸易协定第132条规定："应根据习惯国际法"给予公平与公正待遇。由于条约中对"国际法"或"习惯国际法"标准没有规定，有的仲裁庭就从有利于投资者利益的角度去解释，即依据国际法中的善意原则来解释，以降低投资者索赔的门槛。有鉴于此，美国2004年的BIT范本明确坚持适用"习惯国际法最低待遇标准"，并在其后签订的条约中都采用此标准，表明了其限制解释公平与公正待遇条款的态度。尽管如此，有的仲裁庭仍然将"习惯国际法"与"国际法"标准等同起来，问题并没有彻底解决。

较为可取的方法是，在条约中明确公平与公正待遇的内容和范围。从实践上看，公平与公正待遇的核心内容是反对歧视和专断，因此可以考虑将国际实践上已普遍接受或认可的某些规则或具体要素，如无差别待遇、正当法律程序(不得采取专断措施)以及拒绝司法等，作为公平与公正待遇的要求予以明确限定。① 例如，中国与东盟2009年投资协定第7条就强调："公平与公正待遇是指各方在任何法律与行政程序中不得拒绝司法"。这样就可以赋予其明确的内容，使公平与公正待遇在解释和适用时有确定的标准可循。

(2) 在条约中明确规定公平与公正待遇适用的例外。由于公平与公正待遇条款原本不是用作投资者索赔依据的，因此，国际投资条约中对公平与

---

① 有论者认为，出现以下三种情况，可能构成违反公平与公正待遇：(1) 歧视行为；(2) 缺乏正当程序；(3) 拒绝司法。See Anne van Aaken and Jurgen Kurtz, Prudence or Discrimination? Emergency Measures, The Global Financial Crisis and International Economic Law, *J. Int'l Econ. L.*, Vol. 12, 2009.

公正待遇也就一直没有"安全港"方面的规定,当该条款可以为投资者所利用时,这种"敞口"状态对缔约东道国无疑具有不利影响。显然,解决这一问题的另一重要措施,就是在条约中明确规定公平与公正待遇条款适用的条件或例外。

至于具体哪些条件或例外可以适用,这可以参照其他国际条约或投资条约中其他条款的规定和实践。例如,现在许多投资条约关于征收和补偿条款就有了新的发展,为了给缔约国维护公共利益保留空间,通常规定国家为了公共安全和健康、保护环境、维护公共秩序所采取的措施不属于征收。同样,对于公平与公正待遇,投资条约也可以规定在这些条件或例外情况下采取的措施不属于违反公平与公正待遇。当然,如果前述的几个例外是适用于整个条约的话,那就不必对公平与公正待遇单独设立条件或例外了。

(3) 将公平与公正待遇排除在投资者的可诉事项之外。公平与公正待遇如果没有明确定义,而仅是一个模糊和抽象的标准,就不适合将其作为投资者的可诉事项,因为它缺乏具体的评判依据。而且,投资条约中的征收与补偿条款就是专门针对东道国影响投资者财产权利的措施的,没有必要又将公平与公正待遇作为征收补偿条款的替代性的索赔条款,因此,将公平与公正待遇排除在投资者的可诉事项之外,不会损害投资者的权益。

(二) 保护伞条款

BIT 中的保护伞条款,通常被表述为:缔约方须遵守其对缔约他方投资者(及其投资)所承担的(任何)义务或承诺。尽管不同的条约在用语上也有一些差异。但条约中的这个条款,可能会被解释为将东道国与投资者间的纯粹合同义务转化为一项国际法上的义务。因此,无论在学术上还是实践上,对保护伞条款的解释和适用均存在较大的争议和分歧。

在实践上,有的仲裁庭对保护伞条款作限制性解释。例如,在 SGS 诉巴基斯坦案中,涉及瑞士与巴基斯坦间 BIT 中的保护伞条款,仲裁庭驳回了 SGS 关于保护伞条款能够将违反合同上升到违反条约的主张。仲裁庭指出:瑞士—巴基斯坦双边投资协定中第 11 条(即保护伞条款)的原文本身并没有旨在规定,投资者诉称的对其与东道国所订合同有关的违反行为可以自动地"提升"到违反国际条约法的层面[1]。仲裁庭还分析了接受 SGS 诉求所可能产生的后果,认为这种广义的解释会使该条款将无数的投资者与国

---

[1] SGS v. Pakistan, ICSID Case No. ARB/01/13, Decision of the Tribunal on Objections to Jurisdiction(August 6, 2003)[EB/OL], para.166.

家之间的合同以及国家在其他国内法律机制中对缔约另一方投资者所设定的承诺都囊括入内,而任何对上述义务的简单违反都被视为是违反 BIT 条款,那么 BIT 中的其他实体待遇条款就可能会成为"多余"[①]。再者,申请方的主张也可能导致东道国与投资者订立的合同中自由磋商的争议解决条款成为摆设,其有无效力任由投资者决定[②]。可见,该案仲裁庭对保护伞条款的解释持谨慎态度,作限制性的理解。

另有的仲裁庭对保护伞条款作了扩大性解释。例如,在 SGS 诉菲律宾案中,涉及瑞士与菲律宾 BIT 中的保护伞条款,仲裁庭认为,菲律宾未能遵守其有约束力的承诺,包括其所承担的与特定投资有关的合同承诺,就是对双边投资协定的违反。[③] 有一些学者也赞成对保护伞条款采用扩大性解释方法,即认为保护伞条款中的"义务"或"承诺"也涉及合同,一旦东道国违反了合同义务也就可以上升到违反了其缔结的双边投资协定中的义务,从而可以采取国际投资条约仲裁的方式来解决争端。[④]

这两种解释方法现在各有判例和学者支持。但对此条款不能仅从字面来解释,而应该从如何平衡东道国与投资者利益的角度来考虑。

对保护伞条款的解释,在很大程度上还是得依缔约国的意图来定。从目前的实践看,除瑞士在 SGS 诉巴基斯坦案中明确表示了将该条款纳入条约时的意图在于对合同承诺施加条约上的约束外,有关国家对此条款均未作出明确的解释。从该条款的历史发展看,它主要是资本输出国为强化投资者保护而设置的,在很大程度上反映的是资本输出国的意图。发展中国家对这个条款的效力和后果当初可能是认识不清的,因而将保护伞条款作广义解释可能并不符合这些国家的缔约意图。

正如 SGS 诉巴基斯坦案仲裁庭所说,如对该条款采取扩大性解释,会使得东道国与投资者订立的合同中争端解决条款形同虚设,对于东道国本身是极其不公平的,其后果也是极其严重的,不仅仅会造成对东道国国内法

---

① SGS v. Pakistan, ICSID Case No. ARB/01/13, Decision of the Tribunal on Objections to Jurisdiction(August 6, 2003)[EB/OL], para. 177.
② Ibid., para. 154.
③ SGS v. Philippines, ICSID Case No. ARB/02/6, Decision of the Tribunal on Objections to Jurisdiction(January 29, 2004)[EB/OL].
④ Christoph Schreuer, Traveling the BIT Route of Waiting Periods, Umbrella Clause and Forks in the Road, *The Journal of World Investment and Trade*, Vol. 5, 2004, pp. 231—256.

秩序的破坏,同时也会使得国际投资秩序混乱,激化南北矛盾。①

值得注意的是,现在就是发达国家对该条款的态度也发生了变化。例如,美国以前的 BIT 范本含有保护伞条款,但其 2004 年的 BIT 范本没有出现该条款,只是在其第 24 条中允许将由投资协议引起的争端提交仲裁。

对于现行条约中的保护伞条款来说,采取限制性解释较为合理。也就是说:东道国违反合同或承诺并不能就自动上升为违反条约;只有当东道国的国家行为在违反合同义务的同时也构成了对双边投资协定实体义务条款的违反时,才可以依据双边投资协定进行条约之诉。这样来解释既维护了保护伞条款的效力,又考虑到了东道国和外国投资者双方的利益和保护的平衡。

(三) 最惠国待遇条款

国际投资条约仲裁中另一个新的动向是,有的仲裁庭将最惠国待遇条款也适用于程序性规定,从而扩大投资者权利保护的范围。

马菲基尼诉西班牙(Maffezini v. Spain)案②(以下简称马菲基尼案)是第一个涉及 BIT 最惠国待遇条款能否适用于争端解决程序事项的国际仲裁案,也是 ICSID 裁决中第一个允许外国投资者基于最惠国条款将第三方条约中的争议解决条款引入基础条约的案例。该案仲裁庭认为,当今国际投资领域的争议解决安排与外国投资者的保护存在密不可分的关联,国际投资仲裁和其他争议解决方式对于维护相关投资条约所赋予的权利具有根本性作用并且与投资条约所给予的实体方面的待遇存在紧密的联系。由此,仲裁庭裁定:当第三方条约中的争议解决条款对于外国投资者的权益保护更为有利时,此类条款可为基础条约最惠国条款的受惠国所援引,这完全符合"同类原则"。自该案裁决作出后,又有其他几起案件的裁决支持将最惠国条款扩大适用于投资争端解决程序事项。③

---

① See ICSID Case No. ARB/01/03, SGS v. Islamic Republic of Pakistan, Decision of the Tribunal on Objections to Jurisdiction, at http://icsid.worldbank.org/ICSID/FrontServlet?requestType=CasesRH&actionVal=ListConcluded.

② Maffezini v. Spain, ICSID Case No. ARB/97/7, Decision on Jurisdiction, 5 ICSID (W. Bank) 396 (2000), at http://www.worldbank.org/icsid/cases/emilio_DecisiononJurisdiction.pdf.

③ 如 Siemens A. G. v. Argentina 案、"Gas Natural v. Argentina"案、"Tecmed v. Mexico"案、"Interaguas v. Argentina"案、"Vivendi v. Argentina"案等。在 Siemens 案中,仲裁庭认为,投资条约中"与投资者或投资活动相关的待遇"这一措辞本身的范围就已经广泛到可以包含争议解决事项的程度。See Siemens A. G. v. Argentina, ICSID Case No. ARB/02/8, Decision on Jurisdiction (2004), at http://www.worldbank.org/icsid/cases/siemens-decision-en.pdf.

但国际仲裁中也有些案例对最惠国条款作从严解释。例如普拉马诉保加利亚案(Plama v. Bulgaria)等。① 普拉马案仲裁庭认为:马菲基尼案仲裁庭所作的"争议解决安排与外国投资者的保护存在密不可分的关联"这一论断,在法律上并不能充分地表明双边投资协议双方意图使最惠国条款的适用范围扩及争议解决事项;仲裁的基本前提是双方当事人提请仲裁的合意,该合意必须明确无误(clear and unambiguous),这是一项公认的原则;通过最惠国条款援引第三方条约中的争议解决条款来提请 ICSID 仲裁,很容易使人们对仲裁合意的明确性和无误性产生质疑,当事国将争议解决事项并入最惠国待遇适用范围的意图必须明确和无误地表达出来。此后,2006 年 ICSID 裁决的特里钠诉匈牙利(Telenor v. Hungary)案②中,仲裁庭表示完全赞同普拉马案仲裁庭所作的分析和陈述,采纳了限制解释最惠国条款的适用范围这一做法。

国际投资仲裁庭之所以对最惠国待遇的适用范围存在分歧,关键在于是否从缔约国的意图来解释。相对而言,普拉马案和特里钠案的裁决意见更具有说服力。对最惠国待遇条款的适用范围,应根据条约上下文、缔约前后的行为与实践来判断缔约国的真实意图,并从严解释。一般来说,缔约国与不同国家签订的 BIT 通常是考虑到各自的特殊情况来作出特殊规定的,如果条约文本表述不一致,或者条约中根本就没有相应规定,这就表明该条约与其他条约是有区别的。如果仅从投资者权利保护的角度考虑问题,任意推定缔约国的意图,将最惠国条款适用于争议程序性事项,那么其结果必然是背离缔约国的意愿、偏袒投资者一方,甚至损害投资东道国的利益。③ 正如普拉马案和特里钠案裁决所指出的,扩大性解释会产生一些负面后果,导致投资者"挑选"条约,还会导致基础条约中的争端解决处于不稳定状态。

近年来,为了防范仲裁庭对最惠国待遇条款作扩大性解释,有些 BIT 已经明确将争端解决排除在最惠国待遇的适用范围之外,例如,中国与东盟投资协议的规定以及中国与新西兰自由贸易协定投资规则均采取了此种做

---

① See Plama Consortium Ltd. v. Republic of Bulgaria, ICSID Case No. ARB/03/24, Decision on Jurisdiction, Feb. 8, 2005.

② See Telenor Mobile Communications v. Hungary, ICSID Case No. ARB/04/15, Decision on Jurisdiction, Sept. 13, 2006, at http://www.worldbank.org/icsid/cases/pdf/ARB0415_telenor-v-hungary-award.pdf.

③ See Gabriel Egli, Don't Get BIT, Addressing ICSID's Inconsistent Application of Most-Favored-Nation Clauses to Dispute Settlement Provisions, *Pepp. L. Rev.*, Vol. 34, p. 1045.

法。这既可以消除此后仲裁庭扩大解释最惠国待遇的隐患,也可以作为判断缔约国此前缔结的 BIT 最惠国待遇条款意图的证据。

四、改善投资者与东道国间争端解决机制

近些年来,由于国际投资条约仲裁过于倾向于投资者保护,引起许多国家的不满。例如,拉丁美洲一些国家传统上坚持卡尔沃主义,反对投资争端的国际解决,上世纪 80 年代以后,受新自由主义思潮的影响,开始实行投资自由化,在投资争端解决上也采取开放态度,并加入世界银行的《ICSID 公约》,但是,正是由于投资条约仲裁过于强调投资者保护,使得这些国家的态度又发生变化,对国际投资仲裁机制持怀疑甚至反对的态度。玻利维亚于 2007 年 5 月退出《ICSID 公约》,厄瓜多尔于 2007 年将天然气、石油与矿业争端排除 ICSID 仲裁,后又于 2009 年宣布退出《ICSID 公约》。委内瑞拉、阿根廷、尼加拉瓜等也声称要这样做。还有些国家在 BIT 中限制提交仲裁的争端范围。

显然,投资者和东道国间的投资争端解决机制现在也面临挑战。要取得缔约国的信任,除完善 BIT 实体规定以外,还需要采取有关措施来改革和完善投资条约的仲裁机制,以确保仲裁的公正性。实际上,ICSID 已经采取了某些改进措施,于 2006 年修订了仲裁规则中的某些条款并于当年生效[①],在一定程度上有助于提高 ICSID 仲裁的公正和效率。但投资条约仲裁不但涉及 ICSID,还涉及其他仲裁机构和仲裁规则,这些程序规则都有待于不断改进。

(一) 保证仲裁员公正性的措施

对于仲裁来说,仲裁员的公正性是最重要的,对于投资条约仲裁来说,自然更为重要,因为这种仲裁涉及的不仅仅是私人当事人的利益,还会涉及东道国的公共利益,这就对仲裁员提出了更高的要求。

各仲裁机构的仲裁规则都为确保仲裁员的公正性采取了一些措施。其中的一个重要措施是,仲裁员应该向仲裁机构报告其在专业和业务上与案件当事人有关联的信息。但许多仲裁规则只是要求仲裁员披露过去和现在的信息,对仲裁期间可能发生的关联信息则没有涉及。在此方面,《ICSID 仲裁规则》第 6 条现已经作了修改补充,除要求仲裁员披露以前的和现时的

---

① See ICSID Convention, Regulations and Rules, ICSID/15, April, 2006. 2006 年的修改主要涉及《ICSID 仲裁规则》第 6、32、37、39、41 条和第 48 条等条款。

有关信息外,新的规则明确要求仲裁员在仲裁期间持续地报告可能损害其独立判断的关系和情况,这显然是一个重要改进。但其他的仲裁机构的仲裁规则还没有作相应的修改。

此外,从近年来 ICSID 关于阿根廷案的几起裁决中,还可以发现一个问题。即在涉及该国的事实和性质相同的几起案件中,有的仲裁员、特别是首席仲裁员是同一个人,其结果是这几起案件的裁决结果基本类似[1],假如裁决并非公正合理,同类的几个案件都会受到影响。因此,仲裁规则对仲裁员、特别是首席仲裁员的选择与指定也应有所限制,对于涉及同一国家且事实和性质相同的案件不应指定相同的仲裁员来审理。

(二)透明度

在投资条约仲裁的情况下,透明度和公众参与是十分重要的问题。与一般私人间的商事仲裁不同,投资条约仲裁的一方是投资东道国,争端事项通常涉及东道国为了国家安全或公共利益采取的管理措施。对国家一方来说,如果裁决不公,受影响的不单是政府,还可能涉及公共利益或者社会其他部分人群。从民主治理的角度看,有人认为,投资条约仲裁如果没有透明度和公众参与,实际上是违反民主原则的,因为东道国的公共利益问题应该通过民主程序决定。[2] 因此,增强投资条约仲裁程序的透明度并允许公众和非争端缔约方参与,既可以让仲裁庭对所涉案件的信息有较全面的了解,而且对仲裁庭正确解释和适用法律也有帮助。当然这种参与应以不干涉争端当事方的正当程序权利和尽量减少对仲裁程序正常进行的妨碍为原则。[3] ICSID 的仲裁规则在此方面已经作了一些修改,增强了仲裁的透明度,并允许第三方参与,还规定了公开发布裁决摘要(裁决的公开还得要经当事方的同意)。但联合国国际贸易法委员会的仲裁规则以及其他仲裁机构的规则还没有作相应的修改。

(三)发展选择性争端解决方法(ADR)

投资争端的解决除仲裁外,还应尽力发展其他灵活多样的选择性争端

---

[1] 例如,在涉及阿根廷金融危机的一系列案件中,Sempra 案中就有两名仲裁员是 CMS 案的仲裁员,其结果就是,两个案件裁决的结果基本相同。

[2] See Barnali Choudhury, Recapturing Public Power: Is Investment Arbitration's Engagement of the Public Interest Contributing to the Democratic Deficit? *Vand. J. Transnat'l L.*, Vol. 41, 2008, p.775.

[3] 参见梁丹妮:《国际投资争端仲裁程序透明度研究》,载《国际经济法学刊》第 17 卷第 1 期,北京大学出版社 2010 年版,第 226—240 页。

第十章　国际投资争端的解决

解决方式,即 ADR。

磋商通常是解决争端的一种简捷、有效的方式。投资争端发生后,可以在缔约国间和投资者与东道国间这两个层面进行磋商。争端当事国之间如果本着诚意及时进行磋商,积极沟通和解决有关问题,达成谅解,往往能取得双方满意的结果。同时,对于投资者与东道国来说,通过磋商达成双方都同意的方案,是争端解决的最理想的方式。因此对此方法应该予以足够的重视。BIT 甚至可以将磋商作为解决争端的必经手段,中国的 BITs 就是这么规定的。

调解对于投资者与东道国间投资争端解决来说,有其有利之处。例如,调解比仲裁更为经济、省时;成功的调解可以维护投资者与东道国的关系而不至于完全破裂,可以避免由于关系破裂而给当事人双方带来的消极影响;调解还可以使程序和结果保持机密。从目前的实践看,投资者与东道国间的投资争端采用调解来解决的很少,似乎当事方对此不太感兴趣。有关国际仲裁机构应该对此进行研究,对有关的规则进行改革,为调解的发展排除障碍。BIT 可以明确规定采用调解来解决投资争端,美国 2004 年的范本就有相应的规定。

磋商与调解可以单独使用,也可以与仲裁结合起来使用。

（四）完善仲裁的矫正机制

国际仲裁通常是"一裁终裁",裁决具有终局效力。然而,由于各种原因,仲裁裁决也可能发生错误,包括事实审理错误、法律适用错误等,从而会对有关当事人产生不公正的结果。这就需要有相应的矫正机制来纠正错误,维护正义,对于投资条约来说更是如此,因为这种仲裁通常涉及一个主权国家的权益,若没有有效的矫正措施,显然也是一个严峻的问题。

在 ICSID 仲裁的情况下,依据目前的《ICSID 公约》,对裁决不公的矫正手段,只是提起撤销请求。《ICSID 公约》第 52 条第 1 款规定了五种情况,如果有这五种情况的就可以提起撤销:(1)仲裁庭组成不当;(2)仲裁庭明显越权;(3)仲裁庭成员有受贿行为;(4)仲裁员严重违背程序规则;(5)裁决未列明所依据的理由。实际上,提起撤销程序最重要的理由通常有两点:一是仲裁庭明显越权,二是裁决未陈述所依据的理由。然而,在 ICSID 仲裁的情况下,如果裁决不公要想依据上述两个理由来寻求救济是非常困难的,因为如果越权没有达到"明显"的程度,或者裁决虽列明了所依据的理由但理由不充分甚至错误,可能都会因为不符合要求而无法撤销。例如,阿根廷经济危机后,ICSID 仲裁庭作出的裁决大多对阿根廷不利,阿根廷则基本上对每一起案子都提起撤销程序,但有的成功了,有的没有成功。值得注意的是最近的赛普拉(Sempra)案和安然(Enron)案的两起裁决,均被撤销委员会以明显越权或裁决未陈述理由撤销了,撤销委员会将没有正确适用法律纳入明显越权的范围,给适用法律错误而导致的裁决不公提供了有效的救济。这两起撤销决定将会产生深远影响。

在非 ICSID 仲裁的情况下,裁决的救济措施则不尽相同。对于依据联合国贸易法委员会的仲裁规则作出的裁决而言,一般依据《承认及执行外国仲裁裁决公约》的规定寻求救济。另有的条约,如《北美自由贸易协定》(NAFTA),将裁决交由裁决地的法院来进行审查。一般来说,各国的司法审查的范围和程序均不相同,对于国际仲裁的审查或救济,通常只限于程序方面的问题,对法律错误的审查范围十分有限,更不用谈事实审理错误的审查了。

此外,近年来国际投资条约仲裁出现的另一个问题是,裁决不一致,甚至互相矛盾,不同的仲裁庭对同一条约中同一规定得出不同的结论,不同的仲裁庭对涉及相同事实、相关当事人以及相似的投资权利的争端得出不同的结论。这些相互不一致或者相互矛盾的裁决对投资者和东道国的预期产生不利的影响,增加了不确定性和不可预见性。为解决这一问题,美国 2004 年的双边投资条约范本以及后来其签订的有的条约里面就订有一条:缔约国要商量、研究,建立条约仲裁的上诉机构的可能性。投资条约仲裁的上诉机制是一个需要进一步研究的问题。

五、结论

战后的国际投资秩序长期是由作为资本输出国的发达国家主导的,但现在国际投资局势和关系已在发生变化。一些发达国家已经不再是纯粹的资本输出国了,而同时也是资本输入国,例如,美国现在既是最大的资本输出国,也是最大的资本输入国,许多发展中国家既是资本输入国的同时也在发展对外投资。中国是发展中国家中最大的资本输入国,但现在注重"走出去"战略,发展对外投资。在这种情况下,传统 BIT 只考虑投资者的保护而不考虑东道国的权益的做法显然已经不能适应实际发展与需要了。

实现 BIT 体制下投资者与东道国间权利与利益平衡,要从改进 BIT 实体规定和程序规则两个方面来采取措施,缔约国、仲裁庭和仲裁机构都应在其中发挥自己应有的作用:(1) 缔约国应尽力在 BIT 中明确具体地规定缔约国与投资者的权利和义务,特别是有关的例外条款和关键条文,为维护缔约国的主权和利益预留空间;同时,对条约的解释,缔约国也应主动行使其解释权。(2)仲裁庭应依据缔约国的真实意图来解释和适用 BIT 有关条款,不应通过对有关条款的扩大解释来过度保护投资者。(3)有关仲裁机构应进一步改善程序规则,包括增加透明度,注重运用 ADR,改善矫正机制等,使其仲裁规则能够满足投资者与东道国间投资争端解决的需要。

BIT 及其争端机制的改革与完善,应致力于以下目标:(1)东道国为维护国家安全和公共利益的主权应在 BIT 中得到保障;(2)投资者及其投资的利益与安全应得到保护,但不应以妨碍东道国的可持续发展以及重要社会价值(如人权、公共健康、公共道德等)的实现为代价;(3)投资者与东道国间的投资争端能够迅速、有效、公正地得以解决。国际社会如果以此为目标并采取相应的措施,就可以在关于南北关系(发达国家与发展中国家)间、在资本输出国、资本输入国以及投资者三方关系间实现利益平衡,促进建立新的公正合理的国际投资秩序。

第二节 晚近国际投资争端解决实践之评判理论

一、引论

以往的国际投资争端主要表现为发达国家(外国投资者母国)与发展中国家(东道国)之间的"政治性争端",多通过外交方式解决。晚近,国际投资争端的性质已经转变为外国投资者与东道国之间的"管理性争端",传统的外交保护解决方式也多为国际仲裁方式所取代。

近十多年来,国际投资争端仲裁案件数量激增。总体而言,对于国际投资争端的解决,无论是在程序问题上还是在实体问题上,国际仲裁庭滥用对国际投资条约中有关条款的解释权,对东道国作出了有失公平的裁决。一方面,国际仲裁庭管辖权的扩张褫夺了东道国要求实行当地救济的权力,主要表现在:将最惠国待遇条款扩张适用于程序事项[①];对"岔路口条款"的适

---

① 详见徐崇利:《从实体到程序:最惠国待遇适用范围不应有的扩张》,载《法商研究》2007年第2期,第41—49页。

用条件进行苛刻的解释①;不当扩大对"保护伞条款"的适用②;以及对"投资争端"概念作最宽泛的界定③;等等。另一方面,国际仲裁庭自由裁量权的滥用剥夺了东道国应有的外资管理权,其典型地表现在以下两种情形:对公平与公正待遇进行严重失衡的解释④;以及过度放松对间接征收的认定。⑤

对于晚近"管理性国际投资争端"以及国际仲裁庭在解决此类争端过程中表现出的严重偏袒外国投资者,损害东道国应有权益之趋向,关于东道国(发展中国家)与外国投资者母国(发达国家)之间的传统"南北矛盾"理论已难以给出有效的解释。国际仲裁庭实际上用以支撑这种导向的跨国私人与私人之间的"商事仲裁"理论,则显属偏颇。而在国际投资争端当事双方东道国与外国投资者之间关系的定位上,"国内公法"理论虽然矫正了"商事仲裁"理论定性之舛误,但仍有缺失。笔者主张,对于现行的"管理性国际投资争端",需要引入一种新的理论框架——"全球治理"理论予以弥补。

二、国际投资争端性质的改变与现行解释性理论的缺失

(一)国际投资争端性质的改变

晚近,以往的"政治性国际投资争端"已经转变为现行的"管理性国际投资争端",国际投资争端性质的这种改变必然带来其解释理论的更新。

1. 以往的"政治性国际投资争端"

从性质上看,以往的国际投资争端多是"政治性争端",其源发于发展中国家(东道国)的国家利益与发达国家投资者(外国投资者)的私人利益之间的冲突,但最终上升为发展中国家(东道国)与发达国家(外国投资者母国)之间的国家利益之争。

第二次世界大战之后,刚刚独立的广大发展中国家虽然获得了政治主权,但政治主权赖以稳固的经济主权仍然沦落于西方投资者之手。在当时

---

① 详见徐崇利:《国际投资条约中的"岔路口条款":选择"当地救济"与"国际仲裁"权利之限度》,载《国际经济法学刊》第 14 卷第 3 期,北京大学出版社 2007 年版,第 125—144 页。

② 详见徐崇利:《"保护伞条款"的适用之争与我国的对策》,载《华东政法大学学报》2008 年第 4 期,第 49—59 页。

③ 参见 J. P. Gaffney & J. L. Loftis, The "Effective Ordinary Meaning" of BITs and the Jurisdiction of Treaty-Based Tribunals to Hear Contract Claims, *The Journal of World Investment & Trade*, Vol. 8, 2007, p. 24.

④ 详见徐崇利:《公平与公正待遇:国际投资法中的"帝王条款"?》,载《现代法学》2008 年第 5 期,第 123—134 页。

⑤ 详见徐崇利:《利益平衡与对外资间接征收的认定及补偿》,载《环球法律评论》2008 年第 6 期,第 28—41 页。

建立民族经济和维护本国自然资源的斗争中,国际投资争端主要来自以下两种情形:发展中国家对外资实行大规模的国有化以及单方面撤销或修改与外国投资者订立的特许协议。无论是从争端解决的国际法依据来看,还是从争端解决的方式来看,这两类国际投资争端都带有明显的南北国家之间"政治性争端"的色彩。

首先,两类国际投资争端虽然都发生在东道国(国家)与外国投资者(私人)之间,但斗争的重心却在东道国(发展中国家)与外国投资者母国(与发达国家)之间的立法层面,即围绕着作为争端解决法律依据的国际法应如何对外国投资保护作出规定的问题,南北国家展开了激烈的斗争,明显表现出了"政治性国际投资争端"的特性。其中,对于国有化争端,最有争议的是补偿标准问题,当时,无论是联合国大会起草有关决议,还是谈判有关国际投资条约,都充满着发展中国家的"适当补偿"标准与发达国家的"赫尔公式"("充分、及时、有效"补偿标准)之间的较量。另外,众所周知,对于特许协议争端,发展中国家与发达国家斗争的焦点也为其到底是东道国的国内契约,还是国际协议的定性之问题。

其次,在两类国际投资争端的解决方式上,发展中国家坚持"卡尔沃主义",要求实行当地救济;相反,发达国家则主张推行母国的外交保护,将国际投资争端的解决"政治化"。一旦案件被提交外交保护,外国投资者便失去了对争端解决的控制权,起决定作用的将是母国的国家利益,而不一定满足这些投资者的诉求。事实上,这些"政治性国际投资争端"的解决,最后大多付诸发达国家与发展中国家之间以权力为后盾的外交角力,"中立"的东道国与外国投资者之间的国际仲裁方式少有用武之地。一个有力的例证就是,世界银行集团下属的"解决投资争端国际中心"(ICSID)自1965年成立到1971年间,没有受理一起国际投资争端仲裁案;1972年至1989年间,也只受理了26起国际投资争端,平均每年不过1.5起。①

2. 现行的"管理性国际投资争端"

与以往的"政治性国际投资争端"不同,现行的国际投资争端已转变为"管理性争端",而这种"管理性争端"适合用国际仲裁这一"非政治化"方式加以解决。

上世纪80年代以来,经济全球化步伐加快,许多发展中国家为了发展

---

① 参见 http://icsid.worldbank.org/ICSID/FrontServlet? requestType=CasesRH& actionVal=ListCases。

民族经济,开始实行鼓励吸收外资的政策,这就要求它们加强对外资的法律保护。由此,直接征收事件(尤其是大规模的国有化运动)已极少发生。应该说,在发展中国家获得独立之初,国民经济处于一穷二白的状况,有必要直接征收外资,以完成民族工业"从无到有"的建立过程。然而,随着民族工业的建立,尤其是近来市场经济体制的推行,发展中国家需要外资发挥促进当地经济社会发展的作用。此时,发展中国家如再对外资实行直接征收乃至大规模的国有化,所获得的只不过是一些物化的资产,离开了原来的经营者,这些资产便将失去市场功能和原有价值。在当前的发展阶段,既然发展中国家利用外资是以其促进当地经济社会发展为条件,那么,为了实现该目的,就需要对外资实行有效的管理,由此而可能引发的则多为一些"管理性国际投资争端"。

与此同时,在全球经济自由化的浪潮中,过度的市场化必将损及应有的社会价值。为此,东道国政府出于实现保护环境、公共健康、劳工权益等社会政策的需要,依法采取的各种社会管理措施,也会引发另类的"管理性国际投资争端"。值得注意的是,因经济管理措施带来的"管理性国际投资争端"一般只出现在发展中国家;而发达国家经济自由化程度高,市场机制比较成熟,政府对外资活动的干预少,因采取经济管理措施而引发此类争端的情形比较少见。相反,因社会管理措施引发的"管理性国际投资争端"则多出现在社会立法发达的西方国家。

从争端解决方式来看,与以往的"政治性国际投资争端"不同,现行的"管理性国际投资争端"主要采用国际仲裁方式。

就以往的"政治性国际投资争端"而言,其中的国有化乃东道国将外国投资者的资产收归己有,东道国因此取得了财产;同样,东道国通过单方面撤销或修改特许协议,也可接管外资项目或提高对其收益的分成比例。然而,现行的"管理性国际投资争端"只是东道国在采取经济社会管理措施过程中产生了损害外国投资者权利的"外部性"所致。就此,东道国的目的虽在于维护社会公共利益,但自身并没有直接从中获得财产收入,从而大大降低了这些国际投资争端的政治性。既然如此,外国投资者母国就没有理由动辄行使外交保护权,"出面"与东道国政府交涉,而更多地由外国投资者与东道国政府直接通过"中立的"和"非政治化的"国际仲裁途径加以解决。

其次,晚近,外国投资者试图通过其母国(发达国家)在国际立法层面迫使发展中国家(东道国)过度提高外资保护和投资自由化水平的努力已基本上归于失败。在跨国公司的极力推动下,1995年经合组织启动了《多边投资协定》的谈判,旨在进一步加大外资保护和投资自由化的力度,但由于发达国家内部存在分歧以及非政府组织的强烈反对,该项谈判于 1998 年胎死腹中。此后,发达国家又力促投资议题纳入 WTO 的多哈回合,再次遭到了广大发展中国家的强烈抵制。在 2003 年 WTO 坎昆会议上,投资议题终被拒之于该轮回合大门之外。在通过国际投资立法提高外资保护和投资自由化水平的企图受挫后,外国投资者便将主攻方向转向了司法层面,意图借国际仲裁庭滥用对现有国际投资条约有关条款的解释权,达到它们在国际立法层面未能达到的目的。从 1990 年至 2010 年 2 月,ICSID 受理的外国投资者诉东道国的仲裁案就已达 282 起。①

(二) 现行解释性理论的缺失

对于"管理性国际投资争端",现有的"南北矛盾""商事仲裁"以及"国内公法"等理论的解释都在不同程度上存在着缺失。

1. 传统"南北矛盾"理论的失效

显然,对于以往发生在发达国家与发展中国家之间的"政治性国际投资争端"及其外交保护解决方式,采用"南北矛盾"的理论框架进行析解,乃学界通行之做法。

应当看到,第二次世界大战之后一直到上世纪 80 年代,国际关系比较适合于用现实主义国际关系理论来进行分析。该理论强调,只有国家才是国际政治的主要行为体(即坚持"国家中心论"),国际政治的本质是国家之间的"争权夺利"。当时,东西方国家之间处于冷战状态,两大集团在军事、安全等"高级政治"领域形成了激烈的对抗;在南北集团之间,发展中国家开展了声势浩大的建立国际经济新秩序的斗争。按照现实主义国际关系理论,尽管这种国际经济领域的斗争属于"低级政治",但依然具有政治的属性②,而发展中国家在国有化及特许协议等国际投资法律问题上的诉求就是当时争取建立国际经济新秩序斗争的重要一环。由此可见,将这些国际投资争端归属于南北方国家之间的"政治性争端",运用"南北矛盾"理论加以析解,亦符合当时国际关系的大背景。

然而,随着晚近国际投资争端性质的变化,对于现行"管理性国际投资

---

① 参见 http://icsid.worldbank.org/ICSID/FrontServlet? requestType=CasesRH&actionVal=ListCases。

② 详见 C. C. Ferguson, Jr., The Politics of New International Economic Order, *Proceedings of the Academy of Political Science*, Vol. 32, 1977, pp. 142—158。

争端"及其国际仲裁解决方式,传统的"南北矛盾"理论已基本上失去了解释力。

一方面,晚近经济自由化思潮的泛滥进一步激发了资本的固有逻辑,外国投资者把矛头指向了任何有损自己利益的东道国管理措施,不管东道国是发展中国家,还是发达国家。这样的"混战"状况,显然不是以往单一线条的"南北矛盾"理论所能有效加以解释的。据统计,截至2007年底,在外国投资者根据《北美自由贸易协定》(NAFTA)第11章提起的49起国际投资争端仲裁案中,除了17起是针对墨西哥的之外,其他32起的被诉对象均为美国和加拿大,其中美国14起,加拿大18起。[1]

以往,发达国家不遗余力地支持本国的海外投资者对抗作为东道国的发展中国家。而在晚近的国际投资争端仲裁实践中,外国投资者频频起诉东道国,国际仲裁庭又袒护外国投资者,使得东道国的外资管理权不断受到挑战,从而导致一些国家开始修订国际投资条约中的有关条款,抑制国际仲裁庭滥用自由裁量权。最早作出此等反应的恰恰不是发展中国家,而是发达国家。显然,发达国家对外缔结国际投资条约的这种新动向,是传统的"南北矛盾"理论所无法解释的。其中以美国对外缔约政策的调整最为典型,2004年美国出台了新的双边投资条约范本,无论在程序上,还是在实体上,开始在极力保护外国投资者利益的传统立场上有所回退。[2]

另一方面,晚近,随着发展中国家与发达国家在立法层面就国际投资问题的博弈暂告段落,以及国际投资争端外交保护解决方式的退出,大量出现的是对既成国际投资条约条款如何解释的技术性投资争端,矛盾双方转化为了外国投资者、握有裁判权并偏袒外国投资者的国际仲裁庭与主权受损的东道国。详言之,晚近,国际投资条约通过规定国际仲裁机制等"代理触发器"(proxy trigger),把国际投资法律领域内原属于国家的权力和权威转移给了非国家行为体,主要是国际仲裁庭和外国投资者。[3] 事实上,晚近,就国际投资争端的解决,外国投资者已很少请求母国的外交保护,而是采取直接由自己对东道国提起国际仲裁的方式。在后一种方式下,外国投资者单纯基于自己的商业战略,而不是国家利益的考虑,决定是否以及何时、如何

---

[1] 参见 http://www.polarisinstitute.org/we_should_all_support_nafta_renegotiation。

[2] 详见刘笋:《晚近国际投资争端仲裁对国家主权的挑战及相关评析》,载《法商研究》2008年第3期,第4—13页。

[3] 详见 Tai-Heng Cheng, Power, Authority and International Investment Law, *American University International Law Review*, Vol. 20, 2005, pp. 492—495。

对东道国威胁提起或实际提起仲裁请求,并自主决定怎样最终解决争端,即国际投资争端出现了"诉求个人化"的趋势。① 国际投资争端"诉求的个人化",意味着其已在相当程度上难以适用具有很强"政治性"的"南北矛盾"理论分析框架。

2. 现行"商事仲裁"理论的偏颇

上世纪 90 年代以来,新自由主义国际关系理论开始兴盛。该派一些激进的学者过度夸大私人的作用,宣扬全球化将导致"民族国家的终结"。国外法学界也有一些学者将这种激进的理论引入国际法研究。例如,德国著名法理学家图依布纳就倡导一种"无需国家的全球法"学说,认为私人可以自主造法,并建立独立于各国司法体制之外的自治性争端解决制度(包括国际仲裁机制)。② 可以说,晚近的国际投资争端仲裁实践已成为体现国际法"私人化""个人化"或"人本化"趋势的典型领域③,其夸大外国投资者的私人权利,否定东道国的国家主权,表现出了强烈的"去国家化"趋势:一方面,国际仲裁庭扩张自身的管辖权,挤压东道国的司法主权。倘若这些国际仲裁庭受案后的审理和裁判能够做到不偏不倚也罢,但事实上并非如此。其后,国际仲裁庭又通过滥用对国际投资条约中有关实体条款的解释权,裁夺各主权国家共同造法的权力,这实际上是将对东道国外资管理权的限制扩大到了更多的情形。

晚近,国际仲裁庭对国际投资条约有关条款进行扩张解释,凭借的正是私人之间跨国商事纠纷仲裁的理念。"国际争端解决机制提供的是法律的和技术的而不是政治的途径解决涉及外国投资的争端。通过促进正义之原则而不是政治协调(当然这种政治协调可以通过其他方式求得)来推动争端的解决,由此,私人国际争端解决机制为实体法以及可能取得广泛国际共识的有关保护外国投资的原则的发展提供了更好的技术性和合适的去政治化

---

① 详见 G. V. Harten, *Investment Treaty Arbitration and Public Law*, Oxford University Press, 2007, pp. 96—99。
② 详见 G. Teubner ed., *Global Law without a State*, Dartmouth, 1997, pp. 3—28。
③ 详见 M. C. Kettemann, Investment Protection Law and the Humanization of International Law: Selected Lessons from and Experiences with, the Position of the Individual in International Protection Law, in A. Peinisch & C. Knahr eds., *International Investment Law in Context*, Eleven International Publishing, 2008, pp. 151—172。

框架。"①立基于这种"商业仲裁"理论,东道国与外国投资者之间管理与被管理的公法关系被异化为了对等双方的商事关系,改变了国家权利和责任的性质,从而将国家矮化到了私人当事方的地位,或曰把外国私人投资者抬升到了与国家平等的准主权者的身份。于是,东道国政府的各种优先管理目标淡出了仲裁员们的视线,在他们的眼中只剩下了对私人(外国投资者)利益的保护,其结果是把"管理性国际投资争端"作为跨国私人商事纠纷加以解决,运用的是侵权行为必然导致赔偿责任等诸如此类的国内私法逻辑。②

Pope & Talbot v. Canada 案是采取"商事仲裁"理论的典型一案。2001 年 4 月,该案仲裁庭首先对实体问题进行了裁决,认定 NAFTA 第 1105 条规定的公平与公正待遇是一种超出"国际最低待遇"的外资待遇标准。为了抑制国际仲裁庭这种愈演愈烈的不当扩张解释之倾向,NAFTA 自由贸易委员会于同年 7 月作出解释,阐明公平与公正待遇只能等于而不能高于"国际最低待遇"。然而,在 2002 年 5 月关于损害赔偿问题的裁决中,该案特设仲裁庭对这一解释的合法性提出了挑战,认为加拿大政府既是案件的被诉方,又参加自由贸易委员会作出上述解释,违反了"任何人不得为自己案件之法官"的法治准则。就此,仲裁庭把私人之间合同纠纷仲裁的解释规则搬用到了国家之间条约项下的争端。实际上,就国际投资争端仲裁而言,仲裁庭的权力来自东道国与投资者母国之间国际投资条约的授权,仲裁庭理所当然应受到由缔约国组成的有关机构有权解释的约束。

"商事仲裁"理论将私人与私人之间的跨国商事仲裁模式套用到国家对私人的"管理性国际投资争端",不能不说是一种袒护外国投资者、压制东道国的失范之举。

3. 现行"国内公法"理论的欠缺

有的学者主张,适合于"管理性国际投资争端"解释的是"国内公法"理论。该理论反对依跨国商事仲裁理念将东道国的地位等同于外国私人投资者,而是主张要考虑到东道国作为主权者和管理者的特质,即拥有平衡各种利益之公共权力、公共权威和公共责任。东道国为了鼓励外资流入而对外

---

① 引自 H. A. G. Naòn, *The Settlement of Investment Disputes between States and Private Parties: An Overview from the Perspective of ICC*, *Journal of World Investment*, Vol. 1, 2000, pp. 59—160。

② 详见 G. V. Harten, *Investment Treaty Arbitration and Public Law*, Oxford University Press, 2007, pp. 121—131; S. P. Subedi, *International Investment Law: Reconciling Policy and Principle*, Hart Publishing Ltd., 2008, pp. 176—177。

国投资者提供保护,不可能以牺牲本国政府的优先目标(如经济发展、社会稳定、公共健康和保护环境等)为代价。由此可见,东道国与外国投者之间的"管理性国际投资争端"是国内公法意义上的纠纷;而按照国内公法的原理,国家的责任是有限度的,并非就其对私人造成的所有损害都得承担赔偿的责任。国际仲裁庭对东道国在国际投资条约项下的义务作出解释时,应审慎对待,必须保证东道国享有比较充分的"剩余裁量权",为其进行政策选择留出足够的空间。①

应该说,"国内公法"理论使得对现行"管理性国际投资争端"的定性回到了其乃东道国政府对外国私人投资者之行政性争端的本位,纠正了"商事仲裁"理论的失当定位,但是,"国内公法"理论的解释只是建立在国内公法的原理基础之上,其存在的以下三个方面的局限性,仍有可能给国际仲裁庭偏袒外国投资者留下空间:首先,对于东道国在国际投资条约项下的义务,该理论没有阐明依国内公法原理进行解释与国际公法之间的关系;其次,该理论依国内公法原理进行解释,考虑的可能只是东道国政府与外国投资者(商人)之间的关系,容易忽视东道国市民社会的利益;最后,该理论依普适的国内公法原理确立东道国在国际投资条约项下的义务,可能无法对发展中国家与发达国家的责任作出必要的区分。为了弥补"国内公法"理论之欠缺,需要引入另一种视野更为宽广的理论框架——"全球治理"理论,来析解现行的"管理性国际投资争端"。

三、现行解释性理论的缺失与"全球治理"理论的引入

上世纪 90 年代,随着冷战的结束,全球化时代莅临,各种各样的全球问题已不再是仅仅依靠国家单独就能解决,需要发挥各种非国家行为体的作用,于是,"全球治理"理论便应运而生。该理论强调,对于全球事务性问题,应由多种行为体在相互协调的基础上共同参与解决。可见,"全球治理"理论是一种视野更为宽广的理论框架,依此可以对现行的"管理性国际投资争端"作出更为全面的解释,从而弥补"国内公法"理论的不足之处。

(一)"全球治理"之主体与"管理性国际投资争端"的解决

在"全球治理"理论中,强调国家的中心地位与市民社会的参与是两大核心环节,现行"管理性国际投资争端"的解决,应当牢牢把握这两大核心环节。

---

① 详见 G. V. Harten, *Investment Treaty Arbitration and Public Law*, Oxford University Press, 2007, pp. 143—151。

1. 国家的中心地位

"治理"理论反对单纯依靠国家以强制性手段解决问题的传统"统治"方式。以往母国与东道国之间通过以实力为后盾的外交保护手段解决"政治性国际投资争端",外国投资者被排除在争端解决的进程之外,所体现的恰恰是"统治"的理念。"全球治理"理论主张外国投资者(私人)应当参与现行"管理性国际投资争端"的解决过程,但绝不是支持像"商事仲裁"理论那样的"去国家化"倾向。按照主流的"全球治理"理论,国家的主导地位仍应得到尊重。由此,一方面,应当肯定,"国内公法"理论对争端当事双方外国投资者与东道国之间的关系进行了正确的定性,维护了东道国政府的公共权力。除此之外,还要从"国际公法"的角度,保证东道国政府与外国投资者母国政府共同订立的国际投资条约对国际仲裁庭的约束力,防止国际仲裁庭法外偏袒外国投资者。

在"管理性国际投资争端"的解决过程中,国际仲裁庭应根据而不是超越国家共同制定的国际投资条约行使自己的解释权,因为国际仲裁庭的自由裁量权毕竟是有限度的,不能任意侵入本应归属于国家的权力界域。具言之,作为投资争端解决依据的国际投资条约是由国家制定的,虽然其中的有关条款具有一定程度的模糊性,但一般只是为了应对一些边缘的情形而保有一定的弹性,国际仲裁庭不能借此滥用对这些条款的解释权,使之本意尽失,从而事实上褫夺东道国与外国投资者母国的共同立法权。应当看到,与国内社会不同,国际社会处于"无政府状态",没有凌驾于各国主权之上的世界政府,包括全球立法机构。按照国际法之实定主义理论,除了强行法之外,几乎所有的国际法律规则都属主权国家明示或默示同意的产物,国际裁判机构不享有"造法"的权力,也不能有"脱法"的行为。①

对于国际投资争端的解决,私法意义上的仲裁模式充其量不过是嵌入到了国际投资条约之构造,相对于后者,其所扮演的只是附属的角色。任何对国际投资条约之条款的解释不能背离东道国与投资者母国在缔约时的原意;在缔约原意不明时,不能脱离国际习惯法任作扩大解释。例如,不能以私法上的既得权保护和合同神圣之理念解释国际投资条约的规定,而是应

---

① 这里所谓的"脱法"行为是指,按照国际法,除非当事双方明确约定,否则国际仲裁庭不能以抽象的"公平善意"(*Ex Aequo et Bono*)原则取代国际法作为裁决的直接依据。参见 C. Schreuer, Decisions *Ex Aequo et Bono* under the ICSID Convention, *ICSID Review—Foreign Investment Law Journal*, Vol.11, 1996, pp.53—62。

采取国际法中的"如有疑义,从宽考虑"的原则,严格界定东道国所承担的义务限度。

2. 市民社会的参与

在国家、市场和市民社会的三元构造中,市民社会往往处于弱势的地位,故"治理"理论强调市民社会的介入。传统上,以私人商事仲裁之理念看待国际投资争端仲裁程序,支持其秘密性,拒绝公众和非政府组织的参与。然而,"管理性国际投资争端"的解决涉及东道国的公共利益,非私人之间的纠纷可比,允许公众和非政府组织参与国际投资争端仲裁程序是保证其正当性的一项重要制度,符合"治理"之本义。

在晚近的国际投资争端解决实践中,国际仲裁庭实际上把东道国政府纯粹看成是本国社会公共利益的代表,而投资者代表的则是外国私人利益。依此判断,并在以下两种观念的作用下,国际仲裁庭主张,在对有关国际投资法律问题存有争议时,应作出有利于外国投资者的裁决:首先,国际仲裁庭相信,东道国政府通常会优先考虑"本国"的社会公共利益,而不惜损害"外国"的投资者之私人利益;其次,国际仲裁庭认为,东道国政府是一国堂堂的"政府",而外国投资者不过是一介"个人或公司",双方的地位存在着事实上的不对称关系,因此,国际投资争端裁决必须体现保护弱者的政策。

细加分析,不难发现,国际仲裁庭的上述判断和观念实存偏颇。在晚近的"管理性国际投资争端"中,的确存在着东道国社会公共利益与外国投资者私人利益之间的冲突,但是,不能简单地推定东道国政府厚此薄彼,只考虑本国的社会公共利益,实际上,东道国政府对外资采取管理措施是综合平衡本国社会公共利益与外国投资者私人利益之后所作出的选择,只不过是选择的结果不利于外国投资者而已。在此认定东道国政府在决策过程中同时会考虑外国投资者私人利益的根据是:在西方国家,历来标榜保护私人财产权是其法律的基本原则,甚至关涉基本人权。因此,该原则具有普适性,既适用于对本国投资者财产权的保护,也适用于对外国投资者财产权的保护。就发展中国家而言,也不会任意采取损害外国投资者的管理措施。因为当今世界发展中国家引资竞争激烈,在利用外资上可谓"有求于"外国投资者;而全球化又给外国投资者提供了越来越多的投资场所,使它们获得了"用脚投票"的权力。由此,东道国如不注意对外国投资者实行保护,就难以吸收大量的外资。

既然东道国政府在采取外资管理措施时考虑的不只是本国的社会公共利益,而且还包括外国投资者的私人利益,那么,在国际投资争端仲裁程序中,仅有东道国政府的参与,仍不足以全面揭示东道国的社会公共利益之所在。为此,需要以适当的方式引入纯粹代表东道国社会公共利益的第三方,以平衡外国投资者对商人利益的彰显。那么,该第三方又当为何者呢?按照"全球治理"理论,晚近,随着经济自由化的与时俱来,资本逐利最大化的结果将导致市场的失灵,其中的一个重要表现就是会损害应有的社会价值,由此,需要动员市民社会的参与来制衡商业力量。可见,在国际投资争端仲裁程序中,东道国社会公共利益的真正代表者应是当地的市民社会。相对于"商事仲裁"理论,"国内公法"理论虽肯定了东道国政府维护本国社会公共利益的责任,但该理论框定的东道国政府对外国投资者之间的关系并没有将市民社会的参与考虑在内,"全球治理"理论恰恰在此弥补了"国内公法"理论的不足。

近年来,一些发达国家实际上开始践行"治理"理论,亡羊补牢,推动修订国际投资条约和国际投资争端仲裁规则,为公众和非政府组织参与国际投资争端仲裁程序打开便利之门,主要是规定公众和非政府组织有权获得与国际仲裁有关的文件资料、参加听证、作为观察员以及提供"法庭之友"意见,等等。2006年4月修订的《ICSID仲裁规则》第32条和第37条第2款及附加便利规则第41条、NAFTA自由贸易委员会2003年10月发布的声明以及近年来美国对外签订的国际投资条约等,均有此类规定。目前,公众和非政府组织已开始实际介入国际投资争端仲裁程序。例如,2000年ICSID仲裁庭对Metalclad v. Mexican案的裁决,使得NAFTA关于间接征收的规定对成员国环境管理权的裁夺,变成了活生生的事实。此后,在涉及社会管理立法的间接征收案中,非政府组织都以各种方式对国际仲裁庭施加影响。这种影响的实际效果到底有多大,尚无法断言;但事实上,自Metalclad案之后,在有关NAFTA项下事关环境保护的间接征收仲裁案中,作为被诉方的美国和加拿大政府再未败诉。

需要指出的是,发展中国家的市民社会尚不发达,非政府组织数量有限,对国际仲裁程序的参与不足,声音微弱,不利于在国际投资争端解决过程中维护本国的社会公共利益。

(二)"全球治理"之标准与"管理性国际投资争端"的解决

在"全球治理"理论中,"善治"(good governance,又译"良治"等)强调政府应在与非国家行为体的互动中达到最佳状态,从而最大化地维护社会公共利益,并最有效地管理社会。具体到对外资的管理,"善治"要求东道国政府不应对外资实行不必要的干预;在有必要对外资进行管理时,也应适度,如按照"比例原则",东道国政府采取的增进社会公共利益的措施不应不成比例地对外国投资者施加过度的或不合理的负担;同时,管理方式也要适当,如应符合正当程序的要求、建立在非歧视和透明的基础之上;等等。"事实上,'善治'问题本身就是支撑国际投资法发展的一个关键问题"[1]。

对于现行"管理性国际投资争端"的解决,公正地平衡东道国的社会公共利益与外国投资者的私人利益,是实行"善治"之要义。然而,在晚近的国际投资争端解决实践中,国际仲裁庭实际上将"善治"之标准设定为对外资的超高法律保护和过度的投资自由化,从而导致东道国政府管理外资的正常措施动辄得究,被控违反国际投资条约的有关义务。就其中的公平与公正待遇而言,国际仲裁庭"对该标准作如此扩大的解释,可以说是与投资者一条约制度的综合性宗旨相抵触的,此等宗旨包括改善东道国的治理能力,而不仅仅是单纯地保护外国投资和资本流动。"[2]

近年来,国际仲裁庭在外资管理领域对"善治"标准的苛求,就连像美国这样的发达国家都难以承受,更遑论发展中国家。这方面的一个典型例子是,2001年阿根廷爆发金融危机,该国政府采取的一些应对危机的管理措施给外国投资者造成了损失。由此而产生的一些国际投资争端被提交仲裁后,国际仲裁庭偏袒外国投资者,屡屡裁定阿根廷政府违反公平与公正待遇标准以及构成间接征收等,从而引来了如潮官司。仅至2005年,外国投资者就已提起了约40项仲裁申请,请求额高达160—200亿美元。[3] 此等先例一开,对今后其他发展中国家果断采取管理措施以克服经济危机,将形成极大的压力。

更有甚者,一些国际仲裁庭还在发达国家和发展中国家之间实行双重标准,对发展中国家管理外资的措施另眼相待,课以更为苛刻的"善治"之标准。

一则,对于国际投资条约中实际上一般只适用于发展中国家的有关条款,国际仲裁庭的解释可能会倾向于加重东道国的义务负担。例如,特许协

---

[1] 引自 P. Muchlinski, F. Ortino & C. Schreuer eds., *International Investment Law*, Oxford University Press, 2008, p. 15。

[2] 引自 J. R. Picherack, The Expanding Scope of the Fair and Equitable Treatment Standard: Have Recent Tribunal Gone Too Far, *The Journal of World Investment & Trade*, Vol. 9, 2008, p. 288。

[3] 参见 B. Hoekman & R. Newfarmer, Preferential Trade Agreements, Investment Disciplines and Investment Flows, *Journal of World Trade*, Vol. 39, 2005, p. 966。

议是发展中国家利用外资的一种重要方式,发达国家则很少采用。鉴此,来自发达国家的仲裁员虽不便言明发展中国家法制不健全,司法缺乏独立性等,但其作为一种观念可能在他们的头脑中已根深蒂固。在此等观念主导下,他们可能会主张对"保护伞条款"的适用范围应进行宽泛的解释,以便将更多的特许协议争端交由国际仲裁,从而摆脱发展中国家当地救济的束缚。

二则,对于国际投资条约中对发达国家和发展中国家都适用的有关条款,国际仲裁庭可能会在"事实"层面上区别不同的情形,最终对发展中国家作出歧视性的解释。例如,如前所述,在发展中国家,因政府采取经济管理措施而引发间接征收的情形比较常见;相反,在发达国家,间接征收则多因政府采取社会管理措施而生。就这两种情形,对于其中发达国家政府采取的社会管理措施,国际仲裁庭可能会收紧间接征收的界定标准,以免发达国家这方面的管理权受限;而对于发展中国家政府采取的经济管理措施,国际仲裁庭则可能会以宽松的标准扩大对间接征收的认定,从而加大对来自发达国家投资者的保护。例如,曾任美国国务院法律顾问和美国驻美伊仲裁庭代表的魏纳教授就曾断言,美国采取的环保措施是真正以保护环境为目的的,不构成间接征收;而发展中国家实行的环保政策,则多是推行贸易保护主义的工具,属于间接征收行为。[①]

从晚近的国际投资争端仲裁实践来看,这样的双重标准已经上演。例如,在 1990 年 AMCO v. Indonesia 案中,英国律师和国际法院大法官希金丝担任首席仲裁员的国际仲裁庭裁决,印度尼西亚法院有"拒绝公正审理"(denies of Justice)的情形,应对美国投资者 AMCO 公司承担赔偿责任。同样,在 1999 年 Himpurna v. Indonesia 案中,英国富而德律师事务所合伙人保尔森担任首席仲裁员的国际仲裁庭裁决,印度尼西亚法院对美国投资者 Himpurna 公司发出的中止仲裁的禁令也构成"拒绝公正审理"。相反,在澳大利亚高等法院前首席法官梅森担任首席仲裁员的 2001 年 Loewen v. USA 案中,国际仲裁庭先是认定美国密西西比州初审法院的审理过程"有失体面",没有给加拿大人 Loewen 投资的两家公司"提供正当的程序","整个审理以及由此而导致的判决显然不适当和不可信";而在这两家公司提起上诉之后,密西西比州法律要求它们必须先交纳 6.25 亿美元的保证金,尔后才能在上诉期间中止执行。由于无力交纳该笔巨额保证金,这两家公司

---

① 详见 A. S. Weiner, Indirect Expropriations: The Need for a Taxonomy of "Legitimate" Regulatory Purposes, *International Law Forum*, Vol. 5, No. 3, 2003, pp. 172—175。

只能选择与对方当事人和解,最终以支付 1.75 亿美元赔偿结案,并随之破产。密西西比州法院的这些行为已明显构成"拒绝公正审理"的情形。然而,仲裁庭却以这两家公司没有向美国联邦最高法院上诉,未"用尽当地救济"为由,拒绝支持其对美国政府(东道国政府)诉求。相比之下,在 AMCO 和 Himpurna 两个案件中,仲裁庭根本就没有要求两家美国公司"用尽当地救济",其中,Himpurna 案中的美国公司事实上也没有向印度尼西亚最高法院提出上诉,仲裁庭却裁决作为东道国的印度尼西亚政府败诉。

由上述三个案例可见,在是否需要适用"用尽当地救济"原则的问题上,国际仲裁庭对发展中国家(印度尼西亚)和发达国家(美国)实行了歧视对待,造成了不平等的结果。

然则,有关"善治"的经验表明,在发展中国家,没有政府的支持和引导,就没有其成功的经济增长和社会发展,国家和政府在治理中的作用至关重要。① 因此,"善治"应对发展中国家设定更为宽松的尺度;相应地,在国际投资争端解决实践中,国际仲裁庭如以"善治"标准衡量,应给发展中国家政府对外资行使管理权留出更大的空间。有的学者明确指出,就公平与公正待遇标准的适用,"对东道国行政能力和治理发展总体水平的考虑是仲裁庭裁决的一个重要组成部分"。"公平与公正待遇条款的运用不能用来保护投资者免遭在新兴的或发展中的经济体投资时碰到的固有的困难和风险。产生于与有限的或尚处于发展之中的政府管理和程序运作能力有关的风险之损失,不应通过公平与公正待遇标准的运用转嫁给东道国。"② 无疑,发达国家在治理基础、治理环境、治理能力等方面客观上都比发展中国家具有更大的优势,不以发达国家才能达到的"善治"之标准苛求发展中国家对外资行使管理的权力,理所应当。

对于现行"管理性国际投资争端"的解决,"国内公法"理论只是强调应依普适的国内公法原理确定东道国对外国投资者的责任界限,并未区分作为东道国的发展中国家与发达国家的不同对待;而"善治"理论主张,在国际投资争端的解决过程中,国际仲裁庭应考虑发展中国家担当着更加繁重的经济社会发展任务,从而减轻对其外资管理权的约束。

---

① 参见杜小林:《良治还是良政?——非洲国家如何治国理政》,载《当代世界》2004 年第 9 期,第 22—23 页。

② 引自 J. R. Picherack, The Expanding Scope of the Fair and Equitable Treatment Standard: Have Recent Tribunal Gone Too Far, *The Journal of World Investment & Trade*, Vol. 9, 2008, p. 289。

四、结论

晚近,国际投资争端的性质从以往的"政治性争端"转变为现行的"管理性争端",相应地,国际投资争端的传统外交保护解决方式也已为国际仲裁方式所取代,而且国际投资争端仲裁实践出现了明显的偏袒外国投资者、损害东道国权益之倾向。就此,已难以用传统的"南北矛盾"理论框定,而现有的"商事仲裁"理论和"国内公法"理论也存在着不同程度的缺失。"商事仲裁"理论之"失"主要表现在,其将现行"管理性国际投资争端"当事双方东道国政府与外国投资者之间的公法关系异化为跨国商事纠纷当事双方之间的私法关系,为国际仲裁庭贬损东道国的外资管理权打开了"潘多拉魔盒";"国内公法"理论虽然矫正了"商事仲裁"理论的定性错误,正确断定"管理性国际投资争端"当事双方东道国政府与外国投资者之间存在的是国内公法关系,维护了东道国政府应有的公共权力、公共权威和公共责任,然而,"国内公法"理论之"缺"仍然存在,需要引入一种视野更为宽广的"全球治理"理论予以弥补。

按照"全球治理"理论,国家依然位处治理的中心地位。据此,首先,在现行"管理性国际投资争端"的解决过程中,国际仲裁庭对东道国承担之义务的解释,不但应遵循东道国国内公法原则,而且要受到东道国政府与外国投资者母国政府订立的国际条约规定的约束,不能越权行事。其次,"全球治理"理论注重市民社会的参与,由此,公众和非政府组织对国际投资争端仲裁程序的参与,乃制约外国投资者私人利益(商业利益)过度扩张,维护东道国社会公共利益所必需。最后,"全球治理"中的"善治"标准不但总的要求平衡外国投资者的私人利益与东道国的社会公共利益,防止国际仲裁庭偏向外国投资者,而且要求给予发展中国家管理外资以比发达国家更大的权限。需要指出的是,在此,我们从不同的方面强调国际投资争端解决之理论不应过度标举外国投资者的私人利益,主要是反对晚近国际仲裁庭严重偏袒外国投资者之倾向,而不是要颠倒过来支持东道国政府对外国投资者滥用管理权力,"善治"理论的本意旨在求得外国投资者与东道国利益之间的平衡。

从各种国际投资争端解决理论的类别来看,传统的"南北矛盾"理论属于一种国际政治理论,适合用以解释"政治性国际投资争端"及其外交保护解决方式(又称"政治解决"方式)。晚近,国际投资争端的性质已转变为"管理性争端",相应地,国际仲裁成为此类争端的主要解决方式。显然,"商事仲裁"理论和"国内公法"理论属于法律理论,运用这两种法律理论,而不再是以传统的"南北矛盾"理论(国际政治理论),来解释国际仲裁这一国际投资争端的"法律解决"方式,此等理论类别的转变也属正常。然则,国际投资争端涉及东道国政府及其市民社会、外国投资者及其政府、国际仲裁庭等之间复杂的经济、社会乃至政治关系,如果仅仅采用单一的"国际公法"理论加以析解,虽能凸显法律分析方法之特色,但无法深入到复杂的跨国经济、社会乃至政治关系的现实之中,多视角地阐明国际投资争端及其解决机理。因此,需要引入视野更为宽广的一种国际关系理论——"全球治理"理论,弥补"国际公法"理论之纯法律分析的不足。[①]

第三节 ICSID 仲裁庭扩大管辖权之实践剖析

2006 年 9 月 29 日,中国香港居民谢业深根据中国与秘鲁 1994 年签订的双边投资保护协定(简称"中国—秘鲁 BIT")向"解决投资争端国际中心"(ICSID)起诉秘鲁政府,指控秘鲁税务局对其公司 TSG 采取的措施违反了中国—秘鲁 BIT。[②] 秘鲁政府基于多个理由提出反对意见,认为 ICSID 对此案(简称"谢业深案")没有管辖权。但是,ICSID 仲裁庭于 2009 年 6 月作出了有管辖权的裁定。[③]

很多学者对本案仲裁庭关于管辖权的裁定提出诸多批评[④],主要集中在两个问题上:一是中国—秘鲁 BIT 是否适用于香港居民谢业深,二是如何解释和适用中国—秘鲁 BIT 中秘鲁"同意"ICSID 仲裁的条款。笔者认为,本案仲裁庭对相关条约有意进行扩大解释和适用,其目的和动机是获得对本

---

① 有关晚近国际法学与国际关系理论之间的学科交叉。详见徐崇利:《构建国际法之"法理学"——国际法学与国际关系理论之学科交叉》,载《比较法研究》2009 年第 4 期,第 13—25 页。
② 本案全称是:Mr. Tza Yap Shum v. The Republic of Peru, ICSID Case No. ARB/07/6。
③ 本裁定英文版参见:Mr. Tza Yap Shum v. The Republic of Peru, Decision on Jurisdiction and Competence, at http://ita.law.uvic.ca/alphabetical_list.htm, 2010 年 2 月 10 日。
④ 例如,An Chen, Queries to the Recent ICSID Decision on Jurisdiction Upon the Case of Tza Yap Shum v. Republic of Peru: Should China-Peru BIT 1994 Be Applied to Hong Kong SAR under the 'One Country Two Systems' Policy, *The Journal of World Investment & Trade*, Vol. 10, No. 6, 2009, pp. 829—864;陈安:《对香港居民谢业深诉秘鲁政府案 ICSID 管辖权裁定的四项质疑——〈中国—秘鲁 BIT〉适用于"一国两制"下的中国香港特别行政区吗》、王海浪:《谢业深诉秘鲁政府案管辖权决定书简评——香港居民直接援用〈中国—秘鲁 BIT〉的法律依据》、高成栋:《中外 BITs 对香港特区的适用争议及其解决——以谢业深诉秘鲁政府案为例》,这三篇论文均载于《国际经济法学刊》第 17 卷第 1 期,北京大学出版社 2010 年版。

案的管辖权。

ICSID仲裁庭历来有扩大管辖权之实践,其惯用的手法就是对条约进行扩大解释和适用。从早期的"Alcoa诉牙买加"案、"Holiday Inns诉摩洛哥"案、"Amco Asia诉印度尼西亚"案,到晚近的"SPP诉埃及"案,比比皆是,且有蔓延之势。"谢业深案"又是ICSID扩大管辖权之例证。

本节首先剖析ICSID扩大管辖权之惯用手法,然后评析"谢业深案"这一例证,再探究仲裁庭扩大管辖权之原因与不利影响,最后探讨发展中国家防止ICSID仲裁庭扩大管辖权之对策,因为ICSID扩大管辖权之受害国几乎都是发展中国家。

一、ICSID仲裁庭扩大管辖权之惯用手法

(一)ICSID仲裁庭扩大管辖权的"法理依据"

管辖权是仲裁庭审理案件的前提和基础,仲裁庭只有在确定其对案件有管辖权后,才能进入对案件实体问题和是非曲直的审理和裁断。案件的被诉方一般都是先挑战仲裁庭对案件的管辖权,然后才就案件的实体内容进行辩护。

ICSID对投资者与东道国之投资争端的管辖权规定在《解决国家与他国国民间投资争端公约》(《ICSID公约》)第25条。该条规定:"中心的管辖适用于缔约国(或缔约国向中心指定的该国的任何组成部分或机构)和另一缔约国国民之间直接因投资而产生并经双方书面同意提交给中心的任何法律争端。"可见,ICSID行使管辖权有三个条件:第一,有关争端是直接因投资而产生的法律争端;第二,争端当事人分别是《ICSID公约》缔约国和另一缔约国国民;第三,争端当事人书面同意将争端提交ICSID管辖。

欲提交ICSID仲裁的争端方应向ICSID秘书长提出书面请求,秘书长对争端是否在ICSID管辖范围之内有初步审查权。《ICSID公约》第36.3条规定"秘书长应登记此项请求,除非他根据请求的内容,认为此项争端显然在中心的管辖范围之外,他应立即将登记或拒绝登记通知双方"。但是,秘书长登记案件本身并不证明ICSID对案件有管辖权,争端另一方完全可以就管辖权问题提出异议。是否有管辖权由审理案件的仲裁庭自行决定。《ICSID公约》第41条规定:"一、仲裁庭应是其本身权限的决定人。二、争端一方提出的反对意见,认为该争端不属于中心的管辖范围,或因其他原因不属于仲裁庭的权限范围,仲裁庭应加以考虑,并决定是否将其作为先决问题处理,或与该争端的是非曲直一并处理。"

第十章 国际投资争端的解决

正因为《ICSID 公约》将管辖权问题交由仲裁庭自行决定，仲裁庭拥有很大的自由裁量权，这也为其扩大管辖权提供了理论依据和实践平台。被仲裁庭扩大解释或扩大适用范围的主要是规定了 ICSID 管辖权三要件的《ICSID 公约》第 25 条，以及同意将争端提交 ICSID 解决的众多 BITs。以下分述之。

(二) 扩大对《ICSID 公约》第 25 条的解释和适用范围

如前所述，ICSID 行使管辖权必须同时满足三个条件：第一，有关争端是直接因投资而产生的法律争端；第二，争端当事人分别是《ICSID 公约》缔约国和另一缔约国国民；第三，争端当事人书面同意将争端提交 ICSID 管辖。

仲裁庭为获得对案件的管辖权，往往扩大对上述三个要件的解释或适用，从而扩大其管辖权。

1. 扩大对"直接因投资而产生的法律争端"的解释和适用

提交 ICSID 仲裁的第一个要件是争端必须是直接因投资而产生的法律争端。但是，仲裁庭对于是否属于"直接因投资而产生"及"法律争端"往往给予宽泛解释。在"Alcoa 诉牙买加"案[①]中，Alcoa 公司与牙买加签订协议，承诺在牙买加出资兴建铝提炼厂，牙买加政府给予税收优惠和铝土矿开采租赁。该协议带有 ICSID 仲裁条款。后来，牙买加政府对铝土矿的开采规定新的税收措施，Alcoa 公司认为这违反了协议规定，于是向 ICSID 提起仲裁。牙买加认为双方的争议与违反协议有关，不是"直接产生于投资"，因此 ICSID 没有管辖权。仲裁庭承认这是起源于协议的法律争端，但又认为，由于采矿公司因为依赖该协议而在牙买加投入了大量金钱，而且协议同意将争端提交 ICSID 本身也说明双方认为其协议与投资有关，从而认为该争端是起源于投资，并确认了其管辖权。该案曾引起很大争论，认为 ICSID 管辖权对标的(subject matter)(即争端)的要求被任意扩大解释了。[②]

---

① Alcoa Minerals of Jamaica, Inc. v. Jamaica, ICSID Case No. ARB/74/2.
② William Rand, Robert N. Hornick, and Paul Friedland, ICSID's Emerging Jurisprudence: The Scope of ICSID's Jurisdiction, *N. Y. U. Journal of International Law and Politics*, Vol. 19, 1986—1987, p.37. 这三位作者在 Klockner 诉喀麦隆和 Amco 诉印度尼西亚两个案件中担任申请人的律师。See also Schmidt, Arbitration Under the Auspices of the International Centre for Settlement of Investment Disputes (ICSID): Implications of the Decision on Jurisdiction in Alcoa Minerals of Jamaica, Inc. v. Government of Jamaica, *Harvard International Law Journal*, Vol. 17, 1976.

2. 扩大对"另一缔约国国民"的解释和适用

提交 ICSID 仲裁的第二个要件是争端双方中,一方为缔约国,另一方为另一缔约国国民。《ICSID 公约》第 25.2 条对"另一缔约国国民"的定义是:(a) 在双方同意将争端交付调解或仲裁之日以及根据第 28.3 条或第 36.3 条登记请求之日,具有作为争端一方的国家以外的某一缔约国国籍的任何自然人,但不包括在上述任一日期也具有作为争端一方的缔约国国籍的任何人;(b) 在争端双方同意将争端交付调解或仲裁之日,具有作为争端一方的国家以外的某一缔约国国籍的任何法人,以及在上述日期具有作为争端一方缔约国国籍的任何法人,而该法人因受外国控制,双方同意为了本公约的目的,应看作是另一缔约国国民。可见,"另一缔约国国民"是指具有另一缔约国国籍的自然人或法人,以及虽具争端缔约方国籍但因受外国控制而缔约双方又同意视为另一缔约国国民的法人。仲裁庭对"另一缔约国国民"也往往作宽泛解释。

在"SOABI 诉塞内加尔"案[①]中,SOABI 是塞内加尔公司,由巴拿马公司 Flexa 全资拥有,但巴拿马当时不是 ICSID 缔约国。塞内加尔认为,SOABI 不符合"另一缔约国国民"的条件,不得在 ICSID 提起仲裁。但仲裁庭认为,Flexa 是由比利时国民控制的公司,而比利时是 ICSID 缔约国,因此裁定这种间接控制的情况也符合公约对另一缔约国国民的要求,从而获得了管辖权。

在"Holiday Inns 诉摩洛哥"案[②]中,摩洛哥与瑞士 Holiday Inns SA 及 OPC 下属一家子公司于 1966 年签订兴建酒店的协议,协议有 ICSID 仲裁条款。双方发生争议后,Holiday Inns SA 和 OPC 联名向 ICISD 起诉摩洛哥,声称不仅代表自己,还代表 OPC 下属的那家子公司和美国 Holiday Inns Inc. 及其在摩洛哥的四家子公司。摩洛哥认为,Holiday Inns Inc. 和 OPC 均不是协议签署方,不能成为仲裁当事方。仲裁庭认为,虽然 Holiday Inns Inc. 和 OPC 不是协议签署方,但由于它们在协议签署的当天致函给摩洛哥政府,表示愿意承担担保人的所有责任,因此,仍有权成为仲裁当事方。仲裁庭由此扩大了申请人的范围。

---

① Société Ouest Africaine des Bétons Industriels (SOABI) v. Senegal, ICSID Case No. ARB/82/1.

② Holiday Inns v. Moroco, ICSID Case ARB/72/1.

在"Amco Asia 诉印度尼西亚"案①中,Amco 与印度尼西亚的 Wisma 公司签订了兴建酒店的协议。之后 Amco 在印度尼西亚成立了一家名为 P. T. Amco 的公司,并将其协议权利转让给该公司,后来又将其在 P. T. Amco 中 90% 的股份转让给 Pan American 公司,印度尼西亚政府批准了该项转让。争议发生后,Amco Asia、P. T. Amco 和 Pan American 联名向 ICSID 起诉印度尼西亚。印度尼西亚反对 P. T. Amco 成为申请人,因为 P. T. Amco 是印度尼西亚公司,虽受"外国控制",但未被印度尼西亚同意视为"另一缔约国国民"。仲裁庭认为,印度尼西亚政府承认 Amco 控制 P. T. Amco,等于默示同意将其视为"另一缔约国国民",而《ICSID 公约》第 25.2 条并不要求明确的条款表示同意。众所周知,承认外国控制并不等于同意将其视为"另一缔约国国民",若是如此,又何必在《ICSID 公约》第 25.2 条规定"双方同意为了本公约的目的,应看作是另一缔约国国民"呢?可见仲裁庭意图通过对第 25 条的"双方同意"的扩大解释从而扩大其管辖权。

3. 扩大对"双方书面同意"的解释和适用

提交 ICSID 仲裁的第三个要件是双方书面同意将争端提交 ICSID 仲裁。《ICSID 公约》没有规定"书面同意"的具体表示方式。实践中,书面同意主要表现在双方签订的投资协议中的 ICSID 仲裁条款、东道国国内投资法中的有关条款,以及 BITs 中提交 ICSID 仲裁的条款。早期主要是以投资协议和国内法中的同意为主,上世纪 90 年代以来,则以 BITs 同意为主。由于近二十年 BITs 数量急剧增加,几乎所有的 BITs 都有将投资争端提交国际仲裁(包括 ICSID 仲裁)的条款,从而成为同意仲裁的最主要方式。仲裁庭对 BITs 中的"同意"进行扩大解释和适用的实践将在下一部分详述。

仲裁庭对"书面同意"的扩大解释也时有发生,比较典型的是前述"Amco Asia 诉印度尼西亚"案。Amco 与 Wisma 公司签订的协议本身没有仲裁条款,但 Amco 在向印度尼西亚政府申请外国投资许可证的申请书中包含有 ICSID 仲裁条款。在 Amco 向 ICSID 提起仲裁时,印度尼西亚政府认为在外国投资许可证的申请书中的 ICSID 仲裁条款不足以构成"双方同意"。仲裁庭认为,《ICSID 公约》规定的同意应以一种有助于找出并尊重当事方共同同意愿的方式来解释,同时声称不需要以严肃、正式和独特的方式来表示同意,从而裁定对本案有管辖权。但是,《ICSID 公约》明文规定要求"双方书面同意",这本身就说明同意需要以严肃、正式和独特的书面方式来表示。

---

① Amco Asia v. Indonesia, ICSID Case No. ARB/81/1.

此案中,仲裁庭通过扩大解释"同意"来扩大其管辖权的意图可见一斑。

早期 ICSID 仲裁庭通过扩大解释和适用《ICSID 公约》的相关条款达到扩大管辖权之目的的做法,得到担任申请人律师、代表投资者利益的律师的承认。在"Klockner 诉喀麦隆"和"Amco Asia 诉印度尼西亚"两个案件尘埃落定之后,担任该两案的律师撰文称,ICSID 仲裁庭就 ICSID 管辖权的三个要件均已给予宽泛和灵活的解释,其管辖权也因此被自由扩大了。[①]

(三) 扩大对 BITs 相关条款的解释和适用

20 世纪 80 年代以来,缔约国在 BITs 中同意将投资争端提交 ICSID 仲裁解决成为新的趋势。但是,早期的 BITs 对同意提交 ICSID 仲裁的范围较窄。例如,中国曾经只同意将与征收补偿额有关的争端提交 ICSID,而 20 世纪 90 年代后期随着投资自由化思潮的泛滥,BITs 基本上同意将所有的投资争端提交 ICSID 或其他国际仲裁。另外,争端一方若要依据 BITs 中的仲裁条款提起仲裁,还必须符合以下条件:第一,争端一方符合 BITs 关于投资者的定义;第二,争端一方在东道国存在符合 BITs 关于投资的定义;第三,争端属于 BIT 同意仲裁的争端范围;第四,争端一方必须有初步证据证明东道国违反了 BITs。东道国若要否定仲裁庭的管辖权,通常也是从上述四个方面入手,只要其中任何一个条件不满足,仲裁庭就没有管辖权。实践中,仲裁庭总是想方设法对 BIT 与上述条件有关的条款进行扩大解释或扩大适用范围,从而扩大其对案件的管辖权。

1. 扩大对 BIT 中的"投资"的解释和适用

每个 BIT 都会对所保护的"投资"进行定义,不同 BITs 对投资的定义也可能各不相同,涉讼案件是否存在符合 BIT 定义的投资,由仲裁庭判断。实践中,仲裁庭总是对涉讼案件中的投资进行宽泛解释,从而获得管辖权。例如,在"Fedax 诉委内瑞拉"案[②]中,荷兰 Fedax 公司因为提供了服务,通过背书取得委内瑞拉共和国签发的本票(又称"期票"),后双方由于该本票的兑付产生争议,Fedax 公司根据荷兰—委内瑞拉 BIT 在 ICSID 提起仲裁。委内瑞拉对管辖权提出异议,认为本票不符合《ICSID 公约》第 25 条有关投资的定义,也不符合该 BIT 对投资的定义。该 BIT 第 1(a)条规定:"投资一

---

① William Rand, Robert N. Hornick, and Paul Friedland, ICSID's Emerging Jurisprudence: The Scope of ICSID's Jurisdiction, *N.Y. U. Journal of International Law and Politics*, Vol. 19, 1986—1987, p. 33.

② Fedax v. Veneruela, ICSID Case No. ARB/96/3.

词应包括每一项资产,特别应包括但不限于:……(ii)由公司、合营企业的股票、债券或其他利益而产生的权利;(iii)对金钱、其他财产或具有经济价值的任何履行的所有权。"仲裁庭认为,该定义说明缔约双方意图对"投资"进行宽泛定义①,最终对投资进行宽泛解释,裁定本票属于投资而获得管辖权。②

BIT 一般都要求资产要投资于另一缔约国境内,才属于外国投资。但是,如果资产是一项债务或合同项下的权利,就很难判断投资者是否已将该资产投资于另一缔约国领土内,从而可获得 BIT 的保护。但是,在"SGS 诉巴基斯坦"案③和"SGS 诉菲律宾"案④中,瑞士公司 SGS 与东道国巴基斯坦和菲律宾分别签订提供境外装船前检疫服务的协议,后因东道国违反协议而产生争议。SGS 根据瑞士—巴基斯坦 BIT 和瑞士—菲律宾 BIT 在 ICSID 提起仲裁。两个东道国都认为,它们与 SGS 签订的是服务协议,且服务是在东道国境外提供,这不符合 BIT 规定的在东道国境内的"投资"。但是,仲裁庭认为,SGS 为履行服务协议已向东道国境内注入资金,也产生了一些花费,这就构成了投资。⑤ 在随后的"Salini 诉摩洛哥""LESI 诉阿尔及利亚"和"Bayindir 诉巴基斯坦"等案中,仲裁庭也都尽量扩大对 BITs 中投资定义的解释,从而扩大了管辖权。

2. 扩大或歪曲对 BITs 中同意仲裁的条款的解释和适用

很多 BITs 对于同意提交 ICSID 仲裁规定了严格的条件或施加某些限制,例如限定提交 ICSID 仲裁的范围(如只有与征收补偿额有关的争议才提交仲裁),或者只将与 BIT 有关的投资争端提交仲裁,或者必须用尽当地救济之后才能提交仲裁,或者,若先选择国内法院就不能再诉诸国际仲裁(即岔路口条款),而有些 BIT 根本就没有提交 ICSID 仲裁的条款。但是,尽管如此,仲裁庭都可能将上述各种情况淡化或进行宽泛解释,从而获得对案件的管辖权。以下详述之。

第一,仲裁庭扩大提交 ICSID 仲裁的范围,从而扩大管辖权。

在"Saipem 诉孟加拉国"案⑥中,意大利公司 Saipem 与孟加拉国签订有

---

① Fedax v. Veneruela, Decision of the Tribunal on the Objections to Jurisdiction, para. 32.
② Ibid., paras. 25—43.
③ SGS v. Pakistan, ICSID Case No. ARB/01/13.
④ SGS v. Philippines, ICSID Case No. ARB/02/6.
⑤ Saipem v. Bangladesh, ICSID Case No. ARB/05/07.
⑥ Saipem v. Bangladesh, Decision on Jurisdiction and Recommendation on Provisional Measures, March 21, 2007.

修建输油管的协议,协议规定争议由国际商会(ICC)仲裁解决。后来的争议也确实由 ICC 作出裁决,但 Saipem 认为孟加拉国法院干预 ICC 仲裁并在事实上撤销了仲裁裁决,并认为孟加拉国法院所作的有关判决构成了征收,依意大利—孟加拉国 BIT 第 9 条规定将争议提交 ICSID。意大利—孟加拉国 BIT 第 9 条规定:缔约方与另一缔约方投资者之间与征收、国有化、收购或类似措施之补偿相关的任何争议,包括与支付款项相关的争议,应尽可能友好解决。若争议未能在 6 个月内友好解决,投资者可以将争议提交东道国法院、UNCITRAL 或 ICSID 解决。

孟加拉国反对 ICSID 管辖权的理由包括,争议不是直接由投资引起的法律争议,投资者未完成提供初步证据的举证责任,更重要的是,在 BIT 第 5 条征收条款中,孟加拉国明确将有管辖权的法院或法庭所作的判决或命令排除在征收之外。[①] 因此,投资者认为孟加拉国法院的判决构成征收,这不在其同意提交国际仲裁的范围之内。遗憾的是,孟加拉国没有以 BIT 第 9 条只限定将与征收补偿额的争议提交国际仲裁作为抗辩理由。仲裁庭只针对孟加拉国的抗辩理由进行分析并反驳,并未对征收补偿额问题阐述理由,最终裁定有管辖权。[②]

第二,仲裁庭运用最惠国待遇(MFN)条款来扩大管辖权。

MFN 条款是各个 BIT 都有的条款,目的是确保来自不同国家的投资者在东道国享有相同的投资待遇。传统上,MFN 条款只适用于实体方面的待遇,不适用于争端解决方面的程序性条款。但是,仲裁庭为了扩大管辖权,将 MFN 条款适用于程序性规定,将原本不符合 ICSID 仲裁条件的案件、或原本没有 ICSID 仲裁条款的 BITs 都解释成同意 ICSID 仲裁。

在"Maffezini 诉西班牙"案[③]中,阿根廷—西班牙 BIT 第 10 条第 1 款规定,争端应尽可能通过友好方式解决;第 2 款规定,若 6 个月内不能友好解决,争端应提交投资所在的缔约方国内有关法庭解决。第 3 款规定:"在下列任一情形中,争端可提交国际仲裁:(1) 如提起本条第 2 款所指之程序之

[①] 意大利—孟加拉国 BIT 第 5(1) 条规定:The investments to which this Agreement relates shall not be subject to any measure which might limit permanently or temporarily their joined rights of ownership, possession, control or enjoyment, save where specifically provided by law and by judgments or orders issued by Courts or Tribunals having jurisdiction.

[②] Saipem v. Bangladesh, ICSID case No. ARB/05/07, Decision on Jurisdiction and Recommendation on Provisional Measures, March 21, 2007, paras. 116—149.

[③] Emilio Agustin Maffezini v. The Kingdom of Spain, ICSID CASE No. ABR/97/7.

日起 18 个月届满后,未对诉求之实体问题作出裁定,或者,如裁定虽已作出,但双方之间的争端仍然存在;(2)如争端双方同意。"原告 Maffezini 先生在争端发生之后,未将诉求提交西班牙国内法庭,而是直接向 ICSID 申请仲裁。这明显不符合阿根廷—西班牙 BIT 的要求。仲裁庭也明确承认,如果只是根据这一条,ICSID 对本案没有管辖权,仲裁庭也因此没有权限审理该案。[①] 但是,仲裁庭马上又转向阿根廷—西班牙 BIT 中的 MFN 条款,认为 MFN 条款可适用于程序,进而援引智利—西班牙 BIT(该 BIT 未规定先将案件提交国内法庭审理及 18 个月期限等条件),裁定仲裁庭有管辖权。

2000 年 1 月作出裁决的 Maffezini 案是第一个适用 MFN 条款从而扩大管辖权的 ICSID 案件,并由此产生了不良的"先例"或"示范"效应。随后的"Siemens 诉阿根廷"案、"Camuzzi 诉阿根廷"案、"Gas Natural 诉阿根廷"案、"Tecmed 诉墨西哥"案、"Interaguas 诉阿根廷"案、"Grid 诉阿根廷"案、"Suez Vivendi 诉阿根廷"案等都"遵循"该案的"先例"取得了对案件的管辖权。

但是,也不是所有的仲裁庭都认可 MFN 条款可适用于程序。在"Plama 诉保加利亚"案[②]中,Plama 公司向 ICSID 提起仲裁,指控保加利亚违反《欧洲能源宪章》(ECT)和塞浦路斯—保加利亚 BIT。ECT 有提交 ICSID 仲裁的条款,而塞浦路斯—保加利亚 BIT 没有此项规定。保加利亚依据 ECT 中的拒绝授惠条款否定 Plama 公司享有 ECT 的权利,Plama 公司依据塞浦路斯—保加利亚 BIT 中的 MFN 条款援引 ECT 中的 ICSID 仲裁,作为 ICSID 对保加利亚违反 BIT 有管辖权的依据。仲裁庭用了大量篇幅来论证 MFN 条款不适用于程序,因此保加利亚没有"同意"将争端提交 ICSID 仲裁,从而裁定没有管辖权。[③] 随后的"Telenor 诉匈牙利"案等也裁定 MFN 条款不适用于程序。

第三,仲裁庭曲解岔路口条款来扩大管辖权。

有些 BITs 规定有几种争端解决方式(如国内法院或国际仲裁)供投资者选择,投资者一旦启动一种方式,就不能再启动别的方式了,这就是岔路口条款。可是,在实践中,仲裁庭往往以各种理由给予投资者再次提起国际

---

① Emilio Agustin Maffezini v. The Kingdom of Spain, Decision of the Tribunal on Objections to Jurisdiction, paras. 36—37.

② Plama Consortium Limited v. Republic of Bulgaria, ICSID Case No. ARB/03/24.

③ Plama Consortium Limited v. Republic of Bulgaria, Decision on Jurisdiction, paras. 184—227.

仲裁的机会。

在"Desert Line Projects(DLP)诉也门"案①中,阿曼 DLP 公司与也门签订修建道路的合同。阿曼—也门 BIT 第 11(2)条规定了岔路口条款,即争议可由以下四种方式之一来解决:(1)东道国有管辖权的法院;(2)根据东道国仲裁法,提交给特别仲裁委员会;(3)提交给阿拉伯投资法院;(4)ICSID 仲裁。双方产生纠纷后,DLP 在也门国内提起仲裁,仲裁委员会也作出了终局性、有拘束力的裁决。② 一旦选择其一,就不能再诉诸其他方式了。也门主张,上述"岔路口条款"要求投资者将争议提交一种选定的解决方式,争议既已由也门国内仲裁委员会解决,DLP 就不得再提起 ICSID 仲裁。仲裁庭虽然承认投资者在也门国内提起的仲裁和在 ICSID 提起的仲裁,其经济实质都是为合同项下的工程寻求补偿,以及在履行合同期间和之后的损害赔偿,但是认为二者的诉因完全不同。诉诸 ICSID 的诉求不是起因于合同之诉,而是也门在国内仲裁期间对仲裁行为以及其后执行的干扰,投资者因此被剥夺了程序上的权利,最后还被迫谈判和签署和解协议。这等于剥夺了 BIT 项下投资者的重大权利。③ 因此,也门国内仲裁对合同之诉的解决,并不阻止投资者提起 ICSID 仲裁。④ 由此可见,仲裁庭曲解了岔路口条款,为扩大自己的管辖权铺路。

与此有异曲同工之妙的是"Vivendi 诉阿根廷"案⑤。在该案中,法国公司及其子公司(统称 CGE)与阿根廷的 Tucumán 省签订特许协议,规定任何合同纠纷应提交 Tucumán 省行政法院解决。法国—阿根廷 BIT 第 8 条规定,如果投资者与东道国的争端 6 个月未能解决,投资者可自由决定向东道国法院寻求救济,或向依 ICSID 或联合国贸易法委员会仲裁规则设立的国际仲裁庭寻求救济,二者只能择其一,即岔路口条款。阿根廷认为,争议是发生于 CGE 和 Tucumán 签订的特许协议,不是阿根廷与 CGE 之间,因此应根据特许协议规定的争议解决方式,即由 Tucumán 省行政法院解决。CGE 声称,若按特许协议的规定将争议提交阿根廷国内法院,则可能被视

---

① Desert Line Projects LLC v. The Republic of Yemen, ICSID Case No. ARB/05/17.
② Ibid., para. 124.
③ Ibid., para. 136.
④ Ibid., para. 138.
⑤ 该案全称为 Compañía de Aguas del Aconquija, S. A. & Compagnie Générale des Eaux v. Argentine Republic, Case No. ARB/97/3. 申请人之一 Compagnie Générale des Eaux 后更名为 Vivendi Universal,故通称 Vivendi 案。

为选择了国内救济,而失去诉诸 ICSID 的机会。仲裁庭认为,申请人以 Tucumán 省违反特许协议为由在 Tucumán 省行政法院起诉 Tucumán 省,并不阻止其依据 BIT 的规定诉诸 ICSID。① 但是,仲裁庭又认为,CGE 对阿根廷提起的诉讼是基于阿根廷政府的作为或不作为,以及 Tucumán 省地方政府的行为违反了 BIT,这不是关于特许协议的争议,而是由 BIT 引起的争议,申请人可以依据 BIT 诉诸 ICSID。② 该案是第一起关于岔路口条款的案件,在国际仲裁界引起很大震动。

第四,仲裁庭运用 BIT 中的保护伞条款来扩大管辖权。

一般认为,东道国与投资者之间的合同争议(contract claim)与他们之间的条约争议(treaty claim)是不同的,违反合同并不等于违反条约。但是,有仲裁庭就认为,违反合同即构成违反条约,投资者有权依据 BIT 提起国际仲裁。

在前述"SGS 诉菲律宾"案③中,瑞士公司 SGS 与菲律宾政府签订提供全面进口监督服务的协议(简称 CISS 协议),后来菲律宾未按协议要求支付 SGS 某些款项。SGS 声称菲律宾违反 CISS 协议,援引瑞士—菲律宾 BIT 中的仲裁条款向 ICSID 提起仲裁请求。该 BIT 第 8 条规定:一缔约方与另一缔约方投资者之间与投资有关的争议,应先进行磋商,6 个月内磋商未果的,可以提交投资所在国的国内管辖或提交包括 ICSID 在内的国际仲裁。菲律宾认为,CISS 协议是在境外提供服务的协议,SGS 并未在菲律宾有投资,而且违反协议并不等于违反 BIT,SGS 不能依 BIT 提起仲裁。但是,仲裁庭抓住该 BIT 第 10 条第 2 款的保护伞条款(该条规定,每一缔约方应遵守其对缔约另一方投资者在其领土内的具体投资所承担的任何义务),认为保护伞条款中的"任何义务"应包括由于国内法或合同产生的义务。④ 同时,仲裁庭以该 BIT 系以促进和保护投资为由,认为将"义务"解释为包括由合同产生的义务是正确的⑤,从而认为"违反合同即构成违反条约",最终裁定 SGS 在菲律宾有投资,然后再依据第 10 条第 2 款认为菲律宾有遵守 CISS

---

① Compañía de Aguas del Aconquija, S. A. & Compagnie Générale des Eaux v. Argentine Republic, Award, para. 55.
② Ibid., para. 53.
③ SGS v. Philippines, ICSID Case No. ARB/02/6.
④ SGS v. Philippines, Decision of the Tribunal on the Objections to Jurisdiction, para. 115.
⑤ Ibid., para. 116.

协议的义务,并依第 8 条获得管辖权。① 仲裁庭对该案中的保护伞条款的宽泛解释被批评为不当。② 相反,"SGS 诉巴基斯坦"案的仲裁庭就认为"违反合同并不构成违反条约"③。此后的"EL Paso 诉阿根廷"案④的仲裁庭则将东道国政府对合同的违反区分为违反"商事合同"性质的行为和干预"国家合同"性质的行为两种情形,确认只有在后一种情形下,才可能产生适用"保护伞条款"的问题。⑤ 笔者认为,这种解释比较客观和公正。

3. 放宽对初步证据的举证责任

一般来说,要指控东道国违反 BIT,投资者必须提供初步证据来证明,不能空口说白话,否则容易导致滥诉或骚扰性诉讼(frivolous claim)。但是,实践中,仲裁庭往往降低投资者提供初步证据的举证责任,从而扩大其管辖权。

在"Salini 诉约旦"案⑥中,意大利公司 Salini 非常详细地描述其合同诉求,最后只提及意大利—约旦 BIT 第 2(3)条和第 2(4)条被违反了,却没有进一步的解释,也没有具体的诉求和证据。仲裁庭一再承认投资者缺乏足够的事实和法律,但仲裁庭不认为必须在一开始就裁定所指控的事实违反了 BIT⑦,因而裁定有管辖权。同样,在"Impregilo 诉巴基斯坦"案⑧中,申请人未提供详细的事实信息,只声称巴基斯坦违反了意大利—巴基斯坦 BIT,仲裁庭"别无选择,只能在考察实体问题过程中再决定其管辖权",因而裁定有管辖权。⑨

相反,在"Telenor 诉匈牙利"案⑩中,Telenor 指控匈牙利违反挪威—匈牙利 BIT 中的征收和公平与公正待遇条款,该 BIT 第 11 条规定:与补偿或者征收有关的任何争议可提交 ICSID 调解或仲裁。仲裁庭认为,公平与公正待遇不在争端解决条款规定的范围内,不予考虑。征收虽在同意提交 IC-

---

① SGS v. Philippines, Decision of the Tribunal on the Objections to Jurisdiction.
② 参见徐崇利:《"保护伞条款"的适用范围之争与我国的对策》,载《华东政法大学学报》2008 年第 4 期,第 53 页。
③ SGS v. Pakistan, ICSID Case No. ARB/01/13.
④ EL Paso v. Argentina, ICSID Case No. ARB/03/15.
⑤ EL Paso v. Argentina, Decisión on Jurisdiction.
⑥ Salini v. Jordan, ICSID Case No. ARB/02/13.
⑦ Salini v. Jordan, Decision on Jurisdiction, paras. 163, 166.
⑧ Impregilo S. p. A. v. Pakistan, ICSID Case No. ARB/03/3.
⑨ Impregilo S. p. A. v. Pakistan, Decision on Jurisdiction, para. 271.
⑩ Telenor Mobile Communications A. S. v. The Republic of Hungary, ICSID Case No. ARB/05/15.

SID 仲裁的范围之内,但对该案是否有管辖权,首先要判断申请人是否已经提出了初步证据。① 申请人在仲裁请求书中并没有明确指出哪些行为证明构成征收,在 ICSID 要求澄清后,申请人列举了若干行为,但未提及遭受的损失及损失的额度。② 在随后的正式起诉书中,申请人指出,可归因于一国的任何措施,无论是单个的还是管理性的措施,如果该措施干预了一方的财产权,就是构成了征收。而且,任意的不公正的不公平的歧视性的措施,或者对法律之正当程序的违反,都应构成征收。③ 申请人还认为,双方关于管辖权的争议不应该涉及实体问题。但是,仲裁庭认为,证明有初步证据的举证责任在申请人。④ 仲裁庭的结论是,申请人未能证明关于征收的初步证据,因此仲裁庭没有管辖权。⑤

4. 扩大受管辖争端的范围

BITs 和《ICSID 公约》仅适用于对缔约国生效后产生的争端,实践中,仲裁庭尽可能将提交仲裁的争端定性在 BITs 或《ICSID 公约》生效后产生。

在"Toto 诉黎巴嫩"案⑥中,意大利公司 Toto 与黎巴嫩大项目执行委员会(Conseil Exécutif des Grands Project,CEGP)于 1997 年签订修建高速公路的合同,从 1998 年 2 月开始到 2000 年 10 月结束。由于各种原因,Toto 直到 2004 年 12 月才完成工程。2001 年 8 月,Toto 向黎巴嫩法院起诉 CEGP,认为其对工程延期负有责任。但该诉讼程序进展缓慢。2004 年 6 月,Toto 邀请黎巴嫩开发与重建委员会(CDR,CEGP 的继任)谈判解决此事,后由于政府变更,谈判中断。2007 年 4 月 Toto 向 ICSID 起诉。黎巴嫩辩称,意大利—黎巴嫩 BIT 2000 年 2 月才生效,而且规定,条约生效之前发生的争议不适用本 BIT。而且,黎巴嫩 2003 年年底才批准《ICSID 公约》,而争议发生在此之前,因此,仲裁庭没有管辖权。仲裁庭却裁定争议是产生于 2004 年 6 月,即 Toto 邀请 CDR 谈判解决之时。因此,仲裁庭有管辖权。很明显,争议是起因于修建合同,2001 年 8 月 Toto 已诉诸法院,仲裁庭却将争议时间推迟,目的是扩张其管辖权。

---

① Telenor Mobile Communications A. S. v. The Republic of Hungary, Award, para. 34.
② Ibid., para. 37.
③ Ibid., para. 40.
④ Ibid., para. 68.
⑤ Ibid., para. 80.
⑥ Toto v. Lebanon, ICSID Case No. ARB/07/12.

二、"谢业深案"是 ICSID 仲裁庭扩大管辖权的典型例证

谢业深是中国香港居民,2002 年 1 月在大不列颠维京群岛成立了 Linkvest 公司,2002 年 6 月 Linkvest 公司购买了在秘鲁成立的 TSG 公司的 90％股份,2005 年 2 月,谢业深直接购买了 TSG 公司 90％的股份。2004 年,秘鲁税务局在国内采取一系列措施,同年 9 月对 TSG 公司的税收审计情况签署报告,12 月通知 TSG 公司欠税情况,TSG 公司对该税收评估不满。2005 年 1 月税务局对 TSG 公司实施了"税收抵押扣押令"(Tax Lien with Garnishment),至 3 月仍拒绝撤销该扣押令。谢业深认为,税务局对 TSG 公司采取的税收征管措施构成征收行为。秘鲁反对 ICSID 对本案的管辖权,理由有四:第一,谢业深是香港居民,不符合中国—秘鲁 BIT 对"投资者"的定义;第二,谢业深在 TSG 公司与秘鲁的争议发生之前并未在秘鲁有投资;第三,即便中国—秘鲁 BIT 适用于本案,该 BIT 也只同意将与征收补偿款额有关的争议(而不是征收争议)提交仲裁;第四,谢业深并没有初步证据证明秘鲁税务局的行为构成征收。对于秘鲁的上述抗辩,仲裁庭对中国—秘鲁 BIT 各相关条款均给予宽泛解释,最终裁定对本案有管辖权。这是 ICSID 扩大管辖权的又一案例。

(一) 关于谢业深的"投资者"身份

中国—秘鲁 BIT 第 1.2 条对"投资者"的定义是"在中华人民共和国方面,系指:(一) 依照中华人民共和国法律拥有其国籍的自然人;……"事实上,中国—秘鲁 BIT 是香港回归之前的 1994 年签订的,并不适用于香港,BIT 中的中方投资者也并不包括香港居民。再者,香港回归后,由于中国实行一国两制,香港作为特别行政区具有高度自治权,具有独立的对外签订 BIT 的缔约权。根据《中英联合声明》、中国《宪法》和《香港特别行政区基本法》等的相关规定,中国—秘鲁 BIT 并不适用于香港居民,因此谢业深不能依据中国—秘鲁 BIT 取得"投资者"身份[①],也就不能援引该 BIT 在 ICSID 起诉秘鲁了。

遗憾的是,仲裁庭无视《中英联合声明》、中国《宪法》和《香港特别行政区基本法》的相关规定,也不听取专家意见,仅从中国—秘鲁 BIT 对投资者

[①] 关于这一问题,陈安教授在提交给仲裁庭的专家意见中已有明确说明。参见 An Chen, Queries to the Recent ICSID Decision on Jurisdiction Upon the Case of Tza Yap Shum v. Republic of Peru: Should China-Peru BIT 1994 Be Applied to Hong Kong SAR under the "One Country Two Systems" Policy, *The Journal of World Investment & Trade*, Vol. 10, No. 6, 2009, pp. 829—864.

第十章　国际投资争端的解决

的定义的字面意义出发,认定谢业深是中国公民,因此"没必要确定中国—秘鲁 BIT 是否适用于香港地区",也"不予分析"。① 可是,仲裁庭又接着说,中国—秘鲁 BIT 签订于 1994 年,那时离香港回归中国很近了,如果秘鲁要排除 BIT 适用于香港,应该在 BIT 中明确排除。现在的文本没有排除,可见秘鲁没有意图要排除。②

笔者认为,仲裁庭与其如此间接地"猜测"秘鲁的"意图",不如实实在在地考察与之密切相关的中国国内法以及《中英联合声明》,认真考虑陈安教授出具的专家意见书。

(二)关于谢业深在秘鲁的"投资"

秘鲁认为,双方争议产生于 2004 年 12 月,而那时谢业深尚未购买 TSG 公司的股份。谢业深则认为争议起因于 2005 年税务局的扣押令,而且中国—秘鲁 BIT 也保护间接投资(指谢业深通过 Linkvest 公司购买的 TSG 公司股份)。

仲裁庭认为,争议发生前,谢业深在秘鲁有间接投资,该投资符合《ICSID 公约》关于投资的要求,也属于中国—秘鲁 BIT 中的投资的范围。《ICSID 公约》要求争议直接起因于投资,但没有区分是直接投资还是间接投资,仲裁庭还援引前述 SOABI 案,证明间接投资也属于公约关于"投资"的范围。仲裁庭还援引"Waste Management Inc. 诉墨西哥"案和"Societe Geerale 诉多米尼加"案,认为这两个案件也对"投资"进行广义的定义。③ 由于从中国—秘鲁 BIT 对投资的定义看不出包括间接投资,仲裁庭认为,中国—秘鲁 BIT 的序言和议定书表明,缔约双方的意图是促进和保护投资④,然后,仲裁庭再根据此"促进和保护投资的意图",认为缔约双方将保护所有类型的投资(all kinds of investments)。更进一步,仲裁庭认为,BIT 也没有任何字眼排除间接投资⑤,因此,间接投资就包括在投资范围内了。

笔者认为,仲裁庭意图援引所谓的 ICSID"先例"来证明自己采用广义解释"投资"之路径的正当性,这正说明了它承认自己对投资采用广义的解释。同时,仲裁庭对中国—秘鲁 BIT 中的投资范围的"推理",也是疑点重重。第一,任何 BIT 都不可能保护"所有类型的投资",因为投资的范围非常

---

① Tza Yap Shum v. Peru, Decision on Jurisdiction and Competence, para. 68.
② Ibid., para. 74.
③ Ibid., paras. 98, 99.
④ Ibid., para. 103.
⑤ Ibid., para. 106.

广,而且在不断变化之中。第二,如果缔约双方意图促进和保护投资,就意味着保护"所有类型的投资",那么,BIT 只要说保护投资就行了,又何必大费周章给投资下定义呢?

(三)关于对将"与征收补偿款额有关"的争议提交 ICSID 的同意

"谢业深案"中,谢业深的主要诉求是秘鲁税务局对 TSG 公司的行为构成征收,因此秘鲁违反了中国—秘鲁 BIT 规定的不予征收的义务,并依据中国—秘鲁 BIT 第 8 条关于投资者与东道国争端解决的条款,将争端提交 ICSID 仲裁。本案的关键是,中国—秘鲁 BIT 第 8 条是否同意将征收争议提交 ICSID 仲裁。该第 8 条规定:

(1)缔约一方的投资者与缔约另一方之间就在缔约另一方领土内的投资产生的任何争议应尽量由当事方友好协商解决。

(2)如争议在 6 个月内未能协商解决,当事任何一方有权将争议提交接受投资的缔约一方有管辖权的法院。

(3)如涉及征收补偿款额的争议,在诉诸本条第 1 款的程序后 6 个月内仍未能解决,可应任何一方的要求,将争议提交根据 1965 年 3 月 18 日在华盛顿签署的《关于解决国家与他国国民间投资争端公约》设立的"解决投资争端国际中心"进行仲裁。缔约一方的投资者和缔约另一方之间有关其他事项的争议,经双方同意,可提交该中心。如有关投资者诉诸了本条第 2 款所规定的程序,本款规定不应适用。

(4)该中心应根据接受投资缔约一方的法律(包括其冲突法规则)、本协定的规定以及普遍承认的缔约双方均接受的国际法原则作出裁决。

上述条款很清楚地说明,争端应首先通过友好协商解决,协商不成的,提交东道国国内法院解决。但是,若争议是"涉及征收补偿款额的争议",6个月内协商不成的,任何一方可将争议提交 ICSID 仲裁,其他争议"经双方同意"后可提交 ICSID 仲裁。由此可见,中国—秘鲁 BIT 第 8 条明文同意将"涉及征收补偿款额的争议"提交 ICSID,并没有同意将"涉及征收的争议"提交 ICSID。现在的问题是,"涉及征收补偿款额的争议"是否包括"涉及征收的争议"。秘鲁坚持认为,"涉及征收补偿款额的争议"仅指关于征收补偿额之争议,不包括关于征收的争议。为支持该解释,秘鲁还特意提交了当年亲自参加谈判的秘方代表 Maria del Carmen Vega 女士和中方代表范江虹先生的证言,以此证明当时双方政府的立场是只将征收补偿款额的争议提交 ICSID。秘鲁还特别邀请中国国际经济法权威资深教授陈安先生提供专家意见,阐述中国 1993 年至 1998 年间对外签订的 BITs 中关于只将征收补偿额问题提交 ICSID 的立场。这三份最具权威性的证言和专家意见，本应该能够说服仲裁员接受本来字面上就很容易理解的提交 ICSID 仲裁的同意范围了。

遗憾的是，仲裁员并不接受秘方依通常意义所作的解释和谈判人员与权威专家的证词，反而接受申请人的解释，将"涉及征收补偿款额"解释为，除补偿额之外，还包括与征收有关的其他重要事项。而且还大言不惭地裁定，上述对"涉及征收补偿款额"的这一"最宽泛的解释"(the broadest interpretation)"恰巧"(happens to be)就是"最恰当"(the most appropriate)的解释。① 让我们来看看怎么就这么恰巧最宽泛的解释是最恰当的解释。仲裁庭自称要根据《维也纳条约法公约》第 31 条和第 32 条来解释"涉及征收补偿款额"这一用语。《维也纳条约法公约》第 31 条规定："条约应依其用语按其上下文并参照条约之目的及宗旨所具有之通常意义，善意解释之。"仲裁庭认为，对"涉及"(involving)的通常意义和善意解释是"包括"(including)而不是"限于"或"排他地"(limited or exclusively)②，这是在玩"咬文嚼字"的文字游戏。《维也纳条约法公约》第 32 条规定"为证实由适用第 31 条所得之意义起见，或遇依第 31 条作解释而：(1) 意义仍属不明或难解；或(2) 所获结果显属荒谬或不合理时，为确定其意义起见，得使用解释之补充资料，包括条约之准备工作及缔约之情况在内。"且不说本案"涉及征收补偿款额"之用语含义明确无需使用补充资料，即使使用，前述两位谈判人员的证词作为补充资料也已充分证实了只有征收补偿额之争议才能提交 ICSID 仲裁。然而，仲裁庭却从前述两位谈判人员的证词里"找到了充分的证据"支持自己的观点③：中方谈判人员范先生证实，条约中的争端解决条款应进行限制性解释(should have a restrictive interpretation)。还特别举例说，如果法院判决，确实对你的投资进行了征收，并判决赔你 6 美元，而你认为应该是 10 美元，你可以未经我们同意将争议提交仲裁。④ 这清楚明白说明了"涉及征收补偿款额"用语的含义了。秘方 Vega 女士也指出，谈判主要是根据中文草案中使用的措辞(based on the wording used in the Chinese

---

① Tza Yap Shum v. Peru, Decision on Jurisdiction and Competence, para. 150.
② Ibid., para. 151.
③ Ibid., para. 162.
④ Ibid., para. 167.

draft)。① 秘方的 BIT 草案中原先也规定,关于征收、国有化或类似措施的合法性、补偿额,以及其他相关措施,应由国内法院审理。② 但秘鲁批准《ICSID 公约》后,态度发生了变化,提议将"任何争议"提交国内法院或 ICSID 解决,但中方未接受该提议。③ 仲裁庭承认,中国不愿意接受秘方的提议,而且很显然,中国对于该问题的立场比秘鲁更有限制(more restrictive)。但是,仲裁庭却说,这并不能证明第 8(3)条的范围仅限于涉及征收补偿额之争议。④ 仲裁庭还援引其他仲裁裁定或裁决来支持自己的扩大解释。可是,这些"先例"引用得并不恰当,甚至是误解。例如,仲裁庭援引前述"Telenor 诉匈牙利"案⑤,但该案中,挪威—匈牙利 BIT 第 11 条规定"与补偿或者征收有关的任何争议"可提交 ICSID 调解或仲裁。这里明文规定与补偿或征收有关的争议,与"谢业深案""涉及征收补偿额的争议"完全不同,不能作为佐证。又如,仲裁庭还援引前述"Saipem 诉孟加拉国"案,该案涉及的意大利—孟加拉国 BIT 第 9 条规定,双方与征收、国有化、收购或类似措施之补偿相关的任何争议,可以提交 ICSID 解决。但是,该案中,孟加拉国反对仲裁庭管辖权的理由之一是孟加拉国法院的行为已被排除在征收范围之外,Saipem 不能援引第 9 条诉诸 ICSID,但没有进一步辩称,即使属于征收,意大利—孟加拉国 BIT 也只同意将与征收补偿相关的争议提交 ICSID。但是,仲裁庭最后裁定对 Saipem 有管辖权。笔者认为,这一裁定本身就是扩大管辖权之例证,不足以为"谢业深案"仲裁庭所援引为正确的可供借鉴的"先例"。

最后,"谢业深案"仲裁庭又从中国—秘鲁 BIT 的目的来解释第 8 条,认为 BIT 的目的是增加缔约双方之间的私人投资,因此 BIT 在内容和形式上都扩大投资者的权利和保护⑥,从而为自己对第 8 条的扩大解释开脱。

(四)关于征收的初步证据

即使如仲裁庭所言,第 8 条"涉及征收补偿款额的争议"还包括其他与征收有关的重要事项,仲裁庭也不能仅凭申请人声称存在征收就有管辖权,至少还得看是否存在征收的初步证据。但是,申请人仅列举一些他认为是

---

① Tza Yap Shum v. Peru, Decision on Jurisdiction and Competence, para. 168.
② Ibid., para. 169.
③ Ibid., para. 170.
④ Ibid., para. 171.
⑤ Ibid., paras. 173,176.
⑥ Ibid., para. 187.

税务局措施的征收影响如,TSG 公司的生产活动暂停了,其业务的经济生存性(economic viability)受到了影响。[①] 但是,并没有说明为什么构成征收,以及遭受了哪些损失。申请人辩解说,这些问题应由仲裁庭在审理实体问题时裁定。遗憾的是,本案仲裁庭不但没有要求或说明初步证据,反而列举一大堆理由证明申请人无需提供初步证据。具体而言,仲裁庭认为,在该阶段,中国—秘鲁 BIT 第 4 条关于征收的规定以及《ICSID 公约》和《仲裁规则》均未要求仲裁庭确定第 4 条征收的范围[②],仲裁庭可以暂时接受申请人所描述之事实为真实的,并相信申请人所描述之表面上的事实违反了 BIT。[③] 仲裁庭承认,很明显秘鲁税务局的行为不构成正式的或直接征收,但不可否认,从初步证据看,它们确实构成了间接征收。[④] 仲裁庭还为申请人辩护,说仲裁庭还未有机会研究双方提出的详细辩护和口头陈述,双方也还未有机会提供证明其观点的所有证据。[⑤] 因此,仲裁庭对本案有管辖权。

虽然本案存在诸多不利于仲裁庭行使管辖权的证据,但仲裁庭却极尽扩大解释之能事,最终强行确认了自己对案件的管辖权。

三、ICSID 仲裁庭扩大管辖权之原因与不利影响

如前所述,ICSID 仲裁庭常常有扩大解释《ICSID 公约》或 BIT 条款从而扩大管辖权的实践,"谢业深案"仲裁庭更将之演绎到极致。我们不禁要质疑,为什么仲裁庭要千方百计扩大解释和扩大管辖权?随意扩大管辖权可能导致哪些不利影响?

(一)仲裁庭扩大管辖权之原因

在裁断投资者和东道国之投资争端时,仲裁员本应该是独立的、中立的。然而,实践却告诉我们,仲裁庭往往极具倾向性地扩大解释,急于获得对案件的管辖权。究其原因,主要有三:

(1)受仲裁员个人利益驱使。多数仲裁员是律师或教授,他们来自或者受教育于西方国家,更倾向于赞成西方国家所倡导的投资自由化,常常鼓吹扩大 ICSID 管辖权,也常常将之付诸实践。另外,仲裁员扩大管辖权也有

---

① Tza Yap Shum v. Peru, Decision on Jurisdiction and Competence, para. 114.
② Ibid., para. 118.
③ Ibid., para. 122.
④ Ibid., para. 123.
⑤ Ibid., paras. 126—127.

个人利益的考量,他们企图通过尽可能宽泛地解释投资保护条款达到推动今后更多的投资仲裁,也因此给自己带来更多的雇佣机会或其他商业机会。① 再者,现在很多 BITs 不仅仅规定 ICSID 作为解决争端的唯一场所,还规定其他国际仲裁方式如 UNCITRAL 和 ICC 仲裁,供投资者选择。这样,ICSID 与其他仲裁机构之间就形成了一种竞争关系,这也给 ICSID 仲裁庭一定的"动力"来扩大自己的管辖权。

(2) 偏重保护投资者利益。受国际投资自由化思潮影响,很多发展中国家开放本国市场,采取各种优惠措施鼓励和吸引外国投资者前来投资,而前往投资的投资者几乎都来自发达国家。在发展中国家政府与发达国家的投资者争议的较量中,来自或受教育于西方的仲裁员对投资者就有天然的"同胞情",又有对"弱者"的同情心,在裁定管辖权之争时,自然而然会倾向于投资者,采取以投资者为中心的解释路径,更多地从投资者的角度解释其职责,而不是从条约缔约国的角度。② Amco 案仲裁庭明白地说明其偏向保护投资者的理由:因为印度尼西亚政府认为,通过国际仲裁保护投资者符合本国利益,可见合同中的仲裁条款之本意是保护投资者,因此,仲裁条款应由投资者和 ICSID 仲裁庭进行解释,应解释为有必要扩大,从而保护外国投资者。

(3) 忽视发展中国家的利益。在提交 ICSID 的案件中,除一例之外,全是投资者告东道国政府。在仲裁庭扩大管辖权的案例中,几乎都是发展中国家"被扩大"了管辖权。仲裁庭认为,发展中国家愿意签署《ICSID 公约》、愿意签订 BIT,表明其愿意提供更高的国际保护来吸引外国投资者。因此,有扩大保护投资者利益之"意图",仲裁庭也就"顺水推舟","成全"其"意图"。仲裁庭往往声称,其扩大管辖权之目的是为了不使"双方"的合理期待落空(其实是为了不使投资者的期待落空),Amco 案和 Klockner 案在这点上是互相呼应的。③ 殊不知,这却是极大地曲解发展中国家的意图和期待,轻忽了发展中国家的利益。

---

① Paul Michael Blyschak, State Consent, Investor Interests and the Future of Investment Arbitration: Reanalyzing the Jurisdiction of Investor-State Tribunals in Hard Cases, *Asper Review of International Business and Trade Law*, 2009, Vol. 9, p. 121.

② Ibid., p. 136.

③ William Rand, Robert N. Hornick, and Paul Friedland, ICSID's Emerging Jurisprudence: The Scope of ICSID's Jurisdiction, *N. Y. U. Journal International Law and Politics*, Vol. 19, 1986—1987, p. 50.

(二) 仲裁庭扩大管辖权之不利影响

有个别中国学者认为,"谢业深案"仲裁庭扩大管辖权,实际上是保护了我国的海外投资者,吃亏的是秘鲁,又不是我国,为什么要反对仲裁庭的扩大管辖呢?投资者的律师也主张,虽然仲裁庭早先一再自称其对仲裁条款的解释既不是限制性的,也不是扩张性的,但实际上,仲裁庭援引 ICSID 仲裁条款之目的来为其扩大管辖权辩护,声称仲裁条款应被自由地解释,这是因为 ICSID 仲裁对争端双方均有利。① 投资者寻求为其投资寻找保险的海外投资天堂,发展中国家通过保证投资争端可以提交中立的仲裁而吸引国际投资,因此,ICSID 扩大管辖权范围这一正在出现的实践将完成其鼓励国际投资、投资者和东道国平等互利的宗旨。② 其实,这只对投资者有利,因为投资者是"原告",当然希望 ICSID 有管辖权了,而东道国是"被告",扩大管辖权对它有何益处可言?徒增其败诉的可能性罢了。仲裁庭任意扩大对条约的解释,从而扩大其管辖权,其不利影响是深远的,主要表现在以下四个方面:

(1) 影响条约解释原则和条约的严肃性。在解释法律文件或法律关系时,公平原则和正义原则是国际法的一项基本原则。为一方之利益而"猜测"另一方"意图"或"推定"另一方"同意",不应该是条约解释的正确路径。

虽然越来越多的国家在 BITs 中同意将投资争端提交仲裁解决,但是,提交仲裁的前提条件仍然是,争端双方同意提交仲裁。国内法和国际法都已确立的原则是,这类同意必须是清晰而不含糊的。正如 Plama 仲裁庭所说,如果仲裁庭可以通过参照、推定(reference)来寻找双方的同意,就必然使人们对清晰和不含糊产生怀疑。③ 况且,每一个具体的 BIT 中的争端解决条款都是经过两国政府长期的谈判而达成的,不能随随便便就假定它们同意这些条款被扩大。④

仲裁庭以 BIT 中的保护伞条款为依据扩大其管辖权会极大地影响条约

---

① William Rand, Robert N. Hornick, and Paul Friedland, ICSID's Emerging Jurisprudence: The Scope of ICSID's Jurisdiction, *N. Y. U. Journal International Law and Politics*, Vol. 19, 1986—1987, p. 58.

② Ibid., p. 61.

③ Plama Consortium Limited v. Republic of Bulgaria, Decision on Jurisdiction, paras. 198—199.

④ Ibid., para. 207.

的严肃性。如果只要 BIT 有保护伞条款,就可以任意适用 BIT,那么,只要东道国违反了合同或违反国内法律或法规,就构成违反 BIT,那就无需证明违反 BIT 中的待遇条款了。而且,这种做法会鼓励投资者在与国家签订国家契约时随意订立任何争议解决方式,一旦发生争议就任意撕毁国家契约中的争议解决条款,直接援引保护伞条款。[①]

(2) 产生错误的"先例",误导后来的仲裁庭。代表投资者利益的律师认为,通过仲裁庭对《ICSID 公约》及其仲裁规则的解释和适用,ICSID 管辖权已被逐渐演变(即扩大),仲裁庭一系列扩大管辖权的裁定反映了正在出现的 ICSID 判例,是对国际商法一般原则的重大贡献。[②] 他们认为,仲裁庭扩大管辖权的案例,已经成为虽没有拘束力却很有说服力的先例,可以促进人们承认 ICSID 在没有明确的 ICSID 仲裁条款的情况下也有权解决争端。[③] 在"Klockner 诉喀麦隆"案中,申请人 Klockner 公司不服仲裁裁决,提起撤销程序,理由之一就是仲裁庭没有管辖权,因而显属越权裁决。[④] 撤销委员会虽然批评仲裁庭的推理过程,但却认为其结论是合理的、可以接受的。这样,委员会就设了一个先例,即允许仲裁庭继续其对同意仲裁的协议进行宽泛解释,从而达到对争议进行全面解决的目的。[⑤]

前述仲裁庭滥用或曲解 BIT 中的 MFN 条款、岔路口条款、保护伞条款获得管辖权,均形成了错误的先例,并极大地误导了后来的仲裁庭,使 ICSID 扩大管辖权的案例日渐增多。

(3) 损害 ICSID 的公正性和可信度。ICSID 的本意是对投资者和发展中国家都有利,任意扩大管辖权必然损害 ICSID 要在投资者和东道国之间保持平衡的本意,也损害了缔约国对 ICSID 的信任。ICSID 经常扩大管辖权,容易导致管辖权方面的不确定性,可能引发以下恶果:可能限制新的国家接受 ICISD 仲裁;可能导致执行上的困难,因为国家不服裁决;可能损害

[①] SGS v. Pakistan, Decision of the Tribunal on Objections to Jurisdiction, para. 168.

[②] William Rand, Robert N. Hornick, and Paul Friedland, ICSID's Emerging Jurisprudence: The Scope of ICSID's Jurisdiction, *N. Y. U. Journal of International Law and Politics*, Vol. 19, 1986—1987, p. 34.

[③] Ibid., p. 61.

[④] 参见《克劳科纳公司诉喀麦隆政府案》,"中心专门委员会裁定",载陈安主编:《国际投资争端案例精选》,复旦大学出版社 2001 年版,第 372 页。

[⑤] William Rand, Robert N. Hornick, and Paul Friedland, ICSID's Emerging Jurisprudence: The Scope of ICSID's Jurisdiction, *N. Y. U. Journal International Law and Politics*, Vol. 19, 1986—1987, pp. 56—57.

仲裁过程的高效性,因为不服仲裁庭之管辖权而进入撤销程序会拖延程序。更严重的是,已有的ICSID缔约国可能会因此撤销对ICSID仲裁的同意,甚至退出ICSID。鉴于ICSID关于管辖权之裁定存在不一致性,有人呼吁,"中心"在管辖权裁定方面需要保持一致,从而能够提供清晰的指导,避免不确定性,并持续为争端双方所选择。

(4) 损害东道国国家主权和国家利益。缔约国参加《ICSID公约》,或者在BIT中同意将投资争端提交ICSID仲裁,是行使一国主权的表现。而且,同意ICSID仲裁本身就已经是对主权的极大限制,因此对同意的解释必须是明确且不含糊的,只有如此,才是对主权的尊重。但是,仲裁庭却一再以BIT序言中的目的和宗旨为出发点来宽泛地解释这种同意,或无端猜测东道国通过参加ICSID或缔结BIT来保护投资者的"意图",或者用MFN条款架空东道国在BIT中的真正意图,从而扩大管辖权,这是对东道国国家主权的损害,是以牺牲国家主权来换取对投资者的权利的保护。①

早有学者主张,仲裁庭过于热心采用宽泛的解释方法来解释投资条款,不适当地扩大其适用,对投资者有利,却牺牲了东道国的利益。② ICSID是通过进一步限制成员国主权而试图扩大其管辖权。但是,投资者的律师却声称,如果扩大ICSID管辖权符合双方的合理期待,就不应被反对,不应该认为是对东道国主权的挑战。③

由于仲裁庭任意扩大管辖权,使得许多东道国在投资仲裁中处于不利地位,不仅要承担管辖权异议程序中争端双方的仲裁费用及仲裁庭的费用,还要在实体裁决中背负几千万甚至几亿美元的巨额赔偿金,这极大地损害了东道国的国家利益。

四、发展中国家防止ICSID仲裁庭扩大管辖权之对策

在上述被扩大管辖权的案例中,受害国几乎都是发展中国家,因此,发展中国家应特别保持警惕,防止ICSID仲裁庭任意扩大管辖权。笔者认为,

---

① Paul Michael Blyschak, State Consent, Investor Interests and the Future of Investment Arbitration: Reanalyzing the Jurisdiction of Investor-State Tribunals in Hard Cases, *Asper Review of International Business and Trade Law*, 2009, Vol. 9, p. 137.

② Ibid., p. 119.

③ William Rand, Robert N. Hornick, and Paul Friedland, ICSID's Emerging Jurisprudence: The Scope of ICSID's Jurisdiction, *N. Y. U. Journal of International Law and Politics*, Vol. 19, 1986—1987, p. 61.

发展中国家应从完善实体规定和在程序上采取一定的措施来应对扩大管辖权的趋势。

（一）实体上的对策

发展中国家如果是在国内法中规定同意 ICSID 仲裁,应特别谨慎措辞,不给仲裁庭扩大解释的机会。在与投资者签订投资协议或合同时,对争端解决条款要慎重规定。在谈判 BIT 时,要特别注意投资者与东道国争端解决条款的拟定,要完善 MFN 条款(如规定不适用于程序)、保护伞条款和岔路口条款。

在 BIT 中尽可能限制仲裁庭条约解释的权力。例如,可参照 BIT 规定争端应适用的法律为国内法、可适用的国际法,特别是 BIT 的做法,明文规定仲裁庭解释相关条款时,应依据国内法及相关的国际条约,不得任意解释。若是这样,在"谢业深案"中,仲裁庭就必须考虑中国关于香港的国内法,以及《中英联合声明》了。此外,在 BIT 中要明文规定,缔约双方的联合解释对仲裁庭有约束力,这样,在对条约解释出现争议时,缔约双方可以就条约的本意进行解释,不由仲裁庭任意解释。

在同意 ICSID 仲裁之前,要求用尽当地救济,尽可能将案件控制在自己手中,避免由仲裁庭随意摆布。可以考虑建立上诉机制,由统一的机构来审查仲裁庭对管辖权的裁定,从而保证裁决的一致性,犹如 WTO 一样。美国 2004 年 BIT 范本已有建立上诉机制的规定。

（二）程序上的对策

认真研究 ICSID 仲裁员的学术背景和实践做法,将扩张解释之仲裁员列入黑名单,不选择他们作为仲裁员,也反对对方选择其作为仲裁员,以致他们日后不敢为所欲为。

在争端发生并提交 ICSID 仲裁后,在反对管辖权的异议中要据理力争,如援引支持自己立场、未扩张解释的案例,如 Plama 案和 Telenor 案。

由于仲裁庭关于其管辖权的裁定只是中间程序,不能马上申请进入撤销程序,只能等仲裁庭作出最终裁决后向"中心"提出撤销申请[①],这是在"南太平洋诉埃及"案中形成的做法。[②] 因此,如果发展中国家认为仲裁庭有扩大管辖权之虞,可以在全部裁决结束后,提起撤销程序,由特别委员会撤销仲裁庭对管辖权的裁定。

---

① 陈安主编:《国际投资争端仲裁》,复旦大学出版社 2001 年版,第 127 页。
② *News from ICSID*, Vol. 6, No. 1, Winter 1989, p. 2.

第十章 国际投资争端的解决

代表投资者利益的律师常常撰文鼓吹 ICSID 扩大管辖权对双方有利,从而影响国际舆论和仲裁庭。我们可以"以其人之道还治其人之身",鼓励发展中国家的学者深入研究并客观评价 ICSID 管辖权,大声呼吁仲裁庭不要任意扩大管辖权。

第四节 ICSID 仲裁裁决承认与执行机制的实践检视及其对中国的启示

一、引言

1965 年《解决国家与他国国民间投资争端公约》(《华盛顿公约》或《ICSID 公约》)的目的是成立"解决投资争端国际中心"(ICSID),以仲裁或调解的方式解决东道国与外国投资者之间的争端。近十年来,愈来愈多的国际投资条约不仅规定投资者可以利用 ICSID 仲裁规则解决投资争端,也可以利用国际商会(ICC)或联合国国际贸易法委员会(UNCITRAL)的仲裁规则解决投资争端。ICSID 自带一套完整的仲裁裁决的承认与执行机制,而根据 ICC 和 UNCITRAL 仲裁规则作出的裁决必须依靠 1958 年《承认与执行外国仲裁裁决的纽约公约》(以下简称《纽约公约》)获得承认和执行。目前,ICSID 仍是解决投资者与东道国投资争端的最主要场所,在投资者诉东道国案件日益增多的情况下,ICSID 裁决的承认与执行问题也日益突出。例如,阿根廷由于 2001 年国内金融危机导致 50 个 ICSID 案件,已在 2 个案件中败诉,要支付外国投资者天价补偿金。阿根廷在承认和执行 ICSID 裁决问题上的拖延态度引起全球投资界的关注。

中国是 ICSID 的缔约国,近年对外签订的双边投资条约(BIT)基本上都允许外国投资者将投资争端提交 ICSID 管辖。中国今后会越来越多地与 ICSID 发生关系,无论是以被申请方(东道国)的身份,还是以申请方(投资者)母国的身份,并因此很可能涉及 ICSID 裁决的承认与执行问题。事实上,中国已于 2011 年 5 月 24 日首次在 ICSID 成为被诉国。再者,《ICSID 公约》要求缔约国承认裁决具有约束力,并在其领土内执行该裁决所加的金钱义务。因此,即使 ICSID 案件双方不涉及中国,若败诉方不主动履行仲裁裁决,但在中国有不动产或其他财产,胜诉方也有可能向中国申请承认和执行对其有利的裁决。因此,有必要检视 ICSID 成立以来关于裁决承认与执行的实践,发现其问题,探究其对中国的启示及中国应采取的应对之策。

本节首先厘清 ICSID 裁决承认与执行机制的适用范围,然后考察该机制中的中止执行制度,分析该机制取得良好成效的原因,最后考察各缔约国在承认和执行 ICSID 裁决时面临的挑战以及对策。在整个考察分析过程中,笔者将针对中国可能存在的相关问题提出对策。

二、ICSID 裁决承认与执行机制的适用范围

ICSID 裁决承认与执行机制[1]与《纽约公约》中的承认及执行外国仲裁裁决机制有较大不同,其适用范围有独特的特点,但在实践中往往被忽视或与《纽约公约》相混淆,有必要加以厘清。

(一) ICSID 裁决承认与执行机制仅适用于 ICSID 仲裁庭依据 ICSID 仲裁程序作出的裁决

ICSID 作为解决投资者与东道国争端的场所,实际上适用两套不同的规则:一是 1965 年生效的《ICSID 公约》规定的仲裁程序和调解程序,另一是依 1978 年制定的《附加便利规则》(Additional Facility Rules)。[2]例如,在《北美自由贸易协定》(NAFTA)缔约国中,只有美国是《ICSID 公约》缔约国,加拿大已签署但还未批准《ICSID 公约》,而墨西哥还未签署《ICSID 公约》,因此,在 ICSID 审理的 NAFTA 案件大多是依据《附加便利规则》进行仲裁。ICSID 秘书处在网站上罗列的"已决案件清单"(ICSID List of Concluded Cases)和"未决案件清单"(ICSID List of Pending Cases)包括所有在 ICSID 审理的案件,包括依 ICSID 仲裁程序审理的案件(仲裁结果本节称之为"ICSID 裁决")、依调解程序审理的案件,以及依《附加便利规则》审理的案件(其仲裁结果本节称之为"ICSID 附加便利裁决")。截至 2016 年 12 月 12 日,ICSID 已决案件有 386 个,未决案件有 218 个。[3]

但是,上述不同类型案件的裁决或报告的承认与执行是各不相同的。只有依《ICSID 公约》仲裁程序作出的裁决才适用公约规定的裁决承认与执

---

[1] 关于 ICSID 裁决的承认与执行机制本身的研究,详见陈安主编:《国际投资争端仲裁——"解决投资争端国际中心"机制研究》第一编第 V 章"'中心'仲裁裁决的承认与执行问题研究"(笔者撰写),复旦大学出版社 2001 年版,第 261—300 页。

[2] ICSID《附加便利规则》适用的争端包括:当事方中有一方不是《ICSID 公约》缔约国或缔约国国民的投资争端,当事方中至少有一方是缔约国或缔约国国民且非直接产生于投资的争端,以及事实认定。ICSID 秘书处的职能只是为这类争端的调解或仲裁提供行政管理服务。参见《附加便利规则》第 2 条。

[3] 参见 ICSID 网站中的 List of Concluded Cases 和 List of Pending Cases。

行机制,依调解程序作的报告不适用。依《附加便利规则》作出的仲裁裁决也不能依《ICSID公约》获得承认与执行,但有可能可以适用《纽约公约》向其他国家申请承认和执行。

强调ICISD裁决、ICSID调解和附加便利规则裁决适用不同的承认与执行机制,有助于我们理解不同案件审理之后的情况。例如,由NAFTA引起的"Metalclad诉墨西哥"案①是在ICSID依《附加便利规则》审理,仲裁庭裁决墨西哥败诉,胜诉的Metalclad公司就不能依ICSID的裁决承认与执行机制申请强制执行墨西哥国家的财产,而败诉的墨西哥也无需按ICSID的要求遵守和履行裁决;相反,墨西哥不服裁决,向仲裁地加拿大温哥华所属的不列颠哥伦比亚最高法院申请撤销裁决。

ICSID受理的仲裁案件很多,但仲裁庭最终作出裁决、需要承认与执行的案件仅占一半左右。据2009年9月的数据统计,有151个案件使用了仲裁程序,其中申请人(即投资者)主动撤诉或案件因某种原因未继续进行的有16个,双方和解(包括双方自行和解后撤诉的,双方和解后由仲裁庭根据和解协议作出裁决的,以及进入撤销程序后双方和解的)案件有61个,这些案件基本上不存在承认与执行这一问题。只有剩余的74个案件最终由仲裁庭作出裁决②,这些裁决才可能涉及承认与执行问题。

(二) ICSID裁决的承认机制适用于整个裁决,而执行机制仅适用于裁决中的金钱义务

ICSID裁决的方式包括裁决书、仲裁庭或特设委员会对裁决作出解释、修改或撤销的任何决定。③《ICSID公约》第48条没有规定裁决的具体内容与救济方式,从理论上说,它可能包括承担金钱义务的裁决、确权裁决、恢复原状裁决、实际履行裁决、宣布缔约方未履行条约义务,或其他涉及非金钱义务的作为或不作为的裁决(如东道国给投资者签发签证或居留证)。④

《ICSID公约》第53条要求争端双方应遵守和履行裁决的规定,这里的

---

① Metalclad Corporation v. United Mexican States, ICSID Case No. ARB(AF)/97/1).
② 本段各类案件的数量由笔者根据ICSID已决案件的情况统计。
③ 参见《ICSID公约》第53条第2款。
④ 例如,美国2004年BIT范本第35条规定,对于提交仲裁的案件,仲裁庭的裁决可以包括金钱损害及利息,或者/以及财产的恢复原状。《多边投资协定》(简称MAI)(1998年版)规定仲裁庭在裁决中所能作出的救济方式包括:宣布缔约方未履行条约义务、金钱赔偿、恢复原状或其他救济方式。参见MAI第五部分争端解决第16条。

裁决包括所有的裁决内容。但是,第 54 条要求每一缔约国应承认依照本公约作出的裁决具有约束力,并在其领土内执行该裁决所加的金钱义务。由此可见,要求缔约国承认裁决,是要求承认裁决的所有内容,而执行裁决只需执行其金钱义务。也就是说,裁决中的非金钱义务由缔约当事国自动履行,其他缔约国没有协助执行的义务,只有仲裁裁决中的金钱义务可以请求其他缔约国强制执行。这种区分是《ICSID 公约》特有的,《纽约公约》并没有此种区别。

在上述 74 个由仲裁庭作出裁决的案件中,裁决的结果各异,主要有以下四种:第一种是仲裁庭裁决对案件没有管辖权[1],第二种是仲裁庭裁决同时驳回双方的所有请求和反请求[2],这两类裁决对争端双方没有施加任何义务(包括金钱义务),不存在承认与执行问题。第三种是仲裁庭裁决驳回申请人(通常是投资者)的全部请求或认定东道国没有违反义务,即申请人败诉。[3] 在迄今已由 ICSID 仲裁庭作出裁决的 74 个案件中,至少有 30 个申请人败诉的案件。这类裁决一般没有给败诉的申请人施加什么义务,只是仲裁庭偶尔会裁定败诉的投资者支付东道国一定的诉讼费用及其他费用。[4] 由于这类裁决金额不大,且从申请人的预付金中支付,几乎不存在强制执行的问题。第四种是仲裁庭裁决被申请人(通常是东道国)未履行义务,全部或部分支持申请人的请求(东道国败诉)。这类裁决约有 30 多个。在此情况下,仲裁庭一般都裁定被申请人支付申请人较大数额的赔偿金(有时还包括利息)。[5] 这类裁决涉及金额较大的金钱义务,若败诉的东道国不履行裁决,胜诉的投资者就可能请求强制执行裁决中的金钱义务。

---

[1] 例如 Scimitar Exploration Limited v. Bangladesh and Bangladesh Oil, Gas and Mineral Corporation (ICSID Case No. ARB/92/2)案, Wintershall Aktiengesellschaft v. Argentine Republic (ICSID Case No. ARB/04/14)案和 Banro American Resources, Inc. and Société Aurifère du Kivu et du Maniema S. A. R. L. v. Democratic Republic of the Congo (ICSID Case No. ARB/98/7)案。

[2] 例如 Adriano Gardella S. p. A. v. Côte d'Ivoire (ICSID Case No. ARB/74/1)案和 Kläckner Industrie-Anlagen GmbH and Others v. United Republic of Cameroon and Société Camerounaise des Engrais (ICSID Case No. ARB/81/2)案。

[3] 例如 Bayindir Insaat Turizm Ticaret Ve Sanayi A. S. v. Islamic Republic of Pakistan (ICSID Case No. ARB/03/29)案。

[4] 例如 Plama Consortium Limited v. Republic of Bulgaria (ICSID Case No. ARB/03/24)和 Phoenix Action Ltd v. Czech Republic (ICSID Case No. ARB/06/5)案。

[5] 例如 S. A. R. L. Benvenuti & Bonfant v. People's Republic of the Congo (ICSID Case No. ARB/77/2)案。

(三) ICSID 裁决承认与执行机制常为外国投资者适用以对抗东道国

从理论上说,ICSID 裁决承认与执行机制包括两部分,第一部分是要求争端每一方遵守和履行裁决①,这里的"每一方"指外国投资者和东道国。无论哪一方败诉,败诉方均有义务遵守和履行裁决。第二部分是当败诉方拒不履行裁决时,每一缔约国都应承认裁决具有约束力,并在其领土内执行该裁决所加的金钱义务。② 这里的"每一缔约国"包括东道国、外国投资者母国,以及其他缔约国。如果败诉又不履行裁决的是外国投资者,东道国作为裁决的债权国和《ICSID 公约》的"缔约国",应承认裁决的约束力并对位于本国领土的外国投资者的财产执行裁决。如果本国领土内没有投资者的财产,或者投资者的财产不足以支付裁决金额,东道国可以向投资者财产所在的投资者母国或其他《ICSID 公约》缔约国申请承认和执行裁决,这些国家有条约义务根据 ICISD 的裁决承认与执行机制给予协助。如果败诉又不履行裁决的是东道国,外国投资者可以向东道国本身申请承认和执行裁决,也可以向东道国财产所在的投资者母国或其他《ICSID 公约》缔约国申请承认和执行裁决,这些国家也都有条约义务给予协助。但是,任何胜诉方均无权请求非《ICSID 公约》缔约国根据 ICISD 的裁决承认与执行机制承认和执行裁决。《ICSID 公约》中的裁决承认与执行机制的设计,原本主要是为了在败诉的投资者不履行裁决、在东道国又没有财产时用于保护胜诉的东道国的。③ 理由是投资者不是国际法主体,如果不遵守和执行不利于它的裁决,也不受《ICSID 公约》的直接制裁,东道国只好通过投资者财产所在的《ICSID 公约》缔约国的协助使裁决获得强制执行。因此,曾有学者认为该承认与执行机制让缔约方的利益超越或高于投资者的利益,对东道国有利,对投资者不利,是不公平的,是《ICSID 公约》的一个漏洞。④

但是,我们发现,ICSID 实践证明,设计 ICSID 裁决承认与执行机制的本意不但没有实现,却被投资者利用来对付东道国。在 ICSID 五十多年的实践中,除了 1976 年加蓬共和国作为申请人对外国投资者提起仲裁外(双

---

① 参见《ICSID 公约》第 53.1 条。
② 参见《ICSID 公约》第 54.1 条。
③ See ICSID, 2 Documents concerning the Origin and Formulation of the Convention 892 (1970); Antonio R. Parra, The Enforcement of ICSID Arbitral Awards, in Enforcement of Arbitral Awards against Sovereigns edited by R. Doak Bishop, JurisNet, LLC, 2009, p.135.
④ Vincent O. Orlu Nmehielle, Enforcing Arbitration Awards Under the International Convention for the Settlement of Investment Disputes, *Ann. Surv. Int'l & Comp. L.* (*Annual Survey of International & Comparative Law*), Vol.7, 2001, p.32.

方后来和解)①,其他所有案件都是外国投资者作为仲裁申请人对东道国提起仲裁。从表面上看,只要双方同意,投资者或东道国任何一方都有权主动对另一方提起诉求,双方是平等的。但实际上,只有投资者可能将东道国诉诸仲裁,而东道国几乎不可能将投资者诉诸仲裁。因为多数双边投资条约和 NAFTA 都规定,缔约国签署条约本身就等于同意日后将投资争端提交仲裁,这样,投资者可以随时同意仲裁,并将争端提交 ICSID。相反,缔约方若要将争端提交仲裁,则需再获得投资者的同意。

可见,现有的投资条约几乎都将提起诉求的主动权给予外国投资者,东道国几乎不能对投资者提起诉求,总是处于被动挨打的地位。因此,即使外国投资者在东道国有不良行为可能导致对东道国的赔偿,东道国也很难将之告到 ICSID。所以,当东道国败诉时,就是上述第四种情况所说的,仲裁庭会裁决东道国支付赔偿金给投资者。所以,公约的承认与执行机制主要是为外国投资者使用来执行对东道国不利的裁决。

在这种情况下,ICSID 裁决承认与执行机制就简化为以下两种情况:第一,东道国主动自愿遵守和履行裁决,按裁决要求及时支付赔偿金及利息给投资者。第二,若东道国不主动履行裁决,投资者一般不会再向该东道国请求承认和执行裁决,而可能向东道国财产所在的投资者母国或其他《ICSID 公约》缔约国请求承认和执行裁决。

由上可见,ICSID 裁决承认与执行机制只适用于缔约国,只有《ICSID 公约》缔约国才有义务根据公约规定的裁决承认与执行机制对根据公约所作的裁决给予承认与执行,任何非《ICSID 公约》缔约国无权也无义务按照公约规定的承认与执行机制来承认和执行依公约作出的仲裁裁决。

(四) ICSID 裁决在某些情形下可适用《纽约公约》获得承认和执行

由于 ICSID 裁决承认与执行机制的适用范围有限,在某些情形下,依据《ICSID 公约》作出的裁决无法根据公约规定的承认与执行机制得到完全的执行。而《纽约公约》的适用范围很广,包括一般的国际商事仲裁,也可以包括由 ICSID 附加便利机制、UNCITRAL 和 ICC 等所作的关于投资者与东道国的投资争端的裁决。所以,《ICSID 公约》裁决可能需要适用《纽约公约》来承认和执行,主要有以下两种情形:

第一,当败诉的东道国拒不履行裁决、但有财产位于非《ICSID 公约》缔约国时,胜诉的外国投资者不能依据《ICSID 公约》请求该国强制执行 ICSID

---

① Gabon v. Société Serete S. A. (ICSID Case No. ARB/76/1).

裁决。但是，如果该国和投资者母国均为《纽约公约》的缔约国，投资者可以依据《纽约公约》请求该国协助强制执行《ICSID 公约》裁决。[①] 不过，迄今为止，实践中还没有发生这种情况。

第二，《ICSID 公约》承认所有的裁决内容，但只强制执行其中的金钱义务，对于非金钱义务裁决的执行，只能依据《纽约公约》来执行，因为《纽约公约》没有限定裁决承认与执行的内容。但实践中也还未发生这种情况。

但是，《纽约公约》并不必然能够适用来承认和执行《ICSID 公约》裁决，因为《纽约公约》允许"商事保留声明"。缔约国可以以声明的方式排除关于投资者与东道国之间投资争端的裁决，从而使《纽约公约》不适用。例如，我国就作出了这样的保留声明，特别指出"不包括外国投资者与东道国政府之间的争端"[②]。

（五）对中国的启示

中国 1990 年签署、1992 年批准《ICSID 公约》。晚近我国对外签订的一些 BITs 规定投资者可以将投资争端提交 ICSID、ICC 裁决或者依据 ICSID《附加便利规则》或 UNCITRAL 规则解决[③]，这也意味着我国今后成为仲裁被申请人的可能性更大，败诉的风险也存在。事实上，中国已成为了 ICSID 仲裁的被申请人。2011 年 5 月 24 日，马来西亚投资者 Ekran Berhad 向 ICSID 提起对中国的仲裁申请。在国际仲裁中，如果我国败诉又没有自愿履行裁决，外国投资者就会想办法执行仲裁裁决。如果投资者是将争端提交 ICSID 解决，就可以依据《ICSID 公约》中裁决的承认与执行机制在其他《ICSID 公约》缔约国申请承认与执行裁决。但是，我国虽然于 1987 年加入《纽约公约》，但是作了"商事保留声明"，即我国只对按照我国法律属于契约性或非契约性商事法律关系所引起的争议适用《纽约公约》，在保留声明中，我国明确指出我国的商事法律关系"不包括外国投资者与东道国政府之间的

---

① 《ICSID 公约》的缔约国与《纽约公约》的缔约国有交叉又有不同。
② 参见最高人民法院关于执行我国加入的《纽约公约》的通知（1987 年 4 月 10 日）。因此，如果外国投资者依据《ICSID 公约》之外的仲裁规则对中国政府提起仲裁，而中国政府拒不履行对其不利的裁决，外国投资者既不能依据《ICSID 公约》的裁决承认与执行机制，也不能依据《纽约公约》在其他缔约国请求强制执行裁决。
③ 例如，2007 年我国与韩国签订的 BIT 第 9 条第 3 款就规定，投资者可以将争端提交 ICSID，或根据《UNCITRAL 仲裁规则》或者经双方同意的任何别的仲裁规则设立的专设仲裁庭。又如，2008 年我国与墨西哥签订的 BIT 第 13 条第 3 款规定，争端投资者可以根据《ICSID 公约》、ICSID《附加便利规则》、《UNCITRAL 仲裁规则》或争端各方同意的任何其他仲裁规则将诉求提交仲裁。

争端"①。因此,如果投资争端提交其他机构或依据其他仲裁规则解决,外国投资者就几乎没有在我国承认或执行该裁决的可能了。

世界上很多国家如美国没有将投资者与东道国之间的投资争端作为"商事保留"排除在外。因此,当我国与美国进行 BIT 谈判时就遇到了障碍。美国使用其 2004 年范本与中国进行谈判。该范本关于投资者与东道国争端解决的条文特别指出,提交仲裁的诉求应被认为是产生于《纽约公约》所指的商事关系或商事交易②,争端方可以根据《纽约公约》寻求强制执行裁决。③

中国与墨西哥谈判 BIT 时也曾经遇到同样的问题。《中国—墨西哥 BIT 草案》第 17 条也曾明文规定,"仅为《纽约公约》第 1 条规定之目的,依本部分提交仲裁的诉求应被视为产生于商事关系或商事交易"。后经中国政府与墨西哥政府磋商,将该条款删除,但仍保留"应任一争端方的请求,依本节提起的任何仲裁应在《纽约公约》缔约国内进行"。这样规定是因为墨西哥还不是《ICSID 公约》缔约国,争端只能依据 ICISD《附加便利规则》、UNCITRAL 或 ICC 等仲裁规则,裁决就只能通过《纽约公约》得到承认和执行。但事实上,上述规定仍然没有实质性意义,只要中国不撤回其保留,裁决仍不能依《纽约公约》得到承认和执行。为此,《中国—墨西哥 BIT 草案》第 20 条又设立"裁决和裁决的执行"的专门条款。该条第 6 款规定,"缔约各方应在其领土内采取一切必要措施以有效执行依本条作出的裁决,并应为执行以其为当事一方的程序作出的任何裁决提供便利"。这样,只要双方主动执行裁决,就不存在依《纽约公约》强制执行的问题。但是这并不能从根本上解决裁决的承认与执行问题。

笔者曾就中国政府撤回对《纽约公约》上述保留的可能性问题咨询了最高人民法院的有关法官,答复是目前几乎没有可能撤回。在这种情况下,解决中美 BIT 谈判中《纽约公约》的商事保留问题,一种方案是参考上述《中国—墨西哥 BIT 草案》的做法,另一种方案是,像中国对外签订的大量 BIT 那样,不提及《纽约公约》及其商事保留。投资者在出现争议时,为确保仲裁裁决得到有效承认与执行,可直接选择 ICSID 作为争端解决场所,而不选择其他仲裁规则,因为美国和中国都是《ICSID 公约》缔约国。如果投资者选

---

① 参见最高人民法院关于执行我国加入的《纽约公约》的通知(1987 年 4 月 10 日)。
② 参见该范本第 34.1 条。
③ 参见该范本第 34.9 条。

择其他仲裁规则,万一中国政府败诉又不履行裁决,外国投资者不能依据《纽约公约》请求其他国家协助强制执行裁决,而只能依据中国《民事诉讼法》第283条在中国国内申请承认和执行裁决。①

三、ICSID 裁决承认与执行机制中的中止执行裁决制度

与《纽约公约》不同的是,《ICSID 公约》允许争端双方(主要是败诉方)在特定情况下申请中止(stay,又称停止)执行裁决,但这一点常被忽略。

(一)《ICSID 公约》中止执行裁决的含义

《ICSID 公约》规定,仲裁裁决是终局的,对争端双方都具有约束力。但是,在争端一方或双方申请对该裁决进行解释、修改或撤销时,裁决应停止执行(stay of enforcement),等候仲裁庭或委员会的最终决定。这里的停止执行其实是指暂停执行(或者中止执行)。

《ICSID 公约》第50、51 和52 条是关于裁决的解释、修改和撤销的规定,在这三种情况下,仲裁庭或特设委员会"如认为情况有此需要,可以在作出决定前,停止执行裁决。如果申请人在申请书中要求停止执行裁决,则应暂时停止执行,直到委员会对该要求作出决定为止。"可见,中止执行裁决有两种情况:第一,如果争端一方请求仲裁庭或委员会对裁决进行解释、修改或撤销,仲裁庭或委员会如果认为有必要,可以主动停止执行裁决。迄今没有这类中止执行案。第二,争端一方在请求仲裁庭或委员会对裁决进行解释、修改或撤销时,同时提出要求停止执行裁决,这时应暂时停止执行程序。至于是否继续停止执行程序直至仲裁庭或委员会就解释、修改或撤销作出最后决定,仲裁庭或委员会享有自由裁量权,如果认为情况有此需要,可以作出继续停止执行的决定。

由于《ICSID 公约》对中止执行没有详细的规定,《ICSID 仲裁程序规则》规则54"裁决执行之中止"有较具可操作性的详细规定。该规则的大体内容如下:申请解释、修改或撤销裁决的申请人,可以在申请书中,或在最后审理该申请前的任何时候,请求中止执行裁决,仲裁庭或委员会应优先审理该请求。如果是在申请书中提出,秘书长应通知双方当事人暂时中止执行,等仲裁庭或委员会成立后,任何一方当事人均可提出请求停止中止程序。

---

① 我国《民事诉讼法》第283条规定:"国外仲裁机构的裁决,需要中华人民共和国人民法院承认和执行的,应当由当事人直接向被执行人住所地或者其财产所在地的中级人民法院申请,人民法院应当依照中华人民共和国缔结或者参加的国际条约,或者按照互惠原则办理"。

仲裁庭或委员会应在 30 日内裁定是否继续中止，除非其决定继续中止，否则中止应自动结束。迄今发生的中止执行案件都是在申请撤销时提出，也都获得委员会同意继续停止执行。

（二）中止执行的性质与效果

中止执行是规定在《ICSID 公约》第 53.1 条裁决对双方有约束力的效力条款内。但是，一般认为，中止执行是裁决具有约束力的例外。例如，在 MINE v. Guinea 撤销案中，委员会就认为，第 53.1 条允许例外。① 换句话说，中止执行裁决会影响裁决的终局性，因为裁决一旦被中止，就不可能作为终局性的决定来执行。② 因此，如果委员会同意中止执行，裁决败诉方遵守和履行裁决的义务至此就被中止了（pro tanto suspended）。③

《ICSID 公约》第 54 条关于裁决的承认与执行的条款中未提及中止执行的问题。一般认为，该条所称的执行是受到中止执行的限制的。因此，承认与执行的前提是没有中止执行的情况存在。在 MINE v. Guinea 撤销案中，委员会认为，尽管公约没有明文规定，但显然中止一方遵守和履行裁决的义务，必然伴随着中止缔约国强制执行该裁决的义务，即使在等待委员会对撤销申请进行审查期间，裁决的有效性并不受影响。④

（三）《ICSID 公约》中止执行裁决的实践

根据 2009 年 12 月的数据统计，申请中止执行裁决的案例共有 15 个⑤，

---

① Interim Order No. 1 on Guinea's Application for Stay of Enforcement of the Award, August 12, 1988, para. 9.

② A. Broches, Awards Rendered Pursuant to the ICSID Convention: Binding Force, Finality, Recognition, Enforcement, Execution, *ICSID Review—Foreign Investment Law Journal*, Vol. 2, 1987, p. 294.

③ Interim Order No. 1 on Guinea's Application for Stay of Enforcement of the Award, August 12, 1988, para. 9.

④ MINE v. Guinea, Decision on Annulment, December 22, 1989.

⑤ 这 15 个案例是：

(1) MINE v. Guinea (ICSID Case No. ARB/84/4), 1988;

(2) Amco Asia Corporation and others v. Republic of Indonesia (ICSID Case No. ARB/81/1), 1991;

(3) Wena Hotels Limited v. Arab Republic of Egypt (Case No. ARB/98/4), 2003;

(4) Patrick Mitchell v. Democratic Republic of the Congo (ICSID Case No. ARB/99/7), 2004;

(5) CDC Group Plc v. Republic of the Seychelles (ICSID Case No. ARB/02/14), 2004;

(6) MTD Equity Sdn. Bhd. and MTD Chile S. A. v. Republic of Chile (ICSID Case No. ARB/01/7), 2005;

(7) Repsol YPF Ecuador S. A. v. Empresa Estatal Petroleos del Ecuador (ICSID Case No. ARB/01/10), 2005;

第十章　国际投资争端的解决

它们的共同特点是都是由败诉国在撤销程序申请书中主动提出,胜诉的投资者在委员会成立后立即申请停止中止执行程序,或要求败诉方提供财政担保,保证在撤销裁定作出后败诉方能够执行裁决。这主要是担心败诉方拖延执行或日后拒不执行裁决。委员会最后都裁定继续中止执行程序,但对败诉方是否要提供担保做法不一。考察已有的 15 个申请中止执行案,可以发现委员会有三种不同做法:

第一,要求败诉国提供银行担保(bank guarantee)或财政担保(financial guarantee)。例如,在"AMCO 诉印度尼西亚"案中,委员会要求败诉方提供银行担保;在"Wena 诉埃及"案中,委员会要求败诉方提供裁决所确认之金额的担保;在"CDC 诉塞舌尔"案中,委员会要求败诉方提供担保(security);在"Repsol 诉厄瓜多尔"案中,委员会要求败诉方为裁决金额以及利息提供担保。

第二,委员会认为败诉国无需提供任何担保,无条件裁定继续中止执行。例如,在"MINE v. Guinea"案中,委员会拒绝以提供担保为前提,认为这样费用高昂,而且会使 MINE 处于更为有利的地位。在"Patrick Mitchell 诉刚果"案中,委员会拒绝胜诉方提出的担保要求,理由是尽管刚果现在有政治困难,但不认为刚果将来会不履行裁决。在"MTD 诉智利"案中,委员会也拒绝要求败诉方提供担保,认为智利已经证明,MTD 不会因为裁决中止而遭受损害,况且,由于中止执行而导致的利息损失可由委员会在撤销裁决中以支付利息的方式得到弥补。

---

(8) CMS Gas Transmission Company v. The Argentine Republic (ICSID Case No. ARB/01/8), 2006;

(9) Azurix Corp. v. Argentine Republic (ICSID Case No. ARB/01/12), 2007;

(10) Compañiá de Aguas del Aconquija S. A. and Vivendi Universal v. Argentine Republic (ICSID Case No. ARB/97/3), 2008;

(11) Enron Corporation and Ponderosa Assets, L. P. v. Argentine Republic (ICSID Case No. ARB/01/3), 2008;

(12) Victor Pey Casado and President Allende Foundation v. Republic of Chile (ICSID Case No. ARB/98/2), 2008;

(13) Rumeli Telekom A. S. and Telsim Mobil Telekomunikasyon Hizmetleri A. S. v, Kazakhstan (ICSID Case No. ARB/05/16), 2008;

(14) Sempra Energy International v. The Argentine Republic (ICSID Case No. ARB/02/16), 2009;

(15) Duke Energy International Peru Investments No. 1 Ltd. v. Republic of Peru (ICSID Case No. ARB/03/28), 2009.

第三,2006 年以来出现了新的趋势,即不要求败诉国提供财政担保,但要求败诉国提供其他合理保证(reasonable assurances),如书面声明(written statement)(如败诉国代表签署的保证执行裁决的信件)。例如,在"CMS 诉阿根廷"案中,委员会要求代表阿根廷的官员提供书面声明,即由该代表签署一份信函,说阿根廷政府向 CMS 公司承诺(undertaking),如果裁决不被撤销,将根据其在《ICSID 公约》项下的义务,承认裁决为有约束力,并履行裁决所加的金钱义务。① 这种承诺并没有超出公约规定的义务。在"Azurix 诉阿根廷"案中,阿根廷也提交了一份类似于 CMS 案的书面承诺,但是委员会认为,没有要求阿根廷提供担保,不是因为获得了像 CMS 案那样的正式书面承诺,而是因为阿根廷宪法和国内法关于承认与执行 ICSID 裁决的规定符合公约的要求,且阿根廷从未有不履行裁决的前科。② 在"Viviend 诉阿根廷"案中,委员会的裁决结果是,继续中止执行的前提是阿根廷必须提交一份由本案中代表阿根廷的官员签署的正式函件,内容更为详细,保证阿根廷当局在收到利益方要求强制执行裁决的通知后(而不是撤销程序结束后)30 天内无条件全额履行裁决规定的金钱义务。如果阿根廷不提交这样的函件,则要求阿根廷提交一份银行担保。如果不提供银行担保,则同意继续中止执行的决定立即自动失效。③ 但阿根廷未在规定时间内提供这样的书面承诺,也未出具银行担保。当撤销程序还在进行时,Vivendi 曾扬言要在阿根廷可能拥有财产的国家的国内法院申请强制执行该仲裁裁决④,不过迄今未见实际行动。

(四) 对中国的启示

近几年,我国对外签订的 BITs 日益增多,其中 ICSID 仲裁是解决外国投资者与中国政府之间投资争端的主要方式。中国今后在 ICSID 成为被告的可能性大大增加,败诉的风险也随着增加。万一中国政府败诉,但又认为

---

① CMS Gas Transmission Company v. The Argentine Republic (ICSID Case No. ARB/01/8), Decision on the Argentine Republic's Request for a Continued Stay of Enforcement of the Award, para. 47.

② Azurix Corp. v. Argentine Republic (ICSID Case No. ARB/01/12), Decision on the Argentine Republic's Request for a Continued Stay of Enforcement of the Award, paras. 36—39.

③ Compañiá de Aguas del Aconquija S. A. and Vivendi Universal v. Argentine Republic (ICSID Case No. ARB/97/3), Decision on the Argentine Republic's Request for a Continued Stay of Enforcement of the Award rendered on 20 August 2007, para. 46.

④ Luke Eric Peterson: Clock runs out on Argentina; Vivendi likely to begin award enforcement proceedings even as annulment proceeding continues; two US gas companies also trying to enforce ICSID awards, in *Investment Arbitration Reporter*, Vol. 2, No. 4, Feb. 28, 2009.

仲裁庭所作裁决确有问题,可以请求撤销或修改裁决。这时,中国完全可以向 ICSID 申请中止执行仲裁庭所作之裁决,等候撤销委员会的最终结果,避免在委员会作出撤销或修改裁决的最终结果出来之前主动执行裁决,从而保护国家利益。

四、ICSID 裁决承认与执行机制取得良好成效的原因

迄今为止,依 ICSID 作出的仲裁裁决中,有 30 多个案件是东道国败诉并赔偿外国投资者。[①] 绝大多数裁决都得到败诉方的承认与执行,可见 ICSID 裁决承认与执行机制取得了良好成效。主要原因是:

(一) 从理论上看,该机制给败诉的东道国戴上了一个"紧箍咒"

这也是《ICSID 公约》与《纽约公约》相比具有的优越性。[②]

第一,《ICSID 公约》第 53 条明确规定"裁决对双方具有约束力。……每一方应遵守和履行裁决的规定。"这赋予双方履行裁决的义务,特别是败诉方。败诉方负有直接的国际义务要履行对其不利的仲裁裁决。若不履行,会导致国家责任。

第二,《ICSID 公约》裁决的效力更高。《ICSID 公约》将裁决等同于缔约国国内法院的最后判决,其效力等级更高。而且,每一缔约国都应予承认和执行,不得对裁决进行实质审查,也不得以任何理由(包括公共秩序保留)拒绝承认和执行裁决,这就使裁决在缔约国具有可强制执行性。而《纽约公约》只将裁决作为外国裁决看待,允许被请求执行国对裁决进行审查,以各种理由拒绝承认和执行裁决,以致当事人对裁决能否在被请求执行国得到执行没有把握。

第三,《ICSID 公约》裁决申请承认与执行的程序更简单。《ICSID 公约》要求缔约国指定本国承认和执行 ICSID 裁决的主管法院或其他机构。多数国家都指定本国的某一法院或某一类法院,少数国家指定行政机关如外交部(比利时、莱索托)、财政部(塞拉利昂)或司法部(拉脱维亚)。申请承认和执行应提交的文件也很简单,只需向主管法院或机构提供经秘书长核证无误的裁决的副本即可,主管法院或机构不再对之进行审查,就会给予承

[①] 该数据由笔者根据 ICSID 网站公布的案件结果统计。
[②] 关于《ICSID 公约》裁决承认与执行机制的特点及优越性,详见陈安主编:《国际投资争端仲裁——"解决投资争端国际中心"机制研究》第一编第 V 章 "'中心'仲裁裁决的承认与执行问题研究"(笔者撰写),复旦大学出版社 2001 年版。

认与执行。而《纽约公约》则要求按被申请国国内法的程序和要求申请承认和执行。

可见,即使败诉的东道国不履行裁决,该裁决也很可能在第三国获得承认与执行。对很多东道国而言,与其被强制承认与执行,不如自己主动履行。

(二)从实践看,真正进入承认与执行程序的裁决并不多

第一,真正由 ICSID 仲裁庭依《ICSID 公约》最终作出仲裁裁决的案件占 ICSID 案件总数的一半不到。如前所述,截至 2009 年 9 月 14 日,ICSID 已决案件 173 个,排除使用附加便利程序和调解程序的案件,以及投资者主动撤诉或案件因某种原因未继续进行和双方和解的案件外,只有 74 个案件最终由仲裁庭作出裁决。这些案件才可能涉及裁决的承认和执行问题。可见,仲裁庭作出裁决的案件占提交 ICSID 案件总数的不到一半。

第二,仲裁庭作出的裁决中,涉及金钱义务、需要强制执行的裁决更少。如前所述,在所有仲裁庭所作的裁决中,只有在东道国败诉的情况下,仲裁庭一般裁定被申请人支付申请人较大数额的赔偿金。据 ICSID 前秘书长统计,截至 2007 年 10 月,ICSID 公布的已决仲裁案件有 115 个,其中只有 23 个案件判定东道国败诉并要赔偿外国投资者。[①] 据笔者统计,截至 2009 年 9 月,ICSID 公布的已决仲裁案件有 151 个,东道国败诉并要赔偿的案件有 30 多个。只有这类裁决才可能涉及败诉方不履行裁决而申请方请求强制执行的问题。由此可见,在 ICSID 裁决中,真正需要强制执行的案件并不多。

(三)败诉的东道国有主动自愿执行裁决的动力

第一,前述所述,ICSID 裁决的承认与执行机制原本主要是为了在败诉的投资者不履行裁决时用于保护胜诉的东道国的,但在实践中,真正被仲裁庭裁定支付赔偿金的被申请人都是东道国。因此,事实是外国投资者运用公约的承认与执行机制来强制执行对己有利的裁决。

第二,东道国败诉时,多数国家在仲裁庭作出裁决后都自愿以支付金钱的方式履行裁决,或者通过与胜诉的投资者就支付方式达成一致,例如以分期付款的方式、资产转让的方式或者其他对双方均有利的方式履行裁决。东道国自愿履行裁决的主要原因是:(1)东道国对依《ICSID 公约》所作的裁

---

① Antonio R. Parra, The Enforcement of ICSID Arbitral Awards, in Enforcement of Arbitral Awards against Sovereigns edited by R. Doak Bishop, *JurisNet, LLC*, 2009, p. 136.

决负有遵守和履行裁决的条约义务,若有违背,会受国际社会的制裁和谴责,并要承担国家责任,故一般都愿意遵守"游戏规则"。(2)如果东道国不遵守和履行裁决,投资者母国可以行使外交保护权[①]或在国际法院提起诉讼,这就保证了有利于投资者的裁决的执行。(3)东道国一般会考虑国家在国际上的信誉和形象,不愿意因为不履行裁决而招致国际社会的谴责。一般说来,一个国家越少融入国际社会,就越有可能不考虑其国际信誉,也就越没有动力履行裁决,例如下文将提到的利比亚、塞内加尔和刚果。(4)一些国家可能会担心来自世界银行的压力,因为世界银行在决定发放新的借款时,至少会考虑该国未解决的征收和补偿支付方面的纠纷。[②]中国作为负责任的大国,一旦同意将案件提交 ICSID 管辖,就一定会善意履行裁决,即使是对我国不利的裁决。

五、ICSID 裁决承认与执行机制面临的挑战与对策

在 ICSID 已作出的东道国败诉的 30 多个裁决中,多数裁决都得到了东道国的主动和自愿履行。有趣的是,在"西门子公司诉阿根廷"案(Siemens AG v. Argentine Republic(ICSID Case No. ARB/02/8))中,仲裁庭于 2007 年裁决阿根廷败诉,要向西门子公司支付金钱赔偿。阿根廷先后向 ICSID 申请撤销和修改裁决。后来西门子公司贿赂阿根廷官员的丑闻曝光,只好与阿根廷政府达成和解,主动放弃执行仲裁裁决。

迄今有四个案件是败诉的东道国拒不履行裁决而外国投资者请求《ICSID 公约》其他缔约国协助强制执行裁决。这四个案件是:1980 年的"班邦公司诉刚果"案(Benvenuti and Bonfant Srl v. The Government of the People's Republic of the Congo)、1986 年的"利比里亚东方木材公司诉利比里亚共和国政府"案(The Liberian Eastern Timber Corporation v. Government of the Republic of Liberia)、1988 年的"西非混凝土工业公司诉塞内加尔"案(Societe Ouest Africaine des Betons Industriels v. State of Senegal),以及 2004 年的"AIG 诉哈萨克斯坦"案(AIG Capital Partners, Inc. and CJSC Tema Real Estate Company v. Republic of Kazakhstan)。这四个案件涉及三个第三国:法国、美国和英国。这三个国家在承认和执行 ICSID 裁

---

① 《ICSID 公约》第 27 条第 1 款明文规定,若东道国败诉后拒不履行裁决,投资者的母国可以行使外交保护权。

② World Bank, Operational Policies and Bank Practices, Sec. 7.40.

决时,都几经周折,最终承认了裁决,却拒绝强制执行败诉国家的财产。近几年,阿根廷是投资者诉东道国的"重灾区",在败诉案件中有拖延履行裁决之倾向。因此,有必要反思 ICSID 裁决承认与执行机制面临的挑战,并提出对策。

(一)败诉的东道国以本国国内法程序为由拖延履行裁决

阿根廷由于 2001 年国内金融危机导致 50 个外国投资者在 ICSID 诉阿根廷的案件,截至 2010 年 3 月,11 个案件已由双方和解解决,11 个案件暂停仲裁程序,双方正在谈判和解,5 个案件由仲裁庭作出最终裁决,其中 3 个是投资者败诉,2 个是阿根廷败诉,其余 23 个案件正在审理或在撤销程序中。阿根廷败诉的 2 个案件是 CMS 案和 Azurix 案,赔偿金额高达 2.98 亿美元。① 阿根廷没有主动将赔偿额直接支付给投资者,而是要求投资者根据阿根廷国内法律关于执行国内最终判决的程序,向指定的法院提交裁决、请求执行,其法律根据是《ICSID 公约》第 53 条和第 54 条。② 但投资者坚决反对阿根廷的这一要求,认为阿根廷对《ICSID 公约》第 53 条和第 54 条之间相互关系的理解有误,阿根廷必须自动履行裁决,不能要求投资者启动国内执行程序。③ 由于 CMS 和 Azurix 两公司均未按阿根廷要求的程序请求支付,阿根廷迟迟未履行裁决规定的支付赔偿金的义务。

阿根廷虽然承认自己有履行 ICSID 裁决的国际义务,因为《ICSID 公约》第 53 条规定,裁决对双方有约束力,每一方应遵守和履行裁决的规定。但阿根廷认为,第 54 条规定每一缔约国应承认依照公约作出的裁决具有约束力,并在其领土内履行该裁决所加的金钱义务,如同该裁决是该国法院的最后判决一样。裁决的执行应受被要求在其领土内执行的国家关于执行判决的现行法律的支配。因此,ICSID 裁决在性质上相当于阿根廷国内的最后判决,在执行程序上应依据阿根廷执行国内最终判决的程序向指定法院

---

① 这两个案件的全称是 CMS Gas Transmission Company v. Argentine Republic (ICSID Case No. ARB/01/8), Azurix Corp. v. Argentine Republic (ICSID Case No. ARB/01/12), 参见 Summary of Roundtable Discussions by the OECD Secretariat: 12th Roundtable on Freedom of Investment, Paris, France—March 26, 2010, at http://www.oecd.org/dataoecd/54/5/45317381.pdf, January 17, 2011。

② 阿根廷的观点请参看同上。

③ 在 Continental Casualty v. Argentina、Enron v. Argentina、Vivendi v. Argentina 和 Sempra v. Argentina 案中,投资者均反对阿根廷的观点,并以此为由反对仲裁庭或撤销委员会继续中止执行裁决。

第十章　国际投资争端的解决

申请执行。① 阿根廷还指出,英国、澳大利亚和新西兰等国在实施《ICSID 公约》第 54 条的国内法中的规定,与阿根廷对《ICSID 公约》第 54 条的解释是一致的。而且,在"MTD 诉智利"案中,智利就是按《ICSID 公约》第 54 条的程序履行裁决的,并未受到任何批评。②

阿根廷学者也认为,根据《ICSID 公约》第 54 条,裁决要获得阿根廷的履行,必须根据阿根廷《国内民事和商事程序法典》规定的承认外国仲裁裁决的国内可执行性的国内法程序,而该程序允许国内法院审查裁决是否符合公共秩序。③ 换句话说,阿根廷可以以国内法程序为由,审查 ICSID 裁决是否符合公共秩序。阿根廷经济部在 2004 年也曾表示,ICSID 仲裁庭作出的裁决可能要受阿根廷地方法院的审查,如果这些裁决违宪、非法或不合理,就违反了公共秩序,或者可能违反了双方承诺的条款或条件。④阿根廷的司法部长也曾说,阿根廷不会自愿履行 ICSID 裁决,可能到国际法院或国内法院质疑这些裁决。⑤

由上可见,阿根廷要求胜诉的投资者按执行本国法院最后判决的程序向阿根廷国内法院申请执行裁决,并主张有权对 ICSID 裁决按国内法进行司法审查。其目的可能是为了拖延履行仲裁裁决。这一观点遭到美国和法国等国家的反对。美国认为,《ICSID 公约》第 53 条要求败诉国自动履行裁决,只有当败诉国拒不履行裁决时,第 54 条才适用。⑥《ICSID 公约》第 53 条和第 54 条之间的相互关系,直接影响仲裁裁决的履行。由于各国意见不

---

① 阿根廷的这一观点参见 Summary of Roundtable Discussions by the OECD Secretariat: 12th Roundtable on Freedom of Investment, Paris, France—March 26, 2010, at http://www.oecd.org/dataoecd/54/5/45317381.pdf, January 17, 2011。

② Summary of Roundtable Discussions by the OECD Secretariat: 13th Roundtable on Freedom of Investment, Paris, France—October 5, 2010, p. 4.

③ Carlos E. Alfaro and Pedro Lorenti, Argentina: The Enforcement Process of the ICSID Awards: Procedural Issues and Domestic Public Policy, June 1, 2005, at http://goliath.ecnext.com/coms2/gi_0199-4384565/The-Enforcement-Process-Of-The.html, lasted visited on January 14, 2011.

④ 参见 Argentina Economy: Ministry Denies Foreign Investors Discrimination,EIU Views Wire, October 26, 2004. 转引自 Edward Baldwin, Mark Kantor and Michael Nolan, Limits to Enforcement of ICSID Awards, *Journal of International Arbitration*, Vol. 23(1), 2006, p. 2。

⑤ Enron Corporation Ponderosa Assets, L. P. (Claimants) v. Argentine Republic (Respondent) (ICSID Case No. ARB/01/3) (Annulment Proceeding), Decision on the Argentine Republic's Request for a Continued Stay of Enforcement of the Award, October 7, 2008, para. 14 (b) (i).

⑥ Summary of Roundtable Discussions by the OECD Secretariat: 13th Roundtable on Freedom of Investment, Paris, France—October 5, 2010, p. 4.

一,导致裁决的履行被拖延。

(二)第三国混淆裁决承认与执行之区别而导致裁决在承认阶段就一波三折

《ICSID公约》本身区分裁决的承认和执行两个阶段。根据《ICSID公约》,承认与执行的区别在于:第一,承认是承认整个裁决(包括裁决内的所有内容)具有约束力,而执行是只执行裁决中的金钱义务;第二,承认的程序很简单,一国指定的主管法院或其他机构的职能只限于查明由ICSID秘书长核证的裁决的真实性,承认不适用执行地国的国内法律程序;而执行是要受执行地国家关于执行判决的现行法律的管辖;第三,承认不涉及执行地国国内关于国家豁免的法律,而执行要遵守执行地国现行的关于该国或任何外国执行豁免的法律。

第三国对裁决的承认是无条件的,承认裁决的法律后果有两个:一是确认裁决具有约束力或既判力(res judicata),即裁决成为一项法律权利(a valid title),可构成执行(execution)的基础;二是执行之前的一步,即承认是通向执行(enforcement)或实际执行(execution)的第一步。承认就等于通知裁决债务人只要一有财产,就可能被执行;而只要败诉国在该执行地国有财产,裁决一旦获得承认就可执行。①

执行是指实际执行裁决,但执行程序和执行豁免问题要受各国现行的国内法的限制,不得有例外,除非国内法本身规定有例外。这就是说,各国对于实际执行可以有各自的国内法的模式。这是因为,普通法系国家和大陆法系国家有不同的法律制度,而且,有的缔约国是单一制国家,有的是联邦制国家,其内部也可能有不同的司法制度,不能规定特定的国内实施《ICSID公约》的方法。②

一般认为,对于裁决的承认,国家没有豁免,但是国家享有在执行上的豁免(immunity from execution)。上述裁决承认与执行之区别看似容易,但实际上一般国家的国内法都未明确区分承认与执行为两个不同的程序。因此,在实践中容易出现混淆,导致申请承认裁决的过程一波三折。上述四个案件几乎都遭遇了这一痛苦的过程。

---

① Christoph Schreuer, Commentary on the ICSID Convention, *ICSID Review—Foreign Investment Law Journal*, Vol. 14, No. 1, 1999, p.91.
② ICSID Executive Report, para. 42.

第十章 国际投资争端的解决

在1980年发生的第一起承认与执行案——"班邦公司诉刚果"案①中,班邦公司在刚果拒绝履行裁决后,向法国巴黎民事法院寻求强制执行该仲裁裁决。巴黎民事法院作出决定,给予班邦公司裁决执行令(exequatur),但附有一个限制条件,即"使所有的能采取来执行债务人位于法国的资产的执行措施,甚至是保障措施,都受限于事先批准",其目的是确保刚果国家的主权执行豁免或公共财产执行豁免。班邦公司认为该限制条件实际上使它不能强制执行裁决,要求法院修改执行令未果。班邦公司又向法国巴黎上诉法院提起上诉。上诉法院认为,《ICSID公约》框架下裁决的承认和执行包括获得执行令和实际执行两个不同的阶段,《ICSID公约》第54条是规定给予执行令的简化程序,而执行令并不构成执行行为,只是执行的预备行为,一审法院在给予执行令时不能介入与外国国家执行豁免有关的实际执行阶段。因此,上诉法院作出判决,删除巴黎民事法院给予执行令决定中的限制条件。可见,法国认为,给予执行令只是承认裁决,并不是实际执行,而实际执行才是公约所称的执行。

事隔8年,法国又碰到第二起请求承认和执行ICSID裁决的案件——"西非混凝土工业公司诉塞内加尔"案。② 这次巴黎民事法院吸取教训,一经西非混凝土工业公司申请,立即给予强制执行该裁决的执行令。塞内加尔以它在法国享有执行豁免权为由向巴黎上诉法院提起上诉。上诉法院撤销了该执行令,理由是塞内加尔在签署《ICSID公约》时承担放弃管辖豁免和允许裁决只在其领土内执行的责任,并没有放弃援引其执行豁免的权利,裁决的执行只能针对塞内加尔在法国的用于经济或商业活动的财产。同时,西非混凝土工业公司不能证明裁决在法国执行与塞内加尔的执行豁免权没有冲突。西非混凝土工业公司不服,向巴黎最高法院上诉。巴黎最高法院撤销了上诉法院的判决,裁定执行令有效。理由是:塞内加尔同意将争端提交仲裁,裁决就应得到承认(即执行令),而执行令并不构成可援引执行豁免权的执行行为。

1986年,美国也碰到了一起请求承认与执行ICSID裁决的案件——

---

① S. A. R. L. Benvenuti & Bonfant v. People's Republic of the Congo (ICSID Case No. ARB/77/2).该案案情及法国法院判决书的中译文参见陈安主编:《国际投资争端案例精选》,复旦大学出版社2005年版,第16—64页。

② Société Ouest Africaine des Bétons Industriels v. Senegal (ICSID Case No. ARB/82/1).该案案情及法国法院裁定书的中译文参见陈安主编:《国际投资争端案例精选》,复旦大学出版社2005年版,第497—512页。

"利比里亚东方木材公司诉利比里亚"案。① 东方木材公司在利比里亚政府拒不履行裁决后,向美国纽约南部地区法院要求强制执行裁决,执行的对象是利比里亚政府在美国应收取的轮船吨费、登记费和其他税费。地区法院认为,依据美国法律和《ICSID 公约》的有关规定,公司有权要求强制执行对其有利的金钱义务的裁决,裁决具有该法院终局判决的效力,遂作出给予东方木材公司承认"中心"裁决的单方面判决。根据该判决,颁布并送达执行令给在美国的船东、代收上述税费的代理人以及其他实体。但是,利比里亚政府以纽约法院的单方面裁定违反其主权豁免为由要求撤销该判决,并要求法院签发禁令禁止执行判决,等候利比里亚撤销判决的动议,或者撤销就位于美国的利比里亚财产所发布的执行令。纽约南部地区法院的判决是,利比里亚要求撤销判决的动议被否决,要求撤销执行令的动议得到允准。理由是,利比里亚政府签署公约,就是放弃在美国执行依照《公约》所作裁决的主权豁免权,因此,地区法院对强制执行案仍有管辖权。但是,由于船东应付给利比里亚政府的船舶吨费、登记费和其他税费不属于商业财产,而是利比里亚政府的税收收入,根据美国的《外国主权豁免法》,这些财产不能执行,因此,对在美国的船东和代理人不能执行该判决。由此可见,美国承认裁决的方式是由法院作出承认裁决的判决,而颁发执行令则属于实际执行裁决。这与法国的做法不同。

2004 年,英国也碰到了这类案件——"AIG 诉哈萨克斯坦"案。② AIG 根据英国 1966 年《(国际投资争端)仲裁法》在英国高等法院(the High

---

① 该案在 ICSID 的案名和案号是 Liberian Eastern Timber Corporation v. Republic of Liberia (ICSID Case No. ARB/83/2)。在美国请求承认与执行的情况参见 Order and Judgement, United States District Court Southern District of New York, in the Matter of the Application of Liberian Eastern Timber Corporation, Arbitration Award Creditor, for Enforcement of an Arbitration Award against the Government of the Republic of Liberia, Arbitration Award Debtor, September 5, 1986; In the Matter of the Application of Liberian Eastern Timber Corporation Arbitration Award Creditor, Plaintiff v. the Government of the Republic of Liberia Arbitration Award Debtor, Defendant, Civil Action No. 87–173, United States District Court for the District of Columbia, April 16, 1987。

② 该案在 ICSID 的案名和案号是 AIG Capital Partners, Inc. and CJSC Tema Real Estate Company v. Republic of Kazakhstan (ICSID Case No. ARB/01/6)。在英国承认和执行的情况参见 Judgment, between AIG Capital Partners, Inc & CJSC Tema Real Estate Company Limited (Claimants) and the Republic of Kazakhstan (Defendant), ABN AMRO Mellon Global Securities Services B. V. & ABN AMRO Bank N. V. as Third Parties and The National Bank of Kazakhstan as Intervener, Royal Courts of Justice Strand, London, WC2A 2LL, Date: 20/10/2005, in The High Court of Justice, Queen's Bench Division, Commercial Court, Case No: 2004/536, Neutral Citation Number: [2005] EWHC 2239 (Comm)。

Court)获得注册裁决的许可(leave to register this award),还获得了针对哈萨克斯坦国家银行交给第三方保管的临时指令(interim Orders)。可见,在英国,许可注册裁决和给予指令是对裁决的承认。

(三)第三国以国内法规定的主权国家豁免为由拒绝强制执行 ICSID 裁决

在上述四个案件中,执行地国最终都承认了裁决。但是,除了西非混凝土工业公司与塞内加尔和解外,其他三个案件最终都未实际执行裁决,其理由就是国内法规定的国家豁免。主权豁免理论可以阻止在一国强制执行裁决。①

在"班邦公司诉刚果"案中,法院认为裁决是针对刚果国家,刚果商业银行不是刚果国家的分支机构,不应对裁决的付款负责,因此未强制执行裁决。在"利比里亚东方木材公司诉利比里亚"案中,法院认为,船东应付给利比里亚政府的船舶吨费、登记费和其他税费不属于商业财产,而是利比里亚政府的税收收入,根据美国的《外国主权豁免法》,这些财产不能执行。东方木材公司又向哥伦比亚特区的地区法院申请执行裁决,该法院签发了对利比里亚共和国大使馆银行账户的扣押令,以扣押用于利比里亚大使馆职能和利比里亚中央银行的五个账户。利比里亚提出紧急动议要求撤销扣押令,并要求法院签发初步禁令,禁止扣押大使馆的账户。法院于 1987 年 4 月作出判决,撤销了扣押令。撤销的理由是:根据《维也纳外交关系公约》和美国《外国主权豁免法》,利比里亚大使馆的银行账户可免于扣押。美国《外国主权豁免法》对免于扣押的例外规定了两个步骤:第一,外国国家放弃豁免;第二,被扣押的财产应是用于商业行为。尽管利比里亚大使馆银行账户的部分资金可能用于与管理大使馆有关的商业行为,但用于这类商业行为的资金并不是使用所有资金的主要方面,因此并不导致所有账户失去主权豁免的庇佑,大使馆的银行账户可免于扣押。在"AIG 诉哈萨克斯坦"案中,英国法院认为,第三方持有的资产属于哈萨克斯坦国家银行(中央银行)的财产,根据英国的《国家豁免法》可豁免强制执行,即使它不属于哈萨克斯坦国家银行的财产,也是哈萨克斯坦国家的财产,也可以豁免执行。

(四)解决 ICSID 裁决承认与执行中存在的问题之对策

根据上述 ICSID 裁决在承认与执行过程中存在的问题,笔者提出以下解决方案:

---

① ICSID Executive Report,para. 43.

第一,ICSID 秘书处和行政理事会应尽早对《ICSID 公约》第 53 条和第 54 条之间的关系作出澄清。

阿根廷以国内法律程序为由拖延履行裁决,是基于其对《ICSID 公约》第 53 条和第 54 条关系的解释,但该解释遭到美国、荷兰等国的批评。究竟该如何正确理解这两个条文的关系,败诉的东道国应如何遵守和履行裁决,没有定论。这种情况既不属于双方对条约解释或适用的争端,也不能援引《ICSID 公约》第 64 条的规定将问题提交国际法院,也不涉及修改这两个条款的问题。笔者认为,可以由 ICSID 秘书处和行政理事会以仲裁程序规则的方式作出有权威的评论,从而终结这一争论,让胜诉的投资者和败诉的东道国各司其职。裁决的承认与执行问题属于仲裁问题,根据《ICSID 公约》第 6 条,行政理事会有权力和职能通过仲裁程序规则。事实上,行政理事会也制定并多次修改了仲裁程序规则,对仲裁中的问题进行了较详细的规定。秘书处可以组织法律专家对第 53 条和第 54 条的关系进行研究,提出合适的解释,再由行政理事会以仲裁程序规则的方式予以确认。

第二,ICSID 缔约国应尽量早制定与 ICSID 裁决承认与执行机制相配套的国内法。

ICSID 裁决承认与执行无论在败诉国如阿根廷,还是在第三国如法国受挫,主要原因是这些国家没有制定与《ICSID 公约》独特的裁决承认与执行机制相配套的国内法。《ICSID 公约》要求缔约国指定法院或主管机关来承认 ICSID 的裁决,但未具体要求在程序上如何简化这种承认。在实践中,很多国家仍按照现有的国内法的程序来承认,从而出现承认与执行之混淆。特别是,很多法官根本不了解《ICSID 公约》与《纽约公约》在裁决的承认与执行方面的不同,习惯性地对 ICSID 裁决进行国内审查。相比之下,英国为了实施《ICSID 公约》,1966 年特意制定了《(国际投资争端)仲裁法》,对 ICSID 裁决的承认和执行分别规定详细的程序。正因为如此,英国承认和执行 ICSID 裁决时,在程序上没有像法国那样遇到困难。为了履行澳大利亚在《ICSID 公约》项下的义务,澳大利亚也于 1990 年制定《ICSID 实施法》(ICSID Implementation Act,1990),目的是修改其 1974 年的《国际仲裁法》(International Arbitration Act,1974)和 1963 年的《国际组织法(特权与豁免)》(International Organizations (Privileges and Immunities) Act,1963),以符合《ICSID 公约》的要求。其实,《ICSID 公约》第 69 条要求"每一缔约国应采取使本公约的规定在其领土内有效所必需的立法或其他措施"。而且,从《ICSID 公约》缔约史来看，这里的"立法"对确保裁决的执行是尤其必要的。①

对中国而言，有必要尽早制定专门的国内法来实施《ICSID 公约》，否则 ICSID 裁决将无法在中国得到承认和执行。理由是中国对《纽约公约》作出了商事保留，外国投资者无法依据《纽约公约》来申请承认和执行 ICSID 裁决，只能依据我国《民事诉讼法》的有关规定办理，但这样处理又有违《ICSID 公约》承认和执行裁决的要求。事实上，中国早就酝酿出台执行《ICSID 公约》的国内法，只是由于各种考虑最终没有出台。笔者认为，我国应尽早对 ICSID 裁决的承认与执行、国家豁免等问题展开正式研究，并尽早出台相关国内法。

第三，败诉国应主动履行仲裁裁决，但国家主权豁免原则不能轻易废除。

在 20 世纪 80 年代的三个拒绝执行的案件发生后，一些学者认为，为保护胜诉投资者的利益，应该让投资者在与国家签订合同或在签订仲裁条款时，明确要求国家放弃执行豁免，以保证仲裁裁决的最终强制执行。② 也有学者认为，ICSID 有必要规定明确放弃豁免的条文，国家放弃"任何"与裁决承认有关的执行豁免，并且扩大放弃的范围，使之适用于该国的"任何财产"或"所有财产"，目的是希望这种放弃能够被解释为包括主权豁免和外交豁免。③笔者不同意上述观点，认为国家主权豁免原则应当坚持，不应轻易废除。理由如下：

首先，现在的许多投资条约或投资专章如《北美自由贸易协定》第 10 章已被认为是"投资者的权利法案"，仲裁庭在实践中又常常采用"以投资者为中心"的路径偏袒投资者，投资者的私人利益已得到较充分的保护，要平衡投资者的私人利益与国家的公共利益。如果再取消国家豁免，国家将一无保护，成了"弱势群体"，而投资者反倒成为"霸王"。

其次，在投资者与国家签订的合同中要求国家放弃执行豁免的做法也

---

① Christoph H. Schreuer, *The ICSID Convention: A Commentary*, Second Edition, Cambridge University Press, 2009, p.1273.

② Vincent O. Orlu Nmehielle, Enforcing Arbitration Awards Under the International Convention for the Settlement of Investment Disputes, *Ann. Surv. Int'l & Comp. L.* (*Annual Survey of International & Comparative Law*), Vol.7, 2001, p.39.

③ Georges R. Delaume, Contractual Waivers of Sovereign Immunity: Some Practical Considerations, *ICSID Review—Foreign Investment Law Journal*, Vol.5, No.2, 1990, p.253.

是行不通的,因为契约的规定未必能够超越第三国关于国家豁免的国内法。即使双方同意放弃豁免,但这种放弃是否合法,仍要根据执行地国的法律来确定。①

再次,由《ICSID 公约》规定放弃豁免的建议也是行不通的,因为《ICSID 公约》第 55 条明文规定执行豁免问题要依各缔约国国内法的规定。要修改《ICSID 公约》,并不是一件容易的事情。国家主权豁免是国际法的基本原则,不能为了投资者的私人利益而轻易放弃。国家豁免还涉及一国国内法的适用,有时还涉及其宪法,仅依靠修改《ICSID 公约》是难以完成的。

最后,第三国以国家主权豁免为由拒绝履行(execute)ICSID 裁决,并不等于败诉的东道国可以不履行(comply with)仲裁裁决这一条约义务。败诉国仍有国际义务要遵守和履行裁决。正如 MINE 诉几内亚(MINE v. Guinea)撤销案中的特别委员会认为的那样,国家豁免可以为强制执行提供很好的法律抗辩,但它不能为不履行裁决提供论据或借口。事实上,国家豁免于强制执行裁决这一问题肯定要产生,如果缔约方拒绝履行其条约义务。一国的不履行构成该国违反国际条约的义务,必然要引起制裁。② 只要败诉国不实际执行裁决,就是没有履行其条约义务,可能导致外交保护和国际法院(ICJ)诉讼。

六、结论

ICSID 裁决承认与执行机制有独特的特点和适用范围,相比《纽约公约》有更强的执行力,中止执行裁决的制度是裁决具有约束力的限制和例外,实践中主要是为败诉的东道国所使用来保护自己的利益。ICSID 成立以来,绝大多数裁决得到败诉国的主动和自愿履行,只有少数败诉国未及时履行裁决,导致胜诉的投资者向第三国申请承认和强制执行裁决。在承认和执行裁决过程中,由于各国对《ICSID 公约》相关条款的理解不同,或者由于执行地国法院对 ICSID 裁决了解不够及国内法的规定不够明晰,常常混淆裁决承认与执行的关系。笔者认为,ICSID 秘书处有必要公开厘清《ICSID 公约》第 53 条和第 54 条的相互关系,使胜诉的投资者与败诉的东道国

---

① Christoph Schreuer, Commentary on the ICSID Convention, *ICSID Review—Foreign Investment Law Journal*, Vol. 14, No. 1, 1999, pp. 143—144.

② Interim Order No. 1 on Guinea's Application for Stay of Enforcement of the Award, August 12, 1988, para. 25.

在履行裁决时有章可循。另外,各缔约国应及早制定与《ICSID公约》相配套的国内法,使裁决的承认与执行更为便利。同时,对于有些学者提议取消国家豁免以确保裁决获得强制执行的观点,笔者不敢苟同。国家主权豁免原则是国际法的一项基本原则,不得为了投资者的私人利益而轻易放弃。